Staatliches Abhören

# Bielefelder Rechtsstudien

## Schriftenreihe für Gesetzgebungswissenschaft, Rechtstatsachenforschung und Rechtspolitik

Herausgegeben von
Otto Backes, Stephan Barton,
Gerhard Otte, Martin Stock

Band 11

PETER LANG
Frankfurt am Main · Berlin · Bern · Bruxelles · New York · Oxford · Wien

Georg Zimmermann

# Staatliches Abhören

PETER LANG
Europäischer Verlag der Wissenschaften

Die Deutsche Bibliothek - CIP-Einheitsaufnahme

Zimmermann, Georg:

Staatliches Abhören / Georg Zimmermann. - Frankfurt am Main ; Berlin ; Bern ; Bruxelles ; New York ; Oxford ; Wien : Lang, 2001
(Bielefelder Rechtsstudien ; Bd. 11)
Zugl.: Bielefeld, Univ., Diss., 2000
ISBN 3-631-38032-1

D 361
ISSN 0937-0641
ISBN 3-631-38032-1



www.peterlang.de

**Meiner Mutter**

# Inhaltsverzeichnis

## Literaturverzeichnis


| | |
|---|---|
| Abraham, H.J. et al. | Kommentar zum Bonner Grundgesetz (Bonner Kommentar); Losebl., Heidelberg seit 1950 (zit.: BK)<br>Bd. 2 (Art. 6-14)<br>Bd. 6 (Art. 50-74) |
| Alberts, Hans-Werner | Auflösung der Verfassung? - Noch einmal BVerfGE 30, 1; JuS 1972, 319 |
| ders. | Das neue Bremische Polizeigesetz; NVwZ 1983, 585 |
| Alternativkommentar | Kommentar zur Strafprozeßordnung; Band 2, Teilband 1 (§§ 94-212b); Neuwied / Kriftel / Berlin 1992 (zit.: AK) |
| Arbeitskreis Polizeirecht | Alternativentwurf einheitlicher Polizeigesetze des Bundes und der Länder; Neuwied / Darmstadt 1979 |
| Arndt, Adolf | Der Rechtsstaat und sein polizeilicher Verfassungsschutz; NJW 1961, 897 |
| Arndt, Claus | Rechtsprobleme der Post- und Fernmeldekontrolle;<br>in: Jekewitz, Jürgen / Melzer, Michael / Zeh, Wolfgang (Hrsg.); Politik als gelebte Verfassung: Aktuelle Probleme des modernen Verfassungsstaates - Festschrift für Friedrich Schäfer; Opladen 1980; 147 |
| ders. | Das G 10-Verfahren;<br>in: Bundesministerium des Innern (Hrsg.); Verfassungsschutz und Rechtsstaat - Beiträge aus Wissenschaft und Praxis; Köln / Berlin / Bonn / München 1981; 43 (zit.: Verfassungsschutz und Rechtsstaat) |
| ders. | Die "strategische Kontrolle" von Post- und Fernmeldeverkehrsbeziehungen; NJW 1985, 107 |
| ders. | Die Fernmeldekontrolle im Verbrechensbekämpfungsgesetz; NJW 1995, 169 |
| ders. | Grundrechtsschutz bei der Fernmeldeüberwachung; DÖV 1996, 459 |
| ders. | Zum Abhörurteil des BVerfG; NJW 2000, 47 |

| | |
|---|---|
| Aubert | Können im Rahmen des § 99 StPO Telephongespräche mit Hilfe von Tonbandgeräten "beschlagnahmt" werden?; NJW 1955, 449 |
| Aubert, Joachim | Fernmelderecht - Systematische Darstellung, I. Teil; 3. Aufl., Hamburg 1974 |
| Bär, Wolfgang | Polizeilicher Zugriff auf kriminelle Mailboxen; CR 1995, 489 |
| ders. | Anm. zu BGH CR 1996, 488; CR 1996, 490 |
| Bäumler, Helmut | Die Gesetzentwürfe über die Geheimdienste - Eine datenschutzrechtliche Würdigung;<br>in: Bull, Hans Peter (Hrsg.); Sicherheit durch Gesetze?; Baden-Baden 1987 (zit.: Sicherheit); 123ff. |
| ders. | Verfassungsrechtliche Prüfung des Sächsischen Polizeigesetzes; NVwZ 1996, 765 |
| Bauer, Günther | Moderne Verbrechensbekämpfung;<br>- Band 2; Lübeck 1972<br>- Band 3; Lübeck 1977 |
| Bernsmann, Klaus | Anm. zu BGH NStZ 1995, 510; NStZ 1995, 512 |
| Bernsmann, Klaus / Jansen, Kirsten | Heimliche Ermittlungsmethoden und ihre Kontrolle - ein systematischer Überblick; StV 1998, 217 |
| Böckenförde, Ernst-Wolfgang | Der verdrängte Ausnahmezustand; NJW 1978, 1881 |
| Boeden, Gerhard | Vierzig Jahre Verfassungsschutz;<br>in: Bundesamt für Verfassungsschutz (Hrsg.); Verfassungsschutz in der Demokratie - Beiträge aus Wissenschaft und Praxis; Köln / Berlin / Bonn / München 1990; 1ff. |
| Borgs-Maciejewski, Hermann / Ebert, Frank | Das Recht der Geheimdienste. Kommentar; Stuttgart / München / Hannover 1986 (zit. B/E) |
| Braun, Karl-Heinz | Videografieren bei Demonstrationen - endlich gesetzlich geregelt?; Polizei 1990, 49 |
| Brenner, Michael | Bundesnachrichtendienst im Rechtsstaat; Baden-Baden |

1990

Bull, Hans Peter — Datenschutz contra Amtshilfe; DÖV 1979, 689

ders. — Datenschutz und Ämter für Verfassungsschutz; in: Bundesministerium des Innern (Hrsg.); Verfassungsschutz und Rechtsstaat - Beiträge aus Wissenschaft und Praxis; Köln / Berlin / Bonn / München 1981; 133

ders. — Die "Sicherheitsgesetze" im Kontext von Polizei- und Sicherheitspolitik; in: Bull, Hans Peter (Hrsg.); Sicherheit durch Gesetze?; Baden-Baden 1987 (zit.: Sicherheit); 15ff.

Bundesministerium für Wirtschaft (Hrsg.) — BMWi-Report "Die Informationsgesellschaft"; Bonn 1995

Burghard, Waldemar — Bilanz der Irrwege; Kriminalistik 1992, 595

Burhoff, Detlef — Handbuch für das strafrechtliche Ermittlungsverfahren; Herne / Berlin 1997

Caesar, Peter — Plädoyer gegen den "großen Lauschangriff" - ZRP-Rechtsgespräch mit Rudolf Gerhardt; ZRP 1993, 67

Carr, James G. — Polizeiliches Abhören in den Vereinigten Staaten und in der Bundesrepublik Deutschland: Rechtslage und Praxis; MSchrKrim Bd. 62 (1979), 65

Cassardt, Gunnar — Zur Aufklärung mit technischen Mitteln in Wohnungen; ZRP 1997, 370

Cilip-Redaktion — Neues Polizeirecht; Cilip 21 (1985), 21

dies. — Redaktionelle Stellungnahme zum "Entwurf eines Gesetzes über die informationelle Zusammenarbeit der Sicherheits- und Strafverfolgungsbehörden des Bundes und der Länder in Angelegenheiten des Staats- und Verfassungsschutzes und nachrichtendienstlicher Tätigkeit (Zusammenarbeitsgesetz - ZAG)"; Fass. vom 31.01.86 (Bundesratsdrucksache 66/86); Cilip 23 (1986), 30

dies. — Geplante Änderungen der StPO; Cilip 23 (1986), 118

| | |
|---|---|
| Damm, Diethelm | Berufsverbot durch Verfassungsschutz; KritJ 1973, 447 |
| ders. | Zur Post- und Telefonüberwachung in der BRD; KritJ 1974, 69 |
| de Lazzer, Dieter / Rohlf, Dietwalt | Der "Lauschangriff"; JZ 1977, 207 |
| Denninger, Erhard | Einführung in Probleme des Amtshilferechts, insbesondere im Sicherheitsbereich; JA 1980, 280 |
| Deutscher Bundestag (Hrsg.) | Datenschutz - Erster Tätigkeitsbericht des Bundesbeauftragten für den Datenschutz; Bonn 1979 (zit.: BfD, 1. TB) |
| Dreier, Horst (Hrsg.) | Grundgesetz. Kommentar; Tübingen 1996 |
| Dürig, Günter | Ein Orwellsches Experiment; ZRP 1968, 11 |
| ders. | Man hielt es nicht für möglich!; ZRP 1969, 179 |
| ders. | Verfassungswidrigkeit des Art. 10 Abs. II Satz 2 GG n.F. und der darauf gestützten Vorschriften des Ausführungsgesetzes zu Art. 10 GG;<br>in: Dürig, Günter / Evers, Hans-Ulrich; Zur verfassungsändernden Beschränkung des Post-, Telefon- und Fernmeldegeheimnisses; Bad Homburg v.d.H. / Berlin / Zürich 1969 (zit.: D/E) |
| ders. | Zur Bedeutung und Tragweite des Art. 79 Abs. III des Grundgesetzes (ein Plädoyer);<br>in: Spanner, Hans / Lerche, Peter / Zacher, Hans / Badura, Peter / Frhr. v. Campenhausen, Axel (Hrsg.); Festgabe für Theodor Maunz; München 1971; 41 |
| Eidenmüller, Alfred | Grundlagen des Fernmelderechts. Kommentar; Frankfurt (Main) 1975 |
| Eisenberg, Ulrich | Straf(verfahrens-)rechtliche Maßnahmen gegenüber "Organisiertem Verbrechen"; NJW 1993, 1033 |
| Emmerig, Ernst | Ein neues Polizeigesetz in Bayern; DÖV 1955, 100 |
| Erbs / Kohlhaas | Strafrechtliche Nebengesetze; Losebl.; München; Band II (zit. E/K) |

| | |
|---|---|
| Erichsen, Hans-Uwe | Zu den Grenzen von Verfassungsänderungen nach dem Grundgesetz; VerwArch Bd. 62 (1971), 291 |
| Evers, Hans-Ulrich | Privatsphäre und Ämter für Verfassungsschutz; Berlin 1960 (zit.: Privatsphäre) |
| ders. | Die rechtlichen Grenzen der Nachrichtensammlung durch die Ämter für Verfassungsschutz;<br>in: Bundesministerium des Innern (Hrsg.); Verfassungsschutz - Beiträge aus Wissenschaft und Praxis; Köln / Berlin / Bonn / München 1966; 93 (zit.: Verfassungsschutz) |
| ders. | Zur Unantastbarkeit des Prinzips möglichst lückenlosen Rechtsschutzes, Art. 19 IV, 79 III Grundgesetz;<br>in: Dürig, Günter / Evers, Hans-Ulrich; Zur verfassungsändernden Beschränkung des Post-, Telefon- und Fernmeldegeheimnisses; Bad Homburg v.d.H. / Berlin / Zürich 1969 (zit.: D/E) |
| ders. | "Unbefugtes" Abhören i.S. §§ 298 / 353d StGB und die Rechtmäßigkeit der bisherigen staatlichen Abhörpraxis; ZRP 1970, 147 |
| ders. | Rechtsfragen des Datenschutzes bei der Informationsübermittlung zwischen Polizei und Nachrichtendiensten; Die Polizei 1980, 236 |
| ders. | Verfassungsschutz und Polizei;<br>in: Bundesministerium des Innern (Hrsg.); Verfassungsschutz und Rechtsstaat - Beiträge aus Wissenschaft und Praxis; Köln / Berlin / Bonn / München 1981; 65 |
| Fehn, Bernd Josef | Nochmals: Geheimdienstliche Außenwirtschaftskontrolle?; ZfZ 1995, 347 |
| Felixberger, Stefan | Staatliche Überwachung der Telekommunikation; CR 1998, 143 |
| Ganßer, Walter | Zusammenarbeit von Verfassungsschutz und Polizei; BayVbl 1983, 711, 716 |
| Gehlen, Reinhard | Der Dienst; Mainz / Wiesbaden 1971 |

| | |
|---|---|
| Gehm, Volker / Link, Martina | Organisierte Kriminalität; Kriminalistik 1992, 491 |
| Glückert, Jürgen | Orwell und die deutschen Staatsrechtslehrer; ZRP 1969, 176 |
| Götz, Volkmar | Polizeiliche Bildaufnahmen von öffentlichen Versammlungen; NVwZ 1990, 112 |
| ders. | Anm. zu SächsVerfGH JZ 1996, 957; JZ 1996, 969 |
| Gramlich, Ludwig | Die Zweite Novelle des G 10-Gesetzes; NJW 1997, 1400 |
| Gröpl, Christoph | Die Nachrichtendienste im Regelwerk der deutschen Sicherheitsverwaltung; Berlin 1993 |
| ders. | Das Fernmeldegeheimnis des Art. 10 GG vor dem Hintergrund des internationalen Aufklärungsauftrages des Bundesnachrichtendienstes; ZRP 1995, 13 |
| ders. | Vorläufige Einschränkung der Verwertungs- und Übermittlungsbefugnisse des Bundesnachrichtendienstes bei der strategischen Fernmeldeüberwachung; NJW 1996, 100 |
| Gropp, Walter | Lauschangriff im PKW: der Ermittlungsrichter als Hoffnungsträger?; JZ 1998, 501 |
| Groß, Karl-Heinz | Verteidiger, Abgeordnete und Journalisten als verbotene unfreiwillige Medien zur strafprozessualen Aufklärung; StV 1996, 559 |
| Gusy, Christoph | Der Schutz vor Überwachungsmaßnahmen nach dem Gesetz zur Beschränkung des Art. 10 GG; NJW 1981, 1581 |
| ders. | Die Verwendung rechtmäßig erlangter Informationen durch die Nachrichtendienste; NVwZ 1983, 322 |
| ders. | Der Militärische Abschirmdienst; DÖV 1983, 60 |
| ders. | Der Bundesnachrichtendienst; Die Verwaltung 1984, 273 |
| ders. | Das verfassungsrechtliche Gebot der Trennung von Polizei und Nachrichtendiensten; ZRP 1987, 45 |

| | |
|---|---|
| ders. | Befugnisse des Verfassungsschutzes zur Informationserhebung; DVBl 1991, 1288 |
| ders. | Vorbeugende Verbrechensbekämpfung nach dem Außenwirtschaftsgesetz; StV 1992, 484 |
| ders. | Polizei und Nachrichtendienste im Kampf gegen die Organisierte Kriminalität; KritV 1994, 242 |
| ders. | Polizeirecht; 4. Aufl. Tübingen 2000 (zit.: PolR) |
| Gusy, Christoph / Hueck, Ingo J. | Fernmeldegeheimnis für Auslandsgespräche?; NJ 1995, 461 |
| Guttenberg, Ulrich | Die heimliche Überwachung von Wohnungen; NJW 1993, 567 |
| Häberle, Peter | Die Abhörentscheidung des Bundesverfassungsgerichts vom 15.12.1970; JZ 1971, 145 |
| Hall, Karl-Heinrich | Notstandsverfassung und Grundrechtseinschränkungen; JZ 1968, 159 |
| ders. | Abhörentscheidung und Grundgesetz - BVerfGE 30, 1; JuS 1972, 132 |
| Hassemer, Winfried | Telefonüberwachung und Gefahrenabwehr; ZRP 1991, 121 |
| ders. | Warum man den "Großen Lauschangriff" nicht führen sollte; DRiZ 1992, 357 |
| ders. | Stellungnahme zum Entwurf eines Gesetzes zur Bekämpfung des illegalen Rauschgifthandels und anderer Erscheinungsformen der organisierten Kriminalität (OrgKG); KritJ 1992, 64 |
| Heger, Martin | Anm. zu BGH JR 1998, 162; JR 1998, 163 |
| Heimerich, H. | Der Mißbrauch von Tonbandaufnahmen; BB 1956, 249 |
| Henkel, Heinrich | Die Zulässigkeit und die Verwertbarkeit von Tonbandaufnahmen bei der Wahrheitserforschung im Strafverfahren; JZ 1957, 148 |

| | |
|---|---|
| ders. | Der Strafschutz des Privatlebens gegen Indiskretion; in: Verhandlungen des zweiundvierzigsten Deutschen Juristentages, Band II (Sitzungsberichte); Tübingen 1959; D 59 |
| Herzog, Roman | Der Auftrag der Verfassungsschutzbehörden; in: Bundesministerium des Innern (Hrsg.); Verfassungsschutz und Rechtsstaat - Beiträge aus Wissenschaft und Praxis; Köln / Berlin / Bonn / München 1981; 1 |
| Hesse, Konrad | Das neue Notstandsrecht der Bundesrepublik Deutschland; Karlsruhe 1968 |
| Hetzer, Wolfgang | Geheimdienstliche Außenwirtschaftskontrolle?; ZfZ 1995, 34 |
| Hilger, Hans | Neues Strafverfahrensrecht durch das OrgKG; NStZ 1992, 457 u. 523 |
| Höfler, Adolf | Tonaufnahme von Verhören statt Protokollierung?; Kriminalistik 1954, 236 |
| Hofe, Gerhard | Zur Zulässigkeit von Abhörmaßnahmen in und aus Wohnungen; RuP 1993, 117 |
| Hund, Horst | Überwachungsstaat auf dem Vormarsch - Rechtsstaat auf dem Rückzug?; NJW 1992, 2118 |
| Institut zur Förderung öffentlicher Angelegenheiten e.V. | Tonbandaufnahmen, Zulässigkeit und Grenzen ihrer Verwendung im Rechtsstaat - Bericht über eine Arbeitstagung am 16./17. November 1956 in Weinheim a.d.B.; Mannheim 1957 (zit.: Tagungsbericht) |
| Jahnke, Joachim | Mit den Mitteln des Rechtsstaates gegen die Verbreitung von Massenvernichtungs-Technologie; ZRP 1992, 83 |
| Janker, Helmut | Zur Reichweite der Eingriffsermächtigung des § 100c I Nr. 2 StPO bei Abhörmaßnahmen in Kraftfahrzeugen; NJW 1998, 269 |
| Janssen, Gerhard | Rechtliche Grundlagen und Grenzen der Beschlagnahme; Berlin 1995 |
| Jellinek, Georg | Allgemeine Staatslehre; 3. Aufl. Bad Homburg v.d.H. / Berlin / Zürich 1966 (Nachdruck) |

Jellinek, Walter — Verwaltungsrecht; 3. Aufl., Berlin 1931

Kaiser, Eberhard — Das Postgeheimnis und seine erlaubte Durchbrechung; NJW 1969, 18

Kalkbrenner — Anm. zu BVerfG BayVBl. 1971, 142; BayVBl. 1971, 146

Kamlah, Ruprecht — Verfassungsmäßige Schranken der elektronischen Überwachung von Gesprächen im deutschen und amerikanischen Recht; DÖV 1970, 44

Karlsruher Kommentar zur Strafprozeßordnung und zum Gerichtsverfassungsgesetz mit Einführungsgesetz; 1. Aufl.; München 1982 (zit.: KK(1.))

Karlsruher Kommentar zur Strafprozeßordnung und zum Gerichtsverfassungsgesetz mit Einführungsgesetz; 2. Aufl.; München 1987 (zit.: KK(2.))

Karlsruher Kommentar zur Strafprozeßordnung und zum Gerichtsverfassungsgesetz mit Einführungsgesetz; 3. Aufl., München 1993 (zit.: KK(3.))

Karlsruher Kommentar zur Strafprozeßordnung und zum Gerichtsverfassungsgesetz mit Einführungsgesetz; 4. Aufl., München 1999 (zit.: KK)

Karpen, Hans-Ulrich — Die Verweisung als Mittel der Gesetzgebungstechnik; Berlin 1970

Kelsen, Hans — Allgemeine Staatslehre; Bad Homburg v.d.H. / Berlin / Zürich 1966 (Neudruck)

Kinkel, Klaus — Liberale Rechtspolitik in der 12. Legislaturperiode; ZRP 1991, 409

Kleeberger, Wolfgang — Die Stellung der Rechte der Europäischen Menschenrechtskonvention in der Rechtsordnung der Bundesrepublik Deutschland - Versuch einer Neubestimmung; München 1992

Klein, Hans Hugo — Verfassungstreue und Schutz der Verfassung; VVdStRL Heft 37 (1979), 53

Kleinknecht, Theodor — Die Beweisverbote im Strafprozeß; NJW 1966, 1537

ders. — Strafprozeßordnung; 31. Aufl.; München 1974

| | |
|---|---|
| ders. | Strafprozeßordnung; 33. Aufl.; München 1977 |
| Kleinknecht, Theodor/ Meyer, Karlheinz | Strafprozeßordnung; 36. Aufl.; München 1983 (zit.: K/M) |
| Kleinknecht, Theodor / Meyer-Goßner, Lutz | Strafprozeßordnung; 43. Aufl., München 1997 (zit.: K/M-G(43)) |
| Kleinknecht, Theodor / Meyer-Goßner, Lutz | Strafprozeßordnung; 44. Aufl., München 1999 (zit.: K/M-G) |
| Klesczewski, Diethelm | Das Auskunftsersuchen an die Post: die wohlfeile Dauerkontrolle von Fernmeldeanschlüssen?; StV 1993, 382 |
| ders. | Das Ende des Auskunftsersuchens nach § 12 FAG; JZ 1997, 719 |
| Klingst, Martin | Aufs Ohr gelegt - Stille um den großen Lauschangriff; DIE ZEIT Nr. 48/1996 |
| KMR | Kommentar zur Strafprozeßordnung und zum Gerichtsverfassungs- und Ordnungswidrigkeitengesetz; 6. Aufl., Darmstadt 1966 (zit.: KMR(6)) |
| Knauth, Alfons | Beweisrechtliche Probleme bei der Verwertung von Abhörmaterial im Strafverfahren; NJW 1978, 741 |
| Koch, Martin | Überwachung der Organisierten Kriminalität durch den bayerischen Verfassungsschutz; ZRP 1995, 24 |
| Köhler, Michael | Anm. zu BGH StV 1996, 185; StV 1996, 186 |
| Kohlhaas, Max | Tonbandaufnahmen im Strafprozeß; DRiZ 1955, 80 |
| ders. | Bild- und Tonberichterstattung im Gerichtsverfahren; DRiZ 1956, 2 |
| ders. | Die Tonbandaufnahme als Beweismittel im Strafprozeß; NJW 1957, 81 |
| Krey, Volker / Haubrich, Edgar | Zeugenschutz, Rasterfahndung, Lauschangriff, Verdeckte Ermittler; JR 1992, 309 |
| Krückels, Wolfgang | Der Eingriff in das Brief-, Post- und Fernmeldegeheimnis |

| | |
|---|---|
| | des Beschuldigten des § 100a StPO und des Verdächtigen des Artikels 1 § 2 G 10; Diss. Köln 1974 |
| Krüger, Ralf | Das OrgKG - Ein Gesetz unter falscher Flagge; Kriminalistik 1992, 594 |
| ders. | Verdeckte Ermittlungen im Strafverfahren und die Unverletzlichkeit der Wohnung; ZRP 1993, 124 |
| Kühl, Jörn | Die Verpolizeilichung der Strafprozeßordnung - Das Strafverfahrensänderungsgesetz 1988; Cilip 32 (1988), 108 |
| Kühl, Kristian | Anm. zu BGH StV 1986, 185; StV 1986, 187 |
| Küpper, Georg | Anm. zu BGH JR 1996, 212; JR 1996, 214 |
| Kudlich, Hans | Der heimliche Zugriff auf Daten in einer Mailbox: ein Fall der Überwachung des Fernmeldeverkehrs? - BGH, NJW 1997, 1934; JuS 1998, 209 |
| Kutscha, Martin | Der Lauschangriff im Polizeirecht der Länder; NJW 1994, 85 |
| Lagodny, Otto | Heimlichkeiten und Verdeckungen im deutschen Strafverfahren;<br>in: Aktuelles Verfassungsrecht und Strafverteidigung - 20. Strafverteidigertag vom 22.-24. März 1996 in Essen; Köln 1996; 117 |
| Lang-Hinrichsen, Dietrich | Persönlichkeitsrechte und (kriminal)polizeiliche Technik; Die Polizei 1970, 1, 45, 84 |
| Lehmann, Peter | Die Grenzen der Überwachung des Fernmeldeverkehrs als strafprozessuale Maßnahme nach den §§ 100a ff. StPO; Diss. Regensburg 1978 (zit.: Grenzen der Überwachung) |
| ders. | Die Grenzen der strafprozessualen Fernmeldeüberwachung (1. Teil: Die Fernmeldeüberwachung zur strafprozessualen Beweiserhebung); ArchPF 1979, 1 |
| Lisken, Hans | "Nachrichtendienste" extra legem?; ZRP 1984, 144 |
| ders. | Befugnis zum Belauschen?; ZRP 1993, 121 |

Lisken, Hans / Denninger, Erhard (Hrsg.) Handbuch des Polizeirechts; 2. Aufl. München 1996 (zit.: L/D)

Löwe / Rosenberg Die Strafprozeßordnung und das Gerichtsverfassungsgesetz. Kommentar; 20. Auflage, Berlin 1958 (zit.: LR(20))

Löwe / Rosenberg Die Strafprozeßordnung und das Gerichtsverfassungsgesetz. Großkommentar; Erster Band (Einleitung, §§ 1 bis 212b); 22. Auflage, Berlin 1971 (zit.: LR(22))

Löwe / Rosenberg Die Strafprozeßordnung und das Gerichtsverfassungsgesetz. Großkommentar; Erster Band (Einleitung, §§ 1 bis 111n); 23. Auflage, Berlin / New York 1976 (zit.: LR(23))

Löwe / Rosenberg Die Strafprozeßordnung und das Gerichtsverfassungsgesetz. Großkommentar; Erster Band (§§ 112 bis 212b); 23. Auflage, Berlin / New York 1978 (zit.: LR(23))

Löwe / Rosenberg Die Strafprozeßordnung und das Gerichtsverfassungsgesetz. Großkommentar; Erster Band (Einleitung, §§ 1 bis 111n); 24. Auflage, Berlin / New York 1988 (zit.: LR)

Löwe / Rosenberg Die Strafprozeßordnung und das Gerichtsverfassungsgesetz. Großkommentar; Erster Band (Einleitung, §§ 112 bis 197); 24. Auflage, Berlin / New York 1989 (zit.: LR)

Lührs, Wolfgang Eingeschränkte Beschlagnahmemöglichkeiten von “Mailbox-Systemen” aufgrund des Fernmeldegeheimnisses; wistra 1995, 19

Mahnkopf, Hans-Jürgen / Döring, André Anm. zu LG Stendal NStZ 1994, 556; NStZ 1994, 556

Maiwald, Manfred Zufallsfunde bei zufälliger strafprozessualer Telephonüberwachung - BGH, NJW 1976, 1462; JuS 1978, 379

Maunz, Theodor Deutsches Staatsrecht; 1. Aufl. München / Berlin 1951

Maunz, Theodor / Dürig, Günther u.a. Grundgesetz. Kommentar (Losebl.); München

Mayer, Franz Die Eigenständigkeit des Bayerischen Verwaltungsrechts, dargestellt an Bayerns Polizeirecht; München 1958

| | |
|---|---|
| Meyer, Hans-Jürgen | Rechtsfragen im Zusammenhang mit polizeilichen Beobachtungsmaßnahmen; Diss. Tübingen 1982 |
| Michalke, Regina | Die strafrechtlichen und verfahrensrechtlichen Änderungen des Außenwirtschaftsgesetzes; StV 1993, 262 |
| Mörlein, Wolfgang | Der Schutz des Vertrauensverhältnisses zwischen Verteidiger und Beschuldigtem im Rahmen des § 100a StPO; München 1993 |
| Mösch, M. Th. | Erfahrungen mit kriminellen Vereinigungen bei Raub und Einbruchsdelikten (II); Kriminalistik 1974, 167 |
| Mösch, Maria | Spezielle Fragen der Telefonüberwachung im Rahmen des § 100a StPO und des polizeilichen Einsatzes von Abhörgeräten; Kriminalistik 1975, 337 |
| Müller, Hanswerner | Handbuch der Gesetzgebungstechnik; Köln / Berlin / Bonn / München 1963 |
| von Münch, Ingo (Hrsg.) | Grundgesetz. Kommentar, Band 1 (Präambel bis Art. 20); 1. Aufl. Frankfurt/Main 1974 (zit.: vM(1)) |
| ders. | Grundgesetz. Kommentar, Band 1 (Präambel bis Art. 20); 4. Aufl. Frankfurt/Main 1992 (zit.: vM) |
| Nollau, Günther | Wie sicher ist die Bundesrepublik?; München 1976 |
| ders. | Das Amt; München 1978 |
| Odenthal, H.-J. | Anm. zu BGH NStZ 1982, 125; NStZ 1982, 390 |
| Oetker | Hilfeleistung in Staatsnotwehr und Staatsnotstand; Der Gerichtssaal Bd. 97 (1928), 411 |
| Ossenbühl, Fritz | Die verfassungsrechtliche Zulässigkeit der Verweisung als Mittel der Gesetzgebungstechnik; DVBl 1967, 401 |
| Ostendorf, Heribert | Ein Allheilmittel? Der “sogenannte Lauschangriff” auf dem rechtsstaatlichen Prüfstand; NK 1996, 32 |
| Palm, Franz / Roy, Rudolf | Mailboxen: Staatliche Eingriffe und andere rechtliche Aspekte; NJW 1996, 1791 |

| | |
|---|---|
| dies. | Der BGH und der Zugriff auf Mailboxen; NJW 1997, 1904 |
| Peters, Karl | Strafprozeß. Ein Lehrbuch; 3. Aufl., Heidelberg / Karlsruhe 1981 |
| Pfeiffer, Christian | Telefongespräche im Visier der elektronischen Rasterfahndung; ZRP 1994, 253 |
| Pfeiffer, Gerd / Fischer, Thomas | Strafprozeßordnung; München 1995 (zit.: P/F) |
| Pfennig, Gerhard | Gegebene Polizeiermächtigungen für wirksame Fahndung und Observation ausreichend?; Polizei 1978, 173 |
| Prittwitz, Cornelius | Die Grenzen der Verwertbarkeit von Erkenntnissen aus der Telefonüberwachung gemäß § 100a StPO; StV 1984, 302 |
| Ransiek, Andreas | Strafprozessuale Abhörmaßnahmen und verfassungsrechtlicher Schutz der Wohnung - ein rechtsvergleichender Blick; GA 1995, 23 |
| Raum, Bertram / Palm, Franz | Zur verfassungsrechtlichen Problematik des "Großen Lauschangriffs"; JZ 1994, 447 |
| von Rechenberg, D. | Unzulässige Untersuchungsmethoden; Kriminalistik 1954, 79 |
| Riegel, Reinhard | Die Tätigkeit der Nachrichtendienste und ihre Zusammenarbeit mit der Polizei; NJW 1979, 952 |
| ders. | Probleme der Polizeilichen Beobachtung und Observation; JZ 1980, 224 |
| ders. | Die Kontrolle von Überwachungsmaßnahmen nach dem Gesetz zu Art. 10 GG; DÖV 1985, 314 |
| ders. | Zur Novellierungsbedürftigkeit des Gesetzes zu Art. 10 GG; ZRP 1987, 431 |
| ders. | Nochmals: Polizeiliche Bildaufnahmen von öffentlichen Versammlungen; NVwZ 1990, 745 |
| ders. | Rechtliche Neuerungen und politische Veränderungen des Gesetzes zu Art. 10 GG (G 10); ZRP 1991, 393 |

| | |
|---|---|
| ders. | Zur Suche nach Rechtsgrundlagen für die Fernmeldeaufklärung oder strategische Rasterfahndung durch den Bundesnachrichtendienst (BND); ZRP 1993, 468 |
| ders. | Der Quantensprung des Gesetzes zu Art. 10 GG (G 10); ZRP 1995, 176 |
| ders. | Nochmals: Das Bundeskriminalamtgesetz; NJW 1997, 3408 |
| Rieger, Thomas | Der Bundesnachrichtendienst im demokratischen Rechtsstaat; Ellwangen (Jagst) 1986 |
| ders. | Nachrichtendienst und Rechtsstaat; ZRP 1985, 3 |
| Rieß, Peter | Anm. zu BGH JR 1979, 163 und BGH JR 1979, 164; JR 1979, 167 |
| ders. | Anm. zu BGH JR 1987, 75; JR 1987, 77 |
| ders. | Über Subsidiaritätsverhältnisse und Subsidiaritätsklauseln im Strafverfahren;<br>in: Geppert, Klaus / Dehnicke, Diether; Gedächtnisschrift für Karlheinz Meyer; Berlin / New York 1990; 367ff. (zit.: Meyer-GD) |
| Roewer, Helmut | Nachrichtendienstrecht der Bundesrepublik Deutschland; Köln / Berlin / Bonn / München 1987 |
| Rogall, Klaus | Moderne Fahndungsmethoden im Lichte gewandelten Grundrechtsverständnisses; GA 1985, 1 |
| Roggemann, Herwig | Das Tonband im Verfahrensrecht; Göttingen 1962 |
| Rottmann, Joachim | Verfassungsschutz im Rechtsstaat; AöR Bd. 88 (1963), 227 |
| Roxin, Claus | Strafverfahrensrecht; 25. Aufl. München 1995 |
| Rudolphi, Hans-Joachim / Frisch, Wolfgang / Paeffgen, Hans-Ulrich / Rogall, Klaus / Schlüchter, Ellen / Wolter, Jürgen | Systematischer Kommentar zur Strafprozeßordnung und zum Gerichtsverfassungsgesetz (Losebl.); Frankfurt (Main) seit 1986 (zit.: SK) |

Rupp, Hans Heinrich — Anm. zu BVerfG NJW 1971, 275; NJW 1971, 275

Ruthig, Josef — Die Unverletzlichkeit der Wohnung (Art. 13 GG n.F.); JuS 1998, 506

Salzwedel, Jürgen — Möglichkeiten und Grenzen einer rechtsstaatlichen Kontrolle des Verfassungsschutzes;
in: Conrad, H. et al. (Hrsg.); Gedächtnisschrift Hans Peters; Berlin / Heidelberg / New York 1967, 756 (zit.: Peters-GD)

Sarstedt, Werner — Rundfunkaufnahmen im Gerichtssaal; JR 1956, 121

Schäfer, Hans — Verfassungsschutz im demokratischen Rechtsstaat;
in: Bundesministerium des Innern (Hrsg.); Verfassungsschutz - Beiträge aus Wissenschaft und Praxis; Köln / Berlin / Bonn / München 1966 (zit.: Verfassungsschutz)

ders. — Die lückenhafte Notstandsverfassung; AöR Bd. 93 (1968), 37

Schatzschneider, Wolfgang — Ermittlungstätigkeit der Ämter für Verfassungsschutz und Grundrechte; Frankfurt (Main) / Bern / Las Vegas 1979

Schelter, Kurt — Verbrechensbekämpfung mit elektronischen Mitteln - ein Tabu?; ZRP 1994, 52

Schenke, Wolf-Rüdiger — Verfassungsrechtliche Probleme polizeilichen Gewahrsams und polizeilicher Informationseingriffe; DVBl 1996, 1393

Schimpff, Thomas — Die rechtliche Stellung der Nachrichtendienste; Diss. Frankfurt/Main 1990

Schlink, Bernhard — Das Abhör-Urteil des Bundesverfassungsgerichts; Der Staat Bd. 12 (1973), 85

ders. — Das nachrichtendienstliche Mittel; NJW 1980, 552

ders. — Nochmals: Die Befugnisse des Verfassungsschutzes; NJW 1981, 565

ders. — Die dritte Abhörentscheidung des Bundesverfassungsgerichts; NJW 1989, 11

Schmidt, Eberhard — Die Verwendbarkeit von Tonbandaufnahmen im Strafpro-

| | |
|---|---|
| | zeß; in: Bachof, Otto / Drath, Martin / Gönnenwein, Otto / Walz, Ernst; Gedächtnisschrift für Walter Jellinek; München 1955 |
| ders. | Zulässigkeit und Verwendbarkeit von Tonbandaufnahmen im Strafverfahren; JZ 1956, 206 |
| ders. | Lehrkommentar zur Strafprozeßordnung und zum Gerichtsverfassungsgesetz; Teil II: Erläuterungen zur Strafprozeßordnung und zum Einführungsgesetz zur Strafprozeßordnung; Göttingen 1957 |
| Schmidt, Helmut | Verfassungsschutz als gemeinsame Aufgabe von Bund und Ländern; in: Bundesministerium des Innern (Hrsg.); Verfassungsschutz - Beiträge aus Wissenschaft und Praxis, Köln / Berlin / Bonn / München 1966 (zit.: Verfassungsschutz) |
| Schmitt, Carl | Die Diktatur; 3. Aufl. Berlin 1964 |
| Schmitt, Rudolf | Tonbänder im Strafprozeß - OLG Celle, NJW 1965, 1677; JuS 1967, 19 |
| Schoen, Gerd-Dieter | Eckwerte des neuen Bundesverfassungsschutzrechtes; in: Bundesamt für Verfassungsschutz (Hrsg.); Verfassungsschutz in der Demokratie - Beiträge aus Wissenschaft und Praxis; Köln / Berlin / Bonn / München 1990, 125 |
| Schönke / Schröder | Strafgesetzbuch; 25. Aufl. München 1997 |
| Scholz, Rupert | Anm. zu BGH NStZ 1997, 195; NStZ 1997, 196 |
| Schoreit, Armin | Organisierte Kriminalität - Dogmatische und praktische Probleme; MDR 1992, 1013 |
| Schrader, Hans-Hermann / Werner, Ulrich | Anm. zu BayVerfGH JZ 1995, 299; JZ 1995, 305 |
| Schroeder, Fr.-Chr. | Anm. zu OLG Hamburg JR 1973, 252; JR 1973, 253 |
| ders. | Moabiter Landrecht oder Hamburger juristische Spökenkiekerei?; NJW 1980, 920 |
| Schrübbers, Hubert | Organisation und Aufgabe des Verfassungsschutzes in der |

| | |
|---|---|
| | Bundesrepublik Deutschland; in: Bundesministerium des Innern (Hrsg.); Verfassungsschutz - Beiträge aus Wissenschaft und Praxis; Köln / Berlin / Bonn / München 1966 (zit.: Verfassungsschutz) |
| Schünemann, Wolfgang B. | Die strafprozessuale Verwertbarkeit von Zufallserkenntnissen bei der Telefonüberwachung; NJW 1978, 406 |
| Schütz, Rudolf | Polizeiverwaltungsgesetz von Rheinland-Pfalz; 4. Aufl. Hilden 1987 |
| Schwabe, Jürgen | Hoheitlicher Verfassungsschutz mit Jedermannsbefugnissen?; NJW 1980, 2396 |
| ders. | Nochmals: Die Befugnisse des Verfassungsschutzes; NJW 1981, 565 |
| Schwagerl, H. Joachim | Verfassungsschutz in der Bundesrepublik Deutschland; Heidelberg 1985 |
| Schwan, Eggert | Das Abhörurteil des Europäischen Gerichtshofes für Menschenrechte; NJW 1980, 1992 |
| Scupin, Hans Ulrich | Die Zulässigkeit und Verwertbarkeit von Tonbandaufnahmen im polizeilichen Ermittlungsverfahren; DÖV 1957, 548 |
| Seifert, Jürgen | Der Lauschangriff als Erhebung personenbezogener Daten; in: Hohmann, Harald (Hrsg.); Freiheitssicherung durch Datenschutz; Frankfurt (Main) 1987; 261 |
| ders. | Vom Lauschangriff zum "Großen Lauschangriff"; KJ 1992, 355 |
| Siegert, Karl | Der Mißbrauch von Schallaufnahmegeräten im geltenden Recht; Göttingen 1953 |
| ders. | Die Grenzen rechtmäßiger Tonbandaufnahmen im Strafprozeß; DRiZ 1957, 101 |
| Sippel, Heinrich | Verfassungsschutz und Polizei; Die Polizei 1970, 167 |
| Spoo, Eckart | Die Macht des Geheimdienstes; in: Narr, Wolf-Dieter; Wir Bürger als Sicherheitsrisiko; Reinbek bei Hamburg 1977; 133ff. |

Staechelin, Gregor | § 100a StPO als Seismograph der jüngeren Strafrechts- und Strafverfahrensgeschichte; KritJ 1995, 466

ders. | Der "Große Lauschangriff" der dritten Gewalt; ZRP 1996, 430

Stein, Erich | Observation reisender Rechtsbrecher?; Kriminalistik 1957, 413 u. 461

Steiner, Udo (Hrsg.) | Besonderes Verwaltungsrecht; 5. Aufl. Heidelberg 1995

Steinke, Wolfgang | Die Rechtmäßigkeit von polizeilichen Fahndungsmaßnahmen unter Berücksichtigung des Datenschutzes; DVBl 1980, 433

Stenger, Carola | Gegebener und gebotener Einfluß der Europäischen Menschenrechtskonvention auf die Rechtsprechung der bundesdeutschen Strafgerichte; Pfaffenweiler 1991

Stern, Klaus | Das Staatsrecht der Bundesrepublik Deutschland - Band I; 1. Aufl. München 1977 (zit.: StR(1.))

ders. | Das Staatsrecht der Bundesrepublik Deutschland - Band I; 2. Aufl. München 1984

ders. | Das Staatsrecht der Bundesrepublik Deutschland - Band III, 2. Halbband; München 1994

Sterzel, Dieter | Beschränkung des Brief-, Post- und Fernmeldegeheimnisses; Ausschluß des Rechtsweges;
in: Sterzel, Dieter (Hrsg.); Kritik der Notstandsgesetze; Frankfurt / Main 1968; 24 ff.

Störmer, Rainer | Der gerichtliche Prüfungsumfang bei Telefonüberwachungen - Beurteilungsspielraum bei Anordnungen nach § 100a StPO?; StV 1995, 653

Strafrechtsausschuß des Deutschen Anwaltvereins (DAV) | Stellungnahme zum "Entwurf eines Gesetzes zur Bekämpfung des illegalen Rauschgifthandels und anderer Erscheinungsformen der Organisierten Kriminalität (OrgKG)"; StV 1992, 29

Traube, Klaus | Lehrstück Abhöraffäre;
in: Narr, Wolf-Dieter; Wir Bürger als Sicherheitsrisiko;

| | |
|---|---|
| | Reinbek bei Hamburg 1977; 61ff. |
| Ule, C.H. / Seidel, Harald | Zur Beschränkung des Brief-, Post- und Fernmeldegeheimnisses; DVBl. 1967, 681 |
| Vogel, Günter | Anm. zu BGH NJW 1979, 990; NJW 1979, 2524 |
| Wagner, Heinz | Kommentar zum Polizeigesetz von Nordrhein-Westfalen und zum Musterentwurf eines einheitlichen Polizeigesetzes des Bundes und der Länder; Neuwied / Darmstadt 1987 |
| Wagner, Joachim | Terrorismus, Hochverrat und Abhörgesetz; NJW 1980, 913 |
| Walde, Thomas | ND-Report - Die Rolle der Geheimen Nachrichtendienste im Regierungssystem der Bundesrepublik Deutschland; München 1971 |
| Walz, Stefan | Datenschutz und Telekommunikation; CR 1989, 56 u. 1990, 138 |
| Weber, Gustav | Anm. zu OLG Hamburg NJW 1973, 157; NJW 1973, 1056 |
| Weil, Stephan | Verdeckte Ermittlungen im Strafverfahren und die Unverletzlichkeit der Wohnung; ZRP 1992, 243 |
| Welp, Jürgen | Nachrichtendienstliche und strafprozessuale Eingriffe in das Post- und Fernmeldegeheimnis; DÖV 1970, 267 |
| ders. | "Vereinfachter" Geheimschutz im Strafverfahren?; JZ 1972, 423 |
| ders. | Anm. zu OLG Hamburg JZ 1973, 288; JZ 1973, 289 |
| ders. | Die Geheimsphäre des Verteidigers in ihren strafprozessualen Funktionen; in: Lenckner, Karl / Leferenz, Heinz / Schmidt, Eberhard / Welp, Jürgen / Wolff, Ernst Amadeus (Hrsg.); Festschrift für Wilhelm Gallas zum 70. Geburtstag; Berlin / New York 1973; 391ff. |
| ders. | Die strafprozessuale Überwachung des Post- und Fernmeldeverkehrs; Heidelberg 1974 (zit.: Überwachung) |
| ders. | Abhörverbote zum Schutz der Strafverteidigung; NStZ 1986, 294 |

| | |
|---|---|
| ders. | Der SPD-Entwurf eines Zweiten Gesetzes zur Bekämpfung der Organisierten Kriminalität; StV 1994, 161 |
| ders. | Strafprozessuale Zugriffe auf Verbindungsdaten des Fernmeldeverkehrs; NStZ 1994, 209 |
| ders. | Anm. zu BGH NStZ 1995, 601; NStZ 1995, 602 |
| Werhahn, Jürgen W. | Persönlichkeitsrecht und Tonbandproblem; Ufita 1957, 196 |
| Werle, Gerhard | Schutz von Vertrauensverhältnissen bei der strafprozessualen Fernmeldeüberwachung?; JZ 1991, 482 |
| Wintrich, J. M. | Die Bedeutung der "Menschenwürde" für die Anwendung des Rechts; BayVerwBl 1957, 137 |
| Wolter, Jürgen | Heimliche und automatisierte Informationseingriffe wider Datengrundrechtsschutz; GA 1988, 49 u. 129 |
| ders. | Freiheitlicher Strafprozeß, vorbeugende Straftatenbekämpfung und Verfassungsschutz - zugleich Besprechung des Entwurfs eines StVÄG 1988; StV 1989, 358 |
| Zinn, Georg August / Stein, Erwin (Hrsg.) | Die Verfassung des Landes Hessen - Kommentar, Erster Band; Bad Homburg v.d.H. / Berlin 1954 |
| Zolling, Hermann / Höhne, Heinz | Pullach intern; Hamburg 1971 |
| Zuck, Rüdiger | Abhörgesetz und Anwaltschaft; NJW 1969, 911 |
| N.N. | Zusammenarbeit mit anderen Dienststellen; Das Parlament 3/1976, 2 |

Entwurf eines Strafgesetzbuches (StGB) - E 1962 - mit Begründung

Presse- und Informationsamt der Bundesregierung: Das Viermächte-Abkommen über Berlin vom 3. September 1971

"...Man ... stelle sich vor, daß es möglich wäre, in einem Raume verborgen einen Apparat anzubringen, wodurch das geheimste Wort fixiert ... würde; hier müßten neue Rechtsnormen erwachsen. Das häusliche Leben darf nicht auf solche Weise profaniert werden, und eine derartige, das Geheimnis in die Oeffentlichkeit bringende Maßnahme müßte als ein Eingriff in das Persönlichkeitsrecht verboten und schon die Anbringung solcher Apparate unter Strafe gestellt werden." (Josef Kohler, DJZ 1912, 26, 29 f.)

# 1. Teil: Einleitung

Die vorliegende Arbeit wird sich mit rechtlichen Problemen des Abhörens von Gesprächen befassen.

## A. Definition

Abhören soll hier verstanden werden als das Mithören bei verbalen Äußerungen durch Träger hoheitlicher Gewalt oder deren Beauftragte ohne Kenntnis aller jeweiligen Gesprächsteilnehmer[1]. Keine Rolle spielt dabei, ob das Gespräch über Fernmelde- oder sonstige technische Anlagen übertragen oder ob es unter persönlich anwesenden Partnern geführt wird. Ebenso macht es für den Untersuchungsgegenstand keinen Unterschied, ob das Abhören mit oder ohne den Einsatz technischer Mittel erfolgt.

## B. Einführung, Erkenntnisinteresse, Methode

Die "Abhörproblematik" war in der aktuellen politischen Diskussion der vergangenen Jahre in aller Munde. Insbesondere die Debatte um die Einführung des sog. "großen Lauschangriffs" in der Strafverfolgung, d.h. den Einsatz von Mitteln zum Abhören von nicht über Fernmeldeanlagen geführten Gesprächen innerhalb von Wohnungen ohne körperliche Anwesenheit eines Ermittlers[2], schlug hohe Wellen. Bei näherer Betrachtung fällt jedoch auf, daß z.T. selbst in der juristischen Fachwelt, erst recht aber in der allgemeinen interessierten Öffentlichkeit nur selten die Rede auf den bereits erreichten Stand der gesetzlichen Möglichkeiten zum Abhören von Gesprächen kommt. Die Debatte konzentriert sich häufig auf den Bereich strafprozeßrechtlicher Regelungen des Abhörens, während die Möglichkeiten des präventiven Abhörens nach den Polizeigesetzen sowie die Abhörtätigkeit der Nachrichtendienste meist wenig Beachtung finden[3].

---

[1] Das polizeiliche Mithören mit Kenntnis zumindest eines der Kommunikationspartner soll demgemäß (schon aus Platzgründen) nicht zum Gegenstand der Untersuchung werden (vgl. insoweit grundl. u. m. zahlr. w. Nachw. BGHSt 39, 335ff.; auch BGHSt 42, 139ff.).

[2] vgl. zur Entstehung des Begriffs "großer Lauschangriff" aus der nachrichtendienstlichen Praxis *Hassemer*, DRiZ 1992, 357; *Krey/Haubrich*, JR 1992, 309, 313; *Gerhardt* im "ZRP-Rechtsgespräch" mit Landesjustizminister *Caesar*, ZRP 1993, 67.

[3] vgl. aber auch *Staechelin*, ZRP 1996, 430; *Klingst*, DIE ZEIT Nr. 48/96 v. 22.11.1996, S. 5.

Gelegentlich muß man hier den Eindruck gewinnen, daß die Existenz dieser Möglichkeiten überhaupt nur einem kleineren Kreis von Fachleuten bewußt ist.
Einerseits scheint das verwunderlich, da man angesichts der oft beschworenen Bedeutung der Möglichkeit des Zugriffs auf und der Verteilung von Informationen als Machtfaktor in der heutigen und zukünftigen Gesellschaft[4] unwillkürlich der Meinung sein könnte, denjenigen Vorschriften, die Erhebung und Verwertung von - zumal personenbezogenen - Informationen durch öffentliche Stellen regeln, werde nunmehr besondere öffentliche Aufmerksamkeit geschenkt werden. Andererseits ist jedoch folgendes zu bedenken: Auch die Verfassungsrechtspraxis hat in den vergangenen Jahren die besondere Bedeutung dieses Komplexes staatlichen Handelns anerkannt. Da die Rechtsprechung des BVerfG insbesondere seit dem Volkszählungsurteil aus dem Jahre 1983[5] den Charakter staatlicher Datenerhebung und -verarbeitung als Grundrechtseingriff herausgearbeitet hat, wird in diesem Bereich erhöhtes Gewicht auf die Berücksichtigung des Vorbehalts des Gesetzes, also der Regelung aller wesentlichen Fragen eines Eingriffs in den Schutzbereich eines Grundrechts durch Parlamentsgesetz[6], gelegt. Dies hat zum Erlaß zahlreicher gesetzlicher Regelungen über Datenerhebung und -verarbeitung durch die öffentliche Hand geführt. Besonders die Gesetze über die Abwehr von Gefahren für die öffentliche Sicherheit und Ordnung durch Polizeien und Nachrichtendienste haben in diesem Zusammenhang umfangreiche Erweiterungen erfahren, die angesichts der weitreichenden Gesetzgebungskompetenz der Länder (Art. 70 I GG) für diesen Bereich gravierende Unterschiede in Regelungsdichte und tatbestandlicher Bestimmtheit aufweisen und deren Gesamtsystematik daher nur schwer überschaubar ist. In dieser Entwicklung liegt sicherlich ein Grund für eventuell bestehende Kenntnismängel.
Berücksichtigt werden muß jedoch hier auch die enorme Geschwindigkeit, mit der sich in den vergangenen Jahren die Auffassungen über Notwendigkeit und Machbarkeit bestimmter staatlicher Ermittlungsmethoden im Bereich der Privatsphäre einzelner Bürger gewandelt haben. So haben etwa noch im Jahr 1971 drei Richter des BVerfG ihre abweichende Auffassung in der sog. "G 10 - Entscheidung", die Änderung des Art. 10 GG durch das 17. Gesetz zur Ergänzung des GG[7] sei verfassungsrechtlich bedenklich, unter anderem damit begründet, daß der hierin verwirklichte Gedanke im Wege der Verfassungsänderung auch auf andere Bereiche übertragen werden könne. Als ein Beispiel hierfür führten sie an, es sei dann etwa eine Erweiterung des Art. 13 GG denkbar, die es ermögliche, Haussuchungen ohne Zuziehung des Wohnungsinhabers und dritter Personen vorzunehmen und dabei "Geheimmikrofone unter Ausschluß des Rechts-

---

[4] vgl. nur BMWi-Report Informationsgesellschaft, 2: "Information ist zum vierten großen Wirtschaftsfaktor geworden - so wichtig wie Rohstoffe, Arbeit und Kapital."

[5] BVerfGE 65, 1.

[6] allg. hierzu etwa *Sachs*, in: *Stern*, StR, § 80.

[7] v. 24.6.1968 (BGBl. I, 709).

weges" anzubringen[8]. Sie merkten allerdings einschränkend an, die Gefahr einer solchen Entwicklung möge in Anbetracht der Erfahrungen seit 1949 eher fernliegen[9].
Die Betrachtung stimmt nachdenklich: Vor gerade erst 3 Jahrzehnten wurde von diesen Richtern als Beispiel eines schwerwiegenden Verlusts an Schutz der Privatsphäre als Station auf dem Weg fort von der "freiheitlich-rechtsstaatlichen Demokratie (, in der) alle Normen korrekt und fair angewendet ... werden"[10], gerade eine Maßnahme herangezogen, deren Einführung in das Strafprozeßrecht in den rechtspolitischen Diskussionen der 90er Jahre mit dringenden, teilweise sogar schrillen Tönen gefordert[11] und schließlich durchgesetzt wurde und deren Umsetzung im Recht der Polizei und der Nachrichtendienste, wie noch zu zeigen sein wird, mit einem zwar nicht rechtlich, aber doch faktisch weitgehend geltenden Ausschluß des Rechtsweges für den Betroffenen verbunden wurde.
Diese Betrachtung legt die Frage nahe, welchen Umwälzungen das betreffende Normensystem in den vergangenen Jahrzehnten bereits unterworfen worden ist und welche Rückschlüsse sich aus etwa feststellbaren Veränderungen für die Zukunft ziehen lassen mögen. Derartigen Fragestellungen soll die vorliegende Bearbeitung nachgehen, indem sie die bestehenden gesetzlichen Vorschriften über das hoheitliche Abhören von Gesprächen sowohl im Bereich des Handelns der Nachrichtendienste und der präventiven Tätigkeit der Polizei als auch im Bereich repressiven Handelns aus dem gesamten Gebiet der Bundesrepublik zusammenträgt und im Detail referiert. Hierbei soll zunächst die historische Entwicklung hin zum heutigen Normensystem für die Zeit des Bestehens der Bundesrepublik nachgezeichnet werden. Diese Darstellung soll zu einer vollständigen Beschreibung der Tatbestandsvoraussetzungen und Begrenzungen des heute geltenden Rechts nicht nur für die Erhebung von Daten im Wege des Abhörens, sondern auch für die Weiterleitung und strafprozessuale Verwertung des nicht von Strafverfolgungsbehörden gewonnenen Datenmaterials führen. Auf der Grundlage dieser Beschreibung wird zu klären sein, wie die verschiedenen einschlägigen Normen aus dem Bereich der Strafverfolgung, des präventiv-polizeilichen Handelns sowie der Tätigkeit der Geheimdienste tatbestandlich voneinander abgegrenzt bzw. miteinander verknüpft sind. Interessant erscheint dabei besonders die Frage, inwieweit die Strafverfolgungsbehörden möglicherweise aufgrund von Mitteilungsregelungen an den Ergebnissen von präventiv-

---

[8] BVerfGE 30, 1, 46.

[9] aaO, 47.

[10] aaO, 47.

[11] vgl. beispielhaft folgende Formulierungen bei *Gehm/Link*, Kriminalistik 1992, 491: "beklemmende Praxisferne" des Gesetzes (495), "Wenig dazu gelernt" (Spaltentitel, 495), "Grenzen beseitigen - Aber alle!" (Spaltentitel, 496), "alle Signale auf Sturm" (496) sowie die Spaltentitel bei *Krüger*, Kriminalistik 1992, 594 anläßlich der Verkündung des OrgKG (BGBl. 1992 I, 1302): "Keine neuen Befugnisse" (594), "Bürokratie statt Hilfe" (596), "Mit Halbheiten Steine statt Brot gereicht" (597), "Ein Schritt vor, zwei zurück" (597).

polizeilichen oder -geheimdienstlichen Abhörmaßnahmen partizipieren können und eventuell sogar sollen, die sie selbst wegen der eventuell geringeren Reichweite ihrer eigenen Befugnisse so nicht hätten vornehmen dürfen. Insoweit sind vor allem diejenigen Landesgesetze einer näheren Betrachtung wert, die den Strafverfolgungsbehörden heute oder in der Vergangenheit verwehrte Abhörmaßnahmen nicht nur zur Abwehr von Gefahren für Leib, Leben oder bestimmte Sachwerte, sondern ausdrücklich auch zur vorbeugenden Bekämpfung von Straftaten vorsehen, da hier die Grenzziehung zwischen repressiver und präventiver Tätigkeit der Polizeibehörden zumindest als schwierig erscheinen dürfte.

# 2. Teil: Entwicklung der gesetzlichen Befugnisse zum hoheitlichen Abhören von Gesprächen in der Geschichte der Bundesrepublik

## Kapitel 1: Entwicklung von der Gründung der Bundesrepublik bis zu den Notstandsgesetzen

### A. Schaffung gesetzl. Rahmenbedingungen

Die gesetzlichen Rahmenbedingungen für hoheitliche Abhörmaßnahmen waren zur Zeit der Gründung der Bundesrepublik noch wenig präzise. So existierten im Jahre 1949 weder in der StPO Vorschriften über die zulässigen Methoden der Beweiserhebung beim Beschuldigten, bei Zeugen oder bei Sachverständigen, noch gab es Normen über die zulässigen Methoden der Informationserhebung für Zwecke der Gefahrenabwehr.

#### I. Verfassungsrecht

Allerdings hatten die Erfahrungen mit der menschenverachtenden Tätigkeit der Sicherheitsorgane im Dritten Reich und in anderen totalitären Staatssystemen dennoch bereits zu legislatorischen Aktivitäten geführt, die auch für das Gebiet des Abhörens von Gesprächen von Bedeutung waren, und zwar im Verfassungsrecht der Länder.

Als Regelungen für den Bereich hoheitlicher Informationserhebung sind zunächst diejenigen landesverfassungsrechtlichen Vorschriften zu erwähnen, die in Anlehnung an Art. 117 WRV das Fernsprechgeheimnis, das durch §§ 10ff. FAG v. 14.1.1928 bereits gegen Eingriffe von Seiten der Postverwaltung geschützt war[12], vor Eingriffen sonstiger staatlicher Stellen schützten: Art. 7 Württ-BadVerf v. 30.9.1946, Art. 112 I BayVerf v. 8.12.1946, Art. 14 RhPfVerf v. 24.5.1947, Art. 11 BadVerf v. 28.5.1947, Art. 19 Württ-HohzVerf v. 31.5.1947, Art. 17 SaarlVerf v. 15.12.1947[13]. Lediglich das Postgeheimnis wurde geschützt durch Art. 15 IV BremVerf v. 21.10.1947 und Art. 12 HessVerf v. 18.12.1946[14][15].

---

[12] einführend zur Geschichte des Fernmeldegeheimnisses *Aubert*, FernmeldeR, 1. Teil, 42ff; seit dem 26.7.1996 ist der Schutz des Fernmeldegeheimnisses gegen Eingriffe derjenigen, die geschäftsmäßig Telekommunikationsdienste erbringen oder daran mitwirken, statt dessen durch § 85 TKG geregelt.

[13] Auch in den meisten Ländern der sowjetischen Besatzungszone (SBZ) wurde das Fernsprechgeheimnis verfassungsrechtlich verankert: Art. 15 SachsAnhVerf v. 10.1.1947, Art. 13 MeckVerf v. 12.3.1947, Art. 14 SächsVerf v. 15.3.1947.

[14] Für Hessen soll allerdings im Schutz des Postgeheimnisses auch der des Fernsprechgeheimnisses enthalten sein; so *Stein* in *Zinn/Stein*, Bd. 1, Erl. 2 zu Art. 12 unter Verweis auf die Drucks. der Verfassungberatenden Landesversammlung Groß-Hessen.

[15] in der SBZ: Art. 6 Verf d. Mark Brandenburg v. 6.2.1947.

Außerdem wurde in vielen Landesverfassungen auch ein grundrechtlicher Schutz der Unverletzlichkeit der Wohnung gewährt, so daß für diesen Bereich ebenfalls ein Schutz gegen heimliche Informationserhebung angelegt war: Art. 6 Württ-BadVerf, Art. 106 III BayVerf, Art. 8 HessVerf, Art. 7 RhPfVerf, Art. 6 BadVerf, Art. 14 Württ-HohzVerf, Art. 14 II BremVerf, Art. 116 SaarlVerf[16].
Das Grundgesetz für die Bundesrepublik Deutschland v. 23.5.1949 wies dann ebenfalls sowohl eine Vorschrift über den grundrechtlichen Schutz des Fernmeldegeheimnisses (Art. 10) als auch eine über den der Wohnung (Art. 13) auf[17].
Durch spätere landesverfassungsrechtliche Generalverweisungen wurden diese beiden Normen schließlich auch in das Verfassungsrecht von Nordrhein-Westfalen und das des neugebildeten Landes Baden-Württemberg inkorporiert (Art. 4 NRWVerf v. 18.6.1950; Art. 2 I BadWürttVerf v. 11.11.1953). Außerdem führte auch Berlin in seiner Verfassung v. 1.9.1950 sowohl den grundrechtlichen Schutz des Fernmeldegeheimnisses (Art. 10; heute Art. 16 VvB v. 23.11.1995) als auch die Unverletzlichkeit des Wohnraums (Art. 19 II; heute Art. 28 II VvB) ein.
Seit 1990 weisen auch alle Verfassungen der der Bundesrepublik beigetretenen Länder entsprechende Vorschriften auf, z.T. durch Inkorporation des Grundrechtskataloges des GG in das Landesverfassungsrecht (Art. 5 III Verf M-V v. 23.5.1993), überwiegend aber durch ausdrückliche Gewährleistungen (Schutz des Fernmeldegeheimnisses: Art. 27 SächsVerf v. 27.5.1992; Art. 14 VerfLSA v. 16.7.1992; Art. 16 BbgVerf v. 20.8.1992; Art. 7 VerfThür v. 25.10.1993 / Unverletzlichkeit der Wohnung: Art. 30 SächsVerf; Art. 17 VerfLSA; Art. 15 BbgVerf; Art. 8 VerfThür).

Noch wichtiger für die Beurteilung der Rahmenbedingungen staatlicher Abhörtätigkeit waren allerdings diejenigen Verfassungsvorschriften, die die individuelle Freiheitssphäre umfassend vor solchen Eingriffen schützten, die nicht durch eine gesetzliche Ermächtigung gedeckt waren. Die Formulierungen der verschiedenen Landesverfassungen unterscheiden sich hier allerdings erheblich (Art. 2 Württ-BadVerf; Art. 101 BayVerf; Art. 2 HessVerf; Art. 1 I, 2 RhPfVerf; Art. 3 BremVerf; Art. 2 SaarlVerf; Art. 15 SächsVerf; Art. 5 I VerfLSA; Art. 10 BbgVerf; Art. 7 VvB v. 23.11.1995; Thüringen hat sich in Art. 6 I VerfThür für ein Grundrecht zum Schutz der Persönlichkeit und des privaten Lebensbereiches entschieden). Im GG wurde mit Art. 2 I ein Recht auf die freie Entfaltung der Persönlichkeit installiert, das von der Rechtsprechung des BVerfG in den

---

[16] Für die SBZ fanden sich entsprechende Regelungen in Art. 14 SachsAnhVerf, Art. 6 Verf d. Mark Brandenburg, Art. 12 MeckVerf, Art. 13 SächsVerf.

[17] Im Falle eines Mißbrauchs des Grundrechts aus Art. 10 GG zum Kampf gegen die freiheitliche demokratische Grundordnung kann allerdings das BVerfG gem. Art. 18 GG die Verwirkung aussprechen. Diese Beschränkung des Schutzes des Fernmeldegeheimnisses hat sich aber als praktisch wenig bedeutsam erwiesen: Ein solcher Ausspruch ist bis heute weder für das genannte noch für ein anderes von Art. 18 S. 1 GG erfaßtes Grundrecht je erfolgt.

folgenden Jahren zu einem umfassenden Schutz der allgemeinen Handlungsfreiheit ausgearbeitet wurde und schließlich gemeinsam mit Art. 1 GG die Grundlage für den verfassungsrechtlichen Schutz eines allgemeinen Persönlichkeitsrechts bot. Diese Entwicklung ist für den hier angesprochenen Themenbereich unter zwei sich ergänzenden Gesichtspunkten bedeutsam: Zum einen ergab sich nun aus der Schranke der verfassungsmäßigen Ordnung, wie sie Art. 2 I GG errichtete, daß jedweder Eingriff der öffentlichen Hand auch in die allgemeine, von keinem speziellen Freiheitsgrundrecht erfaßte Freiheitssphäre des Bürgers der Rechtfertigung durch eine verfassungsgemäße Rechtsvorschrift bedarf und daß diese Rechtfertigung unter Berücksichtigung der vom BVerfG entwickelten Grundsätze der Verhältnismäßigkeit sowie seiner Wesentlichkeitslehre zu erfolgen hat[18]. Zum anderen boten die Art. 1, 2 I GG später den Ansatz für das BVerfG, zum allgemeinen Persönlichkeitsrecht auch das Recht auf informationelle Selbstbestimmung zu zählen, so daß gerade auch der Eingriff in die "Befugnis des einzelnen, grundsätzlich selbst zu entscheiden, wann und innerhalb welcher Grenzen persönliche Lebenssachverhalte offenbart werden"[19], den soeben genannten Beschränkungen unterworfen wurde. Dieser Ansatz wurde wiederum begleitet von der Aufnahme ausdrücklicher Gewährleistungen des Rechts auf Schutz der persönlichen Daten in viele Landesverfassungen (Art. 4 II VerfNW idFd Ges. v. 19.12.1978[20]; Art. 2 S. 2 SVerf idFd Ges. Nr. 1182 v. 25.1.1985[21]; Art. 21b VvB idFd Ges. v. 3.9.1990[22] / Art. 33 VvB v. 23.11.1995; Art. 33 SächsVerf; Art. 6 I VerfLSA; Art. 11 BbgVerf; Art. 6 I Verf MV; Art. 6 II VerfThür; Art. 12 III BremVerf idFd Ges. v. 9.10.1997[23]).

Allerdings war diese Entwicklung zu einem umfassenden grundrechtlichen Schutz der Privatsphäre nicht von vornherein im Wortlaut des Art. 2 I GG angelegt, sondern kristallisierte sich erst durch die spätere Rechtsprechungstätigkeit des BVerfG heraus. Einen rechtlichen Schutz des Privatlebens gegenüber Eingriffen der öffentlichen Hand gewährte aber auch schon in den Anfangsjahren der Bundesrepublik der Art. 8 EMRK, der durch das Gesetz über die Konvention zum Schutze der Menschenrechte und Grundfreiheiten vom 7.8.1952 im Range eines einfachen Bundesgesetzes[24] in das Bundesrecht

---

[18] vgl. aus der umfangreichen Rechtsprechung zum Verhältnismäßigkeitsprinzip beispielsweise nur BVerfGE 23, 127, 133f. (mwN); 67, 157, 173ff.; eine Rechtsprechungsübersicht findet sich bei *Stern*, StR, § 84, Fn. 7; zur Wesentlichkeitstheorie z.B. BVerfGE 49, 89, 126ff.; 88, 103, 116 (jew. mwN).

[19] BVerfGE 65, 1, 42.

[20] GVBl. 632.

[21] ABl. 105.

[22] GVBl. 1877.

[23] GBl. 353.

[24] so die h.L. u. st. Rechtspr.; s. BVerfGE 74, 358, 370; zahlr. w. N. bei *Kleeberger*, Fn. 62.

inkorporiert wurde und am 3.9.1953 in Kraft getreten ist[25]. Sein Absatz 1 lautet in der deutschen Übersetzung des Vertragstextes: "Jedermann hat Anspruch auf Achtung seines Privat- und Familienlebens, seiner Wohnung und seines Briefverkehrs." Neben dem allgemeinen Schutz des Privatlebens gegen behördliche Eingriffe gewährt im übrigen nach h.A. auch Art. 8 I EMRK nochmals den Schutz des Fernsprechgeheimnisses, da der deutsche Begriff "Briefverkehr" eine unzureichende Übersetzung der im englischen und französischen Originaltext verwendeten Termini "correspondence" bzw. "correspondance" darstellen und der Gewährleistungsgehalt somit jeden ein- oder mehrseitigen Nachrichten- oder Meinungsaustausch über wie auch immer geartete technische Mittel umfassen soll[26].

Schließlich bleibt zu erwähnen, daß später auch der Internationale Pakt vom 19.12.1966 über bürgerliche und politische Rechte, dem die Bundesrepublik durch Gesetz vom 15.11.1973[27] beitrat, Schutz vor "willkürlichen oder rechtswidrigen Eingriffen in (das) Privatleben ... und (den) Schriftverkehr"[28] garantierte (Art. 17 IPBR).

II. Strafprozeßrecht

Auch im Bereich des Strafprozeßrechts führten die neuen verfassungsrechtlichen Vorgaben insbesondere der Art. 1 und 2 GG und die historischen Erfahrungen schon kurz nach der Gründung der Bundesrepublik zu gesetzgeberischer Tätigkeit.

Durch das VereinhG vom 12.9.1950[29] wurde die Beeinträchtigung der Freiheit der Willensentschließung oder der Willensbetätigung eines Beschuldigten bei seiner richterlichen Vernehmung durch die Anwendung bestimmter Vernehmungsmethoden, insbesondere auch durch Täuschung, nach § 136a I 1 StPO verboten. Zugleich wurden auf derartige Weise zustande gekommene Aussagen einem Verwertungsverbot gemäß § 136a III 2 StPO unterworfen. In § 69 III StPO wurden dieselben Verbote auch für die richterliche Vernehmung von Zeugen normiert. Kraft Verweisung in §§ 161 II, 163 II StPO waren diese Verbote schließlich auch auf Vernehmungen von Beschuldigten oder Zeugen durch die Staatsanwaltschaft oder die Polizei im Rahmen des Ermittlungsverfahrens anzuwenden[30].

---

[25] Bekanntmachung v. 15.12.1953 (BGBl. 1954 II, 14).

[26] EGMR NJW 1979, 1755, 1756; *Stenger*, 246 mwN auch zur Gegenansicht (Fn. 899).

[27] BGBl. II, 1533.

[28] Deutscher Vertragstext; englische Fassung: "arbitrary or unlawful interference with his privacy ... or correspondence"; frz.: "immixtions arbitraires ou illégales dans sa vie privée ... ou sa correspondance"; "correspondence" bzw. "correspondence" dürften ebenso wie nach der EMRK in einem umfassenderen Sinn zu verstehen sein, als dies in der deutschen Übersetzung zum Ausdruck kommt.

[29] BGBl. 455.

[30] Der Standort und die Systematik der Verweisungsvorschriften wurden später durch das StPÄG v. 19.12.1964 (BGBl. I, 1067) und das 1. StVRG v. 9.12.1974 (BGBl. I, 3393) wie folgt geändert:

- Vernehmg. des Besch. durch d. StA: 1964 § 163a III StPO; 1974 § 163a III 2 StPO

Wollte man also nicht schon aus dem damaligen Schweigen der StPO zur Erhebung von Informationen durch heimliches Abhören des Beschuldigten oder anderer Personen den Schluß ziehen, daß die Verwendung derartiger Methoden unzulässig sei, so konnte nun zumindest die Frage aufgeworfen werden, ob heimliches Abhören nicht als Täuschung über das Vorhandensein des Horchers zu werten sei, eine Frage, die allerdings, soweit ersichtlich, erst Jahre später tatsächlich diskutiert wurde[31].

## B. Praktische Handhabung im Strafverfolgungsbereich in den 50er Jahren

### I. Allgemeine Haltung der Fachöffentlichkeit

Unter dem Einfluß der hier angesprochenen Neuerungen im Verfassungs- und Strafverfahrensrecht und der erkennbaren Tendenz zur Stärkung der Rechtsposition des Individuums nahm insbesondere das strafprozessuale Schrifttum - dabei aber durchaus unter Beteiligung von Autoren aus der Praxis - in den fünfziger Jahren eine deutlich kritischere Haltung gegenüber der heimlichen Erhebung von Informationen durch Abhören von Gesprächen ein, als dies heute der Fall ist. Dies läßt sich allerdings nur an verhältnismäßig wenigen direkt auf solche Techniken bezogenen Äußerungen festmachen. Dies hat seinen Grund darin, daß von vielen Diskutanten heute als für den Kampf gegen die Organisierte Kriminalität für unverzichtbar angesehene Methoden seinerzeit noch als derart unvereinbar mit rechtsstaatlichen Grundsätzen angesehen wurden, daß dies überhaupt nur in beiläufigen Bemerkungen am Rande Ausdruck fand.

Belegen läßt sich dies anhand der Entwicklung der Debatte über die Verwendbarkeit von Tonbändern im Strafprozeß, die mit der Ausbreitung dieser neuen Technik in jenen Jahren aufflammte[32]. Neben der Frage der Rechtmäßigkeit des Einsatzes zu Protokollierungszwecken in der Hauptverhandlung[33] und der Möglichkeit der Aufzeichnung von Hauptverhandlungen zu publizistischen Zwecken[34] wurde damals auch erörtert, inwieweit Tonbandaufzeichnungen als Beweismittel in das Verfahren eingebracht werden könnten. Insbesondere aus den Reihen der Kriminalpolizei wurde statt des schriftlichen Protokolls einer Vernehmung die Aufnahme auf Tonband nachdrücklich befürwortet[35], wobei sehr umstritten war, ob eine solche Aufnahme auch ohne das Wissen des Vernom-

---

- Vernehmg. des Besch. durch die Polizei: seit 1964 § 163a IV 2 StPO
- Vernehmg. v. Zeugen durch die StA: 1964 § 163a V StPO; 1974 § 161a I 2 StPO
- Vernehmg. v. Zeugen durch die Polizei: seit 1964 § 163a V StPO.

Zudem ist seit dem StPÄG auch die Vernehmung von Sachverständigen durch StA oder Polizei von § 163a V StPO bzw. (seit dem 1. StVRG) von § 161 I 2 StPO erfaßt.

[31] Aufgeworfen wird sie etwa von *Henkel*, Tagungsbericht, 45, 47f., ähnl. *ders.*, Verhandlungen des 42. DJT, Bd. II, D 59, D 125f..

[32] ausführl. Nachw. zur Diskussion bei *Dürig* in *Maunz/Dürig*, Art. 2 Abs. 1, S. 32, Fn. 2.

[33] hierzu ausführl. Debatte in der 2. Arbeitsgemeinschaft des 41. DJT 1955.

[34] hierzu z.B. *Kohlhaas*, DRiZ 1956, 2; *Sarstedt*, JR 1956, 121.

[35] vgl. hierzu etwa *Höfler*, Kriminalistik 1954, 236.

menen erfolgen dürfe[36]. Alle Autoren, auch die dringenden Befürworter solcher Aufnahmen, waren sich aber einig, daß außerhalb von förmlichen Vernehmungen kein Platz für derartige heimliche Methoden der Informationserhebung sei. So führte der Kriminalbeamte *Höfler* aus, derartige Aufzeichnungen seien "verwerflich", denn nur bei der Vernehmung wisse der Beschuldigte, daß er seine Aussage machen wolle, und rechne mit ihrer Verwertung vor Gericht[37]. Ähnlich argumentierte der damalige Oberstaatsanwalt beim BGH und spätere Bundesanwalt *Kohlhaas* und ergänzte, wer sich in seiner Wohnung mit einer vertrauten Person allein glaube, dürfe auf die Einhaltung der elementarsten rechtsstaatlichen Grundsätze rechnen. Er kam zu dem Fazit, daß jedes Abhören mit technischen Gerätschaften außerhalb einer als solcher gekennzeichneten Vernehmung grundsätzlich zurückzuweisen sei, und untermauerte seine Argumentation mit dem Ausruf: "...und wehe, wenn die Furcht, schutzlos überhört zu werden, einmal weite Kreise zieht und alles Leben vergiftet!"[38]

Einen Kulminationspunkt fand die Debatte im Rahmen einer Arbeitstagung des Institutes zur Förderung öffentlicher Angelegenheiten e.V. unter dem Thema "Tonbandaufnahmen, Zulässigkeit und Grenzen ihrer Verwendung im Rechtsstaat" am 16./17. November 1956 in Weinheim a.d.B.[39] Nachdem *Freund*, *Coing*, *Henkel* und *Sarstedt* aus unterschiedlichen Blickwinkeln zum Thema referiert hatten[40], fand unter breiter Beteiligung von Vertretern aus Wissenschaft, Justiz, Polizei, Anwaltschaft, Politik, Presse und Postverwaltung[41] eine Aussprache statt[42]. Bereits in dieser Aussprache ließ sich eine deutlich ablehnende Haltung gegenüber dem heimlichen Erstellen von Gesprächsaufnahmen feststellen[43]; selbst derjenige Polizeipräsident, der in der Diskussion für die Zulässigkeit von heimlichen Aufzeichnungen bei Vernehmungen eintrat, bezeichnete ein solches Vorgehen gegenüber geschlossenen Veranstaltungen, in Privaträumen und in

---

[36] für Zulässigkeit z.B. BGH JZ 1956, 227 (Az. 1 StR 11/54); JZ 1956, 227f. (Az. 4 StR 405/55; hier erfolgte die Aufnahme des Gesprächs mit dem vernehmenden Beamten sogar während einer Vernehmungspause); MDR/D 1956, 527; *Höfler*, Kriminalistik 1954, 236; dagegen z.B. *Eb. Schmidt*, JZ 1956, 206ff.; *ders.*, Jellinek-GS, 625, 639ff.; *Dürig* in *Maunz/Dürig*, Art. 2 Abs. 1, R. 39; *Henkel*, JZ 1957, 148, 150f.; *Siegert*, DRiZ 1957, 101, 102f..

[37] Kriminalistik 1954, 236.

[38] DRiZ 1955, 80, 82; ähnl. *ders.*, NJW 1957, 81, 84.

[39] Der Tagungsbericht erschien unter demselben Titel im Jahr 1957.

[40] Wobei *Henkel*, Tagungsbericht, 45, 47ff. den Einsatz von Tonbändern zu Vernehmungszwecken nur mit Wissen des Vernommenen für zulässig hielt; in seinem Gutachten für den 42. DJT bekräftigte er diese Auffassung und bezog sie auch auf den bloßen Einsatz von Abhörgeräten ohne Fixierung auf Tonträger, vgl. Verhandlungen des 42. DJT, Bd. II, D 59, D 125ff.

[41] vgl. Anwesenheitsliste im Tagungsbericht, 5.

[42] dokumentiert im Tagungsbericht, 71ff.

[43] vgl. im Tagungsbericht etwa die Beiträge von *Schüle*, 77ff.; *Siegert*, 88ff.

ähnlichen Fällen als unerhörten Vertrauensbruch und polizeilichen Pflichtverstoß[44]. Die Tagung mündete schließlich in der Formulierung einer Grundsatzentschließung und mehrerer Einzelentschließungen[45], deren Tenor die damalige Einstellung der juristischen Öffentlichkeit gegenüber dem Einsatz heimlicher Abhör- und Aufzeichnungsmethoden zutreffend wiedergeben dürfte. Die Grundsatzentschließung lautete:

"1. Heimliche Tonbandaufnahmen, wo immer sie geschehen, sind ein schwerer Vertrauensbruch. Sie greifen in die von der Rechtsordnung zu schützende Persönlichkeitssphäre ein.

2. Dieser Schutz ist noch nicht ausreichend verwirklicht.
Ihn mit allen rechtlichen Mitteln zu festigen, ist eine dringende Aufgabe aller an der Gestaltung unseres Rechtslebens Beteiligten, insbesondere der Gesetzgebung, der Rechtsprechung und der vollziehenden Gewalt.

3. Darüber hinaus muß sich in jedem einzelnen Menschen das Bewußtsein durchsetzen, daß heimliche Tonbandaufnahmen und ihre Verwendung verwerflich sind."

Darüber hinaus faßte eine juristische Arbeitsgruppe von Tagungsteilnehmern eine ausführlichere weitere Entschließung, in der sich unter anderem folgende Grundsätze finden:

"1. Tonbandaufnahmen ohne Wissen des Sprechenden verletzen das allgemeine Persönlichkeitsrecht. Solche Aufnahmen sind nur erlaubt, wenn sie nach gewissenhafter Prüfung zur Wahrnehmung überwiegender berechtigter Interessen erforderlich scheinen dürfen.

...3. Ebenso bedarf unter denselben Voraussetzungen wie zu 1) auch die Verwendung von Tonbandaufnahmen der Zustimmung der Sprechenden.

...5. Heimliches Abhören und heimliche Tonbandaufnahmen von Ferngesprächen stehen im Widerspruch zum Grundgesetz. Noch bestehende Einschränkungen sollten aufgehoben werden.

...8. Im polizeilichen Ermittlungsverfahren sind Tonbandaufnahmen nur zulässig mit Zustimmung des zu Vernehmenden. Ebenso bedarf die Verwendung solcher Aufnahmen in der Hauptverhandlung der Zustimmung des Vernommenen...."

Auch die Erste Abteilung des 42. DJT im Jahre 1957 beschäftigte sich mit einer ähnlichen Fragestellung. Hier ging es allerdings überwiegend um den Schutz gegen den Einsatz technischer Mittel zur Ausforschung des Privatlebens zwischen Privaten; doch wurde durchaus auch zu entsprechenden staatlichen Praktiken - und zwar deutlich ablehnend - Stellung bezogen[46]. Auch schlug sich die kritische Haltung der Fachöffent

---

44 *Leiber*, Tagungsbericht, 72, 74ff.; andererseits wollte RiBVerfG *Scholtissek* zumindest für die Belange des Verfassungsschutzes die Zulässigkeit heimlichen Abhörens nicht a priori ausschließen, Tagungsbericht, 90ff.

45 Tagungsbericht, 98f.

46 *Henkel*, Verhandlungen des 42. DJT, Bd. II, D 59, D 125ff.; vgl. aber auch den Diskussionsbeitrag von Staatsanwalt *Abbott*, aaO, D 149ff., der für den Einsatz aller technischen Mittel plädierte, "um zur Sühne zu gelangen", da es "das einzige Ziel der Strafrechtspflege" sei, "die Sühne zu bringen für den, der auch ein Persönlichkeitsrecht hatte und unter Umständen ermordet auf der Straße liegt"; dazu, daß gegenüber

lichkeit gegenüber den neu entstandenen technischen Möglichkeiten schon in der Formulierung der Fragestellung der Ersten Abteilung des 42. DJT nieder: "Reichen die geltenden gesetzlichen Bestimmungen insbesondere im Hinblick auf die Entwicklung der modernen Nachrichtenmittel aus, um das Privatleben gegen Indiskretion zu schützen?" Schließlich müssen als Beleg für die auf dem 42. DJT überwiegende Haltung zu dieser Frage auch folgende Ausführungen des damaligen Referenten *Larenz* angeführt werden: "Wenn so etwas in der freien Welt möglich oder gar üblich würde, wäre auch ohne einen totalen Staat die Freiheit vernichtet. Der Mensch könnte dann dem Menschen nicht mehr menschlich, das heißt ohne Argwohn gegenübertreten. Der einzelne wäre rettungslos demjenigen ausgeliefert, der die Macht besitzt, sich in dieser Weise seiner Gedanken und Gefühlsäußerungen zu bemächtigen. Sie werden alle mit mir darin einig sein, daß dies niemals geschehen darf. Es hat sich denn auch, wenn ich recht sehe, unter uns Juristen bereits so etwas wie ein consensus omnium dahin gebildet, daß die heimliche Tonbandaufnahme grundsätzlich schon als solche, nicht erst ihre Verbreitung oder sonstige Verwertung, einen unzulässigen Eingriff in die Persönlichkeit darstellt (Ich verweise hierzu auf die Ergebnisse der Weinheimer Tagung ...). Für das heimliche Mithören von Gesprächen muß das gleiche gelten."[47]

Obschon in der damaligen Debatte überwiegend ausdrücklich nur von der Aufzeichnung von Gesprächen auf Tonband die Rede war, ist schließlich darauf hinzuweisen, daß sich die seinerzeit vorgetragenen Argumente nicht nur auch auf alle anderen Arten von technischen Aufzeichnungen, sondern auf jegliches behördliche Mithören bei Privatgesprächen anwenden ließen, ein Umstand, auf den auch seinerzeit schon zumindest vereinzelt hingewiesen wurde[48].

Zusammenfassend läßt sich demnach festhalten, daß die Haltung der Fachöffentlichkeit gegenüber dem Einsatz der neu entwickelten Techniken zum Abhören und Aufzeichnen von Gesprächen im Strafverfahren zumindest bis gegen Ende der fünfziger Jahre weit überwiegend ablehnend war. Strittig war hier meist nur die Frage, ob als rechtliche Grundlage für die Unzulässigkeit des Einsatzes dieser Techniken das aus Art. 1, 2 GG hergeleitete allgemeine Persönlichkeitsrecht zu gelten hatte[49] oder ob sie sich bereits aus

---

der Zielsetzung der Herstellung materieller Gerechtigkeit im Strafverfahren aber auch die Ziele der Wahrung der Justizförmigkeit und der Herstellung des Rechtsfriedens nicht zurückstehen, vgl. nur *Roxin*, R. 2ff.

47 Verhandlungen des 42. DJT, Bd. II, D 25, D 27.

48 so etwa durch *Werhahn*, Ufita 1957, 196, 200; hinsichtl. des Einsatzes anderer techn. Mittel als Tonbandgeräte zum Mithören und/oder Aufzeichnen s. auch *Henkel*, Verhandlungen des 42. DJT, Bd. II, D 59, D 126; *Evers*, Privatsphäre, 165.

49 so z.B. *Siegert*, DRiZ 1957, 101, 102f ; *Coing*, Tagungsbericht, 30, 43f.; *Henkel*, Verhandlungen des 42. DJT, D 59, D 120ff. u. D 125ff.; *Scupin*, DÖV 1957, 548, 551f.; zusätzlich zieht *Wintrich*, Bay-

§ 136a StPO ergab[50]. Mit einem verbreiteten Einsatz der damaligen neuen technischen Möglichkeiten verband sich stets die Befürchtung eines allgemeinen Vertrauensverlustes gegenüber den Staatsorganen in der Bevölkerung, welcher zu einer wesentlichen Beeinträchtigung der Freiheit und Unbefangenheit des Gedankenaustausches würde führen können[51]. Insofern war es bereits als ausgesprochene Außenseitermeinung anzusehen, wenn ein mit Fragen der Kompetenzen der Verfassungsschutzbehörden beschäftigter Autor en passant auch für die Polizei die Meinung äußerte, eine heimliche Schallaufnahme sei statthaft, falls sie auf eine (einfach-)gesetzliche Grundlage gestützt werden könne, da das Handeln der Behörden hier "nicht in den gesteigerten, sondern nur in den absoluten Schutzbereich der Privatsphäre" eingreife; allerdings sei de lege ferenda "die Diskriminierung einer dem Rechtsstaat so wenig gemäßen Erkundungsmethode... zu begrüßen"[52].

Lediglich herkömmliche polizeiliche Ermittlungsmethoden unter Verzicht auf den Einsatz besonderer technischer Mittel, wie z.B. die Observation oder sog. Beobachtende Fahndung / Polizeiliche Beobachtung dürften als unzweifelhaft zulässig angesehen worden sein. Sie sind in diesem Zusammenhang zu nennen, weil es hier nicht notwendig um die bloße Beobachtung der Zielperson gehen muß, sondern auch das heimliche Zuhören bei von ihr geführten Gesprächen Ziel der Maßnahme sein kann[53]. Diese Methode heimlicher Erhebung von Informationen war im polizeilichen Ermittlungsalltag so althergebracht, daß sich aus den ersten Jahren des Bestehens der Bundesrepublik nahezu keine Ausführungen in der Fachliteratur finden[54]. Hier bestand zunächst wenig Bewußtsein dafür, daß auch eine eher niederschwellige Maßnahme wie das ohne technische Mittel durchgeführte heimliche Mithören des im öffentlichen Raum gesprochenen Wortes einen Eingriff in das allgemeine Persönlichkeitsrecht des Betroffenen darstellen könnte.

---

VerwBl 1957, 137, 139 auch den "Grundgedanken des Art. 10 GG" heran.

[50] so insbes. *Eb. Schmidt*, Jellinek-GS, 625, 640ff; *Scupin*, DÖV 1957, 548, 552; ähnl. *Siegert*, Mißbrauch, 64ff.

[51] vgl. etwa *Siegert*, DRiZ 1957, 101, 103; *Kohlhaas*, DRiZ 1955, 80, 82; *Heimerich*, BB 1956, 249, 250f ("Verstoß gegen Anstandsgefühl und Menschenwürde"); auch eine Entscheidung des BGH aus dem Jahre 1960 über die Verwertbarkeit von privaten Tonbandaufzeichnungen, die ohne Wissen des Gesprächspartners angefertigt wurden (BGHSt 14, 358, 360 u. 364f.), betont nachdrücklich derartige Gefahrenpotentiale.

[52] *Evers*, Privatsphäre, 170f; zu dem zugrundeliegenden Sphärenmodell *ders.*, aaO, 38-60; vgl. auch *ders.*, ZRP 1970, 147, 149.

[53] ausführlich zu Technik und Taktik der Observation *Bauer*, Bd. 2, 286ff.; zur Beobachtenden Fahndung/Polizeilichen Beobachtung *Riegel*, JZ 1980, 224ff; zur Zulässigkeit der Observation aus damaliger Sicht *Kleinknecht*(31.), § 163, Anm. 7.

[54] Ein Beispiel für eine gelungene Observation bringt aber *Stein*, Kriminalistik 1957, 413ff. u. 461ff.

II. Abhören von Telefongesprächen

Etwas weniger eindeutig als beim Einsatz sonstiger technischer Hilfsmittel stellte sich die Rechtslage aber für den Sonderfall des Abhörens von Telefongesprächen dar. Hier existierte mit § 12 FAG eine Vorschrift, die es erlaubte, in strafgerichtlichen Untersuchungen, die sich nicht ausschließlich auf Übertretungen bezogen, Auskünfte über jede Art von Fernmeldeverkehr mit einem Beschuldigten bei der Deutschen Bundespost als Anlagenbetreiber einzuholen. Die Auskunftspflicht der Post bezog sich sowohl auf die Tatsache der Abwicklung eines Fernmeldeverkehrs als auch auf die näheren Umstände der Benutzung sowie den Inhalt[55]. Allerdings konnte ein Auskunftsersuchen nach § 12 FAG immer nur einen in der Vergangenheit liegenden Fernmeldeverkehr betreffen[56]. Ausgewertet werden durften also nur solche Daten, welche die Bundespost im Rahmen ihrer Aufgabenerfüllung im Fernmeldebereich ohnehin bereits erhoben hatte (insbesondere über Zählervergleichseinrichtungen); eine Auskunft über den Inhalt eines zurückliegenden Fernmeldeverkehrs war nur möglich, sofern der Betreiber der Fernmeldeanlage rechtmäßig davon Kenntnis erlangt hatte, also nur bei zufällig aus betrieblichen Gründen vorgenommenen Aufschaltungen[57]. Die Norm stellte aber keine Ermächtigung dar, gezielt Fernmeldeverkehre abzuhören, die zeitlich nach einem Auskunftsersuchen stattfanden. Wegen der fortschreitenden Automatisierung von Fernmeldeverbindungen, die dazu führte, daß der Post immer weniger Daten über die einzelnen Fernmeldeverbindungen zur Verfügung standen, nahm die Bedeutung dieser Vorschrift denn auch seinerzeit stetig ab[58].

---

[55] *Eidenmüller*, § 12 FAG, Anm. 3.

[56] *Aubert*, FernmeldeR, 1. Teil, 72 mwN (Fn. 322); *Siegert*, Mißbrauch, 30; aA neuerdings allerdings LG Frankfurt/Main, Urt. v. 26.1.1998 - 5/12 Qs 4/98 (zit. nach OLG Celle StV 2000, 70, 71); LG München I NStZ-RR 1999, 85; dagegen aber z.B. OLG Celle aaO mwN; wohl auch schon BGH NStZ 1998, 92.

[57] E/K-*Lampe*, § 12 FAG, R. 10, eine Regelung, wonach derartige Aufschaltungen dem Teilnehmer anzukündigen und anzuzeigen sind, existiert erst seit 1995 (§ 10 III FAG idFd Art. 5 Nr. 10 PTNeuOG v. 14.9.1994; BGBl. I, 2325).

[58] *Aubert*, FernmeldeR, 1. Teil, 73; weitere Nachw. bei *Welp*, NStZ 1994, 209, 212 (Fn. 54). Was die Übermittlung von Verbindungsdaten (nicht von Gesprächsinhalten) angeht, erlebte die Norm allerdings infolge der Digitalisierung des Fernmeldenetzes seit den 70er Jahren eine Renaissance. Die seitdem erfolgende monatelange Speicherung der Verbindungsdaten zu Abrechnungs- und Beweiszwecken (vgl. dazu *Klesczewski*, StV 1993, 382f.; *Welp*, NStZ 1994, 209f.; jew. mwN) ermöglichte es den Strafverfolgungsbehörden, mit dem Mitteilungsverlangen an den Netzbetreiber lange zuzuwarten und so nur scheinbar in die Vergangenheit gerichtete Untersuchungen anstellen zu lassen, ohne an den Straftatenkatalog des § 100a S. 1 StPO, den Richtervorbehalt und die Formalien des § 100b StPO sowie die Benachrichtigungspflicht des § 101 StPO gebunden zu sein. Dieser Umstand führte in den 90er Jahren zu der Forderung, Ersuchen nach § 12 FAG schon de lege lata durch analoge Anwendung des Kataloges in § 100a S. 1 StPO (*Welp*, NStZ 1994, 209, 213ff.) oder derjenigen in § 138 StGB, Art. 1 § 2 I G 10 (*Klesczewski*, StV 1993, 382, 386f.) zu begrenzen und de lege ferenda eine Neuregelung im systematischen Zusammenhang der StPO (*Welp*, aaO, 215) vorzunehmen. Dem entsprach es, daß die Norm gem. § 28 FAG idFd Art. 5 Nr. 20 PTNeuOG am 31.12.1997 außer Kraft treten sollte, ohne daß das neue TKG (v. 25.7.1996; BGBl. I, 1120) eine entsprechende Vorschrift vorgesehen hätte (zu den Details

Vereinzelt wurde aber auch der Versuch gemacht, über § 12 FAG hinaus eine Ermächtigung zum gezielten Abhören von Telefongesprächen aus § 99 StPO herzuleiten. Nach dieser Auffassung sollten unter den Begriff der Telegramme in § 99 StPO auch Ferngespräche fallen; da sie somit der Beschlagnahme unterlägen, sei der Anlagenbetreiber verpflichtet, auf Anfordern eine Verkörperung solcher Gespräche durch Herstellung einer technischen Aufzeichnung zur Verfügung zu stellen[59]. Diese Ansicht, auf die in zumindest einem Fall sogar ein Amtsgericht eine Abhöranordnung gestützt hat[60], stieß aber ansonsten auf einhellige Ablehnung. Es wurde zum einen auf den Wortlaut der Norm hingewiesen, der nur von körperlichen Gegenständen handele. Außerdem sei die Bundespost am strafrechtlichen Ermittlungs- wie Hauptverfahren in keiner Weise beteiligt, so daß ihr hier auch keinerlei Verpflichtungen entstehen könnten. Schließlich wurde in der Hauptsache auf den grundrechtlichen Schutz des Fernmeldegeheimnisses durch Art. 10 GG hingewiesen[61]. Ergänzend wurde angemerkt, ein Beschluß, der die Beschlagnahme einer noch nicht existenten, sondern erst herzustellenden Sache anordne, ginge ohnedies ersichtlich zunächst ins Leere[62].

Dementsprechend hat die Ansicht, eine Abhörmaßnahme könne auf § 99 StPO gestützt werden, denn auch, soweit erkennbar, in der Praxis niemals besondere Bedeutung erlangt. Dem entspricht die Haltung der Landesjustizverwaltungen, die bereits 1953 in Nr. 67 VI 2 RiStV[63] anordneten: "Eine Überwachung des Fernsprechverkehrs durch die Post oder durch die Polizei kann nicht gefordert werden; auch eine Beschlagnahme des

---

*Klesczewski*, JZ 1997, 719, 720). Da aber offensichtlich über eine Neuregelung in der StPO keine politische Einigung erzielt werden konnte, andererseits auf die Möglichkeit der auch rückwirkenden Erhebung von Verbindungsdaten nicht verzichtet werden sollte, wurde das in der Literatur bereits apostrophierte "Ende des Auskunftsersuchens nach § 12 FAG" (*Klesczewski*, JZ 1997, 719) doch wieder zumindest hinausgeschoben: Nach Art. 2 XXXV des BegleitG (v. 17.12.1997; BGBl. I, 3108) galt § 12 FAG nun doch bis zum 31.12.1999 fort; Art. 4 Nr. 2 des Ges. z. strafverfahrensrechtl. Verankerung des Täter-Opfer-Ausgleichs u. z. Änd. d. FAG (v. 20.12.1999; BGBl. I, 2491) verlängerte diese Frist erneut bis zum 31.12.2001. Immerhin wurde die Vorschrift dabei erstmals mit einer Regelung über die Benachrichtigung der Beteiligten sowie über die Vernichtung nicht mehr benötigter Unterlagen versehen (§ 12 II FAG nF iVm §§ 101 I 1, 100b VI StPO).

Seit dem 1.6.1994 findet sich für Niedersachsen auch in § 33 NGefAG eine Ermächtigungsnorm zur Aufzeichnung von Fernmeldedaten für Zwecke der Gefahrenabwehr und der vorbeugenden Straftatbekämpfung. Während die Aufzeichnung ursprünglich noch (außer bei Gefahr im Verzug) einer richterlichen Anordnung bedurfte (§ 33 II NGefAG a.F.), wird sie seit Februar 1998 nach § 33 I 2, 3 NGefAG idFd Ges. v. 28.11.1997 (GVBl. 489) durch Behördenleiter des Polizeidienstes oder von diesen beauftragte Dienststellenleiter oder Beamte des höheren Dienstes angeordnet.

[59] LR(20)-*Tillmann*, §§ 99/100, Anm. 16, Nr. 6; zustimmend *Roggemann*, 114ff.

[60] berichtet bei *Aubert*, NJW 1955, 449; *Heimerich*, BB 1956, 249; obschon nähere Angaben fehlen, dürfte es sich doch bei beiden um denselben Fall handeln.

[61] zum ganzen *Eb. Schmidt*, Lehrkommentar, § 99 Anm. 9; KMR(6)-*Müller*, § 99, Anm. 8; *Siegert*, DRiZ 1957, 101, 103; *Aubert*, NJW 1955, 449f.; *ders.*, FernmeldeR, 1. Teil, 65 mwN (Fn. 304).

[62] *Evers*, Privatsphäre, 191.

[63] in der ab 1967 geltenden Fassung der RiStV dann Nr. 75 VI 2.

künftigen Gesprächsverkehrs ist unzulässig."
Nach ganz überwiegender Auffassung galt demnach *Siegerts* Feststellung aus dem Jahre 1953: "In Deutschland ist daher ein Abhören von Ferngesprächen nicht zulässig."[64]

## C. Polizeirecht

Für den Bereich der präventiv-polizeilichen Tätigkeit findet sich aus den ersten Jahrzehnten des Bestehens der Bundesrepublik keinerlei Literatur, die die Methoden zur Erhebung der für die Aufgabenerfüllung notwendigen Informationen thematisieren würde. Auch hier wird man aber davon ausgehen müssen, daß Formen des Mithörens des gesprochenen Wortes ohne technische Hilfsmittel außerhalb von Wohnungen ebenso wie im Bereich der repressiven Tätigkeit als zulässige Ermittlungsmaßnahmen angesehen wurden[65]. Sofern man hier überhaupt von einem Eingriffscharakter derartiger Tätigkeiten ausgegangen ist, dürften sie ohne weiteres unter die polizeilichen Generalklauseln in den Polizeigesetzen der einzelnen Bundesländer zu subsumieren gewesen sein, die die Polizei dazu ermächtigten, die zur Erfüllung ihrer Gefahrenabwehraufgaben erforderlichen Maßnahmen zu treffen.
Dies trifft allerdings nicht für den Bereich des Freistaats Bayern zu. Im Bestreben nach einer strikten Trennung von Aufgaben und Befugnissen sah das dortige Polizeirecht bis 1978 nämlich keine polizeiliche Generalklausel vor[66]. Statt dessen waren die Befugnisse der Polizeibehörden enumerativ aufgezählt; soweit sich im PAG oder in Sondervorschriften keine Regelung fand, war die jeweilige Maßnahme unzulässig. Auch in Bayern dürfte eine Beobachtung oder Belauschung ohne technische Hilfsmittel aber jedenfalls zumindest im Bereich des Art. 5 II BayPAG zulässig gewesen sein, der für einen beschränkten Bereich die Befugnis statuierte, die erforderlichen Maßnahmen zu ergreifen (deshalb auch als "partielle Generalklausel" bezeichnet[67]): nämlich zur Verhütung von Straftaten, zur Unterbindung von Straftaten und Ordnungswidrigkeiten, zur Verhütung und Unterbindung von verfassungsfeindlichen Handlungen, zur Abwehr von Gefahren, durch die das menschliche Leben bedroht wurde, sowie, soweit dies im öffentlichen Interesse geboten erschien, zur Abwehr von Gefahren bzw. zur Beseitigung von Störungen, durch die die Unversehrtheit der Person, die Freiheit, das Eigentum oder der Besitz

---

[64] in: Mißbrauch, 30; streng genommen ist hier allerdings zu ergänzen: durch inländische Dienststellen; s. dazu unten S. 24ff. Im übrigen mag man bei genauer Betrachtung auch darin eine Ausnahme sehen, daß aus technischen Gründen gelegentlich Aufschaltungen durch Mitarbeiter der Bundespost erfolgten und insofern ein Mithören durch eine hoheitliche Stelle erfolgte, solange der Fernmeldeverkehr in Deutschland noch von hoher Hand betrieben wurde. Derartige zufällige Informationen unterlagen jedoch dem Schutz des Fernmeldegeheimnisses durch § 10 FAG. Allerdings ging dem bei Erkenntnissen über die geplante Begehung schwerer Straftaten die Anzeigepflicht nach § 138 StGB vor (*Aubert*, 74 mwN).

[65] zur Observation s. oben S. 13.

[66] seit 1978: Art. 11 I BayPAG v. 24.8.1978 (GVBl. 561).

[67] *Emmerig*, DÖV 1955, 102; gegen diese Terminologie aber *Mayer*, 247f.

bedroht oder verletzt wurden. Da mit dieser Aufzählung von schwerwiegenden Gefahren aber zumindest ungefähr diejenigen Bereiche umrissen sein dürften, die auch in anderen Bundesländern in der Praxis eine derartige Beobachtung/Belauschung unter dem Gesichtspunkt der Verhältnismäßigkeit gerechtfertigt haben dürften, ergibt sich für die Praxis der verschiedenen Bundesländer in der damaligen Zeit kein erwähnenswerter Unterschied[68].

Für über derartige Maßnahmen hinausgehende heimliche Abhörtätigkeiten der Polizei findet sich jedoch auch für den Bereich präventiv-polizeilicher Tätigkeit kein Anhaltspunkt. Das Fehlen derartiger Überlegungen dürfte allein schon darin seinen Grund gehabt haben, daß den Polizeibehörden der 50er und 60er Jahre die technische Ausrüstung zu Lauschmitteleinsätzen nicht zur Verfügung stand.

## D. Recht der Nachrichtendienste

Etwas anders stellte sich die Sachlage für den Bereich der Nachrichtendienste dar.

### I. Verfassungsschutzbehörden

#### 1.Entstehung der Verfassungsschutzbehörden

Auf der Grundlage der Art. 73 Nr. 10, 87 I GG wurde durch § 2 I des Gesetzes über die Zusammenarbeit des Bundes und der Länder in Angelegenheiten des Verfassungsschutzes (BVerfSchG) vom 27.9.1950[69] das Bundesamt für Verfassungsschutz (BfV) gegründet. Wie durch § 2 II BVerfSchG vorgeschrieben, richteten - z.T. sogar schon vor dem Inkrafttreten des BVerfSchG - auch die Bundesländer eigene Verfassungsschutzbehörden ein, und zwar z.T. als organisatorisch selbständige Landesämter für Verfassungsschutz (LfV) durch Gesetz oder Verordnung (Schleswig-Holstein[70], Württemberg-Baden[71], Bayern[72], Hessen[73], Berlin[74], Baden-

---

[68] Zweifel könnten hier allenfalls hinsichtlich der Wahrnehmung von Grenzsicherungsaufgaben durch den BGS (insb. im Hinterland) angemeldet werden; hier existierte nämlich erst ab 1972 eine polizeiliche Generalklausel in § 10 I BGSG (v. 18.8.1972; BGBl. I, 1834).

[69] BGBl. I, 682.

[70] durch § 1 des Ges. üb. d. Errichtg. eines LfV v. 30.5.1950 (GVBl. 223); seit 1973 aber als "besondere Abteilung" des Innenministeriums, § 1 I 2, 3 SchlHVerfSchG idFd Ges. z. Änd. d. Ges. üb. d. Errichtg. eines LfV v. 11.7.1973 (GVBl. 271).

[71] durch § 1 des Ges. üb. d. Errichtg. eines LfV v. 13.11.1950 (RegBl. 5).

[72] durch Art. 1 des Ges. üb. d. Errichtg. eines LfV v. 22.11.1950 (GVBl. 224).

[73] durch § 1 I des Ges. üb. d. Errichtg. eines LfV v. 19.7.1951 (GVBl. 43).

[74] durch § 1 des Ges. üb. d. Errichtg. eines LfV v. 21.2.1952 (GVBl. 106); zudem wurde die Geltg. des BVerfSchG auf Berlin erstreckt durch die "VO zur Erstreckung des Gesetzes üb. d. Zusammenarbeit des Bundes u. der Länder in Angelegenheiten des Verfassungsschutzes auf das Land Berlin" v. 15.5.1954 (BGBl. I, 130) und das (Landes-)"Gesetz zur Übernahme des Gesetzes üb. d. Zusammenarbeit des Bundes und der Länder in Angelegenheiten des Verfassungsschutzes" v. 1.7.1954 (GVBl. 377). Seit dem 14.2.1967 konnte das LfV statt als "Sonderbehörde" auch als Dienststelle des Regierenden Bürgermei-

Württemberg[75], Saarland[76]) oder als solche durch interne Weisung (Hamburg[77], Bremen[78], Rheinland-Pfalz[79]), z.T. auch als Abteilung des jeweiligen Innenministeriums (Niedersachsen[80], Nordrhein-Westfalen[81]).
Das BfV mußte gemäß den Anforderungen der Alliierten Militärgouverneure, die diese in Nr. 2 ihres Polizeibriefes vom 14.4.1949[82] und in Nr. 3 S. 2 ihres Genehmigungsschreibens zum Grundgesetz[83] zum Ausdruck gebracht hatten, von polizeilichen Befugnissen ausgeschlossen werden. Diese Anforderungen wurden durch § 3 II BVerfSc hG ("Polizeiliche Befugnisse oder Kontrollbefugnisse stehen dem Bundesamt für Verfassungsschutz nicht zu.") in Bundesrecht umgesetzt. Z.T. fanden sich derartige Vorschriften ausdrücklich auch im Landesrecht (Art. 4 I BayVerfSchG, § 3 IV Berl-VerfSchG, § 2 HessVerfSchG, § 4 SaarlVerfSchG, § 3 II SchlHVerfSchG, § 5 I Württ-BadVerfSchG).

2. Reichweite des § 3 I BVerfSchG und der entsprechenden Vorschriften des Landesrechts

Andererseits war die Aufgabe der Ämter für Verfassungsschutz (ÄfV) nach § 3 I BVerfSchG (und den entsprechenden Vorschriften des Landesrechts: Art. 2 Nr. 1 Bay-VerfSchG, § 2 I Nr. 1 BerlVerfSchG, § 2 Nr. 1 SaarlVerfSchG, § 2 Nr. 1 SchlH-VerfSchG, § 3 Nr. 1 WürttBadVerfSchG) gerade die "Sammlung und Auswertung von Auskünften, Nachrichten und sonstigen Unterlagen" über Bestrebungen, die eine Aufhebung, Änderung oder Störung der verfassungsmäßigen Ordnung im Bund oder in

---

sters oder des Senators für Inneres geführt werden; § 1 S. 3 BerlVerfSchG idFd Art. I Nr. 2 des Ges. z. Änd. d. Ges. üb. d. Errichtg. eines LfV v. 13.2.1967 (GVBl. 359). Seit dem 31.1.1993 sind die Aufgaben aber wieder ausschließlich einem selbständigen LfV als obere Landesbehörde zugewiesen; § 2 I LfVGBerl v. 26.1.1993 (GVBl. 33).

75 durch § 1 der VO der vorläufigen Regierung üb. d. Errichtg. eines LfV v. 10.11.1952 (GBl. 49).

76 durch § 1 I des Ges. üb. d. Errichtg. eines LfV v. 8.7.1957 (ABl. 669).

77 Mitteilung des Senats an die Bürgerschaft v. 1.9.1950; eine gesetzliche Regelung erfolgte erst durch § 2 I 1 HambVerfSchG v. 13.2.1978 (GVBl. 51).

78 Mitteilungen des Senats v. 17.10.1950 u. Erlaß d. Senators f. Inneres v. 30.9.1952; erst mit § 2 I BremVerfSchG v. 5.3.1974 (GBl. 115) erfolgte eine gesetzliche Regelung.

79 durch mündliche Weisung des Innenministers (s. *Evers*, Privatsphäre, 81, Fn. 28); durch § 2 I RhPf-VSG v. 23.1.1975 (GVBl. 33) wurde dann aber das Ministerium des Innern zur Verfassungsschutzbehörde bestimmt, durch § 2 I 1 RhPfVerfSchG v. 26.3.1986 (GVBl. 73) schließlich das Ministerium des Innern und für Sport.

80 Abschnitt III der Niederschrift über die 93. Sitzung des Niedersächs. Staatsministeriums v. 5.1.1950 m. Änderg. v. 7.2.1950; gesetzliche Regelung erst in § 2 I 2 NVerfSchG v. 12.7.1976 (GVBl. 181); seit 1992 existiert ein LfV, § 2 I NVerfSchG v. 3.11.1992 (GVBl. 283).

81 Nr. 1 des RdErl. v. 16.10.1951 betr. Verfassungsschutz; gesetzliche Regelung erst in § 2 I VSG NW v. 21.7.1981 (GVBl. 406).

82 zit. bei *Gusy*, ZRP 1987, 45, Fn. 6.

83 v. 12.5.1949, VOBl. f.d. BZ 416 (in der Übersetzung des Parlamentarischen Rates).

einem Land oder eine ungesetzliche Beeinträchtigung der Amtsführung von Mitgliedern verfassungsmäßiger Organe des Bundes oder eines Landes zum Ziele hatten, also eine Tätigkeit gerade auch im hier interessierenden Bereich der heimlichen Erhebung von Daten. Hier eröffnete sich ein Spannungsfeld: Während die Informationssammlung durch die Polizeibehörden stets nur zur Vorbereitung ihrer eigentlichen Aufgabenerfüllung zu dienen bestimmt war, diese Behörden aber zur Erfüllung ihrer Aufgaben mit bestimmten Eingriffsrechten ausgestattet waren, die sie auch zur Erhebung der notwendigen Informationen einsetzen konnten (z.B. Durchsuchung, Sicherstellung, Observation), war die Erhebung von Informationen gerade die alleinige Aufgabe der neugeschaffenen Verfassungsschutzbehörden, ohne daß das Einrichtungsgesetz aber nähere Ausführungen zu den Eingriffsmöglichkeiten bei der Erfüllung der Aufgaben gemacht hätte; vielmehr bestimmte es zunächst nur ausdrücklich, welche Befugnisse den neuen Behörden gerade nicht zustehen sollten.

Die Auflösung dieses Spannungsverhältnisses erfolgte durch den Schluß von der gesetzlichen Aufgabenübertragung auf die Ermächtigung zur Vornahme der für die Erfüllung dieser Aufgaben notwendigen Amtshandlungen. Im Anschluß an *W. Jellinek*[84] wurde aus dem Auftrag des § 3 I BVerfSchG, Auskünfte, Nachrichten und Unterlagen zu sammeln, gefolgert, daß hierin auch die Ermächtigung liegen müsse, in die Privatsphäre einzelner Personen einzudringen, da es im Wesen der Sache liege, daß eine Beschränkung auf allgemein zugängliche Informationen hier nicht gemeint sein könne[85]. Diese in späteren Jahrzehnten entschieden abgelehnte[86] Unbefangenheit beim Schluß von der Aufgabe auf die Befugnis dürfte allerdings ihre Ursache auch darin gehabt haben, daß verbreitet die Bedeutung der bloßen Datenerhebung als Eingriff in den informationellen Persönlichkeitsschutz des einzelnen noch nicht erkannt worden war; beispielhaft hierfür mögen die Ausführungen *Rottmann*s aus dem Jahre 1963 stehen: “Letztlich kann es dem Bürger gleichgültig sein, was die ÄfV, also Behörden ohne erhebliche Exekutivbefugnisse, über ihn denken. Mögen sie Dossiers anlegen, soviel sie wollen. Die Materialsammlung allein beeinträchtigt im allgemeinen ... nicht die Rechtsstellung des Betroffenen.”[87]

Im übrigen erfüllte der Schluß von den Aufgaben der ÄfV auf ihre Befugnisse aber selbst in den Augen derjenigen, die bereits damals deutlich auf den Eingriffscharakter behördlicher Abhörtätigkeit hinwiesen[88], durchaus auch eine Begrenzungsfunktion

---

[84] 150f.

[85] *Evers*, Privatsphäre, 99; *Schrübbers*, Verfassungsschutz, 69; *Rottmann*, AöR Bd. 88 (1963), 227, 232.

[86] vgl. etwa *Bull*, DÖV 1979, 689, 695f.; *Denninger*, JA 1980, 280, 281 u. 283f; *Schlink*, NJW 1980, 552f.

[87] AöR Bd. 88 (1963), 227, 242.

[88] Hier ist insbesondere *Evers*, Privatsphäre, 18ff. sowie *ders.*, Verfassungsschutz, 96ff. zu nennen, der sich auch hier wiederum auf *W. Jellinek* (258) bezieht; im Anschluß an *Evers* auch *A. Arndt*, NJW 1961, 897, 900.

gegenüber den zahlreichen Versuchen im damaligen Schrifttum, diesen Behörden unter Berufung auf andere rechtliche Gesichtspunkte wesentlich weitergehende Befugnisse zuzuweisen. So diente die Berufung auf § 3 I BVerfSchG und die landesrechtlichen Aufgabenzuweisungen zunächst zur Abwehr der Auffassung, die Bekämpfung verfassungsfeindlicher Bestrebungen sei eine politische Aufgabe, die ohnedies rechtlicher Normierung und justizieller Kontrolle völlig verschlossen sei[89].

Doch auch vom Boden einer Auffassung aus, die die gesetzliche Begrenzung der Befugnisse der Verfassungsschutzbehörden durch § 3 I BVerfSchG und die entsprechenden Normen des Landesrechts grundsätzlich anerkannte, blieb heftig umstritten, ob nicht dennoch Sachverhaltskonstellationen denkbar seien, in denen diese Behörden zu einer Überschreitung der hier gezogenen Grenzen befugt seien. Hier ist zunächst der in der deutschen Staatsrechtswissenschaft immer wieder - und im Hinblick darauf, daß das GG zunächst keine Notstandsbestimmungen enthielt[90], in den 60er Jahren besonders heftig - geführte Kampf um den Begriff des Staatsnotstandes zu nennen, um die Frage also, ob und unter welchen Umständen staatliche Stellen im Falle existentieller Bedrohungen für den Bestand des Staates berechtigt sein können, über ihre gesetzlich geregelten Befugnisse hinaus in die Rechte Einzelner einzugreifen[91]. Selbst unter den Verfechtern einer engen gesetzlichen Bindung der Tätigkeit der ÄfV war durchaus umstritten, ob nicht Konstellationen so extremer äußerer oder innerer Bedrohung denkbar seien, daß die gesetzlichen Begrenzungen nicht mehr als bindend betrachtet werden könnten[92].

Über die Gewährleistung der Abwehr von existentiellen Bedrohungen für den Bestand des Staates noch deutlich hinaus ging der Gedanke, den Mitarbeitern der Verfassungsschutzbehörden sei es möglich, sich bei der Abwehr von Angriffen auf staatliche Rechtsgüter auf Nothilfe und Notstandshilfe im Sinne der damaligen §§ 53, 54 StGB zu berufen[93].

---

[89] hierzu *Evers*, Privatsphäre, 102ff.; *A. Arndt*, NJW 1961, 897, 899.

[90] Sie wurden erst durch das 17. Ges. zur Ergänzung des GG v. 24.6.1968 (BGBl. I, 709) eingefügt.

[91] vgl. aus dem seinerzeit vorhandenen Schrifttum beispielsweise für das Bestehen einer solchen Notstandsbefugnis *C. Schmitt*, 234f.; *Oetker*, Gerichtssaal Bd. 97 (1928), 411ff.; dagegen *G. Jellinek*, 358f.; *Kelsen*, 157; *Maunz*, 183.

[92] *Evers*, Privatsphäre, 107f. bejaht für den Extremfall die Möglichkeit der Berufung auf Staatsnotstand; ähnlich *Rottmann*, AöR Bd. 88 (1963), 227, 232f.; scharf ablehnend dagegen *A. Arndt*, NJW 1961, 897, 899f.

[93] Hier kreuzen sich zwei Fragestellungen, die bis heute nicht abschließend geklärt worden sind und die hier auch nicht vertieft werden können: zum einen die Frage, ob staatliche Rechtsgüter überhaupt notwehrfähig sein können, zum anderen die Frage, ob einem Amtsträger in Ausübung seiner Dienstgeschäfte die Berufung auf das "Jedermannsrecht" der Notwehr und Nothilfe nicht durch die Spezialität der die Aufgaben und Befugnisse der betreffenden Behörde regelnden Normen verwehrt ist; vgl. zu beidem nur die zahlr. Nachw. bei Sch/Sch-*Lenckner*, § 32, R. 6ff. u. R. 42aff.; auch *Evers*, der sich in Privatsphäre, 110ff. mit der Frage beschäftigt, kommt zu keiner abschließenden Stellungnahme, hält die Berufung auf §§ 53f. StGB aber nicht für allgemein ausgeschlossen.

Schließlich gab es sogar Bestrebungen, unter Berufung auf so allgemeine Gesichtspunkte wie die Natur oder das Wesen der Sache, das freie Ermessen oder die soziale Adäquanz der seit jeher ausgeübten geheimdienstlichen Tätigkeit zum Schutz vor umstürzlerischen Bestrebungen den ÄfV unabhängig von gesetzlichen Regelungen die Befugnis zum Einsatz derjenigen nachrichtendienstlichen Mittel zuzuschreiben, die die politische Polizei bereits seit jeher anzuwenden pflege[94].
In diesem Zusammenhang stellte die Auslegung der Aufgabenzuweisungsvorschriften in § 3 I BVerfSchG und in den landesrechtlichen Vorschriften auch als Befugnisnormen einen Ansatz dar, die Zuweisung darüber hinausgehender Befugnisse an die Verfassungsschutzbehörden zumindest auf extreme Bedrohungen für den Bestand des Staates zu beschränken, wenn man sie angesichts der Herkömmlichkeit nachrichtendienstlicher Methoden gegenüber umstürzlerischen Bestrebungen schon nicht völlig ausschließen konnte[95].

3. Einsatz nachrichtendienstlicher Mittel

a) Allgemeine Zulässigkeit

Allerdings war nicht ganz unstrittig, welche nachrichtendienstlichen Methoden im hier interessierenden Bereich des Abhörens im einzelnen als durch die Aufgabenzuweisung in § 3 I BVerfSchG und den landesrechtlichen Vorschriften gedeckt anzusehen seien:
- Keine derartigen Zweifel bestanden hinsichtlich der Observation. Die heimliche Beobachtung des Betroffenen in der Öffentlichkeit wurde als zulässiger Eingriff in die Privatsphäre angesehen und umfaßte insbesondere auch das Zuhören bei öffentlich geführten Gesprächen, soweit es ohne den Einsatz technischer Mittel geschah[96].
- Weniger Übereinstimmung ließ sich in der Frage der Zulässigkeit des Einsatzes von Schallaufnahmegeräten und anderen technischen Mitteln herstellen[97]. Wie bereits ausgeführt, wurde hier z.T. die Ansicht vertreten, das Eindringen in die Privatsphäre durch Abhören unter Einsatz technischer Mittel sei wegen der Verletzung des allgemeinen Persönlichkeitsrechts in jedem Fall verfassungswidrig[98].

Es gewann aber schließlich für den Bereich des behördlichen Verfassungsschutzes doch eher die Auffassung von *Evers* die Überhand, der trotz seiner Feststellung, geheime behördliche Datenerhebung trage stets den Charakter eines Eingriffs in das Persönlichkeitsrecht des betroffenen Bürgers[99], das Abhören mit technischen Mitteln noch für zu-

---

[94] hierzu ausführlich *Evers*, Privatsphäre, 113-118.

[95] eindrücklich zum ganzen *Evers*, Privatsphäre, 102-119; zusammenfassend *ders.*, Verfassungsschutz, 103-108.

[96] zur Observation *Evers*, Privatsphäre, 146f; s. auch oben S. 13.

[97] hierzu *Evers*, aaO, 165-179.

[98] vgl. Nachw. in Fn. 49 u. 50.

[99] insb. in Privatsphäre, 38-60.

lässig hielt. Da seiner Ansicht nach das Abhören "im Bereich gesetzlich festgelegter Zuständigkeiten und Befugnisse, zur Abwehr schwerwiegender Gefahren und durch die Grundsätze der Erforderlichkeit und Verhältnismäßigkeit gebändigt," nicht die Menschenwürde des Betroffenen verletzte und mangels einer Verleitung zur Abgabe einer Äußerung durch Täuschung auch kein Verstoß gegen § 136a StPO anzunehmen sei[100], ordnete er den Schutz der menschlichen Stimme gegen heimliches Abhören und Aufzeichnen in dem damaligen Sphärenmodell des Persönlichkeitsschutzes nicht dem gesteigerten, sondern nur dem absoluten Schutzbereich zu. Dies hatte für ihn zur Konsequenz, daß die allgemeine Ermächtigung in § 3 I BVerfSchG und in den landesrechtlichen Vorschriften auch diese Methoden deckte, ohne daß eine speziellere Befugnisnorm erforderlich gewesen wäre[101].

So meinte Staatssekretär *Schäfer* 1966 sogar knapp feststellen zu können, es sei unbestritten, "daß die 'Sammlung von Nachrichten' auch die geheime Nachrichtenbeschaffung einschließt", d.h. insbesondere auch den "Einsatz moderner technischer Mittel"[102].

Allerdings bestand auch hier zumindest in der juristischen Fachliteratur ein deutliches Unbehagen dabei, den Verfassungsschutzbehörden in Anerkennung des Gewichts und der Tragweite ihrer Aufgaben als derartig weitreichend empfundene Befugnisse zuzusprechen; diese Haltung läßt sich beispielhaft etwa durch die folgenden Ausführungen dokumentieren: "Die Schliche und Kniffe der AfV, durch die Technik in ihrer Wirksamkeit gesteigert, haben keine Beispiele im sonstigen Staatsapparat. Die Normen und Sicherungen des Rechtsstaates passen nicht für die Eingrenzung derartiger Abwehrmaßnahmen und lassen sich nicht ohne Rest anpassen, weil gerade einige der erfolgversprechendsten Methoden dem Rechtsstaat schon im Prinzip zuwider sein müssen. Um die Adäquanz herzustellen, müßten die heimliche Schallaufnahme ... und andere nachrichten-dienstliche Praktiken rigoros untersagt werden. Das aber würde einem Verzicht auf Verteidigung gleichkommen, den das Grundgesetz nicht gebietet. Daher wird man es hinnehmen müssen, daß sich die AfV in einem Grenzbereich am Rande des Rechtsbruchs bewegen und daß jeder Versuch, diesen Grenzbezirk rational zu umschreiben, unvollkommen bleibt und auch die grundsätzliche Inadäquanz derartiger Maßnahmen zu rechtsstaatlichem Handeln nicht beseitigt. Zu diesen Mitteln darf der Rechtsstaat daher - auch in der Abwehr konspirativer Gruppen - nur mit stets wach-

---

[100] Verfassungsschutz, 108f.; ebenso schon in Privatsphäre, 165ff.

[101] ausführlich in Privatsphäre, 165ff.; ebenso in Verfassungsschutz, 109; vorsichtig zustimmend auch *Rottmann*, ZStW Bd. 88 (1963), 227, 238; noch zurückhaltender *A. Arndt*, NJW 1961, 897, 901f; gänzlich aA *Salzwedel*, *Peters*-GD, 756, 771f. u. 783f.

[102] Verfassungsschutz, 55.

bleibenden Bedenken greifen."[103]

b) Mögliche Schranken

Grenzen fand allerdings auch die Befugnis der Verfassungsschutzbehörden zum Belauschen stets im grundrechtlichen Schutz bestimmter Freiheitssphären.

Hier ist zunächst der Schutz der Unverletzlichkeit der Wohnung nach Art. 13 GG zu nennen. Ein Abhören von in einer Wohnung geführten Gesprächen fiel unter den Begriff der "Eingriffe und Beschränkungen" in Abs. 3 des Art. 13 GG und war daher ohne besondere gesetzliche Grundlage nur zur Abwehr einer gemeinen Gefahr oder einer Lebensgefahr für einzelne Personen zulässig. Auf die Befugnis zu derartigen Gefahrenabwehrmaßnahmen konnten sich aber nach damaliger Auffassung die ÄfV nicht stützen, da sie nicht in ihre Zuständigkeit fielen; ihr Auftrag war nur der der Sammlung und Auswertung von Unterlagen über bestimmte Gefahren, nicht aber deren Abwehr (§ 3 I BVerfSchG)[104]. Mithin war eine solche Abhörtätigkeit diesen Dienststellen nach damaliger Anschauung ausnahmslos untersagt[105]. Allerdings vertrat *Evers* in seinem Standardwerk aus der Anfangsphase ihrer Tätigkeit noch die Auffassung, da der Schutz des Art. 13 GG an den räumlichen Grenzen der Wohnung ende, verbiete die Vorschrift es nicht, den Schall aufzunehmen, der aus diesem Bereich herausdringe, selbst wenn dies mit hochempfindlichen Aufnahmegeräten erfolge[106]. Bereits wenige Jahre später mußte er aber einräumen, daß diese Auffassung angesichts des Fortschritts der Technik zu sinnwidrigen Differenzierungen führen würde, beispielsweise der Art, daß Art. 13 GG es demnach untersagen würde, einen Resonanzkörper innerhalb des umschlossenen Raumes anzupeilen, während eine Technik, die sich die Resonanz der Außenmauern zunutze mache, nicht verboten sei. Er zog nunmehr den Schluß, daß Art. 13 GG einen Schutz vor beiden Arten von Eingriffen in den privaten Bereich biete[107], und begründete damit eine Auffassung, die auch in der Folge stets ganz herrschend blieb[108].

Weiter wurde für den Schutzbereich des Art. 8 GG z.T. aus dem Verbot heimlicher polizeilicher Beobachtungen in § 12 VersG abgeleitet, daß heimliche behördliche

---

[103] *Evers*, Verfassungsschutz, 112.

[104] vgl. *Evers*, Privatsphäre, 198f; *Salzwedel*, *Peters*-GD, 756, 781.

[105] näher *Evers*, Privatsphäre, 198ff.

[106] Privatsphäre, 202.

[107] *Evers*, Verfassungsschutz, 109ff. (eine ähnliche Differenzierung hatte er bereits 1960 für den Bereich des Fernmeldegeheimnisses für undurchführbar gehalten, vgl. Privatsphäre, 183).

[108] vgl. etwa *Salzwedel*, *Peters*-GD, 756, 781f.; *Kamlah*, DÖV 1970, 44, 46; *Lang-Hinrichsen*, Polizei 1970, 45f.; *de Lazzer/Rohlf*, JZ 1977, 207, 208; *Klein*, VVdStRL Heft 37 (1979), 53; *Schatzschneider*, 233f.; B/E-*Borgs*, § 3 BVerfSchG, R. 170; *Roewer*, § 3 BVerfSchG, R. 171; *Ransiek*, GA 1995, 23, 24f.; *Cassardt*, ZRP 1997, 370, 371; *Ruthig*, JuS 1998, 506, 512; BGH NJW 1997, 2189, 2190; zumindest unklar allerdings das obiter dictum in BVerfGE 65, 1, 40 und die Erörterungen zur Abgrenzung der Schutzbereiche der Art. 10 I und 13 I GG in BGH NJW 1997, 1934, 1935.

Tonaufzeichnungen bei einer grundrechtlich geschützten Versammlung erst recht unzulässig seien[109]; diese Auffassung ist allerdings nicht unbestritten geblieben[110].
Als weitere Grenzen der Befugnis zum heimlichen Belauschen zum Gesprächen kamen außerdem im Grundsatz die Vorschriften über den Schutz des freien mündlichen Verkehrs eines Beschuldigten und seines Strafverteidigers (§ 148 StPO), des Beichtgeheimnisses (Art. 4 GG) sowie weiterer berufsbezogener Schweigepflichten[111] sowie über die Immunität von Parlamentsabgeordneten (Art. 46 GG sowie die entsprechenden Normen des Landesverfassungsrechts)[112] in Betracht; angesichts der wenig transparenten und keiner ausdrücklichen gesetzlichen Regelung unterliegenden nachrichtendienstlichen Praxis der damaligen Zeit wurden die hieraus konkret resultierenden Folgerungen aber kaum erörtert.

c) Fernmeldeverkehr

Besonderheiten galten auch hier wieder für den Schutz des Fernmeldegeheimnisses (Art. 10 GG). Zwar ließ sich auch für die deutschen Verfassungsschutzbehörden die Rechtslage ähnlich apodiktisch beschreiben, wie oben für den Bereich des Strafprozeßrechts ausgeführt: "Mithin besteht nach dem gegenwärtigen deutschen Recht in der Bundesrepublik keine Möglichkeit, Ferngespräche mitzuhören oder auf Band aufzunehmen."[113]
Jedoch hatten sich die Alliierten in Art. 5 II 1 des Deutschlandvertrages[114] die "bisher innegehabten oder ausgeübten Rechte in bezug auf den Schutz der Sicherheit von in der Bundesrepublik Deutschland stationierten Streitkräften" weiterhin vorbehalten; dieser Vorbehalt erfaßte auch das Recht der Post- und Telefonüberwachung nach Art. 2e des Besatzungsstatuts[115]. Art. 4 des Truppenvertrages verpflichtete die deutschen Behörden und die Behörden der alliierten Streitkräfte zu Sammlung und gegenseitigem Austausch der einschlägigen Nachrichten; er wurde am 1.7.1963 durch Art. 3 des Zusatzabkommens zum NATO-Truppenstatut[116] ersetzt, dessen Abs. 2 lit. a insbesondere auf die Sammlung, den Austausch und den Schutz von Nachrichten Bezug nahm.
Im Jahre 1963 wendete sich der Angestellte des BfV *Pätsch* an die Öffentlichkeit und

---

[109] *Evers*, Privatsphäre, 172ff.

[110] *Rottmann*, AöR Bd. 88 (1963), 227, 238.

[111] vgl. im einzelnen *Evers*, Privatsphäre, 172 iVm 137f.

[112] hierzu im einzelnen *Evers*, 207-214.

[113] *Evers*, Privatsphäre, 191; der Begriff "Ferngespräche" ist hier als Synonym für "Telefongespräche" gebraucht.

[114] Vertrag über die Beziehungen zwischen der Bundesrepublik Deutschland und den Drei Mächten v. 26.5.1952 idF der Bekanntmachung vom 30.3.1955 (BGBl. II, 301).

[115] v. 6./8.4.1949; verkündet am 12.5.1949 im Amtsblatt der Alliierten Hohen Kommission, 2, 13.

[116] Zusatzabkommen zu dem Abkommen zwischen den Parteien des Nordatlantikvertrages über die Rechtsstellung ihrer Truppen hinsichtlich der in der Bundesrepublik Deutschland stationierten ausländischen Truppen vom 3.8.1959 (BGBl. 1961 II, 1218).

erklärte, die Behörde habe sich zumindest seit seinem Eintritt in das Amt im Jahre 1956 diese alliierten Vorbehaltsrechte in der Weise zunutze gemacht, daß sie aus eigener Initiative an die alliierten Dienststellen herangetreten sei und diese um Überwachungsmaßnahmen im Brief- und Fernmeldebereich gebeten habe, auch wenn keine alliierten, sondern ausschließlich deutsche Sicherheitsbelange betroffen gewesen seien[117]. Der daraufhin eingesetzte Untersuchungsausschuß des Bundestages kam allerdings nur zu dem Ergebnis, daß "wegen der Unvollständigkeit der Aktenführung und wegen inzwischen erfolgter Vernichtung von Abhörmaterial ein Mißbrauch nicht ausgeschlossen werden" könne[118]. Es müsse zwar "ernstlich bezweifelt werden ..., ob in allen Fällen, in denen auf deutsche Anregung die alliierten Vorbehaltsrechte ausgeübt wurden, das alliierte Sicherheitsinteresse berührt war. Eine konkrete Nachprüfung der in Frage kommenden Einzelfälle war allerdings ... nicht möglich."[119]
Der Ausschuß sah aber Anlaß, ausdrücklich festzuhalten, daß eine Ausübung der alliierten Vorbehaltsrechte wie auch deren Inanspruchnahme durch deutsche Behörden in Fällen, in denen nur deutsche Sicherheitsinteressen berührt seien, "weder unmittelbar noch mittelbar zulässig" sei[120].
Es handelt sich hier um den ersten dokumentierten Fall in der Geschichte der Bundesrepublik, in dem es Anhaltspunkte für die Annahme gab, eine Behörde habe den Umstand, daß ihr keine Befugnis zu einer heimlichen Abhörmaßnahme zustand, zum Anlaß genommen, sich mit einer anderen Dienststelle in Verbindung zu setzen, der eine solche Befugnis zukam, um sich der durch diese Stelle ermittelten Ergebnisse für ihre eigene Tätigkeit bedienen zu können. Daß - durchaus im Einklang mit den schon seit den 50er Jahren geäußerten Befürchtungen eines allgemeinen Vertrauensverlustes in der Bevölkerung gegenüber den Behörden - schon die bereits vor *Pätsch*s Veröffentlichungen

---

[117] Sachverhaltsschilderung im Tatbestand von BGH NJW 1966, 1227 sowie in BVerfGE 28, 191, 192f.; vgl. auch *Nollau*, Amt, 212f., der aus seiner eigenen Tätigkeit als Abteilungsleiter beim BfV bestätigt, daß das Amt gegenüber den Alliierten Anregungen zu derartigen Überwachungsmaßnahmen geäußert habe; er setzt sich allerdings nicht mit der Frage auseinander, ob hierbei jeweils nur alliierte oder auch deutsche Sicherheitsbelange betroffen gewesen waren.

[118] BT-Drucks. IV/2170, 3.

[119] BT-Drucks. IV/2170, 4; auch der BGH, NJW 1966, 1227, 1229 ging von der Rechtmäßigkeit der getroffenen Maßnahmen aus. Er wies aber darauf hin, daß, wenn das Vorstellungsbild des Angeklagten *Pätsch* zutreffend gewesen wäre, das BfV in der Tat rechtswidrig gehandelt hätte (deutlicher noch im insoweit weniger gekürzten Abdruck in JZ 1966, 278); vgl. zum Charakter u. Umfang der in Betracht kommenden Fälle auch die Kontroverse zwischen *Damm*, KritJ 1973, 447, 454 u. 1974, 69 u. *C. Arndt*, KritJ 1974, 68 u. 185.

[120] BT-Drucks. IV/2170, 4; es handelt sich hier auch um eine Reaktion auf die aus dem BfV geäußerte Auffassung, alle Fragen der Spionage, Spionageabwehr und des Linksradikalismus berührten auch den Schutz und die Sicherheit der alliierten Truppen (vgl. MdB *Schäfer* in Verhandlg. des Dt. BT, Stenogr. Ber., 4. Wahlper., 124. Sitzg., 6008 D); eine ausführl. Begründung zur Rechtswidrigkeit derartiger Maßnahmen findet sich auch bei *Evers*, Verfassungsschutz, 93, 113ff.

umlaufenden bloßen Gerüchte über eine geheime Abhörtätigkeit von Bundesbehörden[121] geeignet waren, erhebliches Mißtrauen in der Bevölkerung hervorzurufen, läßt sich an einem besonders prominenten Beispiel belegen: Unmittelbar nachdem Bundesinnenminister *Höcherl* in der Fragestunde des Deutschen Bundestages zur "Spiegel-Affäre" am 9.11.1962 die auf diese Gerüchte abzielende Frage des Abgeordneten *Schäfer*, ob Vorsorge dafür getroffen sei, daß das Grundrecht des Art. 10 GG gegenüber Eingriffen unter deutscher Zuständigkeit in vollem Umfang gewahrt bleibe, mit "Ja" beantwortet hatte[122], meldete sich Bundeskanzler *Adenauer* zu Wort. Er führte aus, seit einiger Zeit wage er selbst nicht mehr, vertrauliche Sachen über seinen Fernsprecher von Rhöndorf nach Bonn zu sprechen, "weil offenbar ständig andere damit verbunden" seien. Er habe bereits den Postminister gebeten, "gerade diesen Fall auch genau zu untersuchen"[123].

Es ist allerdings darauf aufmerksam zu machen, daß der Umfang der hier von deutschen Stellen veranlaßten Abhörmaßnahmen, selbst wenn bis heute keine gesicherten Erkenntnisse vorliegen, doch weit geringer gewesen sein dürfte als der der von den Alliierten ohne äußere Anregung vorgenommenen Eingriffe. Hierzu wurde im nachhinein konstatiert, daß insbesondere "amerikanische Dienststellen ... zeitweilig bis zur totalen Überwachung des gesamten Post- und Fernmeldeverkehrs zwischen der Bundesrepublik und einigen auswärtigen Staaten" gegangen seien. Zudem habe es "zahlreiche konkrete Anhaltspunkte dafür (gegeben), daß die Überwachungsmaßnahmen keineswegs nur dem vertraglich zugesicherten Zweck des Schutzes der in der Bundesrepublik stationierten Streitkräfte dienten und daß wirtschaftliche Konkurrenzgesichtspunkte vielfach nicht mit der erforderlichen Sicherheit ausgeschaltet waren"[124].

Eine Verwertung von Erkenntnissen der Verfassungsschutzbehörden aus Abhörmaßnahmen durch die Strafverfolgungsorgane war nur im Rahmen der allgemeinen Vorschriften über die Amtshilfe möglich[125], die durch verwaltungsinterne Richtlinien ergänzt wurden[126]. Insbesondere wurde seinerzeit nachdrücklich darauf hingewiesen, daß es nicht etwa zulässig sei, Polizeibeamte als Hilfsbeamte der Staatsanwaltschaft den ÄfV zu unterstellen, um dort Zwangsmaßnahmen auf Grund der strafprozessualen oder präventiv-polizeirechtlichen Ermächtigungsnormen durchzuführen. Die Befugnisse des jeweils handelnden Beamten beurteilten sich vielmehr stets nach den Befugnissen

---

[121] BGH NJW 1966, 1227, 1229 spricht von Ende des Jahres 1962 umlaufenden Gerüchten.

[122] Verhandlg. des Dt. BT, Stenogr. Ber., 4. Wahlper., 47. Sitzg., 2085 B.

[123] aaO, 2085 C.

[124] *C. Arndt*, *Schäfer*-FS, 147.

[125] *Evers*, Privatsphäre, 118f.; *Schrübbers*, Verfassungsschutz, 71; wesentlich enger *Salzwedel*, *Peters*-GD, 756, 792f.: Weitergabe nur zur Erfüllung der in § 3 I BVerfSchG genannten Zwecke.

[126] Nachw. bei *Sippel*, Polizei 1970, 167, 169.

derjenigen Behörde, deren Weisungen er aktuell unterstellt sei[127]. Die Verfassungsschutzbehörden seien nämlich durch ihre Befugnis zum Einsatz nachrichtendienstlicher Mittel zum Schutze besonders hochwertiger Rechtsgüter in sehr viel stärkerem Maße zum Eindringen in die Persönlichkeitssphäre des Bürgers ermächtigt als die mit den herkömmlichen Ermittlungsmethoden operierende Polizei und Staatsanwaltschaft. Daher bedürften ihre Resultate auch eines besonderen Schutzes gegen zweckfremde Verwendung. Dieser sei durch die organisatorische und personelle Abgrenzung der Verfassungsschutzbehörden (§ 3 II BVerfSchG und die entsprechenden Bestimmungen des Landesrechts) besser gewährleistet als bei einer Integration in die ihrerseits mit weitreichenden Exekutivbefugnissen ausgestattete Polizei[128].

## II. Bundesnachrichtendienst (BND)

### 1. Entstehung des BND

Der BND, der Auslandsnachrichtendienst der Bundesrepublik Deutschland, wurde erst im Jahre 1955 gegründet. Er hatte allerdings einen historischen Vorläufer. Die 12. Abteilung des Generalstabes des Heeres[129] "Fremde Heere Ost" hatte 1945 ihr gesamtes nachrichtendienstliches Wissen über die Sowjetunion durch die Wirren der Kapitulation hindurch gerettet. Sie stellte unter Führung ihres Kommandanten, des vormaligen Generals *Gehlen*, dieses Wissen den US-Besatzungsbehörden zur Verfügung. Ab etwa 1946/1947 nahm die Abteilung als nunmehr sog. "Organisation *Gehlen*" die Tätigkeit eines gegen die Sowjetunion gerichteten Auslandsnachrichtendienstes unter Verantwortung der US-Behörden, aber mit weitgehender organisatorischer Autonomie, wieder auf. Obwohl Bundesregierung und Opposition über diese Tätigkeit bereits im Jahre 1949 informiert worden waren, wurde die Organisation aber erst auf der Grundlage eines unveröffentlichten Kabinettsbeschlusses vom 11.7.1955[130] unter der Bezeichnung "Bundesnachrichtendienst" in den deutschen Behördenapparat integriert[131].

### 2. Aufgabe und Befugnisse

Dem BND wurde keinerlei gesetzliche Befugnis zur Erhebung von Informationen im

---

[127] *Evers*, Privatsphäre, 118f.; *ders.*, Verfassungsschutz, 112f.

[128] *Helmut Schmidt*, Verfassungsschutz, 18f.

[129] nicht der Wehrmacht, wie *Gusy*, Verwaltung 1984, 273, 274, irrtümlich annimmt; einen Generalstab der Wehrmacht hat es nie gegeben.

[130] *Rieger*, 20 nennt als Datum allerdings den 11.6.; vgl. aber *Zolling/Höhne*, 245; *Brenner*, 6; *B/E-Ebert*, Einl., R. 14; *Gusy*, Verwaltung 1984, 273, 274; *Walde*, 67; BT-Drucks. VII/3246, 47; zur Einrichtung auf der Grundlage der Organisationsgewalt der Bundesregierung *Walde*, 79f.; die Bereitstellung der Haushaltsmittel für den BND wurde allerdings von Beginn an veröffentlicht, s. Kap. 0404 des Gesamtplans des Bundeshaushaltsplans 1956 (BGBl. II, 834).

[131] zur Historie bis 1955 ausführl. *Zolling/Höhne*, 28-246; *Gehlen*, 17-226; s. auch *Rieger*, 17-25; *Brenner*, 3-6; *Gusy*, Verwaltung 1984, 273, 274; *Walde*, 60-68.

Geltungsbereich des GG zugestanden, so daß er sich hier auf Maßnahmen ohne Eingriffscharakter beschränken mußte. Zudem bestand seine Funktion gemäß den internen Dienstanweisungen von Beginn an darin, allein als Auslandsnachrichtendienst der Bundesrepublik tätig zu werden. Es ist allerdings wohl aus heutiger Sicht unbestritten, daß die Aufgabenwahrnehmung im Bereich der Auslandsspionage es durchaus auch erfordert, operative Mittel bei Vorgängen im Inland einzusetzen, die einen Bezug zum Ausland aufweisen (insb. Gegenspionage, interne Spionageabwehr beim BND)[132].

3. Einsatz nachrichtendienstlicher Mittel

Heftig gestritten wurde demgegenüber aber zu Beginn der 70er Jahre darüber, inwieweit zumindest die "Organisation Gehlen", vielleicht aber auch noch der BND über ihre eigentliche Aufgabenstellung hinaus nachrichtendienstliche Mittel auch zur Erhebung von Informationen im innenpolitischen Bereich eingesetzt haben sollen. Derartige Vorwürfe waren zwar bereits 1971 publik geworden[133]; *Gehlen* selbst bestritt aber, daß seine Dienststelle nach Gründung der Verfassungsschutzbehörden noch auf innenpolitischem Gebiet tätig gewesen sei[134]. Im Jahre 1975 stellte jedoch die Mehrheit der Mitglieder des "Guillaume"-Untersuchungsausschusses des Bundestages fest, der BND bzw. die "Organisation Gehlen" habe Dossiers über Personen geführt, die keinen Bezug zu Auslandssachverhalten aufwiesen; "jedenfalls bis zum Jahre 1969" sei keine klare Abgrenzung zwischen dem Tätigkeitsbereich des BND und demjenigen der eigentlich zuständigen ÄfV verwirklicht worden[135]. Die Dossiers stammten fast ausschließlich aus den Jahren 1953 bis 1965 mit Schwerpunkt zwischen 1957 bis 1963[136]. Außerdem stellte der Ausschuß fest, daß eine Außenstelle des BND detaillierte Berichte über interne Vorgänge in der SPD angefertigt habe[137].

Es kann als gesichert angesehen werden, daß sich sowohl die "Organisation Gehlen" als auch der BND bei ihrer Tätigkeit der üblichen Palette nachrichtendienstlicher Mittel, also auch der Observation und des Einsatzes technischer Mittel zum Abhören von

---

[132] vgl. etwa *Gusy*, Verwaltung 1984, 273, 280f.; *Walde*, 84 (insb. Fn. 29); *Rieger*, 40f; BT-Drucks. VII/3246, 48; die gegenteilige Auffassung, die von *Stern*, StR(1.), § 6 VI 2 b und von *Klein*, VVdStRL Heft 37 (1979), 53, 92 vertreten wurde, ist, wie auch vom ehemaligen Präsidenten des BND *Hellenbroich* im Gespräch mit Prof. *Gusy*, Bielefeld, bestätigt wurde, unzutreffend und wurde von *Stern* in der 2. Aufl., aaO auch nicht mehr aufrecht erhalten.

[133] *Zolling/Höhne*, 208-224.

[134] *Gehlen*, 267f.

[135] BT-Drucks. VII/3246, 49.

[136] BT-Drucks. VII/3246, 46.

[137] BT-Drucks. VII/3246, 56f; zu weiteren Einzelheiten der Aktivitäten des Dienstes vgl. BT-Drucks. VII/3246, 45-61; vgl. aber auch das Minderheitenvotum aaO, 86-90, mit stärkerer Betonung entlastender Interpretationen durch Mitarbeiter des BND; mit der innenpolitischen Aufklärungstätigkeit der "Org. Gehlen" u. des BND beschäftigen sich auch *Nollau*, Amt, 195-205; *Rieger*, 18f.; *Spoo*, 135f.

Gesprächen, bedienten[138]. Angesichts der völligen Geheimhaltung von Auftrag und Operationsgebiet in den ersten Jahren des Bestehens des BND und des dargestellten Verdachts einer mehr oder weniger weitgehenden innenpolitischen Betätigung wird sich jedoch nicht klären lassen, inwieweit die hier interessierenden Methoden auch Einsatz im Bundesgebiet gefunden haben.

### III. Militärischer Abschirmdienst (MAD)

#### 1. Entstehung des MAD

Der MAD entstand 1956 aus einer Fusion der sog. "Vorprüfstelle" der Bundeswehr mit der Sicherheitsgruppe des sog. "Amtes Blank" (Beauftragter des Bundeskanzlers für die mit der Vermehrung der Alliierten Truppen zusammenhängenden Fragen). Er stand personell zum Teil in Kontinuität zu einer kleinen geheimdienstlichen Abteilung, die um 1950 durch den Sicherheitsberater des Bundeskanzlers Graf Schwerin aufgebaut worden war; zum Teil reichten solche Wurzeln auch bis in die Nachrichtendienste der Wehrmacht zurück[139].

#### 2. Aufgabe und Befugnisse

Auch der MAD wurde nicht durch Einrichtungsgesetz, sondern kraft der Organisationsgewalt des Bundesministers der Verteidigung eingerichtet[140]. Seine Aufgabenbeschreibung ergab sich daher ursprünglich ebenfalls lediglich aus internen Dienstanweisungen. Sie bestand demnach darin, "innerhalb ihres eigenen Bereiches die Bundeswehr in ihrem personellen Bestand - militärisches und ziviles Personal - sowie in ihren Anlagen, Einrichtungen und Gegenständen zu schützen"[141].

Mangels eines Einrichtungsgesetzes waren auch die Befugnisse des MAD nicht ausdrücklich festgelegt und, anders als bei den ÄfV, auch nicht aus einer Aufgabenzuweisung ableitbar. Obschon sich der BND in derselben Lage befand, erscheint dieser Umstand in bezug auf den MAD deshalb als noch problematischer, weil er sein Haupttätigkeitsgebiet im Umfeld der Bundeswehr, also im Inland, haben sollte. Unter rechtlichen Gesichtspunkten ist dies zwar nicht relevant, da beide Dienste als deutsche Dienststellen auch bei Auslandoperationen an das für sie maßgebliche einschlägige Bundesrecht gebunden sind[142]. Jedoch dürften das Ausmaß und die Art von inländischen

---

[138] vgl. etwa die Darstellung der Beschaffungsmethoden bei *Rieger*, 35-38.

[139] zur Historie *Walde*, 68-74; *Gusy*, DÖV 1983, 60.

[140] *Gröpl*, 79ff.; *Gusy*, DÖV 1983, 60; auch der Etat des MAD ist allerdings seit 1956 im Bundeshaushaltsplan, Kapitel 1401, Titel 301 ausgewiesen; näher hierzu *Walde*, 134f.

[141] "Richtlinien über die Aufgaben des Militärischen Abschirmdienstes"; zit. n. *v. Rose*, Verhandlg. des Dt. BT, Stenogr. Ber., 5. Wahlper., 150. Sitzg., 7720.

[142] so für den BND *Gusy*, Verwaltung 1984, 273, 282f.; *Lisken*, ZRP 1984, 144, 145; aA wohl *Roewer*, § 1 PKKG, R. 21ff.

Operationen deutscher Nachrichtendienste unter politischen Gesichtspunkten von größerem Interesse sein. Hier existierte für die Verfassungsschutzbehörden immerhin ein gesetzlicher Anknüpfungspunkt in Gestalt des § 3 BVerfSchG.

3. Einsatz nachrichtendienstlicher Mittel

Obschon die Notwendigkeit einer solchen gesetzlichen Ermächtigung für Eingriffe in die Persönlichkeitssphäre durch Anwendung nachrichtendienstlicher Mittel spätestens seit etwa 1960 ausführlich dargelegt worden war[143], entwickelte sich aber anscheinend in der Praxis des MAD die Auffassung, seine Kompetenzen zum Einsatz solcher Mittel reichten ebensoweit wie die der Verfassungsschutzbehörden; so jedenfalls äußerte sich 1978 der Bundesinnenminister ausdrücklich für die Bundesregierung[144]. Es dürfte anzunehmen sein, daß aus diesem Verständnis heraus auch der MAD bereits in den ersten Jahren nach seiner Gründung übliche nachrichtendienstliche Mittel wie die Observation oder das Abhören von Gesprächen im Bundesgebiet zur Anwendung gebracht hat.

Für einen kurzen Zeitraum in den 70er Jahren ist durch den Bericht des im Zusammenhang mit der sog. "Strauß-Scharnagl-Affäre" eingesetzten Untersuchungsausschusses des Bundestages für den Teilbereich des Abhörens mit technischen Mitteln belegt, daß der MAD hier gelegentlich sogar im Schutzbereich des Grundrechts auf Unverletzlichkeit der Wohnung (Art. 13 GG) tätig geworden war[145]. Unklar blieb hier aber, ob sich aus dem Verhalten des MAD im Berichtszeitraum auch Rückschlüsse für die Tätigkeit vor 1972 ziehen lassen. Hier waren die in der Würdigung durch die Ausschußminderheit wiedergegebenen Aussagen von Zeugen aus dem Bereich des MAD widersprüchlich, so daß die Ausschußmehrheit wie auch die -minderheit zu dem Ergebnis gelangten, Lauschmitteleinsätze vor 1972 seien nicht nachweisbar; vielmehr müsse davon ausgegangen werden, daß dem MAD vor diesem Jahr die erforderlichen technischen Mittel noch nicht zur Verfügung standen[146]. Nichtsdestotrotz wird es aber nicht verfehlt sein, aus den Ergebnissen des Untersuchungsberichts zumindest Rückschlüsse auf die Einsatzbereitschaft des Dienstes bei der Ausführung von Lauschoperationen ohne technische Hilfsmittel im Zeitraum zwischen der Mitte der 50er Jahre und 1972 zu ziehen.

IV. Fazit

Unter den neugegründeten Nachrichtendiensten waren nur die ÄfV auf der Grundlage eines Einrichtungsgesetzes gegründet worden, dessen Aufgabenzuweisungsnorm sich zugleich als Ermächtigung zu Eingriffen in die Privatsphäre durch Anwendung nach-

---

[143] insbesondere von *Evers*, Privatsphäre, 43-226 und passim.

[144] *Maihofer*, Verhandlg. des Dt. BT, Stenogr. Ber., 8. Wahlper., 78. Sitzg., 6104 B.

[145] zu Einzelheiten s. unten S. 116f.

[146] BT-Drucks. VIII/3835, 36 u. 66f.

richtendienstlicher Mittel wie das heimlichen Abhören von Gesprächen interpretieren ließ. MAD und BND waren nicht zu irgendwelchen Eingriffen in die Persönlichkeitssphäre berechtigt. Schließlich war schon mangels einer Ermächtigungsnorm kein Nachrichtendienst zu Eingriffen in die Unverletzlichkeit der Wohnung und des Fernmeldegeheimnisses befugt. Anders als im Bereich der Strafverfolgungsbehörden ist jedoch bei den Nachrichtendiensten schon in den ersten Jahren ihres Bestehens eine Tendenz erkennbar, eigene Befugnisse in dieser Hinsicht zu überdehnen oder Befugnisse aus der schlichten Behauptung ihrer Erforderlichkeit zur eigenen Aufgabenerfüllung abzuleiten.

# Kapitel 2: Die Notstandsgesetzgebung

## A. Vorgeschichte

### I. Beginnender Einstellungswandel

In den 60er Jahren hatte sich die Einstellung gegenüber dem Einsatz von Techniken zum heimlichen Abhören von Gesprächen allmählich zu wandeln begonnen.

Für den Bereich des Strafverfahrensrechts vertrat insbesondere *Roggemann* 1962 nachdrücklich die These, ein weitgehender Einsatz technischer Mittel zum Abhören und Aufzeichnen von Gesprächen durch die Strafverfolgungsbehörden sei nicht nur wünschenswert, sondern de lege lata bereits zulässig und geboten. Er postulierte hier anhand einiger Beispielsfälle[147] für bestimmte Ausnahmesituationen eine "unabweisliche Notwendigkeit" des Einsatzes solcher Mittel[148]. Daß eine staatliche Verpflichtung zum Einsatz dieser Mittel bestand, leitete er aus der Pflicht zu Achtung und Schutz der Menschenwürde nach Art. 1 I 2 GG ab. Aufgrund dieser Pflicht sei es geboten, jedenfalls bei solchen Straftaten, die die Menschenwürde des Opfers verletzten, die bestmöglichen Mittel zur Wahrheitserforschung gegenüber dem Tatverdächtigen einzusetzen[149]. Er verkannte allerdings nicht, daß der Einsatz dieser Mittel seinerseits wegen des Eingriffs in das allgemeine Persönlichkeitsrecht des Verdächtigen einer gesetzlichen Grundlage bedarf, sah die staatlichen Stellen aber verpflichtet, sich hierzu im Wege des Analogieschlusses geeigneter Vorschriften, "die nach Art und Umfang vergleichbare Persönlichkeitsbeeinträchtigungen zulassen", zu bedienen[150]. Solche Vorschriften sah er für das Abhören und Aufzeichnen von Telefongesprächen in § 99 StPO[151] sowie für das Abhören und Aufzeichnen sonstiger Gespräche in der Ermächtigung zur Aufnahme von Lichtbildern und Fingerabdrücken und zur Vornahme von Messungen und ähnlichen Maßnahmen nach § 81b StPO[152], schließlich für das Verbreiten so entstandener Aufnahmen zu Fahndungszwecken in § 24 KunstUrhG (Verbreiten von Bildnissen zu derartigen Zwecken)[153].

Zudem setzte er sich für die Anwendung derartiger Mittel auch über die von ihm postulierte Grenze der Verfolgung von "menschenwürdeverletzenden" Straftaten hinaus ein:

---

[147] die allerdings, von *Roggemann* selbst unerwähnt, nicht aus dem Geltungsbereich des GG, sondern aus der Schweiz stammten; vgl. *v. Rechenberg*, Kriminalistik 1954, 79, 81.

[148] *Roggemann*, 110f.

[149] aaO, 111f; nach seiner Einschätzung geht es hier "im wesentlichen (nur) (um) die Straftaten gegen das Leben, die körperliche Unversehrtheit und die persönliche Freiheit" (aaO, 113).

[150] aaO, 111f.

[151] aaO, 114ff.; insoweit am Anschluß an LR(20)-*Tillmann*, §§ 99/100, Anm. 16, Nr. 6; s. dazu schon oben S. 15f.

[152] aaO, 117ff.

[153] aaO, 113f.

Auch für den Bereich leichterer Straftaten sei dieser Einsatz als repressive Maßnahme der Strafverfolgungsbehörden möglich, soweit es um die Beendigung "noch andauernden, 'gegenwärtigen' kriminellen Tuns" gehe. Ermächtigungsnorm sei insoweit die Schrankentrias des Art. 2 I GG selbst. Wer sich über sie hinwegsetze und außerhalb seines eigenen Grundrechtskreises handele, erleide keine Grundrechtsbeeinträchtigung, wenn die Behörden ihn mit Mitteln in seine Schranken zurückwiesen, "die einem unbeteiligten Rechtsgenossen gegenüber eine Grundrechtsbeeinträchtigung bedeuten würden", solange nur als letzte Grenze nicht seine eigene Menschenwürde verletzt werde[154].

Zwar läßt sich dieser Ansicht *Roggemanns* schon auf den ersten Blick einiges entgegenhalten: So übersieht er etwa, daß eine Begründung einer Ermittlungsmaßnahme im Bereich der repressiven Tätigkeit mit dem Argument, der Beschuldigte habe seinen Rechtskreis überschritten, schon deshalb illegitim ist, weil die Maßnahme ja erst zu der Feststellung führen soll, ob der Beschuldigte überhaupt eine Rechtsverletzung zu verantworten hat. Die von *Roggemann* präsentierte Argumentation paßt auch systematisch nicht in den Bereich der repressiven Tätigkeit, da die StPO keine Anhaltspunkte für Sonderbefugnisse zum Zwecke der Unterbindung einer noch andauernden Straftatverwirklichung bietet; dieser Problemkomplex ist vielmehr im Bereich der präventiv-polizeilichen Tätigkeit anzusiedeln. Schließlich erscheint die Schrankenregelung des Art. 2 I GG (im Gegensatz etwa zu derjenigen des Art. 13 III Hs. 1 GG a.F.) auch als zu unbestimmt, um unmittelbar daraus eine Ermächtigung zur Vornahme von Eingriffsmaßnahmen ableiten zu können.
Jedoch läßt sich aus der Stellungnahme *Roggemanns* immerhin ersehen, daß die unter dem Eindruck der Methoden der Sicherheitsorgane des Dritten Reiches entstandene deutlich ablehnende Haltung gegenüber dem Einsatz geheimer Abhörmethoden aus den 50er Jahren im darauffolgenden Jahrzehnt durchaus Widerspruch zu finden begann. Dementsprechend lassen sich weitere Stellungnahmen aus diesen Jahren finden, die, z.T. unter Bezugnahme auf *Roggemann*, allerdings wesentlich weniger weitgehend als dieser, den vorsichtigen Einsatz derartiger Techniken zu befürworten beginnen[155].

II. Ablösung der alliierten Vorbehaltsrechte
Daß daraufhin 1968 der Gesetzgeber den Bereich der diesbezüglichen Eingriffsbefugnisse erheblich erweiterte, indem er Befugnisse zur Überwachung des Post- und Fernmeldeverkehrs schuf, scheint dieser Tendenz zu entsprechen. Tatsächlich erhielt diese gesetz-

---

[154] aaO, 121ff.
[155] *Kleinknecht*, NJW 1966, 1537, 1541; *R. Schmitt*, JuS 1967, 19, 22; diese Stellungnahmen beziehen sich allerdings überwiegend auf den Sonderfall des Mithörens bei und des Aufzeichnens von Telefongesprächen mit Zustimmung eines der beiden Gesprächsteilnehmer (etwa bei Erpresseranrufen).

geberische Aktivität ihren Impuls aber weniger aus der Debatte im Bereich des Strafprozeßrechts. Vielmehr gab das Fortbestehen der bereits oben erwähnten[156] alliierten Vorbehaltsrechte im Bereich der Post- und Telefonüberwachung den Anstoß. Art. 5 II 1 des Deutschlandvertrages bestimmte nämlich, daß diese Vorbehaltsrechte erlöschen sollten, "sobald die zuständigen deutschen Behörden entsprechende Vollmachten durch die deutsche Gesetzgebung erhalten haben und dadurch in Stand gesetzt sind, wirksame Maßnahmen zum Schutz der Sicherheit dieser Streitkräfte (nämlich der in der Bundesrepublik stationierten Streitkräfte der Drei Mächte) zu treffen, einschließlich der Fähigkeit, einer ernstlichen Störung der öffentlichen Sicherheit und Ordnung zu begegnen". Die Ablösung dieser Vorbehaltsrechte durch einen entsprechenden Rechtssetzungsakt war denn auch politisches Ziel aller Bundesregierungen gewesen; Überlegungen hierzu waren mindestens seit 1955 angestellt worden[157]. Auch unter dem Eindruck der ebenfalls bereits erwähnten[158] *Pätsch*-Affäre gelangten diese Überlegungen zur Überleitung der entsprechenden Befugnisse auf deutsche Dienststellen bis Mitte der 60er Jahre in das Stadium von Gesetzentwürfen. Diese Entwürfe von Gesetzen zur Änderung des Grundgesetzes und zur Beschränkung des Brief-, Post- und Fernmeldegeheimnisses[159] wurden nach der 1. Beratung am 24.6.1965 in den Rechtsausschuß des Bundestages überwiesen[160], gelangten jedoch in der 4. Legislaturperiode nicht mehr zur Abstimmung.

### B. Gesetzliche Regelung staatlicher Telefonüberwachung

In der 5. Legislaturperiode wurden die Überlegungen dann im größeren Rahmen der Schaffung einer umfassenden Notstandsverfassung und -gesetzgebung wieder aufgenommen und umgesetzt. Am 24.6.1968 wurde durch das 17. Gesetz zur Ergänzung des Grundgesetzes[161] eine Änderung des Art. 10 GG verkündet; am 13.8.1968 folgte das "Gesetz zur Beschränkung des Brief-, Post- und Fernmeldegeheimnisses (Gesetz zu Artikel 10 Grundgesetz) (G 10)"[162]. Mit dem Inkrafttreten des letzteren Gesetzes am 1.11.1968 erloschen die alliierten Vorbehaltsrechte[163] (mit Ausnahme des Gebiets von Berlin[164])[165].

---

[156] s. S. 24ff.

[157] BT-Drucks. V/1880, 7.

[158] s. S. 24ff.

[159] BT-Drucks. IV/2633 u. IV/2634.

[160] Verhandlg. des Dt. BT., Stenogr. Ber., 4. Wahlper., 192. Sitzg., 9739ff.

[161] BGBl. I, 709.

[162] BGBl. I, 949.

[163] bestätigt durch die Regierung der USA bereits im Mai 1968; s. BT-Drucks. V/2942, 2.

[164] dazu s.u. S. 43, 47.

[165] ausführl. zur Entstehungsgeschichte des G 10 *Evers*, in: D/E, 35ff; B/E-*Borgs*, vor § 1 G 10, R. 1 ff.

Damit waren erstmals umfangreiche Vorschriften über die hoheitlichen Befugnisse zum Abhören von Telefongesprächen[166] in Kraft getreten.

I. Verfassungsrecht

Neben der allgemeinen Ermächtigung zur Anordnung von Beschränkungen auf Grund eines Gesetzes, die jetzt in Art. 10 II 1 GG angesiedelt war, erlaubte Art. 10 II 2 GG, durch Gesetz anzuordnen, daß eine solche Beschränkung "dem Betroffenen nicht mitgeteilt wird und daß an die Stelle des Rechtsweges die Nachprüfung durch von der Volksvertretung bestellte Organe und Hilfsorgane tritt", sofern die Beschränkung "dem Schutze der freiheitlich demokratischen Grundordnung oder des Bestandes oder der Sicherung des Bundes oder eines Landes" dient. In Art. 19 IV GG (Gewährleistung des Rechtsweges gegen Rechtsverletzungen durch die öffentliche Gewalt) wurde ein Satz 3 eingefügt: "Art. 10 Abs. 2 Satz 2 bleibt unberührt." Gegenüber der Entwurfsfassung der vorigen Legislaturperiode waren die Eingriffsmöglichkeiten hier in einer Beziehung erweitert, in einem anderen Punkt aber geschmälert worden:

Der Regierungsentwurf der 4. Legislaturperiode[167] hatte die richterliche Kontrolle der getroffenen Maßnahmen noch nicht völlig ausgeschlosssen. Zwar war auch hier ein Ausschluß der Mitteilung an den Betroffenen vorgesehen gewesen (Art. 10 S. 3 GG idFd Art. I des Entwurfes). Jedoch wäre entweder die Anordnung oder Bestätigung der Maßnahme durch einen Richter zu treffen gewesen (Art. 10 S. 4 GG idFd Art. I des Entwurfs), oder aber dem Betroffenen hätte anderenfalls der Rechtsweg gegen die Maßnahme gem. Art. 19 IV GG offengestanden[168].

Andererseits hatte die damalige Entwurfsfassung die Möglichkeit des Ausschlusses einer Mitteilung an den Betroffenen und der erheblichen Schmälerung seines Rechtsschutzes auch "zur Abwehr oder Verfolgung schwerer Straftaten" vorgesehen (Art. 10 S. 3 GG idFd Art. I des Entwurfs), also auch für Eingriffe zum Zwecke der Bekämpfung allgemeiner, nicht politisch motivierter Kriminalität.

II. Recht der Nachrichtendienste

Durch Art. 1 G 10 wurde von der Ermächtigung in Art. 10 II 2 GG Gebrauch gemacht. Art. 1 § 1 I G 10 erlaubte bestimmten Behörden, "zur Abwehr drohender Gefahren für die freiheitliche demokratische Grundordnung oder den Bestand oder die Sicherheit des

---

[166] Die Neuregelungen betrafen auch die Überwachung des Brief- und Fernschreibverkehrs. Hier und in der Folge sollen aber, ausgehend von der Themenstellung dieser Arbeit, nur die Regelungen über die Überwachung mündlicher Kommunikation erörtert werden.

[167] BT-Drucks. IV/2633, Anlage 1.

[168] Allerdings hätte es sich hier kaum um einen effektiven Rechtsschutz gehandelt, da eine entsprechende Klage nur dann hätte erhoben werden können, wenn der Betroffene zufällig von der gegen ihn eingeleiteten Maßnahme Kenntnis erlangt oder aber die Existenz einer solchen Maßnahme sogar bloß vermutet hätte; vgl. auch die Entwurfsbegründung, BT- Drucks. IV/2633, 4.

Bundes oder eines Landes einschließlich der Sicherheit der in der Bundesrepublik Deutschland stationierten Truppen der nichtdeutschen Vertragsstaaten des Nordatlantikvertrages oder der im Land Berlin anwesenden Truppen einer der Drei Mächte[169]" "den Fernmeldeverkehr abzuhören".

1. Formelle Voraussetzungen

Eine Abhörmaßnahme nach Art. 1 § 1 I G 10 konnte nur auf schriftlichen Antrag, bezüglich dessen gemäß Art. 1 § 4 III G 10 bestimmte Dokumentationserfordernisse zu beachten waren, durchgeführt werden (Art. 1 § 4 I G 10). Zur Stellung des Antrages berechtigt waren im Rahmen ihres jeweiligen Geschäftsbereiches

- das BfV durch seinen Präsidenten oder dessen Stellvertreter, Art. 1 § 4 II Nr. 1 lit. a G 10,
- die Verfassungsschutzbehörden der Länder durch ihre Leiter oder deren Stellvertreter, Art. 1 § 4 II Nr. 1 lit. b G 10,
- bei Handlungen gegen die Bundeswehr das Amt für Sicherheit der Bundeswehr (ASBw)[170] durch seinen Leiter oder dessen Stellvertreter, Art. 1 § 4 II Nr. 1 lit. c G 10,
- bei Handlungen gegen den BND dieser selbst durch seinen Präsidenten oder dessen Stellvertreter, Art. 1 § 4 II Nr. 1 lit. d G 10.

Von einem Antragsrecht auch der zuständigen Militärbehörden der NATO-Entsendestaaten, wie es noch im Entwurf von 1964/65 vorgesehen gewesen war[171], war abgesehen worden.

Über die Anträge der Landesverfassungsschutzbehörden entschied die zuständige oberste Landesbehörde, über die übrigen ein vom Bundeskanzler beauftragter Bundesminister[172] (Art. 1 § 5 I G 10). Durchgeführt wurde die Maßnahme dann "unter Verantwortung der antragsberechtigten Stelle und unter Aufsicht eines Bediensteten ..., der die Befähigung zum Richteramt hat", Art. 1 § 7 I G 10.

2. Materielle Voraussetzungen

Die Anordnung einer Abhörmaßnahme setzte voraus, daß "tatsächliche Anhaltspunkte für den Verdacht" bestanden, daß jemand Straftaten nach einem in Art. 1 § 2 I G 10 aufgeführten Katalog plante, beging oder begangen hatte. Es handelte sich um Straftaten

---

[169] Hinsichtlich der im Land Berlin anwesenden Truppen der Drei Mächte entfiel später die Ermächtigung mit Wirkung vom 1.12.1994 durch Art. 13 Nrn. 1, 2 lit. b VerbrechensbekämpfungsG v. 28.10.1994 (BGBl. I, 3186).

[170] eine dem MAD übergeordnete Organisationseinheit; seit 1.7.1989 "Amt für den militärischen Abschirmdienst" (MAD) gem. Art. 4 XVI PostStruktG v. 8.6.1989 (BGBl. I, 1026).

[171] § 3 II Nr. 5 des Entwurfs (BT-Drucks. IV/2634, Anl. 1).

[172] gem. Kabinettsbeschluß vom 18.9.1968 der Bundesinnenminister; vgl. B/E-*Borgs*, § 5 G 10, R. 1; *Roewer*, § 5 G 10, R. 2.

- des Friedensverrats oder des Hochverrats (§§ 80-83 StGB: Friedensverrat[173], § 80; Aufstacheln zum Angriffskrieg, § 80a; Hochverrat gegen den Bund, § 81; Hochverrat gegen ein Land, § 82; Vorbereitung eines hochverräterischen Unternehmens, § 83),
- der Gefährdung des demokratischen Rechtsstaates (§§ 84-86, 87-89 StGB, § 20 I Nrn. 1-4 VereinsG: Fortführung verfassungswidriger politischer Parteien, § 84; Fortführung verbotener Vereinigungen; § 85; Verbreitung staatsfeindlicher Propaganda, § 86; Vorbereitung von Sabotageakten, § 87; Sabotage an Verkehrs- und Fernmeldeeinrichtungen, § 88; Verfassungsverräterische Zersetzung, § 89; Zuwiderhandeln gegen bestimmte vereinsrechtliche Verbote, § 20 I Nrn. 1-4 VereinsG),
- des Landesverrats und der Gefährdung der äußeren Sicherheit (§§ 94-96, 97a-100a StGB: Landesverrat, § 94; Offenbaren von Staatsgeheimnissen, § 95; Landesverräterische Ausspähung / Auskundschaften von Staatsgeheimnissen, § 96; Verrat illegaler Geheimnisse, § 97a; Verrat in der irrigen Annahme eines illegalen Geheimnisses, § 97b; Vorbereitung zum Landesverrat, § 98; Landesverräterischer Nachrichtendienst, § 99; Landesverräterische Konspiration, § 100; Landesverräterische Fälschung, § 100a),
- gegen die Landesverteidigung (§§ 109e-109g StGB: Wehrmittelsabotage, § 109e; Militärischer Nachrichtendienst, § 109f; Abbilden militärischer Gegenstände, § 109g) und
- gegen die Sicherheit der in der Bundesrepublik Deutschland stationierten Truppen der nichtdeutschen Vertragsstaaten des Nordatlantikvertrages oder der im Land Berlin anwesenden Truppen einer der Drei Mächte[174] (§§ 94-96, 98-100, 109e-109g StGB iVm Art. 7 des 4. StrÄndG v. 11.7.1957 idFd 8. StrÄndG).

Da durch das 8. StÄndG vom 25.6.1968[175] zahlreiche Tatbestände des politischen Strafrechts neugefaßt worden waren, ist hier ein unmittelbarer Vergleich mit der 1964/65 vorgesehenen Regelung erschwert. In der Tendenz wird man aber feststellen dürfen, daß die 1968 normierten Eingriffsbefugnisse weniger weit gingen als dieser Entwurf, indem Bezug auf eine schmalere Palette von Straftatbeständen genommen wurde (z.B. Entwurf 1964/65: §§ 109b-109h StGB[176]/ Art. 1 G 10 von 1968: §§ 109g-109e StGB; keine Bezugnahme auf Straftaten gegen die öffentliche Ordnung in Art. 1 G 10 im Gegensatz

---

[173] Eine amtliche Bezeichnung der Straftatbestände des StGB erfolgte erst durch das EGStGB v. 2.3.1974 (BGBl. I, 469). Die hier und im weiteren im Text gewählte Bezeichnung der Tatbestände bis zum Inkrafttreten dieses Gesetzes orientiert sich überwiegend an den inoffiziellen Bezeichnungen in der Kommentarliteratur, insbesondere in den damals aktuellen Auflagen des Kommentars von *Schönke/Schröder*.

[174] Hinsichtlich der im Land Berlin anwesenden Truppen der Drei Mächte entfiel die Ermächtigung mit Wirkung vom 1.12.1994 durch Art. 13 Nrn. 1, 2 lit. b VerbrechensbekämpfungsG v. 28.10.1994 (BGBl. I, 3186).

[175] BGBl. I, 741.

[176] § 2 II Nr. 4 des Entwurfs (BT-Drucks. IV/2634, Anl. 1).

zu § 2 II Nr. 5 des Entwurfs[177]). Dies wird allerdings mindestens z.T. dadurch aufgewogen, daß Art. 2 G 10 durch Änderungen der StPO, anders als 1964/65 geplant, auch Abhörmöglichkeiten im Bereich der allgemeinen Kriminalität schuf, die zwar anderen Regeln als die Abhörtätigkeit der Nachrichtendienste nach Art. 1 G 10 folgten[178], es aber ermöglichten, eine Palette weiterer Straftatbestände einzubeziehen, an die in früheren Entwürfen nicht gedacht worden war. Zwar war die Möglichkeit einer Einbeziehung auch allgemeiner Schwerkriminalität sogar in die Regelung des Art. 10 GG über die Zulässigkeit von Abhörmaßnahmen ohne Mitteilung an den Betroffenen, wie bereits oben erwähnt, Gegenstand des GG-Änderungsentwurfs der 4. Legislaturperiode gewesen; der gleichzeitig vorgelegte Entwurf eines G 10 hatte aber von dieser Möglichkeit keinen Gebrauch gemacht.
Abgehört werden durften Telefongespräche des Verdächtigen selbst sowie von Personen, "von denen auf Grund bestimmter Tatsachen anzunehmen ist, daß sie für den Verdächtigen bestimmte oder von ihm herrührende Mitteilungen entgegennehmen oder weitergeben oder daß der Verdächtige ihren Anschluß benutzt" (Art. 1 § 2 II 2 G 10). Hier liegt gegenüber dem Entwurf von 1964/65 wiederum eine Verschärfung vor, da damals die Erstreckung auf Kontaktpersonen des Verdächtigen, die erst auf Vorschlag des Bundesrates in die Regierungsvorlage aufgenommen worden war[179], sich nicht auch auf diejenigen beziehen sollte, deren Anschluß der Verdächtige mutmaßlich benutzte. In der Anordnung war allerdings die konkrete Person namentlich zu bezeichnen, gegen die sich die Maßnahme richten sollte (Art. 1 § 6 I G 10).

Schließlich war eine Subsidiaritätsklausel eingeführt worden, nach der das Abhören der Telefongespräche nur zulässig war, "wenn die Erforschung des Sachverhalts auf andere Weise aussichtslos oder wesentlich erschwert wäre" (Art. 1 § 2 II 1 G 10).

3. Dauer der Maßnahme

Die Anordnung war jeweils auf höchstens 3 Monate zu befristen (Art. 1 § 5 III 1 G 10); eine unbegrenzte Zahl von Verlängerungen um jeweils 3 weitere Monate war aber auf jeweils erneuten Antrag zulässig, sofern die Voraussetzungen der Anordnung fortbestanden (Art. 1 § 5 III 2 G 10). Bei Wegfall der Voraussetzungen der Anordnung oder Wegfall der Erforderlichkeit der Maßnahmen[180] waren diese unverzüglich zu beenden (Art. 1 § 7 II 1 G 10).

---

[177] aaO.

[178] dazu unten S. 43ff.

[179] vgl. BT-Drucks. IV/2634, Anl. 2 Nr.3 u. Anl. 3 Nr.3.

[180] Da nach der Subsidiaritätsklausel des Art. 1 § 2 II 1 G 10 die Erforderlichkeit zu den Voraussetzungen der Anordnung gehört, handelt es sich hier um einen Pleonasmus; so auch B/E-*Borgs*, § 7 G 10, R. 11.

4. Parlamentarische Kontrolle und Rechtsschutz des Betroffenen

Die durch Art. 10 II 2 GG angeordnete parlamentarische Kontrolle richtete sich nach Art. 1 § 9 G 10. Nach Abs. 1 hatte der für die Anordnung zuständige Bundesminister in Abständen von höchstens 6 Monaten ein Gremium aus 5 vom Bundestag bestimmten Abgeordneten[181] über die Durchführung des Gesetzes zu unterrichten. Daneben war nach Abs. 3 S. 3 von diesem Gremium jeweils für die Dauer einer Wahlperiode nach Anhörung der Bundesregierung eine Kommission aus einem Volljuristen als Vorsitzendem und 2 Beisitzern (Abs. 3 S. 1)[182] zu bestellen, die vom zuständigen Bundesminister monatlich über die angeordneten Maßnahmen zu informieren war (Abs. 2 S. 1). Sie hatte von Amts wegen oder auf Grund von Beschwerden mit bindender Wirkung über die Zulässigkeit und Notwendigkeit der Maßnahmen zu entscheiden (Abs. 2 S. 2 u. 3).

Der Rechtsweg zu den Gerichten wurde dem Betroffenen demgegenüber durch Abs. 5 versperrt. Zudem war seine Unterrichtung über die gegen ihn durchgeführten Maßnahmen ausdrücklich untersagt (Art. 1 § 5 V G 10).

Art. 1 § 9 IV G 10 beauftragte die Landesgesetzgeber, eine Regelung über die parlamentarische Kontrolle der Tätigkeit der Landesverfassungsschutzbehörden im Bereich des G 10 zu treffen. Diesem Regelungsauftrag kamen sämtliche Länder (abgesehen von Berlin, für das er gem. Art. 3 § 12 G 10 nicht galt[183]) bis zum Ende des Jahres 1969 nach[184]. Die Mehrzahl der Länder orientierte sich dabei an der Regelung des Art. 1 § 9 G 10 und richtete ebenfalls sowohl ein Gremium von (i.d.R. 5[185]) Abgeordneten ein, das mindestens alle 6 Monate über die getroffenen Beschränkungen zu informieren war, als auch eine Kommission aus einem Volljuristen als Vorsitzendem und 2 Beisitzern[186], der die laufende Überprüfung der getroffenen Maßnahmen oblag und die in den meisten Ländern[187], anders als nach dem Bundesgesetz, nicht nur monatlich, sondern laufend zu

---

[181] seit 12.5.1995: 9 Abgeordnete; vgl. Art. 2 des Gesetzes zur Änderg. der Vorschriften über parlamentarische Gremien v. 28.4.1995 (BGBl. I, 582).

[182] seit 12.5.1995: 3 Beisitzer; vgl. aaO.

[183] dazu s. u. S. 43.

[184] Rheinl.-Pf.: G. v. 29.10.1968 (GVBl. 229); Schlesw.-Holst.: G. v. 17.12.1968 (GVOBl. 357); Hamburg: G. v. 17.1.1969 (GVBl. I, 5); Bayern: G. v. 11.3.1969 (GVBl. 37); Nordrh.-Westf.: G. v. 11.3.1969 (GV. 146); Saarland: G. v. 19.3.1969 (ABl. 194); Bad.-Württ.: G. v. 13.5.1969 (GBl. 79); Niedersachsen: G. v. 16.5.1969 (GVBl. 117); Bremen: G. v. 14.10.1969 (GBl. 131); Hessen: G. v. 16.12.1969 (GVBl. I, 303).

[185] Nur in Schleswig-Holstein gehörten dem Gremium nur 3 Abgeordnete an, § 2 SchlHAusfG zum G 10; in Bayern mußten es mindestens 5 Abgeordnete (Art. 2 I BayAusfG zum G 10), im Saarland durften es höchstens 5 sein (§ 2 I SaarlAusfG zum G 10).

[186] in Nordrhein-Westfalen seit 1986: 3 Beisitzer, § 3 III 1 des NWAusfG zum G 10 idF des Änderungsgesetzes v. 4.11.1986 (GVBl. 679).

[187] Nur im Saarland war die Regelung dieselbe wie im Bundesgesetz, § 2 II 1 SaarlAusfG zum G 10. Erst seit 1987 ist auch hier eine unverzügliche Unterrichtung vorgeschrieben, § 2 II 1 SaarlAusfG zum G 10 idFd Art. 1 Nr. 1 des Änderungsgesetzes v. 6.5.1987 (ABl. 571).

unterrichten war. 3 Länder, nämlich Hamburg, Hessen und Rheinland-Pfalz, begnügten sich dagegen mit der Einrichtung nur einer Kommission aus Abgeordneten des jeweiligen Landesparlaments, der die laufende Kontrolle unmittelbar zugewiesen war[188]. In Hessen bestand zudem die Besonderheit, daß die Anordnung einer Überwachungsmaßnahme durch den Innenminister erst nach der Zulässigkeitsfeststellung durch die Kommission vollziehbar wurde (§ 3 I HessAusfG zum G 10), es sei denn, der Minister ordnete den sofortigen Vollzug an (§ 3 II HessAusfG zum G 10); hier war also für den Regelfall sichergestellt, daß die Kommission vorab eingeschaltet wurde. Bereits im Oktober 1970 wurde diese Regelung auch in Baden-Württemberg übernommen (§ 2 II 3 des BadWürttAusfG zum G 10 idFd Art. I des Änderungsgesetzes v. 6.10.1970[189]). In Bayern wurde 1984 das Parlamentariergremium durch den für Sicherheitsfragen zuständigen Ausschuß ersetzt, der nur noch mindestens einmal im Jahr zu unterrichten war (Art. 3 BayAGG 10 v. 11.12.1984[190]). Im Zuge der Einrichtung parlamentarischer Gremien zur Kontrolle der sonstigen Tätigkeit der Landesverfassungsschutzbehörden entschlossen sich schließlich die Länder Bremen[191], Nordrhein-Westfalen[192], Bayern[193] und Niedersachsen[194], auch die parlamentarische Kontrolle der Tätigkeit nach dem G 10 in die Hand dieser neugeschaffenen Kontrollkommissionen zu legen.
Im Gegensatz zu der Gesetz gewordenen Fassung des G 10 hatte der Entwurf der vorhergehenden Legislaturperiode noch eine richterliche Kontrolle der Maßnahmen dadurch vorgesehen, daß die Zuständigkeit für die Entscheidung über die Anträge in die Hände eines Senatspräsidenten beim BGH gelegt werden sollte (§§ 4 I 1, 4a des Entwurfs[195]; sog. "Richterlösung"); an eine Kontrolle durch parlamentarische Organe oder Hilfsorgane war damals noch nicht gedacht worden.

5. Verwertung der Erkenntnisse

Aus der Überwachung erlangte Kenntnisse durften außer zur Erforschung und Verfolgung der in Art. 1 § 2 I Nr. 1-5 G 10 aufgeführten Straftaten auch dann zu Strafverfol-

---

[188] - § 2 I HambAusfG zum G 10: 3 Mitglieder, von denen eines Volljurist sein muß; die Mitglieder konnten von der Bürgerschaft jederzeit abberufen werden (§ 2 I 6; die Regelung wurde durch Nr. 4 des Änderungsgesetzes vom 2.2.1981, GVBl. I, 24 aufgehoben und dürfte im Hinblick auf die erforderliche sachliche Unabhängigkeit der Mitglieder nicht unbedenklich gewesen sein).
- § 5 I HessAusfG zum G 10: 3 Mitglieder mit einem Volljuristen als Vorsitzendem.
- § 3 II RhPf AusfG zum G 10: 3 Mitglieder.

[189] GBl. 459.

[190] GVBl. 522; zur weiteren Entwicklung siehe unten S. 119f.

[191] § 2 BremAusfG zum G 10 idFd Ges. v. 23.3.1981 (GBl. 73).

[192] § 2 AusfGNW zum G 10 idFd § 15 VSG NW v. 21.7.1981 (GVBl. 406).

[193] Art. 2 III 6, 3 BayAGG 10 idFd BayVSG v. 24.8.1990 (GVBl. 323).

[194] § 2 NiedersAusfG zum G 10 idFd Ges. v. 21.11.1997 (GVBl. 481).

[195] BT-Drucks. IV/2634, Anl. 1-3.

gungszwecken verwendet werden, wenn sich aus ihnen tatsächliche Anhaltspunkte ergaben, daß jemand eine andere in § 138 StGB genannte Straftat zu begehen vorhatte, beging oder begangen hatte (Art. 1 § 7 III G 10). Somit war die Verwertung auch zulässig, falls sich Anhaltspunkte hinsichtlich des Vorliegens folgender Straftatbestände ergaben:

- Mord, § 211 StGB;
- Totschlag, § 212 StGB;
- Münzverbrechen, §§ 146, 147, 149 StGB;
- Raub, §§ 249-251 StGB;
- räuberische Erpressung, § 255 StGB;
- Menschenraub, § 234 StGB;
- Verschleppung, § 234a StGB;
- erpresserische Kindesentführung, § 239a StGB;
- Mädchenhandel, § 48 AuswanderungsG;

gemeingefährliche Verbrechen, also

- einfache, schwere, besonders schwere Brandstiftung, §§ 306-308 StGB;
- vorsätzliche Gefährdung durch Sprengstoffe, § 311 I-III StGB;
- vorsätzl. lebensgefährliche Überschwemmung, § 312 StGB;
- vorsätzl. einfache Überschwemmung, § 313 StGB;
- Gefährdung des Bahn-, Schiffs- oder Luftverkehrs mit qualifizierender Absicht, § 315 I, III StGB;
- gefährlicher Eingriff in den Straßenverkehr mit qualifizierender Absicht, § 315b I, III StGB;
- räuberischer Angriff auf Kraftfahrer, § 316a StGB;
- qualifizierte Beschädigung von Wasser- oder Bergwerksbauten, § 321 II StGB;
- Brunnenvergiftung, § 324[196] StGB;
- Herbeiführung einer Explosion durch Kernenergie, § 40 iVm § 51 I AtomG;
- Mißbrauch ionisierender Strahlen gegenüber einer Vielzahl von Menschen, § 41 II iVm § 51 I AtomG;
- Vorbereitung zu beiden vorgenannten Tatbeständen, § 42 iVm § 51 I AtomG.

Sobald durch die Maßnahme erlangte Unterlagen zu diesen Zwecken nicht mehr erforderlich waren[197], waren sie unter Einhaltung bestimmter Verfahrensvorschriften zu vernichten (Art. 1 § 7 IV G 10).

6. Die Strategische Kontrolle nach Art. 1 § 3 G 10

Besonderheiten galten für die sog. Strategische Kontrolle nach Art. 1 § 3 G 10, die im

---

[196] seit 1.7.1980: § 319 StGB (Art. 1 Nr. 9, 10 des 18. StrÄndG).

[197] Diese sprachlich unsaubere Formulierung entstammt dem Gesetz selbst.

Entwurf von 1964/65 überhaupt noch nicht vorgesehen gewesen war[198]. Darunter war die Sammlung von Nachrichten zu verstehen, "deren Kenntnis notwendig ist, um die Gefahr eines bewaffneten Angriffs auf die Bundesrepublik Deutschland rechtzeitig zu erkennen und einer solchen Gefahr zu begegnen" (Art. 1 § 3 I 2 G 10). Zu diesem Zweck gestattete Art. 1 § 3 I 1 G 10, das Abhören des Fernmeldeverkehrs in Fernmeldeverkehrsbeziehungen anzuordnen, "die der nach § 5 zuständige Bundesminister mit Zustimmung des Abgeordnetengremiums gemäß § 9 bestimmt". Hier waren also, anders als bei den Maßnahmen nach Art. 1 § 2 G 10, Abhörmaßnahmen nicht an das Bestehen von Anhaltspunkten für einen Straftatverdacht gebunden.
Die Anordnung der Maßnahme erfolgte auch hier nur auf Antrag (Art. 1 § 4 I G 10). Antragsberechtigt war nur der BND im Rahmen seines Geschäftsbereichs durch seinen Präsidenten oder dessen Stellvertreter (Art. 1 § 4 II Nr. 2 G 10). Über den Antrag entschied ebenfalls der nach Art. 1 § 5 I G 10 vom Bundeskanzler beauftragte Bundesminister[199]. Die Anordnung brauchte dabei (wegen des unbestimmten Kreises der Teilnehmer der überwachten Fernmeldeverkehrsbeziehung notwendigerweise) nicht denjenigen zu bezeichnen, gegen den sich die Maßnahme richtete (Art. 1 § 6 I G 10). Ansonsten bestanden keine Unterschiede hinsichtlich Form und Frist der Anordnung (Art. 1 § 5 II-IV G 10), der Durchführung der Maßnahme (Art. 1 § 7 I-II, IV G 10) und der parlamentarischen Kontrolle der getroffenen Maßnahmen (Art. 1 § 9 G 10). Auch bei der Strategischen Kontrolle fand keine Unterrichtung der von den Maßnahmen Betroffenen statt (Art. 1 § 5 V G 10).
Kenntnisse und Unterlagen aus der Strategischen Kontrolle durften nach Art. 1 § 3 II G 10 nur dann zum Nachteil einer einzelnen Person verwendet werden, wenn gegen diese Person zugleich eine Maßnahme nach Art. 1 § 2 G 10 angeordnet war oder wenn tatsächliche Anhaltspunkte für den Verdacht bestanden, daß "jemand eine der in § 2 dieses Gesetzes oder eine andere in § 138 des Strafgesetzbuches genannte Handlung plant, begeht oder begangen hat"[200]. Mit dem Begriff "plant" dürfte hier keine andere Bedeu-

---

198 vgl. BT-Drucks. IV/2634; laut *C. Arndt*, NJW 1985, 107 hatte die Bundesregierung zunächst beabsichtigt, die Strategische Kontrolle in einem "Geheimgesetz" zu regeln, das weder öffentlich beraten und verabschiedet noch verkündet werden sollte.

199 Allerdings ist durch den bereits erwähnten (vgl. Fn. 172) Kabinettsbeschluß vom 18.9.1969 die Zuständigkeit sowohl für die Anordnung von Maßnahmen nach Art. 1 § 3 G 10 als auch für die Festlegung der betroffenen Fernmeldeverkehrsbeziehungen, anders als bei Art. 1 § 2 G 10, in die Hände des Bundesverteidigungsministers gelegt worden; vgl. B/E-*Borgs*, § 3 G 10, R. 5; *Roewer*, § 3 G 10, R. 2.

200 Da auch bei Maßnahmen nach Art. 1 § 2 G 10 eine Verwertung nur zur Erforschung und Verfolgung der in Art. 1 § 2 Nr. 1-5 G 10 oder in § 138 StGB aufgeführten Straftaten zulässig war (Art. 1 § 7 III G 10), hatte die erste Alt. (gleichzeitiges Vorliegen einer Beschränkung nach Art. 1 § 2 G 10) nur den Zweck, den BND von einer eigenen Prüfung des Vorliegens von Anhaltspunkten für einen Straftatverdacht zu entlasten.

tung verbunden sein als mit den Worten “zu begehen vorhat” in Art. 1 § 7 III G 10[201]; die spezielle Verwertungsregelung für Erkenntnisse aus der Strategischen Kontrolle entsprach damit der allgemein für die Maßnahmen nach Art. 1 G 10 geltenden in Art. 1 § 7 III G 10.

7. Rechtslage in Berlin

Sämtliche Regelungen des Art. 1 G 10 galten jedoch nicht in Berlin (Art. 3 § 12 G 10). Da sich die Alliierten die Ausübung ihrer hoheitlichen Befugnisse für dieses Gebiet gesondert vorbehalten hatten[202], galten hier ihre Befugnisse auch zur Überwachung des Fernmeldeverkehrs unverändert fort. Die Berliner Verfassungsschutzbehörde war demgegenüber nicht berechtigt, Maßnahmen nach Art. 1 G 10 durchzuführen.

III. Recht der Strafverfolgungsbehörden

Obschon in den Entwurfsfassungen der 4. Legislaturperiode des Bundestages überhaupt noch nicht erörtert[203], wurden durch Art. 2 G 10 außerdem erstmals ausdrücklich bestimmte Befugnisse der Strafverfolgungsbehörden zum heimlichen Abhören von Gesprächen normiert, indem in den neugeschaffenen §§ 100a ff. StPO auch ihnen eine Ermächtigung zur Überwachung und Aufnahme von Fernmeldeverkehr auf Tonträger zugestanden wurde.

1. Formelle Voraussetzungen

Für die Anordnung einer solchen Maßnahme war nach § 100b I 1 StPO, anders als bei Maßnahmen nach Art. 1 G 10, der Richter zuständig[204]. Bei Gefahr im Verzug durfte die

---

[201] *Rieger*, 72 m. Fn. 151 geht dagegen davon aus, daß der Begriff “planen” weiter sei, nimmt aber zugleich ein Redaktionsversehen an.

[202] vgl. Nr. 4 des Genehmigungsschreiben der Alliierten Militärgouverneure zum GG v. 12.5.1949 (s.o. Fn. 83); Art. 2 S. 1 DtlVertr (s.o. Fn. 114) iVm mit Art. 2e des Besatzungsstatuts (s.o. Fn. 115); Erklärung der Alliierten Kommandatura über Berlin v. 5.5.1955 (Berl. GVBl. 335), insb. Nr. II, III lit. a; die Vorbehaltsrechte wurden nochmals bestätigt durch das Viermächteabkommen über Berlin v. 3.9.1971 (insb. Präambel Abs. 3 u. Teil I Nr. 3).

[203] vgl. BT-Drucks. IV/2634.

[204] Örtlich zuständig war dabei der Ermittlungsrichter des Amtsgerichts, in dessen Bezirk die Maßnahme durchgeführt werden sollte, § 162 I StPO. Ab 1975 war bei der gleichzeitigen Anordnung von Untersuchungsmaßnahmen in mehreren Bezirken allerdings der Richter des Amtsgerichts zuständig, in dessen Bezirk die beantragende Staatsanwaltschaft ihren Sitz hatte (Einzelheiten: § 162 I 2, 3 StPO).
Bei Staatsschutzsachen bestand zudem auch eine Zuständigkeit des Ermittlungsrichters des OLG (§ 168a I 1 StPO, ab 1975 § 169 I 1 StPO) bzw. des BGH (§ 168a I 2 StPO, ab 1975 § 169 I 2 StPO).
Während einer eventuellen Voruntersuchung nach §§ 178 ff. StPO (ab 1975 weggefallen) war gemäß § 184 StPO der Untersuchungsrichter zuständig.
Nach Eröffnung des Hauptverfahrens lag die Zuständigkeit für die Anordnung schließlich bei dem jeweils mit der Sache befaßten Gericht, d.h. sie ging vom ersten Tatrichter auf das Berufungsgericht mit

Anordnung allerdings auch von der Staatsanwaltschaft getroffen werden (§ 100b I 2 StPO) und bedurfte dann der richterlichen Bestätigung binnen dreier Tage (§ 100b I 3 StPO).
Die Anordnung mußte Art, Umfang und Dauer der Maßnahme nennen (§ 100b II 3 StPO).
Vorheriges rechtliches Gehör war dem Beteiligten bei der Anordnung gem. § 33 IV 1 StPO nicht zu gewähren, sofern dies ihren Zweck gefährdet hätte. Angesichts des Charakters der Telefonüberwachung als heimliche Maßnahme dürfte dies bei deren Anordnung stets der Fall gewesen sein.

2. Materielle Voraussetzungen

Eine Überwachung des Fernmeldeverkehrs durch die Strafverfolgungsorgane setzte voraus, daß bestimmte Tatsachen den Verdacht begründeten, daß jemand als Täter oder Teilnehmer folgende Straftaten begangen oder in Fällen, in denen der Versuch strafbar war, zu begehen versucht oder durch eine mit Strafe bedrohte Handlung vorbereitet hat:

- § 100a S. 1 Nr. 1 lit. a StPO: Straftaten des Friedensverrats, des Hochverrats und der Gefährdung des demokratischen Rechtsstaates oder des Landesverrats und der Gefährdung der äußeren Sicherheit (Friedensverrat, § 80 StGB; Aufstacheln zum Angriffskrieg, § 80a StGB; Hochverrat gegen den Bund, § 81 StGB; Hochverrat gegen ein Land, § 82 StGB[205]; Fortführung verfassungswidriger politischer Parteien, § 84 StGB; Fortführung verbotener Vereinigungen, § 85 StGB; Verbreitung staatsfeindlicher Propaganda, § 86 StGB; Vorbereitung von Sabotageakten, § 87 StGB; Sabotage an Verkehrs- und Fernmeldeeinrichtungen, § 88 StGB; Verfassungsverräterische Zersetzung, § 89 StGB; Landesverrat, § 94 StGB; Offenbaren von Staatsgeheimnissen, § 95 StGB; Landesverräterische Ausspähung / Auskundschaften von Staatsgeheimnissen, § 96 StGB; Preisgabe von Staatsgeheimnissen, § 97 StGB; Verrat illegaler Geheimnisse, § 97a StGB; Verrat in der irrigen Annahme eines illegalen Geheimnisses, § 97b StGB; Vorbereitung zum Landesverrat, § 98 StGB; Landesverräterischer Nachrichtendienst, § 99 StGB; Landesverräterische Konspiration, § 100 StGB; Landesverräterische Fälschung, § 100a StGB; Zuwiderhandeln gegen bestimmte vereinsrechtliche Verbote, § 20 I Nrn. 1-4 VereinsG),
- § 100a S. 1 Nr. 1 lit. b StPO: Straftaten gegen die Landesverteidigung (Verleitung zum Ungehorsam, § 109b StGB; Teilnahme an Fahnenflucht, § 109c StGB; Wehr-

---

Eingang der Akte bei letzterem (§ 321 S. 1 StPO) über und lag während einer Revision bei dem Gericht, dessen Urteil angefochten wurde (zu diesen Grundsätzen LR(22)-*Dünnebier*, § 100b, Anm. 1 iVm § 100, Anm. I 5 u. § 98, Anm. II 1; KK-*Nack*, § 100b, R. 1 iVm § 98, R. 9).

205 Die Vorbereitung eines hochverräterischen Unternehmens gem. § 83 StGB war nicht ausdrücklich genannt, wurde aber durch die Einbeziehung strafbarer Vorbereitungshandlungen zu den genannten Delikten erfaßt.

kraftzersetzung, § 109d StGB; Wehrmittelsabotage, § 109 e StGB; Militärischer Nachrichtendienst, § 109f StGB; Abbilden militärischer Gegenstände, § 109g StGB; Werbung für ausländischen Wehrdienst, § 109h StGB),

- § 100a S. 1 Nr. 1 lit. c StPO: Straftaten gegen die öffentliche Ordnung (Gründung von oder Mitgliedschaft in einer kriminellen Vereinigung, § 129 StGB; Volksverhetzung, § 130 StGB; Mitgliedschaft in geheimer Ausländervereinigung, § 47 I Nr. 7 AuslG[206]),
- § 100a S. 1 Nr. 1 lit. d StPO: Straftaten gegen die Sicherheit der in der Bundesrepublik Deutschland stationierten Truppen der nichtdeutschen Vertragsstaaten des Nordatlantikvertrages oder der im Land Berlin anwesenden Truppen einer der Drei Mächte (§§ 89, 94-97, 98-100, 109b-109g StGB iVm Art. 7 des 4. StrÄndG v. 11.7.1957 idFd 8. StrÄndG),
- § 100a S. 1 Nr. 2 StPO: Mord (§ 211 StGB), Totschlag (§ 212 StGB), Münzverbrechen (§§ 146, 147, 149 StGB), Raub (§§ 249-251 StGB), räuberische Erpressung (§ 255 StGB), Menschenraub (§ 234 StGB), Verschleppung (§ 234a StGB), erpresserische Kindesentführung (§ 239a StGB), Mädchenhandel (§ 48 AuswanderungsG), Erpressung (§ 253 StGB); kraft Verweisung auf § 138 StGB außerdem einfache, schwere, besonders schwere Brandstiftung (§§ 306-308 StGB), vorsätzliche Gefährdung durch Sprengstoffe (§ 311 I-III StGB), vorsätzl. lebensgefährliche Überschwemmung (§ 312 StGB), vorsätzl. einfache Überschwemmung (§ 313 StGB), Gefährdung des Bahn-, Schiffs- oder Luftverkehrs mit qualifizierender Absicht (§ 315 I, III StGB), gefährlicher Eingriff in den Straßenverkehr mit qualifizierender Absicht (§ 315b I, III StGB), räuberischer Angriff auf Kraftfahrer (§ 316a StGB), qualifizierte Beschädigung von Wasser- oder Bergwerksbauten (§ 321 II StGB), Brunnenvergiftung (§ 324[207] StGB), Herbeiführung einer Explosion durch Kernenergie (§ 40 iVm § 51 I AtomG), Mißbrauch ionisierender Strahlen gegenüber einer Vielzahl von Menschen (§ 41 II iVm § 51 I AtomG), Vorbereitung zu beiden vorgenannten Tatbeständen (§ 42 iVm § 51 I AtomG).

Erfaßt war durch die erwähnte Vorbereitungsklausel auch die Erfüllung eines anderen Straftatbestandes, sofern sie der Vorbereitung einer der genannten Taten diente.

Abgehört werden durften auch hier neben den Gesprächen des Beschuldigten auch die von Personen, von denen auf Grund bestimmter Tatsachen anzunehmen ist, daß sie für den Beschuldigten bestimmte oder von ihm herrührende Mitteilungen entgegennehmen oder weitergeben oder daß der Beschuldigte ihren Anschluß benutzt (§ 100a S. 2 StPO).

---

[206] ab 1.1.1991: § 92 I Nr. 8 AuslG (Art. 12 I des Ges. zur Änderg. d. Ausländerrechts v. 9.7.1990; BGBl. I, 1354); seit 1.12.1994: § 92 I Nr. 7 AuslG (Art. 2 Nr. 5 lit. a cc VerbrechensbekämpfungsG v. 28.10.1994; BGBl. I, 3186).

[207] ab 1.7.1980: § 319 StGB (Art. 1 Nr. 10, Art. 5 Nr. 2 des 18.StrÄndG).

Name und Anschrift der betroffenen Person waren in der Anordnung zu nennen (§ 100b II 2 StPO).
Auch für die Strafverfolgungsbehörden galt das Prinzip der Subsidiarität: Die Anordnung war nur zulässig, wenn die Erforschung des Sachverhalts oder die Ermittlung des Aufenthaltsortes des Beschuldigten auf andere Weise aussichtslos oder wesentlich erschwert wäre (§ 100a S. 1 StPO).

3. Dauer der Maßnahme und Rechtsschutz
Auch die Regelung der Dauer der Maßnahme entsprach der für den Bereich des Art. 1 G 10 getroffenen: Die Überwachung war auf 3 Monate zu befristen (§ 100b II 4 StPO), konnte aber bei Fortbestehen der Voraussetzungen um jeweils bis zu 3 weitere Monate verlängert werden (§ 100b II 5 StPO). Bei Wegfall der Voraussetzungen war die Überwachung unverzüglich zu beenden (§ 100b IV 1 StPO).
Ein wichtiger Unterschied zur Regelung des Art. 1 G 10 bestand aber darin, daß bei strafprozessualen Abhörmaßnahmen die Beteiligten zu benachrichtigen waren, sobald dies ohne Gefährdung des Untersuchungszwecks geschehen konnte (§ 101 I StPO). Dies dürfte aber regelmäßig erst nach Beendigung der Maßnahme der Fall gewesen sein.
Gegen die richterliche Entscheidung über den Antrag auf Anordnung der Überwachung war zwar gem. § 304 I StPO die Beschwerde eröffnet. Da die Beteiligten aber eben in der Regel von der Durchführung der Maßnahme erst nach deren Abschluß Kenntnis erhielten, für diesen Zeitpunkt aber in aller Regel das Vorliegen eines Feststellungsinteresses für eine auf Feststellung der Rechtswidrigkeit der Überwachungsmaßnahme gerichtete Beschwerde verneint wurde, war eine Beschwerde der Beteiligten faktisch ausgeschlossen[208]. Gegen Anordnungen der Ermittlungsrichter der Oberlandesgerichte und des BGH war im übrigen nach dem Wortlaut des § 304 IV StPO (ab 1979: § 304 IV, V StPO) die Beschwerde auch rechtlich ausgeschlossen - und damit in diesen Fällen auch der antragstellenden Staatsanwaltschaft bei Ablehnung ihres Antrages verwehrt[209].

4. Verwertung der Erkenntnisse
Eine besondere Regelung der Verwertung bestand nicht. Die durch die Aktion erlangten Unterlagen durften aber nur so lange aufbewahrt werden, wie sie zur Strafverfolgung erforderlich waren; danach waren sie unter Einhaltung bestimmter Verfahrensregeln zu vernichten (§ 100b V StPO).

---

[208] BGHSt 33, 217, 222; 41, 30, 32; für die Zulässigkeit der Beschwerde in den eng begrenzten Ausnahmefällen von Wiederholungsgefahr sowie bei willkürlichen Entscheidungen wegen des dann bestehenden Rehabilitationsinteresses dagegen KK(3.)-*Nack*, § 100b, R. 10 iVm § 100, R. 11f. u. § 98, R. 21 u. 25; *Welp*, 116 f.

[209] K/M-G, § 100b, R. 10; aA KK-*Nack*, § 100b, R. 11, der unter den Begriff "Beschlagnahme" in § 304 IV, V StPO auch die TÜ subsumiert.

5. Rechtslage in Berlin

Im Gegensatz zu den Vorschriften des Art. 1 G 10 sollten die Bestimmungen über das strafprozessuale Abhören mit Ausnahme des § 100a S. 1 Nr. 1 lit. b und d StPO nach der Intention des Bundesgesetzgebers auch in Berlin gelten (Art. 3 § 12 G 10). Eine Übernahme durch den berlinischen Gesetzgeber erfolgte jedoch zunächst nicht. Erst als durch Art. 103 III Nr. 3 des 1. StrRG v. 25.6.1969[210] der Deliktskatalog des § 100a S. 1 Nr. 1 StPO für die Anwendung in Berlin erneut modifiziert worden war, wurden die Vorschriften auch durch das Land Berlin übernommen (Art. I Nr. 1 des Gesetzes zur Übernahme von Gesetzen v. 11.7.1969[211]). Noch vor der Verkündung der Übernahmevorschrift im Berliner Gesetz- und Verordnungsblatt setzte jedoch die Alliierte Kommandatura durch Anordnung BK/O (69) 6 v. 17.7.1969[212] ihre Anwendung aus.

In Berlin verblieb es somit in vollem Umfang bei der bisherigen Rechtslage: Den berlinischen Behörden standen keinerlei neue Befugnisse zur Überwachung des Telefonverkehrs zu; vielmehr wurde eine solche Überwachung weiterhin von den Alliierten Dienststellen auf der Grundlage des Besatzungsregimes durchgeführt.

IV. Strafdrohung gegen unbefugtes Abhören

Neben den neugeschaffenen Eingriffsmöglichkeiten erschien es dem Gesetzgeber allerdings - u.a. als Konsequenz der oben dargestellten Debatte der 50er Jahre, insbesondere der Beschlüsse des 42. DJT[213] - auch angebracht, eine Strafdrohung gegen unbefugtes Abhören von Gesprächen zu schaffen, die vor unerlaubten Eingriffen in die Privatsphäre abschrecken sollte. Bereits der E 1962 hatte in § 183 eine derartige Regelung enthalten. Später war dann geplant gewesen, eine im Detail anders ausgestaltete Vorschrift als Art. 3 G 10 zu verkünden[214]. Schließlich wurde der Komplex jedoch aus dem G 10 herausgenommen und als "Gesetz zum strafrechtlichen Schutz gegen den Mißbrauch von Tonaufnahme- und Abhörgeräten" vom 22.12.1967[215] vorab verkündet. Nach § 298 StGB war es nunmehr mit Strafe bedroht, unbefugt das nichtöffentlich gesprochene Wort eines anderen auf einen Tonträger aufzunehmen oder eine so hergestellte Aufnahme zu gebrauchen oder einem Dritten zugänglich zu machen. § 298 II StGB stellte es außerdem unter Strafe, wenn jemand das nicht zu seiner Kenntnis bestimmte nichtöffentlich gesprochene Wort eines anderen unbefugt mit einem Abhörgerät abhörte. Auch der Versuch war strafbar (§ 298 III StGB).

Für Beamte, die in Ausübung oder in Veranlassung der Ausübung ihres Amtes handel-

---

[210] BGBl. I, 645.

[211] GVBl. 966.

[212] GVBl. 1028.

[213] zu dieser Motivation BT-Drucks. V/1880, 15.

[214] vgl. den Entwurf in BT-Drucks. V/1880.

[215] BGBl. I, 1360.

ten, sah § 353d I StGB eine Qualifikation vor. Außerdem wurde auch solchen Beamten oder früheren Beamten Strafe angedroht, die unbefugt das nichtöffentlich gesprochene Wort eines anderen offenbarten, das in befugter oder unbefugter Amtsausübung auf einen Tonträger aufgenommen oder mit einem Abhörgerät abgehört worden war (§ 353d II StGB).

Bereits zum 1.1.1975 wurden die entsprechenden Vorschriften durch Art. 19 Nrn. 85, 158, 199 EGStGB[216] in § 201 StGB zusammengefaßt und hinsichtlich der Strafbarkeit von Amtsträgern und für den öffentlichen Dienst besonders Verpflichteten insofern modifiziert, als die Strafdrohung für das unbefugte Offenbaren des nichtöffentlich gesprochenen Wortes eines anderen wieder entfiel (§ 201 III StGB n.F.).

Zugleich fügte Art. 19 Nr. 200 EGStGB erstmals eine spezielle Strafdrohung gegenüber demjenigen außerhalb des Postbereichs tätigen Amtsträger ein, der unbefugt einem anderen eine Mitteilung über Tatsachen machte, die ihm auf Grund eines befugten Eingriffs in das Post- und Fernmeldegeheimnis bekanntgeworden war (§ 354 IV StGB n.F.). Erstaunlicherweise wurde diese Vorschrift erst Ende 1997 erweitert auf die Fälle von Mitteilungen aus unbefugten Eingriffen in das Post- oder Fernmeldegeheimnis (nunmehr § 206 IV StGB idFd Art. 2 XIII Nr. 6 BegleitG[217]).

## C. Bewertung

Mit der Einführung der genannten Kompetenzen zum Abhören von Telefongesprächen stellte sich zum ersten Mal die Frage nach dem Verhältnis der nunmehr bestehenden Möglichkeiten im strafprozessualen wie im geheimdienstlichen Arbeitsfeld zueinander. Die beiden Normkomplexe statuierten, wie bereits gesehen, unterschiedliche Voraussetzungen für das Abhören des Telefonverkehrs:

- Eine Maßnahme der Strafverfolgungsbehörden setzte gemäß § 100a S. 1 StPO voraus, daß es um die Verfolgung einer bereits begangenen strafbaren Handlung ging; Art. 1 § 2 I G 10 erfaßte dagegen zwar ebenfalls die Ermittlung von Erkenntnissen über in der Vergangenheit oder zeitgleich mit der Überwachung begangene Taten (und begründete insoweit ein Konkurrenzverhältnis zur Zuständigkeit der Strafverfolgungsbehörden), darüber hinaus aber auch die über erst nur geplante Delikte.
- Der Tatbestandskatalog des § 100a S. 1 StPO erfaßte über die auch in Art. 1 § 2 I G 10 erfaßten Delikte hinaus weitere Tatbestände des politischen Strafrechts - die so, ohne sonderlich im Blickpunkt des öffentlichen Interesses zu stehen, das sich überwiegend auf Art. 1 G 10 konzentrierte, über Art. 2 G 10 ebenfalls in den Bereich der Telefonüberwachung einbezogen werden konnten - sowie Tatbestände nicht politischer Kriminalität.
- Nach § 100a S. 1 StPO mußten bestimmte Tatsachen den Verdacht einer Straftat

[216] v. 2.3.1974 (BGBl. I, 469).

[217] v. 17.12.1997 (BGBl. I, 3108).

begründen, während nach Art. 1 § 2 I G 10 schon tatsächliche Anhaltspunkte für einen Verdacht ausreichten. Letztere Formulierung war im Rechtsausschuß des Bundestages bewußt gegen den Widerstand der parlamentarischen Minderheit durchgesetzt worden, da die Mehrheit hier eine Absenkung der Eingriffsschwelle und Vorverlegung des Eingriffs weit in das Vorfeld der Straftat für erforderlich hielt[218].

- Maßnahmen nach Art. 1 G 10 waren durch die Exekutive anzuordnen (Art. 1 § 5 I G 10), solche gemäß §§ 100a ff. StPO in der Regel durch einen Richter (§ 100b I StPO).
- Im Rahmen des Art. 1 G 10 war eine Unterrichtung des von den Maßnahmen Betroffenen untersagt (Art. 1 § 5 V G 10) und der Rechtsweg durch die Kontrolle durch parlamentarische Organe und Hilfsorgane ersetzt (Art. 1 § 9 G 10). § 101 I StPO schrieb dagegen die nachträgliche Benachrichtigung vor; dem Beschuldigten stand auch theoretisch[219] das Rechtsmittel der Beschwerde nach § 304 I StPO zu.
- Die Ergebnisse einer Maßnahme nach Art. 1 G 10 waren neben der nachrichtendienstlichen Verwendung nur zum Zweck der Verfolgung der in §§ 7 III, 3 II 2 des Art. 1 G 10 genannten Straftaten verwertbar. Für Maßnahmen nach §§ 100a ff. StPO existierte dagegen keine explizite Verwertungsregelung. Daher war eine Auslegung der Vorschrift zumindest denkbar, der zufolge auch hinsichtlich von Erkenntnissen aus einer Telefonüberwachung, die den Verdacht einer anderen, nicht im Katalog des § 100a S. 1 StPO aufgeführten Straftat begründeten, die Verwertung als Beweismittel - entsprechend der in § 108 StPO für die Verwertung von Zufallsfunden aus Durchsuchungen getroffenen Regelung - ohne weiteres zulässig sei[220]. In der Tat wurde eine solche Auslegung in der Rechtsprechung denn auch zunächst vertreten[221].

Die Voraussetzungen und Grenzen der jeweiligen Normkomplexe wurden allerdings - auch als Folge des Umstandes, daß die strafprozessualen Kompetenzen in den Entwürfen der vorhergehenden Legislaturperiode noch gar nicht vorgesehen gewesen waren - in der jeweiligen Fachliteratur meist getrennt voneinander erörtert, also Art. 1 G 10 in der geheimdienstrechtlichen sowie allgemeinen öffentlichrechtlichen Literatur, während die durch Art. 2 G 10 eingefügten StPO-Paragraphen meist nur in der strafverfahrensrechtlichen Literatur Aufmerksamkeit fanden. Hieraus konnte der Eindruck entstehen, die jeweiligen Eingriffstatbestände regelten so unterschiedliche Gebiete, daß sie in ihrer Anwendung völlig unabhängig voneinander zu betrachten seien.
Tatsächlich lassen sich die Möglichkeiten und Grenzen der neugeschaffenen Tatbestän-

---

[218] vgl. Bericht des Ausschusses, BT-Drucks. V/2930, 2; zur notwendigen Intensität des Verdachtsgrades im einzelnen *Krückels*, 72ff.; B/E-*Borgs*, § 2 G 10, R. 6ff.

[219] vgl. aber zur Praktikabilität dieses Rechtsbehelfs oben S. 46.

[220] so in der Tat zunächst *Welp*, DÖV 1970, 267, 268; anders aber *ders.*, JZ 1973, 289f. sowie Überwachung, 225f.

[221] OLG Hamburg, NJW 1973, 157, 158; vgl. hierzu unten S. 75f.

de für das jeweilige staatliche Aufklärungsinteresse aber überhaupt nur bei einer Gesamtschau zutreffend beschreiben; demgegenüber gingen (und gehen) auch gründlichste Erörterungen der jeweiligen Tatbestandsmerkmale eines für sich allein betrachteten Artikels des G 10 ins Leere[222].

Dies findet seinen Grund darin, daß die hier angesprochenen Kompetenzen der Strafverfolgungs- und der Nachrichtendienstbehörden sich hinsichtlich ihres Anwendungsfeldes weitgehend überschnitten, da sich sämtliche Katalogtaten des Art. 1 § 2 I G 10 auch in § 100a S. 1 Nr. 1 StPO wiederfanden, so daß ein entsprechender Verdacht Abhörmaßnahmen sowohl der einen als auch der anderen Stelle auslösen konnte. Die unterschiedlichen Eingriffsvoraussetzungen, an die die konkurrierenden Dienststellen gebunden waren, konnten bei einer solchen Rechtslage aber nur dann ihre Begrenzungsfunktion zum Schutze entgegenstehender Individualinteressen entfalten, wenn eine Abschirmung der in den verschiedenen Bereichen ermittelten Ergebnisse errichtet und so eine gegenseitige Isolierung der jeweiligen Zuständigkeitsfelder erreicht worden wäre[223]. Dem war aber nicht so: Im Gegenteil ordnete Art. 1 § 7 III G 10, wie bereits ausgeführt, die Verwertbarkeit von Erkenntnissen aus Maßnahmen nach Art. 1 G 10 für Zwecke der Strafverfolgung ausdrücklich an.

Die Staatsanwaltschaft war gemäß § 161 S. 1 StPO zudem nicht nur berechtigt, über derartige Erkenntnisse Auskunft zu verlangen; vielmehr ordnete Nr. 220 I 1 RiStV[224] in Staatsschutzverfahren sogar für den Regelfall an, Fühlung mit den Nachrichtendiensten zu nehmen, um dort gesammelte Nachrichten und Unterlagen bei den Ermittlungen auswerten zu können. Umgekehrt ermöglichte es wiederum Nr. 220 II RiStV dem Staatsanwalt, in Staatsschutzsachen den Nachrichtendiensten "Abschriften von Niederschriften über ... Ermittlungshandlungen zur dienstlichen Auswertung zu überlassen"[225]. Schon hieraus ergibt sich, daß im Bereich überlappender Zuständigkeiten - also beim Einsatz von Abhörtechnik bei Verdacht auf eine bereits erfolgte Begehung einer im Katalog des Art. 1 § 2 I G 10 (und damit auch im weitergehenden Katalog des § 100a S. 1 StPO) genannten Straftat - im Wege der nach den RiStV durchzuführenden Fühlungnahme der Behörden eine Koordination derart möglich war, daß die jeweils bequemere

---

[222] Darauf macht bereits *Welp*, DÖV 1970, 267ff. (insb. 271f.) aufmerksam.

[223] so schon *Welp*, DÖV 1970, 267, 269 u. 272.

[224] heute Nr. 205 RiStBV.

[225] Zudem sahen auch einige Landesverfassungsschutzgesetze ausdrückliche Ermächtigungen des jeweiligen LfV zu Auskunftsersuchen an Justiz- wie andere Behörden sowie z.T. die Verpflichtung dieser Behörden zu selbständiger Mitteilung an das LfV in bestimmten Fällen vor.
Auf dem Wege der Abstimmung nach RiStV und den Landesverfassungsschutzgesetzen war es, worauf ebenfalls schon *Welp*, DÖV 1970, 267, 270, hingewiesen hat, den Nachrichtendiensten damit möglich, an den Ergebnissen strafprozessualer Abhörmaßnahmen zu partizipieren, die sie selbst - durch Erstatten einer Strafanzeige bei der gem. § 152 II StPO zur Durchführung der Ermittlungen verpflichteten StA - anstoßen konnten.

oder anderweit wünschenswertere Eingriffsgrundlage gewählt werden konnte[226]. Zwar wurde derartigen Überlegungen 1986 von *Borgs* bescheinigt, sie hätten sich in der Praxis als abwegig erwiesen. Derselbe Autor stellte aber im gleichen Zusammenhang fest, "wegen der bisher engen Kommunikation zwischen Verfassungsschutz- und Strafverfolgungsbehörden" dürfe eine Kombination beider Abhörformen nur selten vorgekommen sein. Je mehr allerdings die Zusammenarbeit zwischen diesen Sicherheitsbehörden zukünftig durch Datenschutzerwägungen verengt werde, desto häufiger werde sich der Bürger mit vermehrten Grundrechtseingriffen dieser Art abzufinden haben[227]. Damit bestätigte er ungewollt, daß eben doch eine Indienstnahme der Mittel des jeweils anderen "Überwachungskonkurrenten" nicht nur möglich, sondern auch praktiziert worden war.

Weiter führt gerade der als Begründung der Regierungsmehrheit zum G 10 oftmals geäußerte Gedanke, im Bereich der von Art. 1 G 10 angesprochenen politischen Kriminalität sei selbst eine nachträgliche Benachrichtigung des Betroffenen nicht angängig, da sie die betreffenden staatlichen Sicherheitsinteressen gefährde[228], zu einer naheliegenden Schlußfolgerung, die aber, soweit ersichtlich, während des Gesetzgebungsverfahrens von niemandem gezogen wurde[229]. Der in einem Staatsschutzverfahren mit einem derartigen Sachverhalt befaßte Staatsanwalt wird nämlich dieselbe Überlegung ebenfalls anstellen können und dürfte daher stets eine Überwachungsmaßnahme nach Art. 1 § 2 G 10 gegenüber derjenigen nach § 100a StPO vorzuziehen haben, um so unter Umgehung

---

226 *Welp*, DÖV 1970, 267, 272 spricht von einer "bescheidene(n) bürokratische(n) Belästigung der Überwachungskonkurrenten, die diese im Geiste der Partnerschaft immer dann durch Inanspruchnahme des anderen überwinden werden, wenn sich eine Konkordanz der Interessen herstellen läßt"; ähnliche Bedenken hegt SK-*Rudolphi*, § 100a StPO, R. 3.

227 B/E-*Borgs*, vor § 1 G 10, R. 25.

228 so etwa die Begründung der Gesetzesvorlagen der 4. u. 5 Wahlper.: BT-Drucks. IV/2633, 3; IV/2634, 6; V/1880, 8/10/11; ebenso *Wilhelmi*, Verhandlg. des Dt. BT, Stenogr. Ber., 5. Wahlper., 174. Sitzg., 9320 C; *Lenz*, aaO, 9330 B/C und 178. Sitzg., 9609 A/B; *Benda*, aaO, 177. Sitzg., 9565 A.

229 *Genscher* (Verhandlg. des Dt. BT, Stenogr. Ber., 177. Sitzg. der 5. Wahlper., 9554 B u. 9565 C/D u. 178. Sitzg. der 5. Wahlper., 9609 D) wies allerdings darauf hin, daß es wenig überzeugend sei, daß dem bereits einer Straftat Verdächtigten nach den Vorschriften der StPO eine Mitteilung gemacht werde und daß ihm die richterliche Kontrolle zugute komme, während dies bei einem lediglich im Vorfeld des Straftatverdachts Überwachten gem. Art. 1 G 10 gegenteilig gehandhabt werde (ähnlich auch *Busse*, Verhandlg. des Dt. BT, Stenogr. Ber., 177. Sitzg. der 5. Wahlper., 9562 B). Auch er sprach jedoch den entscheidenden Gesichtspunkt nicht an, daß die beiden Rechtsgrundlagen für Abhörmaßnahmen nicht etwa zeitlich nacheinander - die eine im Vorfeld eines Verdachts, die andere bei seinem Bestehen - eingriffen, sondern daß eine Abhörmaßnahme nach Art. 1 § 2 I G 10 durchaus auch noch bei Bestehen eines solchen Verdachts unabhängig von einem Vorgehen nach §§ 100a ff. StPO zulässig blieb. Dieser Aspekt ist bei sämtlichen parlamentarischen Debatten über die Entwürfe der Notstandsverfassung und des G 10 verkannt oder jedenfalls zumindest nicht angesprochen worden (vgl. insb. Verhandlg. des Dt. BT, Stenogr. Ber., 5. Wahlper., 117. Sitzg., 5856 ff.; 174. Sitzg., 9313 ff.; 177. Sitzg., 9550 ff.; 178. Sitzg., 9606 ff.).

der Benachrichtigung nach § 101 I StPO und unter bestmöglicher Wahrung des hier statuierten Sicherheitsinteresses zu den benötigten Erkenntnissen gelangen zu können. Nach der ursprünglichen Konzeption des G 10 (die freilich in diesem Punkt vom BVerfG sehr bald korrigiert worden ist[230]) wäre also davon auszugehen gewesen, daß gerade im Bereich schwererer politischer Kriminalität, der neben § 100a S. 1 StPO auch von Art. 1 § 2 I G 10 erfaßt wurde, die Betroffenen der richterlichen Kontrolle, wie sie § 100b I StPO vorsah, faktisch nie teilhaftig geworden wären[231].

Umgekehrt stellte schließlich die durch Art. 1 und 2 des G 10 statuierte Konkurrenzsituation der zur Überwachung befugten Dienststellen den gemäß § 100b I 1 StPO mit einem Antrag auf Anordnung einer Überwachungsmaßnahme befaßten Richter vor ein Dilemma: Verneinte er nämlich in dem auch von Art. 1 § 2 I G 10 erfaßten Bereich das Vorliegen der Voraussetzungen einer solchen Anordnung und lehnte den Antrag deshalb ab, so müßte er dennoch gewärtigen, daß eine Telefonüberwachung stattfinden würde, dann aber unter den Kautelen des Art. 1 G 10 unter der Federführung eines Nachrichtendienstes und der richterlichen Überprüfung gemäß Art. 1 § 9 V G 10 entzogen. Die Ergebnisse einer solchen Überwachung aber könnten gemäß Art. 1 § 7 III G 10 wiederum zum Gegenstand eines Strafverfahrens gemacht werden, ohne daß der erkennende Spruchkörper, anders als bei der richterlichen Anordnung nach § 100b I StPO, in der Lage wäre, die Umstände der Beweiserhebung näher zu überprüfen. Diese Überlegung dürfte zumindest geeignet gewesen sein, die Unabhängigkeit und Unbefangenheit eines mit einem solchen Fall befaßten Richters erheblich zu beeinträchtigen[232].

Schließlich verliert die Verwertungsbeschränkung des Art. 1 § 7 III G 10 zunächst deutlich an Gewicht, bedenkt man, daß es den Nachrichtendiensten nach der anfänglichen Rechtsprechung eines Obergerichtes[233] unbenommen blieb, in geeigneten Fällen, d.h. bei Vorliegen eines Verdachts auf eine bereits begangene strafbare Handlung, durch Stellung einer Strafanzeige anstatt oder neben einer eigenen Telefonüberwachung auch eine solche nach §§ 100a ff. StPO in Gang zu bringen. Zufallsfunde aus dieser Überwachung waren nach dieser Rechtsprechung gerichtsverwertbar und durften zudem gemäß Nr. 220 II RiStV den Nachrichtendiensten im Rahmen ihrer Zuständigkeit mitgeteilt werden[234].

---

[230] BVerfGE 30, 1 ff.; dazu s. unten S. 58ff.

[231] Hierauf weist ebenfalls *Welp*, DÖV 1970, 267, 272 hin.

[232] auch hierzu *Welp*, DÖV 1970, 267, 272 sowie im Anschluß an diesen *Gusy*, NJW 1981, 1581, 1586.

[233] OLG Hamburg, NJW 1973, 157, 158; zur späteren Entwicklung s. u. S. 75ff.

[234] Nach einigen Landesverfassungsschutzgesetzen bestand, wie oben (Fn. 225) ausgeführt, sogar eine Verpflichtung zur unaufgeforderten Mitteilung

Im Gegensatz zu der damals im politischen Raum vielfach geäußerten Auffassung, hier sei ein sorgfältig auf die Schutzinteressen der Betroffenen Rücksicht nehmendes Gesetzeswerk entstanden[235], das "entsetzlich viele Sicherheitsmaßnahmen für den Schutz des einzelnen"[236] vorsehe, ist daher festzuhalten, daß durch das hier ermöglichte Zusammenspiel der mit der Überwachung beauftragten Behörden tatsächlich den hier ermöglichten Eingriffen doch weit marginalere Schranken entgegengesetzt worden sind, als es irgendeinem der am Gesetzgebungsverfahren Beteiligten auch nur bewußt geworden zu sein scheint[237].

**D. Entwicklung zu BVerfGE 30, 1**

Sowohl die Änderung des GG als auch Art. 1 G 10 waren schon seit der Entwurfsphase massivster rechtlicher (und auch politischer) Kritik ausgesetzt. So sprach etwa *Badura* schon 1965 angesichts der ersten Entwurfsfassungen von der faktischen Aufhebung des Art. 10 GG; infolge der Abwägung gegen den höchst allgemeinen Vorbehalt der "Gefahr für das Gemeinwesen" sei keinerlei Abwehr gegen den Zugriff der Staatsräson mehr gewährleistet[238]. Andere Stimmen richteten sich noch vor dem Inkrafttreten gegen die beabsichtigten Regelungen über das Verbot der Benachrichtigung des Betroffenen und den Ausschluß des Rechtsweges[239].

Im Laufe des Gesetzgebungsverfahren gingen bei den Gesetzgebungsorganen zudem mehrere Petitionen von Juristen ein, die in z.T. dramatischer Form appellierten, die diesbezüglichen Teile des Entwurfs noch in letzter Stunde zu ändern. So hatte den Bundestag am 27.5.1968 ein Telegramm des Hochschullehrers *Dürig*, am 30.5. eines der Professoren *Obermayer* und *Zippelius* erreicht. Im Juni wendeten sich 58 Staatsrechtslehrer mit einer Sammelpetition an den Bundesrat[240]; außerdem richteten 38 Professoren, 100 Assistenten und über 1000 Studenten der juristischen Fakultät in Münster eine weitere Petition an den Bundesrat[241].

Während der parlamentarischen Beratungen selbst wandte sich die FDP-Opposition entschieden gegen den Entwurf. Ihre Abgeordneten appellierten mehrfach dringend an die Regierungsmehrheit, eine nachträgliche Benachrichtigung des Betroffenen entsprechend der geplanten Regelung des § 101 I StPO vorzusehen und den Rechtsweg

---

[235] *Güde*, Verhandlg. des Dt. BT, Stenogr. Ber., 5. Wahlper., 117. Sitzg., 5891 B: " Hier hat eine sehr rechtsstaatsbewußte, sehr sorgfältige Bürokratie ... das Bestmögliche gemacht, ..."

[236] *Wilhelmi*, Verhandlg. des Dt. BT, Stenogr. Ber., 5. Wahlper., 174. Sitzg., 9321 A.

[237] vgl. zusammenfassend *Welp*, DÖV 1970, 267, 271 f.

[238] BK-*Badura*, Art. 10, R. 60.

[239] *Ule/Seidel*, DVBl. 1967, 681, 682 f.; *Hall*, JZ 1968, 159, 163 ff.; ähnlich kurz nach dem Inkrafttreten *Hesse*, 15; *Dürig*, ZRP 1968, 11; *Sterzel*, 29 ff.

[240] zu Hintergrund und Entstehung der drei genannten Petitionen *Glückert*, ZRP 1969, 176, 178 f. einerseits und *Dürig*, ZRP 1969, 179 andererseits.

[241] erwähnt bei *Sterzel*, 31 (Fn. 29); *Glückert*, ZRP 1969, 178 (Fn. 19) und 179 (Fn. 28).

nicht durch die parlamentarische Kontrolle zu ersetzen[242]; der Abgeordnete *Scheel* sprach abschließend vom "ersten Schritt zur Beseitigung eine(s) der überragenden Verfassungsgrundsätze unseres Staates zum Rechtsschutz der Bürger"[243].
Im Bundesrat stellten sich die Vertreter der hessischen Landesregierung gegen das Vorhaben und erklärten, den Ausschluß der Benachrichtigung und des Rechtsweges nach Art. 10 II 2, 19 IV 3 GG, Art. 1 §§ 5 V, 9 V G 10 zur Überprüfung durch das BVerfG stellen zu wollen[244]. Die Landesregierung reichte denn auch, gestützt auf Rechtsgutachten von *Dürig* und *Evers*, am 29.9.1969 beim BVerfG einen Antrag auf abstrakte Normenkontrolle ein. Zudem hatte bereits am 1.11.1968 eine Gruppe Mannheimer Richter und Rechtsanwälte Verfassungsbeschwerde gegen Art. 10 II 2, 19 IV 3 GG, Art. 1 §§ 5 V, 9 V G 10 eingelegt. Am 6.6.1969 erhob zudem ein Frankfurter Strafverteidiger Verfassungsbeschwerde; er griff neben dem Ausschluß des Rechtsweges und der Mitteilung an den Betroffenen auch die Vorschriften an, die es für zulässig erklärten, Beschränkungen auch gegenüber Personen anzuordnen, von denen auf Grund bestimmter Tatsachen anzunehmen ist, daß sie für den Verdächtigen bzw. Beschuldigten bestimmte oder von ihm herrührende Mitteilungen entgegennehmen oder weitergeben oder daß der Verdächtige bzw. Beschuldigte ihren Anschluß benutzt (Art. 1 § 2 II 2 G 10, § 100a S. 2 StPO).

Die wichtigsten rechtlichen Bedenken gegen die Vorschriften lauteten wie folgt: Da Grundlage der Neuregelung die Änderung verfassungsrechtlicher Vorschriften (Art. 10 II, 19 IV GG) war, konnte sie nicht am gleichrangigen sonstigen Verfassungsrecht gemessen werden. Grundlage der Überprüfung mußte vielmehr Art. 79 III GG sein, der die Grenzen zulässiger Verfassungsänderung festlegte. Es stellte sich demnach die Frage, ob durch die Änderung einer der in Art. 1, 20 GG niedergelegten Grundsätze berührt worden war.
Die hessische Landesregierung argumentierte hierzu, daß ein Eingriff in die Würde des Menschen (Art. 1 I GG) vorliege, wenn jemand Objekt behördlicher Maßnahmen werde, die ohne sein Wissen angeordnet würden, ohne daß er Gelegenheit erhalte, eine Nachprüfung durch ein unabhängiges Gericht herbeiführen zu können[245]. *Dürig* formulierte plakativ, man könne mit "personalen Trägern" von Rechtsgütern nicht in der verfassungsrechtlichen Normallage (d.h. außerhalb einer Notstandslage) "so 'verfahren', daß

---

[242] so insb. *Busse*, Verhandlg. des Dt. BT., Stenogr. Ber., 117. Sitzg. der 5. Wahlper., 5888 f.; *ders.*, aaO, 174. Sitzg. der 5. Wahlper., 9317 B/C; *Dorn*, aaO, 9325 f.; *Busse*, aaO, 177. Sitzg. der 5. Wahlper., 9552 f.; *Genscher*, aaO, 9554 ff.; *Rutschke*, aaO, 178. Sitzg. der 5. Wahlper., 9607 f.; *Genscher*, aaO, 9609; aus den Reihen der Regierungsfraktionen ebenso *Matthöfer*, aaO, 9632 B.

[243] Verhandlg. des Dt. BT., Stenogr. Ber., 178. Sitzg. der 5. Wahlper., 9639 C.

[244] *Strelitz*, Verhandlg. des BR, Stenogr. Ber., 308. Sitzg., 57 f.; *ders.*, aaO, 326. Sitzg., 142 A/B; *Zinn*, aaO, 148 C.

[245] *Dürig*, in: D/E, 11 u. 16; *Evers*, aaO, 50 ff; so auch *Sterzel*, 30 ff.; *Hall*, JZ 1968, 159, 164f.

sie bei Rechtseingriffen kein 'Verfahren` erhalten; daß sie einfach quantité negligeable sind."[246] Dieser Eingriff erhalte besonderes Gewicht, wenn er, wie hier, den Kernbereich der Privatsphäre des Bürgers berühre[247].
Weiter verbürge das durch Art. 79 III GG geschützte Rechtsstaatsprinzip (Art. 20 GG) einen Grundsatz möglichst lückenlosen Rechtsschutzes durch ein "kontrollfähiges Organ"; gerade im Grundrechtsbereich sei dieser Grundsatz strikt zu beachten[248]. Die in Art. 10 II 2 GG, Art. 1 § 9 G 10 vorgesehene parlamentarische Kontrolle werde diesem Grundsatz nicht gerecht, da ihre Organe nicht vom Bürger angerufen werden könnten[249] und da sich aus dem Wesen der Kontrollgremien als parlamentarische Organe und Hilfsorgane ergebe, daß sie nicht ausschließlich dem Rechtswert verpflichtet seien, sondern nach Opportunitätsgrundsätzen agieren würden[250].
Außerdem sei das ebenfalls durch Art. 79 III GG geschützte Gewaltenteilungsprinzip (Art. 20 GG), das auch den Grundsatz möglichst lückenlosen Rechtsschutzes umfasse, im Kern getroffen, da die gegenseitige Kontrolle und Hemmung der drei Staatsgewalten durch den Ausschluß des Rechtsweges in einem grundrechtsrelevanten Bereich unmöglich gemacht worden sei[251].
Eine Rechtfertigung der Grundrechtseingriffe aus der Natur der Sache mit der Begründung, die angesprochenen Fragen seien nicht justiziabel, da sie nicht rechtlicher, sondern politischer Natur seien[252], greife nicht durch. Die hier angesprochenen Fragen seien nicht schwieriger zu beurteilen, als dies auch sonst bei der Anwendung vieler Bestimmungen des politischen Strafrechts der Fall sei. Die richterliche Tätigkeit in einer solchen Angelegenheit unterscheide sich im übrigen nicht von den Beurteilungen, die auch die Organe der Exekutive und der Legislative bei der Anwendung der Rechtssätze des Art. 1 G 10 zu treffen hätten[253].
Schließlich sei auch eine Rechtfertigung mit dem Argument, die hier getroffene Regelung einer Überwachung des Fernsprechverkehrs unter deutscher Verantwortung stehe "näher beim Grundgesetz" als die Tätigkeit der Alliierten nach Besatzungsrecht, nicht möglich. Eine solche Rechtfertigung sei zwar vom BVerfG in anderen Fällen anerkannt

---

[246] aaO, 11; ähnlich in seinem Plädoyer vor dem BVerfG (s. *Maunz*-FG, 41, 45).
[247] *Dürig*, aaO, 51 f.
[248] ausführlich *Evers*, aaO, 54 ff.; auch *Dürig*, 18 ff.; *Hesse*, 15; *Stein*, 237; *Sterzel*, 32 f.; *Hall*, JZ 1968, 159, 163 f.
[249] *Dürig*, aaO, 20 f.
[250] *Evers*, aaO, 74 ff; ähnlich *Sterzel*, 33 f.
[251] *Evers*, aaO, 100 ff.
[252] so etwa *Wilhelmi*, Verhandlg. des Dt. BT, Stenogr. Ber., 174. Sitzg. der 5. Wahlper., 9320 C/D; *Reischl*, aaO, 9322 C/D; *Lenz*, aaO, 9331 D f.; ähnlich *Glückert*, ZRP 1969, 176, 177; allgemein für den Ausschluß des Rechtsweges auch *Schäfer*, AöR Bd. 93 (1968), 37, 68 f.
[253] ausführlich *Evers*, 82 ff.

worden[254]. Sie setze aber nach der Rechtsprechung des Gerichts voraus, daß es sich um eine auf Zeit angelegte Übergangsregelung mit dem Ziel der Einführung eines vollständig verfassungskonformen Zustandes handele, und finde ihre Grenze ebenfalls stets an den als unverzichtbar anzusehenden Grundsätzen, die Art. 79 III GG benenne[255].

Die Beschwerdeführer der ersten Verfassungsbeschwerde sahen durch die Regelung, die Eingriffe in den Schutzbereich des Art. 10 GG aufgrund der bloßen, richterlich nicht nachprüfbaren Behauptung des Vorliegens der Tatbestandsvoraussetzungen des Art. 1 G 10 ermögliche, zudem den Wesensgehalt des Grundrechts verletzt[256] und stützten ihren Antrag dementsprechend auf Art. 19 II GG.

Der Beschwerdeführer der zweiten Verfassungsbeschwerde schließlich vertrat die Ansicht, die Vorschriften, die das Abhören von Telefonanschlüssen solcher Personen gestatte, von denen auf Grund bestimmter Tatsachen anzunehmen sei, daß sie für den Verdächtigen bzw. Beschuldigten bestimmte oder von ihm herrührende Mitteilungen entgegennehmen oder weitergeben würden oder daß der Verdächtige bzw. Beschuldigte ihren Anschluß benutze (Art. 1 § 2 II 2 G 10, § 100a S. 2 StPO), verletzten sein Grundrecht auf freie Berufsausübung aus Art. 12 I 2 GG. Als bekannter Strafverteidiger habe er ständig Kontakt zu Personen, denen Straftaten aus den Katalogen des Art. 1 § 2 I G 10 oder des § 100a S. 1 StPO vorgeworfen würden. Unter diesen Umständen ließen sich die Tatbestandsvoraussetzungen zum Abhören seines Anschlusses stets bejahen. Somit sei zu befürchten, daß seine Kontakte nicht nur gegenüber diesen Mandanten, sondern gegenüber allen Personen, mit denen er telefoniere, ebenso ständiger Überwachung unterlägen wie die Telefonate der anderen Mitglieder seiner Sozietät, die denselben Telefonanschluß benutzten. Dies stelle eine verfassungsrechtlich unzulässige Regelung der freien Ausübung des Anwaltsberufes dar[257].

In der Literatur war darüber hinaus auch der Gedanke geäußert worden, dem Bundesgesetzgeber habe für den Erlaß der beanstandeten Normen des G 10 die Gesetzgebungskompetenz gefehlt. Art. 73 Nrn. 7 und 10 GG deckten die Regelung nämlich nicht; zudem sei die Aufgabenzuweisung und -begrenzung der Verfassungsschutzbehörden in Art. 87 I 2 GG ("Sammlung von Unterlagen") mißachtet worden[258].
Zudem war darauf hingewiesen worden, daß Art. 1 § 1 I G 10 auch die Sicherheit der in

---

[254] BVerfGE 4, 157, 168 ff.; 12, 281, 290; 14, 1, 7 f.; 15, 337, 349.

[255] *Dürig*, in D/E, 23 ff.; *Evers*, aaO, 111 ff.; jeweils unter Bezug auf BVerfGE 4, 157, 170; s. auch BVerfGE 14, 1, 8.

[256] so auch *Hall*, JZ 1968, 159, 164; *Dürig*, *Maunz*-FG, 41, 49 f.

[257] In der Literatur wurden diese Bedenken bereits von *Zuck*, NJW 1969, 911 ff. formuliert.

[258] *Hall*, JZ 1968, 159, 162 f.; *Sterzel*, 40 f.

der Bundesrepublik Deutschland stationierten Truppen der nichtdeutschen Vertragsstaaten des Nordatlantikvertrages und der im Land Berlin anwesenden Truppen der Drei Mächte zum Schutzgut erklärte, obwohl sie im neu eingeführten Art. 10 II 2 GG nicht erwähnt war[259].

Das BVerfG entschied durch Urteil vom 15.12.1970[260] über die Anträge. Es unterwarf unabhängig voneinander den neuen Art. 10 II 2 GG sowie Art. 79 III GG einer Auslegung anhand der sonstigen Vorschriften des GG[261] und verknüpfte die hierbei gefundenen Ergebnisse dann zu einer harmonisierenden Auslegung beider Vorschriften[262]. Unter Berücksichtigung des so gewonnenen Verständnisses der Vorschriften erschien ihm Art. 10 II 2 GG als mit Art. 79 III GG vereinbar[263], so daß an diesem Auslegungsergebnis wiederum die einfachgesetzlichen Regelungen des Art. 1 G 10 gemessen werden konnten[264].

Im einzelnen leitete das Gericht aus dem Verfassungsgrundsatz der Verhältnismäßigkeit allerdings ein weit eingeschränkteres Verständnis des Art. 10 II 2 GG ab, als dies sein Wortlaut nahelegte. Demnach fordere der Grundsatz der Verhältnismäßigkeit ein Verständnis des Art. 10 II 2 GG des Inhalts, daß der Eingriff nur bei konkreten Umständen, die den Verdacht eines verfassungsfeindlichen Verhaltens rechtfertigten, zulässig sei und zudem auf die Fälle beschränkt bleiben müsse, in denen diesem Verhalten im konkreten Fall nach Erschöpfung anderer Aufklärungsmöglichkeiten nicht anders beigekommen werden könne[265]. Weiter ergebe sich aus dem Übermaßverbot, daß die Überwachung auf Personen beschränkt bleiben müsse, die selbst in den konkreten Verdacht der genannten Art geraten seien; dies schließe allerdings die im G 10 vorgesehene Möglichkeit der Erstreckung auf Kontaktpersonen und sonstige Nachrichtenverbindungen, von denen anzunehmen sei, daß der Verdächtige sie benutzen werde, nicht aus[266]. Außerdem ermächtige Art. 10 II 2 GG auch nur zu einer Überwachung, die auf nichts anderes gerichtet sei als auf die Erlangung der Kenntnis von verfassungsfeindlichen Vorgängen; und schließlich verbiete die Vorschrift nach dieser Auslegung, die Ermittlungsergebnisse anderen (Verwaltungs-) Behörden für ihre Zwecke zugänglich zu machen, und gebiete,

---

[259] *Dürig*, in: D/E, 9; *Hesse*, 15; so auch schon *Genscher*, Verhandlg. des Dt. BT, Stenogr. Ber., 177. Sitzg. der 5. Wahlper., 9554 D f.

[260] BVerfGE 30, 1.

[261] BVerfGE 30, 1, 17 ff.

[262] BVerfGE 30, 1, 26 ff.

[263] BVerfGE 30, 1, 26.

[264] BVerfGE 30, 1, 29 ff.

[265] BVerfGE 30, 1, 22.

[266] BVerfGE 30, 1, 22.

das anfallende Material, sofern es für den Gesetzeszweck nicht mehr bedeutsam sei, unverzüglich zu vernichten[267].
Aus dieser Aufzählung wird deutlich, daß das Gericht sich bei der Bestimmung der verfassungsrechtlichen Voraussetzungen eines Eingriffs in den Schutzbereich des Kommunikationsgrundrechts gem. Art. 10 II 2 GG sehr stark an den Voraussetzungen orientierte, die in dem einfachgesetzlichen Art. 1 G 10 festgeschrieben worden waren[268]. Es interpretierte m.a.W. die Verfassungsvorschrift, die eigentlich Maßstab der Prüfung des einfachen Gesetzesrechts sein sollte, aus der Kenntnis der einfachgesetzlichen Vorschrift heraus so eng, daß die beiderseits normierten Tatbestandsvoraussetzungen als nahezu deckungsgleich angesehen werden mußten, obschon sich für dieses Verständnis in dem sehr unbestimmten Wortlaut des Art. 10 II 2 GG keine Anhaltspunkte fanden.
Hinsichtlich der von Art. 10 II 2 GG ermöglichten Rechtsfolgen, nämlich der Erlaubnis, dem Betroffenen keine Mitteilung von der Überwachung zu machen und ihm das Beschreiten des Rechtsweges zu verwehren, ging das Gericht über diesen Ansatz sogar noch hinaus und fand zu einem Verständnis der verfassungsrechtlichen Rechtslage, das nicht einmal im Wortlaut des Art. 1 G 10, viel weniger noch in dem des Art. 10 II 2 GG angelegt war. Daß das Gesetz gemäß Art. 10 II 2 GG beim Vorliegen des Schutzzweckes bestimmen "könne", daß dem Betroffenen die Beschränkung nicht mitgeteilt werde, sei nämlich so zu verstehen, daß es die nachträgliche Benachrichtigung des Betroffenen zulasse und sie darüber hinaus in den Fällen sogar fordere, in denen "eine Gefährdung des Zweckes der Überwachungsmaßnahme und eine Gefährdung des Schutzes der freiheitlichen demokratischen Grundordnung oder des Bestandes oder der Sicherung des Bundes oder eines Landes ausgeschlossen werden kann"[269].
Zudem sei der Ausschluß des Rechtsweges im Lichte des Rechtsstaatsprinzips zu betrachten. Daß die vorgesehene parlamentarische Kontrolle "an die Stelle des Rechtsweges" (Art. 10 II 2 GG) treten solle, bedeute demnach, daß die hier vorgesehene Nachprüfung "materiell und verfahrensmäßig der gerichtlichen Kontrolle gleichwertig, insbesondere mindestens ebenso wirkungsvoll" sein müsse, auch wenn dem Betroffenen keine Mitwirkungsrechte zustünden[270]. Daraus leitete das Gericht konkrete Folgerungen für die Tätigkeit des zuständigen parlamentarischen Organs ab[271]:
- Es müsse in richterlicher Unabhängigkeit entscheiden können. Dazu müsse es über die notwendige Sach- und Rechtskunde verfügen; es müsse weisungsfrei sein; seine Mitglieder müßten auf eine bestimmte Zeit fest berufen werden.
- Seine Entscheidung müsse für alle an der Vorbereitung, verwaltungsmäßigen Ent-

---

[267] BVerfGE 30, 1, 22 f.
[268] vgl. dessen §§ 2, 3 II, 7 II, III, IV.
[269] BVerfGE 30, 1, 21.
[270] BVerfGE 30, 1, 23.
[271] BVerfGE 30, 1, 23 f.

scheidung und Durchführung der Überwachung Beteiligten verbindlich sein und sich auch auf die Frage beziehen, ob der Betroffenen nachträglich zu benachrichtigen sei.
- Die Kontrolle müsse laufend ausgeübt werden; zu diesem Zweck müßten alle entscheidungserheblichen Unterlagen des Falles zugänglich sein.
- Schließlich müsse die Kontrolle (anders als nach der Auslegung der Antragsteller) Rechtskontrolle sein. Der Opportunität zugänglich dürfe nur die Entscheidung sein, trotz Vorliegens der Tatbestandsvoraussetzungen von einer Beschränkungsmaßnahme abzusehen bzw. sie einzustellen.
Unter Berücksichtigung des hier dargelegten Verständnisses hielt das BVerfG Art. 10 II 2 GG für mit den in Art. 79 III GG niedergelegten Grundsätzen, namentlich dem Gebot der Achtung der Menschenwürde, dem Prinzip der Gewaltenteilung und der Bindung der vollziehenden Gewalt an Gesetz und Recht, für vereinbar[272]; ohnedies handele es sich nur um "systemimmanente Modifikationen von allgemeinen Verfassungsprinzipien", die nach der Auffassung des Gerichts nach Art. 79 III GG nicht unzulässig seien[273].

Zu den angegriffenen Normen des G 10 führte das Gericht dann aus:
Dem Bund habe die Gesetzgebungskompetenz aus Art. 73 Nrn. 1, 7 und 10 sowie Art. 74 Nr. 1 GG zugestanden[274]. Zudem sei auch die Einbeziehung des Tatbestandsmerkmals "Sicherheit der in der Bundesrepublik Deutschland stationierten Truppen der nichtdeutschen Vertragsstaaten des Nordatlantikvertrages und der im Land Berlin anwesenden Truppen der Drei Mächte" (Art. 1 § 1 G 10) von der Ermächtigung in Art. 10 II 2 GG gedeckt, obwohl dieser dieses Schutzgut nicht ausdrücklich aufführte, da eine Gefährdung der Sicherheit dieses Gutes "unter den gegenwärtigen ... Bedingungen" zugleich eine schwerwiegende Gefahr für den Bestand oder die Sicherheit des Bundes oder eines Landes darstelle[275].
Der Ausschluß des Rechtsweges gemäß Art. 1 § 9 V G 10 sei mit dem GG vereinbar, da die parlamentarische Kontrolle gemäß § 9 unter den vom Gericht dargestellten Voraussetzungen[276] einen gleichwertigen Ersatz darstelle. Der Ausschluß der Benachrichtigung des Betroffenen gemäß Art. § 5 V G 10 sei allerdings mit Art. 10 II 2 GG in der dargestellten Auslegung nicht vereinbar. Die Bestimmung wurde daher insoweit für nichtig erklärt, als die Unterrichtung des Betroffenen über Beschränkungsmaßnahmen auch ausgeschlossen wurde, wenn sie ohne Gefährdung des Zweckes der Beschränkung erfolgen konnte[277]. Die Einbeziehung von Personen in die Überwachung, von denen auf

---

[272] BVerfGE 30, 1, 26 ff.
[273] BVerfGE 30, 1, 29.
[274] BVerfGE 30, 1, 29.
[275] BVerfGE 30, 1, 30; so auch schon die Begründung des Gesetzentwurfs, BT-Drucks. V/1879, 17.
[276] die hier, BVerfGE 30, 1, 30, nochmals wiederholt werden.
[277] BVerfGE 30, 1, 31 f.

Grund bestimmter Tatsachen anzunehmen sei, daß sie für den Verdächtigen bzw. Beschuldigten bestimmte oder von ihm herrührende Mitteilungen entgegennehmen oder weitergeben oder daß der Verdächtige bzw. Beschuldigte ihren Anschluß benutzt (Art. 1 § 2 II 2 G 10, § 100a S. 2 StPO), sei mit dem GG vereinbar. Soweit hierin eine Beschränkung der Berufsausübung von Rechtsanwälten zu sehen sei, sei diese durch das Überwiegen vernünftiger Erwägungen des Gemeinwohls gerechtfertigt[278].

Das Urteil war sofort schärfster Kritik ausgesetzt[279], die bereits mit dem Sondervotum der drei überstimmten Richter[280] einsetzte. So wurde dem Gericht etwa vorgeworfen, es habe bereits den Maßstab zur Prüfung eines verfassungsändernden Gesetzes verkannt: Anders als bei Überlegungen zu der Frage, ob es verfassungswidriges originäres Verfassungsrecht gebe, die schwierige Entscheidungen über ein eventuelles Rangverhältnis aller verfassungsrechtlicher Normen voraussetze, sei bei einem verfassungsändernden Gesetz nur Art. 79 III GG mit den dort angesprochenen Grundsätzen Maßstab der Prüfung; der durch das 17. Gesetz zur Ergänzung des Grundgesetzes eingefügte Art. 10 II 2 GG hätte also nicht unterschiedslos an allen sonstigen Prinzipien des Verfassungsrechts gemessen werden dürfen, bevor nicht feststand, daß er diesem Maßstab standhalten konnte[281]. Zudem habe das Gericht sowohl die Reichweite des Art. 79 III GG über Gebühr verkürzt[282] als auch eine zu enge Auslegung der in Art. 1[283] und 20[284] GG niedergelegten Grundsätze entwickelt. Trotz dieser (hier nicht in allen Details darstellbaren) Kritik, die in der Überlegung gipfelte, “ob hier nicht der seltene Fall einer ´verfassungswidrigen Verfassungsrechtsprechung`” vorliege[285], bestimmt aber der Inhalt des Urteils faktisch die Auslegung und Anwendung der in Frage stehenden Vorschriften noch heute entscheidend.

---

278 BVerfGE 30, 1, 32 f.

279 sehr ausführl. (wenn auch von völlig unterschiedlichen Standpunkten ausgehend) *Schlink*, Staat Bd. 12 (1973), 85 ff. sowie *Häberle*, JZ 1971, 145 ff., der dem Gericht “mißglückten Aufbau, einseitige Methodenwahl, ... Behauptungen ohne Plausibilitätserwägungen, ... Begründungsdefizite, ... Leerformeln und punktuelle Arbeit am Problem, ... ´Auslassung` bisheriger Rechtsprechungstraditionen” vorwarf.

280 BVerfGE 30, 1, 33 ff.

281 BVerfGE 30, 1, 34 (Sondervot.); *Rupp*, NJW 1971, 275 f.; *Häberle*, JZ 1971, 145, 146; *Erichsen*, VerwArch Bd. 62 (1971), 291, 293 f.; *Hall*, JuS 1972, 132, 134; vgl. aber auch *Schlink*, Staat Bd. 12 (1973), 85, 86 ff; vM(1)-*Pappermann*, Art. 10, R. 37.

282 BVerfGE 30, 1, 38 f. (Sondervot.); *Rupp*, NJW 1971, 276 f.; *Häberle*, JZ 1971, 145, 149 ff.; *Erichsen*, VerwArch Bd. 62 (1971), 291, 294 f.; *Kalkbrenner*, BayVBl. 1971, 146, 147; *Hall*, JuS 1972, 132, 134; *Alberts*, JuS 1972, 319, 321 f.; vM(1)-*Pappermann*, Art. 10, R. 37.

283 BVerfGE 30, 1, 39 ff. (Sondervot.); *Häberle*, JZ 1971, 145, 151 f.; *Erichsen*, VerwArch Bd. 62 (1971), 291, 298.

284 BVerfGE 30, 1, 40 ff. (Sondervot.); *Häberle*, JZ 1971, 145, 152 ff.; *Erichsen*, VerwArch Bd. 62 (1971), 291, 296 ff.

285 *Häberle*, JZ 1971, 145, 156; vM(1)-*Pappermann*, Art. 10, R. 37.

Nachdem das Urteil ergangen war, legten im Jahre 1971 die Beschwerdeführer der ersten Verfassungsbeschwerde eine Beschwerde gegen die Bundesrepublik wegen Verletzung ihrer Rechte aus Art. 8, 6 und 13 EMRK[286] ein. Sowohl die Europäische Kommission für Menschenrechte[287] als auch der EGMR[288] verneinten jedoch das Vorliegen einer solchen Verletzung. Zwar sei bei Eingriffen in den Schutzbereich des Art. 8 I EMRK eine gerichtliche Kontrolle wünschenswert; das in der Bundesrepublik mit Art. 10 II 2 GG und Art. 1 G 10 geschaffene System überschreite jedoch noch nicht die Grenzen, die der Art. 8 II EMRK der Rechtfertigung von Eingriffen setze[289].

## E. Rezeption der §§ 100a ff. StPO

Im Vergleich zu Art. 1 G 10 bestanden in der Literatur hinsichtlich der Einführung der §§ 100a ff. StPO wenig verfassungsrechtliche Bedenken, sieht man von den bereits angeführten Stellungnahmen gegen die Einbeziehung des neben dem Beschuldigten in § 100a S. 2 StPO genannten Personenkreises ab, soweit hier auch der Rechtsanwalt des Beschuldigten betroffen war[290]. Hier dürfte die von *Hall* formulierte Ansicht vorgeherrscht haben, wonach es sich bei den StPO-Änderungen um "rechtsstaatlich einwandfreies Verpackungsmaterial"[291] handele, das dazu diene, die Aufmerksamkeit von den rechtlich bedenklichen Bestimmungen des Art. 1 G 10 abzulenken.

Allerdings wurde bereits damals auf die Diskrepanz aufmerksam gemacht, die zwischen der gesetzgeberischen Begründung, die auf die Verfolgung schwerster Kriminalität abhob[292], und dem Straftatenkatalog des § 100a S. 1 StPO bestand, der im Vergleich dazu recht breit angelegt war. So machte etwa wiederum *Hall* darauf aufmerksam, daß die Aufnahme mancher Tatbestände des politischen Strafrechts (etwa §§ 109c, d, h StGB: Teilnahme an Fahnenflucht, Wehrkraftzersetzung, Werbung für ausländischen Wehrdienst) sich kaum mit der besonderen Schwere dieser Delikte erklären ließe und daß auch die Aufnahme eines so selten verwirklichten Tatbestandes wie desjenigen des Mädchenhandels als unangebracht erscheine[293]. Zudem wurde in der Literatur moniert, ein kriminalpolitisches Bedürfnis für die Anwendung der neu ermöglichten Maßnahme

---

286 Art. 6 EMRK: rechtliches Gehör und faires Verfahren; Art. 13 EMRK: Rechtsweggarantie; zu Art. 8 EMRK s.o. S. 7f.

287 EuGRZ 1977, 419 ff.

288 NJW 1979, 1755 = EuGRZ 1979, 278 m. abw. Auff. *Pinheiro Farinha* (aaO, 289 f.).

289 EGMR NJW 1979, 1755, 1758.

290 s.o. S. 52f.; allerdings dürften sich die damaligen Bedenken ohne weiteres auch gegen die Einbeziehung der Angehörigen sonstiger Berufsgruppen, deren Kommunikation mit dem Beschuldigten in besonderer Weise rechtlich geschützt war (vgl. §§ 53 I, 53a I StPO), anführen lassen.

291 JZ 1968, 159, 162; aA aber *Welp*, DÖV 1970, 267, 272.

292 BT-Drucks. V/1880, 7; als Beispiel wird erpressischer Kindesraub angeführt.

293 JZ 1968, 159, 162.

bestünde kaum[294]. Auch sei der Straftatenkatalog nicht nach “empirisch nachgewiesenen kriminalpolitischen Notwendigkeiten”[295] aufgestellt, sondern nach einer abstrakten Erwägung der Schwere der Tat: So bestehe “wenig Aussicht, Mord und Totschlag durch Überwachung des Fernmeldeverkehrs aufzuklären”[296]; demgegenüber sei gerade die sog. Weiße-Kragen-Kriminalität, bei der eine derartige Überwachung weit eher Erfolg verspreche, nicht berücksichtigt worden[297].
Letztlich wurde hauptsächlich zu einer restriktiven Anwendung und Auslegung der neugeschaffenen Bestimmungen appelliert[298]. Zudem wurde aus der Praxis die Befürchtung geäußert, eine zu häufige Verwertung von Erkenntnissen aus Telefonüberwachungen trotz des oft niedrigen Beweiswertes würde die Möglichkeit und die Folgen derartiger Überwachungen in einem solchen Maße publik werden lassen, daß sie angesichts des dann zu erwartenden vorsichtigeren Umgangs mit dem Telefon weitgehend wertlos werden würden[299].

---

[294] LR(22)-*Dünnebier*, § 100a, Anm. 1: “... seit 90 Jahren kaum als bedeutender Mangel empfunden worden außer bei der Aufklärung des erpresserischen Kindesraubs und bei telefonischen ... Beleidigungen” (letztere seien allerdings zu recht gerade nicht in § 100a S. 1 StPO aufgeführt); *Kaiser*, NJW 1969, 18, 19: Bedürfnis “kann zweifelhaft sein”.

[295] LR(22)-*Dünnebier*, § 100a, Anm. 1; aA *Maiwald*, JuS 1978, 379, 381f. (insb. Fn. 17).

[296] LR(22)-*Dünnebier*, aaO.

[297] *Kaiser*, NJW 1969, 18, 19.

[298] *Kaiser*, NJW 1969, 18, 20; LR(22)-*Dünnebier*, § 100a, Anm. 1.

[299] *Mösch*, Kriminalistik 1975, 337, 339.

# Kapitel 3: Entwicklung in den 70er und 80er Jahren

## A. Strafprozeßrecht

I. Änderungen des Anwendungsbereichs der §§ 100ff. StPO

Obschon also das strafprozessuale Schrifttum der technischen Gesprächsüberwachung ursprünglich äußerst kritisch gegenübergestanden hatte und bei Einführung der §§ 100a ff. StPO überwiegend Appelle zu zurückhaltender Anwendung zu lesen gewesen waren, legt die Entwicklung der folgenden Jahre nahe, daß aus gesetzgeberischer Sicht ein Tabu gefallen war, das als eher hinderlich empfunden gewesen sein muß. Es wurden nämlich in rascher Folge zahlreiche Änderungen der betreffenden Normen vorgenommen, und zwar in der Regel mit dem Ergebnis einer Erweiterung des Anwendungsbereichs der strafprozessualen Telefonüberwachung (TÜ)[300]. Teilweise geschah dies durch Änderung des Tatbestandskatalogs in § 100a S. 1 StPO selbst, z.T. wurden aber auch von § 100a S. 1 StPO in Bezug genommene Straftatbestände geändert. Letzteren Änderungen ebenfalls eine Auswirkung auf den Anwendungsbereich der TÜ zuzuschreiben, setzt allerdings zum einen voraus, daß es sich bei der Verweisung in § 100a S. 1 StPO nicht um eine statische, sondern um eine dynamische Verweisung handelt, und zum anderen, daß eine solche dynamische Verweisung nicht gegen höherrangiges Recht verstößt. Es darf aber als durch die höchstrichterliche Rechtsprechung wie durch die Literatur geklärt angesehen werden, daß bei Fehlen einer ausdrücklichen gesetzlichen Bestimmung über das Vorliegen einer statischen oder einer dynamischen Verweisung jedenfalls bei Binnenverweisungen - also Verweisungen auf eine Norm desselben Gesetzgebers, wie hier von der StPO auf das StGB und andere Bundesgesetze - vom Vorliegen einer dynamischen Verweisung auszugehen ist[301]. Ebenso erscheint als gesichert, daß eine dynamische Binnenverweisung, anders als möglicherweise die dynamische Verweisung auf Normen, die durch einen anderen Gesetzgeber als den verweisenden gesetzt sind, nicht an verfassungsrechtlichen Bedenken scheitert[302].

1. Mit Wirkung vom 19.12.1971 führte Art. 1 Nr. 3 des 11. StrÄndG[303] den § 316c StGB über die Strafbarkeit von Flugzeugentführungen ein. Die in Abs. 1 dieser Vorschrift aufgeführten Tatbestände stellten gemeingefährliche Verbrechen iSd § 138 StGB dar und wurden deshalb von § 100a S. 1 Nr. 2 StGB erfaßt. Es handelte sich hier um die Vornahme von Machenschaften, um die Herrschaft über ein im zivilen Luftverkehr eingesetztes Luftfahrzeug zu erlangen oder auf dessen Führung einzuwirken, sofern es im Flug befindlich oder von Besatzung oder Fluggästen bereits planmäßig betreten oder

---

[300] vgl. zu dieser Entwicklung auch *Staechelin*, KritJ 1995, 466ff.

[301] BSG NJW 1991, 3051, 3052 mwN; *Karpen*, 136; *Müller*, 174.

[302] BSGE 34, 115, 117f.; BVerwG NVwZ-RR 1989, 377, 378; *Karpen*, 121; *Ossenbühl*, DVBl 1967, 401, 404 u. 408.

[303] v. 16.12.1971 (BGBl. I, 1977).

noch nicht planmäßig verlassen oder sofern es bereits planmäßig verladen oder noch nicht planmäßig entladen worden war (§ 316c I 1 Nr. 1, S. 2 StGB). Außerdem erfaßt war der Gebrauch von Schußwaffen, um ein solches Luftfahrzeug oder seine an Bord befindliche Ladung zu zerstören oder zu beschädigen, sowie das Unternehmen der Herbeiführung einer Explosion oder eines Brandes zum gleichen Zweck (§ 316c I 1 Nr. 2, S. 2 StGB). Schließlich war auch der Versuch aller genannten Tatbestandsalternativen strafbar und damit vom Anwendungsbereich der TÜ erfaßt.

2. Durch Art. 2 des 12. StrÄndG[304] wurde zum gleichen Datum in § 100a S. 1 Nr. 2 StPO eine Verweisung auf die neuen §§ 239a, 239b StGB eingefügt. Die alte Vorschrift des § 239a StGB über erpresserischen Kindesraub war durch den Tatbestand des erpresserischen Menschenraubs ersetzt worden, der nun auch derartige Taten an Erwachsenen erfaßte. Er drohte Strafe für denjenigen an, der einen anderen entführte oder sich seiner bemächtigte, um die Sorge eines Dritten um das Wohl des Opfers zu einer Erpressung auszunutzen, oder der eine von ihm durch eine solche Handlung geschaffene Lage eines anderen zu einer solchen Erpressung ausnutzte. Der neue § 239b StGB behandelte die Geiselnahme; er drohte Strafe demjenigen an, der einen anderen entführte oder sich eines anderen bemächtigte, um einen Dritten durch Drohung mit dem Tod oder einer schweren Körperverletzung des Opfers zu einer Handlung, Duldung oder Unterlassung zu nötigen, oder der die von ihm durch eine solche Handlung geschaffene Lage eines anderen zu einer solchen Nötigung ausnutzte. Bei beiden Tatbeständen war außerdem der Versuch erfaßt.

3. Mit Wirkung vom 1.1.1973 wurde durch § 61 III WaffG[305] § 100a S. 1 Nr. 2 StPO erneut geändert; der Anwendungsbereich der TÜ wurde nunmehr erweitert auf Taten nach § 53 I Nr. 1 (Waffenherstellung iSd § 7 I Nr. 1 WaffG ohne Erlaubnis; Waffenhandel iSd § 7 I Nr. 2 WaffG ohne Erlaubnis; Import gemäß § 27 I S. 1 WaffG ohne Erlaubnis) und Nr. 2 WaffG (Erwerb gemäß §§ 28 I 1, 29 I 1 WaffG ohne Erlaubnis zur Weitergabe an Nichtberechtigte) sowie auf den Versuch sämtlicher genannter Tatbestände nach § 53 II WaffG[306 307], außerdem auf Taten nach § 16 I (genehmigungslose Herstellung von Kriegswaffen; Erwerb der tatsächlichen Gewalt von einem anderen; Überlassung der tatsächlichen Gewalt an einen anderen; Befördernlassen im Bundes-

---

304 v. 16.12.1971 (BGBl. I, 1979).

305 v. 19.9.1972 (BGBl. I, 1797).

306 Zwar verwies § 100a S. 1 Nr. 2 StPO nicht ausdrücklich auf § 53 II WaffG; jedoch bezog § 100a S. 1 StPO selbst ausdrücklich auch den Versuch eines der im Katalog genannten Delikte in allen Fällen, in denen der Versuch strafbar ist, ein, also auch dann, wenn die Versuchsstrafbarkeit in einer anderen Norm angeordnet war.

307 Damit war der Anwendungsbereich der TÜ wiederum abhängig von den Legaldefinitionen des Waffen- und des Munitionsbegriffs usw. in §§ 1 ff. WaffG. Auf eine Darstellung der betreffenden Einzelheiten und der späteren Entwicklung soll jedoch aus Platzgründen verzichtet werden.

gebiet außerhalb eines abgeschlossenen Geländes; Selbstbefördern im Bundesgebiet außerhalb eines abgeschlossenen Geländes, wenn der Täter die Kriegswaffe selbst hergestellt oder die tatsächliche Gewalt an ihr erworben hat) und II KWKG (Einfuhr, Ausfuhr, Durchfuhr und sonstige Verbringung von Kriegswaffen in das oder aus dem Bundesgebiet ohne Genehmigung der erforderlichen Beförderung; sonstige wissentliche[308] Beförderung mit Seeschiffen unter deutscher Flagge oder mit Luftfahrzeugen, die in der Luftfahrzeugrolle der Bundesrepublik eingetragen sind, ohne Genehmigung)[309].

4. Mit Wirkung vom 1.10.1973 wurde durch Art. 1 Nr. 8 des 2. StrRG[310] die Strafbarkeit der Anwerbung Deutscher für fremden Wehrdienst (§ 109h I StGB) in der Weise erweitert, daß sie nunmehr auch für vollendete oder versuchte (§ 109h II StGB) Taten von Ausländern im Ausland galt.

5. Das 4. StrRG[311] trat am 28.11.1973 in Kraft. Es erweiterte den Anwendungsbereich des § 80a StGB, auf den § 100a S. 1 Nr. 1 lit. a StPO verwies, um den Tatbestand des Aufstachelns zum Angriffskrieg durch Verbreiten von Bildträgern. Auch das Verbreiten von staatsfeindlicher Propaganda auf Bildträgern war jetzt durch § 86 StGB (vgl. § 100a S. 1 Nr. 1 lit. 1 StPO) erfaßt.
§ 48 AuswanderungsG über den Mädchenhandel wurde aufgehoben und durch § 181 StGB, den Tatbestand des Menschenhandels, ersetzt. § 100a S. 1 Nr. 2 StPO verwies nunmehr auf den Abs. 2 dieser Vorschrift. Ihr Tatbestand drohte demjenigen Strafe an, der einen anderen anwarb oder gegen seinen Willen durch List, Drohung oder Gewalt entführte, um ihn unter Ausnutzung der Hilflosigkeit, die mit seinem Aufenthalt in einem fremden Land verbunden war, zu sexuellen Handlungen zu bringen, die er an oder vor einem Dritten vornehmen oder von einem Dritten an sich vornehmen lassen sollte.

6. Das EGStGB[312] brachte mit Wirkung vom 1.1.1975 zunächst eine redaktionelle Änderung des § 100a S. 1 StPO: Der unablässig wachsende Straftatenkatalog wurde, besserer Übersichtlichkeit halber, neu in die Nummern 1 lit. a-e, 2 und 3 aufgeteilt. Zudem gab es einige Änderungen, die lediglich durch Verschiebungen zwischen dem StGB und anderen strafrechtlichen Haupt- und Nebengesetzen bedingt waren[313]. Da die

[308] ab 1.1.1975: "absichtlich oder wissentlich", Art. 35 Nr. 1 lit. c EGStGB v. 2.3.1974 (BGBl. I, 469).

[309] Der Umfang der von § 16 I, II KWKG erfaßten Handlungsweisen wurde wiederum bestimmt durch die Definition des Begriffs "Kriegswaffe", die gem. § 1 I KWKG durch die in der Anlage zum KWKG bekanntgemachte Kriegswaffenliste bestimmt wird. Von der Schilderung der einzelnen Punkte und Änderungen dieser Liste seit 1973 soll jedoch ebenfalls aus Platzgründen abgesehen werden.

[310] v. 4.7.1969 (BGBl. I, 717).

[311] v. 23.11.1973 (BGBl. I, 1725).

[312] v. 2.3.1974 (BGBl. I, 469).

[313] *Staechelin*, KritJ 1995, 466, 471 scheint übersehen zu haben, daß das Einfügen der lit. d in § 100a S. 1 Nr. 1 StPO im wesentlichen nur auf einer solchen Verschiebung beruht und daß damit also keine

Tatbestände der §§ 109b und 109c StGB gestrichen und in das WStrG überführt worden waren, wurde auch die Verweisung in § 100a S. 1 Nr. 1 entsprechend geändert; die neue lit. d verwies nun auf §§ 16, 19 iVm § 1 III WStrG (Anstiftung oder Beihilfe zur Fahnenflucht, Anstiftung zum Ungehorsam, jeweils begangen durch Nichtsoldaten). Eine entsprechende Änderung erfuhr die bisherige lit. d betreffend den Schutz der Stationierungsstreitkräfte und der im Land Berlin anwesenden Truppen der Drei Mächte, die zugleich zu § 100a S. 1 Nr. 1 lit. e StPO umbenannt wurde. Umgekehrt waren die bisher von § 100a S. 1 Nr. 2 StGB erfaßten Straftatbestände des Atomrechts als §§ 310b, 311a, 311b in das StGB überführt worden. Da in § 100a S. 1 Nr. 2 StPO nunmehr statt des bisherigen pauschalen Verweises auf § 138 StGB eine Aufzählung der im einzelnen erfaßten gemeingefährlichen Straftaten erfolgte, wurde auch diese Verweisung entsprechend angepaßt. Zudem erfolgte hier auch eine gewisse inhaltliche Erweiterung: Waren nach altem Recht bei der Vorbereitung eines Sprengstoffverbrechens nur bestimmte Modalitäten des Umgangs mit Sprengstoffen, nicht aber mit radioaktiven Stoffen und bei der Vorbereitung eines Strahlungsverbrechens nur die entsprechenden Modalitäten des Umgangs mit radioaktiven Stoffen, nicht aber mit Sprengstoffen erfaßt gewesen, so verknüpfte der neue § 311b I StGB sämtliche genannten Begehungsformen nun miteinander.

Durch die Streichung des § 138 StGB aus dem Katalog und die nunmehr erfolgte Aufzählung der im einzelnen erfaßten gemeingefährlichen Straftaten wurde im übrigen der Anwendungsbereich des § 100 a S. 1 StPO wesentlich übersichtlicher: Jetzt führte nicht mehr jede Änderung des Kataloges in § 138 StGB oder des Tatbestandes eines der dort aufgeführten Delikte dazu, daß sich auch die Reichweite der TÜ änderte, ohne daß sich dies irgendwie im Wortlaut des § 100a S. 1 StPO niederschlug[314].

Neben diesen mehr redaktionellen Veränderungen erfuhr die Vorschrift aber auch zahlreiche inhaltliche Modifikationen:

Bei der Aufzählung der gemeingefährlichen Straftaten wurden neben § 316c I StGB nun auch die Handlungen nach Abs. 3 erfaßt, d.h. die Herstellung, Verschaffung, Verwahrung oder Überlassung von Schußwaffen, Sprengstoffen oder sonst zur Herbeiführung einer Explosion oder eines Brandes bestimmten Stoffen oder Vorrichtungen zur Vorbereitung einer Flugzeugentführung nach Abs. 1.

Demgegenüber entfiel die Verweisung auf § 321 II StGB; die qualifizierte Beschädigung wichtiger Anlagen unterfiel somit nicht mehr der TÜ.

Außerdem schuf das EGStGB jetzt eine Verweisung des § 100a S. 1 Nr. 2 StPO auf die völlig neu geregelten Tatbestände der Münz- und Wertzeichenfälschung in §§ 146, 151,

---

grundsätzlich neuen Delikte Bestandteil des Kataloges wurden.

314 Dieser von ihm als "indirekte Änderung" bezeichnete Effekt der Verwendung von Tatbeständen, die ihrerseits Straftatkataloge beinhalteten, wird eindrücklich auch von *Staechelin*, KritJ 1995, 466, 470 beschrieben, der allerdings übersieht, daß der Katalog in § 100a S. 1 StPO bereits seit 1975 nicht mehr pauschal auf § 138 StGB verweist.

152 StGB. § 146 StGB brachte insofern eine erhebliche Erweiterung, als nunmehr auch das Nachmachen und Sichverschaffen von Geld (und Wertzeichen, § 151 StGB) in der Absicht, das Inverkehrbringen bloß zu ermöglichen, sowie der Versuch dieser Delikte zum Anwendungsbereich der TÜ zählten. Mit der Neuregelung der dem Geld gleichgestellten Wertzeichen in § 151 StGB n.F. war dagegen gegenüber § 149 StGB a.F. nicht nur eine Erweiterung (auf bestimmte Orderschuldverschreibungen, Anteilscheine von Kapitalanlagegesellschaften sowie Reiseschecks), sondern andererseits auch eine gewisse Verringerung des Anwendungsbereichs (insb. durch die Beschränkung auf durch Druck und Papierart besonders gesicherte Papiere) verbunden.
Weiter verwies § 100a S. 1 Nr. 2 StPO nunmehr auch auf den Tatbestand des Völkermords in § 220a StGB. § 220a StGB stellte denjenigen unter Strafe, der in der Absicht, eine nationale, rassische, religiöse oder durch ihr Volkstum bestimmte Gruppe als solche ganz oder teilweise zu zerstören, Mitglieder der Gruppe tötete, Mitgliedern der Gruppe schwere körperliche oder seelische Schäden zufügte, die Gruppe unter Lebensbedingungen stellte, die geeignet waren, deren körperliche Zerstörung ganz oder teilweise herbeizuführen, Maßregeln verhängte, die Geburten innerhalb der Gruppe verhindern sollten, oder Kinder der Gruppe in eine andere Gruppe gewaltsam überführte, außerdem den Versuch der genannten Delikte.
Schließlich brachte das EGStGB noch Änderungen an einigen Normen, auf die § 100a S. 1 StPO verwies, ohne die Verweisung selbst zu ändern:
Es erweiterte den Tatbestand der Agententätigkeit zu Sabotagezwecken in § 87 StGB insofern, als zu den Sabotagehandlungen, von deren Vorbereitung die Tatbestände des § 87 I StGB handelten, gemäß § 87 II StGB nun auch Handlungen nach § 316c I 1 Nr. 2 StGB, also bestimmte gefährliche Handlungen zum Zweck der Zerstörung eines Luftfahrzeugs oder seiner Ladung, zählten[315].
Zu § 316a I StGB erfolgte eine klarstellende Ergänzung, wonach auch ein räuberischer Angriff auf Kraftfahrer zum Zwecke der Begehung eines räuberischen Diebstahls (§ 252 StGB) sowie der Versuch hierzu erfaßt wurde. Dies war für den Anwendungsbereich der TÜ um so interessanter, als der räuberische Diebstahl selbst in § 100a S. 1 StPO nicht erwähnt war.
Demgegenüber verringerte sich der Anwendungsbereich des § 86 I StGB (Verbreiten von Propagandamitteln verfassungswidriger Organisationen) geringfügig: Art. 8 des 8. StrÄndG vom 25.6.1968[316] hatte bereits Zeitungen und Zeitschriften, die außerhalb des Geltungsbereichs des Gesetzes in ständiger, regelmäßiger Folge erschienen und dort allgemein und öffentlich vertrieben wurden, aus dem Anwendungsbereich des § 86 I StGB ausgeschlossen; dies galt jedoch nur für solche Stücke, die in den Geltungsbereich

[315] Außerdem ersetzte das EGStGB das Erfordernis der "Wissentlichkeit" bezüglich des Einsetzens gegen den Bestand oder die Sicherheit der Bundesrepublik oder gegen Verfassungsgrundsätze zugleich durch "Absicht oder Wissentlichkeit"; damit war aber keine sachliche Änderung verbunden.
[316] BGBl. I, 741.

im Postzeitungsdienst oder durch den Handel gegen Entgelt eingeführt und darin vertrieben wurden. Die Beschränkung der Ausnahme auf diese Stücke entfiel nun mit dem neuen Art. 296 EGStGB.

7. Art. 1 Nr. 25 des 1. StrVRG[317] fügte, ebenfalls mit Wirkung vom 1.1.1975, dem § 100a S. 1 StPO eine Nr. 4 an, wonach die TÜ auch beim Verdacht auf eine gewerbsmäßig oder als Mitglied einer Bande begangene Straftat nach § 11 I Nrn. 1-3, 6-8 BtMG angeordnet werden konnte. Damit unterfiel dem Anwendungsbereich der TÜ der Tatverdacht auf die Verwirklichung weiterer zahlreicher, in der Tatschwere sehr unterschiedlicher Tatbestände. Im einzelnen waren erfaßt, sofern jeweils gewerbs- oder bandenmäßig begangen: die Einfuhr, Ausfuhr, Gewinnung, Herstellung, Verarbeitung von, das Handeltreiben mit, der Erwerb, die Abgabe, Veräußerung und das sonstige Inverkehrbringen von Betäubungsmitteln ohne die Erlaubnis des Bundesgesundheitsamtes (BGA) nach § 3 BtMG bzw. ohne die Ausnahme durch das BGA nach § 9 BtMG; die Durchfuhr, sofern nicht unter zollamtlicher Überwachung (bei Betäubungsmitteln nach § 9 galt auch diese Ausnahme nicht); der Erwerb, die Abgabe und Veräußerung ohne Bezugsschein nach § 4 BtMG; der Versuch sämtlicher genannter Delikte (§ 11 II BtMG)[318]; bei den Betäubungsmitteln nach § 9 BtMG (Rückstände des Rauchopiums, Cannabisharz und dessen Zubereitungen) auch der bloße Besitz ohne die erforderliche Ausnahme durch das BGA; die Verabreichung oder Überlassung zum Genuß außerhalb ärztlicher oder zahnärztlicher Behandlung oder eines vom BGA genehmigten wissenschaftlichen oder sonst im öffentlichen Interesse liegenden Zwecks; die eigennützige Mitteilung über oder Verschaffung oder Gewähr von Gelegenheit zum Genuß, Erwerb oder zur Abgabe von Betäubungsmitteln, ohne daß für Erwerb oder Abgabe eine Erlaubnis vom BGA erteilt oder ohne daß die Gelegenheit zum Genuß zu einem wissenschaftlichen oder sonst im öffentlichen Interesse liegenden Zweck vom BGA genehmigt worden war[319].

8. Das 14. StrÄndG[320] brachte mit Wirkung vom 1.5.1976 eine Präzisierung der sozialadäquaten Ausnahmen vom Verbot der Verbreitung von Propagandamitteln verfassungsfeindlicher Organisationen (§ 86 StGB). Hatte § 86 III StGB bis dahin die Strafbarkeit dann ausgeschlossen, wenn die Handlung im Rahmen der staatsbürgerlichen Aufklärung, der Abwehr verfassungswidriger Bestrebungen oder ähnlicher Zwecke vor-

---

317 v. 9.12.1974 (BGBl. I, 3393).

318 Der Versuch war nach § 100a S. 1 StPO ebenfalls erfaßt, auch wenn § 11 II BtMG nicht in § 100a S. 1 Nr. 4 StPO genannt wurde.

319 Damit war die Reichweite der TÜ abhängig von der jeweiligen Fassung der Legaldefinition des Begriffs "Betäubungsmittel" in § 1 BtMG. Auf die ausdrückliche Aufzählung der damals und durch spätere Änderungen erfaßten Stoffe und Zubereitungen soll aber ebenfalls aus Platzgründen verzichtet werden

320 v. 22.4.1976 (BGBl. I, 1056).

genommen wurde, so galt jetzt ein solcher Ausschluß, wenn die Handlung oder das Propagandamittel selbst der staatsbürgerlichen Aufklärung, der Abwehr verfassungswidriger Bestrebungen, der Kunst oder der Wissenschaft, der Forschung oder der Lehre, der Berichterstattung über Vorgänge des Zeitgeschehens oder der Geschichte oder ähnlichen Zwecken diente. Sollte mit dieser Neuformulierung überhaupt eine Änderung gegenüber der vorherigen Praxis der Strafverfolgung verbunden gewesen sein, was angesichts des wenig bestimmten Tatbestandsmerkmals "ähnliche Zwecke" schwer einzuschätzen ist, so dürfte diese hier einmal auf eine Beschränkung des strafrechtlichen Eingriffs und damit des Anwendungsbereichs der TÜ hinausgelaufen sein.
Zugleich fügte das 14. StrÄndG jedoch den Straftatbestand der verfassungsfeindlichen Befürwortung von Straftaten als § 88a in das StGB ein. Da § 100a S. 1 Nr. 1 lit. a StPO pauschal auf die §§ 87-89 StGB verwies und diese Verweisung nicht geändert wurde, war auch dieser Tatbestand damit in den Katalog einbezogen. Tatbestandsmäßig waren hier zum einen die Verbreitung, öffentliche Ausstellung, das Anschlagen, Vorführen oder sonstige Zugänglichmachen einer Schrift, die die Befürwortung einer der in § 126 I Nrn. 1-6 StGB genannten Taten enthielt und bestimmt sowie nach den Umständen geeignet war, die Bereitschaft anderer zu fördern, sich durch die Begehung solcher Taten für Bestrebungen gegen den Bestand oder die Sicherheit der Bundesrepublik oder gegen Verfassungsgrundsätze einzusetzen. Darüber hinaus waren tatbestandsmäßig auch die Herstellung, der Bezug, die Lieferung, das Vorrätighalten, das Anbieten, die Ankündigung, die Anpreisung und das Unternehmen der Ein- oder Ausfuhr einer derartigen Schrift, sofern dies jeweils zu dem Zweck geschah, die Schrift oder aus ihr gewonnene Stücke zur Verwirklichung eines der im vorigen Satz genannten Tatbestände zu verwenden oder einem anderen eine solche Verwendung zu ermöglichen. Schließlich war zum anderen durch § 88a II StGB mit Strafe bedroht, wer öffentlich oder in einer Versammlung die Begehung einer der in § 126 I Nrn. 1-6 StGB genannten Taten befürwortete, um die Bereitschaft anderer zu fördern, sich durch die Begehung solcher Taten gegen den Bestand oder die Sicherheit der Bundesrepublik oder gegen Verfassungsgrundsätze einzusetzen. Die in § 126 I Nrn. 1-6 StGB genannten Taten, um deren Befürwortung es hier ging, waren wiederum die folgenden: besonders schwerer Landfriedensbruch (§ 125 S. 2 Nrn. 1-4 StGB); Mord, Totschlag, Völkermord (§§ 211, 212, 220a StGB); beabsichtigte schwere Körperverletzung (§ 225 StGB) und Vergiftung (§ 229 StGB); Straftaten gegen die persönliche Freiheit nach §§ 234, 234a, 239a, 239b StGB; Raub und räuberische Erpressung (§§ 249-251, 255 StGB); gemeingefährliche Straftaten gemäß §§ 306-308 (Brandstiftung), 310b I-III (Herbeiführen einer Explosion durch Kernenergie), 311 I-III (Herbeiführen einer Sprengstoffexplosion), 311a I-III (Mißbrauch ionisierender Strahlen), 312, 313 I (Herbeiführen einer lebens- bzw. einer sachengefährdenden Überschwemmung), 315 III, 315b III (qualifizierter gefährlicher Eingriff in den Bahn-, Schiffs-, Luft- bzw. Straßenverkehr), 316a I (räuberischer Angriff auf Kraftfahrer), 316b I (Störung öffentlicher Betriebe), 316c I, II (Angriff auf den Luftverkehr), 317 I (Störung von Fernmeldeanlagen), 321 (Beschädigung wichtiger Anlagen) und 324

StGB (gemeingefährliche Vergiftung). Für alle Tatbestandsvarianten galt gemäß § 88a III StGB die oben bereits dargestellte Ausschlußklausel des § 86 III StGB entsprechend. Mit der Bezugnahme auf die Katalognorm des § 126 I StGB trat der bereits dargestellte[321] "Katalogeffekt" wieder auf: Der Anwendungsbereich der TÜ wurde wesentlich schwerer überschaubar, da er "indirekten Änderungen" unterworfen sein konnte. Zugleich war es hier durch die Technik der dynamischen Verweisung in Verbindung mit der Änderung des Gesetzes, auf das verwiesen wurde, ohne größeres Aufsehen gelungen, einen Tatbestand in den Katalog der die TÜ auslösenden Delikte einzufügen, der sich hinsichtlich seines deutlich marginaleren Unwertgehalts besonders stark von den sonstigen in § 100a S. 1 StPO aufgeführten Delikten, die zumindest weit überwiegend zum Bereich der Schwerkriminalität zählten, abhob. Es war damit für das Einsetzen der TÜ nicht einmal mehr erforderlich, daß der Verdacht auch nur der strafbaren Vorbereitung eines in § 100a S. 1 StPO genannten Delikts bestand; sondern für viele der dort genannten Delikte reichte es nun bereits aus, ihre Begehung in bestimmter Weise befürwortet zu haben.

9. Art. 1 Nr. 46 lit. a und b des Gesetzes zur Änderung des Waffengesetzes[322] brachte mit Wirkung vom 1.7.1976 eine redaktionelle Verschiebung der Numerierung in § 53 I WaffG. Da aber § 100a S. 1 Nr. 3 StPO unverändert nur auf die Nrn. 1 und 2 der Bestimmung verwies, schied die Tatbestandsalternative des erlaubnislosen Erwerbs zur Weitergabe an Nichtberechtigte (sowie der Versuch hierzu), die jetzt in Nr. 3 geregelt war, aus dem Anwendungsbereich der TÜ aus, eine Einschränkung, die auch bei den folgenden Änderungen des § 100a S. 1 StPO nicht rückgängig gemacht werden sollte. Zudem wurde § 53 I Nr. 2 WaffG (Nr. 1 lit. c a.F.) dahingehend eingeschränkt, daß der erlaubnislose Import gem. § 27 I 1 WaffG nur dann strafbar war (und damit der TÜ unterlag), wenn der Täter seine Berechtigung zum Erwerb oder zur Ausübung der tatsächlichen Gewalt nicht nachgewiesen hatte.

10. Art. 1 Nr. 1 des Gesetzes zur Änderung des Strafgesetzbuches, der Strafprozeßordnung, des Gerichtsverfassungsgesetzes, der Bundesrechtsanwaltsordnung und des Strafvollzugsgesetzes[323] fügte mit Wirkung vom 20.9.1976 den § 129a in das StGB ein. Der neue Straftatbestand erfaßte die Gründung einer Vereinigung, deren Zwecke oder deren Tätigkeit auf die Begehung bestimmter, katalogmäßig aufgeführter Straftaten gerichtet sind, den Versuch der Gründung einer solchen Vereinigung sowie die mitgliedschaftliche Beteiligung an ihr[324]. Da § 100a S. 1 Nr. 1 lit. c StPO pauschal auf die

---

[321] s.o. bei Fn. 314.

[322] v. 4.3.1976 (BGBl. I, 417).

[323] v. 18.8.1976 (BGBl. I, 2181).

[324] seit 1.1.1987 auch den Versuch der mitgliedschaftlichen Beteiligung sowie die (vollendete) Unterstützung oder das (vollendete) Werben für eine solche Vereinigung (Art. 1 Nr. 1 des Gesetzes zur Be-

Straftaten gegen die öffentliche Ordnung in §§ 129-130 StGB verwies, wurde der neue Tatbestand Bestandteil seines Katalogs.
*Staechelin* hat darauf hingewiesen, daß damit zugleich die Reichweite der § 100a ff. StPO erneut an die jeweilige Fassung eines anderen Straftatenkataloges (wie bis 1976 an den des § 138 StGB) gebunden worden und damit der Technik der "indirekten Änderung" der Reichweite durch Änderung des Kataloges, auf den verwiesen wird, unterworfen worden sei[325]. Wenn er in diesem Zusammenhang aber etwa konstatierte, nach kurzer Lektüre des § 100a StPO sei "man doch überrascht, daß auch der Verdacht einer qualifizierten Sachbeschädigung[326] unter den organisatorisch-strukturellen Voraussetzungen des § 129a StGB Anlaß für eine Telefonüberwachung sein kann", so übersah er dabei, daß § 129a StGB lediglich eine Qualifikation zu dem bereits erfaßten § 129 StGB darstellte[327]. Daher konnte unter den angesprochenen, hier wie dort völlig gleich gefaßten "organisatorisch-strukturellen Voraussetzungen" ohnehin der Verdacht der Erfüllung eines jeden Straftatbestandes, ganz unabhängig von der jeweils aktuellen Katalogfassung des § 129a StGB[328], zum Anlaß einer TÜ gemacht werden. Eine Einschränkung ergibt sich hier lediglich durch die Rechtsprechung des BGH, der in einem Urteil aus dem Jahre 1995, und zwar ausdrücklich gerade auch unter Verweis auf die Funktion des § 129 I StGB als Katalogtat für besondere strafprozessuale Maßnahmen wie die TÜ, entschied, der Tatbestand sei nur anwendbar, wenn die begangenen und/oder geplanten Straftaten der Mitglieder der Vereinigung eine erhebliche Gefahr für die öffentliche Sicherheit bedeuteten, "wenn sie somit unter diesem Blickwinkel von einigem Gewicht sind"[329]. Daß damit aber ein noch wesentlicher größerer Kreis von Deliktstatbeständen angesprochen sein muß als diejenigen, die der Katalog des § 129a StGB erfaßt, ergibt sich schon aus der Funktion des § 129 StGB als Grundtatbestand im Verhältnis zu dieser Vorschrift. In der Tat schloß der BGH in dem zur Entscheidung stehenden Fall, in der Zweck und Tätigkeit der betreffenden Vereinigung ausschließlich auf die Begehung von (einfachen) Sachbeschädigungen nach § 303 I StGB gerichtet waren, die Anwendung des § 129 StGB nicht von vornherein aus, sondern erklärte die dahingehenden Ausführungen des Tatrichters für rechtsfehlerhaft[330].

11. Art. 3 des Gesetzes zur Änderung des Waffenrechts[331] änderte mit Wirkung vom

---

kämpfung des Terrorismus v. 19.12.1986; BGBl. I, 2566).

[325] KritJ 1995, 466, 470.

[326] Seit 1.1.1987 konnte auch die Begehung von Straftaten nach § 305a StGB (Beschädigung wichtiger Arbeitsmittel) Gegenstand einer Tat nach § 129a I Nr. 3 StGB sein.

[327] vgl. BGHSt 30, 328.

[328] deren Änderungen deshalb hier im weiteren auch unerörtert bleiben.

[329] BGHSt 41, 47, 51.

[330] BGHSt 41, 47, 51ff.

[331] v. 31.5.1978 (BGBl. I, 641).

1.7.1978 den § 100a S. 1 Nr. 3 StPO selbst. In die Verweisung auf das Waffengesetz wurde § 52a I-III aufgenommen. Damit unterlagen auch die Tatbestände der Herstellung, Bearbeitung, Instandsetzung, des Erwerbs, Vertriebs, der Überlassung von, der Ausübung der tatsächlichen Gewalt über, der Einfuhr oder des sonstigen Verbringens in das Inland von vollautomatischen Selbstladewaffen entgegen § 37 I 1 Nr. 1 lit. d WaffG oder von in § 37 I 1 Nr. 1 lit. e WaffG bezeichneten halbautomatischen Selbstladewaffen entgegen dieser Vorschrift sowie der Versuch aller genannten Tatbestände der TÜ. Zudem wurde in der Verweisung auf das KWKG dessen neugefaßter § 16 I-III in Bezug genommen. Damit waren über die bereits genannten Tatbestandsmodalitäten nun auch die folgenden erfaßt: jedes Selbstbefördern von Kriegswaffen im Bundesgebiet ausserhalb eines abgeschlossenen Geländes ohne Genehmigung (§ 16 I Nr. 3 KWKG); jede bis dahin nicht erfaßte Ausübung der tatsächlichen Gewalt über Kriegswaffen (ausgenommen tragbare Schußwaffen nach § 6 III WaffG), deren Erwerb nicht auf einer Genehmigung beruhte bzw. (bei Erwerb durch Rechtsnachfolge oder genehmigungsfreiem Erwerb vor dem 1.7.1978) ohne daß eine Anzeige nach §§ 12 VI Nr. 1 oder 26a KWKG bei der zuständigen Behörde erstattet wurde; die Vermittlung eines Vertrages über den Erwerb oder über die Überlassung von Kriegswaffen oder der Nachweis einer Gelegenheit hierzu oder der Abschluß eines solchen Vertrages, jeweils ohne Genehmigung; der Versuch zu allen genannten Delikten.

12. Durch das 19. StrÄndG[332] wurde mit Wirkung zum 14.8.1981 § 88a StGB gestrichen. Damit entfiel nach weit über 5 Jahren auch die Möglichkeit, die Anordnung einer TÜ an den Verdacht einer bloßen - in bestimmter Weise begangenen - Befürwortung spezieller Delikte anzuknüpfen.

13. Art. 2 Nr. 1 des Gesetzes zur Neuordnung des Betäubungsmittelrechts[333] änderte mit Wirkung vom 1.1.1982 (Art. 7 I 1 des Gesetzes) den § 100a S. 1 Nr. 4 StPO im Hinblick auf die Neufassung des BtMG. Er nannte als Überwachungsziele nun diejenigen, die einer Straftat nach § 29 III Nrn. 1, 4 oder § 30 I Nrn. 1, 2 BtMG oder einer gewerbsmäßig oder als Mitglied einer Bande begangenen Straftat nach § 30 I Nr. 4 BtMG verdächtigt wurden. Damit waren anstatt der zuvor genannten Tatbestandsalternativen des Betäubungsmittelstrafrechts nunmehr die folgenden Tatbestände erfaßt: der Anbau und die Herstellung von, der Handel mit, die Einfuhr, Ausfuhr, Veräußerung, Abgabe, das sonstige Inverkehrbringen, der Erwerb oder das sonstige Sichverschaffen von Betäubungsmitteln, sofern jeweils ohne Erlaubnis und gewerbsmäßig begangen; das gewerbsmäßige Bereitstellen von Geldmitteln oder anderen Vermögenswerten für einen anderen zum Zweck des unerlaubten Handeltreibens mit oder der unerlaubten Her-

[332] v. 7.8.1981 (BGBl. I, 808).

[333] v. 28.7.1981 (BGBl. I, 681).

stellung von Betäubungsmitteln; die gewerbsmäßige Durchfuhr entgegen den Durchfuhrbestimmungen des § 11 I 3 BtMG[334]; das gewerbsmäßige Verschreiben, Verabreichen oder Überlassen von Betäubungsmitteln zum unmittelbaren Gebrauch außerhalb der therapeutischen Zwecke des § 13 I BtMG; die öffentliche oder eigennützige Mitteilung einer Gelegenheit zum unbefugten Verbrauch, Erwerb oder zur unbefugten Abgabe von Betäubungsmitteln, die Verschaffung oder Gewährung einer solchen Gelegenheit für einen anderen und die Verleitung zum unbefugten Gebrauch von Betäubungsmitteln, sofern jeweils gewerbsmäßig begangen; das Handeltreiben mit Betäubungsmitteln in nicht geringer Menge, ihr Besitz und ihre Abgabe in nicht geringer Menge; der Anbau, die Herstellung und das Handeltreiben mit Betäubungsmitteln ohne Erlaubnis als Mitglied einer Bande, die sich zur fortgesetzten Begehung solcher Taten verbunden hat, sowie der Versuch hierzu; die gewerbsmäßige Abgabe, Verabreichung oder Überlassung von Betäubungsmitteln zum Gebrauch durch eine Person über 21 Jahre an eine Person unter 18 Jahre sowie der Versuch hierzu; die gewerbsmäßige oder als Mitglied einer Bande begangene Einfuhr von Betäubungsmitteln in nicht geringer Menge ohne Erlaubnis sowie der Versuch hierzu.

14. Das Gesetz zur Änderung des StGB, der StPO und des VersammlG und zur Einführung einer Kronzeugenregelung bei terroristischen Straftaten[335] brachte mit Wirkung zum 16.6.1989 eine Änderung der Katalogtatbestände des erpresserischen Menschenraubs und der Geiselnahme (§§ 239a, 239b StGB) des Inhalts, daß sich die tatbestandsmäßige Erpressung bzw. Nötigung nun nicht mehr gegen einen anderen als denjenigen richten mußte, der entführt worden war oder dessen sich der Täter bemächtigt hatte; Zielperson konnte vielmehr jetzt auch dieses Opfer selbst sein.

15. Schließlich brachte Art. 4 XVII PostStruktG[336] mit Wirkung zum 1.7.1989 erstmals Änderungen des Wortlauts der §§ 100a f. StPO außerhalb des Bereichs des Kataloges in § 100a S. 1 StPO: Der Begriff "Aufnahme auf Tonträger" wurde durch denjenigen der "Aufzeichnung" ersetzt. Durch diese Änderung sollten neben den "herkömmlichen" Formen des Fernsprechverkehrs (Telefon, Fernschreiber) auch neue Techniken der Telekommunikation in umfassender Weise der Geltung der §§ 100a ff. StPO unterworfen werden[337].

Zudem wurde § 100b StPO auf die durch die Poststrukturreform entstehende Möglich-

---

[334] seit 11.3.1990 § 11 I 2 BtMG (Anl. I Kap. X Sachgeb. D Abschn. II Nr. 20 lit. b Einigungsvertrag v. 31.8.1990; BGBl. II, 889; iVm Art. 1 EinigungsvertragsG v. 23.9.1990; BGBl. II, 885).

[335] v. 9.6.1989 (BGBl. I, 1059).

[336] v. 8.6.1989 (BGBl. I, 1026).

[337] vgl. *Walz*, CR 1990, 138, 139, der beispielhaft Telefax, TEMEX, Satelliten- und Mobilfunk, Datel-Dienste und Bildübertragungen nennt und sich sehr kritisch mit dieser drastischen Erweiterung des Anwendungsbereiches auseinandersetzt; ebenso *Riegel*, ZRP 1991, 392f. zu der entsprechenden Änderung in Art. 1 § 1 I G 10.

keit der Existenz weiterer Anbieter auf dem öffentlichen Fernmeldemarkt neben der Deutschen Bundespost ausgerichtet, indem auch diese zur Mitwirkung bei TÜ-Maßnahmen verpflichtet wurden.

## II. Entwicklung der Auslegung und Dogmatik der neugeschaffenen Vorschriften

Bei der Anwendung der neuen Bestimmungen in der Praxis[338] kristallisierten sich in den Jahren nach der Einführung die folgenden Grundsätze heraus[339]:

### 1. Verdachtsintensität

Ein bestimmter Verdachtsgrad war zur Anordnung einer Maßnahme nach §§ 100a ff. StPO nicht erforderlich[340]. Der Verdacht durfte aber angesichts der Schwere des Eingriffs nicht nur unerheblich sein[341]. Unter "bestimmten Tatsachen" waren sowohl äußerlich wahrnehmbare Ereignisse, zu deren Feststellung der Beobachter keiner oder nur einfacher Schlüsse bedarf, zu verstehen als auch Schlußfolgerungen, die nach der Lebenserfahrung, auch der kriminalistischen Erfahrung, aus dem Inneren eines Menschen aufgrund äußerer Tatsachen gezogen werden können[342]. Nicht erforderlich war, daß auch ein Verdacht hinsichtlich Rechtswidrigkeit und Schuldhaftigkeit der Tatbestandsverwirklichung gegeben war[343].

### 2. Erfassung von strafbaren Vorbereitungshandlungen

Die Eingriffsalternative des § 100a S.1 StPO, die sich auf strafbare Vorbereitungshandlungen bezog ("durch eine mit Strafe bedrohte Handlung vorbereitet hat"), erfaßte neben selbständigen strafrechtlichen Vorbereitungstatbeständen, die selbst nicht im Katalog aufgeführt waren (z.B. § 83 StGB[344]), auch den Verdacht der Vollendung (nicht des Versuchs[345]) eines beliebigen anderen Straftatbestandes, sofern dessen Verwirklichung der Vorbereitung einer Katalogtat diente[346]. Die Gefahr einer mißbräuchlichen Inanspruchnahme liegt hier auf der Hand: Die TÜ war damit zum Zwecke der Aufklärung jedweder Straftat möglich, wenn die Ermittlungsbehörde nur den Verdacht hegte, daß

---

338 Ein früher Erfahrungsbericht mit Anleitung hinsichtlich der verfahrensmäßigen und technischen Einzelheiten findet sich bei *Mösch*, Kriminalistik 1974, 167, 168f.

339 Frühe umfassende Erörterungen der mit §§ 100a ff. StPO verbundenen Rechtsfragen finden sich bei *Welp*, Überwachung und *Lehmann*, Grenzen der Überwachung.

340 LR(24.)-*Schäfer*, § 100a, R. 12.

341 LR(23.)-*Meyer*, § 100a, R. 7; später auch BGHSt 41, 30, 33.

342 LR(23.)-*Meyer*, aaO.

343 *Krückels*, 19.

344 vgl. o. Fn. 205.

345 *Krückels*, 44ff.; *Lehmann*, ArchPF 1979, 1, 9.

346 SK-*Rudolphi*, § 100a, R. 10; kritisch gegenüber der Sinnfälligkeit dieser Eingriffsbefugnis *Welp*, Überwachung, 55 (dort Fn. 41); AK-*Maiwald*, § 100a, R. 6 (auch wegen des präventiven Charakters derartiger Überwachungen).

diese Straftat der Vorbereitung einer Katalogtat dienen sollte. Damit war die Handhabe gegeben, die Beschränkung der Überwachungsmöglichkeit auf bestimmte Straftaten durch den Katalog unproblematisch zu unterlaufen[347].
Zudem konnte auch der Verdacht des Versuchs der Beteiligung an einer Katalogtat gem. § 30 StGB (bzw. §§ 49a, b StGB a.F.) die Anordnung der TÜ auslösen[348].[349]

3. Verwertbarkeit der Erkenntnisse

Zur Frage der Verwertbarkeit von Erkenntnissen aus einer TÜ für ein Strafverfahren wegen anderer Delikte als der, wegen deren Verdacht sie angeordnet worden war, fehlte, wie gesehen, im Gegensatz zu Art. 1 G 10 mit dessen §§ 3 II, 7 III, eine gesetzliche Regelung.
Das OLG Hamburg schloß im Jahre 1972 aus diesem Umstand, daß der Gesetzgeber, der die naheliegende Möglichkeit des Anfallens von Zufallserkenntnissen gesehen haben müsse, die Verwertung solcher Erkenntnisse nicht habe einschränken wollen. Entsprechend der Regelung des § 108 StPO über Zufallsfunde bei Durchsuchungen seien daher sämtliche Erkenntnisse aus einer rechtmäßig angeordneten TÜ für das Strafverfahren verwertbar[350].
Allerdings stieß die Entscheidung auf breite Ablehnung in der Literatur. Hier wurde darauf hingewiesen, daß § 108 StPO die Verwertung von Zufallsfunden bei einer Durchsuchung lediglich deshalb ermögliche, um die "wertlose Umständlichkeit" der - ohne weiteres zulässigen - Anordnung einer erneuten Durchsuchung zum Zweck der Beschlagnahme des Zufallsfundes zu umgehen; in den hier angesprochenen Fällen sei aber eine TÜ zur Ermittlung der betreffenden Erkenntnisse von Anfang an nicht zulässig gewesen, da es sich eben nicht um Katalogtaten nach § 100a S. 1 StPO handelte. Im übrigen sei der Eingriff in das Fernmeldegeheimnis nach §§ 100a ff. StPO aus Gründen der Verhältnismäßigkeit auf schwere Straftaten beschränkt; es gebe keine Gründe dafür, bei der Frage der Verwertbarkeit die Eingriffsmöglichkeiten weiter zu fassen[351].

Der BGH erhielt erst im Jahre 1976 Gelegenheit, zur Auffassung des OLG Hamburg erstmals Stellung zu nehmen[352]. Er entschied, daß eine derartige unbeschränkte Ver-

---

[347] so auch *Lehmann*, ArchPF 1979, 1, 10.

[348] BGHSt 32, 10, 15f.; SK-*Rudolphi*, § 100a, R. 10; aA AK-*Maiwald*, § 100a, R. 6; *Lehmann*, ArchPF 1979, 1, 9.

[349] zu weiteren Problemen im Bereich dieser Eingriffsalternative, insb. bezügl. der Überwachung von Teilnehmern der Tat, vgl. *Krückels*, 30ff. u. 64f.; *Lehmann*, Grenzen der Überwachung, 117ff. u. 125.

[350] OLG Hamburg NJW 1973, 157f.

[351] vgl. etwa *Weber*, NJW 1973, 1056f.; *Schroeder*, JR 1973, 253f.; *Welp*, JZ 1973, 289f.; *ders.*, Überwachung, 225f.; LR(23)-*Meyer*, § 100a, R. 14 m.w.N; zahlr. w. N. bei *Maiwald*, JuS 1978, 379, 381 (Fn. 12); zustimmend zur Auffassung des OLG Hamburg demgegenüber *Aubert*, FernmeldeR, 1. Teil, 67; *Schünemann*, NJW 1978, 406f.

[352] BGHSt 26, 298ff. mwN zum Stand der Diskussion (aaO, 301).

wertung jeden Zufallsfundes das Grundrecht aus Art. 10 GG verletze; die Beschränkung der Überwachungsmöglichkeit auf den Verdacht von Katalogtaten bringe eine gesetzgeberische Abwägung zum Ausdruck, die nicht durch eine weitergehende Verwertungsregelung unterlaufen werden dürfe[353]. Vielmehr sei die Verwertung nur insoweit zulässig, als die im Rahmen der TÜ gewonnenen tatsächlichen Erkenntnisse mit dem Verdacht einer Katalogtat gem. § 100a S. 1 StPO im Zusammenhang stünden. Damit sei sie aber nicht auf Verfahren gegen den in § 100a S. 2 StPO genannten Personenkreis beschränkt; vielmehr könnten Zufallserkenntnisse auch in Verfahren gegen Dritte verwertet werden, wenn die bekanntgewordenen Tatsachen nur im Zusammenhang mit dem Verdacht einer Katalogtat stünden[354]. Das Urteil ließ aber ausdrücklich offen, ob die Verwertbarkeit auf Erkenntnisse hinsichtlich derselben Katalogtat beschränkt sei, wegen derer die TÜ angeordnet wurde, oder ob ein Zusammenhang mit irgendeiner Katalogtat ausreiche[355].

Im Jahre 1978 äußerte sich der BGH dann zu der Frage, ob ein aus einer TÜ stammendes Tonband während einer Zeugen- oder Beschuldigtenvernehmung benutzt werden dürfe, um Vorhalte zu machen und dadurch eine verwertbare Aussage zu erzielen[356], eine Vorgehensweise, die es ermöglicht hätte, auch nach den Maßstäben von BGHSt 26, 298 nicht verwertbare Erkenntnisse noch in das Verfahren einzubringen. Wegen des Eingriffs in die Privatsphäre des Fernsprechteilnehmers erklärte das Gericht aber auch den Vorhalt eines solchen Tonbandes für unzulässig und die aus dem Vorhalt gewonnene Aussage für ebenfalls unverwertbar, und zwar auch dann, wenn der Betreffende zuvor über die Freiwilligkeit einer Aussage gem. §§ 136 I, 163a IV StPO belehrt worden sei[357]. Dies gelte auch für spätere Aussagen, sofern sie noch von dem Vorhalt beeinflußt seien[358]. Erwähne der Vernommene allerdings auf einen dennoch verfahrensfehlerhaft vorgenommenen Vorhalt aus dem Tonband hin Umstände oder Tatsachen, die sich selbst nicht aus dem Tonband ergäben und deshalb selbst gar nicht hätten vorgehalten werden können, so sei dieser Teil der Aussage verwertbar. Auf die Qualität der Aussage als Beweismittel habe hier die Tonbandaufnahme, die selbst nicht zum Gegenstand des Verfahrens gemacht werden dürfe, keinen bestimmenden Einfluß. Im übrigen sei es den Ermittlungsbehörden auch ansonsten unbenommen, auf den sich aus den Zufallserkenntnissen aus einer TÜ ergebenden Verdacht einer anderweitigen Straftat hin ihrerseits weitere Ermittlungen anzustellen[359].

---

[353] BGHSt 26, 298, 302ff.
[354] BGHSt 26, 298, 302.
[355] BGHSt 26, 298, 302f.
[356] BGHSt 27, 355ff.
[357] BGHSt 27, 355, 357f.
[358] BGHSt 27, 355, 358f.
[359] BGHSt 27, 355, 358.

In einer weiteren Entscheidung aus dem Jahr 1978[360] griff das Gericht den in BGHSt 26, 298 entwickelten Begriff des "Zusammenhangs mit einer Katalogtat" auf und erläuterte, hierunter sei nicht zu verstehen, daß die Verwertung der Erkenntnisse nur zur Verfolgung einer Katalogtat möglich sei. Vielmehr stünden bei der Anordnung einer TÜ wegen des Verdachts einer Straftat nach § 129 StGB auch Erkenntnisse über die einzelnen Straftaten, auf deren Begehung die Tätigkeit der bei Anordnung der TÜ vermuteten kriminellen Vereinigung gerichtet gewesen sei, in einem solchen Zusammenhang; eine Verwertung sei also auch zur Verfolgung dieser Taten möglich[361]. Dies gelte auch nicht nur für Taten, von denen schon bei Anordnung der TÜ angenommen worden sei, sie seien im Rahmen einer kriminellen Vereinigung begangen worden, sondern auch für solche, die erst im Verlauf der Überwachung aufgedeckt und dabei dem Täterkreis der vermuteten kriminellen Vereinigung als in deren Rahmen begangen zugerechnet worden seien[362].

Insbesondere jedoch schließe es die Verwertbarkeit auch nicht aus, wenn sich der Verdacht nach § 129 StGB im Verlauf der Untersuchung nicht bestätigen lasse; mit anderen Worten, auch wenn sich herausgestellt haben sollte, daß eine kriminelle Vereinigung tatsächlich nie bestanden hatte und es gar nicht erst zu einer Anklage nach dieser Vorschrift gekommen sein sollte, blieben die Erkenntnisse aus der TÜ zur Verfolgung der Einzelstraftaten verwertbar, die zuvor von den Strafverfolgungsorganen den Mitgliedern der vermuteten Vereinigung als in deren Rahmen begangen zugerechnet worden waren.

Auch sei die Verwertbarkeit nicht auf den in §100a S. 2 StPO genannten Personenkreis beschränkt. Vielmehr seien auch Erkenntnisse über Dritte verwertbar, wenn sie im Zusammenhang mit dem Verdacht einer Katalogtat stünden; dies sei insbesondere dann der Fall, wenn die betreffenden Taten ebenfalls der Tätigkeit der vermuteten Vereinigung zugerechnet worden seien[363].

Konsequenz dieser Entscheidung war somit, daß es nicht nur zur Erlangung von Erkenntnissen aus einer TÜ bereits ausreichte, wenn dem anordnenden Richter Tatsachen vorlagen, die einen Verdacht auf einen organisatorischen Zusammenschluß der Beteiligten iSd § 129 StGB begründeten, sondern daß auch bereits der Vortrag dieser Tatsachenbasis durch die Strafverfolgungsorgane die Verwertbarkeit solcher Erkennt-

---

[360] BGHSt 28, 122ff.; ebenso aber auch schon OLG Düsseldorf JMBlNW 1977, 118f.

[361] BGHSt 28, 122, 125ff. mwN zur Gegenauffassung; bestätigt durch BGHSt 30, 317, 319f; kritisch zu der damit verbundenen Ausweitung des Tatbestandskatalogs und dem befürchteten Verlust der Begrenzungsfunktion des Katalogs in § 100a S. 1 etwa *Hassemer*, ZRP 1991, 121, 122 m. Fn. 4.

[362] BGHSt 28, 122, 127.

[363] BGHSt 28, 122, 129; zu der methodischen Frage, wie und ob im Rahmen der Verwertbarkeitsprüfung denn überhaupt festgestellt werden kann, welche Straftaten als im Rahmen einer bloß vermuteten, tatsächlich nicht bestehenden Vereinigung von den Angehörigen des vermuteten Täterkreises begangen anzusehen sind, äußerte sich der BGH allerdings nicht (kritische Anklänge hierzu auch bei *Vogel*, NJW 1979, 2524; *Rieß*, JR 1979, 167, 168f.: "eigenartig und dogmatisch nicht unbedenklich").

nisse im Hinblick auf alle nach ihrer Beurteilung von irgendjemandem im Rahmen dieses bloß vermuteten organisatorischen Zusammenschlusses begangenen Straftaten sicherte. Auch wenn diese Entscheidung wohl durchaus der Intention des Gesetzgebers bei Aufnahme des § 129 StGB in den Katalog des § 100a S. 1 StPO entsprochen haben wird, dürfte die Gefahr einer mißbräuchlichen Fehlbeurteilung unter diesen Umständen zumindest nicht von der Hand zu weisen gewesen sein[364]. *Knauth* vertrat allerdings die Auffassung, dieser Gefahr könne im Wege der Überprüfung der Rechtmäßigkeit der Anordnung der TÜ durch den Tatrichter ex post begegnet werden[365]; allerdings dürften sich hier neben den üblichen Schwierigkeiten der nachträglichen Überprüfung der zutreffenden Beurteilung einer Verdachtslage insbesondere dann Unzuträglichkeiten ergeben, wenn der Tatrichter selbst die TÜ angeordnet hat. Dies gilt um so mehr, als der BGH sich hinsichtlich der revisionsrichterlichen Überprüfung der Rechtmäßigkeit der TÜ-Anordnung obiter dictum für eine bloße Willkürkontrolle ausgesprochen hatte[366]. Die Maßstäbe des Urteils ließen sich im übrigen auch auf die Anordnung von TÜ-Maßnahmen wegen eines Verdachts nach dem spezielleren § 129a StGB[367], die seit 1976 möglich war, sowie wegen bandenmäßiger Begehung einer Straftat[368] (bedeutsam insb. für den Bereich des BtMG nach § 100a S. 1 Nr. 4 StPO) anwenden. Auch wenn die Überwachungsanordnung auf den Verdacht gestützt war, ein Merkmal eines Qualifikationstatbestandes sei gegeben, blieben die Erkenntnisse verwertbar, wenn sich herausstellte, daß die Qualifikation nicht verwirklicht worden war und es nur zu einer Anklage nach dem Grundtatbestand kam[369].

1979 stellte der BGH klar, daß sich die Verwertbarkeit nicht auf Erkenntnisse beschränke, die aus Gesprächen gewonnen worden seien, an denen der jeweilige Beschuldigte/Angeklagte oder ein anderes Mitglied des in § 100a S. 2 StPO genannten Personenkreises beteiligt gewesen sei. *Knauth* hatte zuvor die Ansicht vertreten, bei Gesprächen über den überwachten Telefonanschluß, an denen weder der Beschuldigte noch ein anderer in § 100a S. 2 StPO Genannter teilgenommen habe, aus denen sich aber Erkenntnisse über die dem Beschuldigten vorgeworfene Tat ergeben hätten, gebiete es der

---

364 wie hier z.B. *Welp*, Jura 1981, 472, 478f., der festhält, daß die Praxis dazu neige, "den Zugriff auf die sonst nicht erreichbaren Beweismittel unter dem Gesichtspunkt des § 129 StGB freizugeben, sobald vermutet werden konnte, daß eine Mehrzahl von Personen an einer unbekannten Zahl von Straftaten beteiligt war"; *Peters*, § 49 I 1; *Odenthal*, NStZ 1982, 390; ausführl. *Prittwitz*, StV 1984, 302, 305ff; vgl. auch *Carr*, MSchrKrim Bd. 62 (1979), 65, 75, der sich auf ähnliche Behauptungen von Strafverteidigern bezieht.

365 NJW 1978, 741, 745.

366 BGHSt 28, 122, 124; in BGHSt 33, 217, 223 allerdings wieder ausdrücklich offengelassen.

367 so auch implizit *Rieß*, JR 1979, 167, 168: "zumindest bei den Tatbeständen der terroristischen und kriminellen Vereinigung".

368 BGH NJW 1979, 1370, 1371.

369 BGH NJW 1979, 1370, 1371 für das Merkmal "gewerbsmäßig".

Schutz des Grundrechts aus Art. 10 GG, die Verwertung von der nachträglichen Zustimmung desjenigen abhängig zu machen, der den überwachten Anschluß benutzt habe[370]. Das Gericht trat dem entgegen und führte aus, die Ermächtigung zur Anordnung der Überwachung decke den Eingriff in das Fernsprechgeheimnis aller Personen, die den überwachten Anschluß benutzten[371]. Eine Mißbrauchsgefahr dürfte hier weniger in der unmittelbaren Anwendung der Grundsätze dieser Entscheidung gelegen haben. Eher dürfte hier zu befürchten sein, daß gegebenenfalls der Umfang des in § 100a S. 2 StPO benannten Personenkreises etwas großzügiger bestimmt worden sein könnte. So wies etwa 1977 ein hoher Kriminalbeamter darauf hin, daß im Bereich des organisierten Verbrechens "auch die Freundinnen und Frauen der beteiligten Täter" miteinander telefonierten und vieles von dem ausplauderten, "was die Männer geheim halten wollten". Er schloß aus dieser seiner (im übrigen nicht näher belegten) Erfahrung, es müßten "denn auch die Anschlüsse der Verwandtschaft unter Kontrolle gehalten werden, denn die auf diesen Leitungen geführten Gespräche sind oft die ergiebigsten"[372]. Daß Voraussetzung einer solchen Eingriffs in die Grundrechtssphäre des jeweiligen Verwandten nach § 100a S. 2 StPO war, daß dieser aufgrund bestimmter Tatsachen als Nachrichtenmittler des Beschuldigten anzusehen war oder daß der Beschuldigte seinen Anschluß benutzte, hielt er dabei augenscheinlich nicht für der Erwähnung wert.

Erst 1983 mußte der BGH zu der in BGHSt 26, 298, 302f. offengelassenen Frage Stellung nehmen, ob die Verwertbarkeit von TÜ-Aufzeichnungen, die im Zusammenhang mit einer Katalogtat standen, auf die Katalogtat beschränkt sei, wegen derer die TÜ angeordnet worden war, oder ob ein Zusammenhang mit irgendeiner anderen Katalogtat ausreiche. Er entschied die Frage nunmehr im letzteren Sinne[373] und erweiterte damit erneut die Verwertungsmöglichkeiten.

Im selben Jahr äußerte sich das Gericht auch wieder zur Frage der Fernwirkung des Beweisverwertungsverbotes nach einer rechtswidrigen TÜ[374]. In dem zu entscheidenden Fall waren die Telefongespräche eines der späteren Angeklagten überwacht worden, obwohl die Straftaten, derer er verdächtigt wurde (Delikte nach § 148 StGB), keine Katalogtaten waren. Die Erkenntnisse waren allerdings weder unmittelbar verwertet

---

[370] NJW 1978, 741, 744.

[371] BGHSt 29, 23, 24ff. (im konkreten Fall ging es um die Ehefrau des Angeklagten); aA etwa *Welp*, Jura 1981, 472, 482ff., der fordert, in dem Moment, in dem deutlich werde, daß weder der Beschuldigte noch sein Nachrichtenmittler an einem bestimmten Gespräch teilnimmt, die laufende Gesprächsüberwachung einzustellen; für den Fall, daß dies aus technischen Gründen undurchführbar sein sollte, geht er von einem Verwertungsverbot aus.

[372] *Bauer*, Bd. 3, 193.

[373] BGHSt 32, 10, 15f.; in diesem Fall waren durch eine TÜ, die wegen eines Delikts nach dem BtMG angeordnet worden war, Verdachtstatsachen hinsichtlich eines Tötungsdelikts ermittelt worden.

[374] BGHSt 32, 68.

noch in Form von Vorhalten in das Verfahren eingebracht worden. Die Angeklagten wollten aber aus dem Umstand, daß die im Verfahren verwerteten Beweismittel (Zeugenaussagen sowie Geständnisse) ohne die Erkenntnisse aus der TÜ nicht hätten ermittelt werden können, ein Verwertungsverbot auch für diese Beweismittel herleiten. Das Gericht verwarf diese Auffassung und bestätigte die Ausführungen in BGHSt 27, 355, 358, und zwar selbst für den Fall, daß - wie hier - die Abhörmaßnahme von Anfang an rechtswidrig war. Ein Verfahrensfehler dürfe nicht ohne weiteres dazu führen, daß das gesamte Strafverfahren lahmgelegt werde. Außerdem sei ein ursächlicher Zusammenhang zwischen dem Verfahrensfehler und der späteren Ermittlung weiterer Beweise kaum je sicher nachweisbar, da in der Regel nicht ausgeschlossen werden könne, daß die weitere Tätigkeit der Ermittlungsbehörden auch ohne den Verstoß zu denselben Ergebnissen gelangt wäre[375].
Auch dieser Auffassung wohnt eine offensichtliche Mißbrauchsgefahr inne: Ist es der Ermittlungsbehörde nämlich einmal gelungen, unter Verstoß selbst gegen elementare Voraussetzungen der ermächtigenden Norm einen Anordnungsbeschluß zu erwirken, so kann sie an die dann ermittelten Erkenntnisse ohne weiteres durch Durchführung weiterer Ermittlungen anknüpfen[376].

1985 hatte der BGH über einen Fall zu entscheiden, in dem die Polizei sich das Bestehen einer TÜ in der Weise zunutze gemacht hatte, daß sie einen Angehörigen einer Beschuldigten in zulässiger Weise und wahrheitsgemäß über eine bevorstehende Ermittlungsmaßnahme (hier: deren Verhaftung) informiert hatte, was dieser Angehörige zum Anlaß nahm, mit der Beschuldigten zu telefonieren; im Laufe dieses Gesprächs fielen dann belastende Äußerungen. Das Gericht führte aus, das bloße Verschweigen der Überwachung stelle keine Täuschung dar[377], so daß sich ein Verwertungsverbot nicht aus § 136a III 2 StPO ergebe. Da der betreffende Polizeibeamte ansonsten den Angehörigen völlig wahrheitsgemäß unterrichtet und auch auf ihn keinen Einfluß ausgeübt habe, die Beschuldigte anzurufen, sei auch sonst kein Grund für ein Verwertungsverbot ersichtlich[378]. Anders wäre das Ausnutzen einer bestehenden TÜ allerdings zu beurteilen, wenn einem Beschuldigten oder Zeugen explizit vorgespiegelt worden wäre, ein bestimmtes Telefongespräch sei frei von Überwachung[379].

---

375 BGHSt 32, 68, 70f.

376 zur Kritik an dem Urteil vgl. *Schlüchter*, JR 1984, 517, 518ff.; *Wolter*, NStZ 1984, 276ff.; KK-*Nack*, § 100a, R. 50ff.; SK-*Rudolphi*, § 100a, R. 32 (mwN).

377 BGHSt 33, 217, 223.

378 BGHSt 33, 217, 224; aA *K. Kühl*, StV 1986, 187ff.

379 s. hierzu LG Darmstadt StV 1990, 104.

4. Reichweite des Begriffs "Fernmeldeverkehr"

a) Raumgespräche

1983 äußerte sich der BGH zur Problematik der Verwertung sogenannter Raumgesprächsaufzeichnungen; der Vergleich der Begründung dieser Entscheidung[380] mit der späteren Diskussion um die Möglichkeiten des "großen Lauschangriffs" belegt erneut den Einstellungswandel in diesen Fragen während der folgenden Jahre. Es ging hier um Fälle, in denen wegen eines technischen Defekts des Mikrofons im Telefonhörer oder wegen eines nicht richtig aufgelegten Hörers auch solche Gespräche aufgezeichnet werden konnten, die außerhalb des Fernsprechverkehrs in dem Raum geführt wurden, in dem das Telefon stand. Der BGH erklärte die Ergebnisse derartiger Aufzeichnungen für unverwertbar, da die betreffenden Gespräche nicht im Rahmen des Fernmeldeverkehrs geführt worden seien[381]. Dies gelte selbst dann, wenn es sich bei der Aufzeichnung um eine unvermeidbare technische Folge der Überwachung des betreffenden Anschlusses gehandelt haben sollte[382]. Der Schutz des unantastbaren Bereiches der privaten Lebensgestaltung gebiete es, eine staatliche Kontrolle der im engsten Familienkreise geführten Gespräche auszuschließen. Die Möglichkeit, Empfindungen, Gefühle, Ansichten oder Eindrücke von Erlebnissen zum Ausdruck zu bringen, ohne der Angst vor Überwachung durch staatliche Behörden ausgesetzt zu sein, müsse erhalten bleiben. Dies ergebe sich auch daraus, daß ansonsten nicht einzusehen sei, weshalb nicht gleich der Einsatz typischer Abhörgeräte in Wohnungen statthaft sei[383].
Zu beachten bleibt allerdings, daß nach Auffassung des Gerichts die mit dem Telefonieren notwendigerweise verbundenen Vorgänge, wie etwa das Wählen der Rufnummer, bereits zum Bereich des Fernmeldeverkehrs gehören; etwaige Aufzeichnungen während solcher Vorgänge waren also verwertbar[384].

b) Zählervergleichseinrichtungen

1987 entschied der BGH dann, daß auch eine Überwachung eines Telefonanschlusses mittels einer Zählervergleichseinrichtung, d.h. in der Weise, daß die jeweils angewählten Telefonnummern mit Zeitpunkt und Dauer der Telefonverbindung festgestellt und diese Daten auf einem Leseband automatisch ausgedruckt werden, ohne daß aber der Inhalt der jeweiligen Gespräche überwacht wird, eine Überwachung des Fernmeldeverkehrs im Sinne der §§ 100a ff. StPO darstelle und somit insbesondere auch dem Anordnungsvor-

---

[380] BGHSt 31, 296ff.

[381] BGHSt 31, 296, 297f.

[382] BGHSt 31, 296, 297.

[383] BGHSt 31, 296, 299f.

[384] BGHSt 31, 296, 297; ein derartiger Fall findet sich etwa bei OLG Düsseldorf NJW 1995, 975, 976 (hier war ein Gespräch aufgezeichnet worden, das der Fernsprechteilnehmer im Zeitraum zwischen dem Wählen der Rufnummer und der Herstellung der Verbindung mit einer anderen Person im Raum geführt hatte).

behalt des § 100b I StPO unterliege. Dies ergebe sich daraus, daß der Schutz des Fernmeldegeheimnisses nach § 10 I 3 FernmG sich auch auf den Umstand erstrecke, "ob und zwischen welchen Personen ein Fernmeldeverkehr stattgefunden hat"[385].
Zugleich bestätigte das Gericht seine Entscheidung BGHSt 27, 355 und führte aus, aus der Unverwertbarkeit der Erkenntnisse aus einer nicht ordnungsgemäß angeordneten TÜ-Maßnahme folge nicht, daß auch alle weiteren Aussagen des Beschuldigten, dem diese Erkenntnisse vorgehalten worden seien, unverwertbar seien. Vielmehr bleibe es dabei, daß es darauf ankomme, ob ein Geständnis noch von einem solchen unzulässigen Vorhalt beeinflußt sei und auf ihm beruhe[386].

5. Geschützte Kommunikationen

a) Gespräche mit dem Verteidiger

Erst im Jahre 1985 hatte sich der BGH zu der Rechtsfrage zu äußern, die nach Inkrafttreten des G 10 im Verfahren, das zu der Entscheidung in BVerfGE 30, 1 geführt hatte, dem damaligen Beschwerdeführer zu 3., einem Strafverteidiger, unter anderem Anlaß zu seiner Verfassungsbeschwerde gegeben hatte[387], nämlich zur Überwachung des Telefonanschlusses des Rechtsanwalts eines Beschuldigten auf der Basis der Annahme, er sei Nachrichtenmittler seines Mandanten, oder der Beschuldigte benutze seinen Anschluß (§ 100a S. 2 StPO)[388]. Das BVerfG hatte seinerzeit, wie ausgeführt, entschieden, sofern eine Erstreckung der Überwachung auch auf Rechtsanwaltskanzleien im Gesetz angeordnet worden sei, müßten die betroffenen Anwälte sie angesichts ihrer zwingenden Notwendigkeit hinnehmen[389].
Bereits wenige Jahre nach Inkrafttreten der neuen Vorschriften und nach dem G 10-Urteil war aber im Schrifttum die Auffassung geäußert worden, angesichts der Garantie des freien Verkehrs mit dem Verteidiger in § 148 StPO sei dessen Anschluß von der Überwachung auszunehmen; stelle sich bei der Überwachung eines anderen Anschlusses heraus, daß der Beschuldigte mit seinem Verteidiger telefoniere, sei die Überwachung sofort abzubrechen[390]. Als Problem wurde allerdings angesehen, daß der Abbruch der Überwachung und der Verzicht auf die Nutzung der durch sie gewonnenen Erkenntnisse als Anknüpfungspunkte für weitere Ermittlungen nicht kontrollierbar und vom guten Willen der Überwachungsorgane abhängig sei[391].
1973 hatte denn auch die Bundesregierung einen Gesetzentwurf zur Regelung dieser

---

385 BGHSt 35, 32, 33f.

386 BGHSt 35, 32, 34f.

387 s. oben S. 56.

388 Eine eingehende Untersuchung zu diesem Thema legte dann 1993 *Mörlein* vor.

389 BVerfGE 30, 1, 33.

390 *Welp*, JZ 1972, 423, 428; *ders.*, *Gallas*-FS, 391, 421; *ders.*, Überwachung, 207f.; LR(23.)-*Meyer*, § 100a, R. 11; zahlr. w. Nachw. in BGHSt 33, 347, 350.

391 *Welp*, JZ 1972, 423, 428; *ders.*, Überwachung, 207f.

Frage angekündigt[392], hatte diese Ankündigung aber nie in die Tat umgesetzt.
Daß allerdings in der Praxis nicht oder jedenfalls nicht immer davon ausgegangen wurde, § 148 StPO schließe eine Überwachung des Telefonanschlusses des Verteidigers aus, ergibt sich bereits aus der Lektüre des in BGHSt 33, 347, 348 abgedruckten wesentlichen Inhalts des eine solche Überwachung anordnenden Beschlusses des AG Bielefeld, der nun Gegenstand der Entscheidung des BGH war.
Der BGH bestätigte jetzt die im Schrifttum dargelegte Auffassung: § 148 StPO gebiete eine einschränkende Auslegung des § 100a StPO; der Verkehr mit dem Verteidiger sei von der Überwachung freizustellen[393]. Dies gelte selbst für den Fall, daß der Verteidiger der Strafvereitelung oder Begünstigung zugunsten seines Mandanten oder der Hehlerei verdächtig sei. Für eine Analogie zu § 97 II 3 StPO, wie sie z.T. in der Literatur vertreten worden war[394] und auch später noch vertreten wurde[395], sei kein Raum, da nach der gesetzlichen Wertung des § 148 I, II StPO der mündliche Verkehr mit dem Verteidiger einen größeren Schutz genieße als der schriftliche und die TÜ auch im übrigen an strengere Voraussetzungen gebunden sei als die Beschlagnahme[396]. Eine Überwachung des Anschlusses des Verteidigers sei daher nur zulässig, wenn dieser selbst der Beteiligung an der Katalogtat verdächtig sei[397].
Erkenntnisse aus einer unzulässigen Überwachung eines solchen Anschlusses seien auch weder verwertbar, noch dürfe ihr Inhalt im Wege des Vorhalts zum Gegenstand der Verhandlung gemacht werden[398]. Allerdings äußerte sich das Gericht nicht explizit zu der Frage, inwieweit solche Erkenntnisse aus Gesprächen zwischen dem Beschuldigten und seinem Verteidiger verwertbar seien, die aus der - zulässigen - Überwachung eines anderen Telefonanschlusses stammten[399].

b) Gespräche mit anderen Personen
Die Entscheidung warf zugleich die Frage auf, ob sich unter diesen Umständen auch Einschränkungen des Anwendungsbereiches der TÜ gegenüber anderen Angehörigen des in §§ 52-53a StPO genannten Personenkreises wegen des Schutzes ihrer Kommuni-

---

392 BT-Drucks. VII/1261, 24.

393 BGHSt 33, 347, 349f.

394 KK(2.)-*Laufhütte*, § 100a, R. 11; K/M(36.), § 100a, R. 10.

395 KK-*Nack*, § 100a, R. 30.

396 BGHSt 33, 347, 350ff.; die Begründung impliziert allerdings, daß nicht auch § 97 II 3 StPO im Lichte des § 148 StPO einschränkend auszulegen ist (hierzu kritisch *Welp*, NStZ 1986, 294, 296; *Rieß*, JR 1987, 77, 78; *Mörlein*, 56ff.; *Janssen*, 103ff.).

397 BGHSt 33, 347, 351f; gegen diese Einschränkung *Welp*, NStZ 1986, 294, 297f.; LR-*Schäfer*, § 100a, R. 26.

398 BGHSt 33, 347, 352f.

399 In der Konsequenz der Entscheidung ist aber mit *Welp*, NStZ 1986, 294, 298f.; *Rieß*, JR 1987, 77; SK-*Rudolphi*, § 100a, R. 19 ebenfalls von einem Verwertungsverbot auszugehen; *Mörlein*, 160ff., erneuert sogar die Forderung nach einem sofortigen Abbruch der Überwachung in solchen Fällen.

kation mit dem Beschuldigten ergeben könnten. Allerdings ist bezüglich der in §§ 53, 53a StPO aufgeführten Zeugnisverweigerungsberechtigten, soweit ersichtlich, bis heute keine obergerichtliche Entscheidung ergangen. In der Literatur werden solche Einschränkungen aber z.T. vertreten[400]:

So sei das einem Abgeordneten eines Gesetzgebungsorgans des Bundes oder eines Landes Anvertraute durch Art. 47 GG bzw. entsprechende Vorschriften des Landesverfassungsrechts[401] und §§ 53 I Nr. 4, 97 II StPO, § 203 II Nr. 4 StPO in ähnlich umfassender Weise dem staatlichen Zugriff entzogen wie das dem Strafverteidiger Anvertraute. Zudem seien die Einschränkungen aus der Immunität des Abgeordneten (Art. 46 GG und die entsprechenden Vorschriften des Landesverfassungsrechts[402]) zu beachten. Daher sei die Überwachung des Telefonverkehrs eines Abgeordneten nur statthaft, wenn er selbst der Beteiligung an einer Katalogtat verdächtig sei[403].

Bei anderen nach § 53 StPO begünstigten Berufsträgern wird aus dem Grundsatz der Verhältnismäßigkeit z.T. das Gebot abgeleitet, eine TÜ nur bei dem Verdacht einer Beteiligung i.S.d. § 97 II 3 StPO, also der Teilnahme, Begünstigung, Strafvereitelung oder Hehlerei, anzuordnen[404]. Nach § 53 I StPO waren zum Zeitpunkt der Entscheidung in BGHSt 33, 347 neben Rechtsanwälten (§ 53 I Nr. 3 StPO) und Abgeordneten (§ 53 I Nr. 4 StPO) zur Verweigerung des Zeugnisses berechtigt:

- Geistliche über das, was ihnen in ihrer Eigenschaft als Seelsorger anvertraut worden oder bekanntgeworden ist (Nr. 1),
- (nichtanwaltliche) Verteidiger des Beschuldigten über das, was ihnen in dieser Eigenschaft anvertraut worden oder bekanntgeworden ist (Nr. 2),
- Patentanwälte, Notare, Wirtschaftsprüfer, vereidigte Buchprüfer, Steuerberater und Steuerbevollmächtigte, Ärzte, Zahnärzte, Apotheker und Hebammen über das, was ihnen in dieser Eigenschaft anvertraut worden oder bekanntgeworden ist (Nr. 3),
- Mitglieder oder Beauftragte einer anerkannten Beratungsstelle "nach § 218b II Nr. 1 StGB"[405] über das, was ihnen in dieser Eigenschaft anvertraut worden oder bekanntgeworden ist (Nr. 3a),
- Personen, die bei der Vorbereitung, Herstellung oder Verbreitung von periodischen Druckwerken oder Rundfunksendungen berufsmäßig mitwirken oder mitgewirkt haben,

---

400 Einen Überblick gibt *Werle*, JZ 1991, 482, 484 (Fn. 13).

401 vgl. etwa Art. 49 VerfNW.

402 vgl. etwa Art. 48 VerfNW.

403 KK-*Nack*, § 100a, R. 32 iVm § 97, R. 26; SK-*Rudolphi*, § 100a, R. 20; für eine gesetzliche Neuregelung in diesem Sinne plädiert *Groß*, StV 1996, 559, 564; aA *Werle*, JZ 1991, 482, 486f.

404 SK-*Rudolphi*, § 100a, R. 21; KK-*Nack*, § 100a, R. 31 (dieser mit der Einschränkung, daß davon auszugehen sein müsse, daß die dem Betroffenen zugehenden Mitteilungen solche sind, die dem Berufsgeheimnis unterliegen); aA *Lehmann*, Grenzen der Überwachung, 154ff; *Werle*, JZ 1991, 482, 484ff.

405 ab 1992: "nach § 3 des Gesetzes über Aufklärung, Verhütung, Familienplanung und Beratung vom 27. Juli 1992 (BGBl. I S. 1398)"; seit 1995: "nach den §§ 3 und 8 des Schwangerschaftskonfliktgesetzes".

über die Person des Verfassers, Einsenders oder Gewährsmanns von Beiträgen und Unterlagen sowie über die ihnen im Hinblick auf ihre Tätigkeit gemachten Mitteilungen, soweit es sich um Beiträge, Unterlagen oder Mitteilungen für den redaktionellen Teil handelt (Nr. 5)[406].

Seit 1992 erstreckt sich das Zeugnisverweigerungsrecht nach § 53 I Nr. 3b StPO zudem auch auf Berater für Fragen der Betäubungsmittelabhängigkeit in einer Beratungsstelle, die eine Behörde oder eine Körperschaft, Anstalt oder Stiftung des öffentlichen Rechts anerkannt oder bei sich eingerichtet hat, über das, was ihnen in dieser Eigenschaft anvertraut oder bekanntgeworden ist.

Zudem wird seit 1.1.1999 gemäß Art. 5 Nr. 1 iVm Art. 15 III des Gesetzes über die Berufe des Psychologischen Psychotherapeuten und des Kinder- und Jugendlichenpsychotherapeuten, zur Änderung des Fünften Buches Sozialgesetzbuch und anderer Gesetze[407] das Zeugnisverweigerungsrecht gem. § 53 I Nr. 3 StPO auch Psychologischen Psychotherapeuten sowie Kinder- und Jugendlichenpsychotherapeuten zugestanden.

Nach § 53a I StPO gilt das Zeugnisverweigerungsrecht außerdem auch für die Berufshelfer der in § 53 I Nrn. 1-4 StPO Genannten sowie für diejenigen, die zur Vorbereitung auf den Beruf an deren berufsmäßigen Tätigkeit teilnehmen, und zwar jeweils nach Maßgabe der Entscheidung des in § 53 I Nrn. 1-4 StPO Genannten selbst.

Schließlich soll auch das Abhören des Fernmeldeverkehrs von Behörden ausgeschlossen sein, um den Schutz der Amtsgeheimnisse zu gewährleisten[408].

Dagegen ist für die nach § 52 StPO zeugnisverweigerungsberechtigten Angehörigen anerkannt, daß die Überwachung ihrer Telefonanschlüsse und die Verwertung von Gesprächen mit ihrer Beteiligung nicht ausgeschlossen ist, da hier das Zeugnisverweigerungsrecht nur dem Schutz privater, nicht aber auch öffentlicher Interessen dient[409].

6. Kenntnisnahme durch den Betroffenen

1989 erging eine Entscheidung des BGH, nach der das Tatgericht verpflichtet sei, einem Angeklagten und seinem Verteidiger Gelegenheit zur Kenntnisnahme vom Ergebnis einer TÜ zu geben, die das Gericht während, aber außerhalb der Hauptverhandlung angeordnet hatte, deren Ergebnisse es aber schließlich für nicht entscheidungserheblich gehalten und deshalb nicht zum Gegenstand der Verhandlung gemacht hatte[410]. Der BGH sah dies als eine über die Benachrichtigungspflicht nach § 101 I StPO hinausge-

---

[406] Für eine gesetzliche Regelung über den Ausschluß der TÜ gegenüber Journalisten plädiert *Groß*, StV 1996, 559, 564.

[407] v. 16.6.1998 (BGBl. I, 1311).

[408] KK-*Nack*, § 100a, R. 34.

[409] SK-*Rudolphi*, § 100a, R. 22; KK-*Nack*, § 100a, R. 33; teilw. implizit bestätigt durch BGHSt 33, 217, 222, wo es um die Verwertung der Aufzeichnung eines Gesprächs zwischen dem Beschuldigten und seiner Ehefrau geht; für Maßnahmen nach § 100c I Nr. 2 StPO (dazu näher unten S. 162ff.) jetzt ausdrücklich BGH NJW 1998, 3284, 3285.

[410] BGHSt 36, 305, 308ff.

hende Verpflichtung an, da die Benachrichtigung nach § 101 I StPO nicht notwendigerweise alle Angaben umfasse, die erforderlich seien, um dem Angeklagten und seiner Verteidigung den Weg zur Kenntnisnahme von den Unterlagen über die TÜ zu eröffnen[411]. Solche Angaben zu machen, gebiete aber der Grundsatz des fairen Verfahrens selbst dann, wenn nach Einschätzung des Gerichts der Inhalt des ermittelten Materials nicht zur Entscheidungsfindung beitragen könne; eine Beurteilung der Relevanz zur Verteidigung müsse deren Vertretern selbst überlassen bleiben[412]. Zudem sei eine solche Benachrichtigung über § 101 I StPO hinaus auch deshalb geboten, weil die Benachrichtigung nach § 101 I StPO im Einzelfall so spät erfolgen könne, daß Angeklagter und Verteidiger nicht mehr imstande seien, sich rechtzeitig über den Ertrag der TÜ zu informieren und insoweit noch Einfluß auf das Verfahrensergebnis zu nehmen[413]. Allerdings dürfte es sich mit dieser Begründung nur schlecht vertragen, daß der BGH für den Fall einer Gefährdung des Untersuchungsergebnisses eine Verschiebung der tatrichterlichen Benachrichtigung auf genau den Zeitpunkt für geboten erklärte, für den auch § 101 I StPO die Benachrichtigung durch die Ermittlungsbehörde anordnete[414].

7. Zusammenfassung

Insgesamt wird man festhalten dürfen, daß die bereits bei ihrer Einführung als im Verhältnis zur Beurteilung im parlamentarischen Bereich recht marginal anzusehenden Einschränkungen für die Anwendbarkeit von Maßnahmen der Telefonüberwachung und für die Verwertung der Ergebnisse[415] durch die Rechtsprechung der 70er und 80er Jahre überwiegend eher noch weiter zurückgenommen worden sind.

III. Eingriffe außerhalb der Telefonüberwachung

Außerhalb des Bereichs der Telefonüberwachung war die Entwicklung der 80er Jahre durch zwei verschiedene Tendenzen geprägt: zum einen durch die gesteigerte Sensibilität für Belange des Datenschutzes und durch das erhöhte Bewußtsein für den Eingriffscharakter hoheitlicher Informationserhebung und -verarbeitung, zum anderen durch die Bestrebung der Ermittlungsbehörden, sogenannte moderne Fahndungsmethoden wie den Einsatz von V-Leuten und Verdeckten Ermittlern oder von technischen Mitteln zur Gesprächsüberwachung zur Anwendung bringen zu können.

---

[411] BGHSt 36, 305, 311.

[412] BGHSt 36, 305, 312.

[413] BGHSt 36, 305, 311.

[414] vgl. BGHSt 36, 305, 312.

[415] vgl. zu dieser Bewertung oben S. 48ff.

a) Notwendigkeit einer Weiterentwicklung der Eingriffsbefugnisse aufgrund weitergehender Datenschutzerfordernisse und wegen der Rechtsprechung zum Recht auf informationelle Selbstbestimmung?

Um 1980 begannen zunehmend Stimmen laut zu werden, die im Hinblick auf die zunehmende Sensibilität im Datenschutzbereich den Eingriffscharakter sämtlicher Maßnahmen im Bereich der Informationserhebung und -verarbeitung betonten[416]. Daraus wurde teilweise abgeleitet, auch Informationserhebungen ohne den Einsatz technischer Mittel wie die Observation und Polizeiliche Beobachtung bedürften einer besonderen gesetzlichen Regelung. Eine derartige Befugnis ließe sich nicht aus §§ 161, 163 StPO ableiten, da diese nur eine Aufgabenzuweisung enthielten, aber nicht zu Eingriffsmaßnahmen ermächtigten[417]. Allenfalls war man für eine Übergangszeit bereit, aus einer Gesamtschau der strafprozessualen Befugnisse zur polizeilichen Personenkontrolle die Befugnis zu derartigen Informationserhebungen als minus zu entnehmen[418].

Obschon die h.M. damals überwiegend die Prämisse teilte, daß §§ 161, 163 StPO keine Befugnisnormen darstellten[419], ging sie aber dennoch bis zur Mitte der 80er überwiegend von der Zulässigkeit derartiger Maßnahmen - bei Beachtung der durch § 136a StPO gezogenen Grenze - ohne weiteres aus. Dies wurde mit dem fehlenden Zwangscharakter derartiger Maßnahmen begründet[420].

Andere wiederum nahmen an, daß §§ 161, 163 StPO sehr wohl "unterhalb" des Rahmens der ausdrücklich normierten Zwangsmaßnahmen als Ermittlungsgeneralklausel fungieren und die Befugnis zu allgemeinen Informationserhebungen bei der Fahndung vermitteln könnten[421]. Im übrigen sei aber das einfache Belauschen von mündlichen Gesprächen ohne technische Mittel bereits in Ermangelung besonderer Schwere des Eingriffs auch ohne spezielle Befugnisnorm zulässig[422].

Schließlich arbeitete 1983 das BVerfG durch das sog. Volkszählungsurteil den Eingriffscharakter staatlicher Erhebung personenbezogener Informationen heraus und legte die Notwendigkeit der Schaffung bereichsspezifischer Befugnisregelungen hinsichtlich der Eingriffe in das Recht auf informationelle Selbstbestimmung dar[423]. Diese Entscheidung führte zu einer nahezu unüberschaubaren Debatte über die Reichweite und die Einzelheiten einer Neuregelung der Informationserhebung durch Strafverfolgungs-

---

[416] für die polizeiliche Tätigkeit eingehend *Meyer*, 8ff.

[417] vgl. etwa *Riegel*, JZ 1980, 224, 225f; ausführl. *Meyer*, 78ff.

[418] *Riegel*, JZ 1980, 224, 226; aA *Meyer*, 82.

[419] LR(23.)-*Meyer-Goßner*, § 163, R. 1; KK(1.)-*Müller*, § 163, R. 1; ausführl. zu dieser Frage LR-*Rieß*, § 163, R. 6 mwN.

[420] LR(23.)-*Meyer-Goßner*, § 163, R. 17; KK(1.)-*Müller*, § 163, R. 12, 18.

[421] z.B. *Steinke*, DVBl 1980, 433, 438.

[422] *Steinke*, DVBl 1980, 433, 439.

[423] BVerfGE 65, 1, 42ff.; vgl. dazu noch unten S. 120f.

behörden[424]. Auch der Gesetzgeber ließ zum Ende der 80er Jahre erkennen, daß er eine Rechtfertigung der Informationserhebung aus §§ 161, 163 StPO nun nicht mehr für möglich hielt, sondern die Schaffung eines Systems von Spezialregelungen anstrebte[425]. Die Probleme wurden jedoch kaum in dem hier auch angesprochenen Bereich eher "niederschwelliger" Maßnahmen wie des einfachen Belauschens von Gesprächen gesehen. Insofern blieb es bei allen Unterschieden im Detail doch weit überwiegende Auffassung, daß die Strafverfolgungsorgane zur Vornahme derartiger Handlungen nach wie vor befugt seien. Häufig wurde dies mit einer sog. Schwellentheorie begründet: Danach sollten die Aufgabenzuweisungsnormen in §§ 160, 161, 163 StPO für den Bereich zugleich Befugnisnormen darstellen, in dem die Rechtsbeeinträchtigung in ihrer Eingriffsintensität unterhalb einer Schwelle lag, die bei einer Gesamtschau der vorhandenen gesetzlichen Eingriffsermächtigungen den Bereich kennzeichnete, bei dem der Gesetzgeber differenzierte spezialgesetzliche Eingriffsermächtigungen für geboten erachtet habe[426].

b) Möglichkeiten des Einsatzes technischer Überwachungsmittel und anderer neuer Ermittlungsmethoden außerhalb von §§ 100a ff. StPO?

Im Hinblick auf den technischen Fortschritt, der neue Möglichkeiten zum Abhören und Aufzeichnen von Gesprächen mit sich brachte, aber sicherlich auch veranlaßt durch die Einführung der Telefonüberwachung nach Art. 1, 2 G 10, wurden ab Ende der 60er Jahre auch erstmals Überlegungen angestellt, ob ein über die neugeschaffenen Befugnisse hinausgehender Einsatz von Abhörtechnik im Ermittlungsverfahren rechtlich möglich sei[427]. So wurde insbesondere von *Kleinknecht* im Laufe der 70er Jahre vertreten, derartige Aufzeichnungen seien über den Bereich der §§ 100a ff. StPO und über eine Rechtfertigung aus Notwehr- oder Notstandsgesichtspunkten hinaus auch durch eine allgemeine Güterabwägung zu rechtfertigen: Es handele sich dann um eine im Rahmen der allgemeinen Ermittlungskompetenz der Polizei aus §§ 161 S. 1, 163 I StPO zulässige Maßnahme, wenn sie für Zwecke "eindeutig überwiegender öffentlicher Interessen" vorgenommen werde; dies sei namentlich bei der Aufklärung im Bereich schwerer Kriminalität, deren Bekämpfung besonders im öffentlichen Interesse liege, der Fall[428]. Eine derartig allgemeine und weitgehende Güterabwägung zur Eingriffsrechtfertigung wurde aber von der h.M. zunächst nicht nachvollzogen; überwiegend wurde die Zulässigkeit heimlicher Aufzeichnungen nur für Ausnahmefälle in Vernehmungssituationen

---

424 vgl. zusammenfassend *Rogall*, GA 1985, 1, 8ff.; *Wolter*, GA 1988, 49ff.

425 vgl. etwa Begr. des Entwurfs eines StVÄG 1988; abgedr. StV 1989, 172.

426 vgl. zusammenfassend mwN auch zur Gegenansicht LR-*Rieß*, § 160, R. 4ff.

427 vgl. etwa die differenzierten Überlegungen *Lang-Hinrichsen*s, Polizei 1970, 1, 5ff. u. 45ff., die auf einen Vortrag bei einer Arbeitstagung des BKA im Jahre 1967 zurückgehen.

428 *Kleinknecht*(33.), § 163, R.41 (so auch in den Folgeauflagen).

(also für den hier nicht interessierenden Fall, daß mindestens ein Gesprächsteilnehmer um den Einsatz technischer Mittel weiß) erwogen[429].

1983 entschied der BGH, daß die Regelung der §§ 100a ff. StPO, insbesondere mit Rücksicht auf das strafrechtliche Verbot der unbefugten Aufzeichnung des nichtöffentlich durch einen anderen gesprochenen Wortes (§ 201 I StGB damaliger Fassung)[430], für den Bereich der Überwachung des Fernmeldeverkehrs abschließenden Charakter habe[431]. Selbst eine Rechtfertigung von Abhörmaßnahmen nach Notstandsgrundsätzen sei allenfalls in ganz außergewöhnlichen Fällen denkbar[432]. Sei aber eine Äußerung des Beschuldigten dennoch in unzulässiger Weise mit technischen Mitteln aufgezeichnet worden, so geböten es die Grundsätze des rechtsstaatlichen Strafverfahrens (insb. das "nemo tenetur"-Prinzip), die Verwertung derartiger Erkenntnisse auszuschließen[433].

In einer Entscheidung aus dem Jahr 1986[434] führte das Gericht dann aus, daß eine analoge Anwendung der §§ 100a ff. StPO auf das Abhören von Gesprächen außerhalb des Fernmeldeverkehrs nicht in Betracht komme; die Entscheidung über derartige Grundrechtsbeschränkungen sei allein dem Gesetzgeber vorbehalten[435]. Es betonte zudem erneut, eine Rechtfertigung von heimlichen Gesprächsaufzeichnungen im Strafverfahren nach Notstandsgrundsätzen sei - falls überhaupt davon ausgegangen werden könne, daß der Umstand, daß ein schwerwiegender Tatvorwurf mit den in der StPO zugelassenen Beweismitteln möglicherweise nicht aufgeklärt werden könne, eine gegenwärtige, nicht anders abwendbare Gefahr für ein höherwertiges Rechtsgut darstelle - allenfalls in ganz außergewöhnlichen Situationen in Betracht zu ziehen[436].
Zudem entschied das Gericht, daß auch § 81b StPO, nach dem für Zwecke der Durchführung des Strafverfahrens oder des Erkennungsdienstes Lichtbilder oder Fingerabdrücke des Beschuldigten auch gegen dessen Willen aufgenommen und Messungen oder ähnliche Maßnahmen an ihm vorgenommen werden durften, keine Grundlage für

---

[429] KK(1.)-*Müller*, § 136a, R. 25 mwN; LR(23.)-*Meyer*, § 136a, R. 33.

[430] vgl. hierzu oben S. 47f.

[431] BGHSt 31, 304, 306.

[432] BGHSt 31, 304, 307.

[433] BGHSt 31, 304, 308; das Gericht ließ allerdings offen, ob bereits ein bloßer Verstoß gegen die Zuständigkeitsregelung in § 100b I StPO ein Verwertungsverbot auslöse.

[434] BGHSt 34, 39. In diesem Fall war das Aufnahmegespräch des Angeklagten mit dem Leiter einer Justizvollzugsanstalt ohne sein Wissen aufgezeichnet worden; die Aufzeichnung wurde dann zur Herstellung auditiv-linguistischer Stimmvergleichsgutachten verwertet. An sich gehört diese Konstellation nicht zum Themenbereich der vorliegenden Untersuchung, die sich auf die Fälle des Abhörens von Gesprächen ohne die Kenntnis aller Gesprächspartner beschränkt. Da die Ausführungen des Gerichts aber ohne weiteres auch auf derartige Fälle anwendbar sind, soll die Entscheidung hier dennoch dargestellt werden.

[435] BGHSt 34, 39, 50f.

[436] BGHSt 34, 39, 51f.

die heimliche Erstellung von Stimmproben darstelle. Der Anwendungsbereich des § 81b StPO beschränke sich nämlich auf Maßnahmen, die der Beschuldigte bloß zu dulden habe; die Vorschrift verpflichte den Beschuldigten aber nicht, durch aktives Tun, wie es das Sprechen darstelle, Material zu seiner eigenen Belastung zu liefern[437]. Sei es aber nicht gestattet, ein derartiges Tun des Beschuldigten zu erzwingen, dann dürfe dieses Verbot auch nicht dadurch umgangen werden, daß der Beschuldigte durch eine Täuschung über die Tatsache der Aufnahme seiner Worte und über die Verwendung dieser Aufnahme zum Sprechen veranlaßt werde[438].
Aus denselben Gründen sei auch eine Analogie zu den §§ 81, 81a, 81b, 94ff. StPO nicht möglich[439].
Allerdings ließ das Urteil die Frage offen, ob § 81b StPO nicht wenigstens eine Rechtsgrundlage für Aufnahmen zum Zwecke der Erstellung eines Sonagramms, d.h. einer Untersuchung der Schallschwingungen und der Schallintensität ohne Berücksichtigung der jeweiligen Inhalte des gesprochenen Wortes, darstellen könnte, falls es technisch möglich sei, eine Aufnahme der akustischen Spuren der menschlichen Stimme herzustellen, ohne zugleich das gesprochene Wort selbst aufzuzeichnen[440].

Trotz dieser eingrenzenden Rechtsprechung wuchs jedoch im Laufe der 80er Jahre der Druck in Richtung auf einen stärkeren Einsatz technischer Mittel und "moderner Fahndungsmethoden" (z.B. V-Leute, Verdeckte Ermittler, Rasterfahndung) durch die Polizei im Ermittlungsverfahren. Die polizeiliche Praxis begann hier angesichts der Tatsache, daß die StPO keine ausdrücklichen Regelungen vorsah, unter Berufung auf die allgemeinen Aufgabenzuweisungen und die von ihr postulierten Erfordernisse bei der Bekämpfung von Terrorismus, Drogen-, Falschgeld-, Waffen- und Wirtschaftskriminalität den Einsatz dieser Mittel von sich aus voranzutreiben. Dies wird schon daran deutlich, daß eine häufige Reaktion auf die Anforderungen des Volkszählungsurteils[441] darin bestand, Übergangsfristen zu postulieren, innerhalb derer bestimmte derartige polizeiliche Maßnahmen auch ohne die Existenz ausdrücklicher gesetzlicher Befugnisregelungen als zulässig anzusehen sein sollten[442]. Diese Argumentation macht nämlich überhaupt nur dann Sinn, wenn es sich um solche Maßnahmen handelte, die bereits vor dem Urteil praktiziert wurden. Die vorgeschlagenen Übergangsregelungen orientierten sich in der Regel an allgemeinen Güterabwägungen und operierten mit zahlreichen unbestimmten Rechtsbegriffen.
Beispielhaft sei hier der Lösungsvorschlag *Wolter*s vorgestellt: Er nahm die Zulässigkeit

---

[437] BGHSt 34, 39, 44ff.
[438] BGHSt 34, 39, 46.
[439] BGHSt 34, 39, 51.
[440] BGHSt 34, 39, 47f.
[441] BVerfGE 65, 1ff.
[442] vgl. etwa LR-*Rieß*, § 163, R. 39ff. m. zahlr. Nachw.

von Abhör- und Aufzeichnungsmaßnahmen bei in der Öffentlichkeit geführten Gesprächen an, wollte diese aber auf Fälle eines "gravierenden Strafverfolgungsinteresses" begrenzen. Einerseits könne nach Ablauf einer Übergangsfrist "die geltende Befugnisnorm des § 161 S. 1 StPO" für diese "über die Geringgewichtigkeitsschwelle deutlich hinausreichenden Eingriffe" nicht mehr ausreichen. Andererseits sei hier "die Schwelle der Zwangsmaßnahmen - wenn sie auch fast erreicht ist - noch nicht" unzulässig überschritten[443].
Demgegenüber sei bei heimlichen Tonbandaufnahmen, die nichtöffentlich und in einer vertraulichen Sphäre an einen anderen gelangten, wegen der Intensität des Eingriffs eine Zulässigkeit auch "im Übergang strikt ausgeschlossen". Allerdings sei auch wieder zu erwägen, daß es bei der bloßen Selbstbezichtigung von Straftaten nicht um die Intimsphäre gehe; hier könnten "Gründe des Gemeinwohls und der Funktionstüchtigkeit der Strafrechtspflege bei besonders gravierender Kriminalität den Grundrechtsschutz in verhältnismäßigem Maße zurücktreten lassen"[444]. Wieder anderes gelte bei Eingriffen in den höchstpersönlichen Lebensbereich des Betroffenen[445].
Lediglich beim Einsatz technischer Mittel zum Abhören in Wohnungen nahm *Wolter* angesichts der Schrankenregelung des Art. 13 II, III GG eindeutig die Unzulässigkeit für den gegenwärtigen und künftigen Rechtszustand an[446].

Dieses Beispiel mag verdeutlichen, daß die Beurteilung der Rechtslage in diesem Bereich mangels klarer gesetzlicher Regelungen seinerzeit weitgehend von persönlichen Einstellungen des jeweiligen Betrachters abhing. Dementsprechend hielt *Rieß* 1988 bei der Schilderung der rechtlichen Möglichkeiten zum Einsatz technischer Abhörmittel im Ermittlungsverfahren lapidar fest: "Die Einzelheiten sind weitgehend ungeklärt"[447].

Man wird im Hinblick auf diese Entwicklung davon ausgehen müssen, daß der Einsatz technischer Mittel zum Abhören gegen Ende der 80er Jahre zum Bestand polizeilicher Fahndungsmittel gehörte, ohne daß die Reichweite der Einsatzmöglichkeiten für die Praxis irgendwie geklärt war. So konstatierte Ministerialdirigent *Hilger* im Jahre 1992 rückblickend lapidar, "im übrigen" (nämlich außerhalb des Bereichs der wenigen Spezialregelungen in §§ 81b, 100a, 163d StPO) sei der Einsatz technischer Mittel zu Ermittlungszwecken bisher auf §§ 161, 163 StPO gestützt[448] und mithin "weitgehend ohne gesetzliche Begrenzungen praktiziert" worden[449]. Es bestand insofern dringender

---

[443] GA 1988, 129, 134f.
[444] *Wolter*, GA 1988, 129, 136.
[445] *Wolter*, GA 1988, 129, 137.
[446] GA 1988, 129, 133f.
[447] LR-*Rieß*, § 163, R. 46.
[448] NStZ 1992, 457, 461 (dort Fn. 84).
[449] NStZ 1992, 523, 526.

Handlungsbedarf für eine gesetzliche Regelung von Abhörtätigkeiten außerhalb des Bereichs der §§ 100a ff. StPO, der durch die angesichts des Schweigens des Gesetzes voranschreitende Polizeipraxis ausgelöst wurde. Entsprechende Überlegungen wurden im Bundesjustizministerium bereits seit Mitte der 80er Jahre angestellt und orientierten sich explizit an den parallelen Arbeiten zum "Musterentwurf für ein einheitliches Polizeigesetz" der Innenministerkonferenz[450].
Sie wurden jedoch bis zum Beginn der 90er Jahre vom Gesetzgeber nicht umgesetzt.

[450] vgl. Cilip 23 (1986), 118ff; *J. Kühl*, Cilip 32 (1989), 108ff; zum MEPolG s.u. S. 130ff.

**B. Recht der Nachrichtendienste**

I. Änderungen im Bereich des Art. 1 G 10

Einige der oben angesprochenen Änderungen im Bereich des materiellen Strafrechts, die bereits Auswirkungen auf den Anwendungsbereich der strafprozessualen TÜ zeitigten[451], hatten darüber hinaus auch für die Überwachungsmaßnahmen nach Art. 1 G 10 deshalb Bedeutung, weil entweder die betreffenden Vorschriften in Art. 1 § 2 I G 10 genannt waren oder weil sie mit einer Änderung des § 138 StGB verbunden waren und gemäß Art. 1 §§ 3 II 2, 7 III G 10 die aus der Überwachung gewonnenen Erkenntnisse auch zur Verfolgung von in § 138 StGB genannten Straftaten verwendet werden durften[452].

1. Folgende Änderungsgesetze modifizierten den Anwendungsbereich der TÜ nach Art. 1 §§ 1, 2 G 10 durch Änderung der in Art. 1 § 2 I G 10 aufgeführten Tatbestände:
a) 4. StrRG v. 23.11.1973[453]: § 80a StGB erfaßt auch das Aufstacheln zum Angriffskrieg durch Verbreitung von Bildträgern, § 86 StGB auch das Verbreiten staatsfeindlicher Propaganda auf Bildträgern;
b) EGStGB v. 2.3.1974[454]: § 87 II StGB nennt als erfaßte Sabotagehandlungen auch solche nach § 316c I 1 Nr. 2 StGB;
c) 14. StrÄndG v. 22.4.1976[455]: Neuformulierung der sozialadäquaten Ausnahmen vom Verbot der Verbreitung von Propagandamitteln verfassungswidriger Organisationen; dies dürfte eine gewisse Einschränkung des Anwendungsbereichs des § 86 StGB bedeutet haben; zugleich wurde aber § 88a (verfassungsfeindliche Befürwortung von Straftaten) neu in das StGB eingefügt; da Art. 1 § 2 I Nr. 2 G 10 pauschal auf die §§ 87-89 StGB verwies, war kraft dieser dynamischen Verweisung die Norm ebenfalls in den Katalog einbezogen (zu den Konsequenzen s. bereits oben zu § 100a S. 1 Nr. 1 lit. a StPO[456]).

2. Die folgenden Änderungsgesetze änderten dagegen nicht den Anwendungsbereich der TÜ nach Art. 1 G 10 selbst; sie erweiterten aber die Möglichkeiten der Verwertung von Erkenntnissen aus einer solchen Überwachung zur Strafverfolgung nach Art. 1 §§ 3 II 2, 7 III G 10:

---

451 zu Einzelheiten der jeweiligen neuen Regelung s.o. S. 63ff.

452 Auch bei den Verweisungen auf das StGB in Art. 1 §§ 2 I, 3 II 2, 7 III G 10 handelte es sich nach dem oben (S. 63) Ausgeführten um - zulässige - dynamische Binnenverweisungen, so daß die entsprechenden Änderungen der Vorschriften des StGB zugleich die Tatbestände dieser Vorschriften des G 10 änderten.

453 s.o. S. 65.

454 s.o. S. 65ff.

455 s.o. S. 68ff.

456 S. 70.

a) 11. StrÄndG v. 16.12.1971[457]: Mit § 316c I StGB (Flugzeugentführung) wurde ein neues gemeingefährliches Verbrechen im Sinne des § 138 I StGB normiert;
b) 12. StrÄndG v. 16.12.1971[458]: Nach diesem Gesetz verwies § 138 I StGB statt auf den alten § 239a StGB (erpresserischer Kindesraub) auf die neuen § 239a StGB (erpresserischer Menschenraub) und § 239b StGB (Geiselnahme);
c) 4. StrRG v. 23.11.1973[459]: § 138 I StGB verweist nicht mehr auf den gleichzeitig gestrichenen § 48 AuswanderungsG (Mädchenhandel), sondern auf den neuen § 181 II StGB (Menschenhandel);
d) Das EGStGB v. 2.3.1974[460] gliederte den § 138 I StGB neu und änderte mehrere der dort genannten Verweisungen: § 138 I Nr. 4 StGB verwies auf die neuen §§ 146, 151, 152 StGB, Nr. 6 auch auf den Tatbestand des Völkermords nach § 220a StGB und Nr. 9 auf die aus dem AtomG übernommenen Tatbestände der §§ 310b, 311a, 311b StGB; dieselbe Norm bezog nun auch § 316c III StGB (bestimmte Vorbereitungshandlungen zur Flugzeugentführung) ein; die Verweisung auf § 321 II StGB entfiel. Zudem erfolgte durch in § 316a I StGB eine Erweiterung auf räuberische Angriffe auf Kraftfahrer zum Zweck der Begehung eines räuberischen Diebstahls;
e) Art. 1 Nr. 2 des Gesetzes vom 18.8.1976[461]: § 138 II StGB verwies auf den neuen § 129a StGB (dieser führte in seinem Katalog wiederum die folgenden Vorschriften auf: §§ 211, 212, 220a, 239a, 239b, 306-308, 310b I, 311 I, 311a I, 312, 316c I, 324[462] StGB; damit war bei Verdacht der Begehung eines dieser Delikte unter den organisatorisch-strukturellen Voraussetzungen des § 129a StGB die Verwertung der Erkenntnisse aus einer Maßnahme nach Art. 1 G 10 im Strafverfahren möglich).

3. Am 14.9.1978 traten nach Art. 3 des Gesetzes zur Änderung des Gesetzes zur Beschränkung des Brief-, Post- und Fernmeldegeheimnisses[463] neben einigen redaktionell bedingten Verschiebungen auch die ersten inhaltlichen Änderungen des Textes des G 10 selbst seit dessen Inkrafttreten ein.
Durch Art. 1 Nr. 1 dieses Gesetzes wurde der Straftatenkatalog des Art. 1 § 2 I G 10 erweitert. Art. 1 § 2 I Nr. 5 G 10 bezog nun §§ 87 und 89 StGB, also Agententätigkeit zu Sabotagezwecken und verfassungsfeindliche Einwirkung, auch insoweit ein, als die Taten sich gegen die Sicherheit der in der Bundesrepublik stationierten Truppen der nichtdeutschen Vertragsstaaten des Nordatlantikvertrages oder der im Land Berlin anwesenden Truppen einer der Drei Mächte richteten. Art. 1 § 2 I Nr. 6 G 10 ermöglich-

457 s.o. S. 63f.
458 s.o. S. 64.
459 s.o. S. 65.
460 s.o. S. 65ff.
461 s.o. S. 70f.
462 seit 1.7.1980 § 319 StGB.
463 v. 13.9.1978 (BGBl. I, 1546).

te die Vornahme einer Überwachungsmaßnahme jetzt auch beim Vorliegen von Anhaltspunkten für einen Verdacht auf eine Straftat nach § 129a StGB, Art. 1 § 2 I Nr. 7 G 10 beim Vorliegen von solchen für einen Verdacht auf eine Tat nach § 47 I Nr. 7 AuslG (Mitgliedschaft in geheimer Ausländervereinigung)[464].
Andererseits wurde im Klammerzusatz zu Art. 1 § 2 I Nr. 2 G 10, der nun, wie in den anderen Nummern auch, die erfaßten Straftatbestände im einzelnen aufzählte, § 88a StGB nicht erwähnt. Die verfassungsfeindliche Befürwortung von Straftaten fiel damit nach gut 28 Monaten wieder aus dem Anwendungsbereich des Art. 1 G 10 heraus.
Art. 1 Nr. 3 des Änderungsgesetzes folgte dem bereits 1969 im hessischen und 1970 im baden-württembergischen Ausführungsgesetz zum G 10 eingeschlagenen Weg zu einer Stärkung der parlamentarischen Kontrolle: Nach Art. 1 § 9 II 1 G 10 hatte die monatliche Unterrichtung der Kommission nun vor dem Vollzug der Beschränkungsmaßnahme stattzufinden. Bei Gefahr im Verzug konnte der Minister allerdings, auch insoweit ebenso wie nach dem hessischen Vorbild, den Vollzug der Maßnahme auch zuvor schon anordnen (Art. 1 § 9 II 2 G 10). Nach Auskunft des damaligen Kommissionsmitglieds *Arndt*[465] war hier allerdings lediglich ein Modus gesetzlich normiert worden, der auch auf Bundesebene bereits seit dem Amtsantritt *Genscher*s als Bundesinnenminister im Jahre 1969 praktiziert worden war. Der neuen bundesgesetzlichen Regelung schlossen sich in den Folgejahren sämtliche Bundesländer (bis auf Berlin, wo das G 10 ja nicht galt) an[466]. Überwiegend wurde dabei ausdrücklich angeordnet, daß bei Gefahr im Verzug die Unterrichtung der Kommission unverzüglich nachzuholen sei[467], z.T. außerdem hierfür Höchstfristen gesetzt[468].
Die Nrn. 2 und 4 des Art. 1 des Änderungsgesetzes setzten jetzt die Anforderungen um, die das BVerfG fast 8 Jahre zuvor in BVerfGE 30, 1 entwickelt hatte: Nunmehr war auch nach dem Wortlaut des Gesetzes der Betroffene nach Beendigung der Maßnahme zu unterrichten, sobald eine Gefährdung ihres Zwecks durch die Benachrichtigung ausgeschlossen werden konnte (Art. 1 § 5 V 1, 2 G 10). Allerdings bedurfte es einer solchen Mitteilung nicht, sofern diese Voraussetzung bis zum Ablauf von 5 Jahren nach der Beendigung der Maßnahme nicht eingetreten war (Art. 1 § 5 V 3 G 10). Nach der

---

464 ab 1.1.1991: § 92 I Nr. 8 AuslG (Art. 12 I des Ges. zur Änderg. d. Ausländerrechts v. 9.7.1990; BGBl. I, 1354); seit 1.12.1994: § 92 I Nr. 7 AuslG (Art. 2 Nr. 5 lit. a cc VerbrechensbekämpfungsG v. 28.10.1994; BGBl. I, 3186).

465 *Schäfer*-FS, 147, 149.

466 § 2 II 1, 2 SaarlAusfG zum G 10 idFd lit. a des Änderungsgesetzes v. 13.6.1979 (ABl. 570); § 3 I 1, 2 NRWAusfG zum G 10 idFd Art. I Nr. 1 des Änderungsgesetzes v. 19.6.1979 (GVBl. 472); § 3 I 1, 2 RhPf AG G 10 v. 24.9.1979 (GVBl. 296); § 1 II HambAusfG zum G 10 idFd Nr. 2 des Änderungsgesetzes v. 2.2.1981 (GVBl. 24); § 3 I 1, 2 BremAusfG zum G 10 idFd Art. 2 Nr. 2 lit. a des Änderungsgesetzes v. 23.3.1981 (GBl. 73); § 3 I 1, 2 SchlHolstAusfG zum G 10 idFd Art. 1 Nr. 2 lit. a des Änderungsgesetzes v. 2.11.1981 (GVBl. 248); § 3 I 1, 2 NiedersAusfG zum G 10 idFd Art. 1 Nr. 2 lit. a des Änderungsgesetzes v. 16.6.1983 (GVBl. 134); Art. 2 I 1, 2 Bay AGG 10 v. 11.12.1984 (GVBl. 522).

467 Ausnahmen: Saarland bis 1987; Rheinland-Pfalz; Schleswig-Holstein.

468 Hamburg, Bayern: 2 Wochen; Saarland seit 1987: 48 Stunden.

Benachrichtigung stand dem Betroffenen in Abweichung von Art. 1 § 9 VI (Abs. 5 a.F.) der Rechtsweg offen (Art. 1 § 5 V 4 G 10). Die Kommission war jetzt monatlich auch über die an die Betroffenen gerichteten Mitteilungen bzw. die ihnen entgegenstehenden Gründe sowie ggf. über die 5 Jahre nach Beendigung der Maßnahme getroffene abschließende Entscheidung zu informieren; sie besaß die Befugnis, den Minister zur unverzüglichen Veranlassung der Mitteilung anzuweisen (Art. 1 § 9 III G 10).
Entsprechende inhaltsgleiche oder ähnliche Regelungen über die Befugnisse der jeweiligen Kommission ergingen in den folgenden Jahren auch in den Ländern[469]. Auch hier bleibt allerdings zu erwähnen, daß es die Kommission auch schon vor Inkrafttreten der gesetzlichen Neuregelung auf der Basis der Entscheidung des BVerfG der Bundesregierung zur Pflicht gemacht hatte, sämtliche seit 1968 von einschlägigen Beschränkungsmaßnahmen Betroffene nachträglich zu benachrichtigen, sobald eine Gefährdung des Zwecks der Beschränkung ausgeschlossen werden konnte[470].
Art. 1 Nr. 5 des Änderungsgesetzes brachte schließlich eine Verlängerung der Amtszeit der Mitglieder der Kommission bis zur Ernennung ihrer Nachfolger, höchstens jedoch bis zu 3 Monaten nach dem Ende der Wahlperiode des Bundestages (Art. 1 § 9 IV 3 G 10; derartige Regelungen existierten in den Bundesländern großenteils bereits von Anfang an, in den übrigen wurden sie in den Folgejahren eingeführt)[471].

4. Hinsichtlich der Anordnungsmöglichkeit trat danach außerdem folgende Änderung ein:
Durch Art. 1 Nr. 1 des Gesetzes zur Bekämpfung des Terrorismus[472] wurde der Anwendungsbereich des § 129a StGB auf Vereinigungen, deren Zwecke oder deren Tätigkeit auf Straftaten nach §§ 305, 315 I, 316b I StGB gerichtet waren, sowie auf den Versuch der mitgliedschaftlichen Beteiligung an einer terroristischen Vereinigung und auf das Unterstützen einer und Werben für eine terroristische Vereinigung erweitert.

5. Hinsichtlich der Verwertbarkeit von Erkenntnissen wurden noch folgende Änderungen durchgeführt:

---

[469] § 2 III SaarlAusfG zum G 10 idFd lit. b des Änderungsgesetzes v. 13.6.1979; § 3 II NRWAusfG zum G 10 idFd Art. I Nr. 2 des Änderungsgesetzes v. 19.6.1979; § 2 III BadWürttAusfG zum G 10 idFd Art. I Nr. 1 des Änderungsgesetzes v. 24.7.1979 (GBl. 293); § 3 II RhPf AG G 10 v. 24.9.1979; § 4 III HessAusfG zum G 10 idFd Art. 1 Nr. 2 des Änderungsgesetzes v. 19.10.1979 (GVBl. I, 229); § 1 IV HambAusfG zum G 10 idFd Nr. 3 des Änderungsgesetzes v. 2.2.1981; § 3 II BremAusfG zum G 10 idFd Art. 2 Nr. 2 lit. b des Änderungsgesetzes v. 23.3.1981; § 3 II SchlHolstAusfG zum G 10 idFd Art. 1 Nr. 2 lit. b des Änderungsgesetzes v. 2.11.1981; § 3 II NiedersAusfG zum G 10 idFd Art. 1 Nr. 2 lit. b des Änderungsgesetzes v. 16.6.1983; Art. 2 II Bay AGG 10 v. 11.12.1984.

[470] *C. Arndt*, *Schäfer*-FS, 147, 148f.

[471] Zu den praktischen Erwägungen, die zu der Neuregelung führten, vgl. *C. Arndt*, *Schäfer*-FS, 147, 154; zu den Rechtsfragen um die Beendigung der Amtszeit der Mitglieder des Abgeordnetengremiums nach Art. 1 § 9 I G 10 und etwaigen Vakanzen *ders.*, aaO, 153f.

[472] v. 19.12.1986 (BGBl. I, 2566).

a) Durch Art. 1 Nr. 4 des 2. WiKG[473] wurde mit Wirkung vom 1.8.1986 in § 138 I Nr. 4 StGB zusätzlich zu den Verweisen auf die §§ 146, 151, 152 StGB auch einer auf den neuen § 152a I Nr. 1, II, III StGB eingefügt. Erkenntnisse aus einer Maßnahme nach Art. 1 G 10 waren damit auch verwertbar in Strafverfahren gegen Personen, die beschuldigt wurden, in der Absicht, daß in- oder ausländische Euroschecks unter Verwendung falscher Vordrucke als echt in den Verkehr gebracht würden oder daß ein solches Inverkehrbringen ermöglicht würde, falsche Vordrucke für Euroschecks hergestellt, sich oder einem anderen verschafft, feilgehalten oder einem anderen überlassen zu haben, sowie gegen Personen, die beschuldigt wurden, in der Absicht, daß in- oder ausländische Euroscheckkarten unter Verwendung falscher Vordrucke zur Täuschung im Rechtsverkehr gebraucht würden oder daß ein solcher Gebrauch ermöglicht würde, eine der genannten Handlungen in bezug auf Euroscheckkarten begangen zu haben, sowie schließlich gegen Personen, die eines Versuchs einer dieser Taten bezichtigt wurden.
b) Darüber hinaus wirkte die bereits dargestellte[474] Neufassung der Tatbestände der §§ 239a, 239b StGB durch das Gesetz v. 9.6.1989 über § 138 I Nr. 7 StGB auch auf die Verwertbarkeitsregelung des G 10 zurück.

6. Schließlich wurde auch in Art. 1 § 1 I G 10 durch Art. 4 XVI PostStruktG[475] mit Wirkung zum 1.7.1989 der Begriff der Aufnahme des Fernmeldeverkehrs auf Tonträger durch denjenigen der Aufzeichnung ersetzt, um auch neue Techniken der Telekommunikation zu erfassen[476].
Zudem wurden auch Art. 1, 3 G 10 im Hinblick auf die durch die Poststrukturreform entstehenden Möglichkeiten der Existenz konkurrierender Betreiber von Fernmeldeanlagen für den öffentlichen Verkehr modifiziert; insoweit wurden Pflichten hinsichtlich Mitwirkung, Sicherheitsüberprüfung des Personals und Geheimschutz statuiert.

II. Entwicklung der Auslegung und Dogmatik des Art. 1 G 10
Hinsichtlich der rechtlichen Details der Anwendung des Art. 1 G 10 entwickelte sich keine so reichhaltige Kasuistik wie zu den neuen strafprozessualen Möglichkeiten. Dies kann auch nicht verwundern, da nach der ursprünglichen Konzeption des Gesetzes der Rechtsweg gegen eine derartige Maßnahme ja vollständig ausgeschlossen war (Art. 1 § 9 V der ursprünglichen Fassung) und auch nach den durch die Entscheidung des BVerfG herbeigeführten Anpassungen erst nach der Mitteilung an den Betroffenen eröffnet wurde (Art. 1 § 5 V 4 G 10). An der hierdurch eingeräumten Möglichkeit, nachträglich die Feststellung der Rechtswidrigkeit einer Maßnahme zu beantragen, bestand überdies offensichtlich unter den benachrichtigten Betroffenen auch nur wenig Interesse: Ob-

---

473 v. 15.5.1986 (BGBl. I, 721)
474 s.o. S. 73.
475 v. 8.6.1989 (BGBl. I, 1026).
476 vgl. oben S. 73 zu § 100a S. 1 StPO; zur Auslegung des Begriffs auch BGH NJW 1997, 1934.

schon in den Jahren vom Inkrafttreten des G 10 bis 1980 eine dreistellige Zahl von Betroffenen benachrichtigt wurde, beschritt bis zu diesem Zeitpunkt nur einer von ihnen, nämlich der Schriftsteller *G. Wallraff*, den Rechtsweg[477]. Darüber hinaus gab allerdings auch die Möglichkeit der Verwertung von Erkenntnissen aus Maßnahmen nach Art. 1 G 10 zu Zwecken der Strafverfolgung im Rahmen des Art. 1 § 3 II 2, § 7 III G 10 den Gerichten gelegentlich dazu Anlaß, zu bestimmten Fragen der praktischen Anwendung Stellung zu nehmen.

1. Verdachtsintensität

In dem von *Wallraff* angestrengten Verfahren wurde gerichtlich bestätigt, daß mit dem Tatbestandsmerkmal "tatsächliche Anhaltspunkte für den Verdacht" in Art. 1 § 2 I G 10 "die Verdachtsschwelle für ein Eingreifen ... gegenüber den maßgebenden strafprozessualen Verdachtsschwellen entsprechend dem präventiven Gesetzeszweck deutlich abgesenkt ist"[478]. Allerdings ist es bis heute nicht gelungen, den erforderlichen Verdachtsgrad abschließend zu umschreiben. Die Kommentarliteratur begnügt sich mit der Feststellung, die Schwelle liege niedriger als die des § 100a S. 1 StPO[479] oder diejenige der Gefahr im polizeirechtlichen Sinne[480], oder betont darüber hinaus nur, für die Verstrickung einer bestimmten Person müsse eine gewisse Wahrscheinlichkeit sprechen, eine genauere Eingrenzung sei "kaum möglich"[481].

Allerdings ist die "Gewichtigkeitsschwelle" durch Art. 1 § 1 I G 10 angehoben: Auch bei Vorliegen der Voraussetzungen des Art. 1 § 2 G 10 muß also konkret festgestellt werden, daß eine Gefahr für eines der dort genannten Rechtsgüter droht[482]. Jedoch sind andererseits wegen des hohen Ranges dieser Rechtsgüter die Anforderungen an die Wahrscheinlichkeit eines Schadenseintritts nicht hoch; es soll bereits die entfernte Möglichkeit einer Schädigung ausreichen, um Überwachungsmaßnahmen auszulösen[483], wobei der Verdacht auf eine Katalogtat die Gefährdung eines Schutzgutes indiziert[484].

2. Erfassung von Handlungen im Vorfeld der Strafbarkeit

Nach Art. 1 § 2 I G 10 konnte die Überwachung bereits dann angeordnet werden, wenn tatsächliche Anhaltspunkte für den Verdacht der bloßen Planung einer Katalogtat bestanden[485]. Im Unterschied zu § 100a S. 1 StPO konnte hier die Überwachung dem-

---

[477] *C. Arndt*, *Schäfer*-FS, 147, 151; vgl. VG Köln NJW 1981, 1630; OVG Münster NJW 1983, 2346.

[478] OVG Münster NJW 1983, 2346, 2347.

[479] *Roewer*, § 2 G 10, R. 3.

[480] E/K-*Riegel*, § 2 G 10, R. 6.

[481] B/E-*Borgs*, § 2 G 10, R. 10.

[482] B/E-*Borgs*, § 1 G 10, R. 3; E/K-*Riegel*, § 1 G 10, R. 1.

[483] B/E-*Borgs*, § 1 G 10, R. 4; VG Köln NJW 1981, 1630; etwas enger wohl E/K-*Riegel*, § 1 G 10, R. 10.

[484] B/E-*Borgs*, § 2 G 10, R. 2.

[485] ausführlich zum Begriff der "Planung" *Krückels*, 76ff.

nach zeitlich sogar vor dem Stadium der Tatvorbereitung einsetzen[486]. Es genügte ein "systematisches gedankliches Konzept künftigen Handelns"[487] auf seiten des Betroffenen, sofern sich dies in irgendeiner Weise, etwa durch Erwähnung gegenüber anderen oder schriftliche Fixierung, äußerlich manifestiert hatte; bloße Gesinnungen, die seitens des Betroffenen nicht geäußert wurden, sollten also nicht ausreichen[488]. Es waren also auch insoweit Möglichkeiten zur Informationserhebung geschaffen worden, die weit über die strafprozessualen Eingriffsbefugnisse hinausgingen.
Dennoch äußerte 1980 *Wagner* den Vorwurf, die für die Anordnung von Maßnahmen nach Art. 1 G 10 zuständigen Stellen hätten noch über die ihnen hiermit gebotenen Möglichkeiten hinaus, gestützt auf ein (unveröffentlichtes) Gutachten des ehemaligen Generalbundesanwalts *Güde*, den Versuch gemacht, ein eigenständiges, von der Auslegung durch die Strafgerichte unabhängiges Verständnis der Reichweite der Katalogtatbestände des Hochverrats und seiner Vorbereitung in Art. 1 § 2 I Nr. 1 G 10 zu entwikkeln. Nach dieser Interpretation, die sich auf den präventiven Zweck der Norm gestützt habe, sollte demnach bereits die Gefahr gewaltsamer Angriffe auf Bestand, Sicherheit und verfassungsmäßige Ordnung des Staates den Eingriff auslösen können, auch wenn die geplanten Taten im Falle ihrer Ausführung keinen der Straftatbestände der §§ 80ff. StGB erfüllt hätten[489]. Grund für diese Vorgehensweise sei das Bedürfnis gewesen, die Planung terroristischer Taten, die nach Auffassung *Wagners* im Lichte der Rechtsprechung des BGH nicht unter die §§ 80ff. StGB zu subsumieren seien[490], auch schon vor der Einfügung des § 129a StGB in den Katalog des Art. 1 § 2 I G 10 im Jahre 1978 einer Überwachung durch die Verfassungsschutzbehörden zu unterwerfen. Ob diese Vorwürfe zutreffen, mag allerdings schon deshalb zweifelhaft sein, weil es angesichts der Weite des Kriteriums der "Planung" von Katalogtaten der (nur vereinzelt vorhandenen) Rechtsprechung durchaus möglich war, einen erheblichen Bereich derartiger Aktivitäten unter die Tatbestände des Kataloges zu subsumieren[491]. Die obergerichtliche Rechtsprechung und die Kommentarliteratur haben denn auch einer eigenständigen, auf den präventiven Gesetzeszweck gestützten Interpretation der Katalogtatbestände eine Absage erteilt und ausgeführt, bei der Anwendung des Kataloges sei von den durch die Rechtsprechung der Strafgerichte geprägten Grundsätzen und Auslegungsergebnissen auszugehen[492].

---

[486] B/E-*Borgs*, § 2 G 10, R. 12; *Wagner*, NJW 1980, 913, 918; demgegenüber stellt E/K-*Riegel*, § 2 G 10, R. 6 ohne weitere Erläuterung den Begriff des Planens dem des Vorbereitens gleich.

[487] *Welp*, DÖV 1970, 267, 268.

[488] B/E-*Borgs*, § 2 G 10, R. 12; *Schroeder*, NJW 1980, 920, 921.

[489] *Wagner*, NJW 1980, 913, 916; B/E-*Borgs*, § 2 G 10, R. 4.

[490] aaO, 914.

[491] vgl. beispielhaft OVG Münster NJW 1983, 2346, 2347f. sowie die ausführliche Kritik der Auffassung *Wagner*s durch *Schroeder*, NJW 1980, 920ff.

[492] OVG Münster NJW 1983, 2346, 2347; B/E-*Borgs*, § 2 G 10, R. 5.

3. Verwertung der Erkenntnisse

In Strafverfahren, in denen die nach den genannten Maßgaben gewonnenen Erkenntnisse verwertet werden sollten, stellte sich verschiedentlich die Frage, ob die Strafgerichte selbst befugt sein sollten, die Zulässigkeit der Anordnung zu überprüfen und die Verwertbarkeit von der Rechtmäßigkeit der Maßnahme abhängig zu machen. Zumindest in zwei Entscheidungen aus dem Jahr 1978 im Zusammenhang mit der sog. *Traube*-Affäre[493] sprachen sich Gerichte diese Kompetenz zu und gingen zudem von einer Fernwirkung des aus der Rechtswidrigkeit resultierenden Beweisverwertungsverbots auch für mittelbar erlangte Erkenntnisse aus[494]. Nach anderer Auffassung sollte dagegen wegen des Ausschlusses des Rechtsweges vor Zugang der Benachrichtigung beim Betroffenen auch eine solche Inzidentprüfung untersagt sein[495].

In derselben Sache, in der die beiden genannten Entscheidungen ergangen waren, ging der BGH 1980 schließlich zur Frage der Reichweite der Verwertungsverbote für Erkenntnisse aus Maßnahmen nach Art. 1 G 10 einen gänzlich anderen Weg als zu §§ 100a ff. StPO. Er nahm hier unabhängig von der Frage der Rechtmäßigkeit der Maßnahme eine Fernwirkung des Beweisverwertungsverbots in Art. 1 § 7 III G 10 an: Das Verbot erfasse also nicht nur solche Kenntnisse und Unterlagen, die unmittelbar durch die Maßnahme erlangt worden seien, sondern erstrecke sich auch auf solche Beweismittel, zu denen diese Kenntnisse und Unterlagen erst den Weg gewiesen hätten. Somit durften derartige Erkenntnisse überhaupt nur noch dann Anlaß zu weiteren Ermittlungen geben, wenn es um die Verfolgung einer der in Art. 1 § 2 G 10 oder in § 138 StGB genannten Straftaten ging (vgl. Art. 1 § 7 III G 10); auf die Rechtmäßigkeit der Maßnahme kam es insoweit nicht an[496]. Das Gericht begründete seine Auffassung hier damit, die Einschränkung des grundgesetzlichen Schutzes des Fernmeldegeheimnisses dürfe nicht weiter gehen, als es zur Erreichung des gesetzgeberischen Zwecks unbedingt notwendig sei[497].

Es ließ allerdings nicht völlig klar erkennen, ob die gewonnenen Erkenntnisse nicht auch - wie von ihm zu §§ 100a ff. StPO entschieden[498] - zur Verfolgung von im Zusammenhang mit Katalogtaten stehenden Delikten des Verdächtigen oder Dritter verwertet werden könnten[499].

---

493 vgl. dazu unten S. 112f.

494 OLG Köln NJW 1979, 1216, 1217 sowie LG Bonn in dem bei *C. Arndt*, *Schäfer*-FS, 147, 149 m. Fn. 12 zitierten Beschluß (Az. 13 D 1/78 III); ebenso B/E-*Borgs*, § 9 G 10, R. 20; *Riegel*, NJW 1987, 431, 435.

495 so *C. Arndt*, *Schäfer*-FS, 147, 149; L/R-*Schäfer*, § 100a, R. 8.

496 BGHSt 29, 244, 246 ff.; die Grundsätze dieser Entscheidung dürften auch für die inhaltlich gleiche Regelung über die Erkenntnisse aus der Strategischen Kontrolle in Art. 1 § 3 II G 10 gelten.

497 BGHSt 29, 244, 251.

498 BGHSt 26, 298, 302; BGHSt 28, 122ff.; vgl. dazu oben S. 75f., 77f.

499 vgl. BGHSt 29, 244, 247 sowie zur Interpretation der dortigen Ausführungen *Schlink*, NJW 1989, 11, 15.

Zumindest in einem Fall bejahte in späteren Jahren ein Obergericht, nämlich das OLG Koblenz, diese Frage aber ausdrücklich[500]. Die gegen dessen Entscheidung erhobene Verfassungsbeschwerde gab dann einer Kammer des 2. Senates des BVerfG Gelegenheit, im Rahmen eines Annahmebeschlusses nach § 93b BVerfGG Stellung zur Reichweite des Verwertungsverbotes in Art. 1 § 7 III G 10 zu nehmen[501]. Allerdings befaßte sich die Kammer dabei nicht mit der Frage der Verfolgbarkeit auch von Zusammenhangstaten, da sie diese nicht für im konkreten Fall entscheidungserheblich hielt[502]. Vielmehr legte sie ihrer Prüfung die Annahme zugrunde, der Beschwerdeführer selbst habe "ursprünglich" im Verdacht einer Katalogtat gestanden[503]. Dabei wird allerdings nicht ganz deutlich, welcher Zeitpunkt mit dem Wort "ursprünglich" gemeint sein soll. Es konnte sich dabei nicht um den Zeitpunkt der Anordnung der Maßnahme handeln, da sich diese nicht gegen den späteren Beschwerdeführer selbst richtete; dieser rief vielmehr nur zufällig[504] den Inhaber eines überwachten Anschlusses an. Zugleich ging die Kammer - in Übereinstimmung mit dem Urteil des OLG Koblenz - damit stillschweigend davon aus, daß die Verwertung nach den Grundsätzen des Art. 1 § 7 III G 10 sich nicht nur gegen den Verdächtigen oder die in Art. 1 § 2 II 2 G 10 genannten Kontaktpersonen richten kann, sondern auch gegen Dritte, bezüglich derer Verdachtstatsachen erst im Laufe der Maßnahme bekannt werden. Auf dieser Basis führte sie dann weiter aus, dem Wortlaut des Art. 1 § 7 III G 10[505] könne nicht entnommen werden, daß "die Verwertung der gewonnenen Erkenntnisse vom Fortbestand des Verdachts einer Katalogtat abhängen soll". Vielmehr müsse der nachträgliche Wegfall des ursprünglich begründeten Verdachts einer Katalogtat nicht zur Unverwertbarkeit der Erkenntnisse führen[506]. Mit dieser mangels näherer Begründung kaum nachvollziehbaren Interpretation[507], die dazu noch weit über das dem BVerfG zugewiesene Gebiet der Kontrolle fachgerichtlicher Entscheidungen am Maßstab des Verfassungsrechts hinaus in das Feld der Auslegung einfachgesetzlicher Vorschriften reichte[508], gelang es der Kammer, einer Norm, die nach Wortlaut und Sinn die Verwertung der Erkenntnisse auf die in Bezug genommenen Delikte beschränken sollte, jeden derartigen Sinn zu nehmen: Nach der

---

500 Urt. v. 11.2.1985 (Az. 2 Ss 487/84); referiert von *Schlink*, NJW 1989, 11, 12.

501 BVerfG NJW 1988, 1075.

502 zur methodischen Kritik an diesem Vorgehen *Schlink*, NJW 1989, 11, 13.

503 Mit dieser Deutung dürfte die Kammer allerdings den tatsächlichen Sachverhalt verzeichnet haben; vgl. *Schlink*, NJW 1989, 11, 13f.

504 und unter kuriosen Umständen, vgl. *Schlink*, NJW 1989, 11, 12.

505 "Die durch die Maßnahmen erlangten Kenntnisse und Unterlagen dürfen nicht zur Erforschung und Verfolgung anderer als der in § 2 genannten Handlungen benutzt werden, es sei denn, daß sich aus ihnen tatsächliche Anhaltspunkte ergeben, daß jemand eine andere in § 138 des Strafgesetzbuches genannte Straftat zu begehen vorhat, begeht oder begangen hat."

506 BVerfG NJW 1988, 1075.

507 Einen ausführlichen, erfolglosen Interpretationsversuch unternimmt *Schlink*, NJW 1989, 11, 14f.

508 auch hierzu *Schlink*, NJW 1989, 11, 13.

Entscheidung der Kammer sollte der Verwertung vielmehr überhaupt keine Schranke entgegenstehen.

4. Geschützte Kommunikationen

Die im Verfassungsbeschwerdeverfahren zu BVerfGE 30, 1[509] vom damaligen Beschwerdeführer zu 3. aufgeworfene Problematik der Möglichkeit der Überwachung von Anwälten, die die Verteidigung eines einer Katalogtat Verdächtigen übernommen hatten, wurde auch für Maßnahmen nach Art. 1 G 10 in Politik und Literatur mehrmals aufgegriffen. 1974 legte die Bundesregierung einen Gesetzentwurf vor, der einen Ausschluß der Anordnungsmöglichkeit gegenüber Rechtsanwälten sowie Rechtslehrern an Hochschulen vorsah, die wegen einer Katalogtat nach Art. 1 § 2 I G 10 zum Verteidiger gewählt oder bestellt worden waren, sofern sie nicht selbst Verdächtige waren[510]. Die Bundesregierung führte zur Begründung aus, die sich aus Art. 1 G 10 ergebenden Überwachungsmöglichkeiten könnten die Verteidigung des Verdächtigen beeinträchtigen und seien auch nicht mit der Aufgabe der Verteidiger ihren Mandanten gegenüber vereinbar. "Es widerspräche vor allem der Aufgabenstellung der Verteidiger, wenn die Wahrung des Verteidigungsrechts des Betroffenen durch Beschränkungsmaßnahmen gegen sie unterlaufen werden könnte. Im Ergebnis würde der Betroffene dadurch keine Hilfe bezüglich der gegen ihn erhobenen Vorwürfe, sondern eine Verschlechterung seiner Rechtsposition erfahren."[511]

Der Bundesrat lehnte jedoch die vorgeschlagene Neuregelung ab und führte aus, es solle kein Präzedenzfall für alle Berufsgruppen geschaffen werden, denen in vergleichbarer Weise wegen des besonderen Vertrauensverhältnisses eine Verschwiegenheitspflicht obliege. Im übrigen würde die Entwurfsfassung "für die Praxis ... gerade im Hinblick auf die nicht wenigen mit Anarchisten sympathisierenden Anwälte eine Erschwernis bedeuten"[512]. Dem hielt die Bundesregierung zunächst noch entgegen, der von einer Abhörmaßnahme Betroffene, der einen Verteidiger bestelle, dürfe nicht schlechter gestellt werden als jeder andere Beschuldigte. Es gehe also nicht um die Privilegierung einer bestimmten Berufsgruppe, sondern um die Wahrung der Rechts des Betroffenen. Außerdem sei angesichts der klaren Regelung auch keine Präzedenzwirkung für andere Berufsgruppen zu erwarten. Schließlich sei auch die Sorge vor Mißbrauch unbegründet: Derjenige Verteidiger, der Komplize des Betroffenen sei, sei damit zugleich selbst Verdächtiger, so daß die Ausnahmeregelung auf ihn nicht zutreffe. Die Möglichkeit des Mißbrauchs eines Verteidigers als gutgläubiges Werkzeug sei dagegen als so gering

---

[509] vgl. oben S. 56.

[510] Art. 1 Nr. 5 des Entwurfs eines Gesetzes zur Änderung des Gesetzes zur Beschränkung des Brief-, Post- und Fernmeldegeheimnisses; BT-Drucks. VII/2507, 4.

[511] BT-Drucks. VII/2507, 7.

[512] BT-Drucks. VII/2507, 10.

einzuschätzen, daß sie nicht als regelungsbedürftig erscheine[513]. Auch der Rechts- und der Innenausschuß lehnten aber den Vorschlag mit der Begründung ab, sie sähen kein besonderes Schutzbedürfnis der Strafverteidiger im Vergleich zu anderen Personen und Berufsgruppen[514]. Der Entwurf kam in der 7. Wahlperiode des Bundestages schließlich nicht mehr zur Beratung. In der 8. Wahlperiode ließ sich die Regierungskoalition dann von den Bedenken gegen die geplante Einschränkung überzeugen und sah von ihr ab. In den parlamentarischen Beratungen führte für die Regierungskoalition der Abgeordnete *Linde* aus, dennoch müsse dem Vorurteil entgegengetreten werden, daß jeder Anwalt, der z.B. einen Terroristen verteidige, automatisch damit rechnen müsse, daß sein Telefonanschluß überwacht werde. Dies sei nicht der Fall und "weder durch den Gesetzeswortlaut noch durch die Staatspraxis gedeckt". Es müsse "ein weiterer gravierender Anlaß, ein besonderer Verdacht noch hinzukommen"[515]. Dieser beschwichtigende Rekurs *Linde*s auf den Gesetzeswortlaut ging allerdings völlig fehl. Tatsächlich verlangte das Gesetz keinerlei Verdacht gegen den Verteidiger; vielmehr setzte Art. 1 § 2 II 2 G 10 lediglich voraus, daß auf Grund bestimmter Tatsachen anzunehmen war, daß der Verteidiger für den Verdächtigen bestimmte oder von ihm herrührende Mitteilungen entgegennahm oder weitergab oder daß der Verdächtige seinen Anschluß benutzte. Daß aber der Verteidiger Adressat von Mitteilungen des Verdächtigen, also seines Mandanten, sein würde, dürfte eine äußerst naheliegende Annahme gewesen sein.
Auch später wurde eine Übertragung der Grundsätze des zu §§ 100a ff. StPO ergangenen Urteils in BGHSt 33, 347, das die Überwachung des Anschlusses des Verteidigers eines Beschuldigten untersagt hatte, auf Maßnahmen nach Art. 1 G 10 von der Kommentarliteratur abgelehnt[516].
Damit stand auch nach dem Zeitpunkt des Ergehens dieser Entscheidung des BGH im Jahre 1985 für Fälle, die sich unter den Katalog des Art. 1 § 2 I G 10 subsumieren ließen, mit dem Weg über Art. 1 G 10 eine "Ausweichmöglichkeit" zur Überwachung des Anschlusses eines Verteidigers nach §§ 100a ff. StPO zur Verfügung, zumal die Verwertung im Strafprozeß gem. Art. 1 § 7 III G 10 außer für Tatbestände aus diesem Katalog auch für solche gesichert war, die in § 138 StGB aufgeführt waren.

5. Die Strategische Kontrolle nach Art. 1 § 3 G 10
Die Strategische Kontrolle stellte im System des Art. 1 in verschiedener Hinsicht einen Sonderfall dar: Nicht nur war sie von eigenen, erheblich von der Regelung des Art. 1 §§ 1, 2 G 10 abweichenden Voraussetzungen abhängig. Darüber hinaus waren die Details ihrer praktischen Durchführung wegen der noch strikteren Geheimhaltung der Maß-

---

[513] BT-Drucks. VII/2507, 12.
[514] vgl. *Miltner*, Verhandlg. des Dt. BT, Stenogr. Ber., 8. Wahlper., 95. Sitzg., 7573 A.
[515] vgl. *Linde*, Verhandlg. des Dt. BT, Stenogr. Ber., 8. Wahlper., 95. Sitzg., 7573 D.
[516] B/E-*Borgs*, § 2 G 10, R. 19; dagegen allerdings *Riegel*, ZRP 1987, 431, 433; E/K-*Riegel*, § 2 G 10, R. 21f. (u.a. unter Hinweis auf Art. 6 EMRK).

nahmen und der durchaus bewußt etwas unscharf gefaßten gesetzlichen Regelung[517], die auf eine nähere Konkretisierung der zu überwachenden Bereiche verzichtete, der Öffentlichkeit noch unbekannter als bei den sonstigen Maßnahmen nach Art. 1 G 10; es existiert auch weniger Literatur und Rechtsprechung zu diesem Thema als zu sonstigen Fragestellungen im Bereich des Art. 1 G 10. Recht häufig wurden sowohl in der Literatur als auch im politischen Raum Bedeutung und Tragweite der hier eingeräumten Befugnisse völlig mißverstanden[518]. Allerdings führte eine Verfassungsbeschwerde gegen Maßnahmen nach Art. 1 § 3 G 10 im Jahre 1984 zu einem Urteil des BVerfG[519], in dem es nicht nur Ausführungen zu den verfassungsrechtlichen Mindestanforderungen an die Regelung der Überwachung machte, sondern auch einige praktische Details der Durchführung beschrieb.

Aus dem vorhandenen Material ergeben sich die folgenden Grundsätze:

Da die Maßnahmen dem Schutz der Bundesrepublik vor bewaffneten Angriffen von außen dienen sollten (vgl. Art. 1 § 3 I 2 G 10), durfte nur Nachrichtenverkehr mit dem Ausland überwacht werden. Dazu bestimmte der nach Art. 1 § 5 I G 10 zuständige Bundesminister[520] mit Zustimmung des Abgeordnetengremiums nach Art. 1 § 9 I G 10 diejenigen geographischen Gebiete, von denen aus der Bundesrepublik derartige Gefahren drohten[521]. Für Fernmeldeverkehrsbeziehungen, die ihren Ausgangs- oder Endpunkt in einem derartigen Gebiet hatten, durfte dann auf Antrag des BND (Art. 1 § 4 II Nr. 2 G 10) die Überwachung angeordnet werden (Art. 1 § 3 I 1 G 10). Bei dem Antrag waren die Erfordernisse des Art. 1 § 4 III G 10 zu beachten; dies bedeutete nach Auffassung des BVerfG insbesondere, daß ein bloßer Hinweis darauf, daß etwa die zu überwachenden Verkehrsbeziehungen zu Ländern bestünden, die dem Warschauer Pakt angehörten, nicht ausreichen sollte. Vielmehr müßten bei jedem Antrag - der wegen Art. 1 § 5 III G 10 alle drei Monate neu zu stellen war - näher substantiierte Ausführungen erfolgen[522]. Bei der Anordnung war die Kommission nach Art. 1 § 9 II G 10 zu beteiligen; seit der Änderung des G 10 im Jahre 1978[523] hatte dies außer bei Gefahr im Verzuge (Art. 1 § 9 II 2 G 10) vor dem Vollzug der Maßnahme zu geschehen. Allerdings war nicht die globale Kontrolle sämtlicher Verkehrsbeziehungen mit der betreffenden Region

---

517 vgl. BT-Drucks. V/1880, 10.

518 eindrucksvolle Beispiele bei *Rieger*, 83ff.; *Schimpff*, 37 u. 41f. m. Fn. 115 u. 132.

519 BVerfGE 67, 157.

520 also der Bundesverteidigungsminister; vgl. oben Fn. 199.

521 B/E-*Borgs*, § 3 G 10, R. 5; *C. Arndt*, in: Verfassungsschutz u. Rechtsstaat, 43, 51.

522 BVerfGE 67, 157, 180; dies dürfte allerdings nichts daran ändern, daß in der Praxis ein Bedürfnis zur Durchführung der Maßnahme nach Art. 1 § 3 G 10 bezüglich des Verkehrs mit bestimmten Ländern (*Rieger*, 66, Fn. 136 zitiert den Stern 41/1982, der die Länder des Warschauer Paktes sowie Afghanistan, Indien, Pakistan, Iran, Irak, die Schweiz und Griechenland nannte) dauerhaft oder zumindest über längere Zeiträume angenommen wurde, vgl. hierzu *Rieger*, 67f. m. Fn. 140f.

523 vgl. oben S. 94ff.

zulässig[524]; vielmehr mußte es sich um die Überwachung von Verkehrsbeziehungen zwischen zwei genau definierten Anfangs- und Endpunkten handeln, also etwa eines grenzüberschreitenden Sammelkabels zwischen zwei Fernsprechknotenpunkten[525]. Die Überwachung erfolgte in der Weise, daß computergestützt die über die Leitung geführten Gespräche auf das Vorkommen bestimmter Suchbegriffe und Silben überprüft wurden und daß ein Mitschnitt nur dann erfolgte, wenn ein solcher Begriff fiel oder eine solche Silbe gesprochen wurde[526]. Dabei durfte sowohl ein- als auch ausgehender Verkehr überwacht werden[527]. Zusammenfassend läßt sich sagen, daß es sich um ein Verfahren zur massenhaften Erhebung von Einzelinformationen handelte, die als "Mosaiksteinchen"[528] zur Ermittlung verteidigungspolitisch relevanter Tatsachen beitragen sollten.

Ein Einsatz der Strategischen Kontrolle zur Abwehr von Gefahren für die innere Sicherheit der Bundesrepublik war nicht zulässig[529]. Ebensowenig durfte die Strategische Kontrolle auf die Überwachung bestimmter einzelner Personen ausgerichtet sein[530]. Dies war mit ihren Methoden aber technisch auch gar nicht denkbar, da im modernen automatisierten Fernmeldeverkehr für die überwachende Stelle nicht vorhersehbar war, welcher Weg bei der Übertragung der Gespräche eines bestimmten Teilnehmers im Netz genommen werden würde[531]. Dennoch erscheint es nicht als nachvollziehbar, daraus den Schluß zu ziehen, die Verwertungsregelung in Art. 1 § 3 II G 10, die sich inhaltlich, wie bereits ausgeführt, an derjenigen in Art. 1 § 7 III G 10 orientierte[532], habe deshalb keine praktische Bedeutung[533]. Trotz der Automatisierung und der massenhaft anfallenden Erkenntnisse aus der Überwachung ist es nämlich selbstverständlich, daß bei der überwachenden Stelle, also dem BND, in irgendeiner Form eine Auswertung der Aufzeichnungen stattgefunden hat; anderenfalls wäre die Überwachung völlig nutzlos gewesen[534]. Im Rahmen dieser Auswertung wäre es durchaus denkbar gewesen, das angefallene Material neben der Untersuchung auf Anhaltspunkte für äußere Gefahren für die Bundesrepublik auch auf Tatsachen hin zu überprüfen, die belastenden Charakter für Ein-

---

524 BVerfGE 67, 157, 174.

525 BVerfGE 67, 157, 174; *C. Arndt*, Verfassungsschutz und Rechtsstaat, 43, 51.

526 BVerfGE 67, 157, 182; *C. Arndt*, Verfassungsschutz und Rechtsstaat, 43, 52.

527 BVerfGE 67, 157, 176.

528 BVerfGE 67, 157, 175.

529 BVerfGE 67, 157, 180f.

530 BVerfGE 67, 157, 174 u. 180ff.; B/E-*Borgs*, § 3 G 10, R. 2; E/K-*Riegel*, § 3 G 10, R. 13; derartige Befürchtungen hatte *Schwan*, NJW 1980, 1992, 1997 angedeutet.

531 Darauf wiesen BVerfGE 67, 157, 182 u. *C. Arndt*, Verfassungsschutz und Rechtsstaat, 43, 52 hin.

532 vgl. oben S. 42f.

533 so aber *C. Arndt*, NJW 1985, 107, 108.

534 zu Methoden und Gesichtspunkten dieser Auswertung *Rieger*, 69ff.

zelpersonen hatten[535]. Jedenfalls dürfte es aber gerade angesichts der Tatsache, daß in massenhaftem Umfang Informationen erhoben wurden, zumindest zu einem zufälligen Anfall von Erkenntnissen über Einzelpersonen gekommen sein[536]. Wenigstens für den Bereich der Strategischen Postkontrolle ist durch Tätigkeitsberichte des Bundesbeauftragten für den Datenschutz (BfD) aus dem Zeitraum von 1979 bis zum Frühjahr 1980 ohnehin eine - wenn auch restriktive - Praxis der Weitergabe personenbezogener Erkenntnisse dokumentiert. Zwar erfolge, so der BfD, grundsätzlich keine Verwertung derartiger Erkenntnisse durch den BND. In ganz wenigen Ausnahmefällen, in denen dem zuständigen Sachbearbeiter besondere Gesichtspunkte aufgefallen seien, seien die Informationen aber an andere Nachrichtendienste weitergegeben worden[537]. Ähnliche Berichte über die Praxis der Strategischen Telefonkontrolle liegen jedoch nicht vor, weil die Zuständigkeit des BfD zur Überprüfung der Datenerhebung und -verwendung im Bereich des Art. 1 G 10 seitens des Bundesinnenministeriums und der Nachrichtendienste seit 1980 bestritten wurde und der BfD insoweit seit dieser Zeit keine Kontrollen mehr durchführen konnte[538].

Im übrigen wäre es auch zumindest theoretisch denkbar gewesen, durch gezielte Wahl der Suchbegriffe und -silben den Anfall von "Zufallserkenntnissen" bezüglich der inneren Sicherheit (oder sonstwie gearteter anderer Themenbereiche) zu beeinflussen[539]. Eine Benachrichtigung der im Rahmen der strategischen Kontrolle abgehörten Fernsprechteilnehmer fand - auch nach der Novellierung des G 10 - nicht statt, da sie, so das BVerfG, keine "Betroffenen" im Sinne des Art. 1 § 5 V G 10 n.F. seien[540].

### III. Nachrichtendienstliche Abhörtätigkeit außerhalb des Bereichs des Art. 1 G 10

#### 1. Verfassungsschutzbehörden

Der Schluß von der Aufgabenzuweisung an die Verfassungsschutzbehörden auf die Zulässigkeit des Einsatzes nachrichtendienstlicher Mittel[541] war nicht unbestritten geblieben. So führte z.B. 1970 die Einführung des strafrechtlichen Schutzes der Vertraulichkeit des Wortes gegen die Aufzeichnung durch Dritte, insbesondere auch durch Amtsträger (bis 1974: §§ 298, 353d StGB)[542], *Evers*, der bis dahin den Schluß von der Aufgabe auf die Kompetenz selbst vertreten hatte, zu der Auffassung, daß die Auf-

---

535 Auf diese Möglichkeit macht auch *Rieger*, ZRP 1985, 3, 6 aufmerksam.

536 Dies räumt auch B/E-*Borgs*, § 3 G 10, R. 9 ein; *Roewer*, § 3 G 10, R. 7 geht zumindest für den Bereich der Briefkontrolle sogar von einer massenhaften Erhebung personenbezogener Informationen aus; ähnlich auch E/K-*Riegel*, § 3 G 10, R. 13.

537 BfD, BT-Drucks. VIII/3570, 50; IX/93, 55.

538 BfD, BT-Drucks. IX/93, 55; zum Streit über die Zuständigkeit vgl. unten Fn. 689.

539 vgl. hierzu ausführl. *Rieger*, 88f.

540 näher BVerfGE 67, 157, 184ff.

541 vgl. oben S. 19ff.

542 s. o. S. 47f.

gabenzuweisung des § 3 BVerfSchG nun nicht mehr als hinreichende Grundlage für die heimliche Aufzeichnung privater Gespräche durch die Verfassungschutzbehörden angesehen werden könne; die Befugnis zu einem derartigen Vorgehen könne im Lichte der neuen Vorschriften des StGB nur durch eine spezialgesetzliche Ermächtigung vermittelt werden[543]. Auch der Gesetzgeber begann nunmehr, Handlungsbedarf im Bereich der rechtlichen Regelungen über den nachrichtendienstlichen Verfassungsschutz zu sehen. Der Anlaß hierfür waren neben den erwähnten Überlegungen die angesichts der recht unbestimmten bisherigen Fassung des § 3 I BVerfSchG aufgetretenen Zweifel über den Kompetenzbereich der Verfassungsschutzbehörden bei der Beobachtung solcher Tätigkeiten politisch extremer Ausländervereinigungen, die sich nicht gegen die verfassungsmäßige Ordnung des Bundes oder eines Landes richteten, sondern auf die politischen Verhältnisse des jeweiligen Heimatlandes ausgerichtet waren, bei der Spionageabwehr im Bundesgebiet sowie bei der Wahrnehmung von Aufgaben des personellen und technischen Geheimschutzes[544]. Der Freistaat Bayern hatte die auf die Tätigkeit von ausländischen Extremisten bezogenen Überlegungen bereits 1970 aufgegriffen und die Befugniszuweisung in Art. 2 Nr. 1 BayVerfSchG, die bis dahin der in § 3 I BVerfSchG entsprochen hatte, durch § 16 StrBerAnpG[545] ergänzt. Dem dortigen LfV oblag jetzt auch die Sammlung und Auswertung von Auskünften, Nachrichten und sonstigen Unterlagen über Ausländer, soweit deren Bestrebungen geeignet waren, die innere oder äußere Sicherheit oder auswärtige Belange der Bundesrepublik zu beeinträchtigen.

1972 wurden dann vom Bundesgesetzgeber das 31. Gesetz zur Änderung des Grundgesetzes[546] sowie das Gesetz zur Änderung des Gesetzes über die Zusammenarbeit des Bundes und der Länder in Angelegenheiten des Verfassungsschutzes (VerfSchÄndG)[547] verabschiedet.

Die Kompetenzregelung in Art. 73 GG wurde nun mit einer Legaldefinition des Begriffs "Verfassungsschutz" ausgestattet (Art. 73 Nr. 10 lit. b GG: Schutz der freiheitlichen demokratischen Grundordnung, des Bestandes und der Sicherheit des Bundes oder eines Landes); zugleich erhielt der Bund auch die ausschließliche Gesetzgebungskompetenz über die Zusammenarbeit des Bundes und der Länder zum Schutze gegen Bestrebungen im Bundesgebiet, die durch Anwendung von Gewalt oder darauf gerichtete Vorbereitungshandlungen auswärtige Belange der Bundesrepublik gefährdeten (Art. 73 Nr. 10 lit. c GG)[548]. Dementsprechend wurde die Einrichtungskompetenz des Bundes für Zentral-

---

543 ZRP 1970, 147, 149f.

544 vgl. im einzelnen den Bericht der Berichterstatter des BT-Innenausschusses, zu BT-Drucks. VI/3533, 1ff.

545 v. 31.7.1970 (GVBl. 345).

546 v. 28.7.1972 (BGBl. I, 1305).

547 v. 7.8.1972 (BGBl. I, 1382).

548 Art. I Nr. 2 des 31. Ges. z. Änd. d. GG v. 28.7.1972 (BGBl. I, 1305).

stellen zum Schutz der inneren Sicherheit erweitert auf die soeben genannten Zwecke aus Art. 73 Nr. 10 lit. c GG (Art. 87 I 2 GG)[549].
Auf der Basis dieser Änderungen ordnete Art. 1 des VerfSchÄndG die Zuständigkeitsregelung in § 3 BVerfSchG neu. Danach waren die Verfassungsschutzbehörden nunmehr zuständig für die Sammlung und Auswertung von Auskünften, Nachrichten und sonstigen Unterlagen über:
- Bestrebungen, die gegen die freiheitliche demokratische Grundordnung, den Bestand oder die Sicherheit des Bundes oder eines Landes[550] gerichtet waren oder eine ungesetzliche Beeinträchtigung der Amtsführung von Mitgliedern verfassungsmäßiger Organe des Bundes oder eines Landes zum Ziele hatten (§ 3 I Nr. 1 BVerfSchG),
- sicherheitsgefährdende oder geheimdienstliche Tätigkeiten im Geltungsbereich des Gesetzes für eine fremde Macht (§ 3 I Nr. 2 BVerfSchG) und
- Bestrebungen im Geltungsbereich des Gesetzes, die durch Anwendung von Gewalt oder darauf gerichtete Vorbereitungshandlungen auswärtige Belange der Bundesrepublik gefährdeten (§ 3 I Nr. 3 BVerfSchG).
Darüber hinaus waren sie jetzt ausdrücklich zuständig für die Mitwirkung bei
- der Überprüfung von Personen, denen im öffentlichen Interesse geheimhaltungsbedürftige Tatsachen, Gegenstände oder Erkenntnisse anvertraut wurden, die Zugang dazu erhalten sollten oder ihn sich verschafft gekonnt hätten (§ 3 II Nr. 1 BVerfSchG),
- der Überprüfung von Personen, die an sicherheitsempfindlichen Stellen von lebens- oder verteidigungswichtigen Einrichtungen beschäftigt waren oder werden sollten (§ 3 II Nr. 2 BVerfSchG),
- technischen Sicherheitsmaßnahmen zum Schutz von im öffentlichen Interesse geheimhaltungsbedürftigen Tatsachen, Gegenständen oder Erkenntnissen gegen die Kenntnisnahme durch Unbefugte (§ 3 II Nr. 3 BVerfSchG).
Mit Ausnahme von Hessen[551] übernahmen diejenigen Länder, in denen bereits Landesverfassungsschutzgesetze existierten, in den Folgejahren diese Aufgabenzuweisung[552]. Die übrigen Länder gaben sich nun Verfassungsschutzgesetze, die ebenfalls dieselbe

---

[549] Art. I Nr. 4 des 31. Ges. z. Änd. d. GG v. 28.7.1972 (BGBl. I, 1305).

[550] zur Definition des Schutzgutes "Sicherheit" in seinen innen- wie außenpolitischen Bezügen vgl. einerseits Bericht der Berichterstatter des BT-Innenausschusses, zu BT-Drucks. VI/3533, 3f., der dem Schutzgut eine eigenständige Bedeutung beimißt; andererseits B/E-*Borgs*, § 3 BVerfSchG, der die weiteren Teilaufgaben in § 3 I Nr. 2, II BVerfSchG als von diesem Schutzgut ebenfalls miterfaßt ansieht und deshalb von einer "unechten Enumeration" spricht.

[551] Das HessVerfSchG wies noch bis 1990 weder eine Aufgabenzuweisung noch Befugnisnormen auf.

[552] § 2 SchlHVerfSchG idFd Art. 1 Nr. 2 des Ges. z. Änd. d. Ges. üb. d. Errichtg. eines LfV v. 11.7.1973 (GVBl. 271); § 2 I, II SaarlVerfSchG idFd Art. 1 Nr. 1 d. Ges. Nr. 977 z. Änd. d. Ges. Nr. 588 üb. d. Errichtg. eines LfV v. 7.11.1973 (ABl. 789); § 2 I, II BerlVerfSchG idFd Art. I Nr. 1 d. Ges. z. Änd. d. Ges. üb. d. Errichtg. eines LfV v. 20.3.1974 (GVBl. 602); Art. 2 I, II Nr. 1-3 BayVerfSchG idFd Ges. z. Änd. d. Ges. üb. d. Errichtg. eines LfV v. 24.7.1974 (GVBl. 348); in Baden-Württemberg wurde die bis dahin geltende VO der vorläufigen Regierung von 1952 ersetzt durch das Ges. üb. d. VerfSch in B.-W. (LVSG) v. 17.10.1978 (GBl. 553) mit den entspr. Bestimmungen in § 3 I, II Nr. 1-3.

Aufgabenzuweisung enthielten[553]. Z.T. sahen sie darüber hinaus noch weitere Aufgaben für ihre Landesverfassungsschutzbehörden vor. So wurden diese in Bayern (Art. 2 II Nr. 4 BayVerfSchG), Bremen (§ 3 II Nr. 4 BremVerfSchG)[554] und Rheinland-Pfalz (§ 3 II Nr. 4 LVSG RhPf)[555] auch zur Mitwirkung bei der Überprüfung von Personen berufen, die sich um Einstellung in den öffentlichen Dienst beworben hatten; in Baden-Württemberg galt dies nur auf Anforderung der Einstellungsbehörde (§ 3 II Nr. 4 1. Alt. BWVerfSchG). In Schleswig-Holstein wurde der Verfassungsschutzbehörde in diesen Fragen gegenüber den Dienstbehörden eine beratende Funktion eingeräumt (§ 2 III SchlHVerfSchG). In Niedersachsen durfte den Einstellungsbehörden lediglich Auskunft über Erkenntnisse aus der Aufgabenerfüllung nach Abs. 1 der Aufgabenzuweisung gegeben werden, sofern sie Zweifel daran begründen konnten, daß der Bewerber jederzeit für die freiheitliche demokratische Grundordnung eintreten würde (§ 3 III NVerfSchG)[556]. Darüber hinaus war in Baden-Württemberg das LfV auch zur Mitwirkung bei der Überprüfung von Beschäftigten im öffentlichen Dienst berufen, bei denen der auf Tatsachen beruhende Verdacht bestand, daß sie gegen die Pflicht zur Verfassungstreue verstoßen hatten (§ 3 II Nr. 4 2. Alt. BWVerfSchG). Schließlich erweiterte Bremen die dem § 3 II Nr. 2 BVerfSchG entsprechende Aufgabennorm dahingehend, daß das LfV auch bei der Überprüfung von Personen mitwirkte, die an den dort genannten Stellen nicht beschäftigt waren oder werden sollten, aber die Zugang zu ihnen erhalten sollten oder ihn sich verschaffen konnten (§ 3 II Nr. 2 BremVerfSchG). Zur Erfüllung aller dem BfV zugewiesenen Aufgaben - also auch der nach § 3 II BVerfSchG - und mit der Bestrebung, etwaigen diesbezüglichen Zweifeln vorzubeugen[557], ermächtigte das Gesetz die Behörde zugleich erstmals ausdrücklich zur Anwendung nachrichtendienstlicher Mittel (§ 3 III 2 BVerfSchG). Die Länder, wiederum mit Ausnahme von Hessen, übernahmen auch diese Ermächtigung in ihre Landesverfassungsschutzgesetze, allerdings nur in Bayern (Art. 3 II 2 BayVerfSchG), Berlin (§ 2 IV 3 BerlVerfSchG), Hamburg (§ 4 I 1 HambVerfSchG) und dem Saarland (§ 4 I 2 SaarlVerfSchG) in vollem Umfang; in den übrigen Ländern durften nachrichtendienstliche Mittel nur bei Vorliegen von Anhaltspunkten für den Verdacht von Bestrebungen

---

553 § 3 I, II Nr. 1-3 BremVerfSchG v. 5.3.1974 (GBl. 115); § 3 I, II Nr. 1-3 RhPfVerfSchG v. 23.1.1975 (GVBl. 33); § 3 I, II NVerfSchG v. 12.7.1976 (GVBl. 181); § 3 HambVerfSchG v. 13.2.1978 (GVBl. 51); § 3 VSG NW v. 21.7.1981 (GVBl. 406).

554 Diese Zuständigkeit wurde 1981 wieder ersatzlos gestrichen (Art. 1 Nr. 1 des Ges. z. Änd. d. Ges. üb. d. VerfSch im Lande Bremen u. d. Ges. z. Ausf. d. Ges. z. Beschränkg. d. Brief-, Post- u. Fernmeldegeheimnisses v. 23.3.1981; GBl. 73).

555 Hier entfiel diese Befugnis bereits zum 18.5.1979 wieder (Art. 1 Nr. 1 lit. a des Landesges. z. Änd. d. Landesges. üb. d. VerfSch in Rh.-Pf. v. 21.12.1978; GVBl. 769); die Regelung ab diesem Zeitpunkt (§ 3 III LVSG RhPf; ab 1986 § 1 III iVm § 7 III RhPfVerfSchG v. 26.3.1986; GVBl. 73) entsprach derjenigen in Niedersachsen (dazu sogleich im Haupttext).

556 Diese Regelung dürfte gegenüber der ansonsten im Wege der allgemeinen Amtshilfe geübten Praxis (hierzu B/E-*Borgs*, § 3 BVerfSchG, R. 33) sogar eine gewisse Einschränkung bedeutet haben.

557 Bericht der Berichterstatter des BT-Innenausschusses, zu BT-Drucks. VI/3533, 5.

oder Tätigkeiten i.S.d. § 3 I BVerfSchG eingesetzt werden, waren also m.a.W. im Bereich der Erfüllung der Aufgaben nach § 3 II BVerfSchG ausgeschlossen[558]. Allerdings erfolgte keine inhaltliche Präzisierung des Begriffs des nachrichtendienstlichen Mittels. Nach Auffassung der am Gesetzgebungsverfahren des Bundes Beteiligten wäre eine solche "untunlich" gewesen; für die Bestimmung der rechtlich zulässigen Mittel sowie für die Art und Weise ihrer Anwendung sollte - weiterhin - der Innenminister verantwortlich sein[559].

Für den hier interessierenden Bereich des Abhörens von Gesprächen dürfte auch in der Folge[560] trotz der inhaltlichen Unbestimmtheit der Norm für die Praxis die Auffassung bestimmend geblieben sein, daß neben der unproblematisch für zulässig gehaltenen Observation, bei der auch Gespräche ohne Einsatz technischer Mittel belauscht werden konnten[561], auch das Abhören unter Einsatz technischer Hilfsmittel zum Zwecke der Verstärkung, Übertragung oder Aufzeichnung als zulässiges nachrichtendienstliches Mittel anzusehen sei[562].

Zu berücksichtigen war allerdings auch hier der besondere Schutz der Wohnung durch Art. 13 GG. Das heimliche Abhören von in einer Wohnung geführten Gesprächen gegen den Willen des Wohnungsinhabers stellte einen Eingriff in den Schutzbereich dieses Grundrechts dar. Allerdings wurde seit den 70er Jahren verschiedentlich - und insbesondere in den für die Praxis sicherlich nicht unmaßgeblichen Kommentarwerken zum Recht der Nachrichtendienste - die Auffassung geäußert, die ÄfV könnten sehr wohl Abhörmaßnahmen auf die verfassungsunmittelbare Eingriffskompetenz in Art. 13 III 1. Alt. GG stützen, sie also m.a.W. zur Abwehr einer gemeinen Gefahr oder einer Lebensgefahr für einzelne Personen vornehmen, sofern das Bestehen einer konkreten Gefahr zu bejahen sei und der Eingriff nicht lediglich der Gefahrerforschung diene[563]. Verstand

---

[558] § 4 I BWVerfSchG; § 4 I BremVerfSchG (ab 1981: § 4 II 1); § 4 I 1 NVerfSchG; § 4 I 1, II VSG NW; § 4 I LVSG RhPf; § 3 I 1 SchlHVerfSchG.

[559] so der Bericht der Berichterstatter des BT-Innenausschusses, zu BT-Drucks. VI/3533, 5.

[560] zu den bis dahin geltenden Ansichten vgl. oben S. 21ff.

[561] zur Zulässigkeit dieser Maßnahme B/E-*Borgs*, § 3 BVerfSchG, R. 165; *Roewer*, § 3 BVerfSchG, R. 141; *Schatzschneider*, 212ff. u. 222f. (die beiden Erstgenannten machen allerdings terminologisch einen Unterschied zwischen dem Begriff der Observation, dem sie nur die optische Überwachung unterordnen, und der akustischen Überwachung ohne Einsatz technischer Hilfsmittel).

[562] B/E-*Borgs*, § 3 BVerfSchG, R. 169; *Roewer*, § 3 BVerfSchG, R. 170; *ders.*, NJW 1985, 773f. (m. Nachw. zur Praxis in Fn. 11); *Riegel*, DVBl 1985, 765, 768; *Schwagerl*, 154ff. (m. Erl. zur Praxis); aA *Schlink*, NJW 1980, 552ff. u. NJW 1981, 565f. (m. abl. Erwiderg. v. *Schwabe*, NJW 1980, 2396f. u. NJW 1981, 566f.), der den ÄfV nur Jedermannsrechte zugestehen will und der daher, abgesehen von den Fällen der Einwilligung, der Notwehr, des Notstandes und der Sozialadäquanz, nur die Aufzeichnung des öffentlich gesprochenen Wortes für zulässig hält (NJW 1980, 552, 555f.).

[563] B/E-*Borgs*, § 3 BVerfSchG, R. 170; *Roewer*, § 3 BVerfSchG, R. 171; *Klein*, VVdStRL Heft 37 (1979), 53, 97; *Herzog*, 14; *Boeden*, 20.

man dabei den Begriff der Abwehr einer gemeinen Gefahr so weit wie etwa *Roewer*, der das Tatbestandsmerkmal "in den Fällen des Terrorismus" als in der Regel gegeben ansah[564], so dürfte allerdings die Ausnahmebestimmung des Art. 13 III 1. Alt. GG ein erhebliches Gewicht erhalten haben. Die Gegenauffassung blieb bei dem schon in den 60er Jahren vertretenen Standpunkt, daß die Zuständigkeit der ÄfV dem Tätigwerden nach dieser Vorschrift entgegenstehe. Ihre Aufgabe bestehe lediglich in der Sammlung und Auswertung von Nachrichten über Gefahren, nicht aber in der Gefahrenabwehr (§ 3 I, II BVerfSchG n.F.); dies werde auch durch das Fehlen polizeilicher Zwangsbefugnisse verdeutlicht (§ 3 III 1 BVerfSchG n.F.)[565].

Einigkeit bestand demgegenüber dahingehend, daß § 3 III 2 BVerfSchG nicht zu Eingriffen in das Grundrecht auf Unverletzlichkeit der Wohnung auf der Grundlage des Art. 13 III 2. Alt. GG (Verhütung dringender Gefahren für die öffentliche Sicherheit und Ordnung) ermächtige. Dies wurde überwiegend schon daraus geschlossen, daß das BVerfSchG den Art. 13 GG nicht als eingeschränktes Grundrecht nannte (vgl. Art. 19 I GG)[566]. Ansonsten wurde auch hier auf die fehlenden Zwangsbefugnisse der Verfassungsschutzbehörden verwiesen[567]; z.T. wurde auch aus dem Umstand, daß sämtliche bis dahin bekannten Beschränkungen des Grundrechts auf der Basis des Art. 13 II, III GG nur zu offen durchgeführten Maßnahmen ermächtigten, geschlossen, daß heimliche Eingriffe grundsätzlich nicht möglich seien, weil sie die völlige Aufhebung der räumlichen Privatsphäre nach sich zögen[568].

Es finden sich allerdings gelegentlich auch Äußerungen führender Praktiker, die ganz selbstverständlich von der Zulässigkeit des Einbaus von Mikrofonen in Wohnungen als nachrichtendienstliches Mittel ausgehen[569] und derartige Erwägungen mit einer allgemeinen Güterabwägung des staatlichen Aufklärungsinteresses gegenüber dem betroffenen Individualgrundrecht rechtfertigen, ohne auf die besonderen Voraussetzungen eines Eingriffs in das jeweilige Grundrecht, hier also auf Art. 13 II, III GG, besondere Rücksicht zu nehmen[570]. Es läßt sich denn auch aus den aus den betreffenden Jahrzehnten bekanntgewordenen Fällen der Rückschluß ziehen, daß die Nachrichtendienste jenseits aller theoretischen Erwägungen nicht zögerten, sich eine Kompetenz für Eingriffe in den Schutzbereich des Art. 13 I GG zuzumessen, sofern sie dies für angebracht hielten.

---

564 § 3 BVerfSchG, R. 171.

565 BK-*Evers*, Art. 73 Nr. 10, R. 53; *de Lazzer/Rohlf*, JZ 1977, 207, 208f.; *Böckenförde*, NJW 1978, 1881, 1882, *Schwagerl*, 159f u. 162; wohl auch *Schatzschneider*, 236f.

566 *Roewer*, § 3 BVerfSchG, R. 171; *Schatzschneider*, 236; *de Lazzer/Rohlf*, JZ 1977, 207, 210; anders allerdings das RhPfVerfSchG ab 1986, dazu unten S. 113f.

567 BK-*Evers*, Art. 73 Nr. 10, R. 53.

568 *de Lazzer/Rohlf*, JZ 1977, 207, 210f.

569 *Nollau*, Wie sicher ..., 162f.

570 *Nollau*, aaO, 164.

Aus dem Bereich der Verfassungsschutzbehörden[571] und zugleich als der bekannteste in dieser Hinsicht bekanntgewordene Fall ist die sog. *Traube*-Affäre zu nennen[572]. Im BfV war aufgrund einer persönlichen Bekanntschaft des Atomwissenschaftlers *Traube*, der in leitender Stellung bei einem Unternehmen tätig war, das sich mit kerntechnischen Zukunftsentwicklungen befaßte, mit dem (damals noch vermutlichen) Terroristen *Klein* im Jahre 1975 die Vermutung entstanden, *Traube* arbeite mit Linksterroristen zusammen. Eine Überwachung des Telefonverkehrs nach Art. 1 G 10 und der Einsatz nachrichtendienstlicher Mittel, insbesondere eine umfassende Observation, erbrachten aber keine Erkenntnisse in dieser Richtung. Es lag kein Tatsachenmaterial vor, das die Einleitung eines strafprozessualen Ermittlungsverfahrens möglich und erforderlich gemacht hätte. In dieser Situation entschied sich der Präsident des BfV am 30.12.1975 zur Durchführung eines "Lauschangriffs" gegen *Traube*. Angehörige des BfV brachen in dessen Wohnung ein und brachten eine Abhöranlage an. Bundesinnenminister *Maihofer* wurde aufgrund von Kommunikationsproblemen zwischen seinem Ministerium und dem BfV erst ca. 2 Wochen später von der Maßnahme informiert, deckte sie aber dann. Die Überwachung blieb ergebnislos und wurde am 28.2.1976, erneut im Wege eines Einbruchs in *Traube*s Wohnung, abgebrochen. *Traube* wurde am 16.3.1977 durch eine Erklärung *Maihofer*s vor dem Bundestag rehabilitiert[573]. Gegen einen Beamten des BfV und zwei von dessen Bekannten außerhalb der Behörde, die die betreffenden Informationen dem Nachrichtenmagazin SPIEGEL zugespielt und damit für das Bekanntwerden in der Öffentlichkeit gesorgt hatten, wurde zunächst teilweise wegen des Verdachts der verfassungsfeindlichen Sabotage, später nur noch wegen Verletzung des Dienstgeheimnisses und Verwahrungsbruchs ermittelt; zu einer Verurteilung kam es jedoch nicht[574]. Zur Rechtfertigung der Maßnahme gegen *Traube* beriefen sich der Innenminister und das BfV nicht nur darauf, zur Abwehr einer gemeinen Gefahr gemäß Art. 13 III 1. Alt. GG gehandelt zu haben, sondern machten auch geltend, durch eine Güterabwägung wegen rechtfertigenden Notstandes gem. § 34 StGB gerechtfertigt gewesen zu sein[575]. Sie stießen dabei aber in der Öffentlichkeit auf deutlichen Widerspruch. So wurde die Berufung auf Art. 13 III 1. Alt. GG schon deshalb als unzulässig angesehen, weil es erst um die Erforschung der Frage, ob möglicherweise eine Gefahr bestand, gegangen war[576]. Die Berufung auf Notstandsgesichtspunkte wurde daneben insbesondere auch deshalb zurückgewiesen, weil mit Art. 13 III 1. Alt. GG bereits eine abschließende Regelung für

---

[571] zu Fällen im Tätigkeitsbereich des MAD s. unten S. 116f.

[572] Darstellungen des Sachverhalts bei *de Lazzer/Rohlf*, JZ 1977, 207; *Schwagerl*, 161; *Maihofer*, Verhandlg. d. Dt. BT., 17. Sitzg. d. 8. Wahlper., 958 A ff.; *Traube*, 61ff.

[573] Verhandlg. d. Dt. BT., 17. Sitzg. d. 8. Wahlper., 960 D f.

[574] vgl. OLG Köln NJW 1979, 1216; BGHSt 27, 307; 29, 244.

[575] vgl. zu derartigen Überlegungen bereits oben S. 20.

[576] *Schwagerl*, 162f.; *Wallmann*, Verhandlg. d. Dt. BT., 17. Sitzg. d. 8. Wahlper., 963 B f.; *Bangemann*, aaO, 989 B f.

Notstandseingriffe in den Schutzbereich des Grundrechts zur Verfügung stehe[577]. Interessant sind die Reaktionen auf den Fall *Traube* im politischen Raum insbesondere auch deswegen, weil in der Debatte über den Fall immer wieder betont wurde, wie gefährlich eine derartige Vorgehensweise für das Vertrauen der Bevölkerung in die Nachrichtendienste sei[578]. Im Hinblick darauf bestand im Bundestag weitgehende Einigkeit darüber, daß sicherzustellen sei, daß die Maßnahme gegen *Traube* ein Einzelfall aufgrund sehr ungewöhnlicher individueller äußerer Umstände bleibe. Es wurde engagiert gegen eine gesetzliche Regelung derartiger Eingriffe plädiert, gerade weil man befürchtete, daß diese dann zum Normalfall würden[579]. Die Abgeordnete *Matthäus-Maier* führte sogar aus: "Einem Ermächtigungsgesetz in Sachen Wanzen dürfte meiner Ansicht nach auf keinen Fall zugestimmt werden. Im übrigen bin ich der festen Überzeugung, daß ein solches Gesetz ... verfassungswidrig wäre und auch vom Bundesverfassungsgericht nicht akzeptiert werden würde."[580] Im Hinblick auf die tatsächliche spätere Tätigkeit des Gesetzgebers[581] fällt auch hier wieder ein frappierendes Bild auf den Wandel zuvor in weiten Kreisen geteilter Auffassungen in dem relativ kurzen Zeitraum von ein bis zwei Jahrzehnten.

In einem Bundesland schlug sich dieser Auffassungswandel sogar noch im Laufe der 80er Jahre im Gesetz nieder: § 11 RhPfVerfSchG[582] nannte seit 1986 als durch dieses Gesetz eingeschränktes Grundrecht ausdrücklich Art. 13 GG. Es erfolgte allerdings keinerlei weitere Festlegung der Voraussetzungen und Modalitäten eines Eingriffs in dieses Grundrecht, was im Hinblick auf das Bestimmtheitsgebot und die differenzierten Tatbestandsmerkmale des Art. 13 III GG sehr bedenklich erscheint. Auch wenn die Befugnis zum Einsatz nachrichtendienstlicher Mittel in Wohnungen damit verfassungsrechtlich angreifbar gewesen sein mag, dürfte dies den Betroffenen allerdings nichts genützt haben, da sie wegen des Fehlens einer Mitteilungspflicht auch nach Abschluß einer solchen Maßnahme in der Regel nichts über deren Durchführung erfahren haben werden. Wesentlich eindrucksvoller als eine verfassungsrechtliche Bewertung selbst erscheint hier allerdings der Umstand, daß ein Landesgesetzgeber es nach einer langanhaltenden politischen und juristischen Debatte und im Lichte des Volkszählungsurteils für ausreichend gehalten hat, einen rechtlich wie rechtspolitisch derart umstrittenen Eingriff durch eine knappe Einfügung in die Zitiernorm des Landesverfassungsschutz-

---

[577] hierzu u. zu weiteren Gesichtspunkten *de Lazzer/Rohlf*, JZ 1977, 207, 212; *Schwagerl*, 163ff.; *Wallmann*, Verhandlg. d. Dt. BT., 17. Sitzg. d. 8. Wahlper., 963 B; *Gansel*, aaO, 987 A.

[578] *Brandt*, Verhandlg. d. Dt. BT., 17. Sitzg. d. 8. Wahlper., 968 A: "Es wäre tödlich für ... seine wichtige Aufgabe, wenn die Bürger dieses Landes Furcht vor dem Verfassungsschutz haben müßten."; ähnl. *Wernitz*, aaO, 979 C f. u. 981 B; *Matthäus-Maier*, aaO, 991 D ff.

[579] *Maihofer*, Verhandlg. d. Dt. BT., 17. Sitzg. d. 8. Wahlper., 960 C/D; *Brandt*, aaO, 969 A; *Wendig*, aaO, 972 C/D; *Wernitz*, aaO, 982 D; *Wolfgramm*, aaO, 984 C/D.

[580] Verhandlg. d. Dt. BT., 17. Sitzg. d. 8. Wahlper., 993 C.

[581] dazu unten S. 169ff.

[582] v. 26.3.1986 (GVBl. 73).

gesetzes zu regeln. Dies ist um so mehr beachtlich, als die entsprechende Fassung des RhPfVerfSchG bis heute gilt.

Im Hinblick auf einen etwaigen Schutz besonderer Kommunikationsverhältnisse gegen Abhöreingriffe durch die ÄfV finden sich in der Literatur der 70er und 80er Jahre, im Gegensatz zu der der 60er[583], keine besonderen Ausführungen mehr. Augenscheinlich wurde von denjenigen, die die Vornahme von Abhörmaßnahmen als nachrichtendienstliches Mittel für zulässig hielten, dann auch der Einsatz gegen Abgeordnete, Ärzte, Seelsorger usw. für unproblematisch zulässig gehalten[584]. Es findet sich in der Kommentarliteratur lediglich der Hinweis, entgegen anderslautender Auffassungen der Datenschutzbeauftragten[585] sei der Einsatz nachrichtendienstlicher Mittel nicht nur gegenüber Personen zulässig, bei denen selbst Anhaltspunkte für extremistische oder ähnliche Bestrebungen vorlägen. Daß solche Mittel vielmehr auch gegenüber Kontaktpersonen eingesetzt werden dürften - eine Auffassung, die im übrigen hergebrachter nachrichtendienstlicher Praxis entsprechen dürfte -, ergebe sich bereits aus einem Erst-Recht-Schluß aus Art. 1 § 2 II G 10[586]. Lediglich gegenüber anderen inländischen Behörden sollte ein verdecktes Auftreten und damit der Einsatz nachrichtendienstlicher Mittel - mit gewissen Ausnahmen bei Gefährdung des Zwecks der Maßnahmen - untersagt sein[587].
Erwähnenswert erscheint hier allerdings, daß ab den 80er Jahren Beschränkungen der nachrichtendienstlichen Verwertung von Informationen über Minderjährige erwogen wurden. Bremen fügte 1981 als erstes Bundesland in sein VerfSchG eine einschränkende Vorschrift über die Speicherung solcher Daten ein (§ 5 I 2 BremVerfSchG[588]).

2. BND

a) Abhörtätigkeit außerhalb des Fernmeldebereichs

Eine nähere gesetzliche Regelung der Tätigkeit des BND außerhalb des Bereichs des Art. 1 G 10 erfolgte in den 70er und 80er Jahren nicht. Erst durch die Veröffentlichung der entsprechenden Dienstanweisung im Bericht des Guillaume-Untersuchungsausschusses des Bundestages wurde überhaupt die genaue seit dem 4.12.1968 geltende

---

[583] s. oben Fn. 111f.

[584] Allerdings erwägt *Schwagerl*, 150ff. gewisse Begrenzungen der operativen Tätigkeit im Hochschul- und Schulbereich.

[585] zit. nach B/E-*Borgs*, § 3 BVerfSchG , R. 154.

[586] B/E-*Borgs*, aaO; damit übereinstimmend aber auch BfD, 1. TB, 66; dazu, daß im übrigen gegenüber irgendeiner Zielperson ein Verdacht auf Bestrebungen oder Tätigkeiten i.S.d. § 3 I BVerfSchG vorliegen muß, ausführl. *Schwagerl*, 130ff.

[587] *Roewer*, § 3 BVerfSchG, R. 177.

[588] Speicherung nur, wenn der Verdacht auf eine Bestrebung, die durch Anwendung von Gewalt oder darauf gerichtete Vorbereitungshandlungen verfolgt wurde, oder auf eine geheimdienstliche Tätigkeit gerichtet war; zu späteren ähnlichen Regelungen über die Verwendung von Erkenntnissen in anderen Verfassungsschutzgesetzen s.u. S. 272ff.

Aufgabenzuweisung der Öffentlichkeit bekannt[589]. Demnach war der BND zuständig für
- die nachrichtendienstliche Auslandsaufklärung durch Beschaffung und Auswertung von Informationen auf außenpolitischem, wirtschaftlichem, rüstungstechnischem und militärischem Gebiet,
- die Aufklärung der gegnerischen Nachrichtendienste (Gegenspionage),
- die Erledigung sonstiger nachrichtendienstlicher Aufträge des Bundeskanzlers und der Bundesregierung im Ausland und
- die Spionageabwehr innerhalb des BND, sofern der Chef des Bundeskanzleramtes nicht im Einzelfall eine andere Regelung traf.

Diese Aufgabenzuweisung schloß, wie bereits dargelegt[590], nicht aus, daß der Dienst auch im Inland operativ tätig war. Ihm standen hierfür jedoch außerhalb des durch Art. 1 G 10 geregelten Bereichs (also abgesehen von der Strategischen Kontrolle nach Art. 1 § 3 G 10 und der Telefonüberwachung zur Abwehr von Handlungen gegen den BND; vgl. Art. 1 § 4 II Nr. 1 lit. d, Nr. 2 G 10) nach wie vor keinerlei Befugnisse zum Eingriff in Grundrechte zu, so daß er insoweit zum heimlichen Abhören von Gesprächen nicht berechtigt war. Die Schlussfolgerung, diese Rechtslage habe dazu geführt, daß der Dienst auf den Einsatz derartiger Mittel tatsächlich völlig verzichtet hat, darf allerdings nicht nur im Hinblick auf die Erkenntnisse des Guillaume-Untersuchungsausschusses über seine Tätigkeit in den 50er und 60er Jahren als unzutreffend angesehen werden[591].

b) Überwachung des nicht leitungsgebundenen internationalen Telefonverkehrs

Wie die Bundesregierung im Jahre 1993 einräumen mußte, führte der BND seit etwa 1979/80 eine Überwachung nicht leitungsgebundener Fernmeldeverbindungen zwischen der Bundesrepublik und ausländischen Staaten sowie zwischen ausländischen Staaten untereinander durch[592]. Die technische Durchführung erfolgte nach dem Vorbild der Strategischen Kontrolle nach Art. 1 § 3 G 10, d.h., es wurde eine Rasterung nach Suchbegriffen durchgeführt. Die Tätigkeit des BND stand jedoch insoweit nicht unter der Kontrolle der Kommission und des Abgeordnetengremiums nach Art. 1 § 9 G 10. Die Maßnahmen dienten, soweit bekannt, der Gewinnung von Hinweisen auf Rauschgifthandel und Verbreitung von Massenvernichtungswaffen[593].

Eine gesetzliche Eingriffsermächtigung für dieses Vorgehen existierte nicht. Die Bundesregierung nahm allerdings in ihrer Antwort auf eine entsprechende Große Anfrage der Gruppe Bündnis 90/DIE GRÜNEN ohne nähere Erläuterung die Vorschriften des

---

589 BT-Drucks. VII/3246, 47.

590 oben S. 28f.

591 vgl. oben S. 28f. m. Fn. 132; deutlicher noch *Rieger*, ZRP 1985, 3, 5: Die Frage des Einsatzes im Inland sei “uneingeschränkt zu bejahen” aufgrund funktionaler Notwendigkeiten der Aufgabenerfüllung.

592 BT-Drucks. XII/5759.

593 vgl. näher *Riegel*, ZRP 1993, 468ff.

BNDG als Ermächtigungsnormen in Anspruch[594]. Selbst wenn man aber einmal davon absieht, daß dieses Gesetz erst Ende 1990 in Kraft getreten ist[595], so bleibt doch zu beachten, daß eine solche Auslegung sich schon deshalb verbietet, weil das BNDG Art. 10 GG nicht als eingeschränktes Grundrecht zitiert[596].

### 3. MAD

Auch die Aufgaben und Befugnisse des MAD außerhalb des Bereichs des Art. 1 G 10 erfuhren im Laufe der 70er und 80er Jahre keine gesetzliche Regelung. Vielmehr wurde auch hier erst im Laufe der 70er Jahre erstmals auch nur der Wortlaut der internen Richtlinien bekannt, die die Zuständigkeit des Dienstes regelten[597].

Aufgabe des MAD war demnach, im Zuständigkeitsbereich des Bundesministers der Verteidigung die Bundeswehr in ihrem personellen Bestand sowie in ihren Anlagen, Einrichtungen und Gegenständen zu schützen gegen verfassungsfeindliche Bestrebungen und Tätigkeiten im Sinne des § 3 I BVerfSchG sowie gegen Bestrebungen, die sich im Zusammenhang mit Aktivitäten dieser Art gegen die Landesverteidigung richteten, gegen Bestrebungen, die auf ähnliche Straftatbestände gerichtet waren, gegen sicherheitsgefährdende oder geheimdienstliche Tätigkeit im Bundesgebiet für eine fremde Macht und gegen Bestrebungen im Bundesgebiet, die durch Anwendung von Gewalt oder darauf gerichtete Vorbereitungshandlungen auswärtige Belange der Bundesrepublik Deutschland gefährdeten[598].

Wie bereits dargelegt, ging das Verständnis der Praxis dahin, daß dem MAD trotz des Fehlens einer Befugnisnorm zur Erfüllung dieser Aufgaben dieselben Instrumente zur Verfügung stünden wie den Verfassungsschutzbehörden[599]. Daß der Abschirmdienst allerdings sogar bereit war, auch über die damit umrissenen Befugnisse noch hinauszugehen, ist belegt: Der im Jahre 1978 im Zusammenhang mit der sog. "Strauß-Scharnagl-Affäre" eingesetzte Untersuchungsausschuß des Bundestages hatte u.a. den Auftrag zu prüfen, "ob, in welchem Umfang und unter welchen Voraussetzungen ... Abhörmaßnahmen von amtlichen Stellen durchgeführt" worden waren, wobei insbesondere Bezug auf die Tätigkeit des MAD genommen worden war[600]. Der Ausschuß ließ sich hierzu eine Liste sämtlicher außerhalb des Bereichs des G 10 vorgenommener Einsätze von technischen Lauschmitteln durch den MAD seit dem 1.1.1974 vorlegen. Diese Liste

---

[594] BT-Drucks. XII/5759, 5.

[595] dazu unten S. 311f.

[596] so auch *Riegel*, ZRP 1993, 468, 471.

[597] Richtlinien über die Zusammenarbeit von Verfassungsschutz und Nachrichtendiensten mit den Strafverfolgungsbehörden, zit. idF v. 23.7.1973 bei *Gusy*, DÖV 1983, 60, 61.

[598] näher *Gusy*, DÖV 1983, 60, 61.

[599] so für die Bundesregierung *Maihofer*, Verhandlg. des Dt. BT, Stenogr. Ber., 8. Wahlperiode, 78. Sitzung, 6104 B; bestr. z.B. von *Gusy*, DÖV 1983, 60, 64f.; *Riegel*, NJW 1979, 952, 955f.; *Klein*, VVdStRL Heft 37 (1979), 53, 92f.; *Schwan*, NJW 1980, 1992, 1997f.; *Lisken*, ZRP 1984, 144ff.

[600] Nr. III des Einsetzungsbeschlusses, BT-Drucks. VIII/1470, 4.

wurde später durch den Chef des Amtes für Sicherheit der Bundeswehr (ASBw) noch um 2 weitere Fälle aus den Jahren 1973/74 ergänzt[601]. Dem Bericht zufolge hat der MAD in der Zeit vom 7.11.1972 bis zum 17.12.1977 in 11 Fällen Gespräche unter Einsatz technischer Hilfsmittel abgehört; der Zeitraum der jeweiligen Maßnahme differierte dabei zwischen wenigen Minuten und bis zu 9 Monaten (Fall f des Berichts). In 5 dieser 11 Fälle wurden dabei Gespräche im Organisationsbereich des Bundesministers der Verteidigung (Kaserne sowie Büros im Ministerium und bei Bundeswehrdienststellen) abgehört, in 1 Fall in einer Gaststätte. Viermal wurden Gespräche in der Wohnung der jeweiligen Zielperson aufgezeichnet, davon allerdings in einem Fall mit deren Einverständnis. In einem Fall schließlich war in einer öffentlichen Telefonzelle für die Dauer zweier Gespräche jeweils ein Mikrofon angebracht worden (hier scheint der Einsatz aber, was aus dem Bericht nicht ganz deutlich wird, mit dem Wissen des aus der Telefonzelle seinen ausländischen Führungsoffizier anrufenden Agenten vorgenommen worden zu sein).
Der ehemalige ASBw-Chef *Scherer* vertrat die Auffassung, zu diesen Einsätzen sei der MAD bereits durch das bloße Faktum seiner Errichtung und kraft der ihm zugewiesenen Aufgaben befugt gewesen, da sie zur Erfüllung dieses Auftrages erforderlich gewesen seien, und berief sich außerdem auf § 34 StGB[602]. Der Untersuchungsausschuß sah sich deshalb veranlaßt, darauf hinzuweisen, daß er diese rechtliche Einschätzung nicht teile; vielmehr habe der MAD "in rechtlich zweifelhafter Weise Lauschmittel eingesetzt und damit grundrechtlich geschützte Positionen einzelner Betroffener verletzt"[603].
Zudem lassen sich auch diesem Bericht wieder eindrucksvolle Beispiele für die Verunsicherung der Öffentlichkeit entnehmen, die auch nur durch den Verdacht eines illegalen Lauschmitteleinsatzes durch deutsche Nachrichtendienste hervorgerufen wurde. So referiert die Ausschußminderheit allein aus 8 Presseberichten aus dem Zeitraum zwischen dem 26.1. und dem 30.3.1978 über die gerüchteweise bekanntgewordenen MAD-Aktionen, die die Fallzahl u.a. mit "fast 30" angaben und auch Parlamentarier zu den Zielpersonen von Abhörmaßnahmen des MAD zählten[604].

4. Gesetzgeberische Aktivitäten außerhalb des G 10-Bereiches

Als Resultat der Erfahrungen mit nachrichtendienstlicher Tätigkeit in den ersten Jahrzehnten des Bestehens der Bundesrepublik ging die weitere gesetzgeberische Tätigkeit in diesem Rechtsbereich in den 60er und 70er Jahren in zwei verschiedene Hauptrichtungen: Stärkung der parlamentarischen Kontrolle der Nachrichtendienste und genauere gesetzliche Normierung der Tätigkeit der Dienste im Bereich der Informationserhebung wie der -verarbeitung.

---

601 zu Einzelheiten BT-Drucks. VIII/3835, 35f; die Liste ist veröffentlicht aaO, 36f.

602 BT-Drucks. VIII/3835, 38; zu dieser Argumentation s. schon oben S. 20.

603 BT-Drucks. VIII/3835, 33 u. 38.

604 BT-Drucks.VIII/3835, 60f.

a) Parlamentarische Kontrolle

Insbesondere unter dem Eindruck der *Traube*-Affäre wurden im Bundestag Überlegungen über eine wirksamere parlamentarische Kontrolle des Verfassungsschutzes angestellt[605]. Bis dahin war die Kontrolle der nachrichtendienstlichen Tätigkeit des Bundes durch ein parlamentarisches Vertrauensmännergremium ausgeübt worden, dessen Existenz nur auf einer Vereinbarung zwischen dem Bundeskanzler und den Bundestagsfraktionen beruhte[606] und dessen Einberufung zudem nach Beginn der 8. Wahlperiode des Bundestages für ca. 1 ½ Jahre nicht gelungen war[607]. Zwar hatte es schon 1969 Erwägungen gegeben, die Kontrolle einem Ausschuß des Bundestages anzuvertrauen; dieser Gedanke war aber wegen der Anwesenheitsrechte nach Art. 43 II 1 GG, wegen derer eine Gefährdung der für erforderlich angesehenen Vertraulichkeit befürchtet wurde, verworfen worden[608].

Im November 1977 brachten nun die SPD- und die FDP-Fraktion des Bundestages einen Gesetzentwurf über die parlamentarische Kontrolle der Nachrichtendienste ein[609]. Dieser Entwurf sah im übrigen außer der eigentlichen Regelung über die Durchführung der Kontrolle vor, die Aufgaben des BND und des MAD erstmals in einem Gesetz immerhin zu umreißen[610]. Diese Passage wurde während der Ausschußberatungen jedoch wieder fallengelassen (vgl. § 1 I 2 PKK-Gesetz). Ansonsten entsprach das "Gesetz über die parlamentarische Kontrolle nachrichtendienstlicher Tätigkeit des Bundes" (PKK-Gesetz) vom 11.4.1978[611] aber in groben Zügen dem ursprünglichen Entwurf. Die parlamentarische Kontrolle wurde nun durch eine vom Bundestag aus seiner Mitte gewählte besondere Parlamentarische Kontrollkommission (§ 4 PKK-Gesetz) ausgeübt, die nicht identisch mit dem parlamentarischen Gremium nach Art. 1 § 9 I G 10 war (§ 2 III PKK-Gesetz). Ihre Tätigkeit war geheim (§ 5 I PKK-Gesetz). Ihr Auftrag war die Kontrolle der Bundesregierung "hinsichtlich der Tätigkeit" der drei Nachrichtendienste des Bundes (§ 1 I PKK-Gesetz). Dazu stand ihr das Recht auf umfassende Unterrichtung über die allgemeine Tätigkeit der Dienste sowie über Vorgänge von besonderer Bedeutung zu (§ 2 I PKK-Gesetz), wobei aber sowohl Zeit, Art als auch Umfang der Unterrichtung

---

605 vgl. aus der Debatte über die Regierungserklärung des Bundesinnenministers die Beiträge von *Brandt*, Verhandlg. d. Dt. BT., Stenogr. Ber., 17. Sitzg. d. 8. Wahlper., 969 A; *Spranger*, aaO, 977 D/978 A; *Wernitz*, aaO, 982 A ff sowie aus den späteren Gesetzesberatungen *Jahn*, Verhandlg. d. Dt. BT., Stenogr. Ber., 55. Sitzg. d. 8. Wahlper., 4276 D.

606 vgl. die Begründg. zum Gesetzesentwurf, BT-Drucks. VIII/1140, 3 sowie *Roewer*, Einl. PKKG, R. 3.

607 *Jahn*, Verhandlg. d. Dt. BT., Stenogr. Ber., 55. Sitzg. d. 8. Wahlper., 4277 A f.; *Liedtke*, aaO, 78. Sitzg. d. 8. Wahlper., 6101 C/D.

608 BT-Drucks. VIII/1140, 3; *Wernitz*, Verhandlg. d. Dt. BT., Stenogr. Ber., 17. Sitzg. d. 8. Wahlper., 982 B-D; *Maihofer*, aaO, 78. Sitzg. d. 8. Wahlper., 6103 A/B, näher zu den Vorarbeiten *Roewer*, Einl. PKKG, R. 4f.

609 BT-Drucks. VIII/1140.

610 § 2 lit. a und c; vgl. BT-Drucks. VIII/1140, 2.

611 BGBl. I, 453.

unter Beachtung des notwendigen Quellenschutzes durch die politische Verantwortung der Bundesregierung bestimmt wurden (§ 2 II PKK-Gesetz). Die Kommission überprüfte somit nicht den einzelnen Vorgang der Nachrichtenerhebung; schon gar nicht trat sie in die politische Verantwortung für die Tätigkeit der Dienste mit ein (vgl. § 3 PKK-Gesetz). Vielmehr ging es um eine - überwiegend nachträgliche - Überprüfung der allgemeinen Methoden der Dienste und der Weiterentwicklung ihrer Mittel.
Sämtliche Landesgesetzgeber bis auf den hamburgischen verabschiedeten in der Folgezeit - wenn auch z.T. erst in den 90er Jahren - ähnliche Gesetze über die parlamentarische Kontrolle der Landesverfassungsschutzbehörden. Dabei orientierten sich die Bundesländer Baden-Württemberg[612], Rheinland-Pfalz[613], Schleswig-Holstein[614], Niedersachsen[615], Bremen[616], Berlin[617] und Hessen[618] inhaltlich überwiegend am Bundesgesetz. Nordrhein-Westfalen[619], Bayern[620] und das Saarland[621] gingen insofern einen anderen Weg, als sie die Parlamentariergremien nach den jeweiligen Ausführungsgesetzen zum G 10 in den parlamentarischen Kontrollkommissionen aufgehen ließen (§ 7 I 2 VSG NW, § 2 AusfG z. G 10 idFd § 15 VSG NW; Art. 20 III 2 BayVSG, Art. 3 Bay AGG 10 idFd Art. 23 BayVSG; § 22 I 3 SVerfSchG) und so die Zuständigkeit zur parlamentarischen Kontrolle der Tätigkeit der jeweiligen Landesverfassungsschutzbehörde in einer Hand konzentrierten.
Erwähnenswert erscheinen außerdem die folgenden Besonderheiten gegenüber dem Bundesgesetz:
Die Befugnisse der Bremer Kommission waren konkreter gefaßt als die derjenigen des Bundes. Sie war insbesondere zu unterrichten über die Bereiche, in denen Überprüfungen von Personen stattfanden, über die nachrichtendienstlichen Mittel und deren Anwendung sowie über die Löschung personenbezogener Informationen (§ 7 II 1 Nr. 1-3 BremVerfSchG).
Den Kontrollkommissionen in Berlin (§ 5 III 1 BerlVerfSchG[622]), Bayern (Art. 19 I 2

---

[612] § 7 VSG BW v. 17.10.1978 (GBl. 553).
[613] §§ 7f. RhPfVSG idFd Landesges. z. Änd. d. RhPfVSG v. 21.12.1978 (GVBl. 769); später §§ 12f. RhPfVerfSchG v. 26.3.1986 (GVBl. 73); heute §§ 20f. LVerfSchG RhPf v. 6.7.1998 (GVBl. 184).
[614] §§ 6ff. SchlHVerfSchG idFd Ges. z. Änd. d. Ges. üb. d. Verfassungssch. im Lande Schl.-H. v. 29.3.1979 (GVBl. 280).
[615] §§ 7ff. NVerfSchG idFd Ges. z. Änd. d. NVerfSchG v. 24.3.1980 (GVBl. 67).
[616] § 7 BremVerfSchG idFd Art. 1 Nr. 2 d. Ges. z. Änd. d. Ges. üb. d. Verfassungssch. im Lande Bremen u. d. Ges. z. Ausführg. d. Ges. z. Beschränkg. d. Brief-, Post- u. Fernmeldegeheimn. v. 23.3.1981 (GBl. 73).
[617] § 5 BerlVerfSchG idFd 3. Ges. z. Änd. d. Ges. üb. d. LfV v. 18.3.1987 (GVBl. 1065).
[618] §§ 20ff. HessVerfSchG v. 19.12.1990 (GVBl. I, 753).
[619] §§ 7ff. VSG NW v. 21.7.1981 (GVBl. 406).
[620] Art. 18ff. BayVSG v. 24.8.1990 (GVBl. 323).
[621] §§ 22ff. SVerfSchG v. 24.3.1993 (ABl. 296).
[622] idFd Art. I Nr. 2 d. 4. Ges. z. Änd. d. Ges. üb. d. LfV v. 14.7.1974 (GVBl. 1890).

BayVSG), Hessen (§ 22 I 2 HessVerfSchG) und im Saarland (§ 24 S. 1 SVerfSchG) stand das Recht zu, neben der Unterrichtung über die allgemeine Tätigkeit der Dienste und über Vorgänge von besonderer Bedeutung auch die Unterrichtung über Einzelfälle bzw. konkrete Themen zu verlangen.
In Bremen (§ 7 II 3 2. u. 3. Teilsatz BremVerfSchG) und in Berlin (§ 5 III 3 BerlVerfSchG) standen alle Kontrollbegehren der Kommissionen ausdrücklich unter dem Vorbehalt, daß die Aufgabenerfüllung durch das LfV nicht gefährdet wurde. In Berlin wurde dieser Vorbehalt 1989 durch den einer erheblichen Gefährdung der Aufgabenerfüllung im Einzelfall ersetzt (§ 5 III 4 BerlVerfSchG[623]). Dieselbe Formulierung wurde auch für die saarländische Kommission gewählt (§ 24 S. 4 SVerfSchG).
Schließlich war die Tätigkeit der Berliner Kommission ab 1989 nur noch dann geheim, wenn das öffentliche Interesse oder berechtigte Interessen eines einzelnen dies geboten (vgl. näher § 5 V BerlVerfSchG).

b) Gesetzliche Regelungen der Tätigkeit der Nachrichtendienste
Neben der Neuordnung der parlamentarischen Kontrolle bestand auch hinsichtlich der Tätigkeit der Dienste selbst erheblicher Regelungsbedarf. So hatte sich vielfach Kritik an dem - abgesehen von Art. 1 G 10 - völligen Fehlen gesetzlicher Regelungen über Aufgaben und Befugnisse des BND und des MAD entzündet[624]. Auch die Unbestimmtheit der Normen über Aufgaben und Befugnisse der Verfassungsschutzbehörden war zum Gegenstand von Angriffen geworden[625].
Hinzu kam, daß das BVerfG seine Rechtsprechung zum Schutz des allgemeinen Persönlichkeitsrechts[626] ausbaute und, wie bereits erwähnt[627], mit dem Volkszählungsurteil vom 15.12.1983[628] ein Recht auf informationelle Selbstbestimmung entwickelte.
Das Gericht führte aus: "Wer nicht mit hinreichender Sicherheit überschauen kann, welche ihn betreffende Informationen in bestimmten Bereichen seiner sozialen Umwelt bekannt sind, und wer das Wissen möglicher Kommunikationspartner nicht einigerma-

---

[623] idFd Art. I d. 5. Ges. z. Änd. d. Ges. üb. d. LfV v. 29.6.1989 (GVBl. 1237).

[624] vgl. etwa BfD, 1. TB, 80; BT-Drucks. IX/93, 49 u. 53; IX/1243, 4 (der gegenwärtige Zustand sei nicht mehr lange erträglich), 46 (eine restriktive Regelung sei erforderlich), 54; BT-Drucks. X/2777, 77 u. 80; *Gusy*, DÖV 1983, 60, 65; *ders.*, Verwaltung 1984, 273, 282f.; *Klein*, VVdStRL Heft 37 (1979), 53, 92f.; *Schwan*, NJW 1980, 1992, 1997f.; *Lisken*, ZRP 1984, 144ff; *Bäumler*, in: *Bull*, Sicherheit, 143 für den MAD; ähnl. *Roewer*, § 1 PKKG, R. 14 für den Bestand des BND, wobei *Roewer* aber nun in § 1 I 1 PKKG eine hinreichende organisationsrechtl. Rechtsgrundlage sah, sowie aaO, R. 21 u. R. 34 hinsichtl. der Befugnisse der Dienste.

[625] vgl. etwa BfD, BT-Drucks. X/6816, 6; XI/3932, 66; Entschließg. der Datenschutzbeauftr. des Bundes u. der Länder u. der Datenschutzkommission Rh.-Pf. v. 30.5.1989, Anl. 5 zu BT-Drucks. XI/6458; *Klein*, Verhandlg. d. Dt. BT, 78. Sitzg. d. 8. Wahlper., 6100 D f.; *Schatzschneider*, 89ff.; *Schwagerl*, 155ff.

[626] vgl. insb. BVerfGE 27, 1, 6; 27, 344, 350f.; 32, 373, 379; 35, 202, 220; 44, 353, 372f.; 56, 37, 41ff.; 63, 131, 142f.

[627] s.o. S. 87f.

[628] BVerfGE 65, 1.

ßen abzuschätzen vermag, kann in seiner Freiheit wesentlich gehemmt werden, aus eigener Selbstbestimmung zu planen und zu entscheiden. Mit dem Recht auf informationelle Selbstbestimmung wären eine Gesellschaftsordnung und eine diese ermöglichende Rechtsordnung nicht vereinbar, in der Bürger nicht mehr wissen können, wer was wann und bei welcher Gelegenheit über sie weiß. Wer unsicher ist, ob abweichende Verhaltensweisen jederzeit notiert und als Information dauerhaft gespeichert, verwendet und weitergegeben werden, wird versuchen, nicht durch solche Verhaltensweisen aufzufallen."[629]

Es folgerte aus diesen Überlegungen: "Freie Entfaltung der Persönlichkeit setzt unter den modernen Bedingungen der Datenverarbeitung den Schutz des Einzelnen gegen unbegrenzte Erhebung, Speicherung, Verwendung und Weitergabe seiner persönlichen Daten voraus. Dieser Schutz ist daher von dem Grundrecht des Art. 2 Abs. 1 in Verbindung mit Art. 1 Abs. 1 GG umfaßt. Das Grundrecht gewährleistet insoweit die Befugnis des Einzelnen, grundsätzlich selbst über die Preisgabe und Verwendung seiner persönlichen Daten zu bestimmen."[630]

Allerdings seien Einschränkungen des hier entwickelten Rechts im überwiegenden Allgemeininteresse zulässig. "Diese Beschränkungen bedürfen nach Art. 2 Abs. 1 GG ... einer (verfassungsmäßigen) gesetzlichen Grundlage, aus der sich die Voraussetzungen und der Umfang der Beschränkungen klar und für den Bürger erkennbar ergeben und die damit dem rechtsstaatlichen Gebot der Normenklarheit entspricht .... Bei seinen Regelungen hat der Gesetzgeber ferner den Grundsatz der Verhältnismäßigkeit zu beachten."[631] "Ein Zwang zur Angabe personenbezogener Daten setzt voraus, daß der Gesetzgeber den Verwendungszweck bereichsspezifisch und präzise bestimmt und daß die Angaben für diesen Zweck geeignet und erforderlich sind. ... Auch werden sich alle Stellen, die zur Erfüllung ihrer Aufgaben personenbezogene Daten sammeln, auf das zum Erreichen des angegebenen Zieles erforderliche Minimum beschränken müssen."[632]

Um den hier wiedergegebenen Anforderungen gerecht zu werden[633], brachten sowohl die Koalitionsfraktionen als auch die Bundesregierung - im Zusammenhang mit weiteren Gesetzgebungsvorhaben auf dem Gebiet des Datenschutzes - im Jahre 1986 im Paket der sog. "Sicherheitsgesetze" (jeweils identische) Gesetzentwürfe zur Novellierung des

---

629 BVerfGE 65, 1, 43.

630 BVerfGE 65, 1, 43.

631 BVerfGE 65, 1, 44.

632 BVerfGE 65, 1, 46.

633 vgl. zum Zusammenhang der Entwürfe mit der Rechtspr. des BVerfG die Ausführungen der Bundesregierung in BT-Drucks. X/5343, 49f.

BVerfSchG[634] sowie zur Regelung der Aufgaben und Befugnisse des MAD[635] ein[636]. Der Entwurf zum BVerfSchG sah eine fast völlig unveränderte Aufgabenzuweisung vor (§ 3)[637]. § 5 I 1 des Entwurfes gestattete allgemein die Anwendung nachrichtendienstlicher Mittel zur Erhebung der zur Aufgabenerfüllung erforderlichen Informationen, verwies aber bezüglich der Erhebung personenbezogener Informationen - und um eine solche dürfte es sich bei dem heimlichen Abhören von Gesprächen in aller Regel handeln - auf die Spezialregelung des § 6 II. Damit sollte die Anwendung nachrichtendienstlicher Mittel insoweit nur noch zulässig sein, wenn

- tatsächliche Anhaltspunkte dafür vorhanden waren, daß entweder auf diese Weise Erkenntnisse über Bestrebungen oder Tätigkeiten nach § 3 I oder die zur Erforschung solcher Erkenntnisse erforderlichen Nachrichtenzugänge gewonnen werden konnten oder daß dies zur Abschirmung der Mitarbeiter, Einrichtungen, Gegenstände und Nachrichtenzugänge des BfV gegen sicherheitsgefährdende oder geheimdienstliche Tätigkeiten erforderlich war,
- die Erforschung des Sachverhalts auf andere Weise nicht möglich war oder den Betroffenen stärker beeinträchtigt hätte und
- die Anwendung des Mittels nicht außer Verhältnis zur Bedeutung des aufzuklärenden Sachverhalts stand.

Zudem sollte danach die Maßnahme unverzüglich zu beenden sein, wenn ihr Zweck erreicht worden wäre oder sich Anhaltspunkte dafür ergeben hätten, daß er nicht oder nicht auf diese Weise erreicht werden konnte.

Der Entwurf sah also vor, bei der Aufgabenerfüllung im Bereich des § 3 II (Mitwirkung beim personellen und technischen Geheimschutz) die bisherige Befugnis zur Anwendung nachrichtendienstlicher Mittel zu streichen, sie aber andererseits zur Aufgabenerfüllung im Bereich der Eigensicherung aufzunehmen. Außerdem griff er erstmals die Anforderungen des Verhältnismäßigkeitsgrundsatzes beim Einsatz nachrichtendienstlicher Mittel ausdrücklich auf.

Der Entwurf zu einem MADG sah erstmals eine gesetzliche Aufgabenzuweisung vor (§ 1). Der Dienst sollte danach zuständig sein für die Sammlung und Auswertung von Informationen, insbesondere von Auskünften, Nachrichten und sonstigen Unterlagen über Bestrebungen gegen die freiheitliche demokratische Grundordnung, den Bestand oder die Sicherheit des Bundes oder eines Landes und über sicherheitsgefährdende oder

---

[634] BT-Drucks. X/4737; X/5343.

[635] BT-Drucks. X/4738; X/5342.

[636] zum Gang der Entwurfsberatungen vgl. die bemerkenswert höhnische Schilderung von *Roewer*, Einl. z. BVerfSchG, R. 6 ("Beratungen, die an Konfusion nichts zu wünschen übrig ließen", "besondere Meisterleistung der Gesetzgebungskunst").

[637] Es sollten lediglich die Merkmale "Auskünfte, Nachrichten und sonstige Unterlagen" unter einem neuen Oberbegriff "Informationen" zusammengefaßt werden (§ 3 I).

geheimdienstliche Tätigkeiten im Geltungsbereich für eine fremde Macht, soweit diese Bestrebungen oder Tätigkeiten gegen Personen, Dienststellen oder Einrichtungen im Geschäftsbereich des Bundesministers der Verteidigung gerichtet waren und von Personen ausgingen oder ausgehen sollten, die diesem Geschäftsbereich angehörten oder in ihm tätig waren (§ 1 II). "Zur Fortführung" dieser Aufgaben sollte er seine Maßnahmen aber, soweit es im Einzelfall zwingend notwendig gewesen wäre, auch auf andere Personen erstrecken können (§ 2 I), und zwar

- auf den Ehegatten oder Verlobten einer in § 1 II genannten Person oder auf den mit einer solchen Person in eheähnlicher Gemeinschaft Lebenden, wenn angenommen werden mußte, daß Bestrebungen oder Tätigkeiten nach § 1 II auch von ihm ausgingen,
- im Benehmen mit der zuständigen Verfassungsschutzbehörde auch auf Personen, bei denen tatsächliche Anhaltspunkte dafür bestanden, daß sie mit einer in § 1 II genannten Person bei derartigen Bestrebungen oder Tätigkeiten zusammenarbeiteten, auf diese aber nur, wenn andernfalls die weitere Erforschung des Sachverhalts gefährdet oder nur mit unverhältnismäßigem Aufwand möglich gewesen wäre[638].

Zur Erfüllung dieser Aufgaben sollte der MAD personenbezogene Informationen durch Anwendung nachrichtendienstlicher Mittel erheben dürfen (§ 4 I 2); allerdings mußten auch hier die Tatbestandsvoraussetzungen des § 6 II des Entwurfs zum BVerfSchG vorliegen.

Darüber hinaus sollten dem MAD noch Aufgaben im Bereich des personellen und technischen Geheimschutzes (§ 1 IV) sowie bei der Auswertung von Informationen zur Beurteilung der Sicherheitslage militärischer Einrichtungen (§ 1 III) zugewiesen werden. Zu ihrer Erfüllung sollten jedoch keine personenbezogenen Informationen durch Anwendung nachrichtendienstlicher Mittel erhoben werden dürfen (§ 4 I 1, 2).

Darüber hinaus brachte die Bundesregierung auch den Entwurf eines Gesetzes über die informationelle Zusammenarbeit der Sicherheits- und Strafverfolgungsbehörden des Bundes und der Länder in Angelegenheiten des Staats- und Verfassungsschutzes und nachrichtendienstlicher Tätigkeit (ZAG)[639] ein[640]. Dieser Entwurf enthielt an etwas versteckter Stelle auch Vorschriften über die Aufgaben und Befugnisse des BND. § 15 I 1 des Entwurfs sah folgende Aufgaben vor:

- außen- und sicherheitspolitische Informationsgewinnung,
- Abschirmung seiner Mitarbeiter, Einrichtungen, Gegenstände und Nachrichtenzugänge gegen sicherheitsgefährdende oder geheimdienstliche Tätigkeiten,
- Sicherheitsüberprüfung von Personen, die für ihn tätig waren oder tätig werden soll-

---

[638] Umgekehrt sollte eine Verfassungsschutzbehörde unter entsprechenden Voraussetzungen ihre Tätigkeit auch auf Personen im Geschäftsbereich des Bundesministers der Verteidigung erstrecken können (§ 2 II).

[639] BT-Drucks. X/5344.

[640] zu anderen Einzelheiten des Entwurfs s. u. S. 127f.

ten, sowie der Personen, die zu diesen in enger persönlicher Beziehung standen, soweit deren Überprüfung aus Gründen der Sicherheit des BND zwingend erforderlich war. Die Erhebung von personenbezogenen Informationen durch Anwendung nachrichtendienstlicher Mittel sollte zulässig sein, wenn tatsächliche Anhaltspunkte dafür vorhanden waren, daß auf diese Weise Erkenntnisse aus dem Bereich einer der genannten Aufgaben gewonnen werden konnten und wenn die in § 6 II 1 Nrn. 2 und 3 des Entwurfs zum BVerfSchG genannten Voraussetzungen (Konkretisierungen des Verhältnismäßigkeitsprinzips) vorlagen (§ 15 II 1). Auch hier sollte die Maßnahme unverzüglich zu beenden sein, wenn ihr Zweck erreicht war oder sich Anhaltspunkte dafür ergaben, daß er nicht oder nicht auf diese Weise erreicht werden konnte (§ 15 II 2). Schließlich war im Entwurf noch einmal das Gebot ausgesprochen, den Betroffenen sowenig wie möglich zu beeinträchtigen und die Verhältnismäßigkeit zwischen dem durch die Maßnahme eintretenden Nachteil und dem beabsichtigten Erfolg zu wahren (§ 15 I 3, 4).
Alle Entwürfe sahen erstmals eine Beschränkung der Verwendung angefallener Daten über Minderjährige durch die Nachrichtendienste vor (§ 7 II Entwurf zum BVerfSchG, § 4 I 1 Nr. 3 Entwurf zum MADG, § 15 III Entwurf zum ZAG).

Gegen die Entwürfe wurde heftige Kritik, insbesondere aus den Reihen der Datenschutzbeauftragten, aber auch seitens einiger Bundesländer, erhoben. Für den hier interessierenden Bereich ist besonders die Forderung der Kritiker nach einer ausführlicheren Regelung des Einsatzes der nachrichtendienstlichen Mittel hervorzuheben. Der Charakter der Mittel, die Voraussetzungen der Anwendung wie auch die Frage, gegen wen sie eingesetzt werden sollten, sollten nach dieser Auffassung gesetzlich näher geregelt werden[641]. Aber auch die Aufgabenzuweisung wurde seitens der Kritiker als noch nicht bestimmt genug angesehen[642]. Schließlich verlangte eine Reihe von Ländern ein eindeutiges Verbot des Lauschangriffs auf Wohnungen[643].

Die Entwürfe wurden - mit Ausnahme des ZAG - in einer sehr emotional geführten 1. Lesung in den Bundestag eingebracht[644]; die Beratungen erreichten jedoch im Laufe der

---

[641] Pkt. III.1. des Beschl. der Konferenz der Datenschutzbeauftragten des Bundes u. der Länder v. 13.9.1985, BT-Drucks. X/4690, 68; Pkt. 3 der Entschließg. der Konferenz der Datenschutzbeauftragten des Bundes u. der Länder v. 18.4.1986, BT-Drucks. X/6816, 90; Antrag der Länder Bremen, Hamburg, Hessen, Nordrhein-Westfalen u. des Saarlandes, BR-Drucks. 65/3/86 (Pkt. e); *Bäumler*, in: *Bull*, Sicherheit, 129 mwN.

[642] Pkt. 3 der Entschließg. der Konferenz der Datenschutzbeauftragten des Bundes u. der Länder v. 27.1.1986, BT-Drucks. X/6816, 84; Pkt. 1 der Entschließg. der Konferenz der Datenschutzbeauftragten des Bundes u. der Länder v. 18.4.1986, BT-Drucks. X/6816, 90; *Bäumler*, in: *Bull*, Sicherheit, 125ff.; *Bull*, aaO, 32ff.

[643] Antrag der Länder Bremen, Hamburg, Hessen, Nordrhein-Westfalen u. des Saarlandes, BR-Drucks. 65/3/86 (Pkt. k).

[644] Verhandlg. d. Dt. BT, 195. Sitzg. d. 10. Wahlper., 15100 D ff.

10. Legislaturperiode vor dem Hintergrund der nahenden Bundestagswahl keinen Abschluß mehr.

Erst mit einem Gesetzentwurf der Bundesregierung vom 6.4.1989 wurde ein neuer Anlauf unternommen, der gegen Ende des Jahres 1990 schließlich zu einer Neuregelung führte[645].

In gewisser Hinsicht war sogar der Druck zu einer solchen Neuregelung in der Zwischenzeit etwas abgeschwächt worden: Das BVerwG hatte am 20.2.1990 entschieden, daß auch im Lichte des Volkszählungsurteils die traditionelle Auffassung, wonach § 3 BVerfSchG eine hinreichende Rechtsgrundlage für die Ermittlung und Aufklärung verfassungsfeindlicher Bestrebungen unter Einsatz nachrichtendienstlicher Mittel durch die Verfassungsschutzbehörden darstelle, nach wie vor Gültigkeit beanspruchen dürfe[646].

5. Verwertung der Erkenntnisse für Zwecke der Strafverfolgung

Die Zusammenarbeit zwischen Strafverfolgungs- und Polizeibehörden und den Nachrichtendiensten richtete sich nach wie vor nach den allgemeinen Vorschriften über die Amtshilfe. Auf sie war in § 3 IV BVerfSchG deklaratorisch hingewiesen worden, um Zweifel an der Geltung der Vorschriften für den Bereich der ÄfV auszuschließen[647]; ähnliche Vorschriften fanden sich in allen Landesverfassungsschutzgesetzen mit Ausnahme des hessischen. Nähere Bestimmungen für die Praxis der Zusammenarbeit wurden, zumindest für die Nachrichtendienste des Bundes, weitgehend lediglich in verwaltungsinternen Richtlinien getroffen[648].

Unzweifelhaft war jedenfalls, daß bei Erkenntnissen über Bestrebungen und Tätigkeiten im Sinne des § 3 I BVerfSchG bzw. der entsprechenden Aufgabennormen der Landesverfassungsschutzgesetze eine Unterrichtung der Strafverfolgungsbehörden erfolgen konnte und sollte - eine notwendige Konsequenz des Umstandes, daß die Verfassungsschutzbehörden zu Eingriffsmaßnahmen mit dem Ziel der Bekämpfung der Gefahren, zu deren Beobachtung sie berufen waren, keinerlei Befugnisse hatten (vgl. etwa § 3 III 1 BVerfSchG). Umstritten blieb demgegenüber, ob die ÄfV auf eine Weitergabe von Erkenntnissen zu Zwecken der Erfüllung ihrer eigenen Aufgaben beschränkt waren[649]

---

645 vgl. dazu unten S. 272ff., 309ff.

646 BVerwGE 84, 375, 382f.

647 Bericht der Berichterstatter des BT-Innenausschusses, zu BT-Drucks. VI/3533, 5.

648 vgl. neben den bereits erwähnten RiStV/RiStBV die Nachw. bei *Sippel*, Polizei 1970, 167, 169f.; *N.N.*, Parlament 3/1976, 2; *Riegel*, NJW 1979, 952f; *Bull*, Verfassungsschutz u. Rechtsstaat, 133, 148.

649 BfD, 1. TB, 68f; *Gusy*, NVwZ 1983, 322, 328; ähnlich (allerdings zur Mitwirkung der Verfassungsschutzbehörde bei Einstellungsüberprüfungen) OVG Berlin NJW 1978, 1644, 1646f.: "Informationen über Bestrebungen, die sich nicht gegen die freiheitliche Demokratie richten, sind von der Weitergabe ... ausgeschlossen ..."

oder ob es für eine Weitergabe an andere öffentliche Stellen im Wege der Amtshilfe nicht bereits ausreichend war, daß die Erkenntnisse für die Erfüllung der Aufgaben der empfangenden Behörde erforderlich waren (insbesondere also auch für Zwecke der strafrechtlichen Verfolgung von Zufallserkenntnissen über allgemeine Kriminalität)[650]. Hinter ersterer Auffassung stand die Befürchtung, die Trennung zwischen Polizei- und Verfassungsschutzbehörden, wie sie in § 3 II BVerfSchG a.F. / § 3 III BVerfSchG n.F. ihren Ausdruck gefunden hatte, könne ansonsten bei einer weitgehenden Zulässigkeit von Übermittlungen an die jeweils andere Stelle zur Erfüllung ihrer Aufgaben mühelos unterlaufen werden, zumal eine Tätigkeit der Verfassungsschutzbehörden "im Auftrage der Polizei" wegen des größeren Grades an Geheimhaltung, der allein schon im völligen Fehlen einer gesetzlichen Regelung über die nachträgliche Benachrichtigung eines Betroffenen vom Einsatz nachrichtendienstlicher Mittel seinen Ausdruck gefunden hatte[651], für den Betroffenen kaum kontrollierbar gewesen wäre. Aus diesen Befürchtungen heraus entwickelte sich die Forderung nach einer analogen Anwendung der Verwertungsregelung in Art. 1 § 3 II, § 7 III G 10 auch auf Erkenntnisse der Verfassungsschutzbehörden, die durch andere Mittel als die nach dem G 10 erlangt worden waren[652]. Allerdings scheinen derartige Überlegungen zu möglichen Beschränkungen in den internen Zusammenarbeitsrichtlinien keinen Niederschlag gefunden zu haben.

Eine ausdrückliche gesetzliche Regelung trafen in dem hier erörterten Zeitraum nur die Länder Bremen, Nordrhein-Westfalen und Rheinland-Pfalz für ihre jeweiligen Landesverfassungsschutzbehörden.

Danach durfte in Bremen der Verfassungsschutz bei ihm gespeicherte personenbezogene Informationen nur an Strafverfolgungsbehörden übermitteln, sofern die Voraussetzungen des Art. 1 § 7 III G 10 vorlagen (§ 6 II Nr. 1 BremVerfSchG[653]). Hier galten also in der Tat für die Übermittlung von Erkenntnissen des Verfassungsschutzes aus Überwachungen des Fernmeldeverkehrs dieselben Beschränkungen wie für diejenige von sonstigen Erkenntnissen.

Nordrhein-Westfalen faßte seine Übermittlungsregelung wesentlich weiter. Hier war die Übermittlung personenbezogener Daten an sämtliche Behörden und Einrichtungen der

---

[650] so B/E-*Borgs*, § 3 BVerfSchG, R. 32; *Evers*, Polizei 1980, 236, 240f.; wohl auch *Roewer*, § 3 BVerfSchG, 215, 227, 233; *Bull*, Verfassungssch. u. Rechtsstaat, 133, 152. Darüber hinausgehend ging *Ganßer*, BayVbl 1983, 711, 716 nicht einmal von Amtshilfe aus; wegen der den ÄfV zugewiesenen Aufgabe der "Auswertung" der vorliegenden Unterlagen sah er in der Übermittlung an andere Stellen die Erfüllung eigener Aufgaben der ÄfV.

[651] hierzu auch *Schwagerl*, 161; allerdings ist zu konzedieren, daß später auch die einschlägigen Polizeigesetze der 90er Jahre bei weitem keine lückenlose Verpflichtung zur Benachrichtigung des Betroffenen über den Einsatz von Methoden der heimlichen Gesprächsüberwachung statuierten.

[652] *Riegel*, NJW 1979, 952, 955; *Evers*, Verfassungssch. u. Rechtsstaat, 65, 82; ähnlich *Schwagerl*, 219ff.

[653] idFd Art. 1 Nr. 2 d. Ges. v. 23.3.1981 (GBl. 73).

Länder und des Bundes stets dann zulässig, wenn und soweit sie zur rechtmäßigen Erfüllung der Aufgaben der Verfassungsschutzbehörde oder der Aufgaben der empfangenden Stelle erforderlich war (§ 6 I 1, II VSG NW[654]).
Rheinland-Pfalz wiederum wählte 1986 eine stärker nach der empfangenden Dienststelle differenzierende Lösung. Dabei war allerdings zur Erfüllung eigener Aufgaben des Verfassungsschutzes (mit Ausnahme derer nach § 1 III RhPfVerfSchG[655], also der Mitwirkung bei Einstellungsüberprüfungen) die Übermittlung personenbezogener Informationen an andere Behörden und öffentliche Stellen stets zulässig (§ 7 I 1 RhPf-VerfSchG). Darüber hinaus durften solche Informationen an Staatsanwaltschaften und Polizeibehörden zunächst zur Verfolgung der in § 100a StPO sowie der in den §§ 176-181a, 243, 244, 260 und 263-266 StGB genannten Straftaten übermittelt werden, ab 1989 statt dessen zur Verfolgung der in § 100a StPO genannten Straftaten oder sonstiger Straftaten im Rahmen der organisierten Kriminalität (§ 7 I 2 Nr. 3 RhPfVerfSchG[656]). Außerdem war eine Übermittlung an Polizeibehörden nicht nur für bestimmte Fälle der "klassischen" Gefahrenabwehr zulässig, sondern auch, wenn sie zur vorbeugenden Bekämpfung der vorgenannten Straftaten erforderlich war, ab 1989 auch, wenn sie zur vorbeugenden Bekämpfung von Verbrechen, für deren Vorbereitung konkrete Hinweise vorlagen, erforderlich war (§ 7 I 2 Nr. 4 RhPfVerfSchG[657]).
Hier wird also deutlich, daß sich zwei der drei Landesgesetzgeber, die sich in den 80er Jahren zu einer ausdrücklichen Regelung entschlossen hatten, dafür entschieden, Erkenntnisse aus der Überwachungstätigkeit ihrer Landesverfassungsschutzbehörden in vollem (NRW) oder aber zumindest in weitem Umfang (Rh.-Pf.) den Zwecken der Verfolgung allgemeiner, nicht politisch motivierter Kriminalität zugänglich zu machen.

Das sonstige Fehlen gesetzlicher Regelungen über die Zusammenarbeit der Sicherheitsbehörden wurde aber im Laufe der 80er Jahre zum Gegenstand immer stärkerer Kritik[658]. Deshalb sollte auch dieser Bereich in die zum Ende des Jahrzehnts geplante Neuregelung des Rechts der Nachrichtendienste einbezogen werden.
Der Entwurf zum BVerfSchG[659] regelte daher ausführlich und in teilweiser Anlehnung an die bereits vorhandenen Vorschriften in den Verfassungsschutzgesetzen einzelner Länder die gegenseitige Unterrichtung zwischen dem BfV und den anderen öffentlichen Stellen im Bundesbereich (§§ 8-10). Diese Vorschriften wurden im Entwurf zum

---

[654] v. 21.7.1981 (GVBl. 406).
[655] v. 26.3.1986 (GVBl. 73).
[656] ab 1989 idFd 1. Landesges. z. Änd. d. RhPfVerfSchG v. 22.3.1989 (GVBl. 80).
[657] in der o.g. Fassung.
[658] vgl. etwa BfD, BT-Drucks. IX/1243; *Riegel*, NJW 1979, 952, 953ff.
[659] BT-Drucks. X/4737; X/5343.

MADG[660] und zu den Befugnisregelungen für den BND durch das ZAG[661] in Bezug genommen (§ 4 I 1 Nr. 4, II, III MADG, § 15 IV ZAG).
Die Bestimmungen sind aber für den hier interessierenden Bereich der Übermittlung von Erkenntnissen aus Abhörmaßnahmen zwischen Überwachungskonkurrenten weniger interessant, da gerade für diesen Spezialbereich der Zusammenarbeit zwischen den verschiedenen Sicherheitsbehörden in der Bundesrepublik ausführliche Spezialregelungen durch das ZAG vorgesehen waren. Ausgenommen von allen Regelungen des ZAG-Entwurfs war allerdings die Übermittlung zwischen Behörden ein und desselben Bundeslandes (§§ 12 I 2, 13 I 2), da es sich hier um eine Materie der Landesgesetzgebung handelte.
Die Übermittlung von Erkenntnissen der Nachrichtendienste an die Strafverfolgungsbehörden sollte nach dem ZAG-Entwurf dann zulässig sein, wenn Anhaltspunkte dafür bestanden, daß sie zur Verfolgung von Straftaten gegen die freiheitliche demokratische Grundordnung, den Bestand oder die Sicherheit des Bundes oder eines Landes oder die auswärtigen Belange der Bundesrepublik erforderlich war (§ 13 I 1); jedoch sollte sie unterbleiben können, solange überwiegende Sicherheitsinteressen dies erforderten (§§ 13 I 3, 6 III).
Da die Übermittlung von Erkenntnissen aus Maßnahmen nach Art. 1 G 10 bereits in Art. 1 §§ 7 III, 3 II 2 G 10 geregelt war, sollte insoweit in § 13 III des Entwurfs nur noch einmal bekräftigt werden, daß die Regelung über die Vernichtung der übermittelten Daten in Art. 1 § 7 IV G 10 auch für den Bereich der Strafverfolgungsbehörden galt.
Einschränkungen waren hinsichtlich der Übermittlung von Informationen über Minderjährige vorgesehen (§ 3).
Auch die Beratungen zum ZAG erreichten jedoch im Laufe der 10. Legislaturperiode keinen Abschluß mehr.

---

660 BT-Drucks. X/4738; X/5342.
661 BT-Drucks. X/5344.

## C. Polizeirecht

### I. Allgemeine Entwicklungstendenzen

Die Entwicklung im Bereich des Polizeirechts ähnelte derjenigen im strafprozessualen Bereich: Auch hier traf das gewachsene Bewußtsein für den Eingriffscharakter hoheitlicher Informationserhebung und für den damit verbundenen gesetzgeberischen Handlungsbedarf auf die Tendenz zur Ausweitung des Arsenals polizeilicher Einsatzmittel. Verstärkt, häufig auch initiiert durch die Rechtsprechung zum Grundrecht auf informationelle Selbstbestimmung wurde auch hier vielfach einer umfassenden Kodifizierung der polizeilichen Informationserhebung das Wort geredet (wobei nicht immer besonderes Augenmerk darauf gerichtet wurde, was genau Inhalt einer solchen Kodifikation sein sollte[662]).

Im Gegensatz zum Strafprozeßrecht wurden hier allerdings bei der Vornahme "niederschwelliger" Eingriffe wie dem einfachen Belauschen von Gesprächen (außerhalb von Wohnungen) noch weniger Probleme gesehen: Maßnahmen von derartig geringer Eingriffsintensität wurden in der Regel unter die polizeiliche Generalklausel des jeweiligen Polizeigesetzes subsumiert[663]. Allerdings wurde aus rechtspolitischen Erwägungen häufig auf eine umfassende Befugnisregelung im Bereich der Erhebung personenbezogener Informationen gedrängt[664].

Zugleich drängte aber auch hier die Polizeipraxis mehr und mehr zum Einsatz "moderner" Fahndungsmethoden. Hier wurde angesichts des Fehlens ausdrücklicher gesetzlicher Befugnisnormen in der Regel der Versuch gemacht, auch eingriffsintensivere Tätigkeiten unter die Generalklausel zu normieren. So sollte nach der 1978 geäußerten Auffassung eines Polizeipräsidenten auch das technische Abhören und Aufzeichnen des gesprochenen Wortes "zur Verhütung strafbarer Handlungen unter strenger Beachtung des Verhältnismäßigkeitsgrundsatzes" zulässig sein[665]. Sogar im Bereich des Grundrechts aus Art. 13 GG erhoben sich Stimmen, die Eingriffe allein auf der Grundlage der polizeilichen Generalklausel in Verbindung mit der Schrankenregelung des Art. 13 III 2. Alt. GG für zulässig hielten[666]. Schließlich wurde auch auf die Möglichkeit des Einsatzes von Lauschmitteln zur Übertragung von Gesprächen aus Wohnungen zur Abwehr von gemeinen Gefahren oder Lebensgefahren unmittelbar aus Art. 13 III 1. Alt. GG hingewiesen[667]. Unter dem Schutz derartiger Argumentationen wurde der Einsatz technischer Lauschmittel in der polizeilichen Praxis zunächst vereinzelt, dann vermehrt erprobt, bis gegen Ende der 80er Jahre derartige Mittel bereits zu bewährten Bestandteilen polizeili-

---

[662] kritisch hierzu etwa *Gusy*, PolR, R. 184.

[663] zusammenfassend *Meyer*, 54ff.

[664] *Meyer*, 63.

[665] *Pfennig*, Polizei 1978, 173, 174.

[666] vgl. etwa *Maunz* in *Maunz/Dürig*, Art. 13, R. 20; aA *Steinke*, DVBl 1980, 433, 439.

[667] *Steinke*, DVBl 1980, 433, 439.

cher Technik erklärt werden konnten[668].
Diese Tendenzen trafen wiederum zusammen mit einer weiteren Entwicklungslinie im Polizeirecht der 70er und 80er Jahre, nämlich der Vorverlegung der Sicherungslinie polizeilicher Tätigkeit. Während nach dem Vorbild des preußischen Polizeirechts in den bundesdeutschen Polizeigesetzen bis dahin der Polizei die herkömmlichen Aufgaben zur Abwehr von Gefahren zugeschrieben worden waren, entwickelten sich in diesem Zeitraum Bestrebungen zu einer Erweiterung der Aufgaben in das Vorfeld derartiger Gefahrenlagen. Diese Bestrebungen schlugen sich in den Anregungen an den Gesetzgeber in Aufgabenumschreibungen wie "vorbeugende Bekämpfung von Straftaten", "Vorbereitung auf die Gefahrenabwehr" oder "Gefahrenvorsorge" nieder[669].

II. Musterentwurf

1. Vorgesehene Eingriffsregelung

Im Spannungsfeld dieser Entwicklungen stand auch das Bestreben zur Vereinheitlichung des Polizeirechts des Bundes und der Länder, dem die Innenministerkonferenz bereits 1977 durch den "Musterentwurf eines einheitlichen Polizeigesetzes des Bundes und der Länder" (MEPolG) Ausdruck verliehen hatte[670]. Die Regelung der polizeilichen Informationserhebung und -verarbeitung - und damit auch die einer polizeilichen Gesprächsüberwachung - wurde aber erst in der Folge des Volkszählungsurteils umfassend thematisiert und zum Gegenstand eines Vorentwurfs zur Änderung des MEPolG gemacht, der den MEPolG 1986 ergänzte[671].

Der MEPolG in der 1986 geänderten Fassung sah folgende Befugnisse zur polizeilichen Informationserhebung vor:
§ 8a regelte eine allgemeine Kompetenz zur Erhebung personenbezogener Daten. Unter Berücksichtigung der nachfolgenden Sonderregelungen dürfte hierunter auch das Belauschen von Gesprächen ohne den Einsatz technischer Mittel außerhalb von Wohnungen zu subsumieren gewesen sein. Eine solche Erhebung sollte zulässig sein gegenüber Handlungs- oder Zustandsstörern sowie gegenüber Nichtstörern im polizeilichen Notstand, gegenüber geschädigten, hilflosen oder vermißten Personen sowie deren Angehörigen, gesetzlichen Vertretern oder Vertrauenspersonen, gegenüber gefährdeten Personen oder gegenüber Zeugen, Hinweisgebern oder sonstigen Auskunftspersonen, soweit dies zur Abwehr einer Gefahr oder bei Einzelmaßnahmen zur Wahrnehmung der Aufgaben zum Schutz privater Rechte in Wahrnehmung der Eilzuständigkeit oder zur Vollzugshilfe erforderlich sei (§ 8a I). Hier dürfte es sich weitgehend um eine Regelung

---

[668] hierzu *Seifert*, in: *Hohmann*, 261, 263f.

[669] ausführl. zu dieser Entwicklg. *Wagner*, Einl. A, R. 9ff.; vgl. auch SächsVerfGH LKV 1996, 273, 282 u. 292.

[670] zur Geschichte des ME *Wagner*, Einl. B, R. 39ff.; Cilip 21 (1985), 21, 22.

[671] Text des MEPolG in der Fassung ab 1986 z.B. bei *Schenke*, in: *Steiner*, II, Anhang.

der von der Polizei "klassischerweise" in Anspruch genommenen Befugnisse zur Informationserhebung im Bereich ihrer herkömmlichen Aufgabenstellung gehandelt haben. Darüber hinaus sah der MEPolG aber eine allgemeine Kompetenz zur Erhebung personenbezogener Daten auch vor gegenüber Personen, bei denen Anhaltspunkte bestehen, daß sie künftig Straftaten begehen, gegenüber Kontakt- und Begleitpersonen einer solchen Person, gegenüber Personen, bei denen Anhaltspunkte bestehen, daß sie Opfer von Straftaten werden, sowie gegenüber Zeugen, Hinweisgebern und sonstigen Auskunftspersonen, soweit dies auf Grund tatsächlicher Anhaltspunkte erfahrungsgemäß zur vorbeugenden Bekämpfung von Straftaten erforderlich ist (§ 8a II). Hier handelt es sich um eine typische Form der soeben genannten Tendenz zur Vorfelderstreckung: Mit der Anknüpfung an Anhaltspunkte für die künftige Begehung von Straftaten sowie an die polizeiliche Erfahrung über die Notwendigkeit zur vorbeugenden Straftatbekämpfung sollte die Befugnis zum Eingriff in die Persönlichkeitssphäre einzelner allein von den Erfahrungswerten des einzelnen Beamten im Umgang mit bestimmten Bevölkerungsgruppen abhängig gemacht, durch die Erstreckung auf Kontakt- und Begleitpersonen sogar auf Menschen erstreckt werden, hinsichtlich derer noch nicht einmal solche Erfahrungswerte vorlagen.

§ 8b sah eine Sonderregelung über die Datenerhebung bei öffentlichen Veranstaltungen, Ansammlungen und Versammlungen vor, da hier über die in § 8a angesprochenen Merkmale der einzelnen Teilnehmer hinaus auch Reaktionsmöglichkeiten im Hinblick auf ein mögliches Gefahrenpotential einer Gruppe von Menschen bestehen sollten.

§ 8c schließlich schlug eine Regelung für die "besonderen Formen der Datenerhebung" vor. Damit war neben der längerfristigen Observation (§ 8c II Nr. 1) insbesondere auch der verdeckte Einsatz technischer Mittel zum Abhören und Aufzeichnen des gesprochenen Wortes auf Tonträger (§ 8c II Nr. 2) angesprochen. Voraussetzungen für den Einsatz derartiger Mittel sollten die folgenden sein: Als Zielpersonen für eine derartige Erhebung personenbezogener Daten waren Verhaltens- und Zustandsstörer und Nichtstörer im polizeilichen Notstand sowie Personen, bei denen Anhaltspunkte bestanden, daß sie künftig Straftaten begehen würden, und die jeweiligen Kontakt- und Begleitpersonen genannt (§ 8c I 1). Die Maßnahme durfte erfolgen, soweit dies zur Abwehr einer erheblichen Gefahr erforderlich war (§ 8c I 1 Nr. 1). Sie sollte aber auch erfolgen dürfen, soweit dies zur vorbeugenden Bekämpfung von Straftaten aus dem Katalog in § 100a StPO oder nach §§ 176-181a, 243, 244, 260, 263-265, 266 oder 324-330a StGB[672] erforderlich war, wenn tatsächliche Anhaltspunkte die Annahme rechtfertigten, daß eine dieser Straftaten begangen werden sollte, darüber hinaus auch bei anderen Straftaten, wenn tatsächliche Anhaltspunkte die Annahme rechtfertigten, daß die Straftat gewerbs-,

---

672 Es handelte sich hier nach der Zählung *Seiferts* (in: *Hohmann*, 261, 268) um einen Katalog, der zwei Drittel der Tatbestände des StGB umfaßte.

gewohnheits- oder bandenmäßig begangen werden sollte (§ 8c I 1 Nr. 2). Weitere Voraussetzung sollte sein, daß die Datenerhebung ohne Gefährdung der Aufgabenerfüllung auf andere Weise nicht möglich war und daß die Maßnahme nicht außer Verhältnis zur Bedeutung des aufzuklärenden Sachverhalts stand. Die Anordnungskompetenz sollte - außer bei Gefahr im Verzug - beim Behörden- oder Dienststellenleiter oder einem von ihm beauftragten Beamten liegen (§ 8c I 3). Es wurde ausdrücklich klargestellt, daß die Norm nicht zum Eingriff in das Fernmeldegeheimnis berechtigen sollte (§ 8c I 2).
Damit war für einen breitgefächerten Katalog von Straftaten weit im Vorfeld einer konkreten Verdachts- und Gefahrenlage ein tiefgreifender Eingriff in die Persönlichkeitsrechte - und zwar in Gestalt der Kontakt- und Begleitpersonen auch in diejenigen völlig Unbeteiligter - vorgeschlagen worden, der lediglich an äußerst vagen Begrifflichkeiten orientiert war, die eine wirksame Eingrenzung nicht ermöglichten.
Darüber hinaus sah der MEPolG aber auch vor, unter Berufung auf die Schrankenregelung in Art. 13 III GG den Einsatz der genannten Mittel auch zur Erhebung personenbezogener Daten in oder aus Wohnungen zuzulassen. Voraussetzung hierfür sollte sein, daß die Maßnahme zur Abwehr einer gegenwärtigen Gefahr für Leib, Leben oder Freiheit oder erhebliche Sach- oder Vermögenswerte unerläßlich war (§ 8c III 1). Die Anordnungskompetenz für den Einsatz technischer Mittel sollte grundsätzlich beim Richter liegen. Hiervon sollten jedoch zwei Ausnahmen gelten, nämlich zum einen Gefahr im Verzug, zum anderen ein Einsatz ausschließlich zur Abwehr einer Gefahr für Leib oder Leben der bei einem polizeilichen Einsatz in der Wohnung tätigen Person, wenn das technische Mittel mitgeführt wurde und keine Aufzeichnung erfolgte (§ 8c III 2; sog. "kleiner Lauschangriff"). Eine nachträgliche richterliche Kontrolle, wie in § 100b I 3 StPO für die TÜ geregelt, oder andere Verfahrenssicherungen gegen eine willkürliche Bejahung einer Gefahrenlage und von "Gefahr im Verzug" durch den anordnenden Polizeibeamten wurde hier nicht vorgesehen[673].
Hier handelte es sich um einen Eingriff in Wahrnehmung "klassischer" Gefahrenabwehraufgaben; eine darüberhinausgehende Eingriffsbefugnis im "Vorfeld" wäre auch angesichts der Bezugnahme des Art. 13 III GG auf die Verhütung von Gefahren kaum haltbar gewesen. Allerdings dürfte mit der Bezugnahme auch auf den Schutz von Sach- und Vermögenswerten, der damit als dringlicher angesehen wurde als die Unverletzlichkeit der Wohnung, die Befugnis zur Verhütung "dringender Gefahren für die öffentliche Sicherheit und Ordnung" (Art. 13 III 2. Alt. GG) weitgehend ausgeschöpft worden sein.

Bei der Verwendung von "besonderen Formen der Datenerhebung" war eine nachträgliche Mitteilung an den Betroffenen vorgesehen, sobald dies ohne Gefährdung des Zwecks der Maßnahme möglich war (§ 8c V 1). Sie durfte unterbleiben, wenn keine

---

[673] krit. hierzu *Seifert*, in: *Hohmann*, 261, 269.

Aufzeichnungen mit personenbezogenen Daten erstellt oder diese unverzüglich nach Beendigung der Maßnahme vernichtet worden waren (§ 8c V 2). Hier sollte also nicht nur gegenüber Betroffenen, deren Gespräche weit im Vorfeld eines konkreten Straftatverdachts überwacht worden waren oder die sogar nur Kontakt- oder Begleitpersonen einer Zielperson waren, die Möglichkeit einer Wahrung ihres Rechtsschutzes von einer so vagen Zweckbestimmung wie der "vorbeugenden Bekämpfung von Straftaten" abhängig gemacht werden. Darüberhinaus knüpfte die Benachrichtigung, die den Betroffenen in den Stand versetzen sollte, Rechtsschutz gegen das polizeiliche Handeln zu suchen, nicht einmal an die Tatsache des Abhörens als solche an, sondern lediglich an die Fortexistenz von Aufzeichnungen einer solchen Abhörmaßnahme bei der Polizei. Gegen Maßnahmen, aus denen keine derartigen Aufzeichnungen bei der Polizei verblieben, sollte damit mangels Kenntnisnahme durch den Betroffenen keinerlei, auch nur nachträglicher, effektiver Rechtsschutz gewährt werden.
Die Benachrichtigung sollte schließlich unterbleiben, wenn sich an den auslösenden Sachverhalt ein strafrechtliches Ermittlungsverfahren gegen den Betroffenen anschloß (§ 8c V 3). Dieser Ausschluß der Benachrichtigung erscheint aber im Hinblick auf die Möglichkeit zur Akteneinsicht nach § 147 StPO - die allerdings nur durch einen Verteidiger erfolgen kann - als deutlich weniger problematisch. Für den Fall, daß das Verfahren durch Einstellung abgeschlossen wird und der Beschuldigte deshalb gar keine Kenntnis von dessen Beginn und Ablauf erhält (vgl. § 163a I StPO), wäre der Grund für den Ausschluß ohnehin entfallen.

2. Vorgesehene Verwertungsregelung

Der MEPolG enthielt trotz der Nähe der neu statuierten Vorfeldaufgaben und -befugnisse zur repressiven Tätigkeit keine spezielle Regelung der Übermittlung von Erkenntnissen an die Staatsanwaltschaften zur Verwertung im Strafverfahren. Statt dessen war in § 10c eine allgemeine Regelung der Datenübermittlung an verschiedene Stellen vorgesehen. Danach war eine Datenübermittlung an andere Behörden, die für die Gefahrenabwehr zuständig waren, möglich, soweit die Kenntnis der Daten zur Erfüllung der Aufgaben des Empfängers erforderlich erschien (§ 10c II). Im übrigen sollte die Übermittlung an andere Behörden möglich sein, soweit dies zur Erfüllung polizeilicher Aufgaben, zur Abwehr einer Gefahr durch den Empfänger oder zur Verhütung oder Beseitigung erheblicher Nachteile für das Gemeinwohl oder für die schutzwürdigen Belange einzelner erforderlich war (§ 10c III 1). Da auch die Mitwirkung im strafrechtlichen Ermittlungsverfahren zu den polizeilichen Aufgaben zählt, wäre es denkbar gewesen, eine Übermittlung und Verwertung auf § 10c III 1 Nr. 1 zu stützen. Dabei war allerdings wiederum § 10c V zu berücksichtigen: Danach sollte grundsätzlich eine Übermittlung nur zu dem Zweck möglich sein, zu dem die Daten erhoben oder gespeichert worden waren (§ 10c V 1). Damit wäre die Übermittlung grundsätzlich auf Zwecke der Gefahrenabwehr oder der vorbeugenden Bekämpfung von Straftaten beschränkt, nicht aber zur repressiven Verfolgung von Straftaten zulässig gewesen. Jedoch statuierte

§ 10c V 2 hier eine Ausnahme: Personenbezogene Daten, die zur vorbeugenden Bekämpfung von Straftaten bei Personen erhoben worden waren, bei denen Anhaltspunkte bestanden, daß sie künftig Straftaten begehen würden, sollten übermittelt werden, soweit dies für die Erfüllung der Aufgaben durch den Empfänger unerläßlich war und dieser die Daten auf andere Weise nicht oder nicht rechtzeitig oder nur mit unverhältnismäßig hohem Aufwand erlangen konnte.

Eine Gegenausnahme sollte allerdings wiederum für Daten gemacht werden, die einem Berufs- oder besonderen Amtsgeheimnis unterlagen: Ihre Übermittlung sollte wiederum nur dann zulässig sein, wenn der Empfänger sie zu demselben Zweck benötigte, zu dem sie die Polizei erhoben hatte (§10c VI).

Die gesamte hier vorgesehene Übermittlungsregelung war durch den starken Gebrauch von Verweisungen sehr unübersichtlich. Außerhalb des Bereiches von Berufs- und Amtsgeheimnissen war aber die Tendenz klar erkennbar, die Erkenntnisse aus der vorbeugenden Bekämpfung von Straftaten in weitem Umfang zu Strafverfolgungszwecken zur Verfügung zu stellen.

## III. Beginnende Umsetzung in den Polizeigesetzen

Die Umsetzung des MEPolG erfolgte allerdings von Beginn an nur zögerlich; zudem wurde der Zweck einer Vereinheitlichung auch dadurch verfehlt, daß einige Bundesländer sich in Einzelfragen für anderweitige Regelungen entschieden. Die beiden einzigen Bundesländer, die bereits in den 80er Jahren bereichsspezifische Regelungen über die Datenerhebung und -verarbeitung in ihr Polizeirecht aufnahmen, waren Bremen und Rheinland-Pfalz.

### 1. Bremen

Die betreffende Novellierung des BremPolG erfolgte bereits 1983, also noch vor dem Volkszählungsurteil und vor der Neufassung des MEPolG. Sie orientierte sich auch nicht an der bereits existierenden Fassung des MEPolG, sondern nahm sich den "Alternativentwurf einheitlicher Polizeigesetze des Bundes und der Länder" (AE PolG) des "Arbeitskreises Polizeirecht" zum Vorbild. In diesem Entwurf waren bereits 1979 ein Kapitel über polizeiliche Informationsverarbeitung und weitere Einzelvorschriften über polizeiliche Befugnisse bei der Informationserhebung angeregt worden.

Anders als der AE PolG, der die Ausforschung der Wohnung mit technischen Mitteln zur Abwehr einer unmittelbar bevorstehenden Gemeingefahr oder einer Lebensgefahr vorgesehen hatte (§ 29), verzichtete das neue BremPolG[674] aber auf eine derartige Eingriffsbefugnis. Es sah auch ansonsten den Einsatz technischer Mittel zur Gesprächsüberwachung nicht explizit vor. Das Gesetz wies lediglich eine allgemeine Vorschrift über die Erhebung personenbezogener Informationen auf; diese sollte zulässig sein zur

---

[674] v. 21.3.1983 (GBl. 141).

Abwehr einer Gefahr (für die öffentliche Sicherheit, § 1 I BremPolG) sowie zur vorbeugenden Bekämpfung der in § 100a StPO sowie der in §§ 176-181a, 243, 244, 260 und 263-266 StGB genannten Straftaten, wenn dies aufgrund tatsächlicher Anhaltspunkte erforderlich war (§ 28 I BremPolG). Eine heimliche Erhebung von derartigen Informationen war nur in § 30 II BremPolG bei der Abwehr erheblicher Gefahren in öffentlichen Versammlungen explizit vorgesehen[675]. Die Vorschriften gelten bis heute unverändert fort.

Fraglich ist allerdings, ob damit für das Bremische Polizeirecht so eindeutig, wie *Kutscha*[676] dies annimmt, ein völliger Verzicht auf weitere Formen heimlicher Datenerhebung gegeben ist. Dies wird sicherlich für die von ihm als Beispiel genannte Ausforschung von Wohnungen zutreffen; hier wird angesichts der Schrankenregelung in Art. 13 III GG a.F. und unter dem Gesichtspunkt des Gebots der Normenklarheit die allgemeine Regelung in § 28 I PolG keinen solchen Eingriff tragen. Angesichts der Erfahrungen mit der polizeilichen Praxis erscheint es aber nicht abwegig anzunehmen, daß auch die Bremische Polizei jedenfalls niederschwellige Eingriffe wie das Abhören ohne technische Hilfsmittel, die herkömmlicherweise zum Arsenal polizeilicher Mittel zählen, auf diese allgemeine Regelung stützt, die nicht ausdrücklich die Offenheit der Erhebungsmaßnahmen vorsieht.

2. Rheinland-Pfalz

Rheinland-Pfalz nahm 1986 Vorschriften über die polizeiliche Informationserhebung in sein Polizeirecht auf[677]; im Gegensatz zu Bremen orientierte man sich hier inhaltlich erstmals am MEPolG.

§ 25a I PVGRhPf sah eine allgemeine Informationserhebungsbefugnis vor, die sich nicht auf polizeipflichtige Personen, also auf Störer und auf Nichtstörer im polizeilichen Notstand beschränkte, sondern sich ausdrücklich auch auf andere Personen bezog. Danach durften Informationen erhoben werden zur Abwehr einer im Einzelfall bestehenden Gefahr (für die öffentliche Sicherheit oder die öffentliche Ordnung, § 1 I 1 PVGRhPf), zur vorbeugenden Bekämpfung von Straftaten (ohne Beschränkung auf bestimmte Tatbestände), zum Schutz privater Rechte in Wahrnehmung der subsidiären Eilzuständigkeit nach § 1 III PVGRhPf , zur Erfüllung von anderen durch Rechtsvorschriften übertragenen Aufgaben sowie zur Vollzugshilfe. Dabei sollte die offene Datenerhebung den Regelfall darstellen (arg. e § 25a II 1 RhPfPVG); verdeckte Erhebung sollte aber in allen genannten Fällen zulässig sein, wenn eine offene Erhebung die Erfüllung polizeilicher Aufgaben erschweren oder gefährden würde. Angesichts dieses wenig begrenzenden Kriteriums - eine Erschwernis bei der Aufgabenerfüllung dürfte

---

675 dazu, daß in dieser Norm allerdings die gesetzgeberische Absicht einer Bezugnahme auf versammlungsspezifische Gefahren nicht zum Ausdruck gebracht wurde, vgl. *Alberts*, NVwZ 1983, 585, 587.

676 NJW 1994, 85, 86.

677 4. Landesgesetz zur Änd. des PVGRhPf v. 26.3.1986 (GVBl. 77).

sich häufig darlegen lassen - handelte es sich sowohl hinsichtlich der Breite der Anwendungsfälle als auch hinsichtlich der Zielpersonen um eine sehr weite Befugnis zur heimlichen Tätigkeit. Andererseits bleibt zu berücksichtigen, daß auch die Bezugnahme auf "andere Personen" nicht die primäre Ausrichtung polizeilicher Tätigkeit auf den Störer beseitigen kann; unter Verhältnismäßigkeitsgesichtspunkten kann eine heimliche Erhebung von Daten über dritte Personen - abgesehen vom Sonderfall des polizeilichen Notstandes - nur ein nachrangiges Mittel sein[678].
Begrenzungen bestanden sowohl für verdeckte Informationserhebungen von mehr als 24-stündiger Dauer als auch für solche unter Einsatz besonderer technischer Mittel. Hier war die gesetzliche Regelung in § 25a II 2 PVGRhPf allerdings recht unübersichtlich. Durch Verweisung auf § 25a I Nrn. 1, 2 und 4 PVGRhPf war die Maßnahme in beiden Fällen beschränkt auf die Zwecke der Abwehr einer im Einzelfall bestehenden Gefahr, der vorbeugenden Bekämpfung von Straftaten sowie der Erfüllung von durch andere Rechtsvorschriften übertragenen Aufgaben. Zugleich beschränkte § 25a II 2 PVGRhPf sie jedoch ausdrücklich nochmals, indem er sie nur dann für zulässig erklärte, wenn dies zur Abwehr einer im Einzelfall bestehenden erheblichen Gefahr erforderlich war. Inwieweit dies allerdings etwa in Fällen der vorbeugenden Straftatbekämpfung, die ja explizit eine Erweiterung der polizeilichen Tätigkeit in das Vorfeld einer konkreten Gefahrenlage bedeutete[679], je der Fall sein konnte, blieb völlig ungeklärt. Die Verweisung auf § 25a I PVGRhPf erscheint hier als überflüssig und inhaltsleer, da § 25a II 2 PVGRhPf im gleichen Atemzug eine völlig eigenständige und engere Beschränkung statuiert.
Noch unübersichtlicher wurde die Regelung jedoch dadurch, daß § 25b I PVGRhPf im nächsten Schritt weitere spezielle Tatbestandsvoraussetzungen für den Einsatz besonderer technischer Mittel kreierte, durch die verdeckt öffentlich nicht zugängliche personenbezogene Daten erhoben werden sollten. Eine derartige Erhebung war danach nur über Störer oder Nichtstörer im polizeilichen Notstand zulässig und durfte nur zur Abwehr einer gegenwärtigen Gefahr für Leib oder Leben (§ 25b I 1 Nr. 1 PVGRhPf) oder zur vorbeugenden Bekämpfung der in § 100a StPO sowie der in §§ 176-181a, 243, 244, 260, 263-266 und 324-330a StGB genannten Straftaten erfolgen (§ 25b I 1 Nr. 2 PVGRhPf)[680]. Die Anordnungskompetenz für diese Fälle lag, mit Ausnahme von Gefahr im Verzug, beim Richter (§§ 25b I 2, 21 I PVGRhPf).
Zusätzlich zum komplizierten systematischen Aufbau trug diese Norm auch noch dadurch zur Unübersichtlichkeit bei, daß sie eine Eingriffsbefugnis stark verschleiert ausdrückte. Nach Auffassung der politischen Führung und der polizeilichen Praxis sollte

---

678 so auch L/D-*Bäumler*, Abschn. J, R. 666; SächsVerfGH LKV 1996, 273, 280.

679 vgl. SächsVerfGH LKV 1996, 273, 282 u. 292.

680 Wegen der einschränkenden Tatbestandsvoraussetzungen des polizeilichen Notstandes (Abwehr einer erheblichen Gefahr, § 7 I Nr. 1 PVGRhPf) waren Maßnahmen zur vorbeugenden Bekämpfung von Straftaten allerdings nur gegenüber Störern zulässig.

nämlich in dem Tatbestandsmerkmal "öffentlich nicht zugänglich" zum Ausdruck kommen, daß auch und gerade eine Informationserhebung aus Wohnungen zulässig sein sollte[681], obschon das Wort "Wohnung" in § 25b I PVGRhPf nicht auftauchte und das Gesetz auch Art. 13 GG nicht als eingeschränktes Grundrecht zitierte. Zugleich bestimmte zudem § 25b II PVGRhPf, daß die Bestimmungen über das Betreten und Durchsuchen von Wohnungen unberührt bleiben sollten. Diese Norm erweckt entgegen der vorherigen Interpretation aber jedenfalls den Eindruck, daß danach ein Betreten allein zum Zweck der Erhebung der Informationen gerade nicht zulässig sein soll und daß die Erhebung nur außerhalb von Wohnungen durchgeführt werden soll[682]. Die Praxisliteratur überspielte diese Bestimmung aber mit der Auffassung, da damit nur das Betreten der Wohnung angesprochen sei, sei eine Überwachung mit Richtmikrophonen von außen jedenfalls zulässig[683]. In der Konsequenz dieser auf eine sehr formale Unterscheidung abstellenden Auffassung, die die vergleichbare sachliche Schwere der betreffenden Eingriffe in die persönliche Sphäre des Betroffenen nicht berücksichtigte, ging die Praxis sogar noch weiter, indem sie ein eventuell zur Überwachung notwendiges Betreten der Wohnung ergänzend auf die allgemeinen Vorschriften stützte. Dies ergibt sich aus den Ausführungen in BGH NJW 1996, 405: In diesem Fall hatte das AG Mayen unter Berufung auf § 25b I PVGRhPf eine Überwachung von in einer Wohnung geführten Gesprächen durch Mikrosender angeordnet und zugleich zum Zweck des Anbringens der Sender das Betreten der Wohnung nach § 20 I Nr. 3, III PVGRhPf genehmigt. Daraufhin waren in einem Zeitraum von 30 Wochen - die Anordnung war mehrmals verlängert worden - die in der Wohnung geführten Gespräche abgehört und aufgezeichnet worden.
Zusammenfassend darf festgestellt werden, daß der Eingriffsregelung des rheinland-pfälzischen Polizeirechts die notwendige Normenklarheit vollständig abging und -geht; dem unbefangenen Leser bleibt die Reichweite der Befugnis, die die Praxis ihr gegeben hat, verschlossen.

Die Normen über die Übermittlung von Erkenntnissen differenzierten wiederum nach solchen, die nach § 25b PVGRhPf, und solchen, die nach § 25a II 2 PVGRhPf gewonnen worden waren. Dabei nannten die Regelungen für die Übermittlung an andere öffentliche Stellen als Polizeibehörden (also insbesondere auch Staatsanwaltschaften) dieselben Tatbestandsvoraussetzungen, die jeweils auch für die Erhebung der Informationen galten (§ 25c I Nr. 2, II Nr. 2 PVGRhPf), statuierten also keine weiteren Einschränkungen.

---

681 vgl. Staatssekretär *Hofe*, RuP 1993, 117, 122ff.; *Schütz*, § 25b, Erl. 1.1.

682 so auch *Welp*, NStZ 1995, 602, 603 (unter Verweis auf *Roos*, POGRhPf); ähnl. ("eher ausgeschlossen") *Köhler*, StV 1996, 186, 187; unsicher *Kutscha*, NJW 1994, 85, 86.

683 *Schütz*, § 25b, Erl. 2.1.

Die 1986 eingeführten Vorschriften gelten, von geringfügigen redaktionellen Änderungen abgesehen, als §§ 25a ff. POGRhPf bis heute fort[684].

IV. Sonderregelung für öffentliche Versammlungen

In das VersammlG wurde 1989 eine Regelung über die Anfertigung von Aufnahmen bei oder im Zusammenhang mit öffentlichen Versammlungen eingefügt[685]: Bild- und Tonaufnahmen von Teilnehmern wurden zulässig, wenn tatsächliche Anhaltspunkte die Annahme rechtfertigten, daß von den Teilnehmern erhebliche Gefahren für die öffentliche Sicherheit oder Ordnung ausgingen. Die Maßnahmen durften auch durchgeführt werden, sofern Dritte unvermeidbar betroffen wurden (§§ 12a I, 19a VersammlG). Die Unterlagen durften nicht nur für Zwecke der Gefahrenabwehr, sondern auch für solche der Strafverfolgung verwendet werden (arg. e § 12a II 1 Nr. 1 VersammlG).
Diese Regelung ist allerdings für den vorliegenden Zusammenhang weniger interessant, da es hier ganz vorrangig um einen offenen Einsatz der Überwachungstechnik geht[686]. Im übrigen wurde auch hier lediglich eine bereits zuvor gängige Praxis der Polizei kodifiziert[687].

---

684 Umbenennung des PVGRhPf in POGRhPf durch Art. 1 Nr. 1 d. 6. Landesges. z. Änd. d. PVGRhPf v. 8.7.1993 (GVBl. 314).

685 durch Art. 1 I Nr. 1, 3 des Ges. z. Änd. d. StGB, d. StPO u. d. VersammlG u. z. Einführg. einer Kronzeugenregelung bei terrorist. Straftaten v. 9.6.1989 (BGBl. I, 1059).

686 Dies ergibt sich schon daraus, daß die Maßnahme auch Präventivdruck erzeugen soll; vgl. *Braun*, Polizei 1990, 49, 50. Nach Auffassung von L/D-*Kniesel*, Abschn. H, R. 396, können sogar überhaupt nur offen vorgenommene Maßnahmen auf diese Vorschrift gestützt werden.

687 *Götz*, NVwZ 1990, 112, 113; *Riegel*, NVwZ 1990, 745; *Braun*, Polizei 1990, 49.

## D. Exkurs: Die Datenschutzgesetze

Seit 1978 galt für die Erhebung, Verarbeitung und Übermittlung von personenbezogenen Daten in allen genannten Dienststellen das BDSG[688]; in der Folge traten auch in den Bundesländern Landesdatenschutzgesetze in Kraft. Daraus ergaben sich bestimmte Anforderungen hinsichtlich der technischen und organisatorischen Ausgestaltung des Umgangs mit personenbezogenen Daten (vgl. § 6 BDSG a.F. mit Anl.). Auch waren die Sicherheitsbehörden nunmehr der Kontrolle durch den BfD (sowie durch die Landesbeauftragten) unterworfen (§ 19 BDSG a.F.)[689].

Die Datenschutzgesetze setzten allgemeine Rahmenbedingungen für die Aufbewahrung und Weitergabe rechtmäßig erlangter Informationen[690], die allerdings nicht speziell auf die Tätigkeit der Sicherheitsbehörden zugeschnitten waren. An der jeweils bereichsspezifischen Rechtslage für die Erhebung, Verarbeitung und Weiterleitung der Daten (insbesondere an dem Mangel an Bestimmtheit der gesetzlichen Regelungen in vielen Bereichen bzw. am teilweisen Fehlen einschlägiger Spezialregelungen) änderten sie jedoch zunächst nichts.

---

[688] v. 27.1.1977 (BGBl. I, 201).

[689] Zu dem Streit, ob sich die Kontrollbefugnis der Datenschutzbeauftragten auch auf die Tätigkeit der Nachrichtendienste nach Art. 1 G 10 erstreckte, vgl. einerseits (bejahend) BfD, BT-Drucks. IX/93, 47f. u. X/2777, 79f. sowie *Riegel*, DÖV 1985, 314, 315ff., der sich auf das obiter dictum in BVerfGE 67, 157, 185 berief, und andererseits (verneinend) *C. Arndt*, Verfassungsschutz und Rechtsstaat, 43, 62f., *ders.*, NJW 1985, 107, 110f., B/E-*Borgs*, § 9 G 10, R. 18f., *Roewer*, § 9 G 10, R. 34, die Art. 1 § 9 G 10 als Spezialregelung gegenüber § 19 BDSG ansahen. Der Streit ist mit der Novellierung des BDSG im Jahre 1990 im Sinne einer alleinigen Zuständigkeit der Kommission nach Art. 1 § 9 G 10 entschieden worden (vgl. dazu u. S. 256f.).

[690] näher *Gusy*, NVwZ 1983, 322, 324.

# Kapitel 4: Entwicklung in den 90er Jahren

## A. Strafprozeßrecht

### I. Telefonüberwachung

#### 1. Änderungen des Tatbestandskataloges in § 100a S. 1 StPO oder von Katalogvorschriften

Auch in den 90er Jahren wuchs der Anwendungsbereich der strafprozessualen TÜ weiter; dieses Wachstum ergab sich wiederum teilweise aus Änderungen des Wortlauts der §§ 100a ff. StPO selbst, z.T. aber auch aus Novellierungen der im Katalog des § 100a S. 1 StPO angeführten Tatbestände.

a) Art. 2 des Gesetzes zu dem Übereinkommen vom 10.3.1988 zur Bekämpfung widerrechtlicher Handlungen gegen die Sicherheit der Seeschiffahrt und zum Protokoll vom 10.3.1988 zur Bekämpfung widerrechtlicher Handlungen gegen die Sicherheit fester Plattformen, die sich auf dem Festlandsockel befinden[691], brachte zum 22.6.1990 eine Erweiterung des § 316c I StGB: Tatobjekt konnte jetzt nicht mehr nur ein Luftfahrzeug, sondern auch ein im zivilen Seeverkehr eingesetztes Schiff sein.

b) Durch den Beitritt der DDR zur Bundesrepublik Deutschland traten die Regelungen der §§ 100a ff. StPO in dem in Art. 3 des Einigungsvertrages[692] genannten Gebiet, also den heutigen Bundesländern Brandenburg, Mecklenburg-Vorpommern, Sachsen, Sachsen-Anhalt und Thüringen, zum 3.10.1990 in Kraft (Art. 8 EinigungsV iVm Art. 1 EinigungsvertragsG[693]). Zum gleichen Termin suspendierten die Vier Mächte durch eine Erklärung vom 1.10.1990[694] die Ausübung ihrer bestehenden Rechte in bezug auf Deutschland als ganzes und auf Berlin, die dann 1991 durch das Inkrafttreten des Zwei-Plus-Vier-Vertrages ganz entfielen[695]; damit traten die Vorschriften gemäß §§ 1, 5 I des 6. ÜberleitungsG[696] zum 3.10.1990 auch in Berlin in Kraft.

c) Art. 5 des Gesetzes zur Verbesserung der Überwachung des Außenwirtschaftsverkehrs und zum Verbot von Atomwaffen, biologischen und chemischen Waffen[697] änderte mit Wirkung zum 11.11.1990 die Verweisung auf das KWKG in § 100a S. 1 Nr.

---

[691] v. 13.6.1990 (BGBl. II, 494).

[692] v. 31.8.1990 (BGBl. II, 889).

[693] v. 23.9.1990 (BGBl. II, 885).

[694] abgedr. in BR-Drucks. 706/90.

[695] Art. 7 des Vertrages über die abschließende Regelung in bezug auf Deutschland v. 12.9.1990 (BGBl. II, 1318) iVm Art. 1 des Gesetzes v. 11.10.1990 (BGBl. II, 1317); in Kraft getreten am 15.3.1991 gem. Bekanntmachg. vom gleichen Tag (BGBl. II, 587).

[696] v. 25.9.1990 (BGBl. I, 2106).

[697] v. 5.11.1990 (BGBl. I, 2428).

3 StPO. § 100a S. 1 Nr. 3 StPO verwies nun nicht mehr nur auf alle bereits zuvor erfaßten Straftatbestände des KWKG, die jetzt in § 22a I KWKG aufgezählt wurden, sondern auch auf §§ 19 I-III, 20 I u. II KWKG. Damit knüpfte die strafprozessuale TÜ auch an folgende Handlungen an: die Entwicklung oder Herstellung von, das Handeltreiben mit, der Erwerb oder die Überlassung an andere von, das Ein-, Aus- oder Durchführen von, das sonstige Verbringen in das oder aus dem Bundesgebiet von und jede sonstige Ausübung der tatsächlichen Gewalt über Atomwaffen, biologischen oder chemischen Waffen (§§ 19 I Nr. 1, 20 I Nr. 1 KWKG), die Verleitung eines anderen zu einer solchen Handlung (§§ 19 I Nr. 1a, 20 I Nr. 1a KWKG), die Förderung einer solchen Handlung (§§ 19 I Nr. 2, 20 I Nr. 2 KWKG) sowie der Versuch aller genannten Tatbestände (also auch der Versuch der Verleitung oder Förderung). Auch auf die Sonderregelung über die Geltung für bestimmte Auslandstaten Deutscher in Unabhängigkeit vom Tatortrecht (§ 21 KWKG) verwies § 100a S. 1 Nr. 3 StPO jetzt.

d) Art. 4 Nr. 1 des Gesetzes zur Änderung des Außenwirtschaftsgesetzes (AWG), des StGB und anderer Gesetze[698] fügte in § 100a S. 1 Nr. 3 mit Wirkung vom 7.3.1992 eine Verweisung auf § 34 I-VI AWG ein. Diese Anknüpfung führte wegen der eigenen Verweisungstechnik des AWG[699] zu einer äußerst komplizierten Paragraphenkette; es dürfte sich hier um diejenige Abhörermächtigung in § 100a StPO handeln, deren jeweils aktuelle Reichweite für den uninformierten Betrachter am schwersten zu beurteilen sein dürfte. Zum damaligen Zeitpunkt wurden folgende Handlungsmodalitäten von ihr erfaßt[700]:
- die genehmigungslose Ausfuhr der in Teil I Abschn. A, B, C Nr. 1711, D, E der in der Ausfuhrliste (Anlage AL zur AWV)[701] genannten Waren, der Unterlagen zur Fertigung dieser Waren oder der Unterlagen über die in Teil I Abschn. A u. B der Ausfuhrliste in einzelnen Nummern benannten Technologien, technischen Daten und technischen Verfahren (§ 34 I 1 AWG)[702] sowie der Versuch zu den genannten Delikten (§ 34 V AWG),
- die Ausfuhr von Waren, deren Ausfuhr verboten war, oder von Unterlagen zur Fertigung solcher Waren (§ 34 I 2 AWG) und der Versuch hierzu (§ 34 V AWG);
- folgende Handlungen und ihr Versuch (§ 34 V AWG), wenn sie geeignet waren, die

[698] v. 28.2.1992 (BGBl. I, 372).

[699] Sämtliche Straftatbestände des § 34 AWG sind Blankettnormen.

[700] Die Darstellung ist bereits verkürzt und vereinfacht.

[701] Damit hing die Reichweite der Ermächtigung vom jeweiligen Bestand der Ausfuhrliste ab. Von einem Versuch, die von den genannten Teilen der Ausfuhrliste jeweils erfaßten Gegenstände zu schildern, soll hier dennoch aus Platzgründen abgesehen werden.

[702] seit 12.12.1996: die genehmigungslose Ausfuhr der in Teil I Abschn. A od. C Kat. 0, Kat. 1 Nrn. 1C350, 1C351, 1C351, 1C352, 1C353, 1C354, Kat. 2 Nrn. 2B350, 2B351 od. 2B352 der Ausfuhrliste (Anl. AL zur AWV) genannten Waren, Unterlagen zur Fertigung dieser Waren oder Unterlagen über die in Teil I Abschn. A od. Abschn. C Kat. 0 der Ausfuhrliste in einzelnen Nummern genannten Technologien oder dort genannten Datenverarbeitungsprogramme (Art. 1 Nr. 3 des 9. Ges. zur Änd. d. AWG v. 11.12.1996; BGBl. I, 1850). Angesichts dieser Normentwicklung darf wohl füglich bezweifelt werden, ob selbst der durchschnittliche Adressat dieser Spezialnormen noch erfassen kann, worum es geht.

äußere Sicherheit der Bundesrepublik, das friedliche Zusammenleben der Völker oder in erheblicher Weise die auswärtigen Beziehungen der Bundesrepublik zu gefährden (§ 34 II AWG unter Verweis auf § 33 I, IV AWG):

- Zuwiderhandeln gegen nach § 7 iVm § 2 AWG erlassene Rechtsverordnungen (Beschränkungen von Rechtsgeschäften und Handlungen im Außenwirtschaftsverkehr mit dem Zweck, die Sicherheit der Bundesrepublik zu gewährleisten, eine Störung des friedlichen Zusammenlebens der Völker zu verhüten oder zu verhüten, daß die auswärtigen Belange der Bundesrepublik erheblich gestört wurden), soweit sie für einen bestimmten Tatbestand auf die Bußgeldvorschrift des § 33 I AWG verwiesen (§ 33 I AWG),
- Machen oder Benutzen von unrichtigen oder unvollständigen Angaben tatsächlicher Art, um für sich oder einen anderen eine Genehmigung oder eine Bescheinigung zu erschleichen, die nach dem AWG oder einer zu seiner Durchführung erlassenen VO erforderlich war (§ 33 IV Nr. 1 AWG),
- Zuwiderhandeln gegen eine nach § 26 oder § 26a AWG erlassene VO (Verfahrensvorschriften und Meldepflichten im Außenwirtschaftsverkehr), soweit sie für einen bestimmten Tatbestand auf die Bußgeldvorschrift des § 33 II AWG verwies (§ 33 IV Nr. 2 AWG),
- Nichterteilung, nicht richtige oder nicht vollständige Erteilung einer Auskunft, Nichtvorlegen geschäftlicher Unterlagen oder Nichtdulden einer Prüfung, jeweils entgegen § 44 AWG (allgemeine Auskunfts-, Duldungs- und Mitwirkungspflichten), Verstoß gegen § 46 I AWG durch Nichtdarlegen einer dort bezeichneten Sache oder Nichtdulden einer Untersuchung oder Prüfung, Nichtabgeben einer Erklärung entgegen § 46 II AWG, Nichtgestellen einer Sendung entgegen § 46 III AWG (§ 46 AWG handelte von den Pflichten im Zusammenhang mit der Überwachung des Fracht-, Post- und Reiseverkehrs nach dem Außenwirtschaftsrecht) (§ 33 IV Nr. 3 AWG),
- Verhindern oder Erschweren der Nachprüfung (§ 44 AWG) von Umständen, die nach dem AWG oder einer Durchführungsverordnung erheblich waren, dadurch, daß der Täter Bücher oder Aufzeichnungen, deren Führung oder Aufbewahrung ihm nach handels- oder steuerrechtlichen Vorschriften oblag, nicht oder nicht ordentlich führte, nicht aufbewahrte oder verheimlichte (§ 33 IV Nr. 4 AWG);

- in allen vorgenannten Fällen die Förderung der Ausfuhr dadurch, daß der Täter die auszuführende Ware oder Unterlagen zu ihrer Fertigung oder wesentliche Teile davon zur Verfügung stellte (§ 34 III AWG);
- die Zuwiderhandlung gegen eine Vorschrift des AWG oder einer Durchführungsverordnung oder gegen einen im Bundesgesetzblatt oder im Bundesanzeiger veröffentlichten Rechtsakt der Europäischen Gemeinschaften zur Beschränkung des Außenwirtschaftsverkehrs, die der Durchführung einer vom Sicherheitsrat der Vereinten Nationen (UN) nach Kap. VII der UN-Charta beschlossenen wirtschaftlichen Sanktionsmaßnahme dienten, sowie der Versuch hierzu (§ 34 IV AWG).

e) Art. 2 des 26. StrÄndG[703] ersetzte mit Wirkung vom 22.7.1992 die Verweisung auf § 181 Nr. 2 StGB durch eine solche auf § 181 I Nrn. 2, 3, zwei Modalitäten des neugeschaffenen Tatbestandes des schweren Menschenhandels.
Dabei entsprach § 181 I Nr. 2 StGB n.F. weitgehend dem § 181 Nr. 2 StGB a.F. Hier waren lediglich folgende Änderungen vorgenommen worden: Bei der Tatbestandsalternative des "Anwerbens" war jetzt nur noch ein Anwerben durch List erfaßt; bei derjenigen der Entführung mit Drohung mußte nun mit einem empfindlichen Übel gedroht werden; dafür war es nun nicht mehr erforderlich, das Opfer unter Ausnutzung seiner spezifischen Hilflosigkeit zu bestimmten sexuellen Handlungen zu bringen, sondern Kenntnis der Hilflosigkeit reichte jetzt aus.
§ 181 I Nr. 3 StGB n.F. erfaßte jetzt denjenigen, der eine andere Person gewerbsmäßig anwarb, um sie in Kenntnis der Hilflosigkeit, die mit ihrem Aufenthalt in einem fremden Land verbunden war, zur Aufnahme oder Fortsetzung der Prostitution zu bestimmen, sowie den Versuch hierzu.

f) Art. 3 Nr. 4 des OrgKG[704] erweiterte mit Wirkung vom 15.9.1992 den Katalog in § 100a S. 1 StPO erneut.
In § 100a S. 1 Nr. 2 StPO wurden Verweise auf die Tatbestände des Bandendiebstahls (§ 244 I Nr. 3 StGB) und schweren Bandendiebstahls (§ 244a StGB), der gewerbsmäßigen und der Bandenhehlerei (§ 260 StGB) sowie der gewerbsmäßigen Bandenhehlerei (§ 260a StGB) eingefügt (Art. 3 Nr. 4 lit. a OrgKG). Damit konnte die TÜ bei Verdacht auf die Begehung folgender Handlungen angeordnet werden:
- Diebstahl als Mitglied einer Bande, die sich zur fortgesetzten Begehung von Raub oder Diebstahl verbunden hat, unter Mitwirkung eines anderen Bandenmitglieds sowie der Versuch hierzu,
- Hehlerei, sofern gewerbsmäßig oder als Mitglied einer Bande, die sich zur fortgesetzten Begehung von Raub, Diebstahl oder Hehlerei verbunden hat, begangen, sowie der Versuch hierzu.
Art. 3 Nr. 4 lit. b OrgKG änderte die Verweisung auf die Strafvorschriften des BtMG in § 100a S. 1 Nr. 4 StPO; er verwies jetzt auf § 29 III 2 Nr. 1, § 29a, § 30 I Nrn. 1, 2 u. 4, §§ 30a u. 30b BtMG. Damit traten gegenüber den vorher erfaßten Begehungsformen der Betäubungsmitteldelikte folgende Änderungen ein:
Der Tatbestand des Handeltreibens mit Betäubungsmitteln in nicht geringer Menge sowie des Besitzes und der Abgabe in nicht geringer Menge wurde um die Alternative der Herstellung in nicht geringer Menge ergänzt; zudem wurde jetzt auch der Versuch aller Alternativen erfaßt. Beim Tatbestand der Abgabe, Verabreichung oder Gebrauchsüberlassung von Betäubungsmitteln durch eine Person über 21 Jahren an eine Person

---

[703] v. 14.7.1992 (BGBl. I, 1255).
[704] v. 15.7.1992 (BGBl. I, 1302).

unter 18 Jahren entfiel das begrenzende Tatbestandsmerkmal der gewerbsmäßigen Begehung, beim Tatbestand der erlaubnislosen Einfuhr in nicht geringer Menge das der gewerbs- oder bandenmäßigen Begehung. Schließlich konnte nun auch der Verdacht Anlaß einer TÜ sein, eine Person über 21 Jahren habe eine Person unter 18 Jahren dazu bestimmt, ohne Erlaubnis mit Betäubungsmitteln Handel zu treiben, sie ein- oder auszuführen, zu veräußern, abzugeben oder sonst in Verkehr zu bringen oder eine dieser Handlungen zu fördern, oder habe dies versucht. Hier ergibt sich durch die Kombination der verschiedenen Tatbestandsmerkmale eine potentiell recht weite Erstreckung des Anwendungsbereichs der TÜ in das Vorfeld einer konkreten Rechtsgutsgefährdung (z.B. Versuch, einen Minderjährigen dazu zu bestimmen, Handlungen eines Dritten im Umgang mit Betäubungsmitteln zu fördern).
Zudem erstreckte § 30b BtMG die Strafandrohung des § 129 StGB für die Gründung oder Beteiligung an einer Vereinigung oder die Werbung für eine oder Unterstützung einer Vereinigung, deren Zwecke oder deren Tätigkeit auf den unbefugten Vertrieb von Betäubungsmitteln gerichtet waren, auch auf Auslandsvereinigungen.

g) Zum 1.1.1993 brachte Art. 20 Nr. 1 Verbrauchsteuer-BinnenmarktG[705] ein anschauliches Beispiel dafür, daß auch der Gesetzgeber die Technik der Weiterverweisung nicht mehr vollständig im Griff hatte. Bei den Bußgeldtatbeständen des § 33 AWG, auf dessen Absätze 1 und 4 der qualifizierende Straftatbestand in § 34 II AWG bis dahin verwies, wurde ein neuer Absatz 4 eingefügt. Der bisherige § 33 IV wurde jetzt § 33 V AWG. Zugleich versäumte der Gesetzgeber es jedoch, auch die Verweisung in § 34 II AWG entsprechend zu ändern. Damit fielen alle 4 Bußgeldtatbestände in § 33 V Nrn. 1-4 AWG n.F. aus dem qualifizierenden Straftatbestand in § 34 II AWG und damit auch aus dem Anwendungsbereich der TÜ heraus. Strafbares Verhalten - das somit im Verdachtsfall auch Anlaß für die Anordnung einer TÜ sein konnte - war es demgegenüber jetzt, vorsätzlich[706] einer in Rechtsakten der Europäischen Gemeinschaften geregelten Beschränkung des Außenwirtschaftsverkehrs zuwider zu handeln oder dies zu versuchen (§ 34 V AWG), soweit eine Rechtsverordnung nach § 33 IV 2 AWG für einen bestimmten Tatbestand auf die Bußgeldvorschrift des § 33 IV AWG verwies und sofern die Handlung geeignet war, die äußere Sicherheit der Bundesrepublik, das friedliche Zusammenleben der Völker oder erheblich die auswärtigen Beziehungen der Bundesrepublik zu gefährden.
Erst zum 17.8.1994, also nachdem die neue, offensichtlich ungewollte Rechtslage über 1 ½ Jahre bestanden hatte, wurde die Verweisung in § 34 II AWG durch Art. 1 Nr. 10

---

[705] v. 21.12.1992 (BGBl. I, 2150).

[706] Auch wenn § 33 IV 1 AWG n.F. sowohl vorsätzliche als auch fahrlässige Ordnungswidrigkeiten erfaßt, ist der Qualifikationsstraftatbestand in § 34 II AWG ein Vorsatzdelikt (die fahrlässige Begehung ist durch § 34 VII AWG erfaßt).

des 8. Ges. zur Änderung des AWG[707] korrigiert. Gegenstand der Straftat nach § 34 II AWG konnten jetzt Handlungen nach § 33 I, IV und V AWG sein, so daß die zuvor weggefallenen Tatbestände wieder einbezogen waren, ohne daß allerdings der Tatbestand, der sie ersetzt hatte, wieder aus der Verweisung gestrichen worden wäre.

h) Zuvor bereits, nämlich zum 28.2.1994[708] hatte Art. 3 Nr. 3 lit. c des AusführungsG Suchtstoffübereinkommen 1988[709] die Verweisung in § 29 III 2 Nr. 1 BtMG geändert. Damit waren jetzt auch folgende Handlungen in die Reichweite der TÜ einbezogen: die Herstellung von, das Handeltreiben mit, die Ein-, Aus- oder Durchfuhr, die Veräußerung oder Abgabe, das sonstige Inverkehrbringen, der Erwerb oder die sonstige Verschaffung von in § 18a BtMG genannten Stoffen und Zubereitungen (Hilfsstoffe und -zubereitungen zur Betäubungsmittelherstellung) entgegen dieser Vorschrift, sofern gewerbsmäßig begangen, sowie das gewerbsmäßige Bereitstellen von Geldmitteln oder anderen Vermögensgegenständen hierfür. Diese Strafdrohungen entfielen jedoch aufgrund von § 34 Nr. 3 GÜG[710] bereits zum 1.3.1995 wieder.

i) Art. 4 Nr. 2 lit. b des VerbrechensbekämpfungsG[711] fügte dem § 100a S. 1 mit Wirkung vom 1.12.1994 (Art. 19 VerbrechensbekämpfungsG) eine Nr. 5 an, die auf §§ 92a II, 92b AuslG und §§ 84 III, 84a AsylVfG verwies.
Auslöser einer TÜ konnte damit auch der Verdacht sein, jemand habe einen anderen zu einer der folgenden Handlungen angestiftet oder ihm dabei Hilfe geleistet:
- Aufenthalt im Bundesgebiet entgegen § 3 I 1 AuslG ohne Aufenthaltsgenehmigung und ohne Duldung gem. § 55 I AuslG,
- Aufenthalt im Bundesgebiet ohne Paß oder Ausweisersatz entgegen §§ 4 I, 39 I AuslG,
- unerlaubte Einreise entgegen § 58 I AuslG,
- unerlaubte erneute Einreise oder erneuter Aufenthalt im Bundesgebiet nach einer Ausweisung oder Abschiebung entgegen § 8 II 1 AuslG,
- Machen oder Benutzen unrichtiger oder unvollständiger Angaben, um für sich oder einen anderen eine Aufenthaltsgenehmigung oder Duldung zu beschaffen, oder wissentlicher Gebrauch einer so beschafften Urkunde zur Täuschung im Rechtsverkehr,
sofern er dabei zum einen entweder einen Vermögensvorteil erhalten hatte oder sich hatte versprechen lassen oder wiederholt oder zugunsten von mehr als 5 Ausländern gehandelt hatte und sofern er zum anderen gewerbsmäßig oder als Mitglied einer Bande gehandelt hatte, die sich zur fortgesetzten Begehung solcher Taten verbunden hatte,

---

707 v. 9.8.1994 (BGBl. I, 2068).

708 Bekanntmachg. v. 23.2.1994 (BGBl. I, 342).

709 v. 2.8.1993 (BGBl. I, 1407).

710 v. 7.10.1994 (BGBl. I, 2835).

711 v. 28.10.1994 (BGBl. I, 3186).

außerdem auch der Verdacht eines Versuchs einer solchen Tat[712].
Bei einer Kombination aus gewerbs- und bandenmäßiger Begehung waren zudem auch solche Taten erfaßt, die sich nicht auf das Bundesgebiet, sondern auf das europäische Hoheitsgebiet eines der Vertragsstaaten des Schengener Übereinkommens vom 19.6.1990 bezogen (§ 92b I AuslG verwies insoweit auf § 92a IV AuslG).
Weiter konnte Anknüpfungspunkt einer TÜ auch der Verdacht sein, jemand habe einen Ausländer dazu verleitet oder dabei unterstützt, im Asylverfahren vor dem Bundesamt für die Anerkennung ausländischer Flüchtlinge oder im gerichtlichen Verfahren unrichtige oder unvollständige Angaben zu machen, um seine Anerkennung als Asylberechtigter oder die Feststellung, daß die Voraussetzungen des § 51 I AuslG (Abschiebungshindernisse) vorliegen, zu ermöglichen, und dabei gewerbsmäßig oder als Mitglied einer Bande gehandelt, die sich zur fortgesetzten Begehung solcher Taten verbunden hatte, oder er habe eine solche Tat versucht[713].
Darüber hinaus brachte Art. 1 Nr. 7 VerbrechensbekämpfungsG eine wesentliche Erweiterung des Katalogtatbestandes der Volksverhetzung (§ 130 StGB).
Hier war jetzt zunächst erfaßt, wer in einer Weise, die geeignet war, den öffentlichen Frieden zu stören, zum Haß gegen Teile der Bevölkerung aufstachelte oder zu Gewalt- oder Willkürmaßnahmen gegen sie aufrief oder wer in solcher Weise die Menschenwürde anderer dadurch angriff, daß er Teile der Bevölkerung beschimpfte, böswillig verächtlich machte oder verleumdete (§ 130 I StGB n.F.).
Eine TÜ konnte nun aber auch der Verdacht auslösen, jemand habe Schriften, die zum Haß gegen Teile der Bevölkerung oder gegen eine nationale, rassische, religiöse oder durch ihr Volkstum bestimmte Gruppe aufstachelten, zu Gewalt- oder Willkürmaßnahmen gegen sie aufforderten oder die Menschenwürde anderer dadurch angriffen, daß Teile der Bevölkerung oder eine o.a. Gruppe beschimpft, böswillig verächtlich gemacht oder verleumdet wurden, entweder verbreitet oder öffentlich ausgestellt, angeschlagen, vorgeführt oder sonst zugänglich gemacht oder einer Person unter 18 Jahren angeboten, überlassen oder zugänglich gemacht oder, um sie oder aus ihnen gewonnene Stücke zu einem der genannten Zwecke zu verwenden oder einem anderen eine solche Verwendung zu ermöglichen, hergestellt, bezogen, geliefert, vorrätig gehalten, angeboten, angekündigt, angepriesen oder einzuführen oder auszuführen unternommen oder habe eine Darbietung entsprechenden Inhalts durch Rundfunk verbreitet (§ 130 II StGB n.F.), außerdem auch der Verdacht, jemand habe entsprechende Handlungen mit Schriften (hier keine Darbietungen im Rundfunk) verwirklicht, die eine unter der Herrschaft des Nationalsozialismus begangene Handlung der in § 220a StGB (Völkermord) bezeichne-

[712] Obwohl § 100a S. 1 Nr. 5 StPO nicht auf § 92a III AuslG verwies, war der Versuch durch die Tatbestandsfassung des § 100a S. 1 selbst ("... oder in Fällen, in denen der Versuch strafbar ist, zu begehen versucht ... hat") erfaßt.
[713] Auch hier verwies zwar § 100a S. 1 Nr. 5 StPO nicht auf § 84 IV AsylVfG, es gilt aber dasselbe wie oben Fn. 712.

ten Art in einer Weise, die geeignet war, den öffentlichen Frieden zu stören, leugneten oder verharmlosten (§ 130 IV StGB n.F.).
Weiter konnte schließlich auch an den Verdacht angeknüpft werden, jemand habe öffentlich oder in einer Versammlung eine derartige unter der Herrschaft des Nationalsozialismus begangene Handlung in derselben Weise geleugnet oder verharmlost (§ 130 III StGB n.F.).
Hinsichtlich der Ausnahmen zu zulässigen Zwecken wurde für Abs. 2-4 auf § 86 III StGB verwiesen (§ 130 V StGB n.F.).
Auch hier ergibt sich aus der Kombination der verschiedenen Tatbestandsmerkmale eine potentiell sehr weite Erstreckung der Anordnungsmöglichkeit in das Vorfeld einer Rechtsgutsschädigung und in den Bagatellbereich. So konnte etwa nach dem Wortlaut des Gesetzes eine TÜ auf den Verdacht gestützt werden, jemand habe eine einzelne derartige Schrift angepriesen, um es einem anderen zu ermöglichen, sie z.B. öffentlich anzuschlagen oder sie einer einzigen Person unter 18 Jahren zugänglich zu machen.
Art. 9 Nr. 2 VerbrechensbekämpfungsG brachte für den Bereich der BtMG-Delikte lediglich eine Erhöhung der Strafrahmen und einige neue Qualifikationstatbestände, änderte aber die Reichweite der TÜ hier nicht.

j) Die Delikte des Kataloges, die durch einen bestimmten Umgang mit Schriften im Sinne des § 11 III StGB verwirklicht werden (insb. §§ 80a, 130 II, IV StGB), können seit dem 1.8.1997 auch durch entsprechende Handlungen mit Datenspeichern begangen werden (Art. 4 Nr. 1 IuKDG[714]). Auch das Verbreiten von Propagandamitteln verfassungswidriger Organisationen gem. § 86 I StGB kann seitdem auch dadurch begangen werden, daß die Propagandamittel in Datenspeichern öffentlich zugänglich gemacht werden (Art. 4 Nr. 3 IuKDG).

k) Zum 1.11.1997 wurde durch Art. 1 Nr. 24 des Gesetzes zur Änderung ausländer- und asylverfahrensrechtlicher Vorschriften[715] § 92a I Nr. 2 2. Alt. AuslG geändert. Zur Tatbestandserfüllung war es jetzt nicht mehr erforderlich, wiederholt oder zugunsten von mehr als 5 Ausländern gehandelt zu haben, sondern es reichte aus, dies wiederholt oder zugunsten von mehreren Ausländern getan zu haben[716].

l) Durch Art. 2 XIII Nr. 1 BegleitG[717] wurde mit Wirkung vom 24.12.1997 in § 88 I Nr. 1 StGB (verfassungsfeindliche Sabotage) der Begriff "Post" durch den der "öffentlichen Versorgung mit Postdienstleistungen" sowie in § 88 I Nr. 2 StGB der Begriff "Fernmeldeanlagen" durch "Telekommunikationsanlagen" ersetzt. Hiermit scheint auf den ersten

---

714 v. 22.7.1997 (BGBl. I, 1870).
715 v. 29.10.1997 (BGBl. I, 2584).
716 zu den restlichen Tatbestandsmerkmalen vgl. o. Pkt. i).
717 v. 17.12.1997 (BGBl. I, 3108).

Blick auch eine Erweiterung des Anwendungsbereichs verbunden gewesen zu sein: Während die Legaldefinition für den Begriff der Fernmeldeanlage in § 1 I FAG[718] lediglich Telegrafenanlagen für die Vermittlung von Nachrichten, Fernsprechanlagen und Funkanlagen nannte[719], sind unter dem Begriff der Telekommunikationsanlage laut § 3 Nr. 17 TKG[720] alle technischen Einrichtungen und Systeme zu verstehen, die als Nachrichten identifizierbare elektromagnetische oder optische Signale senden, übertragen, vermitteln, empfangen, steuern oder kontrollieren können. Nach Auffassung *Felixbergers* sollten damit etwa Einrichtungen zur Informationsübertragung im Internet zwar unter den Begriff der Telekommunikationsanlage, nicht aber unter den älteren der Fernmeldeanlage fallen[721]. Andererseits bleibt hier aber zu berücksichtigen, daß der BGH unter Berufung auf Teile der strafprozessualen Literatur in der Zeit vor Inkrafttreten des BegleitG bereits einen sehr weiten Begriff des Fernmeldeverkehrs vertreten hatte und daß insofern nicht auszuschließen ist, daß die Rechtsprechung ohnehin zahlreiche neuere Kommunikationsformen auch dem älteren Begriff subsumiert hätte[722].

m) Schließlich brachte das 6. StrRG[723] mit Wirkung vom 1.4.1998 umfangreiche Änderungen des Katalogs selbst sowie von Katalogtatbeständen.
§ 100a S. 1 Nr. 2 StPO wurde durch Art. 3 Nr. 1 des 6. StrRG an die grundlegenden Änderungen im 28. Abschnitt des StGB (gemeingefährliche Straftaten) angepaßt. So waren im Bereich der Brandstiftungsdelikte insbesondere die in Frage kommenden Tatobjekte neu geordnet sowie die Tathandlung neu umschrieben worden; § 100a S. 1 Nr. 2 StPO verwies jetzt auf §§ 306-306c StGB. Damit knüpfte die TÜ an den Verdacht an, daß jemand fremde Gebäude, Hütten, Betriebsstätten, technische Einrichtungen (namentlich Maschinen), Warenlager oder -vorräte, Kraftfahrzeuge, Schienen-, Luft- oder Wasserfahrzeuge, Wälder, Heiden, Moore oder land-, ernährungs- oder forstwirtschaftliche Anlagen oder Erzeugnisse in Brand gesetzt oder durch Brandlegung ganz oder teilweise zerstört oder dies versucht haben könnte (§ 306 I StGB), des weiteren auch an den

---

[718] idFd Bekanntmachg. v. 3.7.1989 (BGBl. I, 1455).

[719] An dieser Definition hatte sich auch die Auslegung des Begriffs in §§ 88 I, 317 I StGB üblicherweise orientiert; vgl. etwa Sch/Sch-*Stree*, § 88, R. 5/6; Sch/Sch-*Cramer*, § 317, R. 3; D/T(47.), § 88 R. 2 u. § 317, R. 1. Interessanterweise legt *Tröndle*, aaO in der 48. Aufl. dem Begriff der "Fernmeldeanlage" aber plötzlich die Begriffsbestimmung der "Telekommunikationsanlage" aus § 3 Nr. 17 TKG zugrunde, ohne sich damit zu befassen, ob hiermit sachliche Änderungen zur Voraufl. verbunden sind.

[720] v. 25.7.1996 (BGBl. I, 1120)

[721] CR 1998, 143, 144; anders (lediglich "neuere Bezeichnung") *Ruppert*, NJW 1998, 583; der Gesetzentwurf sprach von einer Anpassung an die "technische Vielfalt der Übermittlungsmöglichkeiten", denen der alte Begriff nicht mehr hinreichend Rechnung getragen habe (BT-Drucks. XIII/ 8016, 28), bezeichnete aber die entsprechende Änderung von Vorschriften der StPO (dazu unten S. 157) als bloße "redaktionelle Anpassung" (aaO, 26).

[722] vgl. BGH NJW 1997, 1934; näher zu dieser Entscheidung unten S. 159ff.

[723] v. 26.1.1998 (BGBl. I, 164).

Verdacht, er könne ein für ihn nicht fremdes[724] derartiges Objekt in Brand gesetzt oder durch Brandlegung ganz oder teilweise zerstört und dadurch einen anderen Menschen in die Gefahr einer Gesundheitsschädigung gebracht oder dies versucht haben (§ 306a II StGB). Schließlich kann Anknüpfungspunkt auch der Verdacht sein, jemand habe ein Gebäude, ein Schiff, eine Hütte oder eine andere Räumlichkeit, die der Wohnung von Menschen dient, eine Kirche oder ein anderes der Religionsausübung dienendes Gebäude oder eine Räumlichkeit, die zeitweise dem Aufenthalt von Menschen dient, zu einer Zeit, in der Menschen sich dort aufzuhalten pflegten, in Brand gesetzt oder durch Brandlegung ganz oder teilweise zerstört oder dies versucht (§ 306a I StGB).

Bei den Tatbeständen des Herbeiführens von Überschwemmungen (§§ 313, 314 StGB n.F.; zuvor §§ 312, 313 StGB) wurde das Erfordernis der Gemeingefährlichkeit für Menschenleben bzw. für das Eigentum durch das Tatbestandsmerkmal der Gefährdung von Leib oder Leben eines anderen Menschen oder fremder Sachen von bedeutendem Wert ersetzt.

Der Tatbestand des qualifizierten gefährlichen Eingriffs in den Bahn-, Schiffs- und Luftverkehr nach § 315 III StGB, auf den § 100a S. 1 Nr. 2 StPO verwies, wurde um die Alternative erweitert, daß der Täter durch den Eingriff eine schwere Gesundheitsschädigung eines anderen Menschen oder eine Gesundheitsschädigung einer großen Zahl von Menschen verursacht oder dies versucht hat (§ 315 III Nr. 2 StGB n.F.); eine entsprechende Änderung erfolgte für den Tatbestand des gefährlichen Eingriffs in den Straßenverkehr (§ 315b III n.F.).

Der Tatbestand der gemeingefährlichen Vergiftung (jetzt § 314 StGB) wurde in der Wortwahl modernisiert.

Die übrigen Änderungen bei den Verweisungen auf den 28. Abschnitt betrafen lediglich Verschiebungen bei den Paragraphennummern.

Darüber hinaus wurden noch folgende im Katalog aufgeführten Tatbestände geändert:

Die Definition der Sabotagehandlung in § 87 II Nr. 1 StGB (Agententätigkeit zu Sabotagezwecken) wurde an die neuen Tatbestände der Brandstiftungsdelikte angepaßt.

§ 152a I StGB (nunmehr "Fälschung von Zahlungskarten und Vordrucken für Euroschecks") stellte neben der Fälschung von Euroschecks und -scheckkarten nun auch das Nachmachen und die Verfälschung anderer Zahlungskarten (Kreditkarten und alle anderen Karten, die es ermöglichen, den Aussteller im Zahlungsverkehr zu einer garantierten Zahlung zu veranlassen, und die durch Ausgestaltung oder Codierung besonders gegen Nachahmung gesichert sind; § 152a IV StGB n.F.) sowie den Gebrauch nachgemachter oder verfälschter Euroschecks oder Zahlungskarten (jeweils zur Täuschung im Rechtsverkehr oder in der Absicht, eine solche Täuschung zu ermöglichen) und den Versuch aller genannter Delikte unter Strafe.

§ 234 I StGB (Menschenraub) wurde leicht eingeschränkt, da als Zwangsmittel nicht

---

[724] dazu, daß sich die Verweisung auf § 306 I StGB in § 306a II StGB nicht auch auf das Tatbestandsmerkmal "fremd" erstreckt, vgl. *Hörnle*, Jura 1998, 169, 181; *Rengier*, JuS 1998, 397, 399.

mehr jede Drohung, sondern nur die mit einem empfindlichen Übel ausreichen sollte; außerdem wurde der Begriff der "auswärtigen Kriegs- oder Schiffsdienste" durch den des "Dienstes in einer militärischen oder militärähnlichen Einrichtung im Ausland" ersetzt.
Im Bereich der Diebstahlsdelikte erfolgte ein offensichtliches Redaktionsversehen. Zwar nannte § 100a S. 1 Nr. 2 StGB hier als Anknüpfungstatbestände unverändert "Bandendiebstahl (§ 244 I Nr. 3 StGB)" sowie schweren Bandendiebstahl. Der Tatbestand des Bandendiebstahls war durch das 6. StrRG jedoch in § 244 I Nr. 2 StGB verschoben worden; in § 244 I Nr. 3 fand sich jetzt der vom Regelbeispielfall des § 243 I 2 Nr. 1 StGB a.F. zum eigenen Tatbestand umgeformte Wohnungseinbruchdiebstahl. Eine Korrektur erfolgte erst durch Art. 1 Nr. 1 StVÄG 1999[725] mit Wirkung zum 1.11.2000.
Im übrigen reichte für diese Delikte nunmehr auch eine Wegnahme in Drittzueignungsabsicht aus (Änderung des Grundtatbestandes in § 242 I StGB n.F.).
Letzteres gilt auch für die Raubdelikte (§ 249 I StGB n.F.).

n) Durch Art. 2 Nr. 1 des Gesetzes zur Verbesserung der Bekämpfung der Organisierten Kriminalität[726] wurde bereits gut einen Monat später, nämlich zum 9.5.1998, der Tatbestandskatalog erneut erweitert. Nach § 100a S. 1 Nr. 2 StPO war jetzt auch der Verdacht einer Geldwäsche oder Verschleierung unrechtmäßig erlangter Vermögenswerte nach § 261 I, II oder IV StGB einbezogen. Damit waren Handlungen in bezug auf Gegenstände erfaßt, die aus einer der folgenden rechtswidrigen Taten (des Beschuldigten selbst oder eines anderen[727]) herrührten:
- einem Verbrechen (§ 261 I 2 Nr. 1 StGB);
- einem Vergehen der Bestechlichkeit nach § 332 I StGB, auch in Verbindung mit Abs. 3, oder der Bestechung nach § 334 StGB (§ 261 I 2 Nr. 2 lit. a StGB);
- einem Vergehen nach § 29 I 1 Nr. 1 BtMG (damit waren sämtliche Grundtatbestände des Betäubungsmittelstrafrechts in Bezug genommen) oder nach § 29 I Nr.1 GÜG (sämtliche Grundtatbestände des Umgangs mit Grundstoffen für die unerlaubte Herstellung von Betäubungsmitteln) (§ 261 I 2 Nr. 2 lit. b StGB);
- einem Vergehen nach § 373 AO (gewerbsmäßiger, gewaltsamer oder bandenmäßiger Schmuggel) und, bei gewerbsmäßigem Handeln, nach § 374 AO (Steuerhehlerei), jeweils auch iVm § 12 I des Gesetzes zur Durchführung der Gemeinsamen Marktorganisationen (§ 261 I 2 Nr. 3 StGB);
- einem gewerbs- oder bandenmäßig begangenen Vergehen nach § 180b StGB (einfacher Menschenhandel), § 181a StGB (Zuhälterei), § 242 StGB (einfacher Diebstahl),

---

[725] v. 2.8.2000 (BGBl. I, 1253).
[726] v. 4.5.1998 (BGBl. I, 845).
[727] Die Beschränkung auf Gegenstände aus Straftaten eines anderen in § 261 I 1 StGB ist ebenfalls durch das Gesetz zur Verbesserung der Bekämpfung der Organisierten Kriminalität (Art. 1 Nr. 2) fallengelassen worden.

§ 246 StGB (Unterschlagung), § 253 StGB (Erpressung), § 259 StGB (Hehlerei), § 263 StGB (Betrug), § 263a StGB (Computerbetrug), § 264 StGB (Subventionsbetrug), § 266 StGB (Untreue), § 267 StGB (Urkundenfälschung), § 269 StGB (Fälschung beweiserheblicher Daten), § 284 StGB (unerlaubte Veranstaltung eines Glücksspiels), § 326 I, II od. IV StGB (unerlaubter Umgang mit gefährlichen Abfällen mit Ausnahme der Verletzung der Pflicht zur Ablieferung radioaktiver Abfälle) oder § 328 I, II od. IV StGB (bestimmte Fälle des unerlaubten Umgangs mit radioaktiven Stoffen und anderen gefährlichen Stoffen und Gütern) (§ 261 I 2 Nr. 4 lit. a StGB);

- einem gewerbs- oder bandenmäßig begangenen Vergehen nach § 92a AuslG (Einschleusen von Ausländern) oder nach § 84 AsylVfG (Verleitung zur mißbräuchlichen Asylantragstellung) (§ 261 I 2 Nr. 4 lit. b StGB);
- einem von einem Mitglied einer kriminellen Vereinigung (§ 129 StGB) begangenen Vergehen (§ 261 I 2 Nr. 5 StGB).

Strafbare Handlungen in bezug auf diese Gegenstände waren das Verbergen desselben, die Verschleierung seiner Herkunft sowie die Vereitelung oder Gefährdung der Ermittlung seiner Herkunft, des Auffindens desselben, des Verfalls, der Einziehung oder der Sicherstellung desselben (§ 261 I 1 StGB); insoweit waren zudem auch Gegenstände erfaßt, die aus im Ausland begangenen Straftaten herrührten, sofern diese Taten auch am Tatort mit Strafe bedroht waren (§ 261 VIII StGB n.F.). Weiter war es strafbar, einen solchen Gegenstand sich oder einem anderen zu verschaffen, ebenso, ihn, obwohl man seine Herkunft zu dem Zeitpunkt kannte, zu dem man ihn erlangte, zu verwahren oder für sich oder einen Dritten zu verwenden. Bei den Delikten nach der AO waren auch Handlungen in bezug auf einen Gegenstand erfaßt, hinsichtlich dessen Abgaben hinterzogen worden waren (§ 261 I 3 StGB n.F.). Schließlich war auch der Versuch aller dieser Handlungen erfaßt[728]. Straffrei waren die Handlungen nur dann, wenn zuvor ein Dritter den Gegenstand erlangt hatte, ohne dadurch selbst eine Straftat zu begehen (§ 261 VI StGB).

Auch hier ergab sich durch die Kombination verschiedener Tatbestandsmerkmale, die bereits in das Vorfeld der Rechtsgutsverletzung hineinreichten, eine sehr weite Vorfelderstreckung. So konnte etwa bereits der bloße Versuch erfaßt werden, die Ermittlung der Herkunft des Gegenstandes auch nur zu verbergen. Durch die Einbeziehung zahlreicher Tatbestände in den Katalog des § 261 I 2 StPO, die in demjenigen des Katalogs des § 100a S. 1 StPO nicht genannt sind, ist es zudem endgültig gelungen, auch den Verdacht auf die Begehung von Delikten der Massenkriminalität (wenn auch z.T. unter den organisatorischen Voraussetzungen der gewerbs- oder bandenmäßigen Begehung) indirekt dem Anwendungsbereich der TÜ zu unterwerfen: Zwar reicht der Verdacht etwa des strafbaren Umgangs mit Betäubungsmitteln, des gewerbs- oder bandenmäßig

---

[728] Obwohl § 261 III StGB in § 100a S. 1 Nr. 2 StPO nicht genannt wird, wird der Versuch doch über die Fassung des § 100a S. 1 StPO selbst ("... oder in Fällen, in denen der Versuch strafbar ist, zu begehen versucht ... hat") in den Anwendungsbereich der TÜ einbezogen.

begangenen Schmuggels, Diebstahls, Betrugs usw.[729] als solcher nach wie vor nicht zur Anordnung einer TÜ aus, wohl aber der Verdacht, daß der Beschuldigte den aus einer solchen Tat erlangten Gegenstand z.B. verborgen oder einem Dritten verschafft oder dies auch nur versucht hat. Ein solcher Verdacht dürfte aber bei zahlreichen der hier angesprochenen Tatbestände regelmäßig eher naheliegen. Damit war der Bereich der Delikte, bei denen letztlich keinesfalls die Anordnung einer TÜ möglich war, erneut stark zusammengeschmolzen. Demgegenüber hatte die Bezugnahme auf Gegenstände aus einer Straftat nach § 129 StGB nicht den ansonsten bei der Aufnahme von Katalogstraftatbeständen bereits mehrfach beschriebenen Multiplikationseffekt, dies allerdings nur deshalb, weil bereits der Verdacht einer Straftat nach § 129 StGB selbst ohnehin nach § 100a S. 1 Nr. 1 lit. c StGB zum Anlaß für eine TÜ genommen werden konnte.

o) *Nicht* umgesetzt wurde demgegenüber - bisher[730] - der in Konkurrenz zum Regierungsentwurf des VerbrechensbekämpfungsG vorgelegte SPD-Entwurf eines 2. OrgKG vom 4.2.1994[731]. Sein Art. 3 Nr. 1 sah die Aufnahme folgender Tatbestände in den Katalog des § 100a S. 1 StPO vor: Geldwäsche (§ 261 StGB)[732], besonders schwere Fälle des Betrugs (§ 263 III StGB), des Computerbetrugs (§ 263a II iVm § 263 III StGB) und des Subventionsbetrugs (§ 264 II StGB), Kapitalanlagebetrug (§ 264a StGB), besonders schwerer Fall der Untreue (§ 266 II StGB; heute iVm § 263 III StGB), Vorenthalten und Veruntreuen von Arbeitsentgelt (§ 266a StGB), besonders schwerer Fall des Bankrotts (§ 283a StGB), schwere Umweltgefährdung (§ 330 StGB; heute: besonders schwerer Fall einer Umweltstraftat), schwere Gefährdung durch Freisetzen von Giften (§ 330a StGB) sowie bestimmte qualifizierte Fälle der Steuerhinterziehung und Steuerhehlerei (§§ 370, 374 AO)[733].

Zugleich plante der Entwurf allerdings eine Begrenzung der Reichweite der TÜ in der Form, daß die Anordnung nur noch zulässig sein sollte, wenn voraussichtlich das LG oder das OLG erstinstanzlich zuständig sein würde, also nach § 74 I 2 1. Alt. GVG grundsätzlich nur, wenn eine Freiheitsstrafe von mindestens 4 Jahren zu erwarten war. Abgesehen davon, daß der Entwurf zugleich einen Straftatbestand in den Katalog aufnehmen wollte, dessen gesetzliche Höchststrafe überhaupt nur 3 Jahre beträgt (§ 264a StGB), erscheint jedoch eine Prognose der Straferwartung zum Zeitpunkt der Anordnung einer TÜ, also in einem frühen Stadium der Ermittlungen, als recht schwierig.

---

[729] Dabei sei darauf hingewiesen, daß der Verdacht der bandenmäßigen Begehung nach der höchstrichterlichen Interpretation dieses Begriffs (st. Rechtspr. seit BGHSt 23, 239) schon bei der Beteiligung von mindestens 2 Personen angenommen werden kann.

[730] Befürchtungen in diese Richtung äußert *Staechelin*, KritJ 1995, 466, 473.

[731] BT-Drucks. XII/6784.

[732] insoweit mittlerweile gegenstandslos wg. der soeben genannten Katalogerweiterung im Jahre 1998.

[733] *Welp*, StV 1994, 161, 162 empfahl angesichts dieser Liste, doch lieber einen Negativkatalog der von der Überwachung ausgenommenen Straftaten zu erstellen.

Zudem hätte die hier vorgesehene Begrenzung durch die schlichte Erklärung der Staatsanwaltschaft, wegen der besonderen Bedeutung des Falles Anklage beim LG erheben zu wollen (§§ 74 I 2 2. Alt., 24 I Nr. 3 GVG), unterlaufen werden können[734].
Schließlich sah der Entwurf eine Verkürzung der Frist für die gerichtliche Überprüfung einer TÜ-Anordnung von 3 Monaten auf 1 Monat sowie eine Pflicht der Staatsanwaltschaften zum jährlichen Bericht über Anlaß, Verlauf und Ergebnisse der Maßnahmen an die G 10-Kommissionen der Länder bzw. des Bundes und über diese an die Volksvertretungen vor.

p) Ebenfalls erfolglos blieben Gesetzesinitiativen des Landes Berlin[735] sowie des Freistaats Bayern[736] mit dem Ziel der Aufnahme der Tatbestände der Bestechlichkeit und der Bestechung (§§ 332, 334 StGB) sowie (insoweit nur die bayerische Initiative) bandenmäßig verwirklichter Fälle der Korruption im privatwirtschaftlichen Bereich (§ 12 UWG unter den Vorauss. des Abs. 3 S. 2 idF des gleichen Entwurfs) in den Katalog des § 100a S. 1 StPO.

q) Fazit

Den Appellen zu maßvoller Anwendung zum Trotz, die die Einführung der §§ 100a ff. StPO Ende der 60er Jahre begleitet hatten[737], hat sich das kräftige Wachstum des Kataloges nach einer eher ruhigen Phase in den 80er Jahren seit etwa 1989 fortgesetzt. In Verbindung mit den Änderungen der im Katalog aufgeführten Straftatbestände selbst, die weit überwiegend ebenfalls Erweiterungen des jeweiligen Anwendungsbereichs beinhalteten, ist eine starke Ausweitung der Reichweite der Telefonüberwachung zu erkennen. Dabei ergibt sich gegenüber dem ursprünglichen Katalog der Delikte der allgemeinen Kriminalität in § 100a S. 1 Nr. 2 StPO (im Gegensatz zu denen der politischen Kriminalität in § 100a S. 1 Nr. 1 StPO) in der Fassung des Jahres 1968 insbesondere auch hier eine Tendenz zur Vorverlagerung des Eingriffs in das Vorfeld des Schutzes konkreter Individualrechtsgüter durch Aufnahme von abstrakten Gefährdungsdelikten in den Katalog, die dem Schutz universeller Rechtsgüter wie der Volksgesundheit, der äußeren Sicherheit der Bundesrepublik, des friedlichen Zusammenlebens der Völker u.ä. dienen sollen (Tatbestände des WaffG, AWG, KWKG, BtMG)[738].
Zugleich mag die Tatsache, daß sich bei derartigen Delikten regelmäßig keine individuellen Opfer finden, die zur Förderung der Ermittlungen beitragen könnten, für den Ansatz Pate stehen, hier Aufklärung durch Eingriffe in die Kommunikation der Ver-

---

734 vgl. zum Entwurf auch *Welp*, StV 1994, 161, 162f.; *Staechelin*, KritJ 1995, 466, 473f.

735 BR-Drucks. 298/95.

736 BR-Drucks. 571/95.

737 s.o. S. 61f.

738 vgl. hierzu auch *Staechelin*, KritJ 1995, 466, 475f.

dächtigen und ihrer Nachrichtenmittler zu suchen[739].
Darüber hinaus vertritt *Staechelin* die Auffassung, die "tragende Säule der Rechtsidee", die 1968 die Aufnahme von Tatbeständen in den Katalogteil des § 100a S. 1 Nr. 2 StPO gerechtfertigt habe, nämlich "das Erfordernis einer herausragenden Unrechtsbedeutung", sei heute nicht mehr tragfähig. Dies manifestiere sich in der zunehmenden Aufnahme auch von Vergehenstatbeständen in den Katalog[740]. Als Beispiele nennt er den Bandendiebstahl (jetzt § 244 I Nr. 2 StGB) und die Bandenhehlerei (§ 260 StGB)[741]. Dieser Gedanke sollte allerdings nicht darüber hinwegtäuschen, daß das Erfordernis eines derartigen herausragenden Unwertgehalts schon 1968 zwar postuliert, aber nicht wirklich durchgehalten worden war. Dies läßt sich z.B. anhand der Aufnahme des Grundtatbestandes der Erpressung (§ 253 StGB) in den Katalog nachweisen, der auch Verwirklichungsweisen umfaßt, die sich durch einen eher marginalen Unrechtsgehalt auszeichnen. Weit eher dürfte sich die Aufnahme der Tatbestände des Bandendiebstahls und der Bandenhehlerei dadurch hervorheben, daß es sich hier um typische Delikte der Massenkriminalität handelt. Da es angesichts der ständigen Rechtsprechung des BGH zum Begriff der "Bande" seit BGHSt 23, 239 ausreicht, daß die Staatsanwaltschaft bei bestehendem Verdacht auf Diebstahl oder Hehlerei von der Beteiligung einer einzigen weiteren Person ausgeht, dürfte gerade diese Gesetzesänderung für eine der stärksten Erweiterungen des tatsächlichen Anwendungsbereichs der TÜ gesorgt haben[742].
Eher als stichhaltig erscheint dagegen der Gedanke, die verstärkte Aufnahme von Tatbeständen, die auf gewerbs- oder bandenmäßige Begehungsweise oder sonst auf bestimmte organisatorische Verfestigungen des Täterkreises abstellen oder die vorzugsweise aus dem Kreis der Beschäftigten einer juristischen Person begangen werden (AWG), könne von der Erwartung getragen sein, in die hier angesprochenen Täterkreise durch eine Überwachung der Kommunikation der notwendig mehreren Beteiligten bzw. ihrer Nachrichtenmittler eher eindringen zu können als bei Delikten, die häufiger von Einzeltätern begangen werden, könne also mit anderen Worten statt mit Einordnungen der Unrechtsschwere viel eher mit reinen Effizienzerwägungen erklärt werden[743]. Dem läßt sich allerdings in neuester Zeit entgegenhalten, daß die tatbestandlichen Anforderungen an eine derartige organisatorische Verfestigungen teilweise auch bereits zurückgenommen werden. Ein Beispiel ist die Änderung des § 92a I Nr. 2 2. Alt. AuslG im Oktober 1997, durch die die Mindestzahl von Ausländern, zu deren Gunsten der Täter

---

[739] so *Staechelin*, KritJ 1995, 466, 477.

[740] KritJ 1995, 466, 474.

[741] aaO, 472; vgl. auch BbgVerfG LKV 1999, 450, 454, das dem Katalog des § 100a S. 1 StPO attestiert, er wahre die Verhältnismäßigkeit, weil Vergehen, die sich gegen Sach- oder Vermögenswerte richteten, nur erfaßt würden, soweit sie organisiert oder gewerbsmäßig begangen würden, und als Beispiele hierfür die Tatbestände des Bandendiebstahls, der gewerbsmäßigen und der Bandenhehlerei nennt, bei dieser Überlegung aber die Aufnahme der einfachen Erpressung in den Katalog unterschlägt.

[742] so auch *Welp*, StV 1994, 161, 162.

[743] *Staechelin*, KritJ 1995, 466, 476.

gehandelt haben muß, um den Tatbestand des Einschleusens zu erfüllen, von 6 auf 2 gesenkt worden ist[744].

Tragender Gesichtspunkt einer Aufnahme in den Katalog dürfte tatsächlich in erster Linie die Tagesaktualität eines bestimmten kriminellen Verhaltens und/oder der öffentlichen Diskussion darüber gewesen sein. Beispiele hierfür sind etwa die Entwicklung des Betäubungsmittelstrafrechts seit den 70er Jahren, die Novellierung der Vorschriften des Außenwirtschaftsgesetzes über die Ausfuhr bestimmter Gegenstände (Skandale im Zusammenhang mit dem Export von Techniken für Giftgasfabriken nach Libyen und in den Irak), die Verschärfung der Strafvorschriften gegen illegalen Aufenthalt oder illegale Einreise durch Ausländer und gegen das Einschleusen von Ausländern und der asylverfahrensrechtlichen Straftatbestände sowie - nicht zuletzt - die verstärkte Einbeziehung von Tatbestandsmerkmalen wie gewerbs- oder bandenmäßiger Begehung als Reaktion auf die Befürchtungen hinsichtlich der Entwicklung von Organisierter Kriminalität. Hier hat die öffentliche Debatte häufig nicht nur zu zügigen Anpassungen im materiellen Strafrecht, sondern eben auch zu sofortiger Aufnahme der neuen Normen in den Katalog des § 100a S. 1 StPO geführt.

Neben diesen Entwicklungen - die von *Staechelin* unter dem Schlagwort von der Funktion des § 100a StPO als "Seismograph der jüngeren Strafrechts- und Strafverfahrensrechtsgeschichte" behandelt wurden[745] - schlägt sich in jüngster Zeit hier zudem eine Tendenz nieder, die mit der eben beschriebenen Eile bei der Anpassung des materiellen Straf- wie des Strafverfahrensrechts an tagesaktuelle Kriminalitätsschwerpunkte zusammenhängen dürfte: Die rein handwerkliche Qualität der gesetzgeberischen Arbeit nimmt ab, wie sich etwa an den "verunglückten" Verweisungen in § 100a S. 1 Nr. 2 StPO auf den Tatbestand des Bandendiebstahls und an dem Redaktionsfehler bei der Verweisung von § 34 II AWG auf die Bußgeldtatbestände des § 33 AWG erkennen läßt. Es zeigt sich hier das Elend einer Gesetzgebung, die - auch in hochspezialisierten und entsprechend komplizierten Regelungsbereichen - weniger Gewicht auf die Qualität und Gründlichkeit von Vorarbeiten als mehr auf die Geschwindigkeit der Anpassung an tatsächliche oder vermeintliche aktuelle Erfordernisse legt.

2. Änderungen der §§ 100a ff. StPO außerhalb des Kataloges

In den 90er Jahren gab es zudem auch einige Änderungen der Normen über die strafprozessuale TÜ außerhalb des Kataloges des § 100a S. 1 StPO.

a) Das OrgKG fügte neben den Änderungen im Katalog durch seinen Art. 3 Nr. 5 erstmals eine ausdrückliche Verwertungsregelung ein. § 100b V StPO bestimmte nun, daß die erlangten personenbezogenen Informationen in anderen Strafverfahren zu Beweiszwecken nur verwendet werden dürfen, soweit sich bei Gelegenheit der Aus-

---

[744] Zur Anordnung einer TÜ blieb allerdings gewerbs- oder bandenmäßiges Verhalten nach § 92a II AuslG erforderlich.

[745] KritJ 1995, 466ff.

wertung Erkenntnisse ergeben, die zur Aufklärung einer der in § 100a bezeichneten Straftaten benötigt werden. Damit war keine Änderung gegenüber dem erreichten Stand der Rechtsprechung beabsichtigt[746]; die Regelung schrieb vielmehr lediglich die vom BGH entwickelte Freistellung der Ermittlungsbehörde von der Bindung an den ursprünglichen Zweck der Maßnahme bei der Verwertung in Verfahren gegenüber Dritten gesetzlich fest[747].

Die Vernichtungsregelung fand sich nun in § 100b VI StPO und wurde mit der Maßgabe versehen, daß die Vernichtung "unverzüglich" nach Wegfall der Erforderlichkeit zu erfolgen hatte.

Durch Art. 3 Nr. 7 OrgKG wurde die Regelung der Mitteilung an die Beteiligten (§ 101 I StPO[748]) geändert. Grund für den vorläufigen Ausschluß der Mitteilung konnte nun nicht mehr nur die Gefährdung des Untersuchungszwecks, sondern auch die der öffentlichen Sicherheit, von Leib oder Leben einer Person oder der Möglichkeit der weiteren Verwendung eines eingesetzten nicht offen ermittelnden Beamten sein[749]. Dabei dürfte der Ausschluß zur Sicherung der Verwendung eines Verdeckten Ermittlers angesichts dessen per Definition auf Dauer angelegter Tätigkeit (§ 110a II 1 StPO) es erlauben, von der Benachrichtigung über lange Zeiträume abzusehen[750]. Daß darüber hinaus auch das gesamte Konzept der öffentlichen Sicherheit über das Informationsinteresse der Beteiligten gestellt wurde, dürfte es angesichts der Weite dieses Begriffs (er umfaßt die Unverletzlichkeit der Rechtsordnung, der subjektiven Rechte und Rechtsgüter des einzelnen sowie der Einrichtungen und Veranstaltungen des Staates und sonstiger Träger von Hoheitsgewalt[751]) erlauben, in einer kaum zu übersehenden Vielzahl von Fällen die Benachrichtigung zu unterlassen[752].

Andererseits waren die Aussichten der Beteiligten, wirksamen nachträglichen Rechtsschutz gegen eventuelle rechtswidrige Anordnungen zu erlangen, wegen der regelmäßigen Verneinung des rechtlichen Interesses an einer derartigen Feststellung bei bereits erledigten Maßnahmen ohnedies bereits zuvor so schlecht[753], daß für diesen Bereich auch durch weitergehenden Ausschluß der Benachrichtigung keine wesentliche Verschlechterung mehr eintreten konnte.

---

[746] BT-Drucks. XII/989, 38; KK-*Nack*, § 100a, R. 41.

[747] Kritisch hierzu *Hassemer*, KritJ 1992, 64, 70.

[748] seit 9.5.1998: § 101 I 1 StPO (Art. 2 Nr. 5 lit. a des Ges. z. Verbesserg. der Bekämpfung der Org. Kriminalität v. 4.5.1998; BGBl. I, 845).

[749] Diese Regelung hatte ähnliche Vorschriften aus dem Bereich der Landespolizeigesetze zum Vorbild (s. dazu u. S. 192ff.). Sie entspricht inhaltlich weitgehend dem Art. 34 V 1 BayPAG.

[750] Der Strafrechtsausschuß des DAV, StV 1992, 29, 34 geht sogar (wohl doch die Einsatzzeiten Verdeckter Ermittler deutlich überschätzend) davon aus, daß damit die Benachrichtigung im Regelfall für immer ausgeschlossen sei.

[751] L/D-*Denninger*, Abschn. E, R. 6ff.

[752] *Hassemer*, KritJ 1992, 64, 70 spricht von einem "zu anspruchslosen und auch vagen Konzept".

[753] hierzu oben S. 46.

b) Art. 12 XXIV PTNeuOG[754] paßte zum 1.1.1995 § 100b III 1, IV 2 StPO erneut an die fortschreitende Liberalisierung auf dem Telekommunikationsmarkt an. Die ausdrückliche Erwähnung der Deutschen Bundespost entfiel; es wurden nur noch allgemein die Pflichten möglicher Betreiber geregelt.

c) Art. 2 IX BegleitG ersetzte zum 24.12.1997 den Begriff "Fernmeldeverkehr" in §§ 100a S. 1, 100b I 1, III 1 StPO durch das Wort "Telekommunikation". Die Anordnung der Maßnahme war nicht mehr nur nach Name und Anschrift des Betroffenen, sondern auch nach dem einzelnen Telekommunikationsanschluß zu spezifizieren (§ 100b II 2 StPO). § 100b III, IV 2 StPO wurde erneut an den Stand der Marktliberalisierung angepaßt: Verpflichteter war jetzt "jeder, der geschäftsmäßig Telekommunikationsdienste erbringt oder daran mitwirkt" (§ 100b III 1 StPO). § 100b III 2 StPO verwies hinsichtlich der Verpflichtung dieser Personen, Vorkehrungen für die Durchführung von TÜ-Maßnahmen zu treffen, auf die Regelungen des § 88 TKG und der auf seiner Grundlage ergangenen Verordnungen über die technische und organisatorische Umsetzung[755]. Ob mit dem Begriff "Telekommunikation" zugleich eine größere Breite an technischen Systemen dem Anwendungsbereich der TÜ unterworfen wurde, ist, ähnlich wie schon beim Begriff der "Telekommunikationsanlage" im materiellen Strafrecht des § 88 I Nr. 2 StGB[756], schwer zu beurteilen. Einerseits legt die Offenheit des Begriffs "Telekommunikation", wie er in § 3 Nr. 16 TKG definiert wird, eine weitere Auslegung als die des abschließend formulierten älteren Begriffs der "Fernmeldeanlage" im Sinne des § 1 I 1 FAG nahe. Andererseits hat aber der BGH bereits diesen älteren Begriff zur Erfassung neuer Technologien weit ausgelegt[757]. Der Gesetzgeber bezeichnete die Änderung dementsprechend als reine "redaktionelle Anpassung"[758].

3. Weitere Entwicklung der Auslegung in der Praxis

a) Verwertung

1995 befaßte sich der BGH mit der (bereits 1978 durch BGHSt 28, 122, 124 obiter dictum angesprochenen und im Sinne einer bloßen Willkürkontrolle beantworteten) Frage, ob das Vorliegen der in § 100a S. 1 angesprochenen Verdachtslage und die Einhaltung des dort normierten Subsidiaritätssatzes durch das Tat- oder das Revisionsgericht überprüfbar ist und inwieweit hier festgestellte Rechtsverletzungen zur Unverwertbarkeit der Erkenntnisse führen[759]. Das Gericht bestätigte zunächst, daß der Umstand, daß von vornherein kein Verdacht einer Katalogtat vorgelegen habe, in der Tat

---

754 v. 14.9.1994 (BGBl. I, 2325).

755 insb. Fernmeldeverkehr-Überwachungs-Verordnung (FÜV) v. 18.5.1995 (BGBl. I, 722).

756 vgl. oben S. 147f.

757 BGH NJW 1997, 1934ff.; dazu u. S. 159ff.

758 BT-Drucks. XIII/ 8016, 26.

759 BGHSt 41, 30ff.

zur Unverwertbarkeit führe (und legte dabei erstmals das Gewicht weniger auf die Frage, ob die Verdachtstat eine Katalogtat war, sondern mehr auf diejenige, ob überhaupt ein Verdacht gegeben war); darüber hinaus erklärte es beiläufig (und obiter dicum), gleiches gelte bei Mißachtung des Subsidiaritätsgrundsatzes[760]. Was den Umfang der Nachprüfbarkeit der Einhaltung dieser Vorschriften angehe, so bestehe kein Unterschied zwischen der Überprüfung durch das Tat- und der durch das Revisionsgericht. Inhaltlich sprächen hier das Gewicht des Eingriffs wie auch der Umstand, daß die an sich zulässige Beschwerde faktisch nicht möglich sei[761], für eine möglichst gründliche und umfassende Überprüfung[762].

Zu berücksichtigen sei aber, daß die gesetzlichen Formulierungen dem Ermittlungsrichter bzw. Staatsanwalt einen Beurteilungsspielraum einräumten. Die Frage, ob bestimmte Tatsachen einen - mehr als nur unerheblichen - Verdacht begründeten, lasse, "abhängig unter anderem von der kriminalistischen Erfahrung des zur Entscheidung Berufenen", unterschiedliche Beurteilungen zu. Dasselbe gelte bei der Beurteilung der verschiedenen, "fein abgestimmten" gesetzlichen Subsidiaritätsklauseln (§ 100c I Nr. 1 lit. b StPO: "weniger erfolgversprechend oder erschwert"; §§ 98a I 2, 100c II 2 StPO: "weniger erfolgversprechend oder wesentlich erschwert"; §§ 100a S. 1, 100c I Nr. 2, II 3, 110a I 3 StPO: "aussichtslos oder wesentlich erschwert")[763]. Daraus folge, daß die Nachprüfung der Anordnung durch den Tat- wie den Revisionsrichter auf eine bloße Vertretbarkeitskontrolle beschränkt sei[764]. Das Gericht räumte ein, daß dies wiederum auf den bereits durch BGHSt 28, 122, 124 vorgeschlagenen Maßstab einer Überprüfung auf (objektive) Willkür hinauslaufen möge[765].

Abgesehen davon, daß das Gericht damit die - wenn auch bisher nur rudimentär entwikkelte - Rechtsprechung des BVerfG zu den Anforderungen des Art. 19 IV GG an die gerichtliche Kontrolldichte bei der Überprüfung unbestimmter Rechtsbegriffe gerade in

---

760 BGHSt 41, 30, 31.

761 s. dazu schon oben S. 46.

762 BGHSt 41, 30, 32 (im Gegensatz zu L/R-*Schäfer*, § 100a, R. 41 u. 50, der das Gegenteil mit der Schwierigkeit einer verläßlichen Rekonstruktion der Lage zum Anordnungszeitpunkt begründet).

763 BGHSt 41, 30, 33f.; gerade diese Abstimmung dürfte es aber doch wohl eher nahelegen, auch unterschiedliche Maßstäbe für die gerichtliche Überprüfung zu entwickeln, da ansonsten nicht ersichtlich ist, warum nicht immer dieselbe Subsidiaritätsklausel verwendet werden könnte (Überlegungen hinsichtlich einer derartigen Abgrenzung stellt etwa *Rieß*, *Meyer*-GD, 367, 383ff. an); so auch *Bernsmann*, NStZ 1995, 512; anders aber wohl *Bernsmann/Jansen*, StV 1998, 217, 221 unter Hinweis auf die praktische Undurchführbarkeit der Unterscheidung ("Einfallstor für Vagheit und Ungenauigkeit", "überflüssiges Kunstgewerbe").

764 grundsätzlich ähnlich *Küpper*, JR 1996, 214, 215f., der aber differenziert zwischen den der Wertung zugrundeliegenden Tatsachenfragen (Existierten "bestimmte Tatsachen"? Waren andere Aufklärungsmittel vorhanden?), die gerichtlich voll nachprüfbar seien, und der Wertung selbst, die nur der hier aufgezeigten eingeschränkten Überprüfung unterliege.

765 BGHSt 41, 30, 34.

dem grundrechtssensiblen Bereich strafprozessualer Eingriffe unberücksichtigt ließ[766], setzte es sich auch in Widerspruch zur Rechtsprechung der Verwaltungsgerichte zu Art. 1 § 2 I G 10-Gesetz. In einigen der wenigen Entscheidungen, die zu dieser Materie ergangen waren, waren die Tatbestandsvoraussetzungen dieser Norm, also das Vorliegen tatsächlicher Anhaltspunkte für einen Verdacht, ohne weiteres als gerichtlich voll überprüfbar behandelt worden[767]. Das BVerwG hatte dazu ausdrücklich ausgeführt: "Das einem Verdacht innewohnende Moment der Unsicherheit schließt indes nicht aus, daß die von der anordnenden Stelle gezogene Schlußfolgerung aus tatsächlichen Anhaltspunkten auf einen Verdacht in einem nachfolgenden Verwaltungsstreitverfahren in vollem Umfang gerichtlicher Kontrolle unterliegt und das Gericht sich nicht auf die Feststellung beschränken darf, die Annahme der Möglichkeit sei vertretbar oder nicht willkürlich"[768]. Hier ließe sich allerdings als Unterschied zwischen den angesprochenen Materien anführen, daß Maßnahmen nach Art. 1 § 2 G 10-Gesetz nicht durch den Richter angeordnet werden, während bei solchen nach § 100a StPO zumindest die Kontrolle durch den anordnenden Richter stattfinde. Dies ist aber jedenfalls für solche TÜ-Anordnungen nicht richtig, die wegen Gefahr im Verzug durch den Staatsanwalt erfolgen und bei denen die Maßnahme nicht länger als drei Tage andauert (§ 100b I 2, 3 StPO). Bei diesen Anordnungen bedeutete das BGH-Urteil angesichts des faktischen Ausschlusses der Beschwerde gegen die den Beteiligten nicht rechtzeitig bekanntwerdende Anordnung die vollständige Zurücknahme der Überprüfung des staatsanwaltschaftlichen Handeln auf eine Willkürkontrolle.

b) Reichweite des Begriffs "Fernmeldeverkehr"

1995 erhielt der BGH (in Gestalt des Ermittlungsrichters) erstmals Gelegenheit, die in der Literatur bereits zuvor intensiv erörterte[769] Frage zu behandeln, ob die in einem Mailbox-System abgelegten Daten der "Überwachung und Aufzeichnung des Fernmeldeverkehrs"[770] nach § 100a StPO unterliegen[771].

Dabei hielt das Gericht zunächst knapp fest, daß jedenfalls der Telefonverkehr zu und

---

766 dazu ausführl. *Störmer*, StV 1995, 653, 655f. mwN; vgl. auch *Bernsmann*, NStZ 1995, 512.

767 BVerwGE 87, 23, 26f.; OVG Münster NJW 1983, 2346, 2347.

768 BVerwGE 87, 23, 27 mit der nachfolgenden Erörterg. der Verdachtslage im konkreten Fall (zu dieser Entscheidung auch unten S. 261); leider nahm der BGH die Abweichung von der Rechtsprechung des BVerwG nicht zum Anlaß einer Divergenzvorlage nach § 2 I RsprEinhG.

769 vgl. etwa *Lührs*, wistra 1995, 19ff.; *Bär*, CR 1995, 489ff.; *Palm/Roy*, NJW 1996, 1791ff (jew. auch mit Ausführg. zu den techn. Grundlagen).

770 Zu beachten bleibt bei der Erörterung der Entscheidung, daß der Begriff "Fernmeldeverkehr", der hier zentraler Gegenstand der Auslegung war, später durch den der "Telekommunikation" ersetzt wurde; dazu bereits oben S. 157.

771 Streng genommen dürfte diese Frage allerdings allenfalls für den Bereich sog. Voice-Boxen noch zu dem hier gestellten Themenbereich des Abhörens von "Gesprächen" gehören. Da sie das Thema aber zumindest in diesem Bereich streift, soll sie hier doch angeschnitten werden.

von solchen Mailboxen unproblematisch Gegenstand einer TÜ sein könne. Es stützte sich dabei zum einen auf die traditionell sehr weite Auslegung des Begriffs "Fernmeldeverkehr" im strafprozessualen Schrifttum[772], das sich dabei wiederum auf den Begriff der "Fernmeldeanlage" nach § 1 I FAG und dessen ebenfalls weite, offene Auslegung durch BVerfGE 46, 120, 142 bezog[773]. Dabei blieb allerdings unerwähnt, daß die Auslegung des Begriffs im Rahmen der grundrechtseinschränkenden Vorschrift des § 100a S. 1 StPO durchaus anders hätte verstanden werden können als in den Zusammenhängen des FAG[774]. Zum anderen sah das Gericht sich in dieser Sichtweise bestätigt durch die Änderung des § 100a S. 1 StPO durch das PostStruktG im Jahre 1989: Daß der Begriff "Aufnahme auf Tonträger" durch denjenigen der Aufzeichnung ersetzt worden sei, signalisiere deutlich, daß jegliche Art der Nachrichtenübermittlung erfaßt werden solle[775].
Letztlich erscheint hier als entscheidend, daß es für den Zugriff nach § 100a StPO in der Tat keine Rolle spielen kann, ob die über die Leitung übermittelten Zeichen ihren Ursprung in akustischen Signalen eines Sprechers (wie beim herkömmlichen Telefonverkehr, aber auch bei der Besprechung einer Voicebox) oder etwa in einer schriftlichen Eingabe hatten; der Einbeziehung des Verkehrs zu und von den Mailboxen in den Anwendungsbereich des § 100a S. 1 StPO ist daher zuzustimmen.
Weiter wendete sich das Gericht aber der Frage zu, ob auch der Zugriff auf die in der Mailbox abgelegten Daten im Rahmen der TÜ zulässig sei. Hierzu war im Schrifttum die Auffassung vertreten worden, daß diese Daten sich nicht im Vorgang des Fernmeldeverkehrs befänden. Im Zeitraum zwischen Speicherung in der Mailbox und Abruf durch den Empfänger seien die Daten durch ihre Speicherung auf dem Medium derart verkörpert und "statisch", daß sie, ähnlich wie die besprochene Kassette eines Anrufbeantworters, taugliches Objekt einer Durchsuchung und Beschlagnahme sein könnten, nicht aber das einer TÜ (hier bleibt zu ergänzen, daß den Daten, auch insoweit ähnlich wie beim Anrufbeantworter, nicht anzusehen ist, ob sie nicht durch den Empfänger ohnehin längst abgerufen und nur aus irgendwelchen Gründen in der Mailbox belassen worden sind; in dieser Konstellation ist der Fernmeldeverkehr aber noch offensichtlicher bereits abgeschlossen)[776]. Für den direkten, nichtkörperlichen Zugriff auf die Daten über die

---

[772] vgl.etwa KK(3.)-*Nack*, § 100a, R. 2; *Bär*, CR 1995, 489, 498f.

[773] Allerdings ist diese Sichtweise schon deswegen nicht zwingend, weil der Wortlaut des § 1 I 1 FAG eine derartige Offenheit durchaus nicht erkennen ließ, sondern die vom Begriff der "Fernmeldeanlage" erfaßten Systeme abschließend aufzählte. Daran hatte sich die Auslegung des Begriffs im *materiellen* Strafrecht auch stets orientiert; vgl. oben Fn. 719.

[774] so auch *Bär*, CR 1996, 490f.

[775] BGH NJW 1997, 1934 unter Hinweis auf "BR-(richtig: BT-)Dr XI/4316, 90", so auch *Kudlich*, JuS 1998, 209, 211.

[776] *Lührs*, wistra 1995, 19, 20; nach Ergehen des Beschlusses auch *Palm/Roy*, NJW 1996, 1791, 1793; auch *Bär*, CR 1996, 490, 491, der darauf hinweist, daß in diesen Fällen erst durch die Einwahl des Ermittlers ein Fernmeldeverkehr zwischen zwei Personen zustandekomme, nicht aber, wie von § 100a S. 1 StPO gefordert, ein vorgefundener Fernmeldeverkehr durch einen Dritten überwacht werde; dem zustimmend *Palm/Roy*, NJW 1997, 1904.

Leitung ist nach dieser Auffassung mithin eine gesetzliche Sonderregelung erforderlich[777].

Das Gericht trat dem entgegen. Im Hinblick auf die zunehmende Bedeutung von Mailbox-Systemen "insbesondere im Bereich der Organisierten Kriminalität" seien offene Ermittlungsmaßnahmen in dieser Richtung nur von begrenztem Wert. Die TÜ diene demgegenüber "nach dem erklärten Willen des Gesetzgebers dazu, den Ermittlungsbehörden ein wirksames Mittel zur Sachverhaltsaufklärung in Fällen der Schwerstkriminalität in die Hand zu geben". Zweck der Norm sei es daher, auch neue Formen der Nachrichtenübermittlung zu erfassen; mit diesem Zweck sei es aber nicht zu vereinbaren, die Überwachung nur auf den jeweils aktuellen Übermittlungsvorgang zu beschränken[778]. Daß hier ein intensiverer Eingriff als bei offener Durchsuchung und Beschlagnahme erfolge, sei angesichts der hohen Zulässigkeitsschwelle des § 100a StPO nicht bedenklich[779].

Zugleich scheint dieser bemerkenswert offene und schlichte Schluß von einem erklärten kriminalpolitischen Bedürfnis auf die gesetzliche Zulässigkeit der entsprechenden Eingriffsmaßnahme dem Ermittlungsrichter selbst jedoch auch wieder nicht völlig tragfähig erschienen zu sein, denn als zusätzliche Einschränkung des Zugriffs auf die Daten in der Mailbox, die sich ja "nur durch die Art des Mediums, nicht durch ihren Inhalt ... von der schriftlichen Mitteilung" unterschieden, postulierte er eine ergänzende entsprechende Anwendung der §§ 102, 103 StPO. Insbesondere bei der Sichtung der Mailbox eines Unverdächtigen dürfe nicht auf irgendwelche (oder mit anderen Worten: alle) dort gespeicherten Daten, sondern in entsprechender Anwendung des § 103 I 1 StPO nur auf bestimmte, von vornherein gesuchte Spuren zugegriffen werden. Darüber hinaus sei, wie bei der ermittlungsrichterlichen Rechtsprechung zur Durchsuchung, der Zugriff auch nur einmal zulässig. Dies stelle nicht nur eine Begrenzung auf das Maß des Möglichen und Zumutbaren dar; für darüber hinausgehende Zugriffe bestehe auch kein Bedürfnis, da ja in der Folge die Überwachung des Nachrichtenverkehrs zu und von der Mailbox möglich sei[780].

---

[777] *Bär*, CR 1996, 490, 491; *Palm/Roy*, NJW 1997, 1904, 1905.

[778] Gerade hier liegt eine ersichtliche Schwäche der Argumentation: Auch zu den neuen Formen der Nachrichten*übermittlung* gehört eben doch nur der *Übermittlungs*vorgang (vgl. heute auch § 3 Nr. 16 TKG, wonach "Telekommunikation" der Vorgang des "Aussendens, *Übermittelns* und Empfangens" ist).

[779] BGH NJW 1997, 1934, 1935; i.E. zustimmend *Kudlich*, JuS 1998, 209, 214, obschon er dem Gericht zugleich vorwirft, aus der Feststellung, daß der Schutzbereich des Fernmeldegeheimnisses auch den Schutz der abgelegten Daten erfaßt, unzulässigerweise gefolgert zu haben, daß schon damit notwendig die Voraussetzungen der "einschlägigen" Eingriffsnorm gegeben seien (aaO, 213); wie der BGH auch LG Hanau NJW 1999, 3647.

[780] BGH NJW 1997, 1934, 1935f.

II. Sonstiger Einsatz technischer Mittel

1. Gesetzliche Regelung des Abhörens von Gesprächen außerhalb von Wohnungen (§ 100c I Nr. 2 StPO)

Anfang der 90er Jahre waren Überlegungen zu einer gesetzlichen Regelung des strafprozessualen Einsatzes technischer Mittel zum Abhören von Gesprächen auch außerhalb des Fernmeldebereichs zur Gesetzesreife gediehen. Am 26.4.1991 brachte der Bundesrat einen entsprechenden Entwurf in das Gesetzgebungsverfahren ein. Während auch die SPD-Opposition die Einführung einer Befugnis zum Einsatz technischer Mittel außerhalb von Wohnungen mittrug, war allerdings ein solcher Einsatz innerhalb von Wohnungen äußerst umstritten. Der Gesetzentwurf des Bundesrates sah in Art. 4 Nr. 6 einen § 100c II StPO vor, der die Befugnis zur Vornahme eines sog. "kleinen Lauschangriffs" beinhaltete, also den Einsatz derartiger Mittel in Wohnungen zur Eigensicherung Verdeckter Ermittler. Zum gleichen Zweck sollte der Einsatz explizit auch außerhalb von Wohnungen für zulässig erklärt werden (§ 100c III StPO idF des Entwurfs). Die CDU/CSU wie auch die bayerische Staatsregierung, auf deren Initiative der Entwurf u.a. zurückging, aber auch einzelne Stimmen aus der FDP vertraten darüber hinaus die Auffassung, auch ein "großer Lauschangriff" sollte - auch um den Preis einer Änderung des Grundgesetzes - möglich gemacht werden[781]. Auf Seiten der Opposition wie auch der FDP war man aber der Auffassung, daß die Schrankenregelung des Art. 13 II, III GG einen derartigen Eingriff nicht trüge[782]; zudem sah der überwiegende Teil der Opposition wie auch der FDP-Fraktion seinerzeit auch noch keine inhaltliche Notwendigkeit für eine solche Regelung[783] (andererseits hatte der SPD-Abgeordnete *Meyer* mit Unterstützung anderer SPD-Rechtspolitiker im April 1992 bereits selbst eine Vorlage zur Änderung des GG und der StPO erstellt, die die Einführung eines großen Lauschangriffs vorsah[784]). Auch ein "kleiner Lauschangriff" wurde von dieser Seite abgelehnt und insbesondere auf die Entdeckungsgefahr für den Verdeckten Ermittler verwiesen, der Abhörgeräte am Körper trage[785]; zudem wurde diese Frage z.T. der Gesetzgebungskompetenz der Länder zugeordnet[786].

---

781 *Stoiber*, Verhandlg. d. Dt. BT., Stenogr. Ber., 42. Sitzg. d. 12. Wahlper., 3504 D; *Gerster*, aaO, 3510 A f.; *Hörster*, 3521 A; *Geis*, Verhandlg. d. Dt. BT., Stenogr. Ber., 95. Sitzg. d. 12. Wahlper., 7818 D ff.; *van Essen*, aaO, 7822 D; *Marschewski*, aaO, 7826 D ff.; *Eylmann*, aaO 7839 B.

782 vgl. etwa *Kinkel*, ZRP 1991, 409, 413; *ders.*, Verhandlg. d. Dt. BT., Stenogr. Ber., 42. Sitzg. d. 12. Wahlper., 3512 A; *van Essen*, aaO, 3524 B.

783 vgl. *de With*, Verhandlg. d. Dt. BT., Stenogr. Ber., 42. Sitzg. d. 12. Wahlper., 3507 B; *Ullmann*, aaO, 3516 D ff.; *Köppe*, 3522 A ff.; *Singer*, aaO, 3527 D; *Heuer*, Verhandlg. d. Dt. BT., Stenogr. Ber., 95. Sitzg. d. 12. Wahlper., 7828; *Leutheusser-Schnarrenberger*, aaO, 7830 B ff.; *Lüder*, aaO, 7836 B f.; *Ullmann*, aaO, 7838 A; *Hirsch*, aaO, 7841 B f.

784 *Seifert*, KJ 1992, 359f.

785 vgl. *van Essen*, Verhandlg. d. Dt. BT., Stenogr. Ber., 42. Sitzg. d. 12. Wahlper., 3524 B; diese Bedenken teilte auch *Stoiber*, aaO, 3504 D.

786 *van Essen*, aaO; *Kinkel*, aaO, 3512 B.

In der Bundesregierung setzte sich die ablehnende Haltung der FDP (insbesondere wohl des Bundesjustizministers *Kinkel* sowie seiner Nachfolgerin *Leutheusser-Schnarrenberger*) durch; in ihrer Äußerung zum Gesetzentwurf befürwortete die Regierung die Streichung des § 100c II, III der Entwurfsfassung[787]. Bei dieser Streichung blieb es auch im restlichen Verfahren, da die CDU/CSU- und die SPD-Fraktion eine weitere Diskussion über das Thema nach Abschluß des laufenden Gesetzgebungsverfahrens vereinbarten[788]. Minister *Kinkel* hielt fest: "Eine in die persönlichsten Lebensbereiche eindringende Kontrolle und Überwachung kann und wird es nicht geben."[789] - eine Einschätzung, die sich allerdings schon wenige Jahre später als unzutreffend erweisen sollte[790].

Ergebnis der Überlegungen war der Art. 3 Nr. 6 des OrgKG, der die neuen §§ 100c, 100d in die StPO einfügte. Nach § 100c I Nr. 2 StPO durfte nun das nichtöffentlich gesprochene Wort mit technischen Mitteln abgehört und aufgezeichnet werden.

a) Formelle Voraussetzungen

Zuständig für die Anordnung der Maßnahme war grundsätzlich, wie auch bei der TÜ, der Richter (§ 100d I 1 StPO). Anders als bei der TÜ (§ 100b I 2 StPO) sah § 100d I 1 StPO aber bei Gefahr im Verzug eine Anordnungskompetenz nicht nur der Staatsanwaltschaft, sondern auch ihrer Hilfsbeamten, insbesondere also nach Maßgabe der jeweiligen landesrechtlichen Regelung zahlreicher Beamter des Polizeidienstes, vor. Bei Wahrnehmung dieser Eilkompetenz war allerdings, anders als bei der TÜ, vorgeschrieben, daß die richterliche Bestätigung unverzüglich zu beantragen war (§ 100d I 2 iVm § 98b I 2 StPO); die Anordnung trat aber, wie bei der TÜ auch, erst außer Kraft, wenn die Bestätigung nicht innerhalb von drei Tagen erfolgte (§ 100d I 2 iVm § 100b I 3 StPO), so daß eine Verzögerung des Antrages innerhalb dieses Zeitraumes keine weiteren Folgen hatte. Die Formerfordernisse entsprachen denen bei der TÜ (§100 d I 2 iVm § 100b II 1-3 StPO[791]).

Hinsichtlich der Anhörung der Beteiligten dürfte hier, ebenso wie bei der TÜ, regelmäßig § 33 IV 1 StPO zur Anwendung gekommen sein.

b) Materielle Voraussetzungen

Materielle Voraussetzung einer Anordnung nach § 100c I Nr. 2 StPO wurde, daß bestimmte Tatsachen den Verdacht begründeten, daß jemand eine in § 100a StPO bezeich-

---

[787] BT-Drucks. XII/989, 58; XII/2720, 41.

[788] vgl. *Geis*, Verhandlg. d. Dt. BT., Stenogr. Ber., 95. Sitzg. d. 12. Wahlper., 7818 D ff.; *de With*, aaO, 7817 B ff.

[789] ZRP 1991, 409, 413.

[790] vgl. unten S. 169ff.

[791] Insofern erfaßte die spätere Änderung des § 100b StPO durch Art. 2 IX BegleitG im Jahre 1997 (s.o. S. 157) auch die Anforderungen an den sonstigen Einsatz technischer Mittel.

nete Straftat begangen hatte. Die Rechtslage glich damit weitgehend derjenigen bei der TÜ; insbesondere nahm die Reichweite der Überwachungsregelung in § 100c I Nr. 2 StPO damit auch an allen Änderungen des Kataloges in § 100a S. 1 StPO wie auch der Katalogdelikte selbst teil. Im Gegensatz zum Wortlaut des § 100a S. 1 StPO, der ausdrücklich auch auf den Verdacht des Versuchs oder der durch eine Straftat begangenen Vorbereitung einer Katalogtat abstellte, nannte § 100c I Nr. 2 StPO aber ausschließlich den der Begehung. In Anbetracht des Umstandes, daß die Tatbestandsvoraussetzungen der TÜ und die des Einsatzes technischer Mittel nach § 100c I Nr. 2 StPO ansonsten weitgehend wortgleich formuliert sind, erscheint diese Diskrepanz als so auffällig, daß sie nur den Schluß zuläßt, daß insofern ein Unterschied zwischen den Voraussetzungen der verschiedenen Maßnahmen besteht. Hier mag es allerdings bei Einführung der Norm als denkbar erschienen sein (wenn auch im Hinblick auf den systematischen Zusammenhang zu § 100a S. 1 StPO bedenklich, weil dann dort das Tatbestandsmerkmal "oder in Fällen, in denen der Versuch strafbar ist, zu begehen versucht ... hat" keine eigenständige Bedeutung hätte), den Versuch eines Katalogtatbestandes sowie den Versuch der Beteiligung nach § 30 StGB an einem solchen noch als Beteiligungsformen dieses Straftatbestandes anzusehen[792]. Anders als bei § 100a StPO trägt der Wortlaut des § 100c I Nr. 2 StPO aber nicht auch die Einbeziehung sonstiger Vorbereitungsdelikte durch Verwirklichung von Straftatbeständen, die selbst nicht im Katalog des § 100a S. 1 StPO auftauchen. Nichtsdestotrotz vertritt die Literatur geschlossen und, soweit ersichtlich, ohne den Versuch irgendeiner Begründung die Auffassung, wie bei § 100a S. 1 StPO reiche auch hier der Verdacht des Versuchs oder der Vorbereitung aus[793].

Maßnahmen nach § 100c I Nr. 2 StPO durften sowohl gegen den Beschuldigten selbst (§ 100c II 1 StPO) als auch gegen andere Personen gerichtet werden, wenn auf Grund bestimmter Tatsachen anzunehmen war, daß sie mit dem "Täter"[794] in Verbindung standen oder daß eine solche Verbindung hergestellt werden würde (§ 100c II 3 StPO). Die jeweilige Zielperson war in der Anordnung mit Namen und Anschrift zu nennen (§ 100d

---

[792] zur Auslegung im systematischen Zusammenhang mit dem neuen § 100c I Nr. 3 StPO ab 5.5.1998 vgl. unten S. 185f.

[793] KK-*Nack*, § 100c, R. 39; K/M-G, § 100c, R. 9 (m. unzutr. Verweis auf *Schoreit*, MDR 1992, 1013, 1015, der sich aaO überhaupt nicht mit dieser Frage beschäftigt); P/F-*Pfeiffer*, § 100c, R. 4; *Burhoff*, R. 324; *Hilger*, NStZ 1992, 457, 462 (Fn. 99) nennt nur den Verdacht des Versuchs, nicht den der Vorbereitung; SK-*Rudolphi*, § 100c, R. 11 verweist ohne jede Erläuterung pauschal auf die Ausführungen zu § 100a, R. 10-12.

[794] Die systemwidrige Verwendung des Begriffs "Täter" anstelle des Wortes "Beschuldigter" in § 100c II 3 (wie auch § 100c I Nr. 1, 2, II 2) zeugt von derselben Mißachtung der Unschuldsvermutung im Ermittlungsverfahren, die auch in der Bundestagsdebatte zum Entwurf des OrgKG zum Ausdruck kam, wenn ausgeführt wurde, die beabsichtigte Maßnahme richte sich nicht gegen "normale Bürger", sondern gegen "Verbrecher" (vgl. etwa *Marschewski*, Verhandlg. d. Dt. BT., 95. Sitzg. d. 12. Wahlper., 7826 D f.). Im vorliegenden Zusammenhang soll in der weiteren Darstellung der systemkonforme Begriff "Beschuldigter" verwendet werden.

I 2 iVm § 100b II 2 StPO)[795]. Allerdings durfte die Maßnahme auch durchgeführt werden, wenn (und soweit) Dritte[796] "unvermeidbar betroffen" wurden (§ 100c III StPO). Zweck der Maßnahme mußte, wie bei der TÜ, die Erforschung des Sachverhalts oder die Ermittlung des Aufenthaltsorts des Beschuldigten sein; die Subsidiaritätsklausel entsprach ebenfalls der bei der TÜ: Die Maßnahme war nur zulässig, wenn die Erreichung dieses Ziels auf andere Weise aussichtslos oder wesentlich erschwert gewesen wäre (§ 100c I Nr. 2, II 3 StPO). Dadurch, daß für beide Maßnahmen dieselbe Subsidiaritätsklausel verwendet wurde, wurde allerdings unklar, in welchem Verhältnis sie zueinander stehen sollen, wenn im Einzelfall der Einsatz beider Mittel in Frage kommt[797].

c) Dauer der Maßnahme und Rechtsschutz

Die Regelungen über Dauer der Maßnahme und Anordnung der Verlängerung entsprachen ebenfalls denen bei der TÜ (§ 100d I 2 iVm § 100b II 3-5, IV StPO).

Die Benachrichtigung des Betroffenen wurde durch dieselbe Norm geregelt wie bei der TÜ: § 101 I StPO[798] idF d. Art. 3 Nr. 7 OrgKG schrieb vor, sie vorzunehmen, sobald dies ohne Gefährdung des Untersuchungszwecks, der öffentlichen Sicherheit, von Leib oder Leben einer Person sowie der Möglichkeit der weiteren Verwendung eines eingesetzten nicht offen ermittelnden Beamten geschehen konnte. Abweichend von der Regelung zur TÜ waren aber Entscheidungen und sonstige Unterlagen über die Maßnahmen bei der Staatsanwaltschaft zu verwahren und erst dann zu den Gerichtsakten zu nehmen, wenn auch die Voraussetzungen für die Benachrichtigung nach § 101 I StPO erfüllt waren (§ 101 IV StPO). Damit war nach dem ersten Schritt der Normierung heimlicher Ermittlungsmaßnahmen im Strafprozeßrecht im Jahre 1968 nun eine neue Qualität erreicht: § 101 IV StPO etablierte neben dem für den Beschuldigten durch das Akteneinsichtsrecht nach § 147 StPO prinzipiell noch nachvollziehbar verlaufenden Ermittlungsverfahren ein weiteres, völlig im Geheimen verlaufendes Parallelverfahren[799]. Unter den Voraussetzungen des § 101 IV, I StPO, die durch die Bezugnahme auf die öffentliche Sicherheit, die weitere Einsatzmöglichkeit für einen Verdeckten Ermittler usw. von rein präventiven Gesichtspunkten bestimmt waren, erfuhr auch der Tatrichter selbst (geschweige denn der Angeklagte) nichts von der Vornahme der Maßnahme, sofern nicht er, sondern der Ermittlungsrichter, der Staatsanwalt oder dessen Hilfsbeamter die Anordnung getroffen hatte. Zugleich war mit dieser gesetzlichen Regelung

---

[795] Angesichts dieser Regelungen erscheint es nicht als nachvollziehbar, wie KK-*Nack*, § 100c, R. 20 zu der Auffassung gelangt, die Maßnahme dürfe sich auch gegen ein bestimmtes Objekt (etwa eine Spielhalle oder einen PKW) richten, "ohne daß bei der Anordnung der Maßnahme schon bestimmte Zielpersonen überwacht werden sollen".

[796] also etwa Begleitpersonen oder Passanten (KK-*Nack*, § 100c, R. 21; K/M-G, § 100c, R. 19).

[797] vgl. auch *Welp*, StV 1994, 161, 164f.

[798] seit 9.5.1998: § 101 I 1 StPO (vgl. oben Fn. 748).

[799] sehr kritisch hierzu *Strate*, ZRP 1990, 143, 145; Strafrechtsaussch. d. DAV, StV 1992, 29, 34; ihnen folgend K/M-G, § 101, R. 7.

die Rechtsprechnung des BGH ausgehebelt, der 1989 erklärt hatte, Ausfluß des Anspruchs auf ein faires Verfahren sei "das Recht des Beschuldigten auf Zugang zu dem verfahrensbezogenen Tatsachen- und Beweismaterial, das die Strafverfolgungsorgane im Rahmen der gegen ihn gerichteten Ermittlungen sammeln"[800].
Bemerkenswerterweise beklagte der ehemalige Präsident eines Landeskriminalamtes allerdings sogar, daß bereits durch die bloße Anordnung der Zusammenarbeit von Polizei, Staatsanwaltschaft und Gericht (die allerdings durch die Anordnungskompetenz der Hilfsbeamten bei Gefahr im Verzug ohnedies nicht lückenlos war, was er entweder übersah oder aber verschwieg) und die Aufbewahrung der Unterlagen bei der Staatsanwaltschaft die neue Befugnis "an für eine verdeckte Maßnahme auf Dauer unverträgliche Bedingungen gebunden" sei[801]. Ähnlich äußerte sich im Zusammenhang mit den durch das OrgKG eingeführten strafprozessualen Befugnissen ein anderer Autor aus der Polizeipraxis, indem er die Beteiligung von Staatsanwaltschaft und Gericht an der Anordnung bestimmter Maßnahmen (hier: des Einsatzes Verdeckter Ermittler) als Ausfluß "tief sitzenden Mißtrauens" und "nackten Argwohns" gegenüber der Kriminalpolizei charakterisierte[802]. Hier offenbarte sich ein Mangel an Verständnis für die Anforderungen an verfahrensmäßige Kontrollen des Einsatzes geheimer Ermittlungsmaßnahmen in führenden Positionen der Polizeihierarchie, der die Notwendigkeit ebensolcher Kontrollen gerade um so deutlicher und offensichtlicher machte.
Dies gilt um so mehr angesichts des Umstandes, daß hinsichtlich des Rechtsschutzes der Betroffenen gegen die Maßnahme die Ausführungen zur TÜ entsprechende Geltung beanspruchen können[803]: Soweit die Beschwerde nach § 304 I, IV StPO rechtlich überhaupt möglich war[804], war sie doch faktisch ausgeschlossen, weil die Benachrichtigung in der Regel - wenn überhaupt - erst lange nach Abschluß der Maßnahme erfolgte.

---

[800] BGHSt 36, 305, 309.

[801] *Krüger*, Kriminalistik 1992, 594, 596.

[802] *Burghard*, Kriminalistik 1992, 595; hier findet sich zudem allen Ernstes die Behauptung, noch unmittelbar vor dem Volkszählungsurteil habe für die Strafverfolgung das "preußische, gleichwohl gute und bewährte Prinzip der Generalermächtigung" gegolten, wonach die Weite der Befugnisse sich aus der Aufgabenzuweisung ergeben habe, so daß die Kriminalpolizei neue Ermittlungsmethoden habe "erfinden" dürfen. *Burghard*, aaO: "Aber alle - und das kann man nicht nachhaltig genug betonen und Kritikastern um die Ohren schlagen - jene 'neuen' Ermittlungsmethoden der Kriminalpolizei haben höchstrichterlicher Nachprüfung mit Bravour standgehalten. Die Polizei hat allein damit bewiesen, daß sie ihre rechtsstaatlichen Lektionen gelernt hat". Abgesehen davon, daß damit der Stand der wissenschaftlichen Diskussion, wie sie spätestens seit etwa 1960 geführt wurde, komplett verzeichnet wird, ist hier die erstaunlich grobe und selbstbewußte Art, in der die Freistellung von jeglicher verfahrenstechnischer Kontrolle reklamiert wird (selbst von jener durch die Staatsanwaltschaft, die formal ja immer noch die "Herrin des Ermittlungsverfahrens" ist, § 161 StPO), besonders erschreckend.

[803] vgl. oben S. 46.

[804] vgl. aaO.

d) Verwertung der Erkenntnisse

Die Regelung über die Verwertung von personenbezogenen Informationen in anderen Strafverfahren in § 100d II StPO[805] entsprach exakt dem ebenfalls durch das OrgKG für die TÜ eingefügten § 100b V StPO[806]. Eine gesetzliche Regelung über die Probleme der Verwertung in dem Verfahren, in dem die Maßnahme angeordnet wurde (insbesondere bei Rechtswidrigkeit der Anordnung), erfolgte auch hier nicht, so daß insoweit auf die durch die Rechtsprechung für das Recht der TÜ entwickelten Grundsätze zurückzugreifen sein wird.

Die Vernichtungsregelung war dieselbe wie bei der TÜ (§ 100d I 2 iVm § 100b VI StPO idFd Art. 3 Nr. 5 OrgKG).

2. Anwendung des § 100c I Nr. 2 StPO in der Praxis

a) Räumliche Reichweite

Der Gesetzgeber hatte davon abgesehen, den im Verlauf des Gesetzgebungsverfahrens entwickelten Verzicht auf eine Regelung des Abhörens von in einer Wohnung geführten Gesprächen ausdrücklich im Wortlaut des § 100c I Nr. 2 StPO zu verankern. Im Hinblick auf die Entstehungsgeschichte und auf den Umstand, daß Art. 11 OrgKG als eingeschränktes Grundrecht Art. 13 GG nicht aufführte, bestand jedoch in der Literatur von Beginn an Einigkeit darüber, daß die Vorschrift in diesem Sinne auszulegen sei[807]. Diese Auffassung wurde durch den BGH bestätigt[808], so daß die sich entwickelnde Kasuistik sich darauf beschränken konnte, den Begriff der "Wohnung" trennscharf abzugrenzen[809].

b) Verwertung der Erkenntnisse

In einer der hierzu ergangenen Entscheidungen führte der BGH auch aus, die durch die unzulässige Maßnahme des Abhörens von in einer Wohnung geführten Gespräche erlangten Erkenntnisse seien unverwertbar. Zwar komme die Annahme eines Verwertungsverbots nur bei gewichtigen Rechtsverstößen in Betracht, weil sie im Hinblick auf das verfassungsrechtliche Gebot einer effektiven Strafrechtspflege auf Ausnahmefäl-

---

805 seit 9.5.1998: § 100d V 1 StPO.

806 augenscheinlich von *Welp*, StV 1994, 161, 164 übersehen, der der Regelung zur TÜ attestiert, die bessere zu sein.

807 vgl.statt aller nur die Nachw. bei K/M-G(43), § 100c, R. 5.

808 BGHSt 42, 372, 374f.; BGHSt 44, 138, 140.

809 Die Rechtsprechung des BVerfG zählt hierzu auch Arbeits-, Betriebs- und Geschäftsräume (BVerfGE 32, 54, 68ff.). Dem folgend qualifizierte BGHSt 42, 372, 375ff. ein nicht allgemein zugängliches Vereinsbüro als Wohnung (so auch schon als Vorinstanz OLG Stuttgart StV 1996, 655, 656). Vgl. weiter BGH NJW 1997, 2189 (l. Sp.): Auch der Vorgarten zählt zur Wohnung, sofern als Rückzugsbereich der individuellen Lebensgestaltung ausgewiesen (hier: kniehohe, im Eingangsbereich auf 2 m unterbrochene Hecke); BGH NJW 1997, 2189 (r. Sp.) mwN: Ein Kfz gehört nicht zur Wohnung; BGHSt 44, 138, 141: Der Besuchsraum einer Untersuchungshaftvollzugsanstalt ist keine Wohnung.

le beschränkt bleiben müsse. Hier fehle es aber nicht nur an einer Eingriffsnorm, sondern es handele sich um schwerwiegende Eingriffe in den Schutzbereich des Art. 13 GG und in das auch durch § 201 StGB geschützte Persönlichkeitsrecht am nichtöffentlich gesprochenen Wort[810].

c) Befugnis zu begleitenden Eingriffsmaßnahmen

In einer Entscheidung aus dem Jahre 1997 hatte sich der Ermittlungsrichter des BGH mit der Frage zu befassen, inwieweit § 100c I Nr. 2 StPO die Strafverfolgungsbehörde auch zu begleitenden Eingriffen in andere Rechte des Betroffenen als das am nichtöffentlich gesprochenen Wort ermächtigte, die vorgenommen wurden, um das Abhören selbst erst zu ermöglichen. Die Ermittlungsbehörde hatte in diesem Fall beantragt, zum Zweck des Anbringens einer Abhöreinrichtung in einem PKW diesen in eine Werkstatt verbringen und dort öffnen lassen zu dürfen. Der Ermittlungsrichter genehmigte jedoch nur das Öffnen, nicht das Verbringen in die Werkstatt. Das Fahrzeug zu öffnen, sei zwar nicht schon deshalb gestattet, weil § 100c I Nr. 2 StPO ohne eine solche Gestattung etwa leerliefe, denn ein Abhören nach dieser Norm bliebe dann immer noch nicht nur bei Gesprächen außerhalb des Fahrzeugs, sondern durch Einsatz etwa von Richtmikrofonen auch von solchen innerhalb desselben möglich. Es handele sich aber bei dem Öffnen um einen im Verhältnis zur Grundrechtsbeeinträchtigung durch die Primärmaßnahme nur geringfügigen Eingriff in den Rechtskreis des Betroffenen, so daß anzunehmen sei, daß der Gesetzgeber hierzu stillschweigend mitermächtigt habe. Im Gegensatz dazu handele es sich bei dem auch nur kurzzeitigen Verbringen in die Werkstatt um einen so massiven Eingriff, der mit dem Vollzug der Norm zudem auch nicht zwangsläufig verbunden sei, daß insoweit nicht von einer stillschweigend erteilten Ermächtigung ausgegangen werden könne[811].

Die Entscheidung fand u.a. deshalb Aufmerksamkeit in der Literatur, weil man ihr Bedeutung auch für die geplante Regelung des Lauschangriffs auf in Wohnungen geführten Gesprächen beimaß. So leitete *Heger* aus dem Gang der Begründung ab, auch bei einem solchen "großen Lauschangriff" sei das körperliche Betreten der Wohnung durch die Ermittler zum Zweck des Anbringens einer Abhöreinrichtung als Eingriff in den Schutzbereich des Art. 14 I GG[812] nur dann gestattet, wenn das Gesetz auch für diesen begleitenden Eingriff eine ausdrückliche Ermächtigung vorsehe[813].

---

[810] BGHSt 42, 372, 377f.

[811] BGH NJW 1997, 2189 (l. Sp.); zustimmend *Gropp*, JZ 1998, 501, 505; aA (auch Wegnahme gestattet): *Mahnkopf/Döring*, NStZ 1994, 556, 557; *Janker*, NJW 1998, 269, 271.

[812] Ein solcher liegt nicht nur bei einer vom Eigentümer selbstgenutzten Wohnung vor. Daß vielmehr auch das Besitzrecht eines Mieters an der Mietwohnung am Grundrechtsschutz des Art. 14 I 1 GG teilnimmt, hat das BVerfG bereits 1993 entschieden, BVerfGE 89, 1, 5ff.

[813] JR 1998, 163, 164f.

d) Geschützte Kommunikationen

Auch bei § 100c I Nr. 2 StPO wurde wieder keine gesetzliche Regelung über den Ausschluß bestimmter Kommunikationsverhältnisse, deren Vertraulichkeit rechtlich geschützt ist, getroffen, so daß diese Fragen hier ebenso umstritten sind wie für den Bereich der TÜ. Unstrittig ist insoweit lediglich, daß die Rechtsprechung des BGH über die Überwachungsfreiheit des Verteidigerverkehrs nach § 148 I StPO[814] auch für Maßnahmen nach § 100c I Nr. 2 StPO Geltung beanspruchen kann[815]. Ob und inwieweit darüber hinaus auch nach § 53 StPO zeugnisverweigerungsberechtigte Personen sowie Abgeordnete von derartigen Maßnahmen freizustellen sind, ist bisher nicht höchstrichterlich geklärt und wird in der Literatur sehr unterschiedlich beurteilt[816].

Für Gespräche mit nach § 52 StPO zeugnisverweigerungsberechtigten Angehörigen hat demgegenüber der BGH 1998 ausdrücklich klargestellt, daß sie nicht von der Überwachung nach § 100c I Nr. 2 StPO freigestellt sind[817].

3. Gesetzliche Regelung des Abhörens von Gesprächen innerhalb von Wohnungen (Art. 13 III GG, § 100c I Nr. 3 StPO)

a) Vorarbeiten

Auch nach den Änderungen der StPO durch das OrgKG wurde die öffentliche Debatte über die Möglichkeit und Notwendigkeit des Einsatzes technischer Mittel auch zum Abhören von in einer Wohnung geführten Gesprächen zu repressiven Zwecken - entsprechend der Vereinbarung der beiden größten Bundestagsfraktionen, über diese Fragen weiter zu verhandeln - mit großer Intensität fortgeführt.

aa) Mittlerweile gewann sogar die Auffassung Anhänger, eine Änderung des GG sei zur Schaffung einer entsprechende Ermächtigung gar nicht erforderlich. So vertraten *Guttenberg*[818], *Ransiek*[819] und *Lorenz*[820] die These, dem Umstand, daß nach ganz herrschender Meinung nicht nur offen vorgenommene Maßnahmen im räumlich-gegenständlichen Bereich der Wohnung Eingriffe in den Schutzbereich des Art. 13 I GG darstellten, sondern daß dieser einen umfassenden Schutz der Privatheit gewähre, müsse auch die Auslegung der Schrankenbestimmung in Art. 13 II GG Rechnung tragen: Das Tatbestandsmerkmal "Durchsuchung" sei dann ebenfalls nicht nur im engeren Sinne eines körperlichen Eindringens in die Wohnung zu verstehen, sondern erfasse jedes

---

[814] BGHSt 33, 347, 349f.

[815] KK-*Nack*, § 100c, R. 30; K/M-G, § 100c, R. 18; *Groß*, StV 1996, 559, 565f.

[816] vgl. die Nachw. oben Fn. 400ff. sowie KK-*Nack*, § 100c, R. 31f.; *Groß*, StV 1996, 559, 566.

[817] BGHSt 44, 138, 141f.

[818] NJW 1993, 567, 569f.

[819] GA 1995, 23, 29ff.

[820] GA 1997, 51, 56ff.

Ausforschen der durch Art. 13 I GG garantierten privaten Sphäre[821]. *Scholz*[822] suchte eine Lösung über die Schrankenbestimmung in Art. 13 III GG: Er vertrat die Ansicht, wenn Eingriffe und Beschränkungen schon zur präventiven Abwehr von dringenden Gefahren für die öffentliche Sicherheit und Ordnung zulässig seien, dann müsse ein Eingreifen zur Verfolgung von bereits geschehenen Straftaten erst recht zulässig sein (Schluß a maiore ad minus). Ohnehin sei angesichts des Vordringens der polizeilichen Aufgabe der vorbeugenden Verbrechensbekämpfung eine genaue Abgrenzung mittlerweile kaum mehr möglich. Demgegenüber wollte *Krüger* aus dem Umstand, daß Art. 13 II GG zu strafprozessualen Zwecken Durchsuchungen erlaubte, sogar den Schluß ziehen, die von ihm als weniger einschneidend angesehene "optische und/oder akustische Informationsgewinnung aus einer Wohnung" müsse dann erst recht zulässig sein[823]. *Krey/Haubrich*[824] und *Eisenberg*[825] schließlich wollten von ihnen so genannte "kriminell bemakelte Räumlichkeiten" (der Begriff sollte in Anlehnung an § 104 II 2. Alt. StPO verstanden werden) gänzlich vom Schutz des Art. 13 I GG ausschließen - eine Auffassung, die allerdings für den betroffenen Inhaber zu einem vollständigen Verlust seines Grundrechts geführt hätte und schon deshalb im Hinblick auf die abschließende Regelung der Verwirkung von Grundrechten in Art. 18 GG keinen Bestand haben kann.

Angesichts der dennoch immer noch weit überwiegenden Auffassung[826] in der Literatur, wonach die Schrankenregelung des Art. 13 II, III GG ein heimliches Abhören von in einer Wohnung geführten Gesprächen zu Zwecken der Strafverfolgung nicht trage[827], setzte sich im parlamentarischen Raum aber die Überzeugung durch, daß im Falle der Einführung einer derartigen Befugnis eine Verfassungsänderung unumgänglich sei[828].

bb) In diese Richtung unternahm die SPD-Fraktion dann am 4.2.1994 mit ihrem Entwurf eines 2. OrgKG einen neuen Anlauf[829]. Sein Art. 1 Nr. 1 sah einen neuen Art. 13 III GG

---

821 aA etwa BbgVerfG LKV 1999, 450, 460 mwN.

822 NStZ 1997, 196, 198.

823 ZRP 1993, 124, 126.

824 JR 1992, 309, 313f.

825 NJW 1993, 1033, 1037.

826 K/M-G(43), § 100c, R. 5 faßt sogar zusammen, diese Auffassung "dürfte unbestritten sein", obwohl er im gleichen Atemzug nachweist, daß *Ransiek* sie bestritten hat; auch *Staechelin*, ZRP 1996, 430 bezeichnet sie als "wohl unumstritten".

827 vgl. etwa *Wolter*, StV 1989, 358, 364; *Weil*, ZRP 1992, 243, 245ff.; *Hilger*, NStZ 1992, 457, 462 (Fn. 101); *Lisken*, ZRP 1993, 121, 122f.; *Schelter*, ZRP 1994, 52, 54f.; *Raum/Palm*, JZ 1994, 447, 450f.; *Staechelin*, aaO; K/M-G(43), aaO; *Cassardt*, ZRP 1997, 370, 371ff. mwN; weitere Nachw. zur älteren Lit. bei *Krey/Haubrich*, JR 1992, 309, 313 (Fn. 32).

828 zu den damit verbundenen Kontroversen im politischen Raum, die teilweise quer durch die Parteien gingen, zusammenfassend *Seifert*, KJ 1992, 355, 359ff.

829 BT-Drucks. XII/6784.

vor, wonach "Eingriffe und Beschränkungen zur Verfolgung besonders schwerer Straftaten" aufgrund eines Gesetzes zulässig sein sollten, zu dessen Verabschiedung jeweils eine 2/3-Mehrheit in Bundestag und Bundesrat erforderlich sein sollte. Die Anordnungskompetenz sollte, ohne Ausnahmeregelung etwa für Fälle von Gefahr im Verzug, beim Richter liegen; jedoch wäre zuvor die Einwilligung eines von der Volksvertretung bestellten Organs oder Hilfsorgans einzuholen gewesen.

Art. 3 Nr. 3 lit. b des Entwurfs sah dann die Befugnisnorm (§ 100c I Nr. 3 StPO) vor. Sie unterschied als Reaktion auf den in der verfassungsgerichtlichen Rechtsprechung entwickelten weiten Wohnungsbegriff zwischen Räumen, die "nach ihrer Zweckbestimmung und tatsächlichen Nutzung vorwiegend oder vorübergehend zum Wohnen oder zum Schlafen dienen", und anderen Räumen. Gemeinsame Voraussetzung für ein Abhören und Aufzeichnen des in Räumen nichtöffentlich gesprochenen Wortes sollte sein, daß bestimmte Tatsachen den Verdacht begründeten, daß jemand als Täter oder Teilnehmer eine in § 100c I Nr. 2 StPO bezeichnete Straftat begangen hatte; dabei sah Art. 3 Nr. 3 lit. a des Entwurfs für § 100c I Nr. 2 StPO vor, die Straftatbestände der politischen Kriminalität in § 100a S. 1 Nr. 1 StPO (dessen Katalog allerdings durch den gleichen Entwurf in seinem Bestand erweitert werden sollte[830]) mit Ausnahme der §§ 129, 129a StGB und § 92 I Nr. 8 AuslG aus dem Anwendungsbereich herauszunehmen. In zum Wohnen oder Schlafen bestimmten Räumen sollte die Maßnahme darüber hinaus nur angeordnet werden dürfen, wenn voraussichtlich als Gericht des ersten Rechtszuges das LG oder das OLG zuständig[831] und die Erforschung des Sachverhalts auf andere Weise aussichtslos gewesen wäre; in anderen Räumen hätte es ausgereicht, daß die Erforschung des Sachverhalts oder die Ermittlung des Aufenthaltsorts des "Täters"[832] auf andere Weise aussichtslos oder wesentlich erschwert gewesen wäre. Gegen andere Personen als den Beschuldigten sollte die Maßnahme über diese Einschränkungen hinaus nach § 100c II 4 StPO idFd Art. 3 Nr. 3 lit. c des Entwurfs nur zulässig sein, wenn auf Grund bestimmter Tatsachen anzunehmen war, daß sie für den Beschuldigten bestimmte oder von ihm herrührende Mitteilungen entgegennehmen oder weitergeben würden oder daß der Beschuldigte ihren Raum benutzte (diese Regelung hätte derjenigen für die TÜ in § 100a S. 2 StPO entsprochen).

Die Maßnahme sollte von der Zustimmung der im jeweiligen Land bzw. bei Ermittlungen durch den Generalbundesanwalt der im Bund bestehenden G 10-Kommission abhängig sein (§ 100d II 3 StPO idFd Art. 3 Nr. 4 des Entwurfs), die Anordnungskompetenz beim LG bzw. in den Fällen des § 169 StPO nicht beim Ermittlungsrichter, sondern beim jeweiligen Strafsenat liegen (§ 100d II 1, 2 StPO). Die Anordnung sollte nach jeweils einem Monat außer Kraft treten, sofern sie nicht verlängert würde (§ 100d I 2 iVm § 100b V I StPO idFd Art. 3 Nr. 2 lit. a des Entwurfs). Die Benachrichtigungsregelung

[830] vgl.oben S. 152.

[831] vgl. aber zu den Problemen einer solchen Regelung bereits oben S. 152f.

[832] zu dieser Wortwahl vgl. oben Fn. 794.

sollte der für die TÜ und für § 100c I Nr. 2 StPO getroffenen entsprechen (§ 101 I StPO[833]); allerdings sollte die Benachrichtigung durch den Gerichtsvorsitzenden erfolgen und auch Begründung und Dauer der Anordnung umfassen (§ 101 II StPO idFd Art. 3 Nr. 6 lit. b des Entwurfs). Auch die Regelung der Verwahrung der Akten bei der Staatsanwaltschaft nach § 101 IV StPO sollte auch für Maßnahmen nach § 100c I Nr. 3 StPO gelten; jedoch sollten bei einer eventuellen Verlängerung der Maßnahme nach einem Monat gemäß § 100b V StPO (Entwurfsfassung) die Unterlagen über die bisherigen Maßnahmen dem anordnenden Richter vorzulegen sein (§ 101 V 2 StPO idFd Art. 3 Nr. 6 lit. d bb des Entwurfs). Der Entwurf sah zudem in Abkehr von der bisherigen Entwicklung bei geheimen Ermittlungsmaßnahmen erstmals die Zulässigkeit der nachträglichen Beschwerde vor und hätte damit dem Betroffenen nach einer Benachrichtigung die Möglichkeit gewährt, nachträglichen Rechtsschutz zu suchen (§ 100 d III StPO in der Entwurfsfassung). Die Verwertungsregelung in § 100d IV StPO der Entwurfsfassung entsprach derjenigen nach § 100d II StPO[834] für Maßnahmen außerhalb von Wohnungen geltenden; allerdings war für beide Maßnahmen auch hier eine Beschränkung des Tatbestandskataloges wie in § 100c I Nr. 2, 3 StPO der Entwurfsfassung vorgesehen. Schließlich war (insoweit nur für Maßnahmen innerhalb von Wohnungen) ein Verwertungsverbot für abgehörte und aufgezeichnete Worte von und gegenüber Personen vorgesehen, die nach §§ 52 bis 53a StPO zeugnisverweigerungsberechtigt waren, es sei denn, sie wären selbst einer Teilnahme oder der Begünstigung, Strafvereitelung oder Hehlerei verdächtig gewesen (§ 100d V StPO in der Entwurfsfassung). Außerdem sollte eine Berichtspflicht über Maßnahmen sowohl nach Nr. 3 als auch nach Nr. 2 des § 100c I StPO gegenüber der Kommission und über diese gegenüber der Volksvertretung normiert werden (§ 100e StPO idFd Art. 3 Nr. 5 des Entwurfs).

Dieser Entwurf hätte, wäre er in Kraft getreten, durch Einführung der Befugnis zum Abhören von auch in Wohnungen geführten Gesprächen einerseits zu einer erheblichen Kompetenzerweiterung der Strafverfolgungsbehörden geführt. Andererseits hätte er aber zugleich eine Reihe von bis dahin bei geheimen Ermittlungsmaßnahmen nicht gekannten Einschränkungen des Anwendungsbereichs und Verbesserungen der verfahrenstechnischen Kontrolldichte gebracht, von denen ein Teil (neben Erweiterungen auch Einschränkungen des Katalogs der Anknüpfungstatbestände für Anordnung und Verwertung, Verkürzung der Gültigkeitsdauer der Anordnung, Berichtspflicht gegenüber Kommission und Volksvertretung, Vorlage von Zwischenerkenntnissen beim anordnenden Richter im Zusammenhang mit dem Antrag auf Verlängerung) auch die bereits bestehende Regelung des Abhörens von Gesprächen außerhalb von Wohnungen nach § 100c I Nr. 2 StPO[835] mit erfaßt hätte; damit wäre zum ersten Mal seit 1968 die Linie ständiger Erweiterungen des Anwendungsbereiches immerhin durch derartige Beschränkungen

---

833 seit 5.5.1998: § 101 I 1 StPO.

834 seit 9.5.1998: § 100d V 1 StPO.

835 zu vorgesehenen Änderungen bei der Regelung der TÜ vgl. bereits oben S. 152f.

zugunsten der Rechtsstellung Betroffener flankiert worden. Über die unmittelbaren Änderungen hinaus hätte zudem die Regelung des nachträglichen Rechtsschutzes sowie des Schutzes von Zeugnisverweigerungsberechtigten - die hier über die zu §§ 100a S. 1, 100c I Nr. 2 StPO diskutierten Fälle hinaus auch diejenigen nach § 52 StPO erfassen sollte - eine Signalwirkung für die Ausgestaltung anderer geheimer Ermittlungsmaßnahmen haben können. Allerdings bleibt hier zu berücksichtigen, daß lediglich die Beweisverwertung, nicht die Beweiserhebung untersagt werden sollte, so daß die Erhebung durchaus Anknüpfungstatsachen für weitere Ermittlungen hätte ergeben können (und wohl auch sollen)[836].

cc) Mit einer Gesetzesinitiative im Bundesrat vom 24.10.1995 unternahm dann das Land Baden-Württemberg den nächsten Anlauf zur Einführung einer derartigen Regelung. Der Entwurf eines Gesetzes zur Änderung des GG[837] sah die Einführung folgender einschlägiger Schrankenbestimmungen zu Art. 13 GG vor: Nach Art. 13 IV 1 GG sollte die Anordnung des Einsatzes technischer Mittel zur Wohnraumüberwachung zur Aufklärung "besonders schwerer Straftaten" durch den Vorsitzendensenat eines OLG zulässig sein, sofern die Erforschung des Sachverhalts (zur Ermittlung des Aufenthaltsorts sollten Maßnahmen in Wohnungen nicht zulässig sein) auf andere Weise aussichtslos oder wesentlich erschwert gewesen wäre. Art. 13 IV 2 GG sollte eine Regelung der Verwertung von Zufallserkenntnissen in anderen Strafverfahren treffen, die der in §§ 100b V, 100d II[838] StPO entsprach, also an den Verdacht eines Tatbestandes anknüpfte, der die Überwachung selbst auch hätte auslösen können. Darüber hinaus war ein Verbot der Verwertung des gesprochenen Wortes von und gegenüber Zeugnisverweigerungsberechtigten, die nicht selbst Täter oder Teilnehmer waren, nach Art. 13 IV 3 1. Hs. GG vorgesehen.
Neben dieser Regelung sollte es jedoch eine weitere Schrankenbestimmung in Art. 13 V GG geben. Danach sollten weitergehende Möglichkeiten eines Lauschangriffs zur Aufklärung von Straftaten "von erheblicher Bedeutung" "zur Wohnraumüberwachung" im Beisein eines nicht offen ermittelnden Beamten oder sonst "zur Raumüberwachung" bestehen. Während die erste Alternative den üblicherweise (wenn auch meist unter Gesichtspunkten präventiv-polizeilicher Tätigkeit) unter dem Schlagwort "kleiner Lauschangriff" diskutierten Eingriff vorsah, wird die Reichweite der zweiten hier vorgesehenen Tatbestandsalternative erst durch die Gegenüberstellung der Begriffe "Wohnraumüberwachung" und "Raumüberwachung" deutlich: Geplant war hier, wie schon beim SPD-Entwurf aus dem Vorjahr, die Eingriffsmöglichkeiten bei Wohnraum im engeren Sinne von denjenigen bei sonstigen Räumen, die aber auch Wohnungen im Sinne des Art. 13

---

[836] *Welp*, StV 1994, 161, 164 attestiert dem Entwurf hier denn auch, er bringe lediglich einen "Anflug von Rechtskultur".
[837] BR-Drucks. 694/95.
[838] seit 9.5.1998: § 100d V 1 StPO.

I GG nach dessen verfassungsgerichtlicher Interpretation darstellten, zu differenzieren[839]. Für den Einsatz nach dem geplanten Art. 13 V GG sollte der Richtervorbehalt für Fälle von Gefahr im Verzug ausgesetzt werden (Art. 13 V 2 GG). Im Gegensatz zu Art. 13 IV GG war hier auch keine ausdrückliche verfassungsrechtliche Regelung der Verwertung von Zufallserkenntnissen in anderen Strafverfahren vorgesehen.

Der Entwurf eines 1. Gesetzes zur Ergänzung des VerbrechensbekämpfungsG[840] sah dann eine Ausfüllung der vorgeschlagenen grundgesetzlichen Schrankenregelung durch Aufnahme folgender Bestimmungen in die StPO vor:

Hinsichtlich der Anknüpfungstatbestände für die allgemeine Raumüberwachung im Sinne des Art. 13 V 1 1. Alt. GG in der Entwurfsfassung sollte der gesamte Tatbestandskatalog aus § 100a S. 1 StPO[841] übernommen und darüber hinaus auch der in § 110a I 1 StPO in Bezug genommen werden; einfacher Tatverdacht auf Grund bestimmter Tatsachen sollte ausreichen (§ 100c II Nr. 1 StPO). Damit wären neben den bereits aufgeführten Katalogdelikten des § 100a S. 1 StPO auch allgemein weitere Straftaten von erheblicher Bedeutung auf dem Gebiet des unerlaubten Betäubungsmittel- oder Waffenverkehrs, der Geld- oder Wertzeichenfälschung (§ 110a I 1 Nr. 1 StPO), auf dem Gebiet des Staatsschutzes im Sinne der §§ 74a, 120 GVG (§ 110a I 1 Nr. 2 StPO) sowie andere Straftaten von erheblicher Bedeutung, wenn sie gewerbs- oder gewohnheitsmäßig (§ 110a I 1 Nr. 3 StPO) oder von einem Bandenmitglied oder in anderer Weise organisiert begangen worden sind (§ 110a I 1 Nr. 4 StPO), erfaßt gewesen. Die mangelnde Bestimmtheit einer solchen Verweisung, insbesondere der auf die Generalklauseln des § 110a I 1 Nr. 3 u.4 StPO, ist bereits offenkundig. Darüber hinaus wäre der Einsatz aber auch noch möglich gewesen beim Verdacht der Begehung eines Verbrechens, soweit auf Grund bestimmter Tatsachen die Gefahr der Wiederholung bestanden hätte (§ 110a I 2 StPO) oder soweit "die besondere Bedeutung der Tat" den Einsatz geboten hätte und andere Maßnahmen aussichtslos gewesen wären (§ 110a I 4 StPO). Es erscheint als offensichtlich, daß bei einer Verwendung dieser Verweisung in dem geplanten § 100c II Nr. 1 StPO keinerlei ernstzunehmende Verwertungsschranken bezüglich des Straftatbestandes, auf den sich der Verdacht richtete, bestanden hätten, da sich etwa die Voraussetzungen eines Verdachts auf Wiederholungsgefahr, besondere Bedeutung oder aber (insbesondere bei Vergehen, da hier die vorgenannten Merkmale nicht ausgereicht hätten) auf "in anderer Weise organisierte Begehung" schlicht hätten behaupten lassen, zumal in Ausfüllung der für Art. 13 V 2 GG vorgesehenen Möglichkeit für Gefahr im Verzug auch eine Anordnungskompetenz der Staatsanwaltschaft und ihrer Hilfsbeamten vorgesehen war (§ 100d I Nr. 2 StPO). Im übrigen wäre bemerkenswerterweise der Katalog der Anknüpfungstatbestände für eine Raumüberwachung nach § 100c II StPO erheblich weiter gewesen als der für die Überwachung außerhalb von Räumen bereits

---

[839] vgl. Entwurfsbegründung, BR-Drucks. 694/95, 16f.

[840] BR-Drucks. 695/95.

[841] im Entwurf fälschlich als "§ 100a Abs. 1 StPO" zitiert.

geltende in § 100c I Nr. 2 StPO.
Für Räume, "die zum Wohnen bestimmt sind oder genutzt werden (Wohnräume)", sollte eine Sonderregelung nach den Maßstäben des geplanten Art. 13 IV GG (mit der dort angeordneten ausschließlichen Anordnungsbefugnis des OLG-Vorsitzendensenates) getroffen werden. Nach § 100c II Nr. 2 S. 1 StPO sollte der Einsatz dort zulässig sein zur Aufklärung von Verbrechen, "wenn sich der Täter oder Teilnehmer dort aufhält oder aufzuhalten pflegt".
Demgegenüber sollte im Hinblick auf den geplanten Art. 13 V 1 1. Alt. GG im Beisein eines nicht offen ermittelnden Beamten der Einsatz in Wohnräumen wiederum zur Aufklärung aller in Nr. 1 genannten Straftaten zulässig sein (§ 100c II Nr. 2 S. 2 StPO); die Anordnungskompetenz für Gefahr im Verzug hätte hier wieder bei der Staatsanwaltschaft und ihren Hilfsbeamten gelegen.
Die Subsidiaritätsklausel sollte bei allen Maßnahmen der in der Entwurfsfassung zu Art. 13 IV 1, V 1 GG verwendeten entsprechen.
Sämtliche Maßnahmen sollten sich gegen den Beschuldigten richten dürfen (§ 100c III 1 StPO), gegen andere Personen nur beim Einsatz außerhalb von Wohnräumen und nur unter den Voraussetzungen, wie sie nach § 100c II 3 StPO in der geltenden Fassung schon bei sonstigem Abhören mit technischen Mitteln galten, jedoch nicht zum Zweck der Ermittlung des Aufenthaltsorts des Beschuldigten (§ 100c III 2 Nr. 2 StPO in der Entwurfsfassung). Hinsichtlich Dauer der Gültigkeit der Anordnung, Formalien, Vernichtungsregelung usw. waren dieselben Verweisungen wie bereits in dem geltenden § 100d I 2 StPO (für Abhören außerhalb von Wohnungen) vorgesehen. Auch die Verwertungsregelung für Zufallserkenntnisse für alle Maßnahmen entsprach im Wortlaut der bereits nach § 100d II StPO[842] für das Abhören außerhalb von Wohnungen geltenden (§ 100d III StPO in der Entwurfsfassung); da dieser Wortlaut allerdings auf den Katalog der jeweiligen Anknüpfungstatbestände für die Anordnung verwies, hätte sich für Maßnahmen innerhalb von Wohnungen naturgemäß wiederum ein erheblich weiterer Bereich der Verwertung ergeben als für Erkenntnisse aus Maßnahmen außerhalb von Wohnungen.
In § 100d IV 1 StPO sollte ein Verwertungsverbot für das von und gegenüber nach §§ 52 bis 53a StPO zeugnisverweigerungsberechtigten Personen gesprochene Wort aufgenommen werden. Hierzu sollte nach § 100d IV 3 StPO eine Ausnahme gelten, wenn diese Personen selbst einer Teilnahme oder Begünstigung, Strafvereitelung, Hehlerei oder Geldwäsche verdächtigt wurden. Die Entwurfsverfasser hatten hier augenscheinlich übersehen, daß der eigene Entwurf zu einer GG-Änderung diese Einschränkungen nicht getragen hätte; danach hätte Art. 13 IV 3 1. Hs. GG das Absehen von dem Verwertungsverbot nur beim Verdacht einer Beteiligung als Täter oder Teilnehmer erlaubt.
Die Benachrichtigungsregelung sollte derjenigen für die anderen geheimen Abhörmaßnahmen nach § 101 StPO entsprechen. Jedoch sollte auch nach dem baden-württem-

---

842 seit 5.5.1998: § 100d V 1 StPO.

bergischen Entwurf gegen die Beschlüsse der OLG, die den Einsatz technischer Mittel im Schutzbereich des Art. 13 I GG betrafen, die Beschwerde eröffnet werden (§ 304 IV 4 StPO idFd Entwurfs). Da der Entwurf in § 100d II StPO vorgesehen hatte, daß auch bei Wahrnehmung der Eilkompetenz durch die Staatsanwaltschaft oder ihre Hilfsbeamten ungeachtet der Fortdauer der Maßnahme stets eine Überprüfung der Rechtmäßigkeit durch das OLG stattzufinden hatte, wäre insofern rechtlich ein lückenloser Rechtsschutz entstanden - den der Betroffene allerdings tatsächlich solange kaum hätte in Anspruch nehmen können, wie er angesichts der Regelung in § 101 StPO gar nicht benachrichtigt worden wäre.
§ 100e StPO in der Entwurfsfassung sah schließlich eine Berichtspflicht gegenüber den Volksvertretungen vor. Anders als nach dem SPD-Entwurf sollte aber die Anordnung einer Maßnahme nicht von der Zustimmung parlamentarischer Organe oder Hilfsorgane abhängen.
Im Unterschied zum SPD-Entwurf war zudem keine Anpassung der bereits vorhandenen Befugnisse nach § 100c I StPO an die neu entstehende Systematik vorgesehen. Da, wie bereits ausgeführt, der Entwurf für die Überwachung von Gesprächen in Wohnungen erheblich weiter gehende Befugnisse vorsah als diese Bestimmung, hätte sich hier in systematischer Hinsicht ein erhebliches Ungleichgewicht ergeben: Die Ermittlungsbehörde hätte in zahlreichen Fällen geradezu hoffen müssen, daß Gespräche in Wohnungen geführt würden, da dort ihre Eingriffsbefugnisse erheblich weiter gegangen wären als außerhalb.
Auch dieser Entwurf konnte sich jedoch nicht durchsetzen.

dd) Im Gegensatz zu diesen Initiativen versuchte die Bundestagsfraktion von BÜNDNIS 90/DIE GRÜNEN im Juni 1996 in Form eines "Aktionsprogramms gegen Lauschangriffe"[843], die Möglichkeiten geheimer Überwachung des Fernmeldeverkehrs sowie sonstiger Kommunikationen substanziell zu beschränken. Das Programm sah neben der Ablehnung der Möglichkeit eines repressiven großen Lauschangriffs sowie einer Berichtspflicht über Maßnahmen nach §§ 100a, 100c StPO gegenüber dem Parlament u.a. folgende Schritte vor:

- Kürzung des Katalogs in § 100a S. 1 StPO und Konzentration auf Delikte der Schwerkriminalität;
- umfassendes, also auch mittelbares Beweisverwertungsverbot für Erkenntnisse über Nicht-Katalogtaten bei Maßnahmen nach §§ 100a, 100c StPO;
- zusätzliche Dokumentations- und zusätzliche Qualifikationserfordernisse an den anordnenden Richter;
- Beweiserhebungsverbote bzgl. des Kontakts mit Berufsgeheimnisträgern nach § 53 I StPO; zudem entsprechendes Erhebungs-, Übermittlungs- und Verwertungsverbot für das Verfahren nach Art. 1 G 10-Gesetz;

---

843 BT-Drucks. XIII/5196.

- Begrenzung der zulässigen Gesamtdauer der Maßnahmen auf 6 Monate;
- Beschränkung der Überwachung von Telefonzellen.

Das Programm konnte sich im Parlament ebenfalls nicht durchsetzen.

ee) Am 1.10.1997 wurden schließlich, nunmehr von den Bundestagsfraktionen der CDU/CSU, SPD und FDP gemeinsam, diejenigen Gesetzentwürfe eingebracht, die tatsächlich zur Änderung des GG und Einführung der entsprechenden Befugnis in die StPO führen sollten[844]. Die Tatsache, daß die Einführung der neuen Befugnis jetzt gelang, stellt zugleich ein Beispiel für die psychologische Wechselwirkung des Vorhandenseins von entsprechenden Befugnissen in anderen Rechtsbereichen dar: Es wurde in den parlamentarischen Beratungen immer wieder darauf hingewiesen, daß entsprechende Befugnisse im Recht der präventiv-polizeilichen Tätigkeit ja ohnedies bereits zur Verfügung stünden[845] und daß es angesichts der Zufälligkeiten der Abgrenzung der polizeilichen Tätigkeitsbereiche im konkreten Fall als willkürlich erscheinen würde, der Polizei dann nicht auch entsprechende Befugnisse bei der Verfolgung bereits begangener Straftaten zuzugestehen[846]. Hier wird besonders deutlich, wie Befugnisregelungen, deren Einführung nur wenige Jahre zuvor selbst noch äußerst umstritten waren, binnen kurzer Zeit den Status "wohlerworbener" und hergebrachter Kompetenzen erreicht haben, deren Sinnhaftigkeit nicht mehr hinterfragt wird, sondern die nun ihrerseits wieder als Hebel zur Einführung weiterer Kompetenzen in anderen Bereichen dienen.
Andererseits warf allerdings auch der Abgeordnete *Scholz* dem Land Niedersachsen wiederum vor, das Fehlen entsprechender Befugnisse in dessen Polizeigesetz (eine in Ansehung der Eingriffsregelung des § 35 NGefAG[847] nicht recht nachvollziehbare Prämisse) behindere eine wirksame Verbrechensbekämpfung[848].
Über den Entwurf eines Gesetzes zur Änderung des GG ließ sich jetzt recht schnell Einigkeit zwischen den Fraktionen von CDU/CSU, SPD und FDP (hier im Wege eines Mitgliederentscheids) erzielen. Änderungsanträge der Fraktion von BÜNDNIS 90/DIE GRÜNEN mit dem Ziel, in den neu einzufügenden Art. 13 III GG eine Ausnahme von

---

844 BT-Drucks. XIII/8650, XIII/8651.

845 dazu bereits oben S. 134ff. und näher unten S. 192ff.

846 in diesem Sinne etwa *Schily*, Verhandlg. d. Dt. BT., Stenogr. Ber., 197. Sitzg. d. 13. Wahlper., 17685 B (der allerdings aaO, 214. Sitzg. d. 13. Wahlper., 19544 bestreitet, daß die Erkenntnisse aus einer präv.-pol. Maßnahme im Strafverfahren überhaupt verwertbar seien; dagegen zu Recht *Hirsch*, aaO, 19547); *Meyer*, aaO, 17697 D ff.; *Geis*, aaO, 214. Sitzg. d. 13. Wahlper., 19519; *Schmidt-Jortzig*, aaO, 214. Sitzg. d. 13. Wahlper., 19533; *Kanther*, aaO, 19549 u. in Verhandlg. d. Dt. BR., Stenogr. Ber., 721. Sitzg., 10 C/D; *Stoiber*, aaO, 6 C/D ; der Abg. *Meyer* behauptete sogar, daß die elektronische Überwachung von Wohnräumen zur Gefahrenbekämpfung zulässig sei, stehe bereits seit 50 Jahren in der Verfassung (Verhandlg. d. Dt. BT., 214. Sitzg. d. 13. Wahlper., 19521), eine Behauptung, die im Hinblick auf den Wortlaut des Art. 13 III GG und die Intentionen des Verfassungsgebers unter den technischen Voraussetzungen des Jahres 1949 nicht als unmittelbar nachvollziehbar erscheint.

847 dazu unten S. 219ff.

848 aaO, 17681 B.

der Überwachungsmöglichkeit hinsichtlich der Zeugnisverweigerungsberechtigten aufzunehmen, scheiterten, ebenso ein Antrag des SPD-Abgeordneten *Bachmaier* mit demselben Ziel, der zudem eine deutliche Kürzung des vorgesehenen Kataloges der Anknüpfungsstraftatbestände, eine Verschärfung der für Art. 13 III 1 GG vorgesehenen Subsidiaritätsklausel und die Übertragung der Zuständigkeit für die Anordnung auf einen Vorsitzendensenat des OLG beinhaltete[849]. Obschon ein beträchtlicher Teil der Bundestagsabgeordneten der SPD und der FDP gegen den Gesetzentwurf stimmten, kam die erforderliche 2/3-Mehrheit zustande[850].

b) Inhalt der Neuregelung

aa) Art. 13 GG

Durch das "Gesetz zur Änderung des GG (Art. 13)"[851] wurde in Art. 13 GG u.a. ein neuer Abs. 3 eingefügt; der alte Abs. 3 ist nunmehr Abs. 7 der Vorschrift. Art. 13 III 1 GG sieht den Einsatz technischer Mittel zur akustischen Überwachung von Wohnungen, in denen der Beschuldigte[852] sich vermutlich aufhält, vor, wenn bestimmte Tatsachen den Verdacht begründen, daß jemand eine durch Gesetz[853] einzeln bestimmte besonders schwere Straftat begangen hat, wenn die Erforschung des Sachverhalts auf andere Weise unverhältnismäßig erschwert oder aussichtslos wäre (Art. 13 III 1 GG). Verfassungsrechtlich festgeschrieben wurde auch die Pflicht, die Maßnahme zu befristen (Art. 13 III 2 GG) sowie die Anordnungskompetenz eines mit 3 Richtern besetzten Spruchkörpers (Art. 13 III 3 GG); lediglich bei Gefahr im Verzug darf die Anordnung auch durch einen einzelnen Richter getroffen werden (Art. 13 III 4 GG). Die Bundesregierung hat nach Art. 13 VI 1 GG den Bundestag jährlich über den Einsatz technischer Mittel nach Abs.

---

[849] vgl. zu den Anträgen im Rechtsausschuß den Ausschußbericht, BT-Drucks. XIII/9660; wortgleicher Antrag der Fraktion von BÜNDNIS 90/DIE GRÜNEN im BT-Plenum in BT-Drucks. XIII/9663.

[850] vgl. das Abstimmungsergebnis in Verhandlg. d. Dt. BT., Stenogr. Ber., 214. Sitzg. d. 13. Wahlper., 19563 ff.

[851] v. 26.3.1998 (BGBl. I, 610).

[852] Mit den neu eingeführten Vorschriften ist der Gesetzgeber, anders als etwa in § 100c I, II StPO, wieder zu dem einzig der Unschuldsvermutung angemessenen Begriff zurückgekehrt. Allerdings bestanden in der 1. Lesung Bundesinnenminister *Kanther* (Verhandlg. d Dt. BT., Stenogr. Ber., 197. Sitzg. d. 13. Wahlper., 17695 C) sowie die Abgeordneten *Scholz* (aaO, 17680 B ff.) und *Marschewski* (17703 C) strikt darauf, daß es hier um das Abhören von "Gangsterwohnungen" gehe. Hier handelte es sich nicht nur um eine durchgängige Negation der Unschuldsvermutung; zugleich wurde hier davon abgelenkt, daß es nach Art. 13 III 1 GG, § 100c II 5 StPO n.F. keineswegs erforderlich ist, daß die abgehörte Wohnung dem Beschuldigten überhaupt gehört (vgl. auch den Zwischenruf des Abg. *Geis*, aaO, 17702 D, der die Existenz einer solchen Möglichkeit sogar explizit bestreitet). Im übrigen ließ der Abgeordnete *Marschewski* (aaO, 17703 D) in derselben Debatte (im Zusammenhang mit dem Vorgehen gegen Geldwäsche) erkennen, daß es in der Union Bestrebungen gebe, die Unschuldsvermutung in Teilbereichen ausdrücklich zu streichen und daß man es unter diesem Aspekt für ein Problem halte, sie möglicherweise als nach Art. 79 III GG unveränderbar ansehen zu müssen.

[853] Entsprechend ihrem Entwurf aus dem Jahre 1994 die Verabschiedung eines solchen Gesetzes vom Erfordernis einer 2/3-Mehrheit abhängig zu machen, gelang der SPD nicht.

3 zu unterrichten; ein vom Bundestag gewähltes Gremium übt auf der Grundlage dieses Berichts die parlamentarische Kontrolle aus (Art. 13 VI 2 GG). Eine gleichwertige parlamentarische Kontrolle ist auch in den Ländern zu gewährleisten (Art. 13 VI 3 GG). Anders als nach dem SPD-Entwurf aus dem Jahr 1994 ist aber die Zustimmung des parlamentarischen Gremiums nicht zur Gültigkeitsvoraussetzung der einzelnen Anordnung geworden; die parlamentarische Kontrolle beschränkt sich vielmehr auf eine nachlaufende Überprüfung.

bb) Einfachgesetzliche Regelung (§ 100c I Nr. 3 StPO)

Demgegenüber bestand hinsichtlich des Entwurfs eines Gesetzes zur Verbesserung der Bekämpfung der Organisierten Kriminalität noch Änderungsbedarf. In der 1. Lesung des Entwurfs im Bundestag war noch überwiegend betont worden, eine besondere Regelung zum Schutze der Kommunikation mit Zeugnisverweigerungsberechtigten solle nicht in das Gesetz aufgenommen werden. Bundesjustizminister *Schmidt-Jorzig* begründete dies damit, bei Verwertungsverboten für alle Gespräche mit Zeugnisverweigerungsberechtigten könne die akustische Wohnraumüberwachung leicht zum stumpfen Schwert werden. Gespräche mit dem Strafverteidiger dürften ohnehin nicht überwacht werden, und das Abhören von Beichtgesprächen oder ärztlichen Eröffnungen sei entgegen allen anderslautenden Behauptungen nach dem Verhältnismäßigkeitsgrundsatz ebenfalls "regelmäßig unzulässig". Man wolle diese Problematik zunächst der Rechtsprechung überlassen[854]. Demgegenüber führte der Abgeordnete *Scholz* aus, ein Grund zu einer entsprechenden Regelung bestünde schon deshalb nicht, weil hier in absurder und unzulässiger Weise Argumente vermischt würden. Bei dem Problem der Zeugnisverweigerungsrechte handele es sich ausschließlich um eine Frage der Verwertungsmöglichkeit, nicht der Rechtmäßigkeit der Anordnung der Maßnahme. So komme auch "kein Mensch ... auf die Idee, von einem Grundrechtsverstoß zu sprechen, wenn etwa ein Polizist einen Kriminellen dabei abhört, wie er auf der Straße, in der U-Bahn oder im Bus mit seinem Anwalt spricht, und zu sagen, daß dies unzulässig ist, weil das Zeugnisverweigerungsrecht dadurch verletzt werden könnte"[855]. Diese Ausführungen negierten nicht nur die Existenz zahlreicher Literaturstimmen gerade des angesprochenen Inhalts, sondern stellten auch die höchstrichterliche Rechtsprechung zur TÜ, die ohne weiteres auch auf die Überwachung anderer Kommunikationsverhältnisse übertragbar ist, nachgerade auf den Kopf (vgl. nur BGHSt 33, 347, 350: "Es ist ... unstatthaft, den nicht tat- oder teilnahmeverdächtigen Verteidiger als Gesprächspartner seines Mandanten einer Überwachung des Fernsprechverkehrs zu unterwerfen; § 100a StPO bietet dafür keine Rechtsgrundlage"; es folgen Nachw. der Zustimmung neun verschiedener Autoren). Dennoch wurden sie inhaltlich auch vom Abgeordneten *Schily* gestützt, der seinerseits ein Argument darin fand, daß auch in Art. 10 GG keine Regelung des Schutzes der Zeugnis-

---

[854] Verhandlg. d. Dt. BT., Stenogr. Ber., 197. Sitzg. d. 13. Wahlper., 17679 C.

[855] aaO, 17681 D.

verweigerungsrechte aufgenommen worden war und deshalb anmahnte, hier müsse man "schon konsequent bleiben"[856], ein Gedankengang, der schon deshalb neben der Sache lag, weil man aus dem Fehlen entsprechender Ausführungen im Verfassungsrecht gerade nicht darauf schließen kann, eine einfachgesetzliche Regelung zum Schutz konkurrierender Rechtsgüter wie etwa der Berufsgeheimnisse in den entsprechenden Eingriffsnormen sei damit ausgeschlossen; vielmehr hätte es mindestens ebenso nahe gelegen, eine solche Regelung nicht trotz, sondern gerade wegen des Schweigens des Art. 10 GG in den entsprechenden einfachgesetzlichen Eingriffsnormen, also den §§ 100a f. StPO, für genauso wünschenswert zu halten wie im Schutzbereich des Art. 13 GG.
Gerade der hier erkennbar gewordene Grad an Rechtsunsicherheit selbst unter parlamentarischen Fachleuten mag aber dazu beigetragen haben, daß bereits bei den Beratungen des Rechtsausschusses neben einer Anzahl anderer Änderungen der Entwurfsfassung auch eine ausdrückliche Regelung des Schutzes der Zeugnisverweigerungsberechtigten aufgenommen wurde. Danach sollte die Maßnahme dann völlig ausgeschlossen sein, wenn ein Zeugnisverweigerungsberechtigter im Sinne des § 53 I Nrn. 1, 2 oder 4 StPO (Geistliche, Strafverteidiger und Volksvertreter) betroffen sein sollte. Bei allen anderen nach §§ 52-53a StPO Zeugnisverweigerungsberechtigten sollte die Maßnahme zulässig sein. Lediglich bei der Frage der Verwertung sollte eine Abwägung zwischen ihrem Zweck und der Bedeutung des zugrundeliegenden Vertrauensverhältnisses stattfinden, für die auch während des Ermittlungsverfahrens bereits das Gericht zuständig sein sollte. Beide Ausnahmeregelungen sollten unanwendbar sein, wenn die Zeugnisverweigerungsberechtigten selbst der Teilnahme oder der Strafvereitelung, Begünstigung oder Hehlerei verdächtig waren. Schließlich sollte die Abhörmaßnahme stets unzulässig sein, wenn zu erwarten war, daß sämtliche zu gewinnenden Erkenntnisse einem Verwertungsverbot unterliegen würden[857].
Auch in der 2. Lesung wurde - neben der grundsätzlichen Frage der Einführung der neuen Befugnis - über das Problem des Schutzes der Zeugnisverweigerungsberechtigten noch heftig gestritten. So führte der Abgeordnete *Geis* aus, eine noch weitergehende Anordnung von Beweiserhebungsverboten, als sie nun vorgesehen sei, würde das gesamte Gesetzgebungsvorhaben zwecklos werden lassen[858]; ähnlich äußerten sich auch andere Abgeordnete der Regierungskoalition und der SPD sowie Bundesminister *Schmidt-Jortzig* und Landesminister *Glogowski*[859]. Der Abgeordnete *Schily* leitete aus dem Fehlen entsprechender Schutzvorschriften im Recht der TÜ den Schluß her, daß das geltende Recht sie nicht zwingend verlange[860]. Demgegenüber vertrat eine große Zahl

---

[856] aaO, 17694 B.

[857] vgl. zu den Ergebnissen der Beratung des Rechtsausschusses BT-Drucks. XIII/9644, XIII/9661.

[858] Verhandlg. d. Dt. BT., Stenogr. Ber., 214. Sitzg. d. 13. Wahlper., 19520.

[859] *Kleinert*, aaO, 19528; *Scholz*, aaO, 19541; *Schmidt-Jortzig*, aaO, 19534; *Schily*, aaO, 19545; *Glogowski*, aaO, 19552.

[860] aaO, 19545.

von Abgeordneten von BÜNDNIS 90/DIE GRÜNEN, der SPD, FDP und PDS die Auffassung, hier sei ein einheitlicher Schutz aller Zeugnisverweigerungsberechtigten geboten[861]. In der Abstimmung zur 2. und 3. Lesung setzte sich jedoch der Vorschlag des Rechtsausschusses durch.

Im Bundesrat setzte sich die im Bundestag geführte Debatte in nahezu allen Punkten fort[862]. Hier hatte aber ein Antrag der Länder Saarland und Schleswig-Holstein[863] auf Anrufung des Vermittlungsausschusses Erfolg, der inhaltlich auf eine Überarbeitung der Regelungen hinsichtlich der Berufsgruppen, für die ein Beweiserhebungsverbot gelten sollte, auf eine stringentere Ausgestaltung der Pflicht zur Benachrichtigung der Betroffenen und auf eine Anhebung der Eingriffsschwelle zur Anordnung der Maßnahme abzielte; er wurde im Bundesrat von 10 der 16 Bundesländer[864] getragen.

Der Vermittlungsausschuß schlug schließlich eine Erweiterung des Beweiserhebungsverbots auf alle nach § 53 StPO zur Verweigerung des Zeugnisses Berechtigten sowie engere Fristen bei der einzuführenden richterlichen Entscheidung über die Benachrichtigung vor[865].

Hiergegen wandten sich im Bundestag und Bundesrat insbesondere Politiker der CDU/CSU und der FDP erneut mit dem Argument, die Maßnahme würde durch das Verbot der Erhebung bei derartig vielen Berufsgruppen sinnlos[866].
Dennoch gelang es der Regierungskoalition nicht, eine Ablehnung des Vorschlags des Vermittlungsausschusses durchzusetzen, da im Bundestag neben nahezu allen Vertretern

---

[861] vgl. etwa die Beiträge von *Such*, aaO, 19526 f.; *Gysi*, aaO, 19530 (m. Hinw. zum Wertungswiderspruch im Hinblick auf strafbewehrte Schweigepflichten sowie zur Problematik der Möglichkeit der Überwachung des Gesprächs mit dem Anwalt bis zum Moment der Übertragung des Mandats zur Strafverteidigung); *Bachmaier*, aaO, 19537 f.; *Duve*, aaO, 19586; *Koppelin*, aaO, 19587; *Lüth*, aaO, 19588; *Röhl*, aaO, 19588 f.; *Schultz*, aaO, 19589; *Stadler/Lambsdorff/Genscher*, aaO, 19590; *Bürsch*, aaO, 19592.

[862] vgl. die Redebeiträge in Verhandlg. d. Dt. BR., Stenogr. Ber., 721. Sitzg., 1 ff.

[863] BR-Drucks. 9/1/98 (führte zum wortgleichen Beschluß in BR-Drucks. 9/98).

[864] Berlin, Brandenburg, Bremen, Hamburg, Hessen, Niedersachsen, Nordrhein-Westfalen, Rheinland-Pfalz, Saarland, Sachsen-Anhalt, Schleswig-Holstein. Dabei hielt allerdings das Land Niedersachsen den bereits vorliegenden Entwurf eigentlich für zustimmungsfähig, schloß sich aber dem Verlangen auf Einberufung des Vermittlungsausschusses an, da man hier ansonsten auch bezüglich der Änderung des GG eine Ablehnung von Seiten des Landes Bremen und damit ein Verfehlen der 2/3-Mehrheit erwartete und der Änderung des GG Priorität einräumte (vgl. *Schröder*, Verhandlg. d. dt. BR., Stenogr. Ber., 721. Sitzg., 3).

[865] BT-Drucks. XIII/10004, vgl. zum Gang der Verhandlungen die Ausführungen des Berichterstatters des BR im Vermittlungsausschuß *Walter*, Verhandlg. d. Dt. BR., Stenogr. Ber., 722. Sitzg., 54.

[866] *Blens*, Verhandlg. d. Dt. BT., Stenogr. Ber., 222. Sitzg. d. 13. Wahlper., 20295 f; *Solms*, aaO, 20298; *Schäuble*, Verhandlg. d. Dt. BR., Stenogr. Ber., 722. Sitzg., 54 D ff.; *Borttscheller*, aaO, 56 D f.; *Schmidt-Jortzig*, aaO, 58 A ff.; *Jäger*, aaO, 60 B f.

der Opposition auch 9 Abgeordnete der FDP für die Ausschußfassung stimmten[867].

Das Gesetz zur Verbesserung der Bekämpfung der Organisierten Kriminalität[868] trat schließlich am 9.5.1998 in Kraft.
Durch seinen Art. 2 Nr. 2 wurde dem § 100c I StPO eine Nr. 3 angefügt. Nach dieser Vorschrift ist es nunmehr erlaubt, das in einer Wohnung nichtöffentlich gesprochene Wort des Beschuldigten mit technischen Mitteln abzuhören und aufzuzeichnen.

(1) Formelle Voraussetzungen
Die Zuständigkeit für die Anordnung der Maßnahme liegt, den verfassungsrechtlichen Vorgaben des Art. 13 III 3, 4 GG n.F. entsprechend, bei der nach § 74a GVG für den jeweiligen OLG-Bezirk zuständigen Staatsschutzkammer des Landgerichts (§ 100d II 1 StPO). Lediglich bei Gefahr im Verzug kann die Anordnung auch durch den Kammervorsitzenden allein getroffen werden (§ 100d II 2 StPO), tritt dann aber nach drei Tagen außer Kraft, sofern sie nicht innerhalb dieser Frist von der Kammer bestätigt wird (§ 100d II 3 StPO). Mit dieser Regelung war zwar nach wie vor das grundsätzliche Problem der schwach ausgeprägten Tatsachenkontrolle durch den Ermittlungsrichter im deutschen Strafverfahrensrecht nicht ausgeräumt: Der Richter ist bei der Vornahme ermittlungsrichterlicher Handlungen auf die Wertung des Tatsachenstoffes angewiesen, den die Anklagebehörde ihm unterbreitet, ohne nennenswerte eigene Überprüfungsmöglichkeiten zu haben; daran läßt sich auch durch die Einschaltung eines Kollegialgerichts nichts ändern[869]. Jedoch ist mit der Regelung immerhin erstmals eine lückenlose rechtliche Kontrolle durch das Gericht bei der Anordnung einer geheimen strafprozessualen Abhörmaßnahme gewährleistet worden.
Die Formerfordernisse entsprechen denen bei der TÜ (§ 100d II 4 iVm § 100b II 1-3 StPO).
Hinsichtlich der Anhörung der Beteiligten dürfte auch hier regelmäßig § 33 IV StPO zur Anwendung kommen.

(2) Materielle Voraussetzungen
Voraussetzung der Anordnung einer Maßnahme nach § 100c I Nr. 3 StPO ist, daß bestimmte Tatsachen den Verdacht begründen, daß "jemand"[870] eine der dort im einzelnen aufgeführten Straftaten begangen hat. Dieser Straftatenkatalog umfaßt zum einen

---

[867] vgl. das Abstimmungsergebnis in Verhandlg. d. dt. BT., Stenogr. Ber., 222. Sitzg. d. 13. Wahlper., 20302 ff.

[868] v. 4.5.1998 (BGBl. I, 845).

[869] vgl. *Gropp*, JZ 1998, 501, 502; auch in der Bundestagsdebatte zur 2. u. 3. Lesung des Gesetzentwurfs wurde hierauf mehrfach hingewiesen, vgl. *Such*, Verhandlg. d. Dt. BT., Stenogr. Ber., 214. Sitzg. d. 13. Wahlper., 19526; *Häfner*, aaO, 19536; *Beck*, aaO, 19546.

[870] § 100c I Nr. 3 StPO knüpft hier eigentümlicherweise nicht an die zuvor bereits erfolgte Erwähnung des Beschuldigten an.

(§ 100c I Nr. 3 lit. a-c, f StPO) alle diejenigen Delikte der nichtpolitischen Kriminalität, die auch in § 100a S. 1 Nrn. 2-5 StPO aufgeführt waren, jedoch mit folgenden Ausnahmen:

- Im Bereich der Raubdelikte kann der Lauschangriff nicht an den Verdacht eines einfachen Raubes nach § 249 StGB anknüpfen. Erforderlich ist nach dem Wortlaut des § 100c I Nr. 3 lit. a StPO vielmehr der Verdacht eines schweren Raubes nach § 250 I, II StGB oder eines Raubes mit Todesfolge nach § 251 StGB. Unverständlicherweise gilt dasselbe Qualifikationserfordernis aber nicht für die räuberische Erpressung. Hier läßt § 100c I Nr. 3 lit. a StPO den Verdacht einer Straftat nach § 255 StGB, die schon nach dem Wortlaut des Gesetzes in der Tatschwere einem (einfachen) Raub entspricht, ausreichen. Besteht also der Verdacht, eine Erpressung sei unter Anwendung eines Nötigungsmittel eines einfachen Raubes, nämlich Gewalt gegen eine Person oder Drohung mit gegenwärtiger Gefahr für Leib oder Leben begangen, so reicht dies zur Anordnung einer Maßnahme nach § 100c I Nr. 3 StPO aus, ohne daß es hier auf das Vorliegen eines der Qualifikationstatbestände der §§ 250 I, II, 251 StGB ankäme. Daraus ergibt sich aber eine evidente Möglichkeit, die auf den ersten Blick bestehende Einschränkung der Überwachungsmöglichkeit durch den Deliktskatalog zu umgehen: Nach der ständigen Rechtsprechung des BGH[871] stellt der Tatbestand des Raubes eine lex specialis zu dem der räuberischen Erpressung dar. Mithin ist nach Auffassung der Rechtsprechung stets dann, wenn der Verdacht eines Raubes vorliegt, auch derjenige einer räuberischen Erpressung - und damit auch derjenige eines Deliktes aus dem Katalog des § 100c I Nr. 3 StPO - gegeben.

Andererseits könnte der Umstand, daß der Gesetzgeber gerade in § 100c I Nr. 3 lit. a StPO dem Tatbestand des §§ 255 StPO offenkundig zumindest kein geringeres Unwertgewicht als dem des § 249 I StGB beigemessen, sondern ersteren auf eine Stufe mit den Qualifikationen des letzteren gestellt hat, dazu anregen, daß die Rechtsprechung ihre Auffassung vom Vorliegen des dargestellten Spezialitätsverhältnisses unter gesetzessystematischen Gesichtspunkten kritisch überprüft.

- Der Verdacht einer einfachen Erpressung nach § 253 StGB kann (im Gegensatz zu § 100a S. 1 StPO) die Anordnung einer Maßnahme nach § 100c I Nr. 3 StPO nicht tragen. Erforderlich ist vielmehr der Verdacht einer gewerbs- oder bandenmäßig begangenen (oder, wie soeben ausgeführt, einer räuberischen) Erpressung, da § 100c I Nr. 3 lit. a StPO auf die in § 253 IV 2 StGB genannten Voraussetzungen verweist.
- Im Gegensatz zu § 100a S. 1 StPO nennt der Katalog in § 100c I Nr. 3 StPO keines der gemeingefährlichen Delikte des 28. Abschnitts des StGB. Ein Lauschangriff kann daher nicht an den Verdacht eines Brandstiftungs-, Überschwemmungs-, Verkehrs- oder ähnlichen Deliktes anknüpfen.
- Dafür führt § 100c I Nr. 3 lit. a StPO, im Gegensatz zu § 100a S. 1 StPO auch den Verdacht der Bestechlichkeit nach § 332 StGB sowie den der Bestechung nach § 334

---

[871] vgl. BGHSt 14, 386, 390; 41, 123, 125f.

StGB an. Damit gehört zum Anwendungsbereich des Lauschangriffs der Verdacht, ein Amtsträger[872] oder für den öffentlichen Dienst besonders Verpflichteter oder ein Richter oder Schiedsrichter habe einen Vorteil für sich oder einen Dritten als Gegenleistung dafür gefordert, sich versprechen lassen oder angenommen, daß er eine Diensthandlung bzw. richterliche Handlung vorgenommen habe oder künftig vornehmen werde und dadurch seine Dienstpflichten bzw. richterlichen Pflichten verletzt habe oder verletzen werde (§ 332 I, II StGB). Bei Bezug auf eine künftige Handlung reicht der Verdacht aus, er habe sich dem anderen gegenüber bereit gezeigt, bei der Handlung seine Pflichten zu verletzen oder, soweit die Handlung in seinem Ermessen steht, sich bei der Ausübung des Ermessens durch den Vorteil beeinflussen zu lassen (§ 332 III StGB). Weiter kann an den Verdacht angeknüpft werden, jemand habe unter denselben Voraussetzungen einen solchen Vorteil einem Amtsträger, einem für den öffentlichen Dienst besonders Verpflichteten, einem Richter oder Schiedsrichter oder einem Soldaten der Bundeswehr angeboten, versprochen oder gewährt (§ 334 StGB). Damit sind insoweit eigentümlicherweise vom Anwendungsbereich der schwereren Maßnahme auch Sachverhalte erfaßt, die die Anordnung der geringfügigeren Eingriffe nach § 100a S. 1 oder nach § 100c I Nr. 2 StPO nicht tragen würden.

- Dasselbe gilt für den Verdacht einer Fälschung von Zahlungskarten oder Vordrucken für Euroschecks nach § 152a StGB; auch er kann zur Anordnung der Wohnungsüberwachung, nicht aber zur Anordnung einer TÜ oder einer Abhörmaßnahme außerhalb von Wohnungen führen.

Zum anderen erfaßt § 100c I Nr. 3 lit. d, e StPO auch die folgenden Delikte, die bei § 100a S. 1 StPO im Katalog der "politischen" Kriminalität in Nr. 1 aufgezählt sind:

- die Straftaten des Friedensverrats, des Hochverrats, der Gefährdung des demokratischen Rechtsstaats, des Landesverrats und der Gefährdung der äußeren Sicherheit, die auch in § 100a S. 1 Nr. 1 lit. a StPO aufgeführt werden, jedoch mit Ausnahme der Tatbestände der Fortführung einer für verfassungswidrig erklärten Partei nach § 84 StGB, des Verbreitens von Propagandamitteln verfassungswidriger Organisationen nach § 86 StGB, der verfassungsfeindlichen Einwirkung auf Bundeswehr und öffentliche Sicherheitsorgane nach § 89 StGB, der Preisgabe von Staatsgeheimnissen nach § 97 StGB und der Straftaten nach § 20 I Nr. 1-4 VereinsG;
- Delikte nach § 129 Abs. 4 iVm Abs. 1 StGB, § 129a StGB. Damit waren neben dem Qualifikationstatbestand der Bildung terroristischer Vereinigungen auch besonders schwere Fälle des Grundtatbestandes der Bildung krimineller Vereinigungen erfaßt. Sollte hier allerdings eine sachliche Begrenzung des Anwendungsbereiches gegenüber

---

[872] Amtsträgern gleichgestellt sind insoweit nach § 48 WStG die Soldaten der Bundeswehr. Da § 100c I Nr. 3 lit. a StPO den § 48 WStG aber nicht nennt, kann der entsprechende Verdacht gegen einen Soldaten der Bundeswehr nicht zum Gegenstand eines Lauschangriffs gemacht werden; sehr wohl kann eine solche Maßnahme aber gegen denjenigen angeordnet werden, der beschuldigt wird, den Soldaten bestochen zu haben (dazu sogleich im Haupttext zu § 334 StGB).

demjenigen der TÜ nach § 100a S. 1 Nr. 1 lit. c StPO beabsichtigt gewesen sein (insbesondere im Hinblick auf die dargestellte Multiplikationswirkung der Aufnahme des § 129 StGB in Kataloge), so muß doch festgehalten werden, daß sich eine solche Wirkung durch Beschränkung der Maßnahme auf einen Verdacht nach § 129 IV StGB kaum wird erzielen lassen. Da § 129 IV StGB neben zwei benannten (Eigenschaft als Rädelsführer oder Hintermann) auch alle unbenannten besonders schweren Fälle erfaßt, bleibt die Bestimmung der Reichweite vollständig der Einschätzung des die Maßnahme Anordnenden überlassen.

Die Weite des hier anwendbaren Kataloges hat bereits zu Kritik im Hinblick auf die Einhaltung der Voraussetzungen des Art. 13 III 1 GG n.F. ("durch Gesetz einzeln bestimmte besonders schwere Straftat") geführt, die sich insbesondere darauf bezieht, daß der Katalog in einzelnen Punkten sogar noch weiter ist als derjenige der §§ 100a S. 1, 100c I Nr. 2 StPO. Nach Auffassung *Nacks* ist den verfassungsrechtlichen Anforderungen dadurch Rechnung zu tragen, daß bei Anordnungsanträgen zusätzlich zum Charakter des jeweiligen Delikts als Katalogtat die besondere Schwere iSd Art. 13 III 1 GG im konkreten Fall zu überprüfen ist[873].

Ebenso wie § 100c I Nr. 2 StPO spricht auch § 100c I Nr. 3 StPO nicht den Verdacht des Versuchs oder der Vorbereitung einer Katalogtat an. Daher ist auch hier in Übereinstimmung mit den obigen Ausführungen und im Gegensatz zur einhelligen Meinung zum insoweit wortgleichen § 100c I Nr. 2 StPO[874] davon auszugehen, daß im Gegensatz zur TÜ nach § 100a S. 1 StPO eine Maßnahme nach § 100c I Nr. 3 StPO beim Vorliegen eines solchen Verdachts nicht ohne weiteres zulässig ist. Daß dies nicht nur für den Verdacht einer strafbaren Vorbereitung, sondern zumindest teilweise auch für den eines Versuchs gilt, wird zudem durch ein Detail des Gesetzeswortlauts bestätigt: § 100a S. 1 Nr. 2 StPO in der Fassung des gleichen Gesetzes, das den Lauschangriff eingeführt hat, nennt beim Verdacht der Geldwäsche oder Verschleierung unrechtmäßig erlangter Vermögenswerte die Absätze 1, 2 und 4 des § 261 StGB. Den Abs. 3, der die Versuchsstrafbarkeit anordnet, führt er dagegen nicht an; dies ist auch nicht erforderlich, da der Verdacht des strafbaren Versuchs einer Katalogtat schon durch § 100a S. 1 StPO selbst in den Anwendungsbereich der TÜ einbezogen wird. Im Gegensatz dazu nennt § 100c I Nr. 3 lit. a StPO bei dem gleichen Tatbestand ausdrücklich die Absätze 1-4. Dies verdeutlicht, daß auch der Gesetzgeber selbst davon ausgegangen ist, daß mangels entsprechender Tatbestandsmerkmale im Wortlaut des § 100c I Nr. 3 StPO, anders als bei der TÜ, der Verdacht auf Versuch und Vorbereitung nicht allgemein in den Anwendungsbereich einbezogen ist, sondern daß es bei Vergehenstatbeständen der ausdrücklichen Nennung der Norm bedarf, die die Versuchsstrafbarkeit anordnet. Aus diesem systematischen Zusammenhang ergibt sich, daß der Verdacht des Versuchs eines Vergehenstatbestandes aus den Katalogen des § 100c I Nr. 3 wie auch Nr. 2 StPO nicht

---

[873] KK-*Nack*, § 100c, R. 44.

[874] s.o. S. 164.

ausreicht, die Anordnung zu tragen, wenn nicht die die Versuchsstrafbarkeit anordnende Norm ausdrücklich genannt wird. Bei den Verbrechenstatbeständen dürfte dies anders zu sehen sein, da hier davon auszugehen ist, daß § 23 I StGB als Anordnung der Versuchsstrafbarkeit lediglich aus stilistischen Gründen nicht stets mit aufgeführt wird.
Die Maßnahme ist nur zulässig zur Erforschung des Sachverhalts oder zur Ermittlung des Aufenthaltsorts des "Täters"[875]. Zugleich darf sie sich nur gegen den Beschuldigten selbst richten. Daraus ergibt sich, daß auch der Einsatz zur Ermittlung des Aufenthaltsorts nur das Abhören eines Beschuldigten zum Zweck der Auffindung weiterer Beschuldigter zuläßt; zur Ermittlung des Aufenthaltes desjenigen Beschuldigten, auf den sich die Anordnung selbst bezieht, darf der Lauschangriff also nicht eingesetzt werden[876].
Die Maßnahme ist jedoch in allen Fällen des § 53 I StPO, also bei Gesprächen mit allen aus beruflichen Gründen zeugnisverweigerungsberechtigten Personen (abgesehen von den Berufshelfern gemäß § 53a StPO), unzulässig, sofern diese nicht gem. § 53 II StPO von ihrer Verschwiegenheitspflicht entbunden worden (§ 100d III 1 StPO) oder aber selbst der Teilnahme oder Begünstigung, Strafvereitelung oder Hehlerei verdächtig sind (§ 100d III 3 1. Hs. StPO). Außerdem ist sie stets unzulässig, wenn zu erwarten ist, daß sämtliche zu gewinnenden Erkenntnisse einem Beweisverwertungsverbot unterliegen würden (damit kann insofern auch das zu erwartende Ergebnis einer Abwägung des Zwecks der Maßnahme gegen den Schutz des Verhältnisses zu Zeugnisverweigerungsberechtigten i.S.d. §§ 52, 53a StPO antizipiert werden).
Der Einsatz ist außer in der Wohnung des Beschuldigten selbst (§ 100c II 4 StPO) in der Wohnung einer anderen Person nur zulässig, wenn auf Grund bestimmter Tatsachen anzunehmen ist, daß der Beschuldigte sich in dieser aufhält und daß die Maßnahme in seiner Wohnung allein nicht zur Erforschung des Sachverhalts oder Ermittlung des Aufenthaltsorts des "Täters" führen wird (§ 100c II 5 StPO). Schließlich darf die Maßnahme auch bei unvermeidbarer Betroffenheit Dritter durchgeführt werden (§ 100c III StPO).
Die Subsidiaritätsklauseln in § 100c I Nr. 3, II 5 StPO erfüllen die Anforderungen des Art. 13 III 1 GG: Erforderlich ist, daß die Erreichung der zulässigen Zwecke auf andere Weise unverhältnismäßig erschwert oder aussichtslos wäre. Damit sind die Anforderungen etwas höher als bei §§ 100a S. 1, 100c I Nr. 2 StPO, wo eine wesentliche Erschwernis der Zweckerreichung bei anderweitigem Vorgehen ausreicht.

(3) Dauer der Maßnahme und Rechtsschutz

Die Anordnung ist gemäß § 100d IV 1 StPO auf höchstens 4 Wochen zu befristen. Bei Fortbestehen der Voraussetzungen sind jedoch beliebig häufige Verlängerungen um jeweils bis zu 4 Wochen zulässig (§ 100d IV 2 StPO). Wie bei den anderen beschriebe-

---

[875] Hier fällt § 100c I Nr. 3, II 5 StPO wieder in den unerfreulichen Sprachgebrauch des § 100c I Nrn. 1, 2, und II 2, 3 StPO zurück.

[876] Weitergehend noch die Entwurfsbegründung, BT-Drucks. XIII/8651, 13, die sogar den Verdacht der Mittäterschaft des Aufzufindenden verlangt.

nen Methoden geheimer Ermittlung ist auch hier bei Wegfall der Voraussetzungen die Maßnahme unverzüglich zu beenden (§ 100d IV 3 iVm § 100b IV StPO).
Die Benachrichtigungsregelung entspricht der bereits für die TÜ und die Maßnahmen nach § 100c I Nr. 2 StPO geltenden des bisherigen § 101 I (nunmehr § 101 I 1 StPO). Jedoch bedarf die Zurückstellung der Benachrichtigung über 6 Monate nach Beendigung der Maßnahme hinaus der richterlichen Zustimmung, für die bis zur Erhebung der öffentlichen Klage das für die Anordnung zuständige, danach das mit der Strafsache befaßte Gericht zuständig ist (§ 101 I 2, 3 StPO). Die Regelung der Aktenaufbewahrung bei der Staatsanwaltschaft vor Durchführung der Benachrichtigung, wie sie für Maßnahmen nach § 100c I Nr. 2 StPO eingeführt wurde, gilt nunmehr auch für solche nach § 100c I Nr. 3 StPO (§ 101 IV StPO); auch insoweit läuft das Akteneinsichtsrecht nach § 147 StPO also zunächst leer und erfährt auch der Tatrichter zunächst nichts von der Maßnahme[877]. Soweit es zur Erhebung der öffentlichen Klage gekommen ist, wird dies jedoch dadurch etwas abgemildert, daß aufgrund der Regelung des § 101 I 2, 3 StPO der Tatrichter spätestens 6 Monate nach Beendigung der Maßnahme (Akten-)Kenntnis erhalten muß[878].
§ 100d VI 1 StPO ordnet, erstmals für die hier dargestellten geheimen Ermittlungsmaßnahmen, die Zulässigkeit eines Rechtsmittels des Beschuldigten sowie in den Fällen des § 100c II 5 StPO auch des Inhabers der Wohnung auch nach Erledigung der Maßnahme ausdrücklich an. Über den Antrag auf Überprüfung der Rechtmäßigkeit der Anordnung sowie der Art und Weise ihres Vollzugs entscheidet vor Erhebung der öffentlichen Klage das für die Anordnung zuständige Gericht, danach das mit Sache befaßte, das über den Antrag auch in der das Verfahren abschließenden Entscheidung befinden kann (§ 100d VI 2, 3 StPO). Damit ist hier der faktische Ausschluß des Rechtsweges gegen die Maßnahme, der die bisher beschriebenen geheimen Ermittlungsmaßnahmen des Strafprozeßrechts auszeichnet, wenigstens für den Fall aufgehoben worden, daß der Beteiligte unter den Voraussetzungen des § 101 I, IV StPO von der Durchführung der Maßnahme erfährt.

(4) Verwertung der Erkenntnisse und Vernichtung
Bezüglich der Zeugnisverweigerungsberechtigten nach § 52 StPO (Angehörige) und § 53a StPO (Berufshelfer) ist die Maßnahme grundsätzlich zulässig, jedoch hat bei der Verwertung von Erkenntnissen eine Abwägung zwischen dem Zweck der Anordnung und der Bedeutung des zugrundeliegenden Vertrauensverhältnisses stattzufinden (§ 100d III 2 StPO), für die auch während des Ermittlungsverfahrens nach § 100d III 4 StPO bereits das Gericht zuständig ist; ein eventueller Verdacht der Teilnahme oder Begünstigung, Strafvereitelung oder Hehlerei ist in die Abwägung einzubeziehen (§ 100d III

---

[877] Insoweit wird die Tragweite der Vorschrift von MdB *Hirsch*, Verhandlg. d. Dt. BT., Stenogr. Ber., 214. Sitzg. d. 13. Wahlper., 19522 wie auch von MdB *Schily*, aaO, 19548 verkannt.
[878] Dies gilt jedoch unverändert nicht für Maßnahmen nach § 100c I Nr. 2 StPO.

3 2. Hs. StPO).
Die Regelung der Verwertung von Zufallserkenntnissen in anderen Strafverfahren in § 100d V 2 StPO entspricht (abgesehen davon, daß sie hinsichtlich der Anknüpfungstatbestände naturgemäß auf den Katalog in § 100c I Nr. 3 StPO verweist) denjenigen, die für die anderen Maßnahmen bereits in § 100b V StPO und in § 100d II StPO a.F. (jetzt § 100d V 1 StPO) existierten[879].
Die Vernichtungsregelung entspricht ebenfalls derjenigen bei der TÜ und der Maßnahme nach § 100c I Nr. 2 StPO (§ 100d IV 3 iVm § 100b VI StPO).

(5) Berichtspflicht
Nach § 100e I StPO hat die Staatsanwaltschaft die zuständige oberste Justizbehörde spätestens 3 Monate nach Beendigung jeder Maßnahme über Anlaß, Umfang, Dauer, Ergebnis und Kosten sowie über die Benachrichtigung nach § 101 I StPO bzw. die Gründe für ihr Unterbleiben und den voraussichtlichen Zeitpunkt ihres Erfolgens zu unterrichten und nach Abschluß des Verfahrens ihren Bericht entsprechend zu ergänzen. Ist die Benachrichtigung innerhalb von 4 Jahren nach Beendigung der Maßnahme nicht erfolgt, ist die Staatsanwaltschaft zu weiteren Berichten im Jahresabstand verpflichtet. Auf der Grundlage der Länderberichte hat die Bundesregierung jährlich den Bundestag zu unterrichten, § 100e II StPO (iVm Art. 13 VI GG).
Unabhängig von der hiermit gesetzlich begründeten Berichtspflicht hat der Bundestag außerdem in einer Entschließung vom 16.1.1998 die Bundesregierung aufgefordert, spätestens bis zum 31.1.2002 einen detaillierten Erfahrungsbericht zu den Wirkungen der Wohnungsüberwachung durch Einsatz technischer Mittel vorzulegen, der die Bewertung der Gesetzesfolgen mit verfassungsrechtlicher und kriminalpolitischer Würdigung der bis dahin durchgeführten Überwachungsmaßnahmen einschließt[880].

c) Fazit
Mit der Einführung der strafprozeßrechtlichen Möglichkeit zum Abhören von Gesprächen in Wohnungen wurde mit der Tradition des Schutzes des innersten Bereiches privater Lebensführung gebrochen. Zwar war es zuvor schon möglich, auf polizeirechtlicher Grundlage zur Abwehr von Gefahren für überragend wichtige Rechtsgüter[881] derartige Maßnahmen vorzunehmen; Eingriffe, die "lediglich" der Durchsetzung der Bedürfnisse einer wirksamen Verfolgung vergangenen Unrechts dienten, waren jedoch noch vor verhältnismäßig kurzer Zeit nicht als vorstellbar erschienen. So hatte der BGH noch 15 Jahre zuvor dargelegt, eine Unterhaltung

---

[879] Im übrigen wurde erstmals auch eine Regelung über die Verwertung der Erkenntnisse außerhalb des Strafverfahrens, insbesondere für präventiv-polizeiliche Zwecke, getroffen (§ 100f I StPO).
[880] Nr. I des Beschl. in der Anl. zu BR-Drucks. 9/98.
[881] wobei diese Bewertung durch die einzelnen Landesgesetzgeber mit ganz unterschiedlichen Inhalten gefüllt wurde; s.o. S. 134ff. u. u. S. 192ff.

zwischen Eheleuten in der ehelichen Wohnung sei dem unantastbaren Kernbereich privater Lebensgestaltung zuzurechnen. "Mit der Menschenwürde läßt es sich nicht vereinbaren, wenn der Staat das Recht für sich in Anspruch nehmen kann, die im engsten Familienkreis geführten Gespräche zu kontrollieren", da beim Einsatz von Abhörgeräten kein Raum innerhalb des privatesten Lebensbereichs übrigbleibe, wo Ehepartner sicher sein könnten, daß ihre Gespräche nicht überwacht werden. "Die Möglichkeit, Empfindungen, Gefühle, Ansichten oder Eindrücke von Erlebnissen zum Ausdruck zu bringen, ohne der Angst ausgesetzt zu sein, daß staatliche Behörden die Unterhaltung überwachen, wäre dann unerträglich behindert."[882]

Diese Ausführungen werden durch Art. 2 des Gesetzes zur Verbesserung der Bekämpfung der Organisierten Kriminalität bis auf weiteres dem Bereich der Rechtsgeschichte zugeordnet. Der Zustand, den noch 1970 drei Richter als BVerfG als möglicherweise nur fernliegende Gefahr bezeichnet hatten ("Geheimmikrofone unter Ausschluß des Rechtsweges"), die sie aber dennoch bewege, dem "erste(n) Schritt auf dem bequemen Weg der Lockerung der bestehenden Bindung" nicht zuzustimmen, sondern "den Anfängen zu wehren"[883], ist erreicht (jedenfalls insoweit, als durch die Möglichkeit des Absehens von der Benachrichtigung nach § 101 I StPO auf unbestimmte Zeit die Eröffnung des Rechtsweges nach § 100d VI StPO für den Betroffenen praktisch nutzlos sein kann). Allerdings bleibt der Umstand zu beachten, daß - in Übereinstimmung mit der hier angeführten Haltung des BGH - eine Änderung des Art. 13 GG zur Ermöglichung eines strafprozessualen Lauschangriffs verschiedentlich für verfassungswidrig im Hinblick auf Art. 79 III GG oder Art. 19 II GG gehalten wurde[884]. Damit erscheint es als nicht ausgeschlossen, daß zur Frage der Gültigkeit der neuen Bestimmungen das BVerfG (oder der EuGMR) zu einem letzten Wort aufgerufen werden könnten.

Auf der anderen Seite kündigte der Bundeskanzler und CDU-Vorsitzende *Kohl* bereits wenige Monate nach dem Inkrafttreten der neuen Bestimmungen an, im Falle eines Sieges bei den bevorstehenden Bundestagswahlen die Ausnahmeregelungen zum Schutz des Vertrauensverhältnisses zu Zeugnisverweigerungsberechtigten in § 100d III StPO zu streichen[885], eine Absicht, die aber wegen der Niederlage der Regierungskoalition bei

---

[882] BGHSt 31, 296, 300.

[883] BVerfGE 30, 1, 46f.

[884] BfD, BT-Drucks. XII/4805, 47 f.; *Hassemer*, DRiZ 1992, 357, 358; *Eisenberg*, NJW 1993, 1033, 1038 f. mwN (unter Beschränkung auf den engeren Begriff der "Privatwohnung"); *Raum/Palm*, JZ 1994, 447, 451 ff.; *Hirsch*, Verhandlg. d. dt. BT., Stenogr. Ber., 214. Sitzg. der 13. Wahlper., 19548; *ders.*, aaO, 222. Sitzg. d. 13. Wahlper., 20300; Zweifel an der Verfassungsmäßigkeit äußern auch *Seifert*, KJ 1992, 354, 363; *Lisken*, ZRP 1993, 121, 123 (allenfalls zulässig in der Situation "unabweisbarer Überlebensnotwendigkeit"); *Ostendorf*, NK 1996, 32, 33 ff.; *Lagodny*, 122. *Lagodny* wies (aaO, 124 ff.) zudem auf das Gebot menschenrechtskonformer Auslegung der Grundrechte hin und bezweifelte seinerzeit die Vereinbarkeit der betreffenden Entwürfe mit Art. 8 EMRK.

[885] *Klingst*, DIE ZEIT Nr. 40/98 v. 24.9.1998, 14.

den Wahlen im Herbst 1998 nicht verwirklicht werden konnte.
Trotz der verschiedenen rechtlichen Sicherungen, die während des Gesetzgebungsverfahrens in den ursprünglichen Entwurf eingefügt wurden, bleibt festzuhalten, daß es sich um eine wesentliche Erweiterung der staatlichen Eingriffskompetenzen handelt, die auch - anders als noch nach dem SPD-Entwurf von 1994 - nicht durch den Versuch begleitet wurde, entsprechende rechtliche Sicherungen (z.B. Einschränkung der Anknüpfungstatbestände, Verkürzung der Gültigkeitsfristen der Anordnung, Verbesserung der richterlichen Kontrolle nach der Anordnung, Ermöglichung von Individualrechtsschutz) auch bei den bereits existierenden Befugnissen des Strafprozeßrechts nach §§ 100a, 100c I Nr. 2 StPO zu erproben. Zudem wurde die Kompetenzerweiterung nur in geringem Umfang zum Anlaß genommen, über eine korrespondierende Rücknahme der Überwachungsbefugnisse anderer Behörden im Bereich der präventiven Kriminalitätsbekämpfung (wie etwa der Überwachung von Auslandstelefonaten durch den BND nach § 3 I 2 Nrn. 2-6 G 10-Gesetz n.F.[886] oder der Telefonüberwachung durch das Zollkriminalamt nach §§ 39ff. AWG[887]) auch nur nachzudenken[888]. Neben einer gewissen Stärkung der richterlichen Kontrolle polizeirechtlicher Eingriffe in das Grundrecht auf Unverletzlichkeit der Wohnung durch Art. 13 IV, V GG in der Fassung der Grundgesetzänderung brachte das Gesetz zur Verbesserung der Bekämpfung der Organisierten Kriminalität als einzige Änderung im Bereich der Abhörmaßnahmen außerhalb der Wohnungsüberwachung statt dessen die oben referierte Erweiterung des Tatbestandskatalogs in § 100a S. 1 StPO (und damit indirekt auch desjenigen in § 100c I Nr. 2 StPO).

### III. Sonstige Abhörmaßnahmen

Eine gesetzliche Regelung der sonstigen strafprozessualen Abhörmaßnahmen, also des einfachen Belauschens von nichtöffentlich geführten Gesprächen sowie des Einsatzes technischer Mittel zum Abhören und Aufzeichnen von öffentlich geführten Gesprächen, existiert bisher nicht. Derartige Maßnahmen werden in der Praxis weiterhin auf §§ 161, 163 StPO gestützt. Der Umstand, daß diese Normen nach mittlerweile weithin anerkannter Auffassung nur Aufgabenzuweisungen, aber keine Befugnisnormen enthalten, soll dem nicht entgegenstehen, da derartige Maßnahmen keinen Eingriffscharakter haben sollen oder jedenfalls nicht in grundrechtlich besonders geschützte Bereiche eingreifen[889]. Es erscheint allerdings als denkbar, daß eine weitere Entwicklung der Grundrechtsdogmatik auch für diesen Bereich die Notwendigkeit der Schaffung spezieller Eingriffsrechtsgrundlagen statuieren wird; so hat etwa das BVerfG noch im

---

[886] dazu näher unten S. 261ff.

[887] dazu näher unten S. 315ff.

[888] Dies beklagt auch *Braun*, Verhandlg. d. Dt. BT., Stenogr. Ber., 214. Sitzg. d. 13. Wahlper., 19585.

[889] vgl. KK-*Nack*, § 100c, R. 4; HK-*Lemke*, § 100c, R. 2; *Hilger*, NStZ 1992, 457, 462 (dort Fn. 96 u. 97); offengelassen in BGHSt 44, 13, 15ff.

Jahr 1995 angedeutet, die StPO sei "noch nicht hinreichend an die aus dem Volkszählungsurteil folgenden Vorgaben angepaßt"[890], ohne dies allerdings näher auszuführen.

---

[890] BVerfGE 93, 181, 193.

## B. Polizeirecht

Die polizeirechtliche Entwicklung im Abhörbereich setzte zu Beginn der 90er Jahre die Tendenz fort, die sich schon seit Mitte der 80er abgezeichnet hatte: Die Landespolizeigesetze wurden in mehr oder weniger naher Anlehnung an den MEPolG um spezialgesetzliche Regelungen der Informationserhebung und -verarbeitung ergänzt. Dabei kam es im einzelnen zu folgenden Regelungen:

### I. Polizeigesetze der Länder

#### 1. Saarland

Im Saarland wurden die entsprechenden Regelungen mit dem SPolG[891] eingefügt, das am 1.1.1990 in Kraft trat.

Im Grundsatz sind nach § 25 III 1 SPolG personenbezogene Informationen offen zu erheben. Ausnahmen gelten jedoch insbesondere dann, wenn anderenfalls die Erfüllung polizeilicher Aufgaben erheblich gefährdet würde (§ 25 III 2 1. Alt. SPolG)[892]. In diesem Fall kann eine verdeckte Erhebung von personenbezogenen Informationen erfolgen:

a) zur Abwehr von Gefahren (für die öffentliche Sicherheit, § 1 II SPolG) nach § 26 I SPolG:

- über Störer sowie unter den entsprechenden Voraussetzungen über Nichtstörer im polizeilichen Notstand,
- über geschädigte, hilflose oder vermißte Personen sowie deren Angehörige, gesetzliche Vertreter oder Vertrauenspersonen,
- über gefährdete Personen,
- über Zeugen, Hinweisgeber oder sonstige Auskunftspersonen;

b) soweit das aufgrund tatsächlicher Anhaltspunkte zur vorbeugenden Bekämpfung von Straftaten von erheblicher Bedeutung erforderlich ist (wobei das SPolG nicht näher definiert, um welche Straftatbestände es sich hier handelt):

- über Personen, bei denen tatsächliche Anhaltspunkte bestehen, daß sie künftig Straftaten begehen (§ 26 II Nr. 1 SPolG),
- über Personen, bei denen tatsächliche Anhaltspunkte bestehen, daß sie mit einer der vorgenannten Personen bezüglich künftiger Straftaten in Verbindung stehen (§ 26 II Nr. 2 SPolG),
- über Personen, bei denen tatsächliche Anhaltspunkte bestehen, daß sie Opfer von Straftaten werden (§ 26 II Nr. 3 SPolG),
- über Zeugen, Hinweisgeber und sonstige Auskunftspersonen (§ 26 II Nr. 4 SPolG).

Observation (§ 28 II Nr. 1 SPolG) und Einsatz technischer Mittel zum Abhören und Aufzeichnen (§ 28 II Nr. 2 SPolG) unterliegen folgenden weitergehenden Beschränkungen: Es dürfen nur Informationen über die in § 26 II Nr. 1, 2 SPolG genannten

---

[891] verkündet als Art. 1 des Ges. Nr. 1252 zur Neuordnung des Saarländischen Polizeirechts v. 8.11.1989 (ABl. 1750).

[892] Bloße Erschwernis reicht hier also nicht aus.

Personen[893] erhoben werden, soweit das erforderlich ist zur vorbeugenden Bekämpfung von Verbrechen, wenn aufgrund tatsächlicher Anhaltspunkte anzunehmen ist, daß ein solches begangen werden soll, sowie von anderen Straftaten, wenn aufgrund tatsächlicher Anhaltspunkte anzunehmen ist, daß sie gewerbs- oder gewohnheitsmäßig oder von Banden oder von Organisationen begangen werden sollen (§ 28 I 1 SPolG). Es gilt eine Subsidiaritätsklausel ("Erforschung des Sachverhalts ohne Gefährdung der Aufgabenerfüllung auf andere Weise aussichtslos"); zudem wird ausdrücklich auf den Verhältnismäßigkeitsgrundsatz hingewiesen (§ 28 I 2 SPolG).
Die Erhebung unter Einsatz der genannten Mittel in oder aus Wohnungen darf nur erfolgen, wenn dies zur Abwehr einer gegenwärtigen Gefahr für Leib oder Leben einer Person unerläßlich ist (§ 28 IV 1 SPolG). Dabei liegt die Anordnungskompetenz nach § 28 IV 3 SPolG beim Richter (seit 1999 gilt dieser Vorbehalt allerdings nur noch für den Einsatz technischer Mittel, nicht mehr auch für Observationen; § 28 IV 2 SPolG[894]). Ausnahmen gelten jedoch bei Gefahr im Verzug sowie dann, wenn der Einsatz ausschließlich zur Abwehr einer Gefahr für Leib oder Leben der bei einem polizeilichen Einsatz in der Wohnung tätigen Personen unter Mitführung des technischen Mittels und ohne Aufzeichnung des Abgehörten erfolgt ("kleiner Lauschangriff").
Über den Einsatz aller besonderen Formen der Informationserhebung ist der Betroffene zu unterrichten, sobald das ohne Gefährdung des Zwecks der Maßnahme geschehen kann, es sei denn, daß keine Aufzeichnungen mit personenbezogenen Informationen erstellt oder daß sie unverzüglich nach Beendigung der Maßnahme vernichtet worden sind (§ 28 VI 1, 2 SPolG). Die Unterrichtung unterbleibt jedoch, wenn sich ein strafrechtliches Ermittlungsverfahren gegen den Betroffenen anschließt oder wenn 5 Jahre seit Abschluß der Maßnahme vergangen sind (§ 28 VI 3 SPolG).
§ 27 SPolG enthält eine Sonderregelung über die Informationserhebung bei öffentlichen Veranstaltungen und Ansammlungen.
Die Übermittlung von Informationen an Behörden oder öffentliche Stellen außerhalb des Polizeibereichs ist nur zu Gefahrenabwehrzwecken zulässig (vgl. i.e. §§ 34 I, 32 I 1, 2 SPolG). Das Gesetz geht dabei aber erkennbar[895] implizit davon aus, daß dies eine Übermittlung an die Staatsanwaltschaften zu Strafverfolgungszwecken nicht ausschließt (vgl. § 28 VI 3 SPolG zur Benachrichtigungspflicht, § 32 I 3 SPolG zur Genehmigung durch die Staatsanwaltschaft bei Übermittlungen zur vorbeugenden Straftatbekämpfung wegen Wiederholungsgefahr während eines laufenden Ermittlungsverfahrens).

---

[893] damit aber auch über Personen, von denen selbst nicht angenommen wird, daß sie sich strafbar machen werden.

[894] idFd Ges. v. 5.5.1999 (ABl. 1186).

[895] wie auch einige andere der später in Kraft tretenden Polizeigesetze, die keine ausdrückliche Regelung der Übermittlung für Strafverfolgungszwecke beinhalten; z.T. wurde die Übermittlung auch unter das Tatbestandsmerkmal "Erfüllung polizeilicher Aufgaben" subsumiert, das zahlreiche andere Landesgesetze vorsehen (vgl. zur Beurteilung derartiger Übermittlungen durch die Strafgerichte BGH NJW 1996, 405f.; näher hierzu u. S. 248ff.).

2. Hessen

In Hessen wurden die entsprechenden Vorschriften mit Wirkung vom 1.1.1990 durch das Gesetz zur Änderung des HSOG[896] eingefügt; allerdings wurden sie bereits zum 1.1.1991 durch das HSOG v. 26.6.1990[897] wieder in der Paragraphenfolge geändert.

Auch für Hessen gilt der Grundsatz offener Datenerhebung mit der Ausnahme erheblicher Gefährdung gefahrenabwehrbehördlicher oder polizeilicher Aufgabenerfüllung (§ 44a VI HSOG; ab 1991 § 13 VII HSOG).

Die geheime Datenerhebung ist in diesem Fall zulässig

- zur Abwehr einer Gefahr (für die öffentliche Sicherheit oder Ordnung, § 1 I 1 HSOG), zur Erfüllung einer der Polizei durch andere Rechtsvorschriften zugewiesenen Aufgabe sowie zum Schutz privater Rechte sowohl über Störer als auch über andere Personen (§ 44a I Nr. 4 HSOG; ab 1991 § 13 I Nr. 3 HSOG).
- wenn tatsächliche Anhaltspunkte die Annahme rechtfertigen, daß die betreffende Person Straftaten mit erheblicher Bedeutung[898] begehen wird (§ 44a I Nr. 6 HSOG; ab 1991 § 13 II Nr. 1 HSOG),
- wenn tatsächliche Anhaltspunkte die Annahme rechtfertigen, daß die Person mit einer in § 44a I Nr. 6 HSOG a.F. / § 13 II Nr. 1 HSOG n.F. genannten Person in einer Weise in Verbindung steht oder treten wird, die die Erhebung ihrer personenbezogenen Daten zur Verhütung von Straftaten mit erheblicher Bedeutung erfordert (§ 44a I Nr. 7 HSOG; ab 1991 § 13 II Nr. 2 HSOG),
- wenn die Person sich im räumlichen Umfeld einer Person aufhält, die in besonderem Maße als gefährdet erscheint, und tatsächliche Anhaltspunkte die Maßnahme zum Schutz der gefährdeten Person rechtfertigen (§ 44a I Nr. 5 HSOG; ab 1991 § 13 II Nr. 3 HSOG),
- wenn dies zur Leistung von Vollzugshilfe erforderlich ist (§ 44a I Nr. 4 HSOG; ab 1991 § 13 II Nr. 4 HSOG) oder
- wenn eine andere Rechtsvorschrift sie erlaubt (§ 44a I Nr. 2 HSOG; ab 1991 § 13 I Nr. 4 HSOG).

Trotz dieser bereits sehr weiten Eingriffsregelung, die etwa die räumliche Nähe zu einer gefährdeten Person bereits als Anlaß einer Datenerhebung ansieht, ist die Erhebung nicht notwendig nur beim Betroffenen durchzuführen; es dürfen auch Daten über ihn bei Dritten erhoben werden, wenn sonst die gefahrenabwehrbehördliche oder polizeiliche Aufgabenerfüllung gefährdet oder erheblich erschwert würde (§ 44a V HSOG; ab 1991 § 13 VI HSOG).

---

[896] v. 18.12.1989 (GVBl. I, 469).

[897] GVBl. I, 197.

[898] Dies sind nach § 44a II HSOG a.F. / § 13 III HSOG n.F. solche, die auf Grund ihrer Begehungsweise oder ihrer Dauer eine Gefahr für die Allgemeinheit darstellen und geeignet sind, die Rechtssicherheit der Bevölkerung zu beeinträchtigen; "dies gilt insbesondere für Straftaten, die banden-, gewerbs-, gewohnheits- oder serienmäßig begangen werden."

Lediglich die Erhebung zu unbestimmten oder noch nicht bestimmbaren Zwecken ist unzulässig. Es dürfen aber Daten über nicht gefahren- oder tatbezogene persönliche Merkmale wie Erkrankungen oder besondere Verhaltensweisen zu Identifizierungszwecken sowie zum Schutz der Behördenbediensteten und der betroffenen Person selbst erhoben werden. Diese Daten dürfen aber nur mit Zustimmung der Person für andere Zwecke verwendet werden (§ 44a IV HSOG; ab 1991 § 13 V HSOG).

Die Datenerhebung durch Observation, d.h. die planmäßig angelegte Beobachtung einer Person länger als 24 Stunden innerhalb einer Woche oder über den Zeitraum einer Woche hinaus (§ 44c I Nr. 1 HSOG; ab 1991 § 15 I Nr. 1 HSOG)[899], sowie durch den verdeckten Einsatz technischer Mittel (§ 44c I Nr. 2 HSOG; ab 1991 § 15 I Nr. 2 HSOG) war ursprünglich nur zulässig, wenn tatsächliche Anhaltspunkte die Annahme rechtfertigen, daß eine Straftat mit erheblicher Bedeutung begangen werden soll und wenn die Verhütung dieser Tat oder eine dafür wesentliche Aufklärung auf andere Weise wesentlich erschwert oder entscheidend verzögert würde und die Maßnahme nicht unverhältnismäßig ist (§ 44c II 1, 2 HSOG; ab 1991 § 15 II 1, 2 HSOG). Es handelte sich hier um das erste Mal, daß der Einsatz der besonderen Mittel nicht wenigstens auch im Bereich der allgemeinen Gefahrenabwehr zugelassen, sondern ausschließlich zur vorbeugenden Bekämpfung von Straftaten dienen sollte.
Die Erhebung betraf

- Personen, bei denen tatsächliche Anhaltspunkte die Annahme rechtfertigen, daß sie Straftaten von erheblicher Bedeutung begehen werden (§ 44c III 1 Nr. 1 HSOG; ab 1991 § 15 III 1 Nr. 1 HSOG),
- andere Personen, wenn tatsächliche Anhaltspunkte die Annahme rechtfertigen, daß sie mit einer der vorgenannten Personen in einer Weise in Verbindung stehen, die erwarten läßt, daß die Maßnahme zur Verhütung der Straftat beitragen wird (§ 44c III 1 Nr. 2 HSOG; ab 1991 § 15 III 1 Nr. 2 HSOG),
- jede Person, soweit dies zur Abwehr einer Gefahr für Leib, Leben oder Freiheit unerläßlich war (§ 44c III 1 Nr. 3 HSOG; ab 1991 § 15 III 1 Nr. 3 HSOG)[900].

Sie durfte auch durchgeführt werden, soweit Dritte unvermeidbar betroffen waren (§ 44c III 2 HSOG; ab 1991 § 15 III 2 HSOG).

Zum 31.3.1994 wurden jedoch durch Art.1 Nr. 7 des Ges. zur Änderung des HSOG[901] die Voraussetzungen der Observation und des Einsatzes technischer Mittel überarbeitet. Sie sind nunmehr zulässig

- über jede Person zur Abwehr von Gefahren für Leib, Leben oder Freiheit einer Per-

---

[899] Besondere Beschränkungen für kürzere Observationen bestehen nicht.

[900] Dies dürfte allerdings mit § 44c II 1 a.F./ § 15 II 1 n.F. HSOG nur dann vereinbar sein, wenn die Gefahr aus einer Straftat mit erheblicher Bedeutung resultiert.

[901] v. 24.3.1994 (GVBl. 137).

son nach § 15 II 1 Nr. 1 HSOG n.F. (ohne die Beschränkung auf Straftaten mit erheblicher Bedeutung durch den etwas unklaren Bezug des § 15 III 1 Nr. 3 HSOG a.F. zu § 15 II 1 HSOG a.F.),

- gemäß § 15 II 1 Nr. 2 HSOG n.F. über Personen, wenn tatsächliche Anhaltspunkte die Annahme rechtfertigen, daß sie
  - Straftaten nach §§ 85, 86, 129a, 130, 131, 211, 212, 220a, 239a, 239b, 243 I 2 Nrn. 1, 3 u. 7, §§ 244, 244a, 249, 250, 253, 255, 260, 260a, 261, 264, 264a, 306-308, 311b[902], 316c, 326, 328 StGB, §§ 29 III 2, 29a, 30 I, 30a I BtMG, § 52a WaffG, §§ 19, 20, 22a KWKG oder nach § 34 I, III AWG oder
  - gewerbs- oder gewohnheitsmäßig, als Mitglieder von Banden oder in anderer Weise organisiert Straftaten nach §§ 146, 147, 151, 152, 152a, 176, 181, 181a, 263, 284, 310b, 311d[903] StGB, § 53 I 1 Nrn. 1 u. 2 WaffG, § 92 I, II AuslG sowie seit 7.11.1998 auch solche nach § 176a StGB, §§ 92a II, 92b AuslG und nach §§ 84 III, 84a AsylVfG[904]

  begehen werden[905];
- gemäß § 15 II 1 Nr. 3 HSOG n.F. über Personen, wenn tatsächliche Anhaltspunkte die Annahme rechtfertigen, daß sie mit Personen in Verbindung stehen, die Straftaten der genannten Art begehen werden, und wenn die Datenerhebung zur Verhütung dieser Straftaten erforderlich ist;
- gemäß § 15 II 1 Nr. 4 HSOG n.F. über die in § 13 II Nr. 3 HSOG genannten gefährdeten Personen, wenn tatsächliche Anhaltspunkte die Maßnahme zu ihrem Schutz rechtfertigen.

Die Maßnahmen sind nunmehr nur zulässig, wenn andere Maßnahmen mit Ausnahme der Ausschreibung zur polizeilichen Beobachtung sowie des Einsatzes von V-Leuten oder Verdeckten Ermittlern erheblich weniger Erfolg versprechen würden oder die Aufgabenerfüllung mit Hilfe anderer Maßnahmen wesentlich erschwert würde (§ 15 II 2 HSOG n.F.). Hier handelt es sich um ein Beispiel, wie die Anforderungen des Verhältnismäßigkeitsgrundsatzes in die Regelung einer Rangfolge von Eingriffsmaßnahmen umgesetzt werden können. Die Erhebung ist nach wie vor auch über dritte Personen zulässig, soweit dies unerläßlich ist (§ 15 II 3 HSOG n.F.).

---

[902] seit 7.11.1998 statt "§§ 306-308, 311b" "§§ 306, 306a, 306b, 310" (Ges. z. Änd. d. HSOG v. 3.11.1998; GVBl. I, 399).

[903] seit 7.11.1998 statt "310b und 311d" "307 und 311" (aaO).

[904] gem. Änderungsgesetz aaO.

[905] Hessen hatte sich also entschlossen, nicht nur insoweit die generalklauselartige Definition des § 13 III HSOG durch einen abschließenden Tatbestandskatalog zu ersetzen, sondern hat im Gegensatz zu anderen Bundesländern auch darauf verzichtet, in diesen (allerdings recht umfangreichen) Katalog seinerseits Katalognormen (wie etwa § 138 StGB) aufzunehmen und damit die Reichweite der Eingriffsbefugnis von schwer überschaubaren Änderungen der dortigen Katalognormen durch den Strafgesetzgeber abhängig zu machen.

Die Erhebung der Daten in oder aus einer Wohnung (auch ohne technische Mittel) ist nur zulässig zur Abwehr einer gegenwärtigen Gefahr für Leib, Leben oder Freiheit einer Person (§ 44c IV HSOG; seit 1991 § 15 IV 1 HSOG).

Die Anordnungskompetenz für die Observation liegt mit Ausnahme von Gefahr im Verzug beim Behördenleiter oder einem von ihm Beauftragten; für eine Observation über einen Zeitraum von mehr als 3 Monaten bedarf die Anordnung der Zustimmung des Innenministeriums oder einer von diesem benannten Stelle (§ 44c II 3, 4 HSOG; seit 1991 § 15 II 3, 4 HSOG).
Die Anordnungskompetenz für jeden Einsatz technischer Mittel und jede Erhebung in oder aus Wohnungen liegt außer bei Gefahr im Verzug beim Richter (§ 44c V 1 HSOG; seit 1991 § 15 V 1 HSOG). Es gelten besondere Formvorschriften nach § 15 V 3-5 HSOG (1990: § 44c V 4-6 HSOG) und eine Höchstfrist von 3 Monaten nach § 15 V 6 HSOG (1990: § 44c V 7 HSOG). Die Anordnung darf höchstens dreimal verlängert werden, so daß die Maßnahme maximal 1 Jahr lang durchgeführt werden kann (§ 44c V 8 HSOG; seit 1991 § 15 V 7 HSOG). Die Anordnung ist nach Möglichkeit räumlich zu begrenzen (§ 44c V 7 HSOG; seit 1991 § 15 V 6 HSOG). Hat die Polizeibehörde die Maßnahme wegen Gefahr im Verzug angeordnet, ist die richterliche Bestätigung unverzüglich einzuholen (§ 44c V 9 HSOG; seit 1991 § 15 V 8 HSOG); mangels einer solchen Bestätigung tritt die Anordnung nach 3 Tagen außer Kraft (§ 44c V 10 HSOG; seit 1991 § 15 V 9 HSOG).
Sämtliche Begrenzungen des § 15 II-V HSOG (1990: § 44c II-V HSOG) gelten jedoch nicht beim Abhören zur Abwehr einer Gefahr für Leib oder Leben einer zur Verhütung einer Straftat mit erheblicher Bedeutung eingesetzten Person (§ 44c VI HSOG; seit 1991 § 15 VI HSOG).

Nach Abschluß einer Maßnahme nach § 44c HSOG ist der Betroffene zu unterrichten, sobald dies ohne Zweckgefährdung geschehen kann (§ 44c VII 1 HSOG; seit 1991 § 15 VII 1 HSOG). Eine Ausnahme gilt bei Erhebungen außerhalb von Wohnungen und bei Observationen von weniger als dreimonatiger Dauer, wenn keine Aufzeichnungen erstellt oder sie und die betreffenden Unterlagen nach Beendigung der Maßnahme unverzüglich vernichtet werden (§ 44c VII 2 HSOG; seit 1991 § 15 VII 2 HSOG). Wenn sich an den Sachverhalt ein Ermittlungsverfahren anschließt, gilt die Benachrichtigungspflicht dennoch fort; es entscheidet aber die Staatsanwaltschaft über den Zeitpunkt der Benachrichtigung (§ 44c VII 3 HSOG; seit 1991 § 15 VII 3 HSOG).
Für Unterlagen aus Erhebungen in oder aus Wohnungen oder aus dem verdeckten Einsatz technischer Mittel gilt eine Vernichtungsregelung nach § 15 VIII HSOG (1990: § 44c VIII HSOG).
Eine Regelung über die Erhebung bei öffentlichen Veranstaltungen, Ansammlungen, Versammlungen und Aufzügen findet sich in § 14 HSOG (1990: § 44b HSOG).

Die Übermittlung von Erkenntnissen an öffentliche Stellen außerhalb der Polizei ist zulässig

- zur Erfüllung gefahrenabwehrbehördlicher oder polizeilicher Aufgaben (§ 22 II 1 Nr. 1 HSOG; 1990: "zur Erfüllung vollzugspolizeilicher Aufgaben", § 44i III 1 Nr. 1 HSOG a.F.),
- sonst zu Gefahrenabwehrzwecken nach Maßgabe des § 22 I 3, II 1 Nr. 2, 3 HSOG (1990: § 44i II, III 1 Nr. 2, 3 HSOG a.F.),
- zur Verhütung oder Beseitigung erheblicher Nachteile für das Gemeinwohl oder einer schwerwiegenden Beeinträchtigung der Rechte einer anderen Person (§ 22 II 1 Nr. 4, 5 HSOG; 1990: § 44i III 1 Nr. 4, 5 HSOG a.F.)[906].

3. Nordrhein-Westfalen

In Nordrhein-Westfalen wurden zum 1.5.1990 entsprechende Regelungen durch das GFDPol[907] eingefügt.

Es gilt der Grundsatz der offenen Datenerhebung (§ 9 IV PolG NW). Davon existieren die folgenden Ausnahmen:

Kurzfristige Observationen sind zulässig zur Erhebung von personenbezogenen Daten über Störer und andere Personen, soweit dies zum Zweck der Abwehr einer Gefahr (für die öffentliche Sicherheit, § 1 I 1 PolG NW) erforderlich ist und anderenfalls die Aufgabenerfüllung gefährdet würde (§ 16 IV 2 PolG NW).

Durch längerfristige Observationen, d.h. durchgehend länger als 24 Stunden oder an mehr als 2 Tagen vorgesehene oder tatsächlich durchgeführte und planmäßig angelegte Beobachtungen, sowie durch den verdeckten Einsatz technischer Mittel dürfen personenbezogene Daten erhoben werden über:

- Störer sowie unter den entsprechenden Voraussetzungen über Nichtstörer im polizeilichen Notstand, wenn dies zur Abwehr einer gegenwärtigen Gefahr für Leib, Leben oder Freiheit einer Person erforderlich ist (§§ 16 I 1 Nr. 1, 18 I 1 Nr. 1 PolG NW),
- Personen, hinsichtlich derer Tatsachen die Annahme rechtfertigen, daß sie Straftaten von erheblicher Bedeutung[908] begehen wollen, sowie über deren Kontakt- und Begleitpersonen, wenn die Datenerhebung zur vorbeugenden Bekämpfung dieser Straftaten erforderlich ist (§§ 16 I 1 Nr. 2, 18 I 1 Nr. 2 PolG NW),

---

[906] Im letzteren Fall besteht eine Benachrichtigungspflicht nach § 44i III 2 HSOG a.F. / § 22 II 2 HSOG n.F.

[907] v. 7.2.1990 (GVBl. 46).

[908] Straftaten von erheblicher Bedeutung sind nach § 8 III PolG NW insbesondere Verbrechen sowie die in § 138 StGB genannten Vergehen (damit war auch diese Bestimmung dem bereits angesprochenen Katalogeffekt ausgesetzt), Vergehen nach § 129 StGB sowie gewerbs- oder bandenmäßig begangene Vergehen nach §§ 243, 244, 260, 263-264a, 265b, 266, 283, 283a, 302a, 324-330a StGB (der Katalog wurde ebenso wie die nachfolgenden Straftatenkataloge der Landespolizeigesetze noch nicht an die Änderungen durch das 6. StrRG angepaßt), § 53 I 1 Nr. 1 u. 2 WaffG, § 29 III 2 Nr. 1 u. 4 BtMG, § 47a AuslG. Das Wort "insbesondere" stellt klar, daß der Katalog keinen abschließenden Charakter hat.

- andere Personen, soweit dies erforderlich ist, um eine der vorgenannten Datenerhebungen durchführen zu können (§§ 16 I 2, 18 I 2 PolG NW).

Die längerfristige Observation und der verdeckte Einsatz technischer Mittel dürfen nach §§ 16 II, 18 III 1 PolG NW nur durch den Behördenleiter angeordnet werden. Nach Abschluß der Maßnahme hat die Polizei die Betroffenen zu unterrichten, sobald dies ohne Gefährdung des Zwecks der Datenerhebung geschehen kann, es sei denn, daß wegen des Sachverhalts ein strafrechtliches Ermittlungsverfahren gegen den Betroffenen eingeleitet worden ist (§§ 16 III, 18 V PolG NW).

Die Erhebung personenbezogener Daten in oder aus Wohnungen durch den verdeckten Einsatz technischer Mittel ist nur zulässig in bezug auf Störer sowie Nichtstörer im polizeilichen Notstand zur Abwehr einer gegenwärtigen Gefahr für Leib, Leben oder Freiheit einer Person (§ 18 II, I 1 Nr. 1 PolG NW). Sie bedarf der richterlichen Anordnung (§ 18 III 2 PolG). Ausnahmen gelten jedoch bei Gefahr im Verzug (dann Anordnung durch Behördenleiter und unverzügliche Herbeiführung einer richterlichen Entscheidung, es sei denn, es ist anzunehmen, daß diese erst nach Beendigung der Maßnahme ergehen würde; § 18 III 3-5 PolG) sowie bei Mitführung und Verwendung des technischen Mittels ausschließlich zum Schutz der bei einem polizeilichen Einsatz tätigen Personen (§ 18 IV 1 PolG NW). In letzterem Fall sind die Aufzeichnungen zwar grundsätzlich zu löschen; Ausnahmen gelten jedoch u.a. (vgl. ansonsten § 18 IV 3 PolG NW) allgemein dann, wenn die Daten zur Behebung einer bestehenden Beweisnot unerläßlich sind und mit einem Sperrvermerk versehen werden (§ 18 IV 3 iVm § 32 V 1 Nr. 2, S. 2-4 PolG NW), sowie dann, wenn sie zur Verfolgung von Straftaten benötigt werden (§ 18 IV 2 PolG NW).

Aufzeichnungen, die wegen des Einsatzes eines selbsttätigen Gerätes ausschließlich Personen betreffen, gegen die sich die Datenerhebungen nicht richteten, sind ebenfalls zwar grundsätzlich unverzüglich zu vernichten; selbst hier ist aber die Verwendung zur Verfolgung von Straftaten zulässig (§ 18 VI PolG NW).

Eine Sonderregelung über die Datenerhebung bei öffentlichen Veranstaltungen und Ansammlungen findet sich in § 15 PolG NW.

Die Übermittlung von Erkenntnissen an andere öffentliche Stellen außerhalb der Polizei ist zulässig:

- zur Erfüllung von Polizeiaufgaben (§ 28 I iVm § 26 I 1, 2 PolG NW),
- zur Gefahrenabwehr (§ 28 II, III Nrn. 1 u. 2 iVm § 26 I 1, 2 PolG NW),
- zur Abwehr erheblicher Nachteile für das Gemeinwohl oder zur Abwehr einer schwerwiegenden Beeinträchtigung der Rechte einer Person (§ 28 III Nr. 3 iVm § 26 I 1, 2 PolG NW).

4. Bayern

In Bayern wurden neue Vorschriften zum 1.10.1990 durch § 1 Nr. 3 des 3. Gesetzes zur

Änderung des PAG[909] eingefügt.
Im Grundsatz sind nach Art. 30 III 1 BayPAG personenbezogene Informationen offen zu erheben. Ausnahmen gelten jedoch insbesondere dann, wenn die Erfüllung polizeilicher Aufgaben gefährdet würde (Art. 30 III 2 1. Alt. BayPAG)[910]. In diesem Fall ist nach Art. 31 I BayPAG eine, auch verdeckte, Erhebung von personenbezogenen Daten zulässig über Störer, Nichtstörer im polizeilichen Notstand und andere Personen[911], wenn Art. 11-48 BayPAG keine besondere Befugnisregelung enthalten und die Erhebung erforderlich ist

- zur Abwehr von Gefahren (für die öffentliche Sicherheit oder Ordnung, Art. 2 I BayPAG), zu der hier nach Art. 31 I Nr. 1 BayPAG insbesondere auch die vorbeugende Bekämpfung von Straftaten gehören soll[912],
- zum Schutz privater Rechte,
- zur Vollzugshilfe,
- zur Erfüllung der durch andere Rechtsvorschriften der Polizei übertragenen Aufgaben.

Besondere Beschränkungen gelten hier nur für den verdeckten Einsatz technischer Mittel sowie für die längerfristige Observation, d.h. die planmäßig angelegte Beobachtung einer Person, die durchgehend länger als 24 Stunden oder an mehr als 2 Tagen durchgeführt werden soll, nicht dagegen für die kurzfristige Observation (Art. 33 I Nrn. 1, 2 BayPAG).
Die längerfristige Observation ist stets zulässig, wenn die Erfüllung einer polizeilichen Aufgabe auf andere Weise gefährdet oder erheblich erschwert würde (Art. 33 II BayPAG); sie unterliegt mithin, auch im Vergleich zu anderen Bundesländern, nur sehr geringen Beschränkungen, die in keiner Weise nach dem Grad der Gefahr oder der Schwere des zu erwartenden Schadens differenzieren.
Der verdeckte Einsatz technischer Mittel zum Abhören und Aufzeichnen des gesprochenen Wortes ist zulässig zur Erhebung personenbezogener Daten

- über Störer sowie über Nichtstörer im polizeilichen Notstand unter den entsprechenden Voraussetzungen zur Abwehr einer Gefahr für den Bestand oder die Sicherheit des Bundes oder eines Landes oder für Leben, Gesundheit oder Freiheit einer Person oder für Sachen, deren Erhaltung im öffentlichen Interesse geboten erscheint (Art. 33 III Nr. 1 BayPAG), und
- über Personen, hinsichtlich derer Tatsachen die Annahme rechtfertigen, daß sie eine

---

[909] v. 24.8.1990 (GVBl. 329); gem. § 3 II wurde das PAG mit neuer Artikelfolge am 14.9.1990 neu bekanntgemacht (GVBl. 397).

[910] Bloße Erschwernis reicht also nicht.

[911] Als Beispiel für solche "andere Personen" nennt BayVerfGH JZ 1995, 299, 301 "Kontakt- und Begleitpersonen, gefährdete Personen, Zeugen, Hinweisgeber und sonstige Auskunftspersonen."

[912] vgl. hierzu auch BayVerfGH JZ 1995, 299, 301.

Straftat von erheblicher Bedeutung[913] begehen wollen, sowie über deren Kontakt- und Begleitpersonen, wenn die Erhebung zur vorbeugenden Bekämpfung dieser Straftaten erforderlich ist (Art. 33 III Nr. 2 BayPAG).

Datenerhebungen durch längerfristige Observation und verdeckten Einsatz technischer Mittel dürfen auch erfolgen, wenn Dritte unvermeidbar betroffen werden, Art. 33 IV BayPAG.

Die Anordnung des Einsatzes darf nur schriftlich und mit Begründung durch den Leiter eines Landespolizeipräsidiums oder einer Polizei- oder Kriminaldirektion, des Grenzpolizeipräsidiums oder des LKA erfolgen; der Leiter des LKA kann die Kompetenz auf Abteilungsleiter delegieren. Seit dem 1.8.1998 darf der Einsatz für Zwecke der Eigensicherung bei Gefahr im Verzug auch durch einen vom Leiter des LKA, eines Landespolizeipräsidiums oder einer Polizei- oder Kriminaldirektion bestellten Beauftragten angeordnet werden[914]. Die Verlängerung der Maßnahme bedarf einer neuen Anordnung (Art. 33 V BayPAG).

Für den verdeckten Einsatz zur Datenerhebung in oder aus Wohnungen gelten darüber hinaus folgende Beschränkungen:

Er ist im engeren Bereich der Gefahrenabwehr unter denselben Voraussetzungen zulässig wie außerhalb einer Wohnung nach Art. 33 III Nr. 1 BayPAG (Art. 34 I Nr. 1 BayPAG), im Bereich der vorbeugenden Straftatbekämpfung jedoch nur über Personen, hinsichtlich derer Tatsachen die Annahme rechtfertigen, daß sie ein Verbrechen oder gewerbs-, gewohnheits- oder bandenmäßig ein in Art. 30 V BayPAG[915] genanntes Vergehen begehen wollen. Letzteres Tatbestandsmerkmal stellt allerdings nur für die in § 138 StGB genannten Vergehen und Straftaten nach § 129 StGB eine Beschränkung gegenüber den Befugnissen außerhalb von Wohnungen dar; für die übrigen in Art. 30 V BayPAG genannten Delikte bringt die Einbeziehung des Tatbestandsmerkmals "gewohnheitsmäßig" bemerkenswerterweise eine Erweiterung der polizeilichen Befugnisse gegenüber dem Vorgehen außerhalb von Wohnungen, da dieses Merkmal in Art. 30 V BayPAG selbst nicht genannt ist und deshalb die Annahme der gewohnheitsmäßigen Begehung dieser Straftaten einen Einsatz technischer Mittel außerhalb von Wohnungen nach Art. 33 V Nr. 2 BayPAG nicht trägt.

Die Anordnungskompetenz für den Wohnungseinsatz liegt beim Richter (Art. 34 II 1, 2 BayPAG), bei Gefahr im Verzug bei den in Art. 33 V BayPAG genannten Behördenleitern (Art. 34 II 3 BayPAG). In letzterem Fall trat die Anordnung ursprünglich erst nach 3 Tagen außer Kraft, sofern sie bis dahin nicht vom Richter bestätigt wurde (Art.

---

[913] Der Katalog derjenigen Delikte, die insbesondere "Straftaten von erheblicher Bedeutung" darstellen, in Art. 30 V BayPAG umfaßt dieselben Tatbestände wie der Katalog in § 8 III PolGNW(vgl. oben Fn. 908) mit Ausnahme der §§ 263, 264, 264a StGB, über diesen hinaus jedoch auch Straftaten nach § 253 StGB.

[914] Art. 33 V 3 BayPAG idFd Ges. z. Anpassg. d. Bay. Landesrechts an Art. 13 GG v. 10.7.1998 (GVBl. 383).

[915] vgl. o. Fn. 913.

34 II 4 BayPAG)[916]. Keiner besonderen Anordnung bedurfte es bis 1998 bei Mitführung und Verwendung ausschließlich zum Schutz der bei einem polizeilichen Einsatz tätigen Personen (Art. 34 III 1 BayPAG)[917]. In diesem Fall sind die Aufzeichnungen zwar grundsätzlich zu löschen; eine Ausnahme gilt jedoch auch hier dann, wenn sie zur Verfolgung von Straftaten benötigt werden (Art. 34 III 2 BayPAG).

Aufzeichnungen, die wegen des Einsatzes eines selbsttätigen Gerätes ausschließlich Personen betreffen, gegen die sich die Datenerhebungen nicht richteten, sind ebenfalls zwar grundsätzlich unverzüglich zu vernichten; auch hier ist aber die Verwendung zur Verfolgung von Straftaten zulässig (Art. 34 IV BayPAG).

Eine Benachrichtigungspflicht gilt nur nach dem Einsatz technischer Mittel in Wohnungen; Ausnahmen hiervon gelten jedoch, wenn der Zweck der Maßnahme, die eingesetzten nicht offen ermittelnden Beamten, die Möglichkeit ihrer weiteren Verwendung oder die öffentliche Sicherheit gefährdet würden sowie dann, wenn wegen des Sachverhaltes ein strafrechtliches Ermittlungsverfahren gegen den Betroffenen eingeleitet worden ist (Art. 34 V BayPAG). Angesichts des Umstandes, daß der Einsatz Verdeckter Ermittler regelmäßig auf Dauer angelegt ist, und angesichts der Weite des Begriffs der öffentlichen Sicherheit dürfte damit auch für den Bereich der Wohnungseinsätze die Benachrichtigung regelmäßig ausgeschlossen sein.

Eine Sonderregelung über die Datenerhebung bei öffentlichen Veranstaltungen und Ansammlungen findet sich in Art. 32 BayPAG.

Die Übermittlung von Erkenntnissen an andere öffentliche Stellen außerhalb der Polizei ist zulässig:

- zur Erfüllung von Polizeiaufgaben (Art. 40 II BayPAG),
- zur Gefahrenabwehr (Art. 40 III, IV Nr. 1 BayPAG),
- zur Verhütung oder Beseitigung erheblicher Nachteile für das Gemeinwohl (Art. 40 IV Nr. 2 BayPAG) sowie
- allgemein zur Wahrung sonstiger schutzwürdiger Interessen (Art. 40 IV Nr. 3 BayPAG).

Es handelte sich hier in der Regelung der Einsatzvoraussetzungen, des Ausschlusses der Benachrichtigung des Betroffenen und der Übermittlung um die weitestgehenden Befugnisse, die in diesem Bereich bis dahin einer Landespolizei zugestanden worden waren. Daß nach der bayerischen Konzeption auch die Abwehr von Sachgefahren den Eingriff in den grundrechtlichen Schutz der Unverletzlichkeit der Wohnung rechtfertigen soll, hat Zweifel an der Verfassungsmäßigkeit der Vorschrift hervorgerufen[918]. Dasselbe gilt auch für die Frage, ob das Ziel der vorbeugenden Straftatbekämpfung einen

---

[916] zur aktuellen Regelung vgl. u. S. 243f.

[917] zur aktuellen Regelung S. 243f.

[918] *Guttenberg*, NJW 1993, 567, 573; *Kutscha*, NJW 1994, 85, 88; L/D-*Bäumler*, Abschn. J, R. 680.

Verfassungsrang besitze, der einen solchen Eingriff rechtfertige[919]. Der BayVerfGH hat jedoch im Jahre 1994 entschieden, die Datenverarbeitungsregelungen der Art. 30-49 BayPAG entsprächen insgesamt dem Maßstab der Bayerischen Verfassung, allerdings ohne auf die Kritik, die sich speziell gegen Art. 34 I BayPAG richtete, besonders einzugehen[920].

5. Neue Bundesländer

Mit dem Beitritt der DDR zur Bundesrepublik zum 3.10.1990 galt im Ostteil Berlins das Berliner Landesrecht. In den Bundesländern Brandenburg, Mecklenburg-Vorpommern, Sachsen, Sachsen-Anhalt und Thüringen galt gemäß Anl. II Kap. II Sachgeb. C Abschn. III Nr. 2 des EinigungsV[921] in der Fassung der Vereinbarung vom 18.9.1990[922] das Gesetz über die Aufgaben und Befugnisse der Polizei der ehemaligen DDR vom 13.9.1990[923] bis zum Inkrafttreten jeweils eigener Polizeigesetze, längstens aber bis zum 31.12.1991, fort. In Sachsen-Anhalt galt danach das PAG DDR bis einschließlich 31.12.1991. In den vier anderen Ländern wurde die Gültigkeitsfrist jeweils durch Landesgesetze verlängert (in Sachsen allerdings nur bezüglich bestimmter Teile, zu denen aber auch die Vorschriften über Datenerhebung und -verarbeitung zählten)[924], so daß das PAG DDR in Thüringen bis zum 12.6.1992, in Mecklenburg-Vorpommern bis zum 14.8.1992 und in Brandenburg bis zum 21.3.1996 Gültigkeit behielt und in Sachsen bezüglich der hier einschlägigen Normen bis zum 9.6.1994 galt.

Auch nach § 33 III PAG DDR galt der Grundsatz der offenen Datenerhebung. Hiervon galt auch, anders als etwa in Bayern oder Nordrhein-Westfalen, keine generelle Ausnahmeregelung wegen Gefährdung der Aufgabenerfüllung, so daß die allgemeine Befugnis zur Erhebung personenbezogener Daten in § 33a I PAG DDR, die im übrigen der in Art. 31 I BayPAG entsprach, nur zu offener Tätigkeit ermächtigte.

Die Spezialregelungen über Datenerhebung durch kurz- und längerfristige Observation sowie über den verdeckten Einsatz technischer Abhör- und Aufzeichnungsmittel in §§ 35, 37 PAG DDR entsprachen nahezu völlig denjenigen in §§ 16, 18 PolG NW; aller-

---

919 *Kutscha*, aaO; *Schrader/Werner*, JZ 1995, 305, 306.

920 JZ 1995, 299ff.

921 v. 31.8.1990 (BGBl. II, 889).

922 BGBl. II, 1239.

923 DDR-GBl. I, 1489.

924 - Brandenburg: VGPolG Bbg v. 11.12.1991 (GVBl. 636): Fortgeltung der §§ 1-77, 82-84 bis zum Inkrafttreten eines eigenen Polizeigesetzes;
- Mecklenburg-Vorpommern: Art. II EGVwR/PAG ÄndG MV v. 19.12.1991 (GVBl. 534): Fortgeltung bis 30.6.1992; Art. 2 des 2. EGVwR/PAG ÄndG MV v. 16.6. 1992 (GVBl. 324): Fortgeltung bis 30.9.1992; aufgehoben durch § 114 II SOG MV v. 4.8.1992 (GVBl. 498) zum 14.8.1992;
- Thüringen: Polizeiaufgaben-ÜberleitungsG Thür v. 18.12.1991 (GVBl. 665): Fortgeltung bis zum Inkrafttreten des PAG, längstens bis 30.6.1992; das ThürPAG v. 4.6.1992 (GVBl. 199) ist in Kraft getreten am 13.6.1992;
- Sachsen: §§ 33-49 PAG DDR bleiben in Kraft gem. § 65 Nr. 1 SächsPolG v. 30.7.1991 (GVBl. 291).

dings war der Einsatz technischer Mittel zur Erhebung von Daten über Nichtstörer untersagt sowie der Begriff "Behördenleiter" durch den des "Leiters der Dienststelle" ersetzt. Eine Regelung zur Datenerhebung bei öffentlichen Veranstaltungen, Ansammlungen und Versammlungen fand sich in § 34 PAG DDR.
Die Übermittlung von Erkenntnissen an öffentliche Stellen außerhalb des Polizeibereichs war zulässig für Zwecke der Gefahrenabwehr (§ 43 II, III 1 Nr. 2 PAG DDR), der Erfüllung polizeilicher Aufgaben (§ 43 III 1 Nr. 1 PAG DDR) sowie zur Verhütung oder Beseitigung erheblicher Nachteile für das Gemeinwohl oder für die schutzwürdigen Belange einzelner (§ 43 III 1 Nr. 3 PAG DDR).

6. Hamburg

In Hamburg wurden die Regelungen zum 1.8.1991 durch das Gesetz über die Datenverarbeitung der Polizei (DatVPolG HH)[925] eingeführt.
Auch hier gilt der Grundsatz offener Datenerhebung (§ 2 III 1 DatVPolG HH). Eine verdeckte Datenerhebung ist insbesondere zulässig, wenn das DatVPolG HH sie ausdrücklich zuläßt oder wenn die Erfüllung einer bestimmten polizeilichen Aufgabe bei anderem Handeln aussichtslos wäre (§ 2 III 3 DatVPolG HH).
Eine solche verdeckte Erhebung kommt in folgenden Fällen des § 6 DatVPolG DatVPolG HH in Betracht:

- soweit sie im Einzelfall erforderlich ist zur Abwehr einer bevorstehenden Gefahr, zur Wahrnehmung grenzpolizeilicher Aufgaben oder einer Aufgabe der Amts- oder Vollzugshilfe,
- wenn dies zur Vorbereitung oder Durchführung eines Einsatzes erforderlich ist, bei dem erfahrungsgemäß eine besondere Gefährdungslage besteht,
- wenn tatsächliche Anhaltspunkte die Annahme rechtfertigen, daß die betreffende Person Opfer einer Straftat werden wird, und die Erhebung zur Wahrnehmung der Schutzaufgabe erforderlich ist,
- wenn die betreffende Person sich im räumlichen Umfeld einer Person aufhält, die auf Grund ihrer beruflichen Tätigkeit oder ihrer Stellung in der Öffentlichkeit besonders gefährdet erscheint, und die Erhebung zum Schutz der gefährdeten Person erforderlich ist,
- wenn tatsächliche Anhaltspunkte die Annahme rechtfertigen, daß die Person künftig Straftaten begehen wird, und die Erhebung zur vorbeugenden Bekämpfung von Straftaten mit erheblicher Bedeutung[926] erforderlich ist,

---

[925] verkündet als Art. 2 des Gesetzes zur Änderung des Gesetzes zum Schutz der öffentlichen Sicherheit und Ordnung und zur Sicherung des Datenschutzes bei der Polizei v. 2.5.1991 (GVBl. 187).

[926] Dies sind gem. § 1 IV DatVPolG HH Verbrechen nach §§ 129a, 146, 151, 152, 152a, 177, 178, 181, 211, 212, 220a, 224, 225, 226, 229, 234, 234a, 239a, 239b, 249-252, 255, 265, 306-308 StGB, § 52a WaffG, §§ 19, 20, 22a KWKG, § 30 BtMG, Vergehen nach § 129 StGB sowie gewerbs- oder bandenmäßig begangene Straftaten nach §§ 125a, 223a, 243, 244, 260, 263-264a, 265b, 266, 283, 283a, 302a, 310b-311b, 312, 313, 315 III, 315b, 316c, 318, 319, 324-330a StGB, § 53 I 1 Nr. 1 u. 2 WaffG, § 29 III

- über Kontakt- oder Begleitpersonen, wenn dies zur vorbeugenden Bekämpfung von Straftaten mit erheblicher Bedeutung erforderlich ist.

Auch das DatVPolg HH sieht unterschiedliche Regeln über länger- und kurzfristige Observationen vor, wobei als längerfristige Observation eine planmäßig angelegte Beobachtung gilt, die innerhalb einer Woche länger als 24 Stunden oder über den Zeitraum einer Woche hinaus vorgesehen ist oder tatsächlich durchgeführt wird (§ 9 I 1 DatVPolG HH).

Die Regelung der Zulässigkeit kurzfristiger Observationen in § 9 IV DatVPolG HH entspricht derjenigen in § 16 IV PolG NW.

Sowohl längerfristige Observationen als auch der verdeckte Einsatz technischer Mittel, auch zur Erhebung in oder aus Wohnungen, sind zulässig zur Erhebung von personenbezogenen Daten über Störer und Nichtstörer im polizeilichen Notstand, wenn dies zur Abwehr einer unmittelbar bevorstehenden Gefahr für Leib, Leben oder Freiheit einer Person unerläßlich ist (§§ 9 I 1 Nr. 1, 10 I 1, II DatVPolG HH). Darüber hinaus ist die Erhebung durch längerfristige Observation zulässig über Personen, hinsichtlich derer Tatsachen die Annahme rechtfertigen, daß sie Straftaten von erheblicher Bedeutung begehen werden, wenn die Datenerhebung zur vorbeugenden Bekämpfung dieser Straftaten erforderlich ist, sowie über deren Kontakt- und Begleitpersonen, wenn die Aufklärung des Sachverhaltes auf andere Weise aussichtslos wäre (§ 9 I 1 Nr. 2 DatVPolG HH). Für den entsprechenden verdeckten Einsatz technischer Mittel zur vorbeugenden Straftatbekämpfung, der insoweit nur außerhalb von Wohnungen zulässig ist, muß die durch die Tatsachen gerechtfertigte Annahme eine "dringende" sein (§ 10 I 2 DatVPolG HH). Alle Maßnahmen dürfen auch durchgeführt werden, soweit Dritte unvermeidbar betroffen sind (§§ 9 I 2, 10 I 3 DatVPolG HH).

Die Anordnungskompetenz für die längerfristige Observation und den Einsatz technischer Mittel außerhalb von Wohnungen liegt beim Polizeipräsidenten (§§ 9 II 1, 10 I 4 DatVPolG HH); aus §§ 9 II 2 u. 3, 10 I 4 DatVPolG HH ergeben sich bestimmte Formerfordernisse. Für den Einsatz technischer Mittel zur Erhebung in oder aus Wohnungen darf die Anordnung nur auf Antrag des Polizeipräsidenten durch den Richter erfolgen (§ 10 III 1 DatVPolG HH); bei Gefahr im Verzug ist jedoch der Polizeipräsident selbst zuständig. Die richterliche Bestätigung ist aber unverzüglich nachzuholen, sofern nicht zu erwarten ist, daß sie erst nach Beendigung der Maßnahme ergehen würde (§ 10 III 3, 5 DatVPolG HH). Mangels richterlicher Bestätigung tritt die Anordnung des Polizeipräsidenten nach 3 Tagen außer Kraft. In diesem Fall sind die Aufzeichnungen unverzüglich zu vernichten; abweichend davon ist aber die Aufbewahrung zur Verfolgung von Straftaten zulässig (§ 10 III 4 DatVPolG HH).

Der richterlichen Anordnung bedarf es nicht bei ausschließlicher Mitführung und

---

Nrn. 1 u. 4 BtMG, § 92 II AuslG. Auch dieser Katalog wurde bisher noch nicht an die Änderungen durch das 6. StrRG angepaßt. § 1 IV DatVPolG HH nennt nicht das Tatbestandsmerkmal "insbesondere"; dieser Katalog ist mithin abschließend.

Verwendung zum Schutz der bei einem polizeilichen Einsatz tätigen Personen. Auch in diesem Fall sind die Aufzeichnungen unverzüglich nach Beendigung des Einsatzes zu vernichten, ist aber die Aufbewahrung zur Verfolgung von Straftaten zulässig (§ 10 IV DatVPolG HH).

Dieselbe Regelung gilt für Aufzeichnungen eines selbsttätigen Gerätes, die ausschließlich Personen betreffen, gegen die sich die Erhebung nicht richtete (§ 10 V DatVPolG HH).

Die Benachrichtigungsregelung in §§ 9 III, 10 VI DatVPolG HH sieht die "üblichen" Ausnahmen der Gefährdung des Zwecks der Datenerhebung sowie der Eröffnung eines strafrechtlichen Ermittlungsverfahrens gegen den Betroffenen im Anschluß an den auslösenden Sachverhalt vor.

Eine Sonderregelung über die Erhebung bei öffentlichen Veranstaltungen und Ansammlungen sowie an besonders gefährdeten Objekten (insb. Verkehrs- oder Versorgungsanlagen oder -einrichtungen, öffentliche Verkehrsmittel oder Amtsgebäude; § 8 II 1 iVm § 4 I Nr. 3 DatVPolG HH) findet sich in § 8 DatV PolG HH.

Die Übermittlung personenbezogener Daten an andere öffentliche Stellen ist insbesondere zulässig

- zur Erfüllung einer polizeilichen Aufgabe (§ 20 I 1 Nr. 1 DatVPolG HH),
- zu Gefahrenabwehrzwecken nach Maßgabe des § 20 I 1 Nr. 2, II DatVPolG HH,
- zur Verhütung oder Beseitigung erheblicher Nachteile für das Gemeinwohl oder schwerwiegender Beeinträchtigungen von gewichtigen Rechtspositionen einzelner, insbesondere zur Abwehr von Gefahren für Leib, Leben, Gesundheit, persönliche Freiheit oder für erhebliche Vermögenswerte (§ 20 I 1 Nr. 5 DatVPolG HH).

Die Übermittlung zu einem anderen Zweck als dem, zu dem die Polizei die Daten erlangt oder gespeichert hat, ist zulässig an andere für Aufgaben der Gefahrenabwehr zuständige Stellen zur Erfüllung ihrer Aufgaben oder zur Erfüllung einer polizeilichen Aufgabe, wenn die Übermittlung zur Abwehr einer bevorstehenden Gefahr erfolgt, oder wenn der Empfänger die Daten auf andere Weise nicht oder nicht rechtzeitig erlangen kann oder nur mit unverhältnismäßig hohem Aufwand erlangen kann, wobei in letzterem Fall keine Anhaltspunkte bestehen dürfen, daß schutzwürdige Interessen Betroffener beeinträchtigt würden (§ 20 I 2, 3, II DatVPolGHH).

### 7. Baden-Württemberg

In Baden-Württemberg wurden die neuen Vorschriften zum 1.12.1991 durch das Gesetz zur Änderung des PolG BW[927] eingeführt.

Es gilt der Grundsatz der offenen Datenerhebung (§ 19 II 1 PolG BW). Verdeckte Erhebung ist insbesondere zulässig, wenn sonst die polizeiliche Aufgabenwahrnehmung gefährdet oder nur mit unverhältnismäßig hohem Aufwand möglich wäre (§ 19 II 2 PolG BW).

---

[927] v. 22.10.1991 (GBl. 625).

Danach ist eine solche Erhebung möglich

- über Störer und andere Personen, soweit dies zur Abwehr einer Gefahr oder zur Beseitigung einer Störung der öffentlichen Sicherheit oder Ordnung erforderlich ist und die polizeilichen Befugnisse nicht anderweitig geregelt sind (§ 20 II PolG BW),
- zur vorbeugenden Bekämpfung von Straftaten über Personen, bei denen tatsächliche Anhaltspunkte vorliegen, daß sie künftig Straftaten begehen, deren Kontakt- und Begleitpersonen, über Personen, bei denen tatsächliche Anhaltspunkte vorliegen, daß sie Opfer von Straftaten werden, über Personen im räumlichen Umfeld einer in besonderem Maß als gefährdet erscheinenden Person sowie über Zeugen, Hinweisgeber oder sonstige Auskunftspersonen (§ 20 III PolG BW),
- zum Schutz privater Rechte oder zur Vollzugshilfe (§ 20 V PolG BW).

Besondere Beschränkungen für kurzfristige Observationen bestehen nicht.

Längerfristige Observationen, d.h. voraussichtlich innerhalb einer Woche länger als 24 Stunden dauernde oder über den Zeitraum einer Woche hinaus stattfindende Observationen (§ 22 I Nr. 1 PolG BW), sowie der verdeckte Einsatz technischer Mittel dürfen angeordnet werden zur Erhebung personenbezogener Daten über Störer und andere Personen zur Abwehr einer Gefahr für den Bestand oder die Sicherheit des Bundes oder eines Landes oder für Leben, Gesundheit und Freiheit einer Person oder für bedeutende Sach- und Vermögenswerte sowie über Personen, bei denen tatsächliche Anhaltspunkte vorliegen, daß sie künftig Straftaten begehen, und über deren Kontakt- und Begleitpersonen zur vorbeugenden Bekämpfung von Straftaten mit erheblicher Bedeutung[928], wenn anderenfalls die Aufgabenwahrnehmung gefährdet oder erheblich erschwert würde (§ 22 III PolG BW). Die Erhebung ist auch zulässig, soweit Dritte unvermeidbar betroffen werden (§ 22 IV PolG BW). Tonaufzeichnungen, die ausschließlich nicht in § 22 II u. III PolG BW genannte Personen betreffen, sind unverzüglich, spätestens aber nach 2 Monaten zu löschen, sofern sie im Einzelfall nicht zur Straftatverfolgung erforderlich sind (§ 22 VII PolG BW).

Der verdeckte Einsatz technischer Mittel zur Erhebung in oder aus Wohnungen ist zulässig über Störer und Nichtstörer im polizeilichen Notstand zur Abwehr einer unmittelbar bevorstehenden Gefahr für den Bestand oder die Sicherheit des Bundes oder eines Landes oder für Leben, Gesundheit oder Freiheit einer Person (§ 23 I 1 PolG BW).

Die Anordnungskompetenz für die längerfristige Observation liegt bei den Leitern des LKA, der Wasserschutzpolizeidirektion, der Landespolizeidirektionen, der Polizeipräsidien, der Polizeidirektionen und der Abschnitte. Die Mitglieder der drei erstgenannten Gruppen können die Befugnis auf Beamte des höheren Dienstes delegieren (§ 22 VI

---

[928] Dies sind nach § 22 V PolG BW alle Verbrechen sowie solche Vergehen, die im Einzelfall nach Art und Schwere geeignet sind, den Rechtsfrieden besonders zu stören, soweit sie sich gegen das Leben, die Gesundheit oder die Freiheit einer oder mehrerer Personen oder bedeutende fremde Sach- oder Vermögenswerte richten oder auf den Gebieten des unerlaubten Waffen- oder Betäubungsmittelverkehrs, der Geld- oder Wertzeichenfälschung oder des Staatsschutzes (§§ 74a, 120 GVG) begangen werden oder soweit sie gewerbs-, gewohnheits-, serien-, bandenmäßig oder sonst organisiert begangen werden.

PolG BW).
Für den verdeckten Einsatz technischer Mittel besteht nur insoweit eine besondere Regelung der Anordnungsbefugnis, als es um die Erhebung in oder aus Wohnungen geht (vgl. § 22 VI 1 PolG BW). In diesem Fall liegt die Befugnis nach § 23 II 1 PolG BW beim Amtsrichter. Bei Gefahr im Verzug darf die Anordnung jedoch durch eine der in § 22 VI PolG BW genannten Personen ergehen; sie bedarf dann der richterlichen Bestätigung, die unverzüglich einzuholen ist, soweit nicht anzunehmen ist, daß sie erst nach Beendigung der Maßnahme ergehen würde (§ 23 II 4, 5 PolG BW)[929]. Die Anordnung des Wohnungseinsatzes ist gem. § 23 II 2 PolG BW zu befristen. Einer richterlichen Anordnung bedarf es auch hier nicht bei ausschließlicher Verwendung zur Sicherung der bei einem polizeilichen Einsatz tätigen Personen[930]. Die Aufzeichnungen sind in diesem Falle unverzüglich, spätestens aber nach 2 Monaten, zu löschen, es sei denn, daß sie zur Straftatverfolgung erforderlich sind (§ 23 III PolG BW).
Von allen Maßnahmen ist nach Beendigung der Betroffene zu unterrichten. Ausnahmen gelten hier jedoch nicht nur bei Zweckgefährdung, sondern auch bei Gefährdung eines Verdeckten Ermittlers oder seiner weiteren Verwendung für Maßnahmen nach dem PolG BW, bei einem strafrechtlichen Ermittlungsverfahren im Anschluß an den auslösenden Sachverhalt und wenn seit Beendigung der Maßnahme 5 Jahre verstrichen sind (§§ 22 VIII, 23 IV PolG BW).
Eine Sonderregelung über die Erhebung bei öffentlichen Veranstaltungen und Ansammlungen sowie an besonders gefährdeten Objekten findet sich in § 21 PolG BW.
Die Übermittlung von Daten an andere öffentliche Stellen ist zulässig zur Wahrnehmung polizeilicher Aufgaben, zur Abwehr einer Gefahr durch den Empfänger oder soweit dies in einer anderen Rechtsvorschrift außerhalb des DatSchG BW vorgesehen ist (§ 43 I 1 PolG BW). In den ersten beiden Fällen dürfen ausdrücklich auch Daten, die zur vorbeugenden Bekämpfung von Straftaten gespeichert sind, über Personen, bei denen tatsächliche Anhaltspunkte vorliegen, daß sie künftig Straftaten begehen (nicht aber über deren Kontakt- oder Begleit- oder über andere Personen), übermittelt werden (§ 43 I 2 PolG BW).

8. Sachsen-Anhalt

Sachsen-Anhalt ersetzte zum 1.1.1992 das PAG DDR durch ein eigenes SOG LSA[931].
Es gilt der Grundsatz offener Datenerhebung nach § 15 VI SOG LSA mit der Ausnahme der erheblichen Gefährdung der Erfüllung verwaltungsbehördlicher oder polizeilicher Aufgaben.
Die Datenerhebung ist in dieser Situation in denselben Fällen zulässig wie nach § 13 I

---

[929] zum Wegfall dieser Einschränkung seit 1998 vgl. u. S. 243f.
[930] zur Rechtslage seit 1998 vgl. u S. 243f.
[931] v. 19.12.1991 (GVBl. 538).

Nrn. 3 u. 4, II HSOG (§ 15 I Nrn. 3 u. 4, II SOG LSA)[932]. Auch die Regelung über die Erhebung von Daten über den Betroffenen bei Dritten in § 15 V 2 SOG LSA sowie diejenige über die Erhebung zu unbestimmten oder noch nicht bestimmbaren Zwecken in § 15 IV SOG LSA entspricht derjenigen in § 13 V, VI HSOG.
Die Voraussetzungen einer Observation sowie des verdeckten Einsatzes technischer Mittel nach § 17 SOG LSA entsprechen ebenfalls fast völlig denjenigen des § 15 HSOG in der seinerzeit geltenden Fassung (mit der entsprechenden Änderung des Begriffs der "Straftat von erheblicher Bedeutung"). Auch hier ist damit der Einsatz gem. § 17 II 1 SOG LSA nur zur vorbeugenden Bekämpfung von Straftaten zulässig. Anders als in Hessen wurde die daraus resultierende Beschränkung für den Einsatz nach § 17 III 1 Nr. 3 SOG LSA (entspricht § 15 III 1 Nr. 3 HSOG idF des Jahres 1991) auch nicht durch eine spätere Gesetzesänderung korrigiert. Die Regelung weicht lediglich in folgenden Punkten von der hessischen Lösung ab: Anders als dort existiert in Sachsen-Anhalt auch eine Vorschrift über kurzfristige planmäßig angelegte Beobachtungen, die nicht die in § 17 I Nr. 1 SOG LSA genannte Dauer erreichen: Sie sind zulässig, soweit dies zum Zweck der Abwehr einer Gefahr (für die öffentliche Sicherheit oder Ordnung, § 3 Nr. 3 lit. a SOG LSA) erforderlich ist und ohne sie die Erfüllung der polizeilichen Aufgabe gefährdet wird (§ 17 VI 2 SOG LSA). Außerdem ist die Benachrichtigungsregelung eine andere als in Hessen. Nach § 17 VII SOG LSA wird von der Benachrichtigung des Betroffenen insbesondere in folgenden Fällen abgesehen: Gefährdung des Zwecks der Maßnahme, strafrechtliches Ermittlungsverfahren im Anschluß an den auslösenden Sachverhalt (also anders als in Hessen keine Benachrichtigung durch die Staatsanwaltschaft), Notwendigkeit der Erhebung weiterer personenbezogener Daten über den Betroffenen zur Durchführung der Unterrichtung, unverzügliche Vernichtung nach Beendigung der Maßnahme. Schließlich weicht auch die Vernichtungsregelung von der hessischen ab: Nach § 17 VIII SOG LSA hat die Vernichtung von Unterlagen über Erkenntnisse aus Erhebungen aus oder in Wohnungen oder durch den verdeckten Einsatz technischer Mittel zu erfolgen, sobald sie nicht mehr für den der Anordnung zugrunde liegenden Zweck, zur Strafverfolgung oder zur Strafvollstreckung erforderlich sind.
Beachtenswert ist jedoch, daß Art. 17 III 1 VerfLSA v. 16.7.1992[933] eine spezielle landesverfassungsrechtliche Schrankenregelung eingeführt hat: Danach ist die akustische

---

932 Lediglich der Begriff der "Straftaten von erheblicher Bedeutung" wurde in Sachsen-Anhalt, anders als bis 1994 in Hessen, katalogmäßig definiert. Der Katalog in § 3 Nr. 4 SOG LSA entspricht dabei demjenigen in § 8 III PolG NW (vgl. o. Fn. 908) mit folgenden Ausnahmen: An Stelle der Tatbestände der §§ 263, 264, 264a StGB nennt das SOG LSA denjenigen des § 253 StGB; statt einer enumerativen Aufzählung der §§ 324-330a StGB wird (mit bisher gleichem Ergebnis) pauschal auf die Tatbestände des 28. Abschnitts des StGB verwiesen; statt § 47a AuslG wird § 92 II u. III AuslG genannt.
In § 3 Nr. 4 S. 2 SOG LSA wird näher dargelegt, in welchen Fällen auch andere Delikte als die genannten erfaßt sind: Danach sind andere als die in S. 1 aufgeführten Vergehen ebenfalls Straftaten von erheblicher Bedeutung, wenn sie ihnen auf Grund des betroffenen Rechtsgutes, ihrer Begehungsweise oder ihrer Dauer in ihrer Bedeutung gleichkommen.

933 GVBl. 600.

Ausspähung in oder aus Wohnungen durch den Einsatz technischer Mittel nur zur Abwehr einer gemeinen Gefahr oder einer Gefahr für Leib oder Leben einzelner Personen auf der Grundlage eines Gesetzes zulässig. Damit ist die vorkonstitutionelle Regelung des § 17 IV SOG LSA (entspricht § 15 IV HSOG) insoweit wegen Verstoßes gegen das Landesverfassungsrecht unbeachtlich, als sie den Einsatz technischer Mittel zur Datenerhebung in oder aus Wohnungen auch zur Abwehr einer Gefahr für die Freiheit einer Person zuläßt.
Eine Sonderregelung über die Erhebung bei öffentlichen Veranstaltungen und Ansammlungen sowie an besonders gefährdeten Objekten findet sich in § 16 SOG LSA.
Die Übermittlungsregelung in § 27 II 1 SOG LSA entspricht derjenigen in § 22 II HSOG; der Begriff der schwerwiegenden Beeinträchtigung der Rechte einer anderen Person wird aber näher spezifiziert: "insbesondere zur Abwehr von Gefahren für Leib, Leben, Gesundheit, persönliche Freiheit oder erhebliche Vermögenswerte" (§ 27 II 1 Nr. 5 SOG LSA). Außerdem findet sich in § 26 II 1 SOG LSA erstmals eine Sonderregelung für die Übermittlung von Daten, die einem Berufs- oder sonstigen Amtsgeheimnis unterliegen: Sie ist nur zulässig, wenn der Empfänger die Daten zum gleichen Zweck benötigt, zu dem sie die Verwaltungsbehörde oder die Polizei erhoben hat oder hätte erheben können.

9. Berlin

In Berlin traten die entsprechenden Vorschriften zum 26.4.1992 als Bestandteil des ASOG Bln[934] in Kraft.
Es gilt der Grundsatz offener Datenerhebung mit der Ausnahme des Falles der Gefährdung der Aufgabenerfüllung, § 18 II ASOG Bln.
Verdeckte Erhebung von personenbezogenen Daten ist dann zulässig über Störer, über Nichtstörer im polizeilichen Notstand sowie über andere Personen zur Abwehr einer Gefahr (für die öffentliche Sicherheit oder Ordnung, § 1 I 1 ASOG Bln) oder zur Erfüllung der der Polizei durch andere Rechtsvorschriften übertragenen Aufgaben; ferner ist sie zulässig zur vorbeugenden Bekämpfung von Straftaten von erheblicher Bedeutung[935], zum Schutz privater Rechte sowie zur Leistung von Vollzugshilfe.
Eine besondere Beschränkung der Zulässigkeit kurzfristiger Observationen existiert nicht.
Längerfristige Observationen (Definition wie nach Art. 33 I BayPAG) und der verdeckte

---

[934] v. 14.4.1992 (GVBl. 119).

[935] Dies sind nach § 17 III ASOG Bln alle Verbrechen und die Vergehen, die auf Grund ihrer Begehensweise, ihrer Dauer oder Schwere geeignet sind, den Rechtsfrieden besonders zu stören; dies gilt insbesondere für Vergehen, die gewerbs-, gewohnheits-, serien- oder bandenmäßig oder in anderer Weise organisiert begangen werden. Nach § 17 IV SAOG Bln stehen ihnen außerdem Ordnungswidrigkeiten, die sich auf eine Schädigung der Umwelt oder auf gemeinschaftswidrige Wirtschaftsformen, insbesondere illegale Beschäftigung, beziehen und die geeignet sind, die Sicherheit der Bevölkerung zu beeinträchtigen, gleich. Es handelt sich hier um die bis dahin weiteste Umschreibung des Begriffs überhaupt.

Einsatz technischer Mittel sind nach § 25 I ASOG Bln zulässig, wenn Tatsachen die Annahme rechtfertigen, daß eine Straftat von erheblicher Bedeutung begangen werden soll, und wenn die vorbeugende Bekämpfung auf andere Weise aussichtslos erscheint und die Maßnahme nicht unverhältnismäßig ist. Auch hier ist also, wie in Sachsen-Anhalt und bis 1994 in Hessen, der Einsatz ausschließlich zu Zwecken der vorbeugenden Verbrechensbekämpfung zulässig. Die Umschreibung der Zielpersonen der Maßnahmen in § 25 II ASOG Bln ist dieselbe wie in § 15 III 1 HSOG in der Fassung des Jahres 1991, nur daß der Begriff der "Verhütung von Straftaten" durch den der "vorbeugenden Bekämpfung" ersetzt worden ist. Auch hier dürfen Daten über Dritte erhoben werden, soweit dies unvermeidbar ist. Die Anordnung darf nach § 25 III ASOG Bln durch jeden Beamten des höheren Dienstes erfolgen.
Die Datenerhebung aus Wohnungen ist nur zulässig, soweit sie zur Abwehr einer Gefahr für Leib, Leben oder Freiheit einer Person unerläßlich ist (§ 25 IV ASOG Bln). Sie bedarf der richterlichen Anordnung; bei Gefahr im Verzug gilt jedoch keine besondere Beschränkung der Anordnungskompetenz (§ 25 V 1 ASOG Bln). Nach einer polizeilichen Anordnung wegen Gefahr im Verzug ist unverzüglich die richterliche Bestätigung zu beantragen, und zwar selbst dann, wenn die Maßnahme zwischenzeitlich beendet wurde (§ 25 V 3 ASOG Bln). Mangels richterlicher Bestätigung tritt die Anordnung binnen dreier Tage außer Kraft (§ 25 V 4 ASOG Bln).
Bei einer Mitführung oder Verwendung des technischen Mittels ausschließlich zum Schutz der bei einem polizeilichen Einsatz tätigen Personen bedurfte es ursprünglich weder der Anordnung eines Richters noch derjenigen eines Beamten des höheren Dienstes (§ 25 VI ASOG Bln). Eine besondere Regelung der Verwertung oder Vernichtung für diese Fälle bestand seinerzeit ebensowenig[936].
Die Benachrichtigungsregelung in § 25 VII ASOG Bln sieht folgende Ausnahmen vor: Zweckgefährdung, keine Erstellung von Aufzeichnungen, unverzügliche Vernichtung der Aufzeichnungen und der Unterlagen nach Beendigung der Maßnahme. Die Einleitung eines Ermittlungsverfahrens führt nicht zur Suspendierung der Benachrichtigungspflicht; vielmehr entscheidet, wie in Hessen, die Staatsanwaltschaft über den Zeitpunkt der Benachrichtigung.
Die Vernichtungsregelung des § 25 VIII ASOG Bln gilt für Unterlagen aus Erhebungen in oder aus Wohnungen und aus dem verdeckten Einsatz technischer Mittel einschließlich des "kleinen Lauschangriffs" nach § 25 VI ASOG Bln; sie entspricht inhaltlich derjenigen in § 17 VIII SOG LSA.
Die Regelung über Aufzeichnungen eines selbsttätigen Aufnahmegerätes in § 25 IX ASOG Bln ist dieselbe wie etwa in Bayern, Hamburg und Nordrhein-Westfalen.
Eine Regelung über Erhebungen bei öffentlichen Veranstaltungen oder Ansammlungen findet sich in § 24 ASOG Bln.
Die Übermittlung an andere öffentliche Stellen ist zulässig zur Erfüllung

[936] zur aktuellen Rechtslage s.u. S. 243f.

ordnungsbehördlicher oder polizeilicher Aufgaben, zur Abwehr einer Gefahr für oder durch den Empfänger, zur Abwehr erheblicher Nachteile für das Gemeinwohl oder einer schwerwiegenden Beeinträchtigung der Rechte einer Person (§ 44 II ASOG Bln).

10. Schleswig-Holstein

Die für Schleswig-Holstein durch das Gesetz zur Änderung des LVwG SchlH[937] zum 1.6.1992 eingeführten Vorschriften waren in einigen Punkten bei der Einräumung polizeilicher Kompetenzen deutlich zurückhaltender als diejenigen anderer Bundesländer zuvor.

Es gilt der Grundsatz offener Datenerhebung gem. § 178 II 1 LVwG SchlH. Verdeckte Erhebung ist nach § 178 II 2 LVw G SchlH insbesondere zulässig, wenn ohne sie die Erfüllung polizeilicher oder ordnungsbehördlicher Aufgaben erheblich gefährdet werden würde. Jedoch ist bei verdeckter Erhebung der Betroffene zu unterrichten, wenn die Daten in einer Datei gespeichert oder an Dritte übermittelt werden; dies gilt aber nicht, wenn durch die Unterrichtung das Ziel oder der Zweck der Maßnahme gefährdet wäre (Unterrichtung dann fakultativ) oder wenn sich an den auslösenden Sachverhalt ein Ermittlungsverfahren gegen den Betroffenen anschließt (Unterrichtung dann untersagt) (§ 178 II 3-5 LVwG SchlH).

Die Erhebung hat grundsätzlich beim Betroffenen zu erfolgen. Erhebung bei Dritten ist zulässig, wenn sie beim Betroffenen nicht oder nicht rechtzeitig möglich ist oder dadurch die polizeiliche oder ordnungsbehördliche Aufgabenerfüllung erheblich erschwert oder gefährdet würde (§ 178 I LVwG SchlH).

Unter den genannten Voraussetzungen kann eine verdeckte Erhebung zur Abwehr einer im einzelnen Falle bevorstehenden Gefahr (für die öffentliche Sicherheit, § 162 I LVwG SchlH) erfolgen über Störer, Nichtstörer im polizeilichen Notstand, über geschädigte, hilflose oder vermißte Personen sowie deren Angehörige, gesetzliche Vertreter oder Vertrauenspersonen, über gefährdete Personen und über Zeugen, Hinweisgeber oder sonstige Auskunftspersonen (§ 179 I LVwG SchlH). Darüber hinaus ist die Erhebung dann möglich, wenn Tatsachen dafür sprechen, daß Verbrechen oder gewerbs- oder gewohnheitsmäßig Vergehen begangen werden sollen; sie darf dann personenbezogene Daten über Personen, bei denen Tatsachen dafür sprechen, daß sie solche Straftaten begehen oder sich hieran beteiligen werden, über Personen, bei denen Tatsachen dafür sprechen, daß sie Opfer solcher Straftaten werden, sowie über Zeugen, Hinweisgeber oder sonstige Auskunftspersonen, die dazu beitragen können, den Sachverhalt solcher Straftaten aufzuklären, betreffen (§ 179 II LVwG SchlH). Ausdrücklich festgeschrieben ist, daß allgemeine Erfahrungssätze ohne Bezug zum jeweiligen Geschehen keine Tatsachen im Sinne dieser Bestimmungen darstellen (§ 179 III LVwG SchlH).

Für die Observation, d.h. die planmäßig angelegte Beobachtung, die innerhalb einer Woche länger als 24 Stunden oder über den Zeitraum einer Woche hinaus vorgesehen ist

---

937 v. 30.1.1992 (GVBl. 63).

oder tatsächlich durchgeführt wird (§ 185 I Nr. 1 LVwG SchlH)[938], sowie den verdeckten Einsatz technischer Mittel, die nach der gesetzlichen Regelung durch Verwaltungsvorschrift des Innenministers einzeln zugelassen werden müssen (§ 185 I Nr. 2 lit. b LVwG SchlH), bestehen die folgenden Spezialvorschriften: Die Anwendung ist nur zulässig, wenn Tatsachen dafür sprechen, daß ein Schaden für Leib, Leben oder Freiheit oder ein gleich gewichtiger Schaden für Sach- oder Vermögenswerte oder für die Umwelt zu erwarten ist und die Aufklärung des Sachverhalts zum Zwecke der Verhütung dieses Schadens auf andere Weise unmöglich ist (§ 185 II 1 LVwG SchlH); die Anwendung der besonderen Mittel der Datenerhebung steht mithin hier in einem ausnahmelosen Nachrang zu anderen Erhebungsmethoden. Die Erhebung richtet sich nur gegen Personen, bei denen Tatsachen dafür sprechen, daß sie als Verantwortliche in Anspruch genommen werden können (§ 185 II 2 LVwG SchlH), also nicht gegen Nichtstörer im polizeilichen Notstand, Kontakt- und Begleitpersonen u.ä.

Daten, die über andere als die genannten Personen erhoben worden sind, sind nach § 186 III LVwG SchlH unverzüglich zu löschen; eine Ausnahmeregelung für Strafverfolgungszwecke existiert nicht.

Die Erhebung in oder aus Wohnungen durch Einsatz technischer Mittel oder andere besondere Mittel der Datenerhebung ist nur zulässig, wenn sie zur Abwehr einer gegenwärtigen Gefahr für Leib oder Leben einer Person unerläßlich ist (§ 185 III LVwG SchlH).

Die Anordnungskompetenz sowohl für die Observation als auch für den verdeckten Einsatz technischer Mittel zum Abhören und Aufzeichnen liegt nach § 186 I 1 LVwG SchlH außer bei Gefahr im Verzug beim Richter. Durch das Gesetz zur Änderung des LVwG SchlH v. 11.3.1993[939] wurde § 186 LVwG SchlH zum 26.3.1993 dahingehend ergänzt, daß von einer Anhörung des Betroffenen vor der Anordnung zwar abzusehen ist, soweit der Zweck der Maßnahme gefährdet würde, die Anhörung jedoch nachzuholen ist, wenn die Gefährdung entfallen ist (§ 186 II 3 LVwG SchlH). Zudem ist seitdem bereits die gerichtliche Entscheidung, nicht erst die Durchführung der Maßnahme dem Betroffenen bekanntzumachen, sobald dies ohne Zweckgefährdung möglich ist; ist dies nach 5 Jahren nicht der Fall, ist sie dem Landesbeauftragten für den Datenschutz (LfD) bekanntzumachen (§ 186 II 6, IV LVwG SchlH).

Eine Ausnahmeregelung für Zwecke der Eigensicherung für die Polizei tätiger Personen ("kleiner Lauschangriff") besteht nicht.

Es existiert jedoch auch keine besondere Regelung der Anordnungskompetenz bei Gefahr im Verzug; auch ist die Polizei in diesem Fall nicht verpflichtet, die richterliche Anordnung nachzuholen, so daß die Regelungen über Anhörung und Bekanntmachung dann nicht greifen. Ein gerichtlicher Rechtsschutz einschließlich der Überprüfung der Frage, ob überhaupt Gefahr im Verzug war, ist dann nur in der Folge der Benach-

---

[938] Besondere Vorschriften über die Anordnung kurzfristiger Beobachtungen bestehen nicht.

[939] GVBl. 128.

richtigung des Betroffenen nach den allgemeinen Vorschriften (oder u.U. aufgrund einer Überprüfung durch ein Strafgericht bei der Frage der Verwertbarkeit im Strafverfahren[940]) denkbar.
Diese Benachrichtigung hat zu erfolgen, sobald dies ohne Zweckgefährdung möglich ist; ist dies nach 5 Jahren nach Ende der Maßnahme nicht möglich, ist der LfD zu unterrichten (§ 186 IV LVwG SchlH). Die Benachrichtigung kann unterbleiben, wenn keine Aufzeichnungen erstellt oder diese unverzüglich nach Beendigung der Maßnahme vernichtet worden sind; sie hat zu unterbleiben, wenn sich an den Sachverhalt ein Ermittlungsverfahren gegen den Betroffenen anschließt (§ 186 V LVwG SchlH).
Eine spezielle Vorschrift über die Vernichtung von Unterlagen und Aufzeichnungen, die aus dem Einsatz besonderer Mittel der Datenerhebung stammen, besteht nicht.
Eine Sonderregelung über die akustische Datenerhebung bei öffentlichen Veranstaltungen und Ansammlungen findet sich in § 184 I, II LVwG SchlH).
Eine Datenübermittlung an andere öffentliche Stellen ist nur zu Gefahrenabwehrzwekken zulässig (§ 193 I LVwG SchlH). Sofern die Daten zu einem anderen Zweck übermittelt werden sollen als dem, zu dem sie erlangt oder gespeichert worden sind, ist dies nur zulässig, wenn es zur Abwehr einer im Einzelfall bestehenden Gefahr unerläßlich ist, eine erneute Erhebung mit vergleichbaren Mitteln zur Abwehr dieser Gefahr zulässig wäre und der Empfänger die Daten auf andere Weise nicht oder nicht rechtzeitig oder nur mit unverhältnismäßig hohem Aufwand erlangen kann (§ 191 I 2 LVwG SchlH). Die Übermittlung von Daten, die einem Berufs- oder besonderen Amtsgeheimnis unterliegen, ist nach § 191 II LVwG SchlH nur zu dem Zweck zulässig, zu dem sie erlangt worden sind.

11. Thüringen

Thüringen ersetzte zum 13.6.1992 das PAG DDR durch das PAGThür[941].
Es gilt der Grundsatz offener Datenerhebung mit der Ausnahme der Fälle der Gefährdung oder erheblichen Erschwerung der polizeilichen Aufgabenerfüllung (§ 31 III PAGThür).
Die Erhebung bei Dritten anstatt beim Betroffenen ist zulässig, wenn sie bei letzterem nicht oder nur mit unverhältnismäßig hohem Aufwand möglich ist oder dadurch die polizeiliche Aufgabenerfüllung gefährdet würde (§ 31 II PAGThür).
Unter diesen Voraussetzungen kann eine verdeckte Erhebung von Daten über Störer, Nichtstörer im polizeilichen Notstand und andere Personen zu Zwecken der Abwehr von Gefahren (für die öffentliche Sicherheit und Ordnung, § 2 I 1 PAGThür), insbesondere der vorbeugenden Bekämpfung von Straftaten, zum Schutz privater Rechte, zur Vollzugshilfe sowie zur Erfüllung der der Polizei durch andere Rechtsvorschriften übertragenen Aufgaben erfolgen, soweit die Befugnisse der Polizei nicht durch §§ 12-47

---

940 vgl.dazu aber unten S. 248ff.

941 v. 4.6.1992 (GVBl. 199).

PAGThür anderweitig geregelt sind (§ 32 I PAGThür).
Die Regelungen des Einsatzes besonderer Mittel der Datenerhebung in §§ 34f. PAGThür entsprechen mit folgenden Ausnahmen denjenigen in Art. 33, 34 BayPAG:
Unter den Voraussetzungen eines Einsatzes technischer Mittel zum Abhören und Aufzeichnen in wie außerhalb von Wohnungen nach §§ 34 III Nr. 1, 35 I Nr. 1 PAGThür ist die Abwehr einer Gefahr für den Bestand oder die Sicherheit des Bundes oder eines Landes nicht genannt, dafür aber neben der Abwehr von Gefahren für Sachen, deren Erhaltung im öffentlichen Interesse geboten erscheint, auch diejenige von Gefahren für Tiere, hinsichtlich derer dies geboten erscheint[942].
Die Definition der Straftaten von erheblicher Bedeutung in § 31 V, VI PAGThür ist weiter als die bayerische: Erfaßt sind hier insbesondere Verbrechen sowie die in § 138 I, II StGB genannten Vergehen, Vergehen nach § 129 StGB und gewerbs- oder bandenmäßig begangene Vergehen nach §§ 125, 125a, 180, 180a, 181, 181a, 223a[943], 243, 244, 253, 260, 263, 263a, 264a, 266, 267, 283, 283a, 302a[944], 304, 324-330a StGB, § 53 I 1 Nrn. 1 u. 2 WaffG, § 29 III 2 Nr. 1 u. 4 BtmG, § 92 II AuslG. Ihnen gleichgestellt sind Ordnungswidrigkeiten, die auf Grund ihrer Begehungsweise, ihrer Dauer oder Schwere eine Gefahr für die Allgemeinheit darstellen und geeignet sind, die Sicherheit der Bevölkerung zu beeinträchtigen, insbesondere solche, die sich auf eine Schädigung der Umwelt oder auf gemeinschaftswidrige Wirtschaftsformen beziehen.
Zum Begriff der Kontakt- oder Begleitpersonen findet sich in § 34 III Nr. 2 S. 2 PAGThür eine ausdrückliche Definition (die allerdings keinen wesentlichen Aussagewert hat, da sie schlicht die Einsatzvoraussetzung der Erforderlichkeit zur vorbeugenden Straftatbekämpfung in S. 1 wiederholt): Es handelt sich um Personen, die mit einer Person, von der tatsächliche Anhaltspunkte die Annahme rechtfertigen, daß sie Straftaten begehen wird, in einer Weise in Verbindung stehen, die die Erhebung ihrer personenbezogenen Daten zur vorbeugenden Bekämpfung dieser Straftaten erfordert.
Die Anordnungsbefugnis für den Einsatz der besonderen Mittel außerhalb und bei Gefahr im Verzug auch innerhalb von Wohnungen lag ursprünglich gemäß §§ 34 VI 1 Nr. 1, 35 II 3 PAGThür bei den Leitern der Polizeipräsidien, der Polizeidirektionen und des LKA und konnte von den Angehörigen der ersten Gruppe und dem LKA-Leiter auf nachgeordnete Abteilungsleiter delegiert werden. Seit dem 1.1.1998 ist die Zuständigkeit der Polizeipräsidenten aber entfallen[945].
Schließlich existiert eine Benachrichtigungsregelung nicht nur für die Datenerhebung in

---

[942] Spöttisch zu dieser schematischen Umsetzung der Regelung des § 90a BGB, die durch das Gesetz zur Verbesserung der Rechtsstellung des Tieres im bürgerlichen Recht v. 20.8.1990 (BGBL. I, 1762) eingefügt wurde, äußert sich *Kutscha*, NJW 1994, 85, 88 (Fn. 68).

[943] seit 4.8.1999: § 224 StGB (Art. 1 Nr. 1 des Thür. Ges. z. Umsetzg. d. Art. 13 GG v. 27.7.1999; GVBl. 454).

[944] gestrichen seit dem 4.8.1999 durch Art. 1 Nr. 1 des o. Fn. 943 angegebenen Gesetzes.

[945] § 34 VI 1 Nr. 1 PAG Thür idFd ThürPolRÄndG v. 27.11.1997 (GVBl. 422).

oder aus Wohnungen, sondern für alle Erhebungen durch den Einsatz besonderer Mittel (§ 34 VII PAGThür). Sie nennt als einen Grund für den Ausschluß der Benachrichtigung, anders als Art. 34 V BayPAG, nicht nur die Möglichkeit der weiteren Verwendung oder die Sicherheit nicht offen ermittelnder Beamter, sondern die der "eingesetzten Personen". Im Zusammenhang mit § 34 I Nr. 4 PAGThür ("Einsatz von Personen, deren Zusammenarbeit mit der Polizei Dritten nicht bekannt ist") ergibt sich daraus, daß hiermit auch V-Leute angesprochen sind.
Die oben referierten verfassungsrechtlichen Bedenken gegen die bayerische Regelung richten sich auch gegen das weitgehend inhaltsgleiche thüringische Landesrecht. Anders als in Bayern hat aber in Thüringen bisher, soweit ersichtlich, noch keine richterliche Überprüfung am Maßstab des Landesverfassungsrechts stattgefunden.
Eine Sonderregelung über die Datenerhebung bei öffentlichen Veranstaltungen und Ansammlungen findet sich in § 33 PAGThür.
Die Übermittlung von Erkenntnissen an andere öffentliche Stellen ist zulässig zu Zwekken der Gefahrenabwehr nach Maßgabe des § 41 II 1, III 1 Nr. 2 PAGThür, der Erfüllung polizeilicher Aufgaben nach § 41 III 1 Nr. 1 PAGThür und der Verhütung oder Beseitigung erheblicher Nachteile für das Gemeinwohl oder für die schutzwürdigen Belange einzelner nach § 41 III 1 Nr. 3 PAGThür.

12. Mecklenburg-Vorpommern
In Mecklenburg-Vorpommern löste das SOG MV[946] zum 15.8.1992 das PAG DDR ab; die dortige Regelung entspricht in vielen Punkten derjenigen in Schleswig-Holstein.
Die Regelungen über den Grundsatz offener Datenerhebung und denjenigen der Datenerhebung beim Betroffenen mit den jeweiligen Ausnahmen in § 26 I, II SOG MV sind allerdings identisch mit denjenigen in § 13 VI, VII HSOG.
Zur Abwehr einer im Einzelfall bestehenden Gefahr (für die öffentliche Sicherheit und Ordnung, § 1 I SOG MV) ist die Erhebung zulässig über Störer, Nichtstörer im polizeilichen Notstand, über geschädigte, hilflose oder vermißte Personen sowie deren Angehörige, gesetzliche Vertreter oder Vertrauenspersonen, über gefährdete Personen und über Zeugen, Hinweisgeber oder sonstige Auskunftspersonen (§ 27 I SOG MV). Weiter ist sie zulässig über Personen, bei denen tatsächliche Anhaltspunkte dafür bestehen, daß sie künftig Straftaten von erheblicher Bedeutung[947] begehen werden, über Personen, die hierzu mit ihnen in Verbindung stehen, über Personen, bei denen tatsächliche Anhaltspunkte bestehen, daß sie Opfer solcher Straftaten werden und über Zeugen, Hinweisgeber oder sonstige Auskunftspersonen, die dazu beitragen können, den Sachverhalt

---

[946] v. 4.8.1992 (GVBl. 498).

[947] Dies sind nach § 49 SOG MV insbesondere Verbrechen, Vergehen nach den §§ 95, 129, 311b I Nr. 2 StGB und banden-, gewerbs- oder serienmäßig begangene Vergehen nach §§ 125a, 180a, 181a, 223a, 243, 244, 260, 263-264a, 265b, 266, 267, 283, 283a, 324-330a StGB, § 53 I 1 Nr. 1 u. 2 WaffG, § 29 III Nrn. 1 u. 4 BtmG, § 92 II AuslG.

solcher Straftaten aufzuklären (§ 27 III SOG MV).
Besondere Beschränkungen bestehen für die Anordnung von Observationen, d.h. planmäßig angelegten Beobachtungen, die innerhalb einer Woche länger als 24 Stunden oder über den Zeitraum einer Woche hinaus vorgesehen sind oder tatsächlich durchgeführt werden (§ 33 I Nr. 1 SOG MV)[948], sowie über den verdeckten Einsatz technischer Mittel, die einzeln durch Verwaltungsvorschrift des Innenministers zugelassen sein müssen (§ 33 I Nr. 2 SOG MV). Ihre Anwendung ist nur zulässig, wenn tatsächliche Anhaltspunkte für die Begehung von Straftaten von erheblicher Bedeutung bestehen und die Aufklärung des Sachverhalts zum Zweck der Verhütung und Verfolgung solcher Straftaten auf andere Weise nicht möglich ist; sie stehen also in Mecklenburg-Vorpommern in ausnahmslosem Nachrang zu anderen Methoden der Sachverhaltsaufklärung. Die Erhebung darf sich gegen Personen richten, bei denen tatsächliche Anhaltspunkte dafür bestehen, daß sie solche Straftaten begehen werden, an diesen Straftaten beteiligt sind oder mit den vorgenannten Personen hierzu in Verbindung stehen (§ 33 II SOG MV). Daten, die über andere als die genannten Personen erhoben worden sind, waren nach § 34 II SOG MV ursprünglich unverzüglich zu löschen. Seit dem 19.2.1998 ist jedoch eine Speicherung für Zwecke der Straftatverfolgung zulässig, hinsichtlich von Daten, die in oder aus Wohnungen oder aus Vertrauensverhältnissen im Sinne der §§ 53, 53a StPO erhoben worden sind, allerdings nur zur Verfolgung von Straftaten von erheblicher Bedeutung gemäß § 49 SOG MV (§ 34 II 2, 3 SOG MV n.F.[949]). Die Anordnungskompetenz liegt, außer bei Gefahr im Verzug, beim Behördenleiter oder einem von ihm besonders beauftragten Beamten (§ 34 I SOG MV).
Die Erhebung mit besonderen Mitteln in oder aus Wohnungen war zunächst nur zulässig, wenn sie zur Abwehr einer gegenwärtigen Gefahr für Leib oder Leben einer Person unerläßlich war (§ 33 IV 1 SOG MV). Mit Wirkung vom 19.2.1998 wurden die Zulässigkeitsvoraussetzungen einer Erhebung aus den Wohnungen von Störern jedoch erweitert: Zulässig ist die Erhebung jetzt zur Abwehr einer Gefahr für Leib, Leben oder Freiheit einer Person (insoweit auch in bezug auf Daten über Nichtstörer im polizeilichen Notstand; § 33 IV 1 Nr. 1 SOG MV n.F.), aber auch über Personen, bei denen Tatsachen die Annahme der Gefahr rechtfertigen, daß sie mit hinreichender Wahrscheinlichkeit in näherer Zeit banden-, gewerbs-, serienmäßig oder sonst organisiert ein Verbrechen oder ein Vergehen im Sinne des § 100a StPO[950] oder nach den §§ 261 oder 324-330a StGB begehen werden, und zwar sowohl zur Verhütung als auch zur möglichen Verfolgung dieser Taten (§ 33 IV 1 Nr. 2 SOG MV n.F.). In oder aus Wohnungen von Nichtstörern darf sie dagegen nur noch erfolgen, wenn die Gefahrenabwehr auf andere Weise nicht oder nicht rechtzeitig möglich wäre und dabei überwiegende Rechte und Pflichten der Personen nicht verletzt werden (§ 33 IV 2 SOG MV n.F.). Die An-

---

[948] Besondere Regelungen über die Anordnung kürzerer Beobachtungen bestehen nicht.
[949] eingefügt durch das 1. Ges. z. Änd. d. SOG MV v. 9.2.1998 (GVBl. 126)
[950] Damit tritt auch hier der schon beschriebene "Katalogeffekt" auf.

ordnungskompetenz liegt gem. § 34 III 1 SOG MV beim Richter, bei Gefahr im Verzug[951] beim Behördenleiter oder einem von ihm besonders beauftragten Beamten. Die behördliche Anordnung trat mangels richterlicher Bestätigung ursprünglich erst nach 3 Tagen außer Kraft (§ 34 III 2 SOG MV)[952].

Seit dem 19.2.1998 darf der Einsatz technischer Mittel zur Erhebung von Daten aus einem geschützten Kommunikationsverhältnis iSd §§ 53, 53a StPO außerhalb von Wohnungen allerdings nur noch unter den Voraussetzungen des § 33 IV 1 Nrn. 1 oder 2 SOG MV n.F., in oder aus Wohnungen nur unter denen des § 33 IV 1 Nr. 1 SOG MV n.F. erfolgen. Auch insoweit gilt der Richtervorbehalt des § 34 III SOG MV n.F. Ein Eingriff mit technischen Mitteln in das Beichtgeheimnis ist unzulässig (§ 33 VI SOG MV n.F.).

Keiner besonderen Anordnung bedurfte es bis 1998 bei ausschließlicher Mitführung und Verwendung zum Schutz der bei einem polizeilichen Einsatz tätigen Personen[953]. Jedoch waren die Aufzeichnungen nach Beendigung des Einsatzes seinerzeit unverzüglich zu löschen (§ 34 IV SOG MV). Eine Ausnahmeregelung für Strafverfolgungszwecke existiert hier erst seit dem 19.2.1998 (§ 34 IV 3 SOG MV n.F.); sie entspricht inhaltlich Art. 13 V 2 GG n.F.[954]

Die Benachrichtigungsregelung in § 34 V, VI SOG MV entspricht inhaltlich der in § 186 IV, V LVwG SchlH (einschließlich der Benachrichtigung des LfD anstelle des Betroffenen, wenn 5 Jahre nach Abschluß der Maßnahme noch von Zweckgefährdung auszugehen ist).

Eine Sonderregelung zur Erhebung bei öffentlichen Veranstaltungen und Ansammlungen findet sich in § 32 SOG MV.

Die Übermittlung an andere öffentliche Stellen ist nur zu Gefahrenabwehrzwecken nach Maßgabe des § 41 I SOG MV zulässig. Dabei dürfen die Daten grundsätzlich nur zu dem Zweck übermittelt werden, zu dem sie erlangt oder gespeichert wurden (§ 39 I 1 SOG MV); die Ausnahmeregelung in § 39 I 2 SOG MV entspricht derjenigen in § 191 I 2 LVwG SchlH. Auch die Zweckbindung von Daten, die einem Berufs- oder besonderen Amtsgeheimnis unterliegen, wird durch § 39 II SOG MV so geregelt wie in § 191 LVwG SchlH.

### 13. Niedersachsen

In Niedersachsen wurden die betreffenden Regelungen zum 1.6.1994 durch Art. I des Gesetzes zur Änderung des NSOG[955] eingeführt; Änderungen erfolgten durch das Gesetz

---

[951] seit 19.2.1998: "Gefahr im Verzug für Leib, Leben oder Freiheit einer Person", § 34 III 2 SOG MV n.F.

[952] zur Neuregelung s. u. S. 243f.

[953] zur aktuellen Rechtslage s. u. S. 243f.

[954] s. dazu u. S. 243.

[955] v. 18.2.1994 (GVBl. 71) unter Umbenennung in NGefAG; Neubekanntmachung des NGefAG mit geänderter Paragraphenfolge v. 13.4.1994 (GVBl. 172).

zur Änderung des NGefAG[956] zum 25.5.1996 sowie durch das Gesetz zur Änderung datenschutz-, gefahrenabwehr- und verwaltungsverfahrensrechtlicher Vorschriften[957] zum 5.2.1998.

Der Grundsatz der offenen Datenerhebung darf außer in den gesetzlich besonders geregelten Fällen insbesondere dann durchbrochen werden, wenn andernfalls die Aufgabenerfüllung erheblich gefährdet würde (§ 30 III 1 Nr. 3 NGefAG). Ausdrücklich gesetzlich festgehalten ist aber in § 30 III 3 NGefAG, daß dabei keine Mittel eingesetzt oder Methoden angewendet werden dürfen, die nach Art und Schwere des Eingriffs den besonderen Mitteln oder Methoden vergleichbar sind.

Bis zum 5.2.1998 war der Betroffene über die Erhebung personenbezogener Daten ohne seine Kenntnis zu unterrichten, wenn eine Speicherung in Dateien oder eine Übermittlung erfolgte (§ 30 V 1 Nr. 2 NGefAG). Ausnahmen galten aber insbesondere

- bei Gefährdung der Maßnahme (§ 30 V 3 NGefAG),
- bei der Verarbeitung zur Verfolgung von Straftaten oder Ordnungswidrigkeiten (§ 30 VI 1 Nr. 1 NGefAG),
- dann, wenn zur Durchführung der Unterrichtung in unverhältnismäßiger Weise weitere Daten über den Betroffenen erhoben werden müßten (§ 30 VI 1 Nr. 2 NGefAG),
- wenn die gespeicherten Daten vor Ablauf von 6 Monaten gelöscht wurden oder die Übermittlung ausschließlich deshalb erfolgte, um andere Daten erheben zu können und wenn in beiden Fällen sich keine weitere Maßnahme gegen den Betroffenen anschloß sowie durch das Unterbleiben der Unterrichtung schutzwürdige Interessen des Betroffenen nicht beeinträchtigt wurden (§ 30 VI 1 Nr. 3 lit. b, c NGefAG),
- solange durch das Bekanntwerden der Erhebung Leib, Leben, Freiheit oder ähnlich schutzwürdige Belange einer Person oder die weitere Verwendung einer V-Person gefährdet wurde; in diesem Fall war nach 5 Jahren das Unterbleiben der Unterrichtung dem LfD mitzuteilen (§ 30 VI 1 Nr. 4 NGefAG),
- wenn die Frist abgelaufen war, die Rechts- und Verwaltungsvorschriften für die Löschung dieser Daten vorsahen; spätestens nach 10 Jahren hatte die Unterrichtung endgültig zu unterbleiben (§ 30 VI 1 Nr. 5 NGefAG).

Die Erhebung bei Dritten an Stelle des Betroffenen ist insbesondere dann zulässig, wenn eine Rechtsvorschrift sie zuläßt, wenn Angaben des Betroffenen überprüft werden müssen, wenn die Erhebung beim Betroffenen nur mit unverhältnismäßig hohem Aufwand möglich ist und keine Anhaltspunkte bestehen, daß dessen schutzwürdige Interessen beeinträchtigt werden sowie dann, wenn die Erhebung beim Betroffenen die Aufgabenerfüllung gefährden oder erheblich erschweren würde (§ 30 II 2 NGefAG).

Besondere Beschränkungen gelten für längerfristige Observationen, d.h. planmäßig angelegte verdeckte Personenbeobachtungen, die innerhalb einer Woche insgesamt länger als 24 Stunden oder über den Zeitraum von einer Woche hinaus durchgeführt werden

---

[956] v. 20.5.1996 (GVBl. 230).

[957] v. 28.11.1997 (GVBl. 489).

sollen oder über diese Zeiträume hinaus tatsächlich weitergeführt werden (§ 34 I 1 NGefAG), sowie für den verdeckten Einsatz technischer Mittel, die jeweils durch zu veröffentlichende Verwaltungsvorschrift des Innenministeriums zuzulassen sind (§ 35 I 4 NGefAG). Der Einsatz ist gem. §§ 34 I 1, 35 I 1 NGefAG zulässig

- zur Abwehr einer Gefahr für Leib, Leben oder Freiheit über Störer, wenn die Sachverhaltsaufklärung auf andere Weise nicht möglich erscheint, sowie über Nichtstörer im polizeilichen Notstand, wenn dies für die Sachverhaltsaufklärung unerläßlich ist,
- zur Beobachtung von Personen, bei denen Tatsachen die Annahme rechtfertigen, daß sie Straftaten von erheblicher Bedeutung[958] begehen, wenn die Vorsorge für die Verfolgung oder die Verhütung dieser Straftaten auf andere Weise nicht möglich erscheint,
- zur Beobachtung von Kontakt- und Begleitpersonen, wenn dies zur Vorsorge für die Verfolgung oder zur Verhütung der Straftat unerläßlich ist.

Er darf auch durchgeführt werden, wenn Dritte unvermeidbar betroffen werden (§§ 34 I 2, 35 I 2 NGefAG). Bis zum 5.2.1998 waren allerdings die über diese Dritten erhobenen Daten unverzüglich zu löschen, wenn sie nicht zur Vorsorge für die Verfolgung oder zur Verhütung einer Straftat von erheblicher Bedeutung oder zur Verfolgung einer Straftat benötigt wurden (§§ 34 I 3, 35 I 2 NGefAG); seitdem ist die Verpflichtung zur Löschung jedoch entfallen.

Der verdeckte Einsatz von technischen Mitteln zur Aufklärung von Vorgängen in einer Wohnung war ursprünglich nur zulässig zur Abwehr einer gegenwärtigen Gefahr für Leib, Leben oder Freiheit, wenn Tatsachen die Annahme rechtfertigen, daß die Person, der die Gefahr droht oder von der sie ausgeht, sich in der Wohnung aufhält (§ 35 II NGefAG; seit 5.2.1998 § 35 II Nr. 1 NGefAG). Seit 5.2.1998 darf er auch angeordnet werden zur Abwehr einer Gefahr, daß eine Person eine Straftat von erheblicher Bedeutung mit Ausnahme der in § 74a I Nrn. 1-3, 5, 6 und § 120 I Nrn. 1-5, 7, 8 GVG genannten Straftaten begehen wird (§ 35 II Nr. 2 NGefAG n.F.).

Die Anordnungskompetenz für sämtliche genannten besonderen Mittel liegt beim Richter (§§ 34 II 1, 35 III 1 NGefAG), bei Gefahr im Verzug bei der Behördenleitung der Polizei mit der Möglichkeit der Delegation auf Dienststellenleiter sowie Bedienstete

---

[958] Dies waren ursprünglich
- die Verbrechen mit Ausnahme derer nach §§ 154, 155 StGB (§ 2 Nr. 9 lit. a NGefAG),
- die Vergehen nach §§ 85, 86, 86a, 87-89, 98, 99, 129, 130, 174, 174a, 174b, 176 StGB und die in § 138 I StGB genannten Vergehen (§ 2 Nr. 9 lit. b NGefAG),
- banden- oder gewerbsmäßig begangene Vergehen nach §§ 125a, 180a, 181a I, III, 223a, 243, 244, 253, 260, 261, 263, 263a, 264 II, 266, 267, 283, 283a, 284 III, 330 IV, 330a StGB, §§29 III, 30b BtMG, § 53 I WaffG, § 34 AWG, § 92 II AuslG (§ 2 Nr. 9 lit. c NGefAG)
- sowie die Teilnahme an den genannten Delikten (§ 2 Nr. 9 lit. d NGefAG).

Dieser ursprünglich abschließende Katalog wurde jedoch zum 25.5.1996 dadurch geöffnet, daß den in § 2 Nr. 9 lit. b NGefAG genannten Delikten alle nach dem geschützten Rechtsgut und der Strafandrohung vergleichbaren Vergehen gleichgestellt und in § 2 Nr. 9 lit. c NGefAG alle banden- oder gewerbsmäßig begangenen Vergehen genannt wurden.

des höheren Dienstes (§ 34 III 1, 4, 5, § 35 IV NGefAG).
Einer besonderen Anordnung bedurfte es ursprünglich nicht bei einem ausschließlichen Einsatz der technischen Mittel zum Schutz von Leib, Leben oder Freiheit einer bei einem polizeilichen Einsatz tätigen Person. Personenbezogene Daten waren unverzüglich nach Beendigung des Einsatzes zu löschen, wenn sie nicht zur Verfolgung einer Straftat benötigt wurden, die sich im Zusammenhang mit dem Einsatz gegen eine bei diesem tätige Person richtete (§ 35 V NGefAG a.F.). Seit dem 5.2.1998 liegt die Anordnungskompetenz auch für diesen Fall bei der Behördenleitung mit derselben Delegationsmöglichkeit wie nach § 34 III 5 NGefAG; die Verpflichtung zur Löschung der Daten ist jedoch entfallen (§ 35 V NGefAG n.F.).
Bis zum Februar 1998 galt auch die Verpflichtung zur Löschung von Daten aus der Aufzeichnung selbsttätiger Aufzeichnungsgeräte, die ausschließlich Personen betrafen, gegen die sich der Einsatz nicht gerichtet hatte (mit der Ausnahme der Notwendigkeit für Zwecke der Vorsorge für die Verfolgung oder der Verhütung einer Straftat von erheblicher Bedeutung oder der Verfolgung einer Straftat; § 35 VI NGefAG a.F.); seitdem ist die Löschungsverpflichtung aber entfallen.
Über die Erhebung der Daten mit den genannten besonderen Methoden und Mitteln ist der Betroffene zu unterrichten (§ 30 V 1 Nr. 1 NGefAG a.F., § 30 IV 1 NGefAG n.F.). Zu dieser Unterrichtungspflicht galten ursprünglich die gleichen Ausnahmen wie zu der o.g. Unterrichtung nach § 30 V 1 Nr. 2 NGefAG a.F., abgesehen von der Regelung des § 30 VI 1 Nr. 3 NGefAG, die nicht für den Einsatz der besonderen Mittel und Methoden galt. Zu diesen Ausnahmefällen, die mittlerweile in § 30 IV 3, V NGefAG geregelt sind, ist zum 5.2.1998 auch die Gefährdung des weiteren Einsatzes eines Verdeckten Ermittlers hinzugekommen.
Eine Sonderregelung über die Datenerhebung bei öffentlichen Veranstaltungen und Ansammlungen, an besonders gefährdeten Objekten sowie auf öffentlichen Flächen findet sich in § 32 NGefAG.
Die Übermittlung von Daten, die zu Gefahrenabwehrzwecken erhoben oder sonst verarbeitet worden sind, zum Zweck der Verfolgung von Straftaten nach Maßgabe der StPO ist durch §§ 40 I 1, 39 VI NGefAG a.F./§§ 40 I 1, 39 VII NGefAG n.F. ausdrücklich zugelassen; es handelt sich hier um die erste ausdrückliche Regelung dieses Inhalts im Polizeirecht.
Nach § 49 NGefAG hatte die Landesregierung jährlich, beginnend mit dem Jahr 1995, dem Landtag einen Bericht über die Entwicklung und die Schwerpunkte polizeilicher Arbeit zur Vorsorge für die Verfolgung und zur Verhütung von Straftaten zu erstatten, der insbesondere auch auf den Einsatz besonderer Mittel und Methoden nach §§ 34-37 NGefAG einzugehen hatte. Die Landesregierung kam dieser Berichtspflicht in den Jahren 1995 und 1996 durch äußerst knappe Berichte (jeweils zwischen 2 und 3 Druckseiten)[959] nach, wodurch erstmals verläßliche Zahlen über den Einsatz derartiger Mittel

[959] Nieders. LT-Drucks. XIII/1638 u. XIII/2533.

in einem Bundesland zur Verfügung standen. Mit dem Argument, die von der Berichtspflicht erhofften Möglichkeiten zur politischen Bewertung der neuen Befugnisse hätten sich nicht ergeben, da die bisherigen Berichte kaum Anhaltspunkte für polizeitaktische oder gar sicherheitspolitische Erwägungen geboten hätten[960] (ein Problem, das sich allerdings auch auf die von der Landesregierung gewählte Form und Intensität der Darstellung hätte zurückführen lassen können), wurde sie aber durch das Gesetz vom 28.11.1997[961] wieder gestrichen und damit ein Instrument zur Evaluation polizeilicher Tätigkeit aus der Hand gegeben, mit dem andernorts nach wie vor erhebliche Erwartungen im Hinblick auf einen effizienten Schutz von Grundrechten durch Verfahren verknüpft wurden, die bundesverfassungsrechtlich wenig später in Art. 13 VI GG n.F. ihren Niederschlag fanden.

14. Sachsen

a) Ursprüngliche gesetzliche Regelung

Sachsen ersetzte zum 10.6.1994 durch das Gesetz zur Änderung des Polizeigesetzes[962] die Datenverarbeitungsvorschriften des PAG DDR durch eine eigenständige Regelung. Verdeckte Datenerhebung ist nach § 37 V SächsPolG insbesondere dann zulässig, wenn sonst die polizeiliche Aufgabenwahrnehmung gefährdet oder nur mit unverhältnismäßigem Aufwand möglich wäre. Die Erhebung bei Dritten anstelle des Betroffenen ist, abgesehen von Fällen der Einwilligung oder mutmaßlichen Einwilligung des Betroffenen, nach § 37 III SächsPolG insbesondere zulässig

- bei ausdrücklicher Zulassung durch andere Rechtsvorschriften,
- zur Überprüfung von Angaben des Betroffenen, weil tatsächliche Anhaltspunkte für deren Unrichtigkeit bestehen,
- zur Abwehr einer schwerwiegenden Beeinträchtigung der Rechte einer anderen Person,
- wenn die Erhebung beim Betroffenen die polizeiliche Aufgabenerfüllung gefährden würde.

Allerdings kann die Unterrichtung des Dritten nur dann unterbleiben, wenn sie wegen besonderer Umstände offensichtlich unangemessen ist (dies dürfte aber bei Zulässigkeit einer verdeckten Datenerhebung nach § 37 V 2 SächsPolG in der Regel der Fall sein) oder wenn hierdurch die Erfüllung polizeilicher Aufgaben gefährdet oder die schutzwürdigen Interessen des Betroffenen beeinträchtigt würden (§ 37 IV SächsPolG).

Unter diesen Voraussetzungen ist die Erhebung der Daten im allgemeinen stets zulässig, wenn ihre Kenntnis zur Erfüllung der Aufgaben des Polizeivollzugsdienstes erforderlich ist (§ 37 I SächsPolG).

Besondere Beschränkungen gelten für längerfristige, d.h. voraussichtlich innerhalb eines

---

[960] vgl. die Entwurfsbegründung in Nieders. LT-Drucks. XIII/2650, 9.

[961] vgl. o. Fn. 955.

[962] v. 24.5.1994 (GVBl. 929).

Monats länger als 24 Stunden dauernde oder über den Zeitraum eines Monats hinaus stattfindende Observationen (§ 36 II Nr. 1 SächsPolG) sowie für den verdeckten Einsatz technischer Mittel zum Abhören und Aufzeichnen (§ 36 III Nr. 2 SächsPolG). Das SächsPolG erklärt sie für zulässig

- gegenüber Störern und Nichtstörern im polizeilichen Notstand zur Abwehr einer Gefahr für den Bestand oder die Sicherheit des Bundes oder eines Landes oder für Leben, Gesundheit oder Freiheit einer Person oder für bedeutende fremde Sach- oder Vermögenswerte (§ 39 I Nr. 1 SächsPolG),
- gegenüber Personen, bei denen Tatsachen die Annahme rechtfertigen, daß sie Straftaten von erheblicher Bedeutung[963] begehen werden (§ 39 I Nr. 2 lit. a SächsPolG),
- gegenüber Personen, bei denen die Gesamtwürdigung der Person und der bisher von ihr begangenen Straftaten erwarten läßt, daß sie auch künftig Straftaten von erheblicher Bedeutung begehen werden (§ 39 I Nr. 2 lit. b SächsPolG),
- gegenüber Kontakt- und Begleitpersonen der in § 39 I Nr. 2 lit. a SächsPolG genannten Personen, wenn die Datenerhebung zur vorbeugenden Bekämpfung dieser Straftaten zwingend erforderlich ist (§ 39 I Nr. 3 SächsPolG); Kontakt- und Begleitpersonen sind nach der Legaldefinition des § 36 III SächsPolG Personen, die mit einer Person, bei der tatsächliche Anhaltspunkte die Annahme rechtfertigen, daß sie Straftaten begehen wird, in einer Weise in Verbindung stehen, die die Erhebung ihrer personenbezogenen Daten zur vorbeugenden Bekämpfung dieser Straftaten zwingend erfordert.

Die Erhebung darf auch erfolgen, wenn Dritte unvermeidbar betroffen werden (§ 39 II SächsPolG). Aufnahmen und Aufzeichnungen, die ausschließlich Personen betreffen, gegen die sich die Maßnahme nicht richtete, sind nach § 39 IV SächsPolG unverzüglich zu löschen bzw. zu vernichten, soweit sie nicht zur Verfolgung von Straftaten benötigt werden.

Die Anordnungsbefugnis liegt bei den Leitern des LKA, der Landespolizeidirektion Zentrale Dienste und der Polizeipräsidien; Delegation auf beliebige Beamte ist möglich (§ 39 III 1 SächsPolG).

Eine gesetzliche Benachrichtigungsregelung existiert insoweit nicht.

Für die Erhebung durch Einsatz technischer Mittel in oder aus Wohnungen gelten folgende Besonderheiten: Der Einsatz ist nur zulässig

- im engeren Bereich der Gefahrenabwehr unter denselben Voraussetzungen wie ausserhalb von Wohnungen nach § 39 I Nr. 1 SächsPolG (§ 40 I Nr. 1 SächsPolG) sowie

---

[963] Dies sind nach § 36 I SächsPolG alle Verbrechen sowie diejenigen Vergehen, die im Einzelfall geeignet sind, den Rechtsfrieden besonders zu stören, soweit sie entweder sich gegen das Leben, die Gesundheit oder die Freiheit einer oder mehrerer Personen oder bedeutende fremde Sach- oder Vermögenswerte richten (§ 36 I Nr. 2 lit. a SächsPolG) oder auf den Gebieten des unerlaubten Waffen- oder Betäubungsmittelverkehrs, der Geld- oder Wertzeichenfälschung oder des Staatsschutzes gem. §§ 74a, 120 GVG (§ 36 I Nr. 2 lit. b SächsPolG) oder gewerbs-, gewohnheits-, serien-, bandenmäßig oder sonst organisiert begangen werden (§ 36 I Nr. 2 lit. c SächsPolG).

- im Bereich der vorbeugenden Straftatenbekämpfung unter den Voraussetzungen, die für den Einsatz außerhalb von Wohnungen § 39 I Nr. 2 lit. a SächsPolG festschreibt (§ 40 I Nr. 2 SächsPolG).

Zuständig für die Anordnung ist der Richter (§ 40 II 2 SächsPolG), bei Gefahr im Verzug einer der auch in § 39 III 1 SächsPolG genannten Behördenleiter, hier jedoch ohne Delegationsmöglichkeit (§ 40 II 5 SächsPolG). Bei Anordnung wegen Gefahr im Verzug ist die richterliche Bestätigung unverzüglich zu beantragen; mangels Bestätigung tritt die Anordnung nach 3 Tagen außer Kraft (§ 40 II 6 SächsPolG).

Keiner Anordnung nach § 40 II SächsPolG (dann aber wohl einer solchen nach § 39 III SächsPolG) bedarf der ausschließliche Einsatz des Mittels zum Schutz der bei einem polizeilichen Einsatz tätigen Personen. Die Aufzeichnungen sind in diesem Fall unverzüglich, spätestens aber 2 Monate nach Beendigung des Einsatzes zu löschen, es sei denn, sie werden zur Verfolgung von Straftaten benötigt (§ 40 III SächsPolG).

Für den Wohnungseinsatz gilt gem. § 40 IV SächsPolG die Pflicht zur nachträglichen Unterrichtung des Betroffenen. Ausnahmen gelten bei Zweckgefährdung sowie bei Einleitung eines Ermittlungsverfahrens gegen den Betroffenen wegen desselben Sachverhalts.

Eine Sonderregelung für die Erhebung bei öffentlichen Veranstaltungen, Ansammlungen und besonders gefährdeten Objekten findet sich in § 38 SächsPolG.

Besondere Regelungen über die Übermittlung von personenbezogene Daten an inländische öffentliche Stellen enthält das SächsPolG nicht; es beschränkt sich auf Normen über die Speicherung, Veränderung und Nutzung durch den Polizeivollzugsdienst selbst (§ 43 SächsPolG) sowie über die Übermittlung an ausländische öffentliche, über- und zwischenstaatliche sowie an nichtöffentliche Stellen (§§ 44f. SächsPolG).

b) Rechtsprechung des SächsVerfGH

Durch Urteil vom 14.5.1996 erklärte der SächsVerfGH jedoch einige der hier interessierenden Vorschriften des SächsPolG für unvereinbar mit der SächsVerf. Das Gericht gelangte allerdings überwiegend nicht zu einer Feststellung der Nichtigkeit der Normen, da es bei einer vollständigen Entziehung der betreffenden Kompetenzen, deren Bestehen zu Zwecken des Rechtsgüterschutzes und der Aufrechterhaltung der öffentlichen Sicherheit verfassungsrechtlich erforderlich sei, einen Zustand entstehen sah, der von der Verfassung noch weiter entfernt sei als der bisherige[964]. Stattdessen wurden die sächsischen Polizeibehörden verpflichtet, die betreffenden Kompetenzen vorläufig nur nach Maßgabe des Urteilstenors auszuüben[965].

Zugleich wurden in dem sehr ausführlichen Urteil Maßstäbe für die verfassungskonfor-

---

[964] SächsVerfGH LKV 1996, 273, 295.

[965] Der Wortlaut dieses Tenors ergibt sich nicht aus den Veröffentlichungen des Urteils; sein Inhalt läßt sich aber aus den veröffentlichten Urteilsgründen sowie der vom Gericht herausgegebenen Presseerklärung (NJW 1996, 1949) entnehmen.

me Auslegung der neuen Vorschriften dargelegt. Die hierbei verwendete Argumentation dürfte in weitem Umfang verallgemeinerungsfähig sein, da das Gericht sich überwiegend an Grundrechtsgewährleistungen der SächsVerf orientiert hat, die auch zum ausdrücklichen oder durch die Rechtsprechung des BVerfG entwickelten Bestand des Bundesverfassungsrechts zählen (Menschenwürde, Art. 14 SächsVerf; allgemeines Persönlichkeitsrecht, Art. 15; Unverletzlichkeit der Wohnung, Art. 30; Recht auf informationelle Selbstbestimmung, Art. 33; Rechtsweggarantie, Art. 38).

Das Gericht führte zu den hier interessierenden Normen folgendes aus:
Grundsätzlich sei der Einsatz der besonderen Mittel der Datenerhebung verfassungsrechtlich nicht zu beanstanden.
So sei der Eingriff in das nach Art. 33 SächsVerf garantierte Grundrecht auf Datenschutz auf der Grundlage des § 39 I Nr. 1 SächsPolG nicht unverhältnismäßig. Bei der Beurteilung der Erforderlichkeit einer solchen Regelung komme dem Gesetzgeber angesichts des großen Spektrums drohender Gefahren ein breiter Beurteilungsspielraum zu[966]; auch hinsichtlich des Ausgleichs der widerstreitenden Interessen (Prüfung der Verhältnismäßigkeit i.e.S.) stehe dem Gesetzgeber ein verfassungsrechtlich nur begrenzt nachprüfbarer Einschätzungs-, Wertungs- und Gestaltungsspielraum zu[967]. Dessen Grenzen seien auch insoweit nicht überschritten, als der Einsatz zum Schutze bedeutender fremder Sach- und Vermögenswerte erfolgen dürfe; die vom Gesetzgeber getroffene Entscheidung, der Gefährdung auch dieser Güter vorzubeugen, sei "zumindest vertretbar", zumal die Eingriffsschwelle durch die Beschränkung auf gegenwärtige Gefahren heraufgesetzt sei[968]. Auch die Möglichkeit, gegen Unbeteiligte (nämlich Nichtstörer im polizeilichen Notstand) vorzugehen, markiere zwar eine Grenzlinie rechtsstaatlichen Polizeirechts, verstoße aber nicht gegen Verfassungsrecht. Zwar sei eine generelle Überwachung unbeteiligter Personen mit dem freiheitlichen Menschenbild der Landesverfassung nicht vereinbar; doch sichere der Nachrang der Inanspruchnahme des Nichtstörers, den das Gericht hier nachdrücklich hervorhob, die Verfassungsmäßigkeit der Norm. Sicherungen gegen eine Ausuferung der Eingriffsbefugnisse seien durch Auslegung des Tatbestandsmerkmals der Erforderlichkeit im Sinne einer strengen Prüfung der Verhältnismäßigkeit der beabsichtigten Maßnahme sowie durch strenge Anforderungen an die Ausübung des polizeilichen Ermessens zu gewährleisten; zudem betonte das Gericht den sich aus § 37 V SächsPolG ergebenden Nachrang der verdeckten gegenüber der offenen Datenerhebung[969].
Die Befugnis verstoße auch trotz des Gebrauchs unbestimmter Rechtsbegriffe ("bedeutende fremde Sach- und Vermögenswerte") nicht gegen das Gebot der Normenklarheit

---

[966] SächsVerfGH LKV 1996, 273, 279.
[967] aaO, 280.
[968] aaO.
[969] aaO, 281.

und -bestimmtheit. Die notwendige Konkretisierung sei durch die Gerichte zu leisten. Soweit wegen der Heimlichkeit der Datenerhebung eine durchgängige richterliche Kontrolle nicht gewährleistet sei, müsse der Gesetzgeber dem durch geeignete Verfahrensgestaltung Rechnung tragen[970].

Auch der Einsatz der besonderen Mittel im Bereich der vorbeugenden Straftatbekämpfung (§ 39 I Nrn. 2, 3 SächsPolG) sei im Grundsatz nicht verfassungswidrig. Angesichts der Existenz schwerer, auch organisierter Kriminalität könne es notwendig sein, die Fahndungs- und Beobachtungsmethoden "der Langfristigkeit und Weiträumigkeit der gegnerischen Strategien" anzupassen. Dabei werde die Datenerhebung häufig mit Grundrechtseingriffen verbunden sein, "ohne daß schon zu diesem Zeitpunkt die das herkömmliche Polizeirecht prägenden Grundkategorien wie die Bestimmung der Eingriffsschwelle über den Gefahrenbegriff sowie die Unterschcidung von Störern und Nichtstörern das polizeiliche Handeln bestimmen" könnten. "Angehörige als kriminell eingestufter Gruppierungen, von denen nach kriminalistischer Erfahrung die Begehung weiterer schwerer Delikte zu erwarten ist, bei denen jedoch die Tatbegehung räumlich und zeitlich noch nicht fixiert werden kann, lassen sich mit den Kategorien des Störerbegriffs alter Prägung nicht durchgängig erfassen." Angesichts dieser Situation seien Informationseingriffe auch schon vor dem Erreichen der Gefahrenschwelle rechtsstaatlich unbedenklich[971]. Hinsichtlich der Erforderlichkeit der modernen Überwachungsmethoden stehe dem Gesetzgeber schon angesichts des Mangels an Erfahrungen über die Effektivität wiederum ein weiter Entscheidungsspielraum zu. Das Gericht spricht hier von einer "Experimentierungsbefugnis". Angesichts des hier entwickelten experimentellen Charakters der Vorfeldbefugnisse stellte es dieser allerdings ausdrücklich eine "Evaluationspflicht" zur Seite; der Gesetzgeber sei zu späterer Überprüfung und ggf. Verbesserung anhand ausreichenden Erfahrungsmaterials verpflichtet[972].
Auch die Übernahme der unbestimmten Rechtsbegriffe "Straftaten von erheblicher Bedeutung" aus dem offenen Katalog des § 36 I SächsPolG sei im Interesse der Effizienz polizeilicher Aufgabenerfüllung noch hinnehmbar. Allerdings dürften unter das Tatbestandsmerkmal "sonst organisiert" in § 36 I Nr. 2 lit. c SächsPolG nur solche Begehungsformen subsumiert werden, die einer anderen dort genannten vergleichbar seien. Das Gericht nennt hier insbesondere die Begehung unter Ausnutzung geschäftsähnlicher Beziehungen in dem Fall, daß noch keine hinreichenden Anhaltspunkte für die voluntati-

---

[970] aaO, 281.

[971] *Bäumler*, NVwZ 1996, 765 hält dem Gericht vor, Existenz und Umfang der zur Rechtfertigung des Eingriffs angeführten Gefahren nicht genügend hinterfragt zu haben. *Schenke*, DVBl 1996, 1393, 1396f. geht demgegenüber davon aus, daß die in § 39 I Nr. 2 lit. a SächsPolG genannten Tatsachen in der Regel sehr wohl die Gefahr eines Schadenseintritts und damit das Vorliegen einer Gefahr für das betreffende Rechtsgut begründeten. Der Unterschied zu § 39 I Nr. 1 SächsPolG liege lediglich darin, daß die Gefahr noch nicht gegenwärtig sein müsse.

[972] SächsVerfGH LKV 1996, 273, 282.

ven Elemente der Gewerbs-, Gewohnheits-, Serien- oder Bandenmäßigkeit vorliegen[973]. Schließlich sei durch das Tatbestandsmerkmal "Tatsachen" in § 39 I Nr. 2 lit. a SächsPolG klargestellt, daß die Anordnung nicht allein auf der Grundlage polizeilichen Erfahrungswissens und von Vermutungen erfolgen dürfe[974].
Allerdings sei § 39 I Nr. 2 lit. a SächsPolG insoweit wegen Verstoßes gegen den Grundsatz der Verhältnismäßigkeit nichtig, als er auch den Einsatz zur Verhinderung und vorbeugenden Bekämpfung von Straftaten erlaube, die sich gegen bedeutende fremde Sach- oder Vermögenswerte richteten, aber nicht gewerbs-, gewohnheits-, serien-, bandenmäßig oder sonst organisiert begangen würden[975]. Dem Schutz von Sach- und Vermögensinteressen komme im Lichte des Rechts auf informationelle Selbstbestimmung keine so überragende Bedeutung zu, daß die Verlagerung der polizeilichen Befugnisse in das Vorfeld einer Gefahr gerechtfertigt sei[976]. Sie komme nur ausnahmsweise, nämlich im Vorfeld der organisierten Begehung entsprechender Delikte im Sinne des § 36 I Nr. 2 lit. c SächsPolG, in Betracht. Im übrigen sei aber insoweit auch zu beachten, daß nicht allein das Vorliegen von Beweistatsachen für die zukünftige Begehung von Einzeltaten ohne weiteres die Annahme einer derartigen organisierten Tatbegehung tragen könne[977].
Weiter sei § 39 I Nr. 2 lit. b SächsPolG wegen Verstoßes gegen den Grundsatz der Normenklarheit und -bestimmtheit nichtig[978]. Die hier geregelte Überwachung der im polizeirechtlichen Sprachgebrauch sog. gefährlichen Intensivtäter knüpfe allein an allgemeines Erfahrungswissen und Alltagstheorien an. Eine "Gesamtwürdigung" auf dieser Grundlage könne einen derart massiven Eingriff nicht rechtfertigen. Dies gelte um so mehr, als die Eingriffsnorm zusätzlich an den unbestimmten Rechtsbegriff der "Straftaten von erheblicher Bedeutung" anknüpfe und daher eine Kumulation unbestimmter Rechtsbegriffe aufweise. Schließlich verwies das Gericht auf die Gefahr der Stigmatisierung des Betroffenen, die von der Regelung ausginge.

Die Regelung über die Erhebung gegenüber Kontakt- und Begleitpersonen in § 39 I Nr. 3 SächsPolG sei dagegen verfassungsgemäß. Allerdings gebiete der Grundsatz der Verhältnismäßigkeit eine verfassungskonforme Auslegung des Begriffs der "Kontakt- und Begleitperson" des Inhalts, daß entweder nähere persönliche oder geschäftliche Beziehungen zu der eigentlichen Zielperson bestehen müßten oder der Kontakt über

---

973 aaO, 283f.

974 aaO, 283.

975 *Götz*, JZ 1996, 969 weist auf die Zufälligkeit der Abgrenzung hin, die sich daraus ergibt, daß die betreffende Einschränkung nach § 36 I Nr. 1 SächsPolG für Verbrechenstatbestände nicht gilt.

976 aA *Schenke*, DVBl 1996, 1393, 1396f. wegen seiner abweichenden Beurteilung hinsichtlich des Vorliegens einer Gefahr in den Fällen des § 39 I Nr. 2 lit. a SächsPolG.

977 SächsVerfGH LKV 1996, 273, 282f.

978 aaO, 284; aA *Götz*, JZ 1996, 969, 970; *Schenke*, DVBl 1996, 1393, 1397 unter Hinweis auf die Möglichkeit verfassungskonformer Auslegung.

einen längeren Zeitraum unterhalten oder aber unter konspirativen Umständen hergestellt oder gepflegt werde; anderenfalls sei wegen der evidenten Gefahr der Zirkelschlüssigkeit des die Erforderlichkeit der Überwachung ansprechenden § 39 I Nr. 3 SächsPolG auf die Legaldefinition des § 36 III SächsPolG, der seinerseits an den Begriff der Erforderlichkeit der Erhebung anknüpft, eine völlige Voraussetzungslosigkeit der Überwachung zu befürchten[979].

Auch den verdeckten Einsatz technischer Mittel zur Datenerhebung in oder aus Wohnungen hielt das Gericht für grundsätzlich zulässig[980]. Es wies jedoch darauf hin, daß auch bei einem solchen Einsatz stets ein absolut geschützter Bereich privater Lebensführung verbleiben müsse; "es muß Räume geben, in die sich der einzelne so zurückziehen kann, daß er unangetastet von jeglicher staatlicher Einmischung seine Vorstellung von Leben nach seinem Belieben verwirklichen kann und in denen er über sein Verhalten keiner staatlichen Stelle Rechenschaft schuldet und von der Obrigkeit völlig in Ruhe gelassen werden muß". Dies treffe aber nicht auf jeden Raum zu, der eine Wohnung im weiten Sinne des Art. 30 SächsVerf (und damit auch im Sinne des Art. 13 I GG) darstelle; auch sei nicht von vornherein abstrakt zu beschreiben, welche Räume dieser absolut geschützten räumlichen Intimsphäre zuzurechnen seien. Daher sei es nicht zu beanstanden, daß die Einschätzung dem jeweils im Einzelfall Anordnenden überlassen werde. Auch sei oft erst nachträglich überhaupt erkennbar, welche Räume der hier angesprochenen Kategorie angehörten. Dem habe der Gesetzgeber aber durch ein Gebot unverzüglicher und umfassender Löschung Rechnung zu tragen[981].
Das Gericht entwickelte hier in einer Weise, die angesichts des völligen Schweigens des einfachen Gesetzesrechts doch überrascht, ein Konzept abgestufter Schutzbedürftigkeit einzelner Räume, das sich aber von Vorschlägen in der Literatur dadurch abhob, daß nicht auf den allgemeinen Charakter als Betriebs- oder Geschäftsraum o.ä. einerseits oder als Wohnraum im engeren Sinne andererseits, sondern auf die jeweilige konkrete Nutzung im Einzelfall abgestellt wurde. § 40 SächsPolG unterliegt damit nach Auffassung des Gerichts einer Einschränkung, die sich angesichts seines Wortlauts nicht einmal erahnen läßt und vom historischen Gesetzgeber auch sicherlich nicht beabsichtigt gewesen ist.
Weiter führte das Gericht aus, daß § 40 I Nr. 1 SächsPolG insofern verfassungswidrig sei, als er allein auf die Person desjenigen abstelle, dessen Daten erhoben werden sollen, aber keine Beschränkung dahingehend treffe, in wessen Wohnung dies geschehe. Das Übermaßverbot gestatte es nicht, derartige Erhebungen in Wohnungen von Personen

---

979 SächsVerfGH LKV 1996, 273, 284f.

980 aaO, 290f.

981 aaO, 291; *Schenke*, DVBl 1996, 1393, 1399 meint, die vom Gericht angestrebte Differenzierung nach der jeweils aktuellen Nutzung des Raumes sei aus der Sicht des jeweils Anordnenden nicht nur schwierig, sondern unmöglich, das Kriterium sei untauglich.

vorzunehmen, die nichts mit der Gefahr zu tun hätten. Die Erhebung sei daher auf die Wohnungen von Störern sowie diejenigen von Nichtstörern unter den Voraussetzungen des polizeilichen Notstands zu begrenzen[982].
Schließlich erklärte das Gericht die Befugnis zur Erhebung für Zwecke der vorbeugenden Straftatbekämpfung nach § 40 I Nr. 2 SächsPolG für verfassungswidrig. Nach Art. 30 III SächsVerf (wortgleich mit Art. 13 III GG a.F. / Art. 13 VII GG n.F.) seien Eingriffe und Beschränkungen im Bereich des Grundrechts auf Unverletzlichkeit der Wohnung nur zur Verhütung einer dringenden Gefahr gestattet. Kennzeichnend für die Vorfeldbefugnis aus § 40 I Nr. 2 SächsPolG sei aber gerade der Verzicht auf das Gefahrerfordernis[983].

Der Verzicht auf das Anordnungserfordernis in § 40 III 1 SächsPolG sei verfassungsgemäß, da der Schutz des Lebens der bei einem polizeilichen Einsatz tätigen Personen Vorrang genieße[984]. Allerdings sei die Vernichtungsregelung in § 40 III 2 SächsPolG dahingehend auszulegen, daß ein Verzicht auf die Löschung nur zur Verfolgung von solchen Straftaten zulässig sei, die sich gegen Leben, Gesundheit oder Freiheit der bei dem Einsatz tätigen Personen richtete. Die Ausnahme von dem zum Schutz der Unverletzlichkeit der Wohnung notwendigen Richtervorbehalt sei nämlich nur dann vertretbar, wenn die Verwertung strikt auf die Zwecke begrenzt bleibe, denen der Einsatz des technischen Mittels gedient habe[985].

Das Gericht erklärte aber die Befugnis aus § 39 SächsPolG (und daraus resultierend auch diejenige aus § 40 SächsPolG[986]) insgesamt für insoweit verfassungswidrig, als der Gesetzgeber keine besondere Regelung über Eingriffe in Vertrauensverhältnisse geschaffen hat, die dem Schutz von Amts- oder Berufsgeheimnissen unterliegen. Es folgerte aus dem Grundsatz, daß die für die Grundrechtsverwirklichung wesentlichen Regelungen durch den Gesetzgeber selbst getroffen werden müssen und nicht der Exekutive überlassen werden dürfen, daß der bloße Verweis auf die polizeiliche Verhältnismäßigkeitsprüfung in dieser Frage nicht ausreiche[987]. Der Gesetzgeber werde bei der

---

[982] SächsVerfGH LKV 1996, 273, 291f; hierzu vertritt *Schenke*, DVBl 1996, 1393, 1399 allerdings die Auffassung, daß bei Vorliegen der Voraussetzungen des § 40 I Nr. 1 SächsPolG regelmäßig auch diejenigen einer Notstandsinanspruchnahme des Wohnungsinhabers nach § 7 SächsPolG gegeben sein dürften.

[983] SächsVerfGH LKV 1996, 273, 292; aA *Götz*, JZ 1996, 969, 970; *Schenke*, DVBl 1996, 1393, 1399f., der u.a. darauf hinweist, daß Art. 30 III SächsVerf den Eingriff nicht erst zur Gefahrenabwehr, sondern bereits zur Verhütung der genannten Gefahren rechtfertige; dazu näher unten S. 246f.; vgl. auch Bbg-VerfG LKV 1999, 450, 462ff.

[984] SächsVerfGH LKV 1996, 273, 293; aA *Schenke*, DVBl 1996, 1393, 1398f.

[985] SächsVerfGH, aaO, 293.

[986] aaO, 290.

[987] aaO, 285; aA *Schenke*, DVBl 1996, 1393, 1397f.

zu treffenden Regelung zu berücksichtigen haben, daß selbst bei Vorliegen einer gegenwärtigen Gefahr ein Eingriff in diese Vertrauensbeziehungen nur zum Schutz wichtiger Gemeinschaftsgüter wie Leben, Gesundheit und Freiheit zulässig sei. Eingriffe aus Gründen der Gefahrenvorsorge könnten allenfalls gerechtfertigt sein, wenn sie das einzige Mittel zur Informationsgewinnung darstellten, die Informationsgewinnung dem Schutz hochrangiger Rechtsgüter diene und durch weiteres Zuwarten die Gefahr einer irreversiblen Schädigung dieser Rechtsgüter entstehe. Die Zulässigkeit hänge im übrigen davon ab, ob es sich um eine Erhebung bei oder über Störer oder bei oder über unbeteiligte Dritte handele. Die äußerste Grenze sei jedoch bei der Erhebung über Kontakt- und Begleitpersonen nach § 39 I Nr. 3 SächsPolG erreicht, wenn die Informationen aus Vertrauensverhältnissen zu solchen Personen erhoben würden[988].

Darüber hinaus erklärte das Gericht auch die verfahrensrechtliche Ausgestaltung der Eingriffsbefugnisse aus § 39 SächsPolG (und daraus resultierend auch aus § 40 SächsPolG[989]) in verschiedener Hinsicht für verfassungswidrig.
Es sah zunächst eine Verletzung des Grundrechts auf informationelle Selbstbestimmung aus Art. 33 SächsVerf. Es stellte hier auf den erheblichen Grad an Unbestimmtheit der materiell-rechtlichen Eingriffsregelung einerseits und die Heimlichkeit des Eingriffs andererseits ab, die im Bereich des § 39 SächsPolG angesichts des Fehlens einer entsprechenden Regelung auch nicht durch eine nachträgliche Unterrichtung des Betroffenen kompensiert werde. Diese Umstände führten zu einem Ausfall der bei anderen Grundrechtseingriffen bestehenden verfahrensrechtlichen Sicherungen, wie sie sich insbesondere aus der Möglichkeit ergäben, den Rechtsweg zu beschreiten[990]. Dem sei in verschiedener Hinsicht Rechnung zu tragen: Zunächst dürfe die Zuständigkeit für die Anordnung des Eingriffs nicht im ausschließlichen Verantwortungsbereich der Polizei angesiedelt werden; vielmehr müsse hier für eine weiter gehende Repräsentation der Rechte des Betroffenen gesorgt werden. Bei der Wahl der Mittel hierzu stünde dem Gesetzgeber ein erheblicher Spielraum zu; in Frage komme aber etwa die Anordnung eines Richtervorbehalts, eines Ministervorbehalts oder das Erfordernis der "Zustimmung durch eine kompetentiell entsprechend ausgestattete, sachnahe Behörde mit hinreichender Unabhängigkeit, wie etwa den Datenschutzbeauftragten oder bestimmte Abteilungen der Staatsanwaltschaft"[991]. In einem nicht völlig aufgelösten Spannungsverhältnis hierzu steht allerdings die Auffassung des Gerichts, die Ausnahmeregelung vom Richtervorbehalt des § 40 II SächsPolG bei Gefahr im Verzug sei verfassungsgemäß; das Gericht bestätigte die Regelung allerdings auch nur unter dem Gesichtspunkt, daß die verbleibende Beeinträchtigung effektiven Rechtsschutzes für die Übergangszeit bis zum

---

988 SächsVerfGH, aaO, 285.

989 aaO, 290.

990 aaO, 286.

991 aaO, 287.

Inkrafttreten der vom Gesetzgeber neu zu treffenden Verfahrensregelung noch hinnehmbar sei[992]. Weiter sei die Verweisung des Betroffenen auf den allgemeinen datenschutzrechtlichen Auskunftsanspruch durch § 51 SächsPolG nicht ausreichend. Geboten sei hier eine gesetzliche Pflicht zur Benachrichtigung des Betroffenen; polizeilichen Geheimhaltungsinteressen könne durch Ausnahmeregelungen Rechnung getragen werden, wie schon die entsprechende Regelung für den Wohnungseingriff in § 40 IV SächsPolG beweise[993]. Da die Eingriffsvoraussetzungen nicht stets so präzise gefaßt sein könnten, daß sie den geschützten Rechtspositionen von vornherein Rechnung trügen, seien zudem Pflichten zur Löschung bestimmter Daten mitsamt entsprechender institutioneller Kontrolle vorzusehen; dies gelte insbesondere für Daten, die entweder zum verfassungsrechtlich absolut geschützten Kernbereich des Persönlichkeitsrechts gehörten oder die aus anderen Gründen, etwa um dem besonderen verfassungsrechtlichen Rang von Amts- und Berufsgeheimnissen Rechnung zu tragen, nicht verwertet werden dürften[994]. Schließlich sei der Gesetzgeber "angesichts des hohen Maßes tatbestandlicher Unbestimmtheit der Eingriffsvoraussetzungen, die gleichwohl zu erheblichen Eingriffen in die Grundrechte von Störern, Nichtstörern sowie Dritten auch im Vorfeldbereich der Gefahrenabwehr ermächtigen, sowie des ... zukunftsgerichteten Charakters des Gesetzes" von Verfassungs wegen gehalten, geeignete Berichts- und Evaluationspflichten vorzusehen, um in angemessenen Zeiträumen die Eignung, Erforderlichkeit und Angemessenheit des Eingriffskonzepts überprüfen zu können[995].
Außerdem sah das Gericht in der Ausgestaltung des Verfahrens nach § 39 SächsPolG auch eine Verletzung der Rechtsweggarantie des Art. 38 SächsVerf. Zwar stelle nicht jeder Eingriff durch heimlich durchgeführte und auch nachträglich geheim bleibende Informationseingriffe eine Verletzung dieses Grundrechts dar. Jedoch stelle der völlige Verzicht auf eine Pflicht zur nachträglichen Benachrichtigung eine unvertretbare Benachteiligung der Individualinteressen des Betroffenen dar und verletze dessen Anspruch auf effektiven Grundrechtsschutz. Polizeilichen Geheimhaltungsinteressen könne durch Ausnahmeregelungen wie bei § 40 IV SächsPolG Rechnung getragen werden[996].

Schließlich sah das Gericht auch noch einen Verstoß gegen Art. 83 III 2 SächsVerf[997].

---

[992] aaO, 292f.

[993] aaO, 287f; *Schenke*, DVBl 1996, 1393, 1394 plädiert insoweit bereits de lege lata für eine Analogie zu § 40 IV SächsPolG.

[994] SächsVerfGH, aaO, 288.

[995] aaO, 288.

[996] aaO, 288; *Schenke*, DVBl 1996, 1393, 1395 folgert darüber hinaus aus der Gewährleistung des Art. 38 SächsVerf, daß sich die Garantie einer verfahrensmäßigen Vertretung der Interessen des Betroffenen, wie sie das Gericht bereits aus Art. 33 SächsVerf entwickelt hatte, zu der Notwendigkeit einer Kontrolle durch einen Richter oder ein vergleichbares unabhängiges Organ verdichte.

[997] Art. 83 III SächsVerf: "Der Freistaat unterhält keinen Geheimdienst mit polizeilichen Befugnissen. Der Einsatz nachrichtendienstlicher Mittel unterliegt einer Nachprüfung durch von der Volksvertretung

Diese Vorschrift stellt eine Spezialität der SächsVerf dar; sie ist so nicht Bestandteil des Verfassungsrechts des Bundes oder eines anderen Landes. Daher ist die Argumentation in diesem Punkt nicht verallgemeinerungsfähig. Das Gericht folgerte aus der Systematik und Teleologie der Vorschrift, daß sie nicht nur auf den Einsatz nachrichtendienstlicher Mittel durch Geheimdienste Anwendung finde, sondern Geltung für die Tätigkeit aller sächsischen Behörden beanspruche[998]. Nachrichtendienstliches Mittel im verfassungsrechtlichen Sinn sei von den hier allein interessierenden Abhörmaßnahmen allerdings nur der verdeckte Einsatz technischer Mittel, nicht dagegen die längerfristige Observation nach § 36 II Nr. 1 SächsPolG; letztere sei den herkömmlichen polizeilichen Fahndungsmethoden im Bereich der vorbeugenden Verbrechensbekämpfung zuzurechnen. Da der Gesetzgeber in § 39 III SächsPolG den verdeckten Einsatz technischer Mittel nur von der Anordnung der dort genannten Beamten abhängig gemacht habe, sei das sich aus Art. 83 III 2 SächsVerf ergebende Gebot einer effektiven richterlichen oder parlamentarischen Kontrolle des Einsatzes nachrichtendienstlicher Mittel verletzt[999].
Das Gericht setzte dem Gesetzgeber eine Übergangsfrist zur Umsetzung der sich aus dem Urteil ergebenden Folgerungen bis zum Ende der Legislaturperiode des 2. Sächsischen Landtags (also bis zum Herbst 1999). Bis zum Zeitpunkt der Umsetzung waren die für nichtig erklärten Vorschriften des SächsPolG unanwendbar; die Auslegung der für verfassungsgemäß erklärten Normen wurde in weiten Teilen durch die Auffassung des Gerichts bestimmt. Hinsichtlich der verfahrensrechtlichen Ausgestaltung der Anordnungen nach §§ 39f. SächsPolG traf das Gericht die folgenden Maßgaben[1000]:

- Nach dem Abschluß der Maßnahme ist der Betroffene zu unterrichten, wenn nicht im Einzelfall ein überwiegendes polizeiliches Geheimhaltungsinteresse besteht.
- Der verdeckte Einsatz technischer Mittel bedarf der Zustimmung des Innenministers oder seines ständigen Vertreters.
- Der Innenminister hat dem Landtag oder einer von diesem zu bestimmenden Stelle jährlich Bericht über den Umfang aller verdeckt durchgeführten Überwachungsaktionen zu gestatten.

Auf der Grundlage eines Gesetzentwurfs der Staatsregierung vom 14.1.1998[1001] wurden die verfassungsgerichtlichen Vorgaben schließlich durch das 2. Gesetz zur Änderung des SächsPolG vom 21.6.1999[1002] umgesetzt. Dabei orientierte sich der Gesetzgeber überwiegend eng an den Vorgaben des SächsVerfGH und nutzte zugleich die Gelegenheit

---

bestellte Organe und Hilfsorgane, sofern dieser Einsatz nicht der richterlichen Kontrolle unterlegen hat. Das Nähere bestimmt das Gesetz."

998 SächsVerfGH LKV 1996, 273, 289.

999 aaO, 290.

1000 vgl. Pressemitteilung in NJW 1996, 1949, 1950.

1001 LT-Drucks. II/7794.

1002 GVBl. 330.

zur Anpassung der einschlägigen Vorschriften an Art. 13 IV-VI GG n.F.[1003].
Im einzelnen wurde

- die Erwähnung der Vergehen gegen bedeutende fremde Sach- und Vermögenswerte bei den "Straftaten von erheblicher Bedeutung" gem. § 36 I Nr. 2 lit. a SächsPolG gestrichen; zugleich wurden aber Vergehen "auf den Gebieten ... der Vorteilsannahme oder -gewährung, der Bestechlichkeit oder Bestechung (§§ 331 bis 335 StGB" aufgenommen (§ 36 I Nr. 2 lit. b SächsPolG n.F.),
- die Befugnis zum Einsatz der besonderen Mittel der Datenerhebung gegenüber den sog. gefährlichen Intensivtätern in § 39 I Nr. 2 lit. b SächsPolG a.F. gestrichen,
- die Definition des Begriffs der "Kontakt- und Begleitpersonen" in § 39 I Nr. 3 SächsPolG an den Wortlaut der Gründe des Urteils angepaßt und die Datenerhebung insoweit ausdrücklich beschränkt auf die Gewinnung von Hinweisen bezüglich der angenommenen Straftaten in den Fällen, in denen sie zu deren vorbeugender Bekämpfung zwingend erforderlich ist,
- die Zuständigkeit für die Anordnung des verdeckten Einsatzes technischer Mittel durchgängig, also nicht nur zur Erhebung in oder aus Wohnungen, außer beim "kleinen Lauschangriff" und bei Gefahr im Verzug in die Hände des Richters gelegt (§ 39 IV 2-4, V 1 SächsPolG n.F.),
- die Delegationsbefugnis bezüglich der verbleibenden Anordnungszuständigkeiten von Polizeiführern auf die jeweiligen nachgeordneten Abteilungsleiter begrenzt (§ 39 IV 1, 4, V 1 SächsPolG n.F.),
- die Datenerhebung mit sämtlichen "besonderen Mitteln" des § 36 II SächsPolG für unzulässig erklärt, soweit sie in ein geschütztes Vertrauensverhältnis eingreifen würde; dabei weist das Gesetz allerdings ausdrücklich darauf hin, daß die allgemeine Verpflichtung zur Amtsverschwiegenheit im öffentlichen Dienst kein solches Vertrauensverhältnis begründet (§ 39 II iVm § 37 V 5 SächsPolG n.F.),
- die Erhebung in oder aus Wohnungen auf Wohnungen von Störern und von Nichtstörern im polizeilichen Notstand beschränkt (§ 40 I 2 SächsPolG n.F.),
- die Befugnis zur Erhebung in oder aus Wohnungen für Zwecke der vorbeugenden Straftatbekämpfung nach § 40 I Nr. 2 SächsPolG a.F. gestrichen,
- die Aufbewahrung von Aufnahmen und Aufzeichnungen, die Dritte betreffen, auf den Zweck der Verfolgung von Straftaten von erheblicher Bedeutung (§ 39 VII 2 SächsPolG n.F.) sowie von Aufzeichnungen aus dem Einsatz technischer Mittel zur Eigensicherung innerhalb wie außerhalb von Wohnungen auf den Zweck der Verfolgung von Straftaten gegen Leben, Gesundheit oder Freiheit der bei dem Einsatz tätigen Personen (§ 39 V 2 SächsPolG n.F.) beschränkt und
- die Benachrichtigung Betroffener angeordnet, sobald sie ohne Gefahr für Leben, Gesundheit oder Freiheit einer Person und ohne Gefährdung des Zwecks der Datenerhebung erfolgen kann (§ 39 VIII 1 SächsPolG n.F.); eine Ausnahme gilt dann, wenn

---

[1003] vgl. dazu auch u. S. 243ff.

wegen des auslösenden Sachverhalts ein Ermittlungsverfahren gegen den Betroffenen eingeleitet worden und diesem Akteneinsicht gewährt worden ist (§ 39 IX 1 SächsPolG n.F.).

Im Hinblick auf die Rechtsprechung des BGH zur Befugnis zu begleitenden Eingriffsmaßnahmen[1004] wurden zudem ausdrücklich einschlägige Ermächtigungsvorschriften aufgenommen: Nach § 39 VI SächsPolG n.F. dürfen zur Durchführung des Einsatzes technischer Mittel Gegenstände, insbesondere Fahrzeuge, vorübergehend in polizeiliche Obhut genommen, verändert oder an einen anderen Ort verbracht werden; nach § 40 II SächsPolG n.F. dürfen Wohnungen von Störern und von Nichtstörern im polizeilichen Notstand durch den Polizeivollzugsdienst betreten werden, um die technischen Voraussetzungen des Einsatzes technischer Mittel zu schaffen.

Trotz der Ausführungen des SächsVerfGH sieht die Neuregelung in § 40 SächsPolG jedoch keine Differenzierung von Wohnräumen nach dem Grad der Schutzbedürftigkeit und keine Spezialregelung über die Löschung von in oder aus Wohnungen erhobenen Daten vor.

### 15. Brandenburg

Brandenburg ersetzte zum 22.3.1996 das PAG DDR durch das BbgPolG[1005].

Der Grundsatz der offenen Datenerhebung darf gemäß § 29 III BbgPolG nur in den gesetzlich besonders bestimmten Fällen durchbrochen werden. Eine generelle Ermächtigung zu verdeckter Erhebung außerhalb des Bereichs der besonderen Mittel und Methoden wegen Erschwerung oder Gefährdung der Aufgabenerfüllung existiert also, ebenso wie in Nordrhein-Westfalen, nicht. Verdecktes Abhören von Gesprächen ist damit nur in Form der kurz- oder längerfristigen Observation nach § 32 BbgPolG sowie des verdeckten Einsatzes technischer Mittel nach § 33 BbgPolG gestattet.

Die Regelung der Voraussetzungen solcher Maßnahmen entspricht in vielen Punkten derjenigen in §§ 16, 18 PolG NW. Unterschiede bestehen in folgenden Details:

Die Gefahrenabwehr richtet sich gem. § 1 I 1 BbgPolG auch gegen Gefahren für die öffentliche Ordnung.

Auch nach der Durchführung einer nur kurzfristigen Observation besteht eine Pflicht zur Benachrichtigung des Betroffenen nach Maßgabe des § 29 VI BbgPolG. Ausnahmen gelten bei Zweckgefährdung, dann, wenn zur Durchführung der Benachrichtigung in unverhältnismäßiger Weise weitere Daten erhoben werden müßten, sowie bei der Befürchtung erheblicher Nachteile für einen minderjährigen Betroffenen durch die nach § 29 VI 3 BbgPolG vorgesehene Benachrichtigung der Personensorgeberechtigten (§ 29

---

1004 BGH NJW 1997, 2189 (l. Sp.); vgl. oben S. 168.

1005 verkündet als Art. 1 des Ges. zur Neuordnung des Polizeirechts im Land Brandenburg v. 19.3.1996 (GVBl. I, 74).

VI 2-4 BbgPolG).
"Straftaten von erheblicher Bedeutung" sind nach § 10 III BbgPolG alle Verbrechen und alle weiteren in § 100a StPO aufgeführten Straftaten. Brandenburg hat sich damit für einen abschließenden Straftatenkatalog entschieden, der allerdings an der Tendenz zur ständigen Erweiterung des Katalogs in § 100a S. 1 StPO teilnimmt und zudem durch die Nennung des § 129 StGB unter dessen organisatorischen Voraussetzungen, wie bereits zur TÜ aufgezeigt, wiederum sämtliche Straftatbestände erfassen kann; zudem gilt auch für diese Norm, wie auch für andere Landesgesetze, die § 261 StGB als Straftat von erheblicher Bedeutung ansehen, damit das zur Aufnahme des § 261 I, II, IV StGB in der Fassung des Gesetzes zur Verbesserung der Bekämpfung der Organisierten Kriminalität in den Katalog des § 100a StPO Ausgeführte[1006].
Die längerfristige Observation sowie der verdeckte Einsatz technischer Mittel außerhalb von Wohnungen zur Erhebung von Daten über Kontakt- und Begleitpersonen zum Zweck der vorbeugenden Straftatbekämpfung ist nach §§ 32 I 1 Nr. 3, 33 I 1 Nr. 3 BbgPolG nur dann zulässig, wenn sie zur Erreichung dieses Zwecks unerläßlich ist[1007].
Die Anordnung der längerfristigen Observation und des verdeckten Einsatzes technischer Mittel durch den Behördenleiter ist nur bis zur Dauer von 1 Monat zulässig; über diesen Zeitraum hinausgehende Maßnahmen dürfen nach §§ 32 II, 33 II BbgPolG nur durch den Richter angeordnet werden. Hinsichtlich des Einsatzes technischer Mittel, nicht aber für die Observation, ist die Zuständigkeit einer Kammer des Landgerichts gegeben (§ 33 V 4 BbgPolG).
Der verdeckte Einsatz technischer Mittel zur Erhebung von Daten in oder aus Wohnungen ist außer zur Abwehr einer gegenwärtigen Gefahr für Leib, Leben oder Freiheit einer Person (§ 33 III Nr. 1 BbgPolG) auch dann zulässig, wenn Tatsachen die Annahme rechtfertigen, daß Mord, Totschlag, Völkermord (§§ 211, 212, 220a StGB), schwerer Menschenhandel (§ 181 I Nr. 2, 3 StGB), Staatsschutzdelikte i.S.d. § 100a S. 1 Nr. 1 lit. a-c, e StPO, schwerer Bandendiebstahl, schwerer Raub, schwere räuberische Erpressung oder Geldwäsche (§§ 244a, 250, 255, 261 StGB), gemeingefährliche Straftaten nach §§ 306-308, 310b I-III, 311 I-III, 311a I-III, 311b, 312, 313, 315 III, 315b III, 316a, 316c, 319 StGB[1008], schwerwiegende Verstöße gegen das WaffG oder Verbrechen nach dem KWKG (§§ 52a I-III, 53 I 1 Nr. 1, II 2 WaffG; §§ 19, 20, 21, 22a KWKG) oder schwerwiegende Verstöße gegen das BtMG (Straftaten nach einer in § 29 III 2 Nr. 1 BtMG in Bezug genommenen Vorschrift unter den dort genannten Voraussetzungen oder nach §§ 29a, 30 I Nr. 1, 2, 4, §§ 30a, 30b BtMG) organisiert begangen werden sollen und die vorbeugende Bekämpfung dieser Straftaten sonst aussichtslos oder wesentlich erschwert wäre (§ 33 III Nr. 2 BbgPolG).
Die Ausnahme vom Erfordernis der richterlichen Anordnung des Wohnungseinsatzes

---

[1006] vgl. oben S. 151f.
[1007] Nach §§ 16 I 1 Nr. 2, 18 I 1 Nr. 2 PolG NW reicht "Erforderlichkeit" aus.
[1008] Auch dieser Katalog ist noch nicht an die Änderungen durch das 6. StrRG angepaßt worden.

wegen Gefahr im Verzug gilt nach § 33 V BbgPolG nur bei Anordnungen zur Gefahrenabwehr nach Abs. 3 Nr. 1, nicht bei solchen zur vorbeugenden Straftatbekämpfung nach Abs. 3 Nr. 2.
Die Unterrichtung des Betroffenen nach dem Einsatz technischer Mittel zur Datenerhebung (eigentümlicherweise anders als nach einer längerfristigen Observation, § 32 II 2 BbgPolG) erfolgt gemäß § 33 VII 2 BbgPolG auch dann, wenn wegen desselben Sachverhalts ein Ermittlungsverfahren eingeleitet wird; sie wird dann lediglich bis zum Abschluß der Ermittlungen zurückgestellt und kann nur unterbleiben, wenn der Betroffene im Rahmen des Verfahrens Kenntnis von der Maßnahme erlangt.
Schließlich sieht § 33 IX BbgPolG eine Pflicht des Innenministers zur jährlichen Erstattung eines Berichts an den Landtag über abgeschlossene Wohnungseinsätze vor, der die Zahl der Maßnahmen, die Anknüpfungsdelikte, die Zahl der Betroffenen, die der Anordnungsanträge und den Inhalt der richterlichen Entscheidungen über die Anträge darzulegen hat. Darüber hinaus sieht die Vorschrift insoweit auch eine Überwachung durch die PKK vor (§ 33 IX 3 BbgPolG iVm §§ 23ff. BbgVerfSchG).
Eine Sonderregelung über Datenerhebung bei öffentlichen Veranstaltungen und Ansammlungen findet sich in § 31 BbgPolG.
Die Regelung der Datenübermittlung in §§ 41, 43 BbgPolG ist wortgleich mit derjenigen in §§ 26, 28 PolG NW.

Mit Urteil vom 30.6.1999 erklärte das BbgVerfG den § 33 I 1 Nrn. 2, 3, S. 2, III Nrn. 1, 2 BbgPolG für verfassungsgemäß[1009]. Die Urteilsgründe sind allerdings nicht ohne weiteres verallgemeinerungsfähig, da die Grundrechtsgewährleistungen einer der hauptsächlich als Prüfungsmaßstab dienenden Vorschriften der Landesverfassung, des Art. 15 I, III BbgVerf, für den Bereich des präventiv-polizeilichen Abhörens hinter denen des Art. 13 IV-VI GG n.F. zurückbleiben (nämlich denjenigen des Art. 13 I, III GG a.F. entsprechen). Das BbgVerfG betonte insofern ausdrücklich, sein Prüfungsmaßstab könne nur das durch die Landesverfassung gewährte Grundrecht, nicht dagegen das weitergehende Bundesverfassungsrecht sein[1010], unterzog allerdings dennoch einschlägige Vorschriften immerhin inzident einer Nichtigkeitskontrolle am Maßstab des Art. 13 GG n.F.[1011].
Trotz seines Tenors unterschied sich das Urteil des BbgVerfG allerdings nicht so grundsätzlich von demjenigen des SächsVerfGH, wie es auf den ersten Blick scheinen mag: Für Problembereiche, hinsichtlich derer der SächsVerfGH zum Verdikt der Verfassungswidrigkeit einzelner Bestimmungen das SächsPolG gekommen war, kam das BbgVerfG durch die Methode der verfassungskonformen Auslegung zu inhaltlich ähnlichen Ergebnissen.
Im einzelnen erklärte das Gericht zunächst die allgemeine Befugnis zur heimlichen

---

[1009] LKV 1999, 450ff.
[1010] LKV 1999, 450, 459f.
[1011] LKV 1999, 450, 462.

Erhebung durch den Einsatz technischer Mittel für Zwecke der vorbeugenden Straftatbekämpfung in § 33 I 1 Nr. 2 BbgPolG für hinreichend bestimmt und verhältnismäßig und damit für geeignet, insbesondere den Eingriff in das Grundrecht auf informationelle Selbstbestimmung aus Art. 11 BbgVerf zu tragen. Von besonderem Gewicht war dabei nicht nur die Auffassung des BbgVerfG, auch ein Eingreifen zur vorbeugenden Bekämpfung von Straftaten erheblicher Bedeutung sei nicht im Vorfeld einer Gefahrenlage anzusiedeln, sondern stelle einen Fall der Abwehr einer Gefahr dar[1012]. Vielmehr stützte sich das Gericht weiter auch auf die Überlegung, der Katalog der Straftaten von erheblicher Bedeutung in § 10 III BbgPolG beinhalte Delikte, von deren Begehung beträchtliche Gefahren für das Gemeinwohl ausgingen - ein, wie bereits dargelegt[1013], nicht unangreifbarer Gedanke. Im übrigen ergebe sich aus dem systematischen Zusammenhang zu § 29 III BbgPolG, daß die Datenerhebung nach § 33 I 1 Nrn. 2, 3 BbgPolG nur bei den dort genannten Personen, nicht bei unbeteiligten Dritten stattfinden dürfe, auch wenn die Bestimmungen ausdrücklich nur Erhebungen *über* diese Personen ansprächen[1014]. Gleichzeitig sei der Begriff der Kontakt- oder Begleitperson in § 33 I 1 Nr. 3 BbgPolG restriktiv auszulegen: Aus der gesetzlichen Zielsetzung einer Erhebung nur gefahren- oder tatbezogener Merkmale (§ 29 V 2 BbgPolG) ergebe sich, daß damit nur Personen angesprochen seien, zu denen der potentielle Straftäter gerade in bezug auf die in Frage stehende Straftat Verbindung hält oder aufnimmt. Außerdem seien, auch wenn sich dies unmittelbar aus dem Wortlaut der Vorschrift nicht ergebe, die Träger von Amts- und Berufsgeheimnissen im Hinblick auf den rechtlichen Schutz der entsprechenden Vertrauensverhältnisse von der Überwachung nach § 33 I 1 Nr. 3 BbgPolG auszunehmen, soweit nicht von ihnen selbst die Begehung entsprechender Straftaten zu erwarten sei[1015]. Soweit schließlich Daten über unbeteiligte Dritte zufällig bei einer gegen einen anderen gerichteten Maßnahme erhoben worden sein sollten, seien diese nach § 47 II 1 Nr. 2, S. 2 iVm §§ 37 S. 1, 38 I 1 BbgPolG ohnehin zu löschen[1016]. Zudem seien solche Dritte über die Erhebung zwar nicht gemäß § 33 VII BbgPolG, wohl aber nach der allgemeinen Benachrichtigungsvorschrift des § 29 VI BbgPolG, also insbesondere dann, wenn dies ohne unverhältnismäßige Erhebung weiterer Daten möglich ist, nachträglich zu benachrichtigen[1017].

Auch die Vorschrift über das Abhören von Wohnungen zur Gefahrenabwehr in § 33 III Nr. 1 BbgPolG erklärte das Gericht für verfassungsgemäß. Es handele sich um eine

---

[1012] LKV 1999, 450, 453f.

[1013] vgl. o. S. 234f.

[1014] BbgVerfG LKV 1999, 450, 454.

[1015] BbgVerfG LKV 1999, 450, 457f. u. 456f.

[1016] BbgVerfG LKV 1999, 450, 458f.; insoweit verschweigt das Gericht allerdings, daß § 38 I 2 BbgPolG abweichend hiervon nach dem Grundsatz des hypothetischen Ersatzeingriffs eine Speicherung und Nutzung zu einem anderen Zweck als dem der Erhebung erlaubt, wenn die Daten auch zu diesem Zweck hätten erhoben werden dürfen.

[1017] BbgVerfG LKV 1999, 450, 459.

Regelung zur Abwehr bzw. Verhütung dringender Gefahren im Sinne des Art. 15 III BbgVerf[1018]. Verfassungskonforme Auslegung ergebe, daß Maßnahmen nach dieser Vorschrift nur in und aus den Wohnungen von Störern sowie von Nichtstörern im polizeilichen Notstand zulässig seien[1019]. Die Vorschrift ermächtige zugleich auch zum Betreten der betreffenden Wohnung, soweit dies zum Anbringen der notwendigen Geräte und ihrer späteren Entfernung notwendig sein solle[1020].
Schließlich sei auch die Kompetenz zum Abhören von Wohnungen zur vorbeugenden Straftatbekämpfung nach § 33 III Nr. 2 BbgPolG verfassungsgemäß. Auch insoweit betonte das Gericht seine Auffassung, daß es sich nicht um ein Tätigwerden im Vorfeld einer Gefahr handele, sondern um die Abwehr dringender Gefahren im Sinne des Art. 15 III BbgVerf[1021]. Auch hier sei der Eingriff nur in bezug auf Wohnungen von potentiellen Straftätern und deren Kontakt- und Begleitpersonen zulässig; der Begriff der Kontakt- und Begleitperson sei in derselben Weise verfassungskonform auszulegen wie zu § 33 I 1 BbgPolG[1022]. Zwar bewege sich der Gesetzgeber mit der Regelung "an der Grenze dessen ..., was von Verfassungs wegen als noch zulässige Einschränkung des grundrechtlichen Freiheitsraums hingenommen werden kann". Anders als die entsprechende sächsische Regelung, hinsichtlich derer es aber u.a. auch an einer abschließenden und hinreichend engen Definition der erfaßten Straftaten wie an einer Subsidiaritätsklausel im Sinne des § 33 III Nr. 2 a.E. BbgPolG gefehlt habe, sei die Vorschrift aber insgesamt verfassungsrechtlich noch hinnehmbar[1023].

II. Polizeigesetze des Bundes

1. Bundesgrenzschutz (BGS)

Auch für den BGS ist zum 1.11.1994 mit dem BGSG[1024] eine Regelung der verdeckten Datenerhebung in Kraft getreten.
Zur Erfüllung seiner Aufgaben nach §§ 1 ff. BGSG (insbesondere Grenzschutz, § 2 BGSG; Bahnpolizei, § 3 BGSG; Luftsicherheit, § 4 BGSG; Schutz von Bundesorganen, § 5 BGSG; Eigensicherung, § 1 III BGSG) ist der BGS nach Maßgabe der §§ 21ff. BGSG zur Erhebung personenbezogener Daten befugt. Auch für den BGS gilt das Prinzip der offenen Datenerhebung (§ 21 III 1 BGSG), das insbesondere dann durchbrochen werden darf, wenn andernfalls die Aufgabenerfüllung erheblich gefährdet würde (§ 21 III 3 1. Alt. BGSG). Datenerhebung bei Dritten ist zulässig, wenn die Erhebung beim Betroffenen nicht möglich ist oder durch sie die Aufgabenerfüllung

---

[1018] BbgVerfG LKV 1999, 450, 460.
[1019] BbgVerfG LKV 1999, 450, 460f.
[1020] BbgVerfG LKV 1999, 450, 461.
[1021] BbgVerfG LKV 1999, 450, 462f u. 464.
[1022] BbgVerfG LKV 1999, 450, 463.
[1023] BbgVerfG LKV 1999, 450, 464.
[1024] verkündet als Art. 1 BundesgrenzschutzneuregelungsG v. 19.10.1994 (BGBl. I, 2978).

gefährdet oder erheblich erschwert würde (§ 21 III 2 BGSG).
Zur Verhütung von Straftaten ist nach § 21 II BGSG die Erhebung nur zulässig, soweit Tatsachen die Annahme rechtfertigen, daß

- eine Person Straftaten iSd § 12 I BGSG[1025] mit erheblicher Bedeutung[1026] begehen will und die Daten zur Verhütung solcher Straftaten erforderlich sind oder
- eine Person mit einer vorgenannten Person in Verbindung steht oder eine solche Verbindung hergestellt wird, die erwarten läßt, daß die Maßnahme zur Verhütung von solchen Straftaten führen wird und dies auf andere Weise aussichtslos oder wesentlich erschwert wäre[1027].

Sonderregelungen gelten für die längerfristige Observation, d.h. die planmäßig angelegte Beobachtung einer Person, die durchgehend länger als 24 Stunden dauern oder an mehr als 2 Tagen stattfinden soll (§ 28 II Nr. 1 BGSG), sowie für den verdeckten Einsatz technischer Mittel zum Abhören und Aufzeichnen (§ 28 II Nr. 2 lit. b BGSG). Sie sind nach § 28 I 1 BGSG nur zulässig

- über Störer und Nichtstörer im polizeilichen Notstand zur Abwehr einer Gefahr für den Bestand oder die Sicherheit des Staates oder für Leib, Leben oder Freiheit einer Person oder für Sachen von erheblichem Wert, deren Erhaltung im öffentlichen Interesse geboten ist, oder
- über die in § 21 II BGSG bezeichneten Personen (s.o.) zur Verhütung von Straftaten im Sinne des § 12 I BGSG mit erheblicher Bedeutung, wenn Tatsachen die Annahme rechtfertigen, daß eine solche Straftat gewerbs-, gewohnheits-, bandenmäßig oder von einer kriminellen Vereinigung begangen werden soll,

wenn die Gefahrenabwehr oder die Verhütung der Straftat auf andere Weise aussichtslos ist oder wesentlich erschwert würde.
Sie darf auch durchgeführt werden, wenn Dritte unvermeidbar betroffen werden (§ 28 I 2 BGSG).
Der Einsatz der besonderen Mittel durch den BGS zur Erhebung in oder aus Wohnungen ist unzulässig. Dies ergibt sich daraus, daß § 70 S. 2 BGSG als das Grundrecht auf Unverletzlichkeit der Wohnung einschränkende Normen nur die §§ 45f. BGSG nennt; auf § 70 S. 2 BGSG weist wiederum § 28 I 1 BGSG ausdrücklich hin[1028].
Die Anordnungskompetenz liegt, außer bei Gefahr im Verzug, zunächst beim Leiter des Grenzschutzpräsidiums oder dessen Vertreter (§ 28 III 1 BGSG); jedoch gelten dessen Anordnungen nur bis zu einem Monat lang (§ 28 III 2 BGSG). Die Verlängerung über

---

[1025] Es handelt sich hier um eine Aufzählung von Straftaten, die einen Bezug zu den dem BGS zugewiesenen Aufgaben aufweisen (insb. im Bereich des Grenzschutzes, der Bahnpolizei und der Wahrnehmung hoheitlicher Aufgaben auf See außerhalb des deutschen Küstenmeeres).

[1026] Der Begriff wird durch das BGSG nicht näher definiert.

[1027] Hier gilt also schon für jede Form der Datenerhebung über Kontaktpersonen eine ausdrückliche Subsidiaritätsregelung.

[1028] Eine ausdrückliche gesetzliche Klarstellung war noch in der Entwurfsfassung vorhanden, ist dann aber gestrichen worden (vgl. BfD, BT-Drucks. XIII/1150, 138).

diesen Zeitraum hinaus bedarf richterlicher Anordnung (§ 28 III 4 BGSG).
Sämtliche Unterlagen sind unverzüglich zu vernichten, soweit sie für den der Anordnung zugrunde liegenden Zweck oder für Strafverfolgungszwecke nicht mehr erforderlich sind (§ 28 IV BGSG).
Es besteht eine Pflicht zur Unterrichtung des Betroffenen nach Abschluß der Maßnahme. Ausnahmen gelten bei Zweckgefährdung sowie allgemein bei Gefährdung der öffentlichen Sicherheit (§ 28 V 1 BGSG). Es existiert zudem eine Ausnahme für den Fall, daß wegen des auslösenden Sachverhalts ein Ermittlungsverfahren eingeleitet wurde, hier jedoch nur dann, wenn durch die Unterrichtung der Untersuchungserfolg gefährdet würde; die Entscheidung hierüber liegt bei der Staatsanwaltschaft (§ 29 V 2 BGSG).
Eine Sonderregelung über die Datenerhebung bei öffentlichen Veranstaltungen und Ansammlungen findet sich in § 26 BGSG.
§ 32 II Nr. 4 BGSG enthält eine ausdrückliche Ermächtigung zur Übermittlung von Daten an andere öffentliche Stellen zu Zwecken der Verfolgung von Straftaten oder Ordnungswidrigkeiten, der Strafvollstreckung und des Strafvollzugs. Für die Übermittlung gelten die Verfahrensvorschriften des § 33 BGSG, die im Vergleich zu den Regelungen der meisten Landespolizeigesetze sehr ausführlich und detailliert sind. Die Einrichtung von Verfahren zum automatisierten Abruf von Daten ist nach Maßgabe des § 33 VII, VIII BGSG zulässig.

2. Bundeskriminalamt (BKA)

Auch das BKAG[1029], das am 1.8.1997 in Kraft getreten ist, brachte einschlägige Befugnisregelungen im Zusammenhang mit der Tätigkeit des BKA beim Schutz von Mitgliedern der Verfassungsorgane sowie bei der Eigensicherung.
Das BKA darf nach § 22 S. 1 BKAG personenbezogene Daten erheben, soweit dies zur Erfüllung seiner Aufgaben nach § 5 BKAG (Personenschutz für die Mitglieder der Verfassungsorgane des Bundes sowie in besonders festzulegenden Fällen der Gäste dieser Verfassungsorgane aus anderen Staaten; innerer Schutz der Dienst- und der Wohnsitze sowie der jeweiligen Aufenthaltsräume des Bundespräsidenten, der Mitglieder der Bundesregierung und in besonders festzulegenden Fällen ihrer Gäste aus anderen Staaten) erforderlich ist. Auch hier gilt der Grundsatz der offenen Datenerhebung (§ 22 S. 2 BKAG iVm § 21 III 1 BGSG); hinsichtlich der Durchbrechung dieses Grundsatzes und der Möglichkeit von Datenerhebungen bei Dritten verweist § 22 S. 2 BKAG auf § 21 III, IV BGSG.
Besondere Beschränkungen gelten für die Datenerhebung durch längerfristige Observation, d.h. planmäßig angelegte Beobachtung einer Person, die durchgehend länger als 24 Stunden dauern oder an mehr als 2 Tagen stattfinden soll (§ 23 II Nr. 1 BKAG), sowie für den verdeckten Einsatz technischer Mittel zum Abhören und Aufzeichnen außerhalb einer Wohnung (§ 23 II Nr. 2 lit. b BKAG). Sie sind nur zulässig über

---

[1029] v. 7.7.1997 (BGBl. I, 1650).

- Personen, bei denen Tatsachen die Annahme rechtfertigen, daß von ihnen eine Straftat gegen Leib, Leben oder Freiheit einer zu schützenden Person oder eine gemeingefährliche Straftat gegen eine der in § 5 BKAG genannten Räumlichkeiten verübt werden soll (§ 23 I 1 Nr. 1 BKAG), oder
- sonstige Personen, wenn Tatsachen die Annahme rechtfertigen, daß sie, insbesondere als Kontakt- oder Begleitpersonen mit einer der in § 23 I 1 Nr. 1 BKAG genannten Personen in einer Weise in Verbindung stehen oder treten werden, die erwarten läßt, daß die Maßnahme zur Verhütung von Straftaten iSd § 23 I 1 Nr. 1 BKAG beitragen wird (§ 23 I 1 Nr. 2 BKAG),

wenn die Abwehr der Gefahr oder die Verhütung der Straftat auf andere Weise aussichtslos ist oder wesentlich erschwert würde.

Die Erhebung darf aber auch durchgeführt werden, wenn Dritte unvermeidbar betroffen werden (§ 23 I 2 BKAG).

*Riegel* vertrat die Auffassung, das Tatbestandsmerkmal “Einsatz außerhalb der Wohnung” in § 23 II Nr. 2 lit. b BKAG sei in dem Sinne zu verstehen, daß durchaus auch Gespräche innerhalb einer Wohnung Gegenstand der Überwachung sein könnten, sofern sich nur die technischen Mittel zum Abhören und Aufzeichnen außerhalb der Wohnung befänden; damit sei ohne große Publizität eine weitere Variante des großen Lauschangriffs eingeführt worden[1030]. Er begründete dies damit, daß in der ursprünglichen Entwurfsfassung der § 38 S. 2 BKAG den Eingriff in den Schutzbereich des Art. 13 I GG nur auf der Grundlage der §§ 16, 21 und 26 BKAG zulassen sollte, daß diese Beschränkung aber durch den Rechtsausschuß des Bundestages ersatzlos gestrichen worden ist[1031]. *Riegel*s Folgerung ist jedoch nicht zwingend: Durch den Rechtsausschuß ist nämlich zugleich in § 23 II Nr. 2 lit. b BKAG das Tatbestandsmerkmal “außerhalb einer Wohnung” überhaupt erst eingefügt worden[1032]. Demnach liegt der Gedanke näher, daß die Klarstellung in der Zitiervorschrift des § 38 S. 2 BKAG damit überflüssig geworden war, weil sich schon aus dem Tatbestand der Eingriffsnorm selbst ergeben sollte, daß sie den Eingriff in den Schutzbereich des Rechts aus Art. 13 I GG nicht trägt. Eine Klärung der Frage, welche Auslegung beim BKA selbst zugrundegelegt wird, wird sich aber wohl erst dann ergeben, wenn erstmals Betroffene von Eingriffen auf der Grundlage des § 23 BKAG benachrichtigt werden werden.

Die Anordnungskompetenz liegt, außer bei Gefahr im Verzug, zunächst beim Leiter der für den Personenschutz zuständigen Abteilung des BKA oder dessen Vertreter (§ 23 III 1 BKAG); jedoch gelten dessen Anordnungen nur bis zu einem Monat lang (§ 23 III 2 BKAG). Die Verlängerung über diesen Zeitraum hinaus bedarf richterlicher Anordnung (§ 23 III 4 BKAG).

Die Regelungen zur Vernichtungs- und zur Benachrichtigungspflicht (§ 23 IV, V

---

[1030] NJW 1997, 3408, 3409.

[1031] vgl. BT-Drucks. XIII/7208, 36.

[1032] vgl. BT-Drucks. XIII/7208, 27.

BKAG) entsprechen denen des § 28 IV, V BGSG.

Nach § 16 I BKAG darf außerdem bei einem Einsatz von Bediensteten im Rahmen der Befugnisse des BKA aus Gründen der Strafverfolgung (vgl. insb. § 4 BKAG) ohne Wissen des Betroffenen im Beisein oder in unmittelbarem zeitlichen Zusammenhang mit dem Einsatz des Bediensteten das nicht öffentlich gesprochene Wort mit technischen Mitteln abgehört und aufgezeichnet werden, und zwar sowohl außerhalb als auch innerhalb einer Wohnung.
Die Anordnungskompetenz liegt ausschließlich beim Präsidenten des BKA oder seinem Vertreter; eine Ausnahmeregelung bei Gefahr im Verzug existiert nicht (§ 16 II BKAG). Die Informationen dürfen außer zu Eigensicherungszwecken nur zur Abwehr einer sonstigen, im Einzelfall bestehenden Gefahr für Leib, Leben oder Freiheit einer Person oder erhebliche Sach- oder Vermögenswerte sowie im Rahmen eines Strafverfahrens zu Beweiszwecken nur zur Aufklärung einer in § 100a StPO bezeichneten Straftat verwendet werden (§ 16 III 1 BKAG)[1033]. Wurden die Informationen in oder aus einer Wohnung erlangt, so dürfen sie gemäß § 16 III 2 BKAG im Strafverfahren zu Beweiszwecken nur verwendet werden, soweit sie zur Verfolgung einer Straftat nach den §§ 211, 212 StGB (Mord, Totschlag), §§ 239a, 239b StGB (erpresserischer Menschenraub, Geiselnahme) oder § 316c StGB (Angriffe auf den Luft- und Seeverkehr) oder einer der in § 100a S. 1 Nr. 4 StPO (Betäubungsmitteldelikte) bezeichneten Straftaten erforderlich sind und ein Vorsitzender Richter einer Strafkammer des LG zuvor die Rechtmäßigkeit der Maßnahme festgestellt hat.
Die Aufzählung der Tatbestände, hinsichtlich derer die Verwertung zulässig sein soll, erklärt sich nur teilweise aus der Aufgabenzuweisung des § 4 I 1 BKAG; nach dessen Nr. 2 ist das BKA zwar zur Wahrnehmung der polizeilichen Aufgaben bei der Strafverfolgung in Fällen von politisch motivierten Delikten nach §§ 211, 212, 234, 234a, 239, 239b StGB gegen Rechtsgüter der Mitglieder von Verfassungsorganen und derer ihrer offiziellen Gäste zuständig, nicht aber für Taten nach § 239a StGB. Die Nennung der Straftaten nach § 239a und 316c StGB sowie der in § 100a S. 1 Nr. 4 StPO in bezug genommenen Betäubungsmitteldelikte verrät eine gewisse Beliebigkeit bei der Auswahl der als besonders schwerwiegend angesehenen Delikte; jedenfalls steht sie in keinem klar erkennbaren Zusammenhang zu den gesetzlich normierten Aufgaben des BKA bei der Strafverfolgung nach § 4 BKAG. Im übrigen wäre es angesichts der Erfahrungen der vergangenen Jahrzehnte nicht verwunderlich, sollte der Katalog des § 16 III 2 BKAG in Zukunft noch deutlich erweitert werden.
Die Aufzeichnungen sind nach Abschluß der Maßnahmen unverzüglich zu löschen, sofern sie nicht für die in § 16 III BKAG genannten Zwecke benötigt werden (§ 16 IV

[1033] Auch die Reichweite dieser Norm wird damit durch die späteren Änderungen des Kataloges in § 100a S. 1 StPO mitbestimmt (insbesondere durch die spätere Aufnahme des § 261 StGB mit den o. S. 151f. beschriebenen Folgen).

BKAG).
Die Regelung über die Benachrichtigung der Beteiligten in § 16 V BKAG entspricht derjenigen des § 101 I StPO in der Fassung des OrgKG (seit 5.5.1998: § 101 I 1 StPO), nur daß der Verdeckte Ermittler, zu dessen Schutz die Benachrichtigung zurückgestellt werden kann, hier nicht Beamter zu sein braucht, vielmehr allgemein von Bediensteten die Rede ist. Insbesondere schließt, wie nach § 101 I 1 StPO, bereits jede Gefährdung der öffentlichen Sicherheit die Pflicht zur Benachrichtigung aus.
Die Übermittlung von Daten an andere öffentliche Stellen im Rahmen der Erfüllung der Aufgaben als Zentralstelle für das polizeiliche Auskunfts- und Nachrichtenwesen und für die Kriminalpolizei (§ 2 BKAG) ist für Zwecke der Strafverfolgung, Strafvollstrekkung, des Strafvollzugs und der Gnadenverfahren nach § 10 II Nr. 2 BKAG zulässig.

III. Einfluß der späteren Änderung der verfassungsrechtlichen Voraussetzungen
Im Zusammenhang mit der Schaffung der verfassungsrechtlichen Voraussetzungen zur Einführung der Befugnis zum großen Lauschangriff im Strafprozeßrecht sollten auch die verfassungsrechtlichen Bedingungen entsprechender präventiv-polizeilicher Eingriffe schärfer gefaßt werden, als dies die allgemeine Schrankenregelung des Art. 13 III GG a.F. (nunmehr Art. 13 VII GG) leistete. Zu diesem Zweck wurden durch das Gesetz zur Änderung des GG (Art. 13)[1034] die neuen Absätze 4 und 5 in Art. 13 GG eingefügt.
Art. 13 IV 1 GG n.F. gestattet nunmehr den Einsatz technischer Mittel zur Überwachung von Wohnungen zur Abwehr dringender Gefahren für die öffentliche Sicherheit, insbesondere einer gemeinen Gefahr oder einer Lebensgefahr. Er stellt den Eingriff dabei unter den Vorbehalt richterlicher Anordnung, die aber gem. Art. 13 IV 2 GG n.F. bei Gefahr im Verzug durch die Anordnung einer anderen gesetzlich bestimmten Stelle ersetzt werden kann; dabei ist die richterliche Entscheidung unverzüglich nachzuholen.
Demgegenüber ist die Verwendung technischer Mittel zum ausschließlichen Zweck des Schutzes der bei einem Einsatz in Wohnungen tätigen Personen ("kleiner Lauschangriff") stets auf Anordnung einer gesetzlich bestimmten Stelle zulässig (Art. 13 V 1 GG n.F.). Die hierdurch erlangten Erkenntnisse dürfen auch zu Zwecken der Strafverfolgung sowie der Gefahrenabwehr verwendet werden, wenn vor der Verwertung die Rechtmäßigkeit der Maßnahme richterlich festgestellt ist (Art. 13 V 2 1. HS. GG n.F.). Bei Gefahr im Verzug ist auch ohne diese Voraussetzung die Verwertung zulässig; die richterliche Entscheidung ist dann aber unverzüglich nachzuholen (Art. 13 V 2 2. HS. GG n.F.).
Die Regelung der parlamentarischen Kontrolle der Überwachungstätigkeit nach Art. 13 VI GG n.F., wie sie bereits zu den strafprozessualen Befugnissen dargestellt wurde[1035], gilt auch für Überwachungstätigkeiten nach Art. 13 IV und, soweit richterlich überprüfungsbedürftig, nach Art. 13 V GG n.F.

---

1034 v. 26.3.1998 (BGBl. I, 610).
1035 vgl. oben S. 178f.

Aus diesen Änderungen der verfassungsrechtlichen Vorgaben ergab und ergibt sich mithin die Verfassungswidrigkeit und damit die Änderungsbedürftigkeit einzelner Regelungen des Polizeirechts; teilweise schweigen die Landespolizeigesetze auch zu den hier angesprochenen Fragen, so daß sich die rechtliche Regelung unmittelbar aus dem vorrangigen Bundesverfassungsrecht ergibt. Im einzelnen ergeben sich folgende Konsequenzen:

- Soweit einzelne Landespolizeigesetze die Pflicht zur unverzüglichen Einholung einer richterlichen Bestätigung nach einer nichtrichterlichen Anordnung wegen Gefahr im Verzug nicht vorsehen, ergibt sich dieses Erfordernis jetzt unmittelbar aus Art. 13 IV 2 2. HS. GG. Dies gilt auch, soweit lediglich nicht explizit vorgesehen ist, daß die richterliche Entscheidung "unverzüglich" einzuholen ist. Soweit Landespolizeigesetze vorsehen, daß die Notwendigkeit einer richterlichen Entscheidung entfällt, wenn ihr Ergehen nicht vor Beendigung der Maßnahme zu erwarten wäre, sind die betreffenden Vorschriften verfassungswidrig; Art. 13 IV 2 2. Hs. GG sieht eine derartige Einschränkung nicht vor[1036].
- Nicht in allen Landespolizeigesetzen ist die Zuständigkeit für die nichtrichterliche Anordnung bei Gefahr im Verzug explizit geregelt. Hinsichtlich der Zuständigkeit für Anordnungen von "kleinen Lauschangriffen" sieht sogar die Mehrzahl der Polizeigesetze keine besondere Regelung vor. Hier sind nach Art. 13 IV 2 1. Hs., V 1 GG ("gesetzlich bestimmte Stelle") Zuständigkeitsregelungen zu treffen[1037].
- Hinsichtlich der gerichtlichen Überprüfung der Rechtmäßigkeit der Erhebung von Informationen nach Art. 13 V GG zum Zwecke der anderweitigen Verwertung sind Verfahrensregelungen zu treffen[1038].

---

[1036] Entsprechende Anpassungen des Polizeirechts erfolgten seither in § 34 III 2 SOG MV idFd Ges. v. 9.2.1998 (GVBl. 128; hier mithin bereits vor der Änderung des GG), Art. 34 II 4 BayPAG idFd Ges. v. 10.7.1998 (GVBl. 383), § 23 II 5 PolG BW idFd Ges. v. 15.12.1998 (GBl. 660), § 28 IV 5 2. Hs. SPolG idFd Ges. v. 5.5.1999 (ABl. 1186) sowie in Brandenburg durch Streichung des § 33 V 3 BbgPolG durch das 2. Ges. z. Änd. d. BbgPolG v. 20.5.1999 (GVBl. I, 171). Sachsen kannte eine solche Regelung für das Abhören in oder aus Wohnungen bereits zuvor, führte sie aber 1999 auch für den sonstigen Einsatz technischer Mittel ein (§ 39 IV 5, 6 SächsPolG idFd 2. Ges. z. Änd. d. SächsPolG v. 21.6.1999; GVBl. 330).

[1037] Art. 34 III 1 BayPAG n.F., § 23 III 1 2. Hs. PolG BW n.F. (jew. wie beim Einsatz außerhalb von Wohnungen), § 34 IV 1 SOG MV n.F. (zuständig ist "der Einsatzleiter"), § 15 VI 2 HSOG idFd Ges. v. 3.11.1998 (GVBl. I, 399; "die Polizeibehörde"), § 28 IV 5 1. Hs., 6 SPolG n.F. (der Behördenleiter oder ein von ihm beauftragter Beamter), § 25 VI 2 ASOG Bln n.F. (nur für den "kleinen Lauschangriff": Beamter des höheren Dienstes); § 35 III 1 PAGThür idFd Thür. Ges. z. Umsetzg. d. Art. 13 GG v. 27.7.1999 (GVBl. 454; die "in § 34 VI Nr. 1 genannten Stellen").

[1038] Art. 34 III 2 BayPAG n.F. (unklar: Verwertung nur "zu Zwecken der Gefahrenabwehr", obschon nach Art. 34 III 4 BayPAG Speicherung auch zu Strafverfolgungszwecken zulässig sein soll), § 15 VI 4, 5 HSOG n.F., § 28 IV 7, 8 SPolG n.F., § 25 VI 4 ASOG Bln n.F., § 39 V 3 SächsPolG n.F. (zur Verfolgung von Straftaten gegen Leben, Gesundheit oder Freiheit einer bei dem Einsatz tätigen Person), § 35 III 2, 3 PAGThür n.F.; keine Neuregelung dagegen in Baden-Württemberg (augenscheinl. ein gesetzgeberisches Versehen, da § 23 V 1 PolG BW n.F. die Berichterstattung über "richterlich überprüfungsbedürftig(e)" Einsätze nach § 23 III ausdrücklich anspricht); Mecklenburg-Vorpommern hatte eine entsprechende Regelung bereits vor Inkrafttreten der GG-Änderung eingeführt (vgl. o. S. 218); BbgVerfG LKV

- Es sind Verfahrensregeln zur Gewährleistung der nach Art. 13 VI 3 GG erforderlichen parlamentarischen Kontrolle der polizeilichen Tätigkeit zu treffen[1039].
- Die interessanteste Problematik, die sich aus der Novellierung ergibt, ist aber die der Reichweite der Anknüpfungstatbestände. Art. 13 IV 1 GG gestattet die technische Wohnraumüberwachung zur Abwehr dringender Gefahren für die öffentliche Sicherheit. Als Unterschied zu Art. 13 III GG a.F. ergibt sich hier zunächst der Verzicht auf das Schutzgut der öffentlichen Ordnung. Darüber hinaus ist aber auch zu beachten, daß als besondere Fälle dringender Gefahren für die öffentliche Sicherheit die gemeine Gefahr und die Lebensgefahr genannt werden. Es stellt sich damit die Frage, ob auch andere hier angesprochene Schutzgüter in Inhalt oder Gewichtigkeit den beispielhaft genannten entsprechen müssen. Bezüglich der in Art. 13 III GG a.F. aufgeführten Beispiele (Raumnot, Seuchengefahr und Gefährdung Jugendlicher) wurde dies allerdings wegen ihrer Unterschiedlichkeit und ihrer Entstehung aus den besonderen Zeitumständen der unmittelbaren Nachkriegszeit häufig verneint[1040]. Die jetzt beispielhaft genannten Schutzgüter haben jedoch im Gegensatz dazu ihre Gemeinsamkeit in ihrem jeweils großen Gewicht: Mit dem Begriff der “Lebensgefahr” ist die Voraussetzung der blanken Existenz des einzelnen Rechtsgutsträgers angesprochen, mit dem der “gemeinen Gefahr” das erhöhte Gewicht, das die Gesamtheit der Rechtsgüter einer unabsehbaren Vielzahl von Menschen auszeichnet. Diese Überlegung rechtfertigt es, den Beispielfällen des Art. 13 IV 1 GG n.F., im Gegensatz zu denjenigen des Art. 13 III GG a.F., einen prototypischen Charakter hinsichtlich Inhalt und Gewicht der hier geschützten Rechtsgüter zuzusprechen, so daß das durch das Adjektiv “dringend” hervorgehobene Erfordernis der Hochwertigkeit der geschützten Rechtsgüter noch einmal verstärkt wird[1041]. An diesem Maßstab müssen sich nun die bestehenden polizeirechtlichen Eingriffsregelungen zur Gefahrenabwehr messen lassen. Dabei wird die in allen Polizeigesetzen erfolgte Gleichstellung des Schutzgutes “Leib” bzw. “Gesundheit” schon damit zu rechtfertigen sein, daß der Schutz der körperlichen Unversehrtheit schon durch seine gemeinsame Nennung mit dem des Lebens in Art. 2 II 1 GG und wegen der damit notwendig identischen Schrankenregelung von Verfassungs wegen einen vergleichbar hohen Wert erhält. Dasselbe gilt dann auch für den Schutz der (körperlichen) Freiheit, der grundgesetzlich in Art. 2 II 2 GG

---

1999, 450, 462 hält insoweit eine verfassungskonforme Auslegung des § 33 VI 2 BbgPolG im Lichte des Art. 13 V 2 GG für ausreichend.

[1039] § 34 VII SOG MV n.F., Art. 34 VI BayPAG n.F., § 15 X HSOG n.F., § 23 V PolG BW n.F., § 28 VII SPolG n.F., § 25 X ASOG Bln n.F., § 39 X SächsPolG n.F. (hier nicht beschränkt auf den Schutzbereich des Art. 13 GG und den Einsatz technischer Mittel; Berichtspflicht erstreckt sich vielmehr auf alle Einsätze “besonderer Mittel” der Datenerhebung), § 35 V PAGThür n.F.

[1040] vgl. vM-*Kunig*, Art. 13, R. 43.

[1041] Dem entspricht die Begründung zum Entwurf des verfassungsändernden Gesetzes, die von der Abwehr drohender Beeinträchtigungen für “hochrangige Rechtsgüter” spricht (BT-Drucks. XIII/8650, 5).

angesiedelt ist[1042]. Auch das in einigen Polizeigesetzen angesprochene Gut des Bestandes und der Sicherheit des Bundes und der Länder dürfte eine ähnlich hochrangige Bedeutung genießen, da es die Voraussetzung des Bestandes der gesamten freiheitlich-demokratischen Grundordnung in ihrer heutigen Form beinhaltet. Anders verhält es sich aber mit der Einbeziehung von Sachen sowie in Thüringen auch von Tieren, deren Erhaltung im öffentlichen Interesse liegt, in den Anwendungsbereich der Art. 34 I Nr. 1 BayPAG, § 35 I Nr. 1 PAGThür: Hinsichtlich der höchst unterschiedlichen Eigenschaften und Werte, die derartige Sachen und Tiere aufweisen (etwa von einer einzelnen Parkuhr an einer öffentlichen Straße bis hin zu Anlagen, die für die Energie- oder Wasserversorgung weiter Teile der Bevölkerung von Bedeutung sind), erscheint ihre pauschale Einbeziehung in den Tatbestand dieser Normen nicht als gerechtfertigt. Es ist nicht ersichtlich, daß eine Gefahr für derartige Werte in jedem Fall eine nach Art. 13 IV 1 GG n.F. erforderliche dringende Gefahr für die öffentliche Sicherheit darstellen dürfte. Vielmehr wird hier in Orientierung an den Beispielen der Lebensgefahr und der gemeinen Gefahr zu fordern sein, daß nur solche Gefahren erfaßt werden, die mittelbar auch eine Beeinträchtigung hochwertiger Individualrechtsgüter befürchten lassen oder deren Folgen in der Beeinträchtigung der Rechtsgüter einer großen Zahl von Menschen bestehen können. Ähnliche Überlegungen gelten hinsichtlich der Einbeziehung der "bedeutenden fremden Sach- oder Vermögenswerte" als Schutzgüter in § 40 I Nr. 1 SächsPolG a.F. / § 40 I 1 SächsPolG n.F.

Noch weitreichender sind aber die Konsequenzen der Neuregelung für den Bestand der polizeirechtlichen Befugnisse zur Vornahme von Eingriffen für Zwecke der vorbeugenden Straftatbekämpfung. Trifft es nämlich zu, daß diese Befugnisse eine Verlagerung in das Vorfeld der Gefahrenabwehr beinhalten, daß also der Eingriff insoweit nicht erst das Vorliegen einer konkreten Gefahr voraussetzt[1043], so war nach der Schrankenregelung des Art. 13 III GG a.F. eine Rechtfertigung solcher Eingriffe in das Wohnungsgrundrecht nur deshalb denkbar, weil als ihr Zweck schon die *Verhütung* dringender Gefahren für die öffentliche Sicherheit und Ordnung ausreichte[1044]. Damit waren Beschränkungen auch zulässig, ohne daß bereits eine dringende Gefahr für die öffentliche Sicherheit und Ordnung eingetreten sein mußte; "es genügt, daß die Beschränkung des Grundrechts dem Zweck dient, einen Zustand nicht eintreten zu lassen, der seinerseits eine dringende Gefahr für die öffentliche Sicherheit und Ordnung darstellen würde" (so das BVerfG[1045]). Art. 13 IV 1 GG n.F. zieht dem Eingriff jedoch nunmehr engere Grenzen: Er ist jetzt nur noch zur *Abwehr* dringender Gefahren für die öffentliche Sicherheit statt-

---

[1042] so jetzt auch BbgVerfG LKV 1999, 450, 460.

[1043] so insb. SächsVerfGH LKV 1996, 273, 282 u. 292; aA *Schenke*, DVBl 1996, 1393, 1396; BbgVerfG LKV 1999, 450, 453f. u. 462f.

[1044] Darauf wiesen z.B. *Götz*, JZ 1996, 969, 970 u. *Schenke*, DVBl 1996, 1393, 1399f. gegen SächsVerfGH LKV 1996, 273, 292 hin.

[1045] BVerfGE 17, 232, 251f.

haft. Somit ist aber jetzt Voraussetzung des Eingriffs, daß eine solche Gefahr zum Zeitpunkt des polizeilichen Tätigwerdens bereits vorliegt. Damit sind neben dem bereits durch den SächsVerfGH für teilweise verfassungswidrig erklärten § 40 I Nr. 2 SächsPolG auch die anderen landespolizeirechtlichen Befugnisregelungen, die den großen Lauschangriff für Zwecke der vorbeugenden Straftatbekämpfung vorsehen, nämlich Art. 33 III Nr. 2 BayPAG, § 35 I Nr. 2 PAGThür, § 35 II Nr. 2 NGefAG und § 33 III Nr. 2 BbgPolG, wegen Verstoßes gegen Art. 13 IV 1 GG n.F. verfassungswidrig[1046]. Hinsichtlich § 25b I 1 Nr. 2 RhPfPOG und § 23 II Nr. 2 lit. b BKAG ist eine verfassungskonforme Auslegung des Inhalts geboten, daß auf der Grundlage dieser Normen keine Ausforschung von in Wohnungen geführten Gesprächen zulässig ist; für § 23 II Nr. 2 lit. b BKAG gilt dies um so mehr, als er nicht den von Art. 13 IV 1 GG geforderten Richtervorbehalt aufweist.

IV. Möglichkeiten nachträglichen Individualrechtsschutzes

Die Möglichkeit des Betroffenen, nachträglich gerichtlichen Rechtsschutz gegen den Einsatz eines der "besonderen Mittel" der Datenerhebung in Anspruch zu nehmen und wenigstens zu diesem Zeitpunkt noch die Rechtmäßigkeit der Anordnung einer solchen Maßnahme überprüfen zu lassen, hängt selbstverständlich auch hier von der Reichweite der jeweiligen Benachrichtigungsregelung ab. Wie gesehen, ist aber nicht nur die Reichweite der Ausnahmen von der Benachrichtigungspflicht in den einzelnen Gesetzen sehr unterschiedlich. Vielmehr besteht oder bestand die Benachrichtigungspflicht auch in einigen Ländern (insbesondere Bayern, Sachsen vor dem Urteil des SächsVerfGH) nur nach einem Einsatz bestimmter einzelner solcher Methoden[1047].

Für den Fall, daß der Betroffene Kenntnis von der gegen ihn gerichteten Maßnahme erlangt hat, sind aber seine Möglichkeiten, nachträglichen Rechtsschutz zu erlangen, hier immerhin insoweit verbessert, als die verwaltungsgerichtliche Rechtsprechung bei der Frage eines Interesses an der nachträglichen Feststellung der Rechtswidrigkeit polizeilicher Eingriffsmaßnahmen, anders als die der ordentlichen Gerichte zur strafprozessualen TÜ (die allerdings auf Wohnungsüberwachungen nach § 100c I Nr. 3 StPO wegen § 100d VI StPO nicht übertragbar ist), weniger restriktiv verfährt. Ein schutzwürdiges Feststellungsinteresse wird hier bei Eingriffen in die Privatsphäre regelmäßig angenom-

---

[1046] aA in bezug auf § 33 III Nr. 2 BbgPolG jetzt BbgVerfG LKV 1999, 450, 462f. u. 464, das sich allerdings aaO, 463 ergänzend darauf stützt, daß Art. 15 III BbgVerf, der den Prüfungsmaßstab des Landesverfassungsgerichts darstellt, Eingriffe in das Grundrecht auf Unverletzlichkeit der Wohnung ohnehin nach wie vor auch zur *Verhütung* dringender Gefahren zuläßt, und das im übrigen aaO, 464 für *dessen* Prüfungsgegenstand der Auslegung des SächsVerfGH (LKV 1996, 273, 292) zustimmt, der hinsichtlich § 40 I Nr. 2 SächsPolG zu dem Ergebnis einer Eröffnung von Kompetenzen auch im Vorfeld des Entstehens einer Gefahr gelangt war.

[1047] krit. gegenüber derartigen Differenzierungen im Zusammenhang des Rechts der Nachrichtendienste *Gusy*, DVBl 1991, 1288, 1294, der darauf hinweist, daß bei einer Ableitung von Benachrichtigungspflichten aus der Rechtsweggarantie des Art. 19 IV GG nichts dafür spricht, hier zwischen verschiedenen Arten von Grundrechtseingriffen zu unterscheiden.

men, ohne daß es auf das Bestehen einer fortwirkenden Diskriminierung oder die Gefahr einer Wiederholung des Eingriffs ankommen soll[1048].

V. Verwertbarkeit von Erkenntnissen

1. Rechtsprechung des BGH

Hinsichtlich der Möglichkeiten einer Verwertung von Abhörerkenntnissen im Strafverfahren, die durch präventiv-polizeiliche Maßnahmen erlangt worden sind, stellt sich zunächst die Frage nach der Rechtmäßigkeit der Übermittlung. Wie im einzelnen unter B.I. und II. dargelegt, weist unter den Landespolizeigesetzen nur das niedersächsische GefAG eine entsprechende ausdrückliche Ermächtigung auf, für den Bundesbereich dazu das BGSG und das BKAG. Andererseits gehen alle anderen Landespolizeigesetze ersichtlich implizit davon aus, daß die Verwertung der Erkenntnisse im Strafverfahren - und damit notwendigerweise auch die Übermittlung an die Staatsanwaltschaft - zulässig ist; insbesondere aus den Ausnahmeregelungen bezüglich der Pflicht zur Benachrichtigung des Betroffenen sowie bezüglich der Verpflichtung zur Vernichtung der Unterlagen wird dies immer wieder deutlich.

Neben der Frage der Zulässigkeit der Übermittlung stellt sich diejenige nach dem Umfang richterlicher Kontrolle: Ist der Strafrichter gehalten, bei der Verwertung das Vorliegen der Voraussetzungen der jeweiligen Maßnahme zu überprüfen?

Der BGH hat sich mit diesen Fragen in einer Entscheidung aus dem Jahre 1995 befaßt[1049].

Dabei suchte er die Rechtsgrundlage für die Weiterleitung polizeilicher Erkenntnisse aus einer Überwachung einer Wohnung mittels Mikrosendern (vom Gericht als "Lausch-Eingriff" bezeichnet) an eine Staatsanwaltschaft (hier: an den Generalbundesanwalt) in den Übermittlungsregelungen des einschlägigen Polizeirechts (hier: § 25c I POGRhPf). Das Problem, daß § 25c I POGRhPf, ähnlich wie fast alle anderen Polizeigesetze, die Übermittlung nicht für Zwecke der Strafverfolgung vorsieht, löste der Senat, indem er an die Bestimmungen anknüpfte, die die Übermittlung zu präventiven Zwecken erlauben (§ 25c I Nr. 1 POGRhPf: "zur Abwehr einer im Einzelfall bestehenden Gefahr"; § 25c I Nr. 2 POGRhPf: "zur vorbeugenden Bekämpfung von Straftaten") und dabei die auch präventive Wirkung der staatsanwaltschaftlichen Tätigkeit im aktuellen Fall betonte: Die weitere Begehung der Dauerdelikte der Beteiligung an einer kriminellen Vereinigung sowie der Werbung für terroristische Vereinigungen sei zu befürchten. Dem könne sinnvoll "nur durch bundesweit aufeinander abgestimmte strafprozessuale Exekutiv-Maßnahmen" begegnet werden, "wie sie allein durch den Generalbundesanwalt bewirkt werden können"[1050]. "Jedenfalls bei dieser Verfahrenssituation" verfolge die Weitergabe der Daten an den Generalbundesanwalt auch Gefahrenabwehrzwecke, so daß sie nicht

---

[1048] vgl. etwa BVerwG NJW 1997, 2534f. zum Einsatz Verdeckter Ermittler.

[1049] NJW 1996, 405f.

[1050] BGH NJW 1996, 405, 406.

gegen § 25c I POGRhPf verstoße.
Diese Begründung, die sich sarkastisch unter dem Schlagwort "Repression ist die beste Prävention" zusammenfassen ließe[1051], ist sicherlich als weiterer Schritt auf dem Weg der Aufweichung der Abgrenzung zwischen präventiver und repressiver Tätigkeit zu sehen; hätte der Senat seine eigene Ausgangsbasis der Anwendbarkeit der Übermittlungsregelungen des Landespolizeirechts überhaupt ernst genommen, hätte er zu einem anderen Ergebnis gelangen müssen.
Allerdings ist die Wirkung des Urteils in der politischen Öffentlichkeit im Hinblick auf die Aufweichung der Grenze zwischen präventiver und repressiver Tätigkeit noch stärker gewesen, als es die Begründung eigentlich nahelegt. Der BGH ließ nämlich ausdrücklich offen, ob die landesgesetzliche Zweckbindung der Daten eine Weitergabe zu ausschließlich repressiven Zwecken verbietet[1052]. Da die Annahme eines auch präventiven Übermittlungszwecks im konkreten Fall auf die Möglichkeiten der Generalbundesanwaltschaft abhob, als zentrale, bundesweit tätige Ermittlungsbehörde verschiedene strafprozessuale Maßnahmen miteinander zu synchronisieren, erscheint es durchaus als fraglich, ob nach dieser Auffassung auch die Übermittlung an eine Landesstaatsanwaltschaft (jedenfalls unterhalb der Ebene der Generalstaatsanwaltschaften) möglich wäre. Im politischen Raum wurde diese Einschränkung von den Befürwortern der Einführung des großen Lauschangriffs auch im Strafprozeßrecht häufig übersehen (oder aber verschwiegen); hier wurde unter dem Gesichtspunkt, daß die Verwertung derartiger präventiv-polizeilicher Erkenntnisse zu repressiven Zwecken angeblich durch das Urteil unbeschränkt für zulässig erklärt worden und die Grenzziehung daher völlig überholt sei, als Konsequenz die Einführung auch im Strafprozeßrecht propagiert[1053] (eine Argumentation, die allerdings umgekehrt den Abgeordneten *Schily* nicht hinderte zu behaupten, eine Verwertung von mit präventiv-polizeilichen Lauschmaßnahmen erlangten Erkenntnissen etwa über die zurückliegende Begehung eines Mordes sei repressiv schlechthin unverwertbar - und mit dieser genau umgekehrten Begründung, die die Rechtsprechung des BGH wiederum völlig außer acht läßt, die Einführung auch der korrespondierenden repressiven Befugnis zu fordern[1054]).
Jedoch dürfte der BGH mit dem Abheben auf § 25c I POGRhPf ohnehin die Rechtsgrundlage der Übermittlung an die Staatsanwaltschaft verfehlt haben. Als Grundlage der Übermittlung präventiv-polizeilich erlangter Erkenntnisse über einen Straftatverdacht an die Staatsanwaltschaft dürfte nämlich vielmehr - wie dies bei Erkenntnissen, die nicht dem Einsatz besonderer Ermittlungstechniken verdankt sind, regelmäßig geschieht - § 163 II 1 StPO heranzuziehen sein, sofern nicht spezialgesetzliche Übermittlungsverbote

---

1051 Kritik zu diesem zentralen Gesichtspunkt z.B. auch bei *Hermes*, in: *Dreier*, Art. 13, R. 52 (Fn. 196).
1052 BGH NJW 1996, 405.
1053 vgl. etwa *Meyer*, Verhandlg. d. Dt. BT., Stenogr. Ber., 214. Sitzg. d. 13. Wahlper., 19523; *Körper*, aaO, 19556f.
1054 Verhandlg. d. Dt. BT., Stenogr. Ber., 214. Sitzg. d. 13. Wahlper., 19543.

bestehen[1055]. Die Regelungen über die Übermittlung zu Strafverfolgungszwecken in §§ 40 I 1, 39 VII NGefAG, § 32 II Nr. 4 BGSG und § 10 II Nr. 2 BKAG haben damit insofern nur deklaratorischen Charakter; die Rechtslage ist nicht anders als in Bundesländern, deren Polizeirecht keine ausdrückliche Regelung dieses Inhalts vorsieht.

Eine davon zu trennende Frage ist allerdings, ob die so übermittelten Erkenntnisse auch zu strafprozessualen Zwecken verwertet werden dürfen; sie ist aber nicht durch die übermittelnde Polizeibehörde, sondern durch Staatsanwaltschaft und Gericht zu beantworten. Das Urteil des BGH verkannte diese Unterscheidung jedoch völlig und leitete aus dem als Übermittlungsregelung behandelten § 25c I POGRhPf auch die grundsätzliche Zulässigkeit der Verwertung ab. Darüber hinaus lehnte das Gericht es aber auch ab, sich bei der Frage der Verwertbarkeit mit der Rechtmäßigkeit der Anordnung des "Lausch-Eingriffs" zu befassen. Vielmehr hielt der BGH es hier (in Anlehnung an die Regelung zur Wirksamkeit von Verwaltungsakten, wie sie etwa in §§ 43, 44 I VwVfG getroffen ist) für ausreichend, daß der Anordnungsbeschluß "jedenfalls wirksam und nicht offensichtlich fehlerhaft" war[1056]. Daß dies eine Beschränkung des Prüfungsumfangs darstellt, die durchaus ernstgemeint ist, machte der Senat sogleich deutlich, indem er sich mit der Frage, ob die hier einschlägige Regelung des rheinland-pfälzischen Polizeirechts überhaupt den Eingriff in den Schutzbereich des Grundrechts aus Art. 13 GG erlaubt[1057], nicht auseinandersetzte.

Bei der Heranziehung des § 25c I POGRhPf als Grundlage der Verwertung übersah der BGH jedoch zunächst einmal, daß diese strafprozeßrechtliche Frage der konkurrierenden Gesetzgebungskompetenz des Bundes aus Art. 74 Nr. 1 GG unterfällt, die er in Gestalt der StPO auch ausgeübt hat, so daß gem. Art. 72 I GG für den Rückgriff auf landesrechtliche Regelungen keine Möglichkeit besteht[1058].

Ob damit allerdings, wie *Welp* meint, jegliche Verwertung wegen Fehlens einer bundesgesetzlichen Verwertungsregelung untersagt ist[1059], erscheint aber zweifelhaft: Zwar ist es richtig, daß für den Bereich nachrichtendienstlicher Tätigkeit derartige Regelungen im G 10, MADG und BNDG existieren[1060]. Daraus den Schluß zu ziehen, in Ermangelung solcher Regelungen für den polizeilichen Bereich sei die Verwertung präventiv-polizeilicher Erkenntnisse schlechthin untersagt, hieße jedoch, die besondere Aufgabenstellung der Polizei als Hilfsbehörde der Staatsanwaltschaft nach §§ 161, 163 StPO zu verken-

---

[1055] so auch *Welp*, NStZ 1995, 602, 603; vgl. auch LR-*Rieß*, § 163, R. 19: § 163 StPO bezieht sich auch auf den Straftatverdacht, der der Polizei "durch eigene Wahrnehmung" bekannt wird.

[1056] BGH NJW 1996, 405.

[1057] vgl. oben S. 136f.

[1058] so auch *Welp*, NStZ 1995, 602, 603.

[1059] aaO.

[1060] Die Einzelheiten der gesetzlichen Regelung, wie sie sich seit Beginn der 90er Jahre darstellen, werden noch zu erörtern sein.

nen: Zwar stellen diese Normen keine eigenen Ermächtigungen zur Vornahme von Datenerhebungen dar; jedoch bildet § 163 II 1 StPO sehr wohl eine Rechtsgrundlage für die strafprozessuale Verwertung von rechtmäßig erlangten polizeilichen Erkenntnissen. Dies anders zu sehen, würde bedeuten, auch die Verwertung von Erkenntnissen zu untersagen, die durch präventive Informationserhebung der Polizei weit unterhalb der Eingriffsschwelle des Art. 13 I GG gewonnen werden, also etwa durch offene Befragung. Die Gefahr, die durch die Entscheidung des BGH hervorgerufen wird, ist indes eine andere: Angesichts von polizeirechtlichen Eingriffsregelungen, deren eigene Verfassungsmäßigkeit im Hinblick auf die Schrankenregelung des Art. 13 III GG a.F. alles andere als unzweifelhaft war und deren Tatbestandsvoraussetzungen weitgehend durch unbestimmte Rechtsbegriffe bestimmt waren, verweigerte das Gericht die nachträgliche rechtliche Kontrolle des Vorliegens der Eingriffsvoraussetzungen. Betrachtet man hier dazu den Umstand, daß die Anordnungskompetenz für zahlreiche landespolizeiliche Eingriffe nicht bei einem Richter, sondern bei der Polizeibehörde liegt und daß auch dem nachträglichen verwaltungsgerichtlichen Rechtsschutz angesichts der Weite der Ausnahmen von der Pflicht zur Benachrichtigung des Betroffenen zumindest nur eine eingeschränkte Effektivität zuzusprechen sein wird, so kommt man zu dem Ergebnis, daß der BGH hier der Möglichkeit des Mißbrauchs der polizeirechtlichen Befugnisse Tür und Tor geöffnet hat: Der anordnende Beamte hat nicht zu gewärtigen, daß eine rechtliche Kontrolle des Vorliegens der Einsatzbefugnisse stattfindet, und die Übermittlung an Strafverfolgungsbehörden zur strafprozessualen Verwertung ist jedenfalls in dem vom BGH dargelegten Rahmen (Ermittlungsbehörden mit zentralen, koordinierenden Funktionen) ohne Rücksicht auf die Rechtmäßigkeit der Anordnung möglich - eine Situation, die einen Einsatz der polizeirechtlichen Mittel auch zu eigentlich repressiven Zwecken in Situationen, in denen das Strafprozeßrecht eine entsprechende Befugnis (wie z.B. bis 1998 für den Lauschangriff in Wohnungen) gar nicht oder (wie etwa für Abhörmaßnahmen außerhalb von Wohnungen durch den Richtervorbehalt des § 100d I 1 StPO) nur unter engeren Voraussetzungen zur Verfügung stellt, zumindest nahelegt[1061].

2. Die neue Verwertungsbeschränkung durch § 100f II StPO

Mit Einführung der neuen strafprozessualen Befugnis zum Abhören von Wohnungen nach § 100c I Nr. 3 StPO wurde auch eine Regelung über die Beschränkung der Verwertung entsprechender präventiv-polizeilicher Erkenntnisse getroffen. Nach § 100f II StPO dürfen personenbezogene Informationen, die durch eine polizeirechtliche Maßnahme erlangt worden sind, die derjenigen nach § 100c I Nr. 3 StPO entspricht, zu Beweiszwecken im Strafverfahren nur verwendet werden, soweit sich bei Gelegenheit der Auswertung Erkenntnisse ergeben, die zur Aufklärung einer in § 100c I Nr. 3 StPO bezeichneten Straftat benötigt werden. Damit ist nach dem Grundgedanken der Zulässigkeit des hypothetischen Ersatzeingriffs die Verwertungsmöglichkeit an Sachlagen

---

[1061] ähnlich *Köhler*, StV 1996, 186f.

gebunden, in denen auch eine Erhebung nach den strafprozessualen Vorschriften zulässig gewesen wäre.

Da zudem die Vorschrift ersichtlich abschließend die Verwertungsmöglichkeit auf Erkenntnisse aus Maßnahmen beschränken will, die solchen nach § 100c I Nr. 3 StPO entsprechen, ist damit von der verfassungsrechtlich eingeräumten Möglichkeit einer weitreichenden Verwertung von Erkenntnissen aus "kleinen Lauschangriffen" nach Art. 13 V 2 GG einfachgesetzlich kein Gebrauch gemacht worden[1062]. Eine derartige Möglichkeit besteht deshalb nur für Erkenntnisse des BKA, für die, wie dargestellt, § 16 III BKAG eine eigenständige Verwertungsregelung mit einem abgegrenzten Tatbestandskatalog trifft.

Allerdings sind die Strafverfolgungsbehörden nicht gehindert, an unverwertbare Erkenntnisse aus derartigen Maßnahmen weitere Ermittlungen anzuknüpfen; dem Verwertungsverbot kommt keine Fernwirkung zu.

Wenig geklärt ist zudem, inwieweit nicht bei derartigen Erkenntnissen unter Berufung auf die Maßstäbe von BGH NJW 1996, 405f. über § 100f II StPO hinaus eine Verwertungsmöglichkeit mit dem Argument eröffnet werden kann, die Strafverfolgung diene im konkreten Fall auch präventiven Zwecken[1063].

## VI. Vergleich der polizeirechtlichen Eingriffsbefugnisse mit denen des Strafprozeßrechts

Da aus dem Urteil des BGH recht weitgehende Möglichkeiten zur strafprozessualen Verwertung präventiv-polizeilicher Erkenntnisse abgeleitet werden, stellt sich die Frage nach der Vergleichbarkeit der Regelungsmaterien: Legen m.a.W. unter diesen Umständen die unterschiedlichen Tatbestandsvoraussetzungen die Möglichkeit nahe, die Befugnisnorm mit den jeweils niedrigeren Anforderungen in Anspruch zu nehmen, um verwertbare Erkenntnisse zu erzielen?

Ähnlich wie beim Vergleich der strafprozessualen Befugnisse mit denen nach Art. 1 G 10 erscheint eine Untersuchung der Möglichkeiten, nach Bedarf in die eine oder andere Rechtsmaterie "auszuweichen", allerdings nur unter der Prämisse als sinnvoll, daß es überhaupt Situationen gibt, in denen ein Vorgehen sowohl nach Strafprozeß- als auch nach Polizeirecht als denkbar erscheint. Jedoch wird sich oft, so etwa bei Wiederholungstätern oder bei einer gewissen organisatorischen Verfestigung eines Täterkreises, aus den Tatsachen, die den Verdacht einer zurückliegenden Tatbegehung begründen, auch die Gefahr weiterer bevorstehender Taten ableiten lassen. Zudem ist auch die Möglichkeit einer mißbräuchlichen Inanspruchnahme von Befugnissen zu berücksichtigen, die besonders dann entsteht, wenn die Anordnung eines Einsatzes durch die jeweilige Behörde nicht von der Zustimmung durch unabhängige Kontrollorgane (insb. Gerichte, aber auch parlamentarische Gremien) abhängig ist; dies gilt um so mehr, als nach

---

[1062] so auch KK-*Nack*, § 100f, R. 16.

[1063] So hält etwa KK-*Nack*, § 100f, R. 13 eine auf eine solche Argumentation gestützte Verwertung grundsätzlich für zulässig.

der referierten Entscheidung des BGH[1064] keine Überprüfung der Einhaltung der Eingriffsvoraussetzungen durch das Strafgericht stattfindet, sondern lediglich eine Kontrolle der rechtlichen Wirksamkeit.

1. Observationen

Längerfristige präventiv-polizeiliche Observationen sind Einschränkungen durch die jeweilige Anhebung der Gefahrenschwelle und/oder durch die Bindung an die Kataloge der als erheblich angesehenen Straftatbestände unterworfen. Zudem gilt für sie häufig die Zuweisung der Anordnungsbefugnis an den Behördenleiter oder andere höherrangige Polizeibeamte, in Schleswig-Holstein sowie bei mehr als 1 Monat andauernden Maßnahmen auch in Brandenburg und im Tätigkeitsbereich des BGS sogar an den Richter. In Nordrhein-Westfalen und Hamburg sind auch kurzfristige Observationen gewissen Einschränkungen durch ausdrückliche Subsidiaritätsklauseln unterworfen. Schließlich gelten in der Regel[1065] die Regelungen über die Benachrichtigung der Betroffenen auch für längerfristige Observationen.

Das Strafprozeßrecht kennt demgegenüber keine derartigen Einschränkungen bezüglich der materiellen Voraussetzungen oder der Zuständigkeit und beinhaltet auch keine einschlägige Benachrichtigungsregelung. Die Anordnung einer Observation unterliegt hier nur den eher unbestimmten Anforderungen des allgemeinen Verhältnismäßigkeitsgrundsatzes.

Unter diesen Umständen dürfte zu erwarten sein, daß von den polizeirechtlichen Regelungen über die Observation eher selten Gebrauch gemacht wird. Hier dürfte die Betonung eher auf den repressiven Aspekt des jeweiligen Einsatzes gelegt werden, um strafprozessuale Befugnisse in Anspruch nehmen zu können.

2. Abhören mit technischen Mitteln außerhalb von Wohnungen

Die entsprechende strafprozessuale Befugnis ist nach §§ 100c I Nr. 2, 100a S. 1 StPO an den Verdacht eines Katalogdelikts gebunden und bedarf, außer bei Gefahr im Verzug, der richterlichen Anordnung nach § 100d I 1 StPO. Demgegenüber weisen die polizeirechtlichen Regeln über den Eingriff zum Zweck der vorbeugenden Straftatbekämpfung z.T. keine, z.T. auch "offene" Kataloge auf (also solche, bei denen auch den genannten vergleichbare Straftaten - in Berlin und Thüringen sogar bestimmte Ordnungswidrigkeiten - erfaßt werden können). Auch ist außer in Hessen und Schleswig-Holstein und seit 1999 in Sachsen sowie bei Maßnahmen von mehr als einmonatiger Dauer in Brandenburg und im Tätigkeitsbereich des BGS keine richterliche Anordnung erforderlich. Dies dürfte es als ggf. nicht völlig fernliegend erscheinen lassen, in manchen Situationen den Weg über die richterliche Anordnung nach § 100d I 1 StPO durch eine eigene Anordnung auf polizeirechtlicher Grundlage zu ersetzen.

---

[1064] NJW 1996, 405.

[1065] Als Ausnahme ist insbesondere das bayerische Recht zu nennen.

Entgegengesetzte Überlegungen könnten sich allerdings ergeben, sofern das jeweilige Polizeirecht keinen Ausschluß der Benachrichtigung allein zum Schutz der Möglichkeit der weiteren Verwendung eines Verdeckten Ermittlers oder der öffentlichen Sicherheit im allgemeinen vorsieht; hier mag ggf. wegen § 101 I 1 StPO die strafprozessuale Eingriffsbefugnis als attraktiver erscheinen.
Lediglich in Hessen und Schleswig-Holstein dürften derartige Überlegungen weitgehend zurückgedrängt sein: In Hessen ist der Richtervorbehalt durch einen abgeschlossenen Katalog von Anknüpfungstatbeständen flankiert, so daß häufig gar keine "Wahlmöglichkeit" bestehen dürfte. Das schleswig-holsteinische Polizeirecht kennt gar keine einschlägige Befugnis zur vorbeugenden Straftatbekämpfung, sondern grenzt den Anwendungsbereich der Maßnahme auf das engere Feld der "klassischen" Gefahrenabwehr ein.

3. Abhören mit technischen Mitteln innerhalb von Wohnungen

Einige präventiv-polizeilichen Regelungen des Abhörens von Gesprächen in Wohnungen dürften bis zum 1.4.1998 schon deshalb einen gewissen Anreiz zum Mißbrauch für eigentlich repressive Zwecke dargestellt haben, weil es bis zu diesem Zeitpunkt eine entsprechende Befugnis im Strafprozeßrecht nicht gab. Dies dürfte allerdings kaum für diejenigen Länder gelten, die den Eingriff nur für den Bereich der Abwehr gegenwärtiger Gefahren (insbesondere für Leib, Leben oder Freiheit von Menschen, aber auch für Bestand oder Sicherheit des Bundes und der Länder vorsahen), da die hier geltenden engen Voraussetzungen Umgehungsversuche erschweren dürften. Hier ist allenfalls in den Ländern ein gewisses Mißbrauchspotential zu sehen, die auch die Abwehr von Gefahren für Sachen (bzw. Tiere) erfaßt haben (Bayern, Thüringen). Wesentlich stärker dürfte der Anreiz zu Umgehungsversuchen aber in denjenigen Ländern gewesen sein, die den großen Lauschangriff auch für Zwecke der vorbeugenden Straftatbekämpfung vorsehen (Bayern, Thüringen, Brandenburg sowie Sachsen bis zur Entscheidung des SächsVerfGH vom 14.5.1996, Mecklenburg-Vorpommern und Niedersachsen seit Februar 1998 und nach der Auslegung der Rechtsprechung auch Rheinland-Pfalz). Insbesondere in den Fällen, in denen die Kataloge der Anknüpfungstatbestände durch Verwendung von Generalklauseln, die eine vergleichbare Schwere der Tat ausreichen lassen, geöffnet worden sind, eröffnete sich der Polizeibehörde ein weites Anwendungsfeld für derartige Eingriffsmaßnahmen. Zwar sollte hier theoretisch der Richtervorbehalt derartige Gefahren minimieren. Jedoch stellten insoweit die Regelungen über die polizeiliche Anordnungskompetenz bei Gefahr im Verzug (in der StPO durch § 100d II dem Richter zugewiesen) ein Einfallstor für die Gefahr mißbräuchlicher Anwendung dar[1066], zumal in der Regel nicht vorgesehen ist, daß die richterliche Bestätigung nachträglich einzuholen ist, wenn die Maßnahme nur bis zu drei Tagen gedauert hat.

---

[1066] Eine Ausnahme stellt insoweit Brandenburg dar, das die Ausnahmeregelung für Gefahr im Verzug auf die Anordnung zur Abwehr gegenwärtiger Gefahren beschränkt hat, für die Anordnung zur vorbeugenden Straftatbekämpfung also nicht vorsieht.

Seit Inkrafttreten der Verwertungsbeschränkung des § 100f II StPO am 9.5.1998 dürften sich derartige Überlegungen jedoch erledigt haben.

Entgegengesetzte Überlegungen (Bevorzugung der strafprozessualen Befugnisse) wären auch insoweit allenfalls unter dem Gesichtspunkt der unterschiedlichen Benachrichtigungsregeln vorstellbar.

**C. Recht der Nachrichtendienste**

I. Entwicklung im Bereich des Art. 1 G 10 (ohne Strategische Kontrolle)

1. Entwicklung der gesetzlichen Voraussetzungen

Die Reichweite der Eingriffsmaßnahmen nach Art. 1 § 2 G 10 unterlag auch in den 90er Jahren einer Reihe von Änderungen, teils durch Eingriff in den Wortlaut des G 10 selbst, teils durch Änderung der in Art. 1 § 2 I G 10 genannten Katalogtatbestände bzw. von Normen, auf die diese wiederum verwiesen.

a) Die Erweiterung des Anwendungsbereichs des § 316c I StGB auf im zivilen Seeverkehr eingesetzte Schiffe als taugliche Tatobjekte durch Art. 2 des Gesetzes zu dem Übereinkommen vom 10.3.1988 zur Bekämpfung widerrechtlicher Handlungen gegen die Sicherheit der Seeschiffahrt und zum Protokoll vom 10.3.1988 zur Bekämpfung widerrechtlicher Handlungen gegen die Sicherheit fester Plattformen, die sich auf dem Festlandsockel befinden[1067], zum 14.6.1990 wirkte insofern auf die Reichweite der G 10-Maßnahmen zurück, als § 316c I StGB ein Katalogtatbestand des § 129a I Nr. 3 StGB war, der wiederum in Art. 1 § 2 I Nr. 6 G 10 genannt war.

b) Nach denselben Vorschriften wie bereits zu §§ 100a ff. StPO genannt, traten zum 3.10.1990 im Gebiet der Länder Berlin, Brandenburg, Mecklenburg-Vorpommern, Sachsen, Sachsen-Anhalt und Thüringen auch die Regelungen des Art. 1 G 10 in Kraft. In Erfüllung des Regelungsauftrages aus Art. 1 § 9 V G 10 gaben sich alle genannten Länder in den Folgejahren Ausführungsgesetze zum G 10[1068]. Sämtliche Länder mit Ausnahme von Thüringen entscheiden sich dabei für die Zuweisung der laufenden Überwachung an ein Gremium aus einem Vorsitzenden und zwei Beisitzern und eine weitere parlamentarische Kontrolle durch regelmäßige Unterrichtung der nach dem jeweiligen Landesverfassungsschutzrecht eingerichteten parlamentarischen Kontrollkommission. Thüringen richtete dagegen nur eine Kommission ein, die dort aus Landtagsabgeordneten zu besetzen ist.

c) Durch § 24 II 4 Nr. 1, VI BDSG[1069] wurde abschließend gesetzlich geklärt, daß die Datenschutzbeauftragten nicht für die Kontrolle der Einhaltung von Vorschriften des G 10 zuständig sind; verantwortlich sind hier allein die auf der Basis des Art. 1 § 9 G 10 und der Ausführungsgesetze der Länder eingerichteten parlamentarischen Organe und Hilfsorgane. Der BfD kann nur auf Ersuchen der Kommission die Einhaltung der

---

[1067] v. 13.6.1990 (BGBl. II, 494); vgl. o. S. 140.

[1068] BerlAG G 10 v. 16.7.1991 (GVBl. 172), geänd. durch Art. II Ges. v. 22.11.1994 (GVBl. 462); Thür AG G 10 v. 29.10.1991 (GVBl. 515); AG G 10 M-V v. 17.7.1992 (GVBl. 486); SächsAG G 10 v. 16.10.1992 (GVBl. 464); G 10-AG LSA v. 27.4.1993 (GVBl. 202); G 10 AG Bbg v. 14.12.1995 (GVBl. I 286).

[1069] v. 20.12.1990 (BGBl. I, 2954).

Datenschutzvorschriften bei bestimmten Vorgängen und in bestimmten Bereichen überprüfen und hat ausschließlich ihr hierüber zu berichten (§ 24 II 4 Nr. 1 BDSG n.F.). Obschon diese Regelung gemäß § 24 VI BDSG n.F. auch Gültigkeit für die Landesdatenschutzbeauftragten beansprucht, nahmen in der Folge einige Bundesländer auch ausdrückliche entsprechende Regelungen in ihr Landesrecht auf (§ 24 III BWDSG, Art. 30 III BayDSG, § 37 III ThürDSG, § 1 V HambAusfG zum G 10).

d) Durch Art. 2 Nr. 2 des Gesetzes zur Änderung des AWG, des StGB und anderer Gesetze[1070] wurde zum 7.3.1992 die Verwertungsregelung in Art. 1 § 7 III G 10 erweitert. Nach dem neuen Satz 2 der Vorschrift konnten die Überwachungsbehörden des Bundes (nicht also die ÄfV der Länder) Kenntnisse und Unterlagen aus den Maßnahmen auch zur Erforschung und Verfolgung der in § 34 I-VI AWG, auch iVm § 35 AWG, oder in §§ 19 I-III, 20 I, II KWKG, jeweils auch iVm § 21 KWKG, oder in § 22a I Nrn. 4, 5 u. 7 KWKG genannten Straftaten verwenden. Hinsichtlich des Inhalts der hier in Bezug genommenen Tatbestandsnormen, insbesondere auch der späteren Änderungen des Anwendungsbereichs durch das Verbrauchsteuer-Binnenmarktgesetz und das 8. Gesetz zur Änderung des AWG, kann auf die Erläuterungen zu § 100a S. 1 Nr. 3 StPO verwiesen werden[1071]. Über die dort genannte Befugnis hinaus erweitert hier allerdings die Nennung von § 35 AWG den Anwendungsbereich auf alle Auslandstaten von Deutschen nach § 34 I-VI AWG unabhängig vom Strafrecht des Tatorts.
Diese wesentliche Erweiterung der Verwertungsmöglichkeiten führte in der Literatur zu der Befürchtung, hier sei möglicherweise eine Hemmschwelle gefallen; bei einer Fortsetzung der Entwicklung sei zu befürchten, daß die Bindung der Datenverwendung an den Erhebungszweck nur noch auf dem Papier den Regelfall darstelle, tatsächlich aber zur Ausnahme werde[1072].

e) Die folgende Änderung durch Art. 2 des Gesetzes zur Änderung des Gesetzes über die parlamentarische Kontrolle nachrichtendienstlicher Tätigkeit des Bundes und zur Änderung des Gesetzes zur Beschränkung des Brief-, Post- und Fernmeldegeheimnisses[1073] brachte für Art. 1 G 10 erstmals eine Einschränkung der Überwachungsmöglichkeit in Bezug auf den Verkehr mit einer besonders geschützten Personengruppe, nämlich mit Abgeordneten, diese jedoch nur für den Bereich der Postkontrolle, nicht für das hier interessierende Abhören von Gesprächen.

f) Die o.a. Änderung des § 181 I StGB durch das 26. StrÄndG[1074] mit Wirkung vom

---

[1070] v. 28.2.1992 (BGBl. I, 372).
[1071] vgl. S. 141f., 144f.
[1072] *Riegel*, ZRP 1991, 393, 395.
[1073] v. 27.5.1992 (BGBl. I, 997).
[1074] v. 14.7.1992 (BGBl. I, 1255); vgl. o. S. 143.

15.7.1992 entfaltete über § 138 I Nr. 5 StGB eine Rückwirkung auf die Verwertungsmöglichkeiten nach Art. 1 § 7 III G 10.

g) § 38 I SÜG[1075] führte eine weitergehende Regelung über die Sicherheitsüberprüfung der bei der Überwachung beteiligten Mitarbeiter der Fernmeldeunternehmen ein; Art. 12 IV PTNeuOG[1076] brachte weitere Änderungen in der Folge der Liberalisierung des Telekommunikationsmarktes.

h) Das Verbrechensbekämpfungsgesetz[1077] brachte mit Wirkung vom 1.12.1994 (Art. 19 des Gesetzes) eine erhebliche Erweiterung der Befugnisse zur Strategischen Überwachung nach Art. 1 § 3 G 10, auf die im folgenden noch näher eingegangen werden wird. Außerhalb des Bereichs der Strategischen Überwachung erweiterte Art. 13 Nr. 2 lit. d VerbrechensbekämpfungsG den Anwendungsbereich der Überwachung nach Art. 1 § 2 G 10 auch auf den Fall, daß tatsächliche Anhaltspunkte für den Verdacht bestehen, daß jemand Mitglied einer Vereinigung ist, deren Zwecke oder deren Tätigkeit auf die Begehung von Straftaten gegen die freiheitliche demokratische Grundordnung, den Bestand oder die Sicherheit des Bundes oder eines Landes gerichtet ist (Art. 1 § 2 I 2 G 10 n.F.). Damit ist gegenüber der bisherigen Zugriffsmöglichkeit bei Verdacht hinsichtlich des Vorliegens einer Straftat nach § 129a StGB (Art. 1 § 2 I 1 Nr. 6 G 10) auch die Mitgliedschaft in Organisationen erfaßt, deren Tätigkeit oder deren Zwecke sich nicht auf die Begehung der dort genannten Katalogtaten richten; vielmehr kann die Tätigkeit oder der Zweck der in Art. 1 § 2 I 2 G 10 genannten Vereinigungen grundsätzlich auf die Beggehung irgendeines nicht näher bestimmten Straftatbestandes gerichtet sein, sofern die Tat die dort genannte Zielrichtung hat. Hier ist erstmals für den Bereich des Art. 1 § 2 G 10 die Bindung an einen abschließenden Katalog von Straftatbeständen aufgegeben worden[1078].
Eine gewisse Verbesserung der Rechtsschutzmöglichkeiten des Betroffenen brachte die Streichung des Art. 1 § 5 V 3, § 9 III 2 G 10 durch Art. 13 Nr. 4 lit. b, Nr. 6 lit. a VerbrechensbekämpfungsG. Damit galt nun nicht mehr, daß die Benachrichtigung des Betroffenen entbehrlich wurde, wenn ihre Voraussetzungen 5 Jahre nach Abschluß der Maßnahme noch nicht vorlagen. Zudem sah die durch Art. 13 Nr. 5 lit. c VerbrechensbekämpfungsG präzisierte Vernichtungsregelung in Art. 1 § 7 IV 4, 5 G 10 nun auch die Möglichkeit einer Speicherung für Zwecke der gerichtlichen Überprüfung der Rechtmäßigkeit der Maßnahme unter Sperrung im übrigen vor.
Die Verwertungsmöglichkeiten nach Art. 1 § 7 III G 10 wurden demgegenüber noch einmal deutlich erweitert (Art. 13 Nr. 5 lit. b VerbrechensbekämpfungsG). War bis dahin

---

1075 v. 20.4.1994 (BGBl. I, 867).
1076 v. 14.9.1994 (BGBl. I, 2325; ber. BGBl. I 1996, 103).
1077 v. 28.10.1994 (BGBl. I, 3186).
1078 *C. Arndt*, NJW 1995, 169: "rechtsstaatlich nicht ganz unbedenklich".

die Verwertung zur Erforschung und Verfolgung der in Art. 1 § 2 G 10 genannten Straftaten sowie bei tatsächlichen Anhaltspunkten für den Verdacht einer Straftat nach § 138 StGB oder § 34 I-VI AWG, auch iVm § 35 AWG, §§ 19 I-III, 20 I, II KWKG, jeweils auch iVm § 21 KWKG, oder § 22a I Nrn. 4, 5 u. 7 KWKG zulässig, so durften die Erkenntnisse und Unterlagen nun zur Erforschung und Verfolgung der in Art. 1 §§ 2, 3 III G 10 genannten Straftaten benutzt werden. Dabei handelt es sich neben Delikten nach § 138 StGB auch um Taten nach §§ 261 und 264 StGB (Geldwäsche, Verschleierung unrechtmäßiger Vermögenswerte, Subventionsbetrug), § 92a AuslG, §§ 34 I-VI, VIII, 35 AWG, §§ 19-21, 22a I Nrn. 4,5 u. 7 KWKG und §§ 29a I Nr. 2, 30 I Nrn. 1, 4, § 30a BtMG. Damit wurden die Erkenntnisse aus der eigentlich der Vorbeugung politisch motivierter Kriminalität dienenden Überwachung nach Art. 1 § 2 G 10 in weitem Umfang in den Dienst der Verfolgung nicht aus derartigen Motiven entspringender Wirtschafts- und sonstiger Kriminalität gestellt. So wurden durch die Einbeziehung der §§ 19 IV, V, 20 III KWKG teilweise sogar Fahrlässigkeitstaten erfaßt, durch diejenige des § 92a I AuslG auch das nicht gewerbs- oder bandenmäßig erfolgte Einschleusen von Ausländern.
Im übrigen sind aufgrund der o.a. Erweiterung des Anwendungsbereichs neben den in Art. 1 § 2 I 1 G 10 ausdrücklich aufgeführten Straftaten in Art. 1 § 2 I 2 G 10 pauschal auch alle anderen Straftaten aufgeführt, die sich gegen die freiheitliche demokratische Grundordnung, den Bestand oder die Sicherheit des Bundes oder eines Landes richten. Nach dem Wortlaut des Art. 1 §§ 7 III, 3 III 1 G 10 dürfen damit auch Erkenntnisse über solche Delikte verwertet werden.

i) Das 2. Gesetz zur Änderung des Gesetzes zu Art. 10 GG v. 28.4.1997[1079] präzisierte die Mitwirkungs- und Geheimhaltungspflichten der Fernmeldeanlagenbetreiber des liberalisierten Marktes und lockerte in gewissem Maße die Pflichten in bezug auf die Sicherheitsüberprüfung des mit Überwachungsmaßnahmen befaßten Personals. Die Verletzung bestimmter Verpflichtungen in diesem Zusammenhang wurde straf- bzw. bußgeldbewehrt (Art.3 §§ 10a, 11 G 10 idF des Art. 1 Nrn. 5, 6 des Änderungsgesetzes)[1080].

j) Für Art. 1 § 2 I 1 Nrn. 1, 2 G 10 ergab sich durch Art. 4 Nrn. 1, 3 IuKDG[1081] insofern eine Änderung, als Taten nach §§ 80a StGB, 86 I 1. Alt. StGB n.F. seit dem 1.8.1997 auch durch entsprechende Handlungen unter Verwendung von Datenspeichern begangen werden können; diese sind seither durch § 11 III StGB Schriften gleichgestellt.

---

[1079] BGBl. I, 966.

[1080] näher hierzu *Gramlich*, NJW 1997, 1400ff. mit näheren Ausführungen zu der unzureichenden Regelung der finanziellen Abgeltung der Mitwirkung privater Post- u. Telekommunikationsunternehmen bei Überwachungsmaßnahmen.

[1081] v. 1.8.1997 (BGBl. I, 1870).

k) Art. 2 I BegleitG[1082] ersetzte zum 18.12.1997 auch in Art. 1 §§ 1, 3, 6, 10 G 10 den Begriff der "Fernmeldeanlage" durch den der "Telekommunikation", nannte als mitwirkungspflichtig bei der Überwachung denjenigen, der geschäftsmäßig Telekommunikationsdienste erbringt oder an der Erbringung solcher Dienste mitwirkt (Art. 1 § 1 II 3 G 10 n.F.) und verwies wegen der Verpflichtung, Vorkehrungen hinsichtlich der technischen und organisatorischen Umsetzung der Überwachungsmaßnahmen zu treffen, auf § 88 TKG und die auf dessen Grundlage ergangenen Verordnungen (Art. 1 § 1 II 4 G 10 n.F.).
Entsprechende Änderungen traten für den Katalogtatbestand der verfassungsfeindlichen Sabotage in § 88 StGB in Kraft.
Hinsichtlich der Reichweite der Änderungen kann auf die Ausführungen zu §§ 100a ff. StPO verwiesen werden[1083].

l) Durch das 6. StrRG[1084] wurden mit Wirkung vom 1.4.1998 die Definition der Sabotagehandlung in § 87 II Nr. 1 StGB (Agententätigkeit zu Sabotagezwecken) sowie die Verweisung in § 129a I Nr. 3 StGB an die neuen Tatbestände der Brandstiftungsdelikte angepaßt.
Hinsichtlich der Änderungen von Straftatbeständen, die auch in § 138 I StGB genannt sind bzw. waren und hinsichtlich derer damit nach Art. 1 §§ 7 III, 3 III 1 G 10 vorliegende Erkenntnisse verwertet werden konnten (insb. §§ 152a, 234, 306ff. StGB), kann auf die obigen Ausführungen zu §§ 100a ff. StPO verwiesen werden[1085].

m) Schließlich änderte sich die Reichweite der Verwertungsmöglichkeiten nach Art. 1 §§ 7 III, 3 III 1 G 10 noch einmal durch Art. 2 AusführungsG zum Übereinkommen über das Verbot des Einsatzes, der Lagerung, der Herstellung und der Weitergabe von Antipersonenminen und über deren Vernichtung vom 3. Dezember 1997[1086]. Durch diese Vorschrift wurden in § 20a KWKG neue Straftatbestände eingeführt, die durch die (dynamische[1087]) Verweisung auf §§ 19-21 KWKG in Art. 1 § 3 III 1 G 10 erfaßt wurden. Die Verwertung von Erkenntnissen aus Maßnahmen nach Art. 1 § 2 G 10 ist damit auch zur Erforschung und Verfolgung folgender Handlungen im Umgang mit Antipersonenminen zulässig: Einsatz, Entwicklung, Herstellung, Handeltreiben, Erwerb, Überlassung, Einfuhr, Ausfuhr, Durchfuhr, Verbringen in das oder aus dem Bundesgebiet, sonstiges Ausüben der tatsächlichen Gewalt, sofern jeweils unter Verstoß gegen § 18a KWKG erfolgt (jeweils vorsätzlich oder fahrlässig); Verleiten eines anderen zu einer der genann-

---

[1082] v. 17.12.1997 (BGBl. I, 3108).
[1083] s. o. S. 147f.
[1084] v. 26.1.1998 (BGBl. I, 164).
[1085] s.o. S. 148ff.
[1086] v. 6.7.1998 (BGBl. I, 1778).
[1087] s.o. S. 63.

ten Handlungen oder Förderung einer der genannten Handlungen (jeweils vorsätzlich oder leichtfertig).

2. Möglichkeiten nachträglichen Individualrechtsschutzes

Auch hinsichtlich der nachträglichen Überprüfung von G 10-Maßnahmen ging die verwaltungsgerichtliche Rechtsprechung für den Regelfall vom Bestehen eines schutzwürdigen Feststellungsinteresses aus[1088]. Der Eingriff in das Grundrecht aus Art. 10 GG stelle regelmäßig eine Diskriminierung dar; das Interesse an angemessener Rehabilitierung sei daher anzuerkennen[1089].
Zugleich führte das BVerwG, wie bereits dargelegt[1090], aus, daß die Annahme tatsächlicher Anhaltspunkte für einen Straftatverdacht durch die anordnende Stelle in vollem Umfang der gerichtlichen Überprüfung unterliege[1091].

Auch insoweit dürfte ggf. aber zu erwarten sein, daß die Strafgerichte sich bei der Verwertung von Erkenntnissen aus einer Maßnahme nach Art. 1 G 10 an der Rechtsprechung des BGH zur Verwertung präventiv-polizeilicher Erkenntnisse[1092] orientieren und keine Überprüfung der Rechtmäßigkeit der Maßnahme, sondern lediglich eine der Wirksamkeit der Anordnung vornehmen würden.

II. Neuregelung der Strategischen Kontrolle

Eine in systematischer Hinsicht wesentlich tiefer als die vorgenannten Änderungen wirkende Reform[1093] wurde aber durch die Neuregelung der Strategischen Kontrolle nach Art. 1 § 3 G 10 durch Art. 13 Nr. 3 des VerbrechensbekämpfungsG[1094] vorgenommen, die zum 1.12.1994 in Kraft trat. Art. 1 § 3 G 10 wurde vollständig neu gefaßt. Allerdings sollte die tiefgreifende Neugestaltung der gesetzlichen Regelung nicht den Blick für den Umstand versperren, daß es sich auch hier lediglich um die späte Legalisierung einer bereits langjährig geübten Praxis handelte[1095].

1. Änderung des Art. 1 § 3 G 10

Art. 1 § 3 I 1 G 10 stellte nunmehr zunächst ausdrücklich klar, daß von der Strategischen

---

[1088] anders insoweit die ordentlichen Gerichte zur TÜ; vgl. o. S. 46.

[1089] BVerwG 87, 23, 25.

[1090] s.o. S. 158f.

[1091] BVerwGE 87, 23, 26ff.

[1092] NJW 1996, 405f.; vgl. o. S. 248ff.

[1093] *Riegel*, ZRP 1995, 176 spricht von einem “Quantensprung für das G 10 und die Zusammenarbeit des BND mit den Polizei- und Strafverfolgungsbehörden”.

[1094] v. 28.10.1994 (BGBl. I, 3186).

[1095] s. o. S. 115f.

Kontrolle nur internationale Fernmeldeverkehrsbeziehungen[1096] erfaßt werden. Neben die bis dahin durchgeführte Überwachung zur Abwehr der Gefahr eines bewaffneten Angriffs auf das Bundesgebiet (Art. 1 § 3 I 2 Nr. 1 G 10 n.F.) traten aber nun neue Überwachungskompetenzen, hinsichtlich derer die Zuständigkeit nach Art. 1 § 1 I Nr. 2 G 10 dem BND zugewiesen wurde. Dem Dienst wurde die Befugnis zur Überwachung von Fernmeldeverkehr zum Zweck der Erkennung und Abwehr folgender Gefahren erteilt:

- Begehung internationaler terroristischer Anschläge in der Bundesrepublik (Art. 1 § 3 I 2 Nr. 2 G 10),
- internationale Verbreitung von Kriegswaffen iSd KWKG sowie unerlaubter Außenwirtschaftsverkehr mit Waren, Datenverarbeitungsprogrammen und Technologien iSd Teils I der Ausfuhrliste (Anl. AL zur AWV) in Fällen von erheblicher Bedeutung (Art. 1 § 3 I 2 Nr. 3 G 10),
- unbefugte Verbringung von Betäubungsmitteln in nicht geringer Menge aus dem Ausland in das Bundesgebiet (Art. 1 § 3 I 2 Nr. 4 G 10),
- im Ausland begangene Geldfälschung (Art. 1 § 3 I 2 Nr. 5 G 10),
- Geldwäsche im Zusammenhang mit den in Art. 1 § 3 I 2 Nrn. 3-5 genannten Handlungen (Art. 1 § 3 I 2 Nr. 6 G 10).

Dabei ist die Überwachung in Ausübung der neugeschaffenen Befugnisse, anders als die zur Erfüllung der Befugnis nach Art. 1 § 3 I 2 Nr. 1 G 10, nur in bezug auf nicht leitungsgebundene Fernmeldeverkehrsbeziehungen zulässig (Art. 1 § 3 I 1, 3 G 10)[1097]. Art. 1 § 3 II G 10 brachte erstmals nähere Bestimmungen über die bei der Überwachung zu verwendenden Suchbegriffe. Die Suchbegriffe sind nach S. 4 der Vorschrift nunmehr bereits in der Anordnung zu benennen. Nach S. 1 der Vorschrift dürfen nur Suchbegriffe verwendet werden, die zur Aufklärung von Sachverhalten über den jeweiligen Gefahrenbereich bestimmt und geeignet sind - eine "Einschränkung", die allerdings als einfache gesetzliche Umschreibung des ohnehin geltenden Verhältnismäßigkeitsgrundsatzes keine erkennbare eigene Bedeutung aufweist. Interessanter ist insoweit Art. 1 § 3 II 2 G 10: Er hält erstmals ausdrücklich fest, daß die Suchbegriffe keine Identifizierungsmerkmale enthalten dürfen, die zu einer gezielten Erfassung bestimmter Anschlüsse führen. Insbesondere ist also etwa die Verwendung von Eigennamen als Suchbegriffe nicht zulässig. Zugleich bringt jedoch Art. 1 § 3 II 3 G 10 eine Ausnahme von diesem Prinzip: Es gilt nicht für Anschlüsse im Ausland, sofern ausgeschlossen werden kann, daß es sich um die Anschlüsse deutscher Staatsangehöriger oder um Anschlüsse von Gesellschaften un-

---

[1096] Auch für Art. 1 § 3 I, II G 10 ersetzte später Art. 2 I Nr. 2 BegleitG (v. 17.12.1997; BGBl. I, 3108) den Begriff des "Fernmeldeverkehrs" durch denjenigen der "Telekommunikation"; zu Gründen und Reichweite dieser Neufassung vgl. oben S. 147f.

[1097] Nach sachverständigen Angaben werden derzeit etwa 10 % aller Fernmeldeverkehre nicht leitungsgebunden abgewickelt; der Anteil wird künftig zunehmen (vgl. BVerfGE 100, 313, 377).

ter deutscher Kontrolle (gemäß näherer Bestimmung nach Art. 1 § 3 II 3 Nr. 2 G 10[1098]) handelt.
Nach Maßgabe des Art. 1 § 3 II 5-7 G 10 erfolgt eine Protokollierung der Durchführung der Maßnahmen für Zwecke der Kontrolle nach Art. 1 § 9 G 10.
Die Regelung über die Verwertung der Daten für andere Zwecke wurde in dem gleichen Sinne angepaßt wie bei Art. 1 § 7 III G 10: Nach Art. 1 § 3 III 1 G 10 dürfen die Daten also zur Verhinderung, Aufklärung und Verfolgung der in Art. 1 § 2 G 10 und in § 138 StGB bezeichneten Straftaten sowie von Straftaten nach §§ 261, 264 StGB, § 92a AuslG, §§ 34 I-VI u. VIII, 35 AWG, §§ 19-21, 22a I Nrn. 4, 5, 7 KWKG und §§ 29a I Nr. 2, 30 I Nrn. 1 u. 4, 30a BtMG[1099] verwendet werden. Voraussetzung ist insoweit, daß entweder gegen den Betroffenen eine Beschränkung nach Art. 1 § 2 G 10 angeordnet ist oder daß tatsächliche Anhaltspunkte für den Verdacht bestehen, daß jemand eine der genannten Straftaten plant, begeht oder begangen hat. Im Gegensatz zu Art. 1 § 3 II G 10 a.F. wurde hier kein Regelfall des Verwertungsverbots statuiert, das nur ausnahmsweise durchbrochen werden darf; vielmehr stellt die Verwertung der Informationen zu den genannten Zwecken nunmehr den gesetzlich vorgesehenen Regelfall dar[1100]. Dementsprechend wurde in Art. 1 § 3 V G 10 eine der Verwendungsregelung korrespondierende Verpflichtung zur Übermittlung der (zur Erreichung des jeweiligen Zwecks erforderlichen, Art. 1 § 3 IV G 10) Daten an Verfassungschutzbehörden, MAD, Zollkriminalamt, Bundesausfuhramt, Staatsanwaltschaften und Polizeien festgeschrieben[1101].
In Art. 1 § 3 VI G 10 wurde eine Regelung der Vernichtung und Löschung der Daten getroffen, obschon die durch das gleiche Gesetz neugefaßte allgemeine Vernichtungsregelung des Art. 1 § 7 IV G 10 sich ausdrücklich auch auf Daten aus Maßnahmen nach Art. 1 § 3 G 10 bezog. Der Sinn der Sonderregelung ist damit völlig unklar, zumal sie inhaltlich lediglich einen Auszug aus der allgemeineren Norm des Art. 1 § 7 IV G 10 darstellt.
Über die bisherige Regelungspraxis hinaus brachte Art. 1 § 3 VII G 10 nun aber erstmals auch eine Regelung über die Vernichtung übermittelter, aber nicht benötigter Daten bei

---

1098 Zu der Frage, wie der BND in diesem Zusammenhang die Beteiligungsverhältnisse einer Gesellschaft mit ausländischem Sitz sowie die Staatsangehörigkeit der an ihr Beteiligten und der Vertretungsberechtigten feststellen soll, verhält sich das Gesetz allerdings nicht (hierzu *C. Arndt*, NJW 1995, 169, 172).

1099 Hinsichtlich der Reichweite der hier angesprochenen Straftatbestände wird auf die Ausführungen zu Art. 1 § 7 III G 10 (o. S. 258f.) verwiesen.

1100 so auch *Riegel*, ZRP 1995, 176, 178; damit waren für den Bereich der Verwendung von Daten aus der Strategischen Kontrolle die von *dems.* erst 3 Jahre zuvor (ZRP 1991, 393, 395) geäußerten Befürchtungen insofern noch übertroffen worden, als hier seitdem die Bindung der Datenverwendung an den Verwertungszweck nicht einmal mehr auf dem Papier den Regelfall darstellt.

1101 Darüber hinaus ist in Art. 1 § 3 III 2 G 10 festgestellt, daß eine Verwendung der Daten auch im Rahmen der Verpflichtung des BND zur Berichterstattung gegenüber dem Chef des Bundeskanzleramtes sowie den Bundesministern nach § 12 BNDG (vgl. zu diesem Gesetz unten S. 311f.) zulässig ist (kritisch hierzu *Riegel*, ZRP 1995, 176, 178).

den Empfängerbehörden.
Weiter trifft Art. 1 § 3 VIII G 10 eine Regelung über die Mitteilung der Beschränkung an den Betroffenen. Nunmehr sind grundsätzlich auch die von einer Maßnahme der Strategischen Kontrolle (und dabei jetzt auch der "klassischen" Strategischen Kontrolle nach Art. 1 § 3 I 2 Nr. 1 G 10 n.F.) Betroffenen nachträglich zu benachrichtigen - und zwar nicht nur durch den BND, sondern auch durch die eine Übermittlung empfangenden Behörden (Art. 1 § 3 VIII 3 G 10) -, sobald eine Gefährdung des Zwecks der Maßnahme oder aber der Verwendung ausgeschlossen werden kann. Diese Mitteilung unterbleibt aber zwingend, wenn die Daten jeweils vom BND innerhalb von 3 Monaten nach Erlangung oder von einer Behörde, der sie übermittelt worden sind, innerhalb von 3 Monaten nach Empfang vernichtet worden sind (Art. 1 § 3 VIII 2 G 10).
Nach Art. 1 § 3 IX G 10 kann die Kommission in ihrem Verfahren dem BfD Gelegenheit zur Stellungnahme geben. Art. 1 § 3 X G 10 statuiert eine Pflicht des Abgeordnetengremiums nach Art. 1 § 9 I G 10, dem Bundestag jährlich einen Bericht über die Maßnahmen nach Art. 1 § 3 G 10 zu erstatten.

Nicht umgesetzt wurde demgegenüber der im Gesetzgebungsverfahren erwogene Gedanke, durch Schaffung eines Art. 1 § 3a G 10[1102] die technischen Möglichkeiten, die der BND im Zuge der Strategischen Kontrolle aufgebaut hatte, auch in Bezug auf sämtliche inländischen Telefonanschlüsse in den Dienst seiner "Überwachungskonkurrenten" in Gestalt der ÄfV, des MAD, der Staatsanwaltschaften sowie des Zollkriminalamtes zu stellen. Beabsichtigt war insoweit gewesen, die Rasterung des nicht leitungsgebundenen Fernmeldeverkehrs durch den BND in den Fällen des Art. 1 § 3 I 2 Nrn. 2-6 G 10 auch auf Suchbegriffe zu erweitern, die einen Bezug zu bestimmten Inhabern eines inländischen Telefonanschlusses haben, nämlich zu solchen, hinsichtlich derer Anordnungen nach Art. 1 § 2 G 10, § 100a StPO oder § 39 AWG[1103] bestehen. Die anfallenden Erkenntnisse hätte der BND dann den nach der jeweiligen Anordnung zuständigen Behörden mitzuteilen gehabt[1104].

2. Bewertung
Die Neuregelung in Art. 1 § 3 G 10 stellte im Verhältnis zur bisherigen Systematik der Überwachungsermächtigungen einen Systembruch dar. War bis dahin der BND auf die "klassische" Aufgabe eines Auslandsnachrichtendienstes verwiesen (nämlich die Sammlung von Erkenntnissen über das Ausland, die von außen- und sicherheitspolitischer Bedeutung für die Bundesrepublik sind, § 1 II 1 BNDG), so wurde ihm nun eine Tätigkeit im Bereich der Verhinderung bzw. Verfolgung von Straftaten zugewiesen. Diese Regelung bedeutete den endgültigen Bruch mit dem Gebot der Trennung der Aufgaben- und

---

[1102] Art. 12 Nr. 4 des Entwurfs eines VerbrechensbekämpfungsG, BT-Drucks. XII/6853.
[1103] zu dieser Befugnis u. S. 315ff.
[1104] näher zu dieser Bestimmung des Entwurfs *Pfeiffer*, ZRP 1994, 253, 255.

Tätigkeitsbereiche von Polizei- und Nachrichtendiensten[1105]; hier wurde erstmals nachrichtendienstliche Informationserhebung gezielt und unmittelbar in den Dienst der Polizei- und Strafverfolgungs- sowie der sonstigen in Art. 1 § 3 V 1 G 10 genannten Behörden gestellt.
Besonders irritierend erscheint insoweit, daß die Regelung in einem Gesetzeskomplex erfolgte, in dessen Zusammenhang bisher nur von der Abwehr von Gefahren für die freiheitliche demokratische Grundordnung sowie den Bestand und die Sicherheit des Bundes und der Länder die Rede war. Die in Art. 1 § 3 I 2 Nrn. 2-6 G 10 genannten "Beobachtungsfelder" stellen zwar Beispielsfälle schwerer Kriminalität dar; von einer Vergleichbarkeit mit den bisher durch Art. 1 G 10 erfaßten Gefahren, insbesondere der bisher durch die Strategische Kontrolle erfaßten Gefahr eines bewaffneten Angriffs auf die Bundesrepublik, kann aber keine Rede sein. Der Standort der neuen Regelung führte denn auch dazu, daß sie nicht nur in der allgemeinen, sondern auch in der Fachöffentlichkeit zunächst wenig bekannt wurde, ein Effekt, der wohl den gesetzgeberischen Intentionen zumindest nicht zuwiderlief.

Umgekehrt stellte zudem die Anbindung der neuen Befugnisse an Art. 1 § 3 G 10 eine Verharmlosung der neuen Eingriffsqualität insofern dar, als sie die Anwendung bestimmter Grundsätze der bis dahin praktizierten Formen der Strategischen Kontrolle vortäuschte. Bei der Strategischen Kontrolle nach Art. 1 § 3 G 10 a.F. wurden, wie dargestellt, nur einzeln festgelegte Fernmeldeverkehrsverbindungen (ursprünglich also bestimmte Sammelkabel) mit wiederum einzeln festgelegten ausländischen Staaten oder Regionen (insbesondere den Mitgliedern des Warschauer Paktes) überwacht. Nach der Wortwahl des Art. 1 § 3 I G 10 n.F. geht es auch hier nur um Eingriffe dieser Art. Schon in technischer Hinsicht erscheint es aber als höchst zweifelhaft, ob es überhaupt möglich ist, die Überwachung des Datenverkehrs auf Richtfunkstrecken auf eine bestimmte Strecke in der Weise zu beschränken, wie dies bei einem Sammelkabel des leitungsgebundenen Fernmeldeverkehrs der Fall war. Vielmehr dürfte hier sogar schon die vom Gesetz verlangte Beschränkung der Abhörtätigkeit auf Verbindungen des internationalen Verkehrs schwierige technische Probleme aufwerfen[1106].
Außerdem unterscheiden sich die Bedingungen der Überwachung von denjenigen der Strategischen Kontrolle zur Abwehr der Gefahr eines bewaffneten Angriffs insofern, als das Gefahrenpotential hinsichtlich eines solchen Angriffs in der Geschichte der Bundesrepublik seinen Ursprung stets in einigen wenigen Staaten hatte, auf die die Überwachung denn auch beschränkt werden konnte. Hinsichtlich der in Art. 1 § 3 I 2 Nrn. 2-6 G 10 genannten Kriminalitätsformen gibt es aber keinen derartigen überschaubaren

---

[1105] so auch *Gusy*, KritV 1994, 242, 245ff.

[1106] so auch *Pfeiffer*, ZRP 1994, 253, 255; eine schematische graphische Darstellung der Techniken der Erhebung und Auswertung der Informationen durch den BND findet sich bei BfD, BT-Drucks. XIII/7500, 115f.; vgl. auch BVerfGE 100, 313, 336ff.

Kreis möglicher Gefahrenquellen; derartige Gefahren können vielmehr ihren Ursprung in einer Vielzahl verschiedener Regionen haben, so daß die Überwachung unter diesem Aspekt ebenfalls nicht auf einen überschaubaren Kreis von Fernmeldebeziehungen beschränkt werden kann[1107]. Es ist daher anzunehmen, daß sich trotz der im Kern unveränderten Tatbestandsmerkmale in Art. 1 § 3 I G 10 die technische Durchführung der Maßnahmen nach S. 2 Nrn. 2-6 G 10 erheblich von der ursprünglichen Form der Strategischen Kontrolle unterscheidet. Angesichts der Problematik, vor die sich der BND hier gestellt sieht, dürfte zu erwarten sein, daß, genügende Kapazitäten vorausgesetzt, eine Überwachung unter Anwendung der sog. "Staubsaugermethode", also durch Erfassung und Rasterung sämtlicher oder doch möglichst vieler im Luftraum befindlicher Funksignale, angestrebt werden wird[1108].
Auch die Beschränkung der Eingriffsbefugnis auf Fälle "von erheblicher Bedeutung" (Art. 1 § 3 I 2 Nr. 3 G 10) und die Verbringung von Betäubungsmitteln "in nicht geringer Menge" dürfte eher deklaratorische Bedeutung haben. Ganz abgesehen von der Unbestimmtheit dieser Tatbestandsmerkmale erscheint es nämlich als kaum vorstellbar, wie Suchbegriffe beschaffen sein müßten, die die sachliche Anknüpfung an das jeweilige "Beobachtungsfeld" gewährleisten, aber zugleich Fälle geringerer Bedeutung aus der Automatik der Rasterung heraushalten könnten.

Schließlich erschien es von Anfang an als äußerst zweifelhaft, ob die neugeschaffene Kompetenz den Maßstäben des Art. 10 GG entspricht. Angesichts der Regelung über den Ausschluß der Mitteilung in Art. 1 § 3 VIII 2 G 10 sowie der Kontrolle durch die Gremien nach Art. 1 § 9 G 10 handelt es sich hier um einen Anwendungsfall des Art. 10 II 2 GG. Der Ausschluß der Benachrichtigung und des Rechtsweges zu den Gerichten ist nach dieser Vorschrift aber nur dann zulässig, wenn die Beschränkung dem Schutz der freiheitlichen demokratischen Grundordnung oder des Bestandes oder der Sicherung des Bundes oder eines Landes dient.
Allerdings geht das Gesetz von einer geringeren Schutzwürdigkeit ausländischer Privatpersonen aus, wie die Regelung der Zulässigkeit gezielter Überwachung ihrer Telefonanschlüsse in Art. 1 § 3 II 3 G 10 zeigt. Dem dürfte die Annahme zugrunde liegen, daß diese Personen nicht in den Schutzbereich des Art. 10 GG einbezogen sind[1109]. Angesichts des Charakters des Art. 10 GG als Jedermanns-Recht erscheint eine solche Auffassung jedoch nicht als nachvollziehbar. Dies zeigt bereits eine einfache Überlegung zum räumlichen Geltungsbereich: Entweder beschränkt sich die Geltung des Art. 10 GG auf hoheitliches Handeln in Deutschland, dann ist die Differenzierung zwischen Ausländern und Deutschen im Ausland, wie sie Art. 1 § 3 II 3 G 10 trifft, jedoch sinnlos; oder Art.

---

[1107] vgl. zur Geographie der neuen Beobachtungsgebiete BVerfGE 100, 313, 336.

[1108] so auch *C. Arndt*, DÖV 1996, 459, 460f; vgl. allerdings zu den derzeitigen personellen und technischen Kapazitäten BVerfGE 100, 313, 337f. u. 379f.

[1109] vgl. auch die Entwurfsbegründung in BT-Drucks. XII/6853, 42: gezielte Überwachung zulässig.

10 GG gilt für deutsches hoheitliches Handeln überall auf der Welt[1110], dann gilt er als Jedermanns-Recht jedoch auch für Ausländer[1111].

3. Verfassungsgerichtliche Überprüfung

Gegen die neuen Vorschriften wurden denn auch alsbald Verfassungsbeschwerden erhoben. Die Mehrzahl der Beschwerdeführer, nämlich ein Strafrechtslehrer, zwei Journalisten sowie die Verlegerin der "tageszeitung", machten geltend, wegen ihrer jeweiligen Arbeitsschwerpunkte auf den in Art. 1 § 3 I 2 Nrn. 2-6 G 10 genannten Gebieten und ihrer ausländischen Kontakte und Tätigkeitsfelder seien sie aller Wahrscheinlichkeit nach selbst und gegenwärtig von Maßnahmen der "verdachtslosen Rasterfahndung" (so die Terminologie des BVerfG[1112]) betroffen; sie beantragten, das Inkrafttreten der neuen Vorschriften durch einstweilige Anordnung zu verhindern. Das Gesetz bedeute praktisch die völlige Aufhebung des Fernmeldegeheimnisses[1113].

Das Gericht betrachtete die Verfassungsbeschwerden weder als von vornherein unzulässig noch als offensichtlich unbegründet. Es traf daher am 5.7.1995 eine Anordnung allein aufgrund der Abwägung der voraussichtlichen Folgen der jeweiligen Entscheidung; die Anordnung galt aufgrund mehrfacher Verlängerungen bis zum Juli 1999 fort. Dabei differenzierte das Gericht hinsichtlich der Vorschriften über die Erhebungsbefugnisse nach Art. 1 § 3 I 1, 2 Nrn. 2-6 G 10, über die Auswertungsbefugnisse nach Art. 1 § 3 III, IV G 10, über die Ermittlung und Verwendung nach Art. 1 § 3 III, V, VII G 10 sowie über die Verpflichtung zur Mitteilung an den Betroffenen nach Art. 1 § 3 VIII G 10.

Hinsichtlich der Erhebungsbefugnisse war nach Auffassung des Gerichts entscheidend, daß im Falle einer Zurückweisung der Verfassungsbeschwerde die Überwachung nicht nachgeholt werden könnte. Es wies daher insoweit den Antrag auf Erlaß einer einstweiligen Anordnung ab[1114].

Hinsichtlich der Auswertungsbefugnisse sah das Gericht jedoch die Möglichkeit nachträglicher Auswertung im Falle des Scheiterns der Verfassungsbeschwerde. Im Hinblick auf die Gefahr von Beeinträchtigungen der Unbefangenheit der telefonischen Kommunikation und daraus resultierender Verhaltensanpassungen beschränkte es daher die Auswertung der Daten nach Art. 1 § 3 IV G 10 auf den Fall, daß bestimmte Tatsachen den Verdacht begründen, daß jemand eine der in Art. 1 § 3 III G 10 genannten Straftaten plant, begeht oder begangen hat[1115]. Diese Beschränkung erscheint allerdings bei näherer

---

[1110] so etwa *Gusy/Hueck*, NJ 1995, 461, 463ff.; *Gröpl*, ZRP 1995, 13, 15ff.

[1111] Ähnliche Bedenken äußert *C. Arndt*, NJW 2000, 47, 48f.

[1112] BVerfGE 93, 181, 182.

[1113] vgl. näher BVerfGE 100, 313, 324ff.

[1114] BVerfGE 93, 181, 188f.

[1115] BVerfGE 93, 181, 189ff.

Betrachtung als kaum praktikabel: Gerade die Auswertung des in automatisierten Verfahren erhobenen Materials nach Art. 1 § 3 IV G 10 kann ja erst den Blick auf vorhandene Verdachtstatsachen lenken. Nimmt man hier das BVerfG beim Wort und verlangt das Vorhandensein von Verdachtstatsachen beim BND vor Beginn jeglicher Auswertung, so dürfte dies den nahezu völligen Verzicht auf Auswertung bedeuten; so ist die Entscheidung aber ersichtlich nicht gemeint.
Hinsichtlich der Übermittlungsregelung kommt das Gericht zum gleichen Ergebnis: Die Abwägung führt dazu, auch die Übermittlung auf den Fall des Vorliegens eines Straftatverdachts zu beschränken[1116].
Hinsichtlich der Vorschrift des Art. 1 § 3 VIII G 10 gewichtete das Gericht dagegen die Gefahr einer Aufdeckung der operativen Methoden des BND als schwerwiegender und lehnte insoweit den Antrag auf Erlaß einer einstweiligen Anordnung ab[1117].

Damit blieb nach dem 1.12.1994 die neue Erhebungsregelung zunächst unverändert in Kraft. Die Terminologie des Beschlusses, der von "verdachtsloser Rasterfahndung" spricht, verdeckte allerdings, daß auch die ansonsten getroffenen Beschränkungen nur geringfügiger Natur waren. Völlig "verdachtslos" erfolgt nämlich nach Art. 1 § 3 G 10 nur die Datenerhebung selbst, hinsichtlich derer das Gericht keine Einschränkungen getroffen hatte. Die Übermittlung und Verwendung der Daten setzte dagegen nach der gesetzlichen Regelung des Art. 1 § 3 III 1 G 10 voraus, daß entweder "tatsächliche Anhaltspunkte" für einen Verdacht bestehen oder daß eine Anordnung nach Art. 1 § 2 I G 10 besteht, die aber ihrerseits wiederum das Bestehen derartiger tatsächlicher Anhaltspunkte voraussetzt. Im Ergebnis erhöhte der Beschluß also nur die Schwelle für die Übermittlung und Verwendung der Daten vom Vorliegen tatsächlicher Anhaltspunkte für einen Verdacht auf das Vorliegen des Verdachts selbst, eine Beschränkung, die allerdings angesichts der Unbestimmtheit der Tatbestandsmerkmale und des Ausschlusses gerichtlicher Kontrolle der übermittelnden Stelle einen erheblichen Entscheidungsspielraum beließ[1118].

Mit Urteil vom 14.7.1999[1119] entschied das BVerfG schließlich über die Verfassungsbeschwerden.
Es legte zunächst den Charakter der verschiedenen nach Art. 1 § 3 G 10 vorzunehmenden Maßnahmen der Erhebung, Auswertung und Verwendung von Daten als Eingriff in den Schutzbereich des Art. 10 GG sowie teilweise in den der Art. 19 IV, 5 I 2 GG dar[1120] und betonte dabei ausdrücklich, daß der Schutzbereich des Art. 10 GG auch den Schutz

---

[1116] BVerfGE 93, 181, 191ff.
[1117] BVerfGE 93, 181, 194f.
[1118] kritisch hierzu auch *Gröpl*, NJW 1996, 100, 102.
[1119] BVerfGE 100, 313ff.
[1120] BVerfGE 100, 313, 358ff. u. 366ff.

vor einem Abhören ausländischer Telekommunikationsbeziehungen mittels auf deutschem Boden stationierter Empfangsanlagen umfasse (es nahm allerdings im Hinblick auf Art. 19 III GG ausländische juristische Personen hiervon aus)[1121].
Dem Bund stehe die Gesetzgebungskompetenz zur Regelung eines solchen Eingriffs zu, da es sich um den Bereich der auswärtigen Angelegenheiten im Sinne des Art. 73 Nr. 1 GG handele; Primärzweck sei nicht die Verbrechensbekämpfung und -verhütung, sondern die Gewinnung von Erkenntnissen über das Ausland, die von außen- und sicherheitspolitischer Bedeutung für die Bundesrepublik sind, wie sich aus Art. 1 § 1 I Nr. 2 G 10 iVm § 1 II BNDG ergebe[1122].
Die Erhebungsregelung in Art. 1 § 3 I 2 sei auch ausreichend bestimmt sowie mit Ausnahme der Nr. 5 auch verhältnismäßig. Zwar sei die Beeinträchtigung des Fernmeldegeheimnisses gravierend. Begrenzungen ergäben sich allerdings aus der Beschränkung auf nicht leitungsgebundene Verkehre, aus der Tatsache, daß im vorhinein technisch nicht vorhersagbar ist, ob eine bestimmte Verbindung über leitungsgebundene oder nicht leitungsgebundene Wege geleitet werden wird, aus dem Umstand, daß bei Satellitenverkehren mit vertretbarem technischem Aufwand nur der sogenannte "Downlink", also die Abstrahlung nach Deutschland, nicht aber die korrespondierenden Daten auf dem sogenannten "Uplink" erfaßt werden könnten wie auch aus dem Bestimmungs- und Anordnungsverfahren nach Art. 1 § 3 I 1, §§ 2, 4 G 10. Andererseits werde das Gewicht des Eingriffs dadurch erhöht, daß er, im Gegensatz zur "klassischen" Strategischen Kontrolle, seinem Wesen nach nicht auf bestimmte geographische Regionen begrenzt ist, daß die Anonymität im Gegensatz zu ersterer wegen der Erfassung der Verbindungsdaten und der Subjektbezogenheit der Anknüpfungstatbestände in geringerem Maße gewährleistet sei und daß ihm potentiell jeder Teilnehmer am internationalen Telekommunikationsverkehr unterzogen werden könne[1123]. Auf der anderen Seite diene die Vorschrift jedoch dem Schutz hochrangiger Gemeinschaftsgüter. Dies gelte nicht nur für die Abwehr von Kriegsgefahren nach Art. 1 § 3 I 2 Nr. 1 G 10; die von Art. 1 § 3 I 2 Nrn. 2-4, 6 G 10 angesprochenen Gefahren wiesen zwar nicht dasselbe Gewicht auf wie jene, dennoch habe auch insoweit das Ziel der Informationsbeschaffung für die Bundesregierung erhebliche Bedeutung für deren außenpolitische Handlungsfähigkeit und außenpolitisches Ansehen[1124]. Dies gelte allerdings nicht für die Geldfälschung nach Art. 1 § 3 I 2 Nr. 5 G 10, da die Vorschrift keine Eingrenzung auf solche Fälle vornähme, in denen wegen des großen Stils der Tat eine Beeinträchtigung der Geldwertstabilität und damit der Wirtschaftskraft der Bundesrepublik in einem Maß zu befürchten wäre, das den anderen angesprochenen Gefahren nahekomme. Da allerdings durch eine Neufassung eine entsprechende Eingrenzung erreichbar sei, erklärte das Gericht die Norm nicht

---

[1121] BVerfGE 100, 313, 362ff.
[1122] BVerfGE 100, 313, 368ff.
[1123] BVerfGE 100, 313, 376ff.
[1124] BVerfGE 100, 313, 381f.

für nichtig, sondern nur für unvereinbar mit dem GG[1125]. Im übrigen ergebe die Abwägung unter Berücksichtigung der materiellen Kriterien und verfahrensrechtlichen Sicherungen des Art. 1 § 3 I 1, 2 G 10, daß die Maßnahmen der Datenerhebung nicht unangemessen seien. Eventuellen Gefahren im Rahmen der Auswertung und Weitergabe der Daten könne durch gesonderte Anordnungen ausreichend begegnet werden. Ausschlaggebend für diese Bewertung sei letztlich das Verbot der gezielten Erfassung individueller bestimmter Anschlüsse nach Art. 1 § 3 II 2 G 10. Die auf Ausländer im Ausland bezogene Ausnahmevorschrift des Art. 1 § 3 II 3 G 10 konnte das Gericht dabei ausdrücklich von seiner Beurteilung ausnehmen, da kein von ihr Betroffener in zulässiger Weise Verfassungsbeschwerde erhoben hatte[1126].
Art. 1 § 3 IV G 10 erklärte das Gericht dagegen für mit Art. 10 GG unvereinbar, da die Vorschrift nicht sicherstelle, daß nach erfolgter Prüfung der Erforderlichkeit der Daten eine Kennzeichnung als aus einer Maßnahme nach dem G 10 erlangt erfolge, und da nach dem Zeitpunkt der Prüfung die Bindung der weiteren Verwendung der Daten an den Zweck der Erhebung nicht sichergestellt sei. Auch sei keine Schwelle für die Auswertung statuiert worden, die gewährleiste, daß der BND nur Daten auswerten dürfe, die hinreichende nachrichtendienstliche Relevanz für die in Art. 1 §§ 1 I, 3 I G 10 bezeichneten Gefahrenfelder hätten[1127].
Zu demselben Ergebnis gelangte das Gericht in bezug auf Art. 1 § 3 III 2 G 10: Auch für Daten, die im Rahmen der Berichtspflicht nach § 12 BNDG an die Bundesregierung übermittelt würden, müsse eine Bindung der Verwendung, Aufbewahrung und Speicherung an die Zwecke des Art. 1 § 3 I 2 G 10 gewährleistet werden[1128].
Auch die Übermittlungs- und Verwertungsregelung des Art. 1 § 3 V 1, III 1 G 10 erklärte das Gericht für teilweise nicht verfassungsgemäß: Zwar diene sie einem legitimen Zweck. Obwohl nämlich die Erhebung nicht primär das Ziel der Verhinderung oder Verfolgung von Straftaten verfolge und eine Erhebungsregelung mit einem solchen Primärzweck ggf. sogar gegen Art. 10 GG verstoßen würde, sei es grundsätzlich nicht zu beanstanden, solche angefallenen Daten, die für die Verhinderung, Aufklärung oder Verfolgung von Straftaten relevant seien, an die zuständigen Behörden zu übermitteln[1129]. Jedoch sei angesichts der Schärfe der von den Empfängerbehörden ggf. zu veranlassenden Maßnahmen in Verbindung mit der Streubreite der Erhebung das Gewicht des in der Übermittlung und Verwertung liegenden Eingriffs als so schwerwiegend anzusehen, daß die Eingriffsschwelle zu niedrig sei. Für den Fall der Verfolgung bereits zurückliegender Straftaten sei dies deswegen der Fall, weil der Katalog des Art. 1 § 3 III 1 G 10 zum einen auch Straftaten nur mittleren Gewichts erfasse und den Eingriff zum anderen

1125 BVerfGE 100, 313, 384f.
1126 BVerfGE 100, 313, 384.
1127 BVerfGE 100, 313, 385f.
1128 BVerfGE 100, 313, 387f.
1129 BVerfGE 100, 313, 389f.

bereits an das Vorliegen tatsächlicher Anhaltspunkte für einen Verdacht, nicht erst an den auf bestimmte Tatsachen gestützten Verdacht selbst anknüpfe. Hier sei von Verfassungs wegen ein Anheben der Eingriffsschwelle auf eine Tatsachenbasis erforderlich, die der in § 100a S. 1 StPO beschriebenen entspreche. Für den Fall der Verhinderung bevorstehender Straftaten trete hinzu, daß die Übermittlung bereits an tatsächliche Anhaltspunkte für den Verdacht auch nur der Planung einer Straftat anknüpfe. Hier sei die vom Gesetzgeber gewählte Tatsachenbasis in Verbindung mit der Anknüpfung schon an das Planungsstadium nur bei einer Beschränkung des Tatbestandskatalogs haltbar, umgekehrt der Umfang des Katalogs nur bei höheren Anforderungen an die Sicherheit der Prognose. Überdies sei das Tatbestandsmerkmal "tatsächlicher Anhaltspunkt" eng im Sinne konkreter und in gewissem Umfang verdichteter tatsächlicher Umstände auszulegen. Außerdem sei eine Protokollierung der Übermittlung, Verwertung und Vernichtung der Daten vorzusehen, um eine spätere Rechtmäßigkeitskontrolle zu ermöglichen[1130]. Auch Art. 1 § 3 VII 1 G 10 sei mit dem GG unvereinbar, da diese Vorschrift ebenfalls keine Kennzeichnung der Herkunft der Daten, jetzt bei der empfangenden Behörde, vorsehe und damit die Vermischung mit anderen Daten und ein Unterlaufen der Verwertungsbeschränkungen nicht sicher zu verhindern seien[1131].

Auch die Benachrichtigungsregelung des Art. 1 § 3 VIII G 10 erklärte das Gericht für teilweise mit dem GG nicht vereinbar. Allerdings beanstandete das Gericht nicht die Möglichkeit eines Ausschlusses der nachträglichen Benachrichtigung als solche. Für Art. 1 § 3 I 2 Nr. 1 G 10 ergebe die Möglichkeit sich aus Art. 10 II 2 GG; für Art. 1 § 3 I 2 Nrn. 2-6 G 10 griff das Gericht auf den Gesetzesvorbehalt des Art. 10 II 1 GG zurück, ohne sich damit auseinanderzusetzen, ob nicht vieles dafür spricht, wegen des Ausnahmecharakters des Art. 10 II 2 GG die dortige Regelung über den Ausschluß der Benachrichtigung als abschließende anzusehen[1132]. Jedoch sei die bloße Anknüpfung an den Zeitablauf von bis zu 3 Monaten seit Erlangung der Daten in Art. 1 § 3 VIII 2 G 10 verfassungswidrig, da hier nicht sichergestellt sei, daß die Daten in dieser Zeit keiner weiteren Verwendung zugeführt worden seien. Im Gegenteil wirke die Regelung sich in der Praxis so aus, daß der BND sämtliche Daten aus G 10-Maßnahmen nach spätestens 3 Monaten vernichte, welcher Verwendung sie auch immer zuvor zugeführt worden sein mögen, um der Benachrichtigungspflicht zu entgehen[1133].

Die Vorschrift über den Ausschluß des Rechtsweges in den Fällen des Art. 1 § 3 I 2 Nr. 1 G 10 (Art. 1 § 9 VI G 10) finde ihre Rechtfertigung dagegen in Art. 10 II 2 GG. Auch die Datenvernichtungsregelungen in Art. 1 § 3 VI, VII 2, 3, § 7 IV G 10 seien verfassungsgemäß[1134].

---

[1130] BVerfGE 100, 313, 393ff.

[1131] BVerfGE 100, 313, 396f.

[1132] BVerfGE 100, 313, 397f.

[1133] BVerfGE 100, 313, 398f.

[1134] BVerfGE 100, 313, 399ff.

Art. 1 § 9 II 3 G 10 wurde dagegen für unvereinbar mit Art. 10 GG erklärt, da die Vorschrift nicht ausreichend klarstelle, daß die Kontrolle der Kommission sich nicht nur auf die ministerielle Anordnung nach Art. 1 § 3 I 1 G 10 beziehe, sondern den gesamten Prozeß der Erfassung, Verwertung und Vernichtung der Daten begleiten müsse; sie werde in der Praxis bisher sogar nur in dem genannten einschränkenden Sinne angewendet. Außerdem sei für eine hinreichende personelle Ausstattung der Kommission wie auch für eine entsprechende Kontrolle der Verwendung übermittelter Daten im Landesbereich Sorge zu tragen[1135].

Zur Herstellung eines verfassungsgemäßen Zustandes setzte das Gericht dem Gesetzgeber eine Frist bis zum 30.6.2001. Für die Zwischenzeit ordnete das Gericht an,

- Art. 1 § 3 I 2 Nr. 5 G 10 nur noch in Fällen anzuwenden, in denen von Geldfälschungen im Ausland eine Gefahr für die Geldwertstabilität der Bundesrepublik ausgehe[1136],
- Art. 1 § 3 III 2, IV G 10 mit der Maßgabe anzuwenden, daß die Herkunft der betreffenden Daten gekennzeichnet und ihre Verwendung an die Zwecke der Erhebung gebunden werden müsse,
- eine Kennzeichnung der Herkunft auch für Daten nach Art. 1 § 3 VII G 10 vorzunehmen,
- Art. 1 § 3 VIII 2 G 10 auf solche Daten zu beschränken, die vor ihrer Vernichtung keinerlei Verwendung gefunden haben und
- die Kontrolle durch die Kommission nach Art. 1 § 9 II 3 G 10 auch auf die Maßnahmen nach Art. 1 § 3 III, V, VI und VIII G 10 zu erstrecken.

Hinsichtlich der Übermittlungsregelung des Art. 1 § 3 III 1, V 1 G 10 hielt das Gericht die Maßgaben der einstweiligen Anordnung aus dem Jahre 1994 weiter aufrecht, beschränkte sie also auf das Vorliegen bestimmter Tatsachen für den Verdacht der Planung oder Begehung einer der Katalogstraftaten. Es handelt sich insofern um eine wenig konsequente Regelung, bedenkt man, daß das Gericht für den Bereich der Verwertung zum Zweck der Verfolgung zurückliegender Straftaten explizit eine Anhebung der Eingriffsschwelle auf die des § 100a S. 1 StPO verlangt hatte, für die Übergangszeit aber nur eine dem entsprechende Regelung über die für die Übermittlung und Verwertung erforderliche Tatsachenbasis traf, die den Katalog selbst aber unangetastet ließ.

### III. Entwicklung außerhalb des G 10-Bereichs

#### 1. Verfassungsschutzbehörden

##### a) BfV

Nachdem das bisherige BVerfSchG zum 3.10.1990 noch Geltung auch im Beitrittsgebiet

---

[1135] BVerfGE 100, 313, 401f.

[1136] Erneut setzte sich das Gericht nicht mit der Frage auseinander, wie bei einer automatisierten Erhebung anhand von Suchbegriffen eine Beschränkung auf ein derartiges Kriterium technisch zu bewerstelligen sein mag.

nach dem Einigungsvertrag erlangt hatte, trat am 30.12.1990 nach langer gesetzgeberischer Vorarbeit[1137] im gesamten Bundesgebiet das neue BVerfSchG[1138] in Kraft.
Der Fassung der bereits in der vorigen Legislaturperiode diskutierten Entwürfe entsprechend[1139], wurde die Aufgabenzuweisung in § 3 BVerfSchG nur unwesentlich geändert: Nach § 3 I BVerfSchG war nun nicht mehr die Sammlung und Auswertung von Auskünften, Nachrichten und Unterlagen über die dort genannten Bestrebungen und Tätigkeiten Ziel des Handelns, sondern allgemeiner die Sammlung und Auswertung von Informationen; Auskünfte, Nachrichten und Unterlagen wurden nur noch als Beispiele genannt. Nach § 3 I Nr. 1 BVerfSchG erstreckte sich die Tätigkeit des BfV nicht mehr nur auf Bestrebungen, die eine ungesetzliche Beeinträchtigung der Amtsführung der Mitglieder von Verfassungsorganen zum Ziel haben, sondern auch auf Bestrebungen, die sich auf die Amtsführung der Organe selbst beziehen[1140]. Erstmals im Recht der Bundesverfassungsschutzbehörde wurde die Befugnis zur Sammlung und Auswertung im Sinne des § 3 I BVerfSchG aber ausdrücklich an das Vorliegen tatsächlicher Anhaltspunkte gebunden (§ 4 I 3 BVerfSchG). Eine Stärkung der Bestimmtheit der Aufgabenzuweisung in § 3 I Nr. 1 BVerfSchG wurde dadurch erreicht, daß in § 4 II BVerfSchG eine Legaldefinition des Schutzgutes "freiheitliche demokratische Grundordnung"[1141] und in § 4 I BVerfSchG eine Legaldefinition der in der Aufgabenzuweisung genannten Bestrebungen aufgenommen wurde. Danach sind

- Bestrebungen gegen den Bestand des Bundes oder eines Landes solche politisch bestimmten, ziel- und zweckgerichteten Verhaltensweisen in einem oder für einen Personenzusammenschluß, der darauf gerichtet ist, die Freiheit des Bundes oder eines Landes von fremder Herrschaft aufzuheben, ihre staatliche Einheit zu beseitigen oder ein zu ihm gehörendes Gebiet abzutrennen (§ 4 I 1 lit. a BVerfSchG),
- Bestrebungen gegen die Sicherheit des Bundes oder eines Landes solche politisch bestimmten, ziel- und zweckgerichteten Verhaltensweisen in einem oder für einen Personenzusammenschluß, der darauf gerichtet ist, den Bund, Länder oder deren Einrichtungen in ihrer Funktionsfähigkeit erheblich zu beeinträchtigen,

---

1137 zur Schlußphase des Gesetzgebungsverfahrens berichtet *Schoen*, in: Verfassungsschutz in der Demokratie, 125f.

1138 verkündet als Art. 2 des Ges. zur Fortentwicklung der Datenverarbeitung u. des Datenschutzes v. 20.12.1990 (BGBl. I, 2954).

1139 s.o. S. 122f.

1140 *Schoen*, in: Verfassungsschutz in der Demokratie, 125, 131: "Die Neuerung dient der Klarstellung".

1141 Danach zählen hierzu das Recht des Volkes, die Staatsgewalt in Wahlen und Abstimmungen und durch besondere Organe der Gesetzgebung, der vollziehenden Gewalt und der Rechtsprechung auszuüben und die Volksvertretung in allgemeiner, unmittelbarer, freier, gleicher und geheimer Wahl zu wählen, die Bindung der Gesetzgebung an die verfassungsmäßige Ordnung und die Bindung der vollziehenden Gewalt und der Rechtsprechung an Gesetz und Recht, das Recht auf Bildung und Ausübung einer parlamentarischen Opposition, die Ablösbarkeit der Regierung und ihre Verantwortlichkeit gegenüber der Volksvertretung, die Unabhängigkeit der Gerichte, der Ausschluß jeder Gewalt- und Willkürherrschaft und die im GG konkretisierten Menschenrechte.

- Bestrebungen gegen die freiheitliche demokratische Grundordnung solche politisch bestimmten, ziel- und zweckgerichteten Verhaltensweisen in einem oder für einen Personenzusammenschluß, der darauf gerichtet ist, einen der in § 4 II BVerfSchG genannten Verfassungsgrundsätze zu beseitigen oder außer Geltung zu setzen.

Neben einem solchen Handeln in oder für Personenzusammenschlüsse können Verhaltensweisen von Einzelpersonen nur noch dann Bestrebungen im Sinne des BVerfSchG darstellen, wenn sie auf Anwendung von Gewalt gerichtet sind oder aufgrund ihrer Wirkungsweise geeignet sind, ein Schutzgut des BVerfSchG erheblich zu beschädigen (§ 4 I 4 BVerfSchG).

In § 5 II BVerfSchG erfolgte erstmals eine Abgrenzung des Aufgabenbereichs des BfV im Verhältnis zur Tätigkeit der Landesverfassungsschutzbehörden auf dem Gebiet des § 3 BVerfSchG, die aber weiterhin auf dem Prinzip der Mischverwaltung zwischen Bund und Ländern und der Zuweisung eigener Zuständigkeiten der Bundesbehörde zur Erhebung und Auswertung von Informationen basierte[1142].

Eine Einschränkung des durch §§ 3, 4 BVerfSchG bestimmten Aufgabenbereichs ergibt sich allerdings aus dem zugleich in Kraft getretenen MADG[1143]. Für die Beobachtung von Bestrebungen, die gegen die freiheitliche demokratische Grundordnung, den Bestand oder die Sicherheit des Bundes oder eines Landes gerichtet sind, sowie von sicherheitsgefährdenden oder geheimdienstlichen Tätigkeiten in der Bundesrepublik für eine fremde Macht ist nach § 1 I MADG der Militärische Abschirmdienst zuständig, wenn sich diese Bestrebungen oder Tätigkeiten gegen Personen, Dienststellen oder Einrichtungen im Geschäftsbereich des Bundesministers der Verteidigung richten und von Personen ausgehen oder ausgehen sollen, die diesem Geschäftsbereich angehören oder in ihm tätig sind. In diesem Bereich kann das BfV gemäß § 3 II MADG zur Fortführung von Aufgaben nach § 3 I BVerfSchG Maßnahmen nur auf Personen erstrecken, bei denen tatsächliche Anhaltspunkte dafür bestehen, daß sie mit einer Person aus seinem eigenen Zuständigkeitsbereich bei Bestrebungen oder Tätigkeiten nach § 3 I BVerfSchG zusammenarbeiten, soweit dies im Einzelfall zwingend erforderlich ist und wenn anderenfalls die weitere Erforschung des Sachverhalts gefährdet oder nur mit übermäßigem Aufwand möglich wäre[1144]. Es hat im Benehmen mit dem MAD zu handeln. Dieselbe Regelung gilt auch für die Landesverfassungsschutzbehörden.

Im Vergleich zur Fassung der Vorentwürfe waren aber die Bestimmungen über die Befugnisse des BfV in §§ 8ff. BVerfSchG noch einmal präzisiert worden; die Regelung ging insoweit an Bestimmtheit weit über die bis dahin geltende allgemeine Ermächti-

---

[1142] näher *Schoen*, in: Verfassungsschutz in der Demokratie, 125, 128ff.

[1143] verkündet als Art. 3 des Ges. zur Fortentwicklung der Datenverarbeitung u. des Datenschutzes v. 20.12.1990 (BGBl. I, 2954).

[1144] Wie sich das Tatbestandsmerkmal der "zwingenden Erforderlichkeit" aus § 3 II 1 MADG mit dieser weniger weitreichenden Subsidiaritätsklausel in § 3 II 2 MADG vereinbaren läßt, erscheint unklar.

gung zur Anwendung nachrichtendienstlicher Mittel (§ 3 III 2 BVerfSchG a.F.) hinaus. Die Generalklausel des § 8 I BVerfSchG ermächtigte das BfV allgemein, die zur Erfüllung seiner Aufgaben erforderlichen Informationen einschließlich personenbezogener Daten zu erheben, zu verarbeiten und zu nutzen. Dabei wurde eine ausdrückliche Verpflichtung zur Wahl des jeweils mildesten Mittels (§ 8 V 1 BVerfSchG) und zur Beachtung der Verhältnismäßigkeit von Maßnahme und Erfolg (§ 8 V 2 BVerfSchG) ausgesprochen.

Eine abschließende Benennung der zulässigen Mittel und Methoden zur heimlichen Informationsbeschaffung ("nachrichtendienstliche Mittel") erfolgte dagegen wieder nicht. Jedoch wurde die Ermächtigung des BfV zur Anwendung derartiger "Methoden, Gegenstände und Instrumente" (§ 8 II 1 BVerfSchG) verbal von deren Nennung in einer Dienstvorschrift abhängig gemacht[1145], die auch die Zuständigkeit für die Anordnung zu regeln hatte und der Zustimmung des Bundesinnenministers bedurfte, der seinerseits die PKK zu unterrichten hatte (§ 8 II 2,3 BVerfSchG). Mit dieser Regelung war zugleich die parlamentarische Kontrolle von Informationserhebungen nach § 8 BVerfSchG auf die vorherige Information über die in der Dienstvorschrift genannten Methoden, Gegenstände und Instrumente nach § 8 II BVerfSchG beschränkt worden; eine Kontrolle der Anwendung im Einzelfall und der Datenerhebung mit den "allgemeinen Mitteln" des § 8 I BVerfSchG war insoweit nicht vorgesehen[1146].

Einige der Mittel und Methoden waren in § 8 II 1 BVerfSchG zumindest beispielhaft genannt; dazu gehörten insbesondere auch Observationen und Tonaufzeichnungen. Da hier aber nur allgemein auf die Heimlichkeit der Informationsbeschaffung abgestellt wurde, ist durch § 8 II BVerfSchG jedes heimliche Abhören von Gesprächen durch das BfV angesprochen.

Dies ist gesetzestechnisch deswegen nicht völlig uninteressant, weil § 9 I BVerfSchG auch gewisse inhaltliche Bindungen für den Einsatz der Mittel nach § 8 II BVerfSchG ausspricht. Danach ist der Einsatz solcher Mittel zulässig, wenn Tatsachen die Annahme rechtfertigen, daß auf diese Weise Erkenntnisse über Bestrebungen und Tätigkeiten nach § 3 I BVerfSchG gewonnen werden können (§ 9 I 1 Nr. 1 BVerfSchG) oder daß dies zum Schutz der Mitarbeiter, Einrichtungen, Gegenstände und Quellen des BfV gegen sicherheitsgefährdende oder geheimdienstliche Tätigkeiten erforderlich ist (§ 9 I 1 Nr. 2 BVerfSchG). Damit war die Anwendung dieser Mittel zur Erfüllung der Aufgaben im Bereich des personellen und technischen Geheimschutzes nach § 3 II BVerfSchG schließlich ausdrücklich ausgeschlossen worden. § 9 I 2 BVerfSchG statuierte noch einmal die Unzulässigkeit der Maßnahme bei Vorhandensein milderer Mittel. Allerdings ist keine eigenständige Bedeutung dieser Norm gegenüber § 8 V 1 BVerfSchG erkennbar;

---

[1145] *Gusy*, DVBl 1991, 1288, 1293f. und *Schoen*, in: Verfassungsschutz in der Demokratie, 125, 137 (Fn. 39a) weisen allerdings darauf hin, daß die Nennung des Mittels in der Verwaltungsvorschrift keinen Einfluß auf die Wirksamkeit der Ermächtigung des § 8 II 1 BVerfSchG im Außenverhältnis haben kann.

[1146] vgl. hierzu *Gusy*, DVBl 1991, 1288, 1294.

sie wies lediglich zusätzlich ausdrücklich darauf hin, daß die Erhebung aus allgemein zugänglichen Quellen oder durch eine Auskunft bei Staatsanwaltschaft, Polizei oder einer anderen Behörde nach § 18 III BVerfSchG in der Regel ein milderes Mittel darstelle. Schließlich wurde in § 9 I 3 BVerfSchG noch einmal zur Beachtung der Verhältnismäßigkeit zwischen Eingriff und Bedeutung des aufzuklärenden Sachverhalts angehalten; auch hier ist aber eine eigenständige Bedeutung gegenüber § 8 V 2 BVerfSchG nicht erkennbar. § 8 I 4 BVerfSchG ordnete die Beendigung der Maßnahme an, wenn ihr Zweck erreicht war oder sich Anhaltspunkte dafür ergaben, daß er nicht oder nicht auf diese Weise erreicht werden konnte.
Im Vergleich zu diesen wenig spezifischen Eingriffsregelungen setzte § 9 II BVerfSchG der Datenerhebung durch Abhören oder Aufzeichnen des in einer Wohnung nicht öffentlich gesprochenen Wortes mit technischen Mitteln durchaus enge Grenzen: Sie ist nur zulässig, wenn es im Einzelfall zur Abwehr einer gegenwärtigen gemeinen Gefahr oder einer gegenwärtigen Lebensgefahr für einzelne Personen unerläßlich ist und wenn geeignete polizeiliche Hilfe für das bedrohte Rechtsgut nicht rechtzeitig erlangt werden kann. Damit ist aber auch in diesem Bereich der "große Lauschangriff" seit Ende 1990 gesetzlich ausdrücklich vorgesehen; jedoch dürften die Tatbestandsvoraussetzungen in der Tätigkeit des BfV kaum je vorliegen, da es bei Vorliegen einer derartigen Gefahr, hinsichtlich derer zudem weitere Aufklärungsmaßnahmen durch Abhören von Gesprächen erforderlich sind, in aller Regel möglich sein wird, polizeiliche Hilfe zu erlangen[1147].
Für Erhebungen nach § 9 II BVerfSchG existiert zudem in § 9 III 1 BVerfSchG eine Mitteilungsregelung, die darüber hinaus auch für solche Maßnahmen nach § 9 I BVerfSchG gilt, die "in ihrer Art und Schwere einer Beschränkung des Brief-, Post- und Fernmeldegeheimnisses gleichkommen"[1148]; dazu gehören insbesondere ausdrücklich das Abhören und das Aufzeichnen des nicht öffentlich gesprochenen Wortes mit dem verdeckten Einsatz technischer Mittel. Diese Eingriffe sind nach ihrer Beendigung dem Betroffenen mitzuteilen, sobald eine Gefährdung des Zwecks ausgeschlossen werden kann; zudem ist die PKK zu unterrichten. Unverständlich erscheint allerdings auch hier, wieso die Benachrichtigung auch hier auf einen bestimmten Teil heimlicher Eingriffsmaßnahmen beschränkt bleibt; eine an der Gewähr effizienten Rechtsschutzes gegen heimliche Datenerhebungen orientierte Regelung kann hier sinnvollerweise keinen Unterschied machen[1149].

Eine Sonderregelung existiert mittlerweile für den Bereich der Überwachung der Funktechnik zur Erfüllung der Aufgaben nach § 3 I BVerfSchG: Insoweit leistet der BGS

---

[1147] so auch *Gusy*, DVBl 1991, 1288, 1293: "Diese Vielzahl an Voraussetzungen wird kumulativ praktisch niemals vorliegen."

[1148] Beschränkungen des Grundrechts aus Art 10 GG gehören selbst nicht hierhin, weil sie nach Maßgabe des Art. 1 G 10 vorgenommen werden, nicht nach dem BVerfSchG.

[1149] so *Gusy*, DVBl 1991, 1288, 1294.

dem Bundesamt für Verfassungsschutz technische Hilfe; § 10 BGSG trifft die entsprechende Regelung. Danach nimmt der BGS auf Anforderung Aufgaben des BfV durch Erfassung des Betriebs von Funkanlagen durch fremde Nachrichtendienste oder durch die vom BfV beobachteten Personenzusammenschlüsse und Einzelpersonen sowie durch funkbetriebliche Auswertung der entsprechenden Funkverkehre und der Unterlagen, Geräte und Aufzeichnungen, die bei dem Betrieb solcher Funkanlagen verwendet werden, wahr, soweit der Funkverkehr nicht dem Fernmeldegeheimnis unterliegt (§ 10 I BGSG). Die Einzelheiten sind durch Dienstanweisung des Bundesinnenministers zu regeln, von der die PKK zu unterrichten ist (§ 10 III BGSG).

Eine Übermittlung der vom BfV erhobenen Daten an Strafverfolgungsbehörden ist allgemein nach Maßgabe der §§ 19f. BVerfSchG zulässig.
Nach § 19 I 1 BVerfSchG ist das BfV zur Übermittlung personenbezogener Daten befugt, wenn dies zur Erfüllung seiner eigenen Aufgaben erforderlich ist oder wenn der Empfänger die Daten zum Schutz der freiheitlichen demokratischen Grundordnung oder sonst für Zwecke der öffentlichen Sicherheit benötigt. Die Daten dürfen nur zu dem Zweck verwendet werden, zu dem sie übermittelt wurden (§ 19 I 2 BVerfSchG).
Darüber hinaus ist das BfV nach § 20 I 1 BVerfSchG verpflichtet, den Staatsanwaltschaften und, vorbehaltlich derer Befugnis zur Sachleitung, den Polizeien von sich aus Informationen einschließlich personenbezogener Daten zu übermitteln, wenn tatsächliche Anhaltspunkte dafür bestehen, daß die Übermittlung zur Verhinderung oder Verfolgung von Staatsschutzdelikten erforderlich ist. Umgekehrt steht den Polizeien auch das Recht zu, zur Verhinderung solcher Delikte das BfV um Übermittlung derartiger Informationen zu ersuchen (§ 20 II 1 BVerfSchG). Staatsschutzdelikte in diesem Sinne sind die in §§ 74a, 120 GVG genannten sowie sonstige Straftaten, bei denen auf Grund ihrer Zielsetzung, des Motivs des Täters oder dessen Verbindung zu einer Organisation tatsächliche Anhaltspunkte dafür vorliegen, daß sie gegen die in Art. 73 Nr. 10 lit. b oder c GG genannten Schutzgüter[1150] gerichtet sind. Darüber hinaus sind nach § 21 I 1 BVerfSchG auch die Verfassungsschutzbehörden der Länder unter denselben Voraussetzungen zur Übermittlung an die Strafverfolgungsbehörden jeweils anderer Länder verpflichtet. Der Landesgesetzgeber kann insofern nur noch die Übermittlung zwischen Behörden seines Landes anderweitig regeln (§ 21 I 2 BVerfSchG).
Für sämtliche Übermittlungstatbestände gelten Übermittlungsverbote zum Schutz überwiegender Interessen des Betroffenen und überwiegender Sicherheitsinteressen sowie zur Wahrung speziellerer gesetzlicher Übermittlungsregelungen (§ 23 BVerfSchG), außerdem Einschränkungen hinsichtlich der Übermittlung von Erkenntnissen über Minderjährige (§ 24 I BVerfSchG).
Eine besondere Beschränkung der Verwendung von Informationen durch das BfV oder

[1150] Dies sind zugleich die Schutzgüter des § 3 I Nr. 1 1. Alt., Nr. 3 BVerfSchG.

durch andere Dienststellen findet sich für solche Informationen, die aus Erhebungen im Sinne der Benachrichtigungsregelung des § 9 III 1 BVerfSchG stammen, in § 9 III 2 BVerfSchG: Sie dürfen nur nach Maßgabe der Verwendungsregelung in Art. 1 § 7 III G 10 verwendet werden[1151]. Hieraus ergibt sich zugleich, daß nach dem Willen des Gesetzgebers die Übermittlungsregelung des § 19 I 1 BVerSchG einer Übermittlung von Erkenntnissen über andere als Staatsschutzdelikte an Strafverfolgungsbehörden nicht entgegenstehen soll. Eine solche Übermittlung wird hier unter den Fall der Verwendung für Zwecke der öffentlichen Sicherheit zu subsumieren sein. Wäre dies anders zu sehen, würde nämlich die Verweisung auf die Verwertungsregelung des Art. 1 § 7 III G 10, die ja auch andere als politisch motivierte Kriminalität nennt, keinen Sinn machen, da schon in Ermangelung einer Befugnis zur Übermittlung eine Verwertung nicht in Frage käme. Für Erkenntnisse aus Ermittlungsmaßnahmen außerhalb des Bereichs des § 9 III 1 BVerfSchG, für die die Verwertungsbeschränkung in § 9 III 2 BVerfSchG nicht gilt, stehen also einer Übermittlung von Zufallserkenntnissen an die Strafverfolgungsbehörden keine besonderen Begrenzungen entgegen.

Im Bereich der Aufgabenzuweisung brachte die neue Regelung nichts wesentlich neues, sondern präzisierte die schon zuvor geltenden Normen. Auch hinsichtlich der Befugnisse wurde in weiten Teilen die zuvor schon geübte Praxis bestätigt und entsprechend den vom BVerfG gestellten Anforderungen einer ausdrücklichen gesetzlichen Regelung zugeführt. In Teilbereichen dürften die nun geltenden Vorschriften hier zu einem Mehr an Rechtssicherheit und Rechtsschutz geführt haben, so etwa hinsichtlich des Einsatzes technischer Mittel zum Abhören und Aufzeichnen aus Wohnungen oder hinsichtlich der Pflicht zur nachträglichen Benachrichtigung des Betroffenen in bestimmten Fällen. Hinsichtlich der Verwendung der Daten zu anderen als den Zwecken der Erhebung wird ein Fortschritt allerdings lediglich darin zu sehen sein, daß wenigstens für einen Teilbereich überhaupt eine gesetzliche Regelung existiert; inhaltlich bedeutet der dortige Verweis auf Art. 1 § 7 III G 10, wie bereits gesehen, aber keine besonders enge Begrenzung der Verwendungsmöglichkeiten.

Ungeachtet späterer Vorschläge, über die derart geregelten Aufgabenzuweisungen hinaus auch eine Zuständigkeit des BfV für die Beobachtung von Bestrebungen der Organisierten Kriminalität gesetzlich zu verankern[1152] oder sogar aus der bestehenden Aufgabenzuweisung in §§ 3f. BVerfSchG derartige Zuständigkeiten herzuleiten[1153]

---

[1151] Damit nahm auch diese Verwendungsregelung an den seit 1990 erfolgten Erweiterungen des Tatbestandes des Art. 1 § 7 III G 10 teil.

[1152] vgl. etwa *Boeden*, in: Verfassungsschutz in der Demokratie, 1, 9; ähnlich *Albert*, ZRP 1995, 105ff.

[1153] *Rupprecht*, Kriminalistik 1993, 131, 133ff. (Erweiterung der Aufgabennorm in § 3 I BVerfSchG um eine Nr. 4 nur "zur Klarstellung"); *Werthebach/Droste-Lehnen*, ZRP 1994, 57, 62ff.; gegen derartige Überlegungen wenden sich z.B. *Denninger*, KritV 1994, 232ff.; *Gusy*, KritV 1994, 242ff.; *Jachmann*,

(Überlegungen, die von ihren Verfechtern aus der nachrichtendienstlichen Praxis stets mit der Forderung verknüpft wurden, umgekehrt den Einsatz nachrichtendienstlicher Mittel durch die Polizei nicht zu gestatten), wurde die hier dargestellte Aufgabenzuweisung bis heute nicht mehr geändert.

Die durch das Gesetz zur Änderung des GG (Art. 13)[1154] getroffene Neuregelung der Befugnisse zum Eingriff in das Grundrecht aus Art. 13 GG zeitigte auch für die Befugnisregelung des § 9 II BVerfSchG Wirkung: Das Abhören und Aufzeichnen von Gesprächen aus einer Wohnung mit technischen Mitteln war nunmehr nur noch auf der Grundlage richterlicher Anordnung zulässig, wie sich unmittelbar aus Art. 13 IV 1 GG n.F. ergibt. Von der Ausnahmeregelung des Art. 13 IV 2 GG n.F. konnte das BfV zunächst keinen Gebrauch machen, da es an einer gesetzlichen Bestimmung der insoweit zur Anordnung befugten Stelle fehlte. Eine solche wurde erst durch Art. 11 StVÄG 1999[1155] mit Wirkung zum 3.11.2000 getroffen; nach § 9 II 3 BVerfSchG n.F. sind der Präsident des BfV oder sein Vertreter anordnungsbefugt, wenn eine richterliche Entscheidung nicht rechtzeitig herbeigeführt werden kann

b) Landesbehörden

Die Länder hatten ihre Verfassungsschutzgesetze teilweise schon vor der Reaktion des Bundesgesetzgebers den Anforderungen des Volkszählungsurteils anzupassen versucht; teilweise nahmen sie entsprechende Änderungen erst später unter Übernahme von Teilen der bundesgesetzlichen Regelung vor. Lediglich Bremen verzichtete gänzlich auf eine Neuregelung und beließ es bei der Fassung seines Verfassungsschutzgesetzes aus dem Jahre 1982, die als Befugnisregelung lediglich die allgemeine Ermächtigung zur Anwendung nachrichtendienstlicher Mittel enthielt[1156].

aa) Rheinland-Pfalz

Rheinland-Pfalz hatte sich, wie schon erwähnt[1157], bereits mit Wirkung zum 16.4.1986 ein neues Landesverfassungsschutzgesetz gegeben[1158]. Bei unveränderter Aufgabenzuweisung (§ 1 RhPfVerfSchG) sah § 4 I RhPfVerfSchG die allgemeine Befugnis zur Erhebung personenbezogener Informationen vor. Jedoch traf § 5 RhPfVerfSchG eine Sonderregelung für die Anwendung nachrichtendienstlicher Mittel, insbesondere des Einsatzes bestimmter besonderer technischer Mittel zur verdeckten Informationserhebung.

---

KritV 1994, 252ff.; *Ferse*, KritV 1994, 256ff.; *Gusy*, StV 1995, 320ff.; weitere Nachw. bei *Werthebach/Droste-Lehnen*, ZRP 1994, 57 (dort Fn. 2).

[1154] v. 26.3.1998 (BGBl. I, 610).

[1155] v. 2.8.2000 (BGBl. I, 1253).

[1156] vgl. o. S. 109f. m. Fn. 558.

[1157] vgl. o. S. 113f.

[1158] v. 26.3.1986 (GVBl. 73).

Hier handelte es sich aber nur um eine beispielhafte Nennung; auch andere Formen der heimlichen Informationserhebung sind daher als nachrichtendienstliche Mittel im Sinne der Vorschrift anzusehen. Ein solcher Einsatz war seither zulässig, wenn

- tatsächliche Anhaltspunkte für den Verdacht von Bestrebungen oder Tätigkeiten nach § 1 I RhPfVerfSchG (entspr. § 3 I BVerfSchG a.F.) oder dafür vorlagen, daß die zur Erforschung solcher Erkenntnisse erforderlichen Nachrichtenzugänge gewonnen werden konnten (§ 5 I Nr. 1 RhPfVerfSchG),
- dies zur Abschirmung der Mitarbeiter, Einrichtungen, Gegenstände oder Nachrichtenzugänge des Verfassungsschutzes gegen sicherheitsgefährdende oder geheimdienstliche Tätigkeiten erforderlich war (§ 5 I Nr. 2 RhPfVerfSchG) oder
- die Erfüllung der Aufgaben des personellen und technischen Geheimschutzes nach § 1 II RhPfVerfSchG dies erforderte und die Erforschung des Sachverhalts auf andere Weise nicht möglich war, wesentlich erschwert oder gefährdet worden wäre (§ 5 I Nr. 3 RhPfVerfSchG).

Ausgeschlossen war der Einsatz nachrichtendienstlicher Mittel lediglich für den Bereich des personellen Geheimschutzes nach § 1 II Nr. 1, 2 RhPfVerfSchG hinsichtlich der Ehegatten, Verlobten und nichtehelichen Lebensgefährten der zu Überprüfenden (§§ 5 II, 4 III RhPfVerfSchG).

Wie bereits ausgeführt[1159], ergibt sich die Tatsache, daß nach dem Willen des Gesetzgebers der Einsatz nachrichtendienstlicher Mittel auch zur Erhebung von Informationen aus Wohnungen zulässig sein sollte, nur daraus, daß in der Zitierklausel des § 11 RhPfVerfSchG der Art. 13 GG genannt wurde.

Die Übermittlung sämtlicher personenbezogener Informationen durch die Verfassungsschutzbehörde an Staatsanwaltschaften und Polizeibehörden zu repressiven Zwecken war allerdings, unabhängig vom jeweiligen Mittel der Erhebung, durch § 7 I 2 Nr. 3 RhPfVerfSchG begrenzt worden. Danach war sie ursprünglich zulässig zur Verfolgung der in § 100a StPO genannten sowie der Straftaten nach §§ 176-181a, 243, 244, 260 und 263-266 StGB; seit 1989 war sie es zur Verfolgung der in § 100a StPO genannten sowie sonstiger Straftaten “im Rahmen der organisierten Kriminalität”, ohne daß dieser Begriff näher bestimmt worden wäre[1160]. Auch diese Übermittlungsregelung nahm also am ständigen Wachstum des Kataloges des § 100a S. 1 StPO teil. Zu beachten ist aber auch, daß § 7 I 2 Nr. 5 RhPfVerfSchG auch die Übermittlung an öffentliche Stellen zuließ, wenn dies zu deren Aufgabenerfüllung erforderlich war und der Empfänger die Informationen für Zwecke benötigte, die dem Schutz wichtiger Rechtsgüter, insbesondere von Leib, Leben oder Freiheit einer Person oder von Sachen von bedeutendem Wert, dienen, und die mit den Aufgaben des Verfassungsschutzes vereinbar sind. Auch hier wird aber angesichts der Rechtsprechung des BGH zu § 25c I POGRhPf[1161], die, wie gesehen, eine

---

[1159] vgl. S. 113f.

[1160] § 7 I 2 Nr. 3 RhPfVerfSchG idFd 1. Ges. z. Änd. des LVerfSchG v. 22.3.1989 (GVBl. 80).

[1161] BGH NJW 1996, 405f. (s.o.S. 248ff.).

derartige Ermächtigung zur Übermittlung von Informationen zu präventiven Zwecken als Rechtsgrundlage einer Mitteilung an eine Staatsanwaltschaft herangezogen hat, ggf. vorstellbar sein, daß die Rechtsprechung etwaige verbleibende "Lücken" des § 7 I 2 Nr. 3 RhPfVerfSchG unter Rückgriff auf den Schutz wichtiger Rechtsgüter im Sinne des § 7 I 2 Nr. 5 RhPfVerfSchG schließen könnte, auch wenn dies mit der Systematik der Norm nicht als vereinbar erschiene.

Am 15.7.1998 trat in Rheinland-Pfalz ein neues LVerfSchG[1162] in Kraft. Die Aufgabenzuweisung und die Begriffsbestimmungen der §§ 1, 4, 5 LVerfSchG RhPf entsprechen jenen des BVerfSchG; zusätzlich gehört zu den Aufgaben des rheinland-pfälzischen Verfassungsschutzes auch die Beobachtung von Bestrebungen und Tätigkeiten in der Bundesrepublik, die sich gegen den Gedanken der Völkerverständigung (Art. 9 II GG) oder das friedliche Zusammenleben der Völker (Art. 26 I GG) richten (§ 5 S. 1 Nr. 4 LVerfSchG RhPf).
Der Begriff der nachrichtendienstlichen Mittel ist jetzt definiert als "Methoden und Gegenstände einschließlich technischer Mittel zur heimlichen Informationsbeschaffung" (§ 10 I 1 LVerfSchG RhPf); beispielhaft ausdrücklich genannt sind u.a. Observationsmaßnahmen und Tonaufzeichnungen (§ 10 I 2 LVerfSchG RhPf). Die Mittel sind in einer Dienstvorschrift zu benennen, die die Anordnungszuständigkeit zu regeln hat und die der PKK vorzulegen ist (§ 10 I 3, 4 LVerfSchG RhPf). Der Einsatz solcher Mittel ist nur zulässig, wenn

- tatsächliche Anhaltspunkte für den Verdacht von Bestrebungen oder Tätigkeiten im Sinne der Aufgabenzuweisung in § 5 LVerfSchG RhPf oder dafür vorliegen, daß die zur Erforschung solcher Erkenntnisse erforderlichen Nachrichtenzugänge gewonnen werden können (§ 10 IV 1 Nr. 1 LVerfSchG RhPf),
- er sich gegen Personen richtet, von denen auf Grund tatsächlicher Anhaltspunkte anzunehmen ist, daß sie für eine nach Nr. 1 verdächtige Person bestimmte Mitteilungen entgegennehmen oder weitergeben oder sonstigen von dieser beabsichtigten Kontakt haben, jedoch nur, um auf diese Weise Erkenntnisse über sicherheitsgefährdende oder geheimdienstliche Tätigkeiten für eine fremde Macht oder über gewalttätige Bestrebungen oder Tätigkeiten nach § 5 zu gewinnen (§ 10 I 1 Nr. 2 LVerfSchG RhPf),
- dies zur Abschirmung der Mitarbeiterinnen und Mitarbeiter, Einrichtungen, Gegenstände und Nachrichtenzugänge der Verfassungsschutzbehörde gegen sicherheitsgefährdende oder geheimdienstliche Tätigkeiten zwingend erforderlich ist (§ 10 I 1 Nr. 3 LVerfSchG RhPf) oder
- dies zur Überprüfung der Nachrichtenzugänge und der hieraus gewonnenen Informationen zwingend erforderlich ist (§ 10 I 1 Nr. 4 LVerfSchG RhPf).

Die Subsidiaritätsklauseln und die die Verhältnismäßigkeit sichernden Normen des § 10

---

[1162] v. 6.7.1998 (GVBl. 184).

I 2-4 LVerfSchG RhPf entsprechen denjenigen des § 9 I 2-4 BVerfSchG.
Das in einer Wohnung nicht öffentlich gesprochene Wort darf mit technischen Mitteln nur dann abgehört werden, wenn dies im Einzelfall zur Abwehr einer dringenden Gefahr für die öffentliche Sicherheit, insbesondere einer gemeinen Gefahr oder einer Lebensgefahr für einzelne Personen, unerläßlich ist (§ 10 V 1 LVerfSchG RhPf); hier ist also, anders als im Bundesrecht, nicht ausdrücklich die Subsidiarität gegenüber geeigneter polizeilicher Hilfe festgeschrieben.
Ein Eingriff, der in seiner Art und Schwere einer Beschränkung des Rechts aus Art. 10 GG gleichkommt, insbesondere das Abhören mit technischen Mitteln außerhalb von Wohnungen, bedarf der Anordnung des Ministers und der Zustimmung der G 10-Kommission, die bei Gefahr im Verzug aber nachgeholt werden darf (§ 10 II 1 LVerfSchG RhPf). Die Anordnungszuständigkeit für den Wohnungseinsatz liegt beim Richter, und zwar einheitlich bei dem des AG Mainz (§ 10 V 3 1. Hs., VII 1 LVerfSchG RhPf). Ausnahmen gelten bei Gefahr im Verzug sowie beim "kleinen Lauschangriff". In diesen Fällen ist der Minister zuständig (§ 10 V 3 2. Ts., VI 1 LVerfSchG RhPf); bei Gefahr im Verzug ist die richterliche Entscheidung unverzüglich nachzuholen (§ 10 V 3 3. Teils. LVerfSchG RhPf).
Die Verwertung von Erkenntnissen aus Maßnahmen, die Eingriffen in das Recht aus Art. 10 GG entsprechen, ist zur Verhütung oder Verfolgung der in (Art. 1) § 7 III iVm §§ 2, 3 G 10 genannten Straftaten zulässig (§ 10 II 2 LVerfSchG RhPf). Erkenntnisse aus "großen Lauschangriffen" dürfen zur Verhütung derselben Straftaten, jedoch zur Verfolgung der in § 100c I Nr. 3 StPO genannten Delikte verwertet werden (§ 10 V 4 LVerfSchG RhPf). Die Verwertung von Erkenntnissen aus "kleinen Lauschangriffen" ist nach § 10 VI 2 LVerfSchG nur zum Zweck der Abwehr von Gefahren für die öffentliche Sicherheit oder die freiheitliche demokratische Grundordnung zulässig; im übrigen entspricht die Vorschrift Art. 13 V 2 GG n.F.
Nach § 10 VIII LVerfSchG sind Betroffene über Maßnahmen nach Abs. 2, 5, nicht also über "kleine Lauschangriffe", zu benachrichtigen, sobald eine Gefährdung des Zwecks der Benachrichtigung ausgeschlossen werden kann. Die G 10- Kommission ist über die Gründe des Unterlassens einer Mitteilung zu unterrichten und kann die Mitteilung anordnen.
Eine Pflicht zur Übermittlung der Erkenntnisse an Strafverfolgungsbehörden besteht nach Maßgabe der §§ 21 I 1, 20 I 1, 2, II 1 BVerfSchG (§ 14 II 2 LVerfSchG), also im Bereich der Staatsschutzdelikte. Zulässig ist die Übermittlung darüber hinaus gem. § 14 II 1 Nr. 2 LVerfSchG auch zur Verfolgung der in § 100a StPO und § 131 StGB genannten Straftaten und sonstigen Straftaten im Rahmen der organisierten Kriminalität; außerdem sind hier nochmals die Staatsschutzdelikte genannt, aber genauso wie in § 20 I 2 BVerfSchG definiert. Übermittlungen an Polizei- und Ordnungsbehörden dürfen außerdem zur vorbeugenden Bekämpfung der vorgenannten Straftaten sowie von Verbrechen, für deren Vorbereitung konkrete Hinweise bestehen, erfolgen (§ 14 II 1 Nr. 3 LVerfSchG). Schließlich darf eine Übermittlung auch erfolgen, wenn die empfangende

Behörde die Daten zum Schutz wichtiger Rechtsgüter, insbesondere von Leben, Gesundheit oder Freiheit einer Person oder von Sachen von bedeutendem Wert, benötigt (§ 14 II 1 Nr. 4 LVerfSchG).
Übermittlungsverbote bestehen zum Schutz überwiegender schutzwürdiger Interessen oder überwiegender Sicherheitsinteressen, insbesondere solchen des Quellenschutzes und des Schutzes operativer Maßnahmen (§ 15 LVerfSchG RhPf)..

bb) Bayern

Auch Bayern gab sich noch vor dem Bund, nämlich zum 1.11.1990, ein neues Verfassungsschutzgesetz[1163].
Die Aufgabenzuweisung in Art. 3 BayVSG entsprach weitgehend der in § 3 BVerfSchG a.F.; allerdings ist in Art. 3 III BayVSG schon im Zusammenhang der Aufgabenzuweisung die Erteilung von Auskünften an andere Stellen aufgeführt. Auch hält Art. 3 I 1 2. Hs. BayVSG fest, daß Bestrebungen und Tätigkeiten im Sinne des Art. 3 I 1 Hs. 1 BayVSG (entspr. § 3 I BVerfSchG a.F.) ohne weitere Einschränkungen auch im Handeln von Einzelpersonen gesehen werden können; er ist insoweit weiter gefaßt als § 4 I 4 BVerfSchG n.F.
Eine allgemeine Ermächtigung zur Erhebung personenbezogener Daten fand sich in Art. 5 BayVSG. Jedoch galten gem. Art. 6 BayVSG für die Erhebung durch Anwendung nachrichtendienstlicher Mittel engere Voraussetzungen. Der Begriff der "nachrichtendienstlichen Mittel" wurde dabei definiert als "Maßnahmen, die verbergen sollen, daß das Landesamt für Verfassungsschutz Informationen erhebt" (Art. 6 I 3 BayVSG). Angesichts der Weite dieser Begriffsbestimmung dürfte auch hier jedes heimliche Abhören von Gesprächen unter den Begriff des nachrichtendienstlichen Mittels zu subsumieren sein. Gänzlich ausgeschlossen wurde ein solches Abhören zur Erfüllung von Aufgaben des personellen Geheimschutzes durch Sicherheitsüberprüfungen nach Art. 3 II Nr. 1, 2 BayVSG durch Art. 6 I 4 BayVSG. Soweit es um die Erhebung von personenbezogenen Informationen geht (und damit im wesentlichen bei jedem Abhören von Gesprächen), wurde ein Einsatz nachrichtendienstlicher Mittel in Form des Abhörens aber engeren Voraussetzungen unterworfen: Nach Art. 6 II BayVSG war er nur zulässig, wenn

- tatsächliche Anhaltspunkte für Bestrebungen oder Tätigkeiten nach Art. 3 I BayVSG (entspr. § 3 I BVerfSchG a.F.) oder dafür vorlagen, daß auf diese Weise Erkenntnisse über Nachrichtenzugänge gewonnen werden können oder
- das zur Abschirmung der Mitarbeiter, Einrichtungen, Gegenstände und Nachrichtenzugänge des LfV gegen sicherheitsgefährdende oder geheimdienstliche Tätigkeiten erforderlich war.

Der Einsatz nachrichtendienstlicher Mittel steht unter dem Vorbehalt der Anwendung

---

[1163] BayVSG v. 24.8.1990 (GVBl. 323).

des mildesten tauglichen Mittels (Art. 6 III 1 BayVSG); auf die sonstigen sich aus dem Verhältnismäßigkeitsgrundsatz ergebenden Anforderungen weist Art. 6 III 2, 3 BayVSG hin.

Für den Einsatz technischer Mittel im Schutzbereich des Art. 13 GG, also den "Lauschangriff" auf Wohnungen, verwies Art. 6 IV 1 BayVSG allgemein auf das G 10 in seiner jeweils geltenden Fassung. An dieser Verweisung frappiert bereits ihre außerordentliche Unbestimmtheit: Sie stellte nicht einmal klar, auf welchen Artikel des G 10 sie sich bezog. Da durch das G 10 nicht nur die Modalitäten der nachrichtendienstlichen Überwachung des Telefonverkehrs festgelegt sind (Art. 1), sondern auch die strafprozessuale Telefonüberwachung durch das G 10, nämlich dessen Art. 2, eingeführt worden ist, wäre es theoretisch sogar denkbar, in Art. 6 IV 1 BayVSG einen Verweis auf §§ 100a ff. StPO hineinzulesen. Selbst wenn man aber von einer Verweisung auf Art. 1 des G 10 ausgeht, bleibt ungeregelt, ob damit etwa die tatbestandlichen Voraussetzungen des Art. 1 § 2 G 10 oder diejenigen des Art. 1 § 3 G 10 angesprochen sein sollen. In der Praxis passen allerdings die Regelungen über die Rasterung des internationalen Telefonverkehrs in keiner Weise auf das hier angesprochene Abhören einzelner Wohnungen, so daß Art. 1 § 2 G 10 gemeint gewesen sein wird; da dies aber durch Art. 6 IV 1 BayVSG nicht geklärt wurde, entsprach die Norm nicht den Anforderungen des Bestimmtheitsgebotes. Völlig ungeklärt blieb auch, ob und inwieweit die Verfahrensvorschriften des Art. 1 G 10 auch für Maßnahmen nach Art. 6 IV 1 BayVSG Geltung beanspruchten. Jedenfalls bleibt aber festzuhalten, daß Art. 6 IV 1 BayVSG als dynamische Verweisung an den späteren Erweiterungen der Tatbestandsvoraussetzungen des Art. 1 G 10 teilnahm.

Verfassungsrechtliche Bedenken gegen Art. 6 IV 1 BayVSG bestanden aber nicht nur im Hinblick auf das Bestimmtheitsgebot. Auch den Anforderungen des Art. 13 III GG a.F., wonach Eingriffe in den Schutzbereich des Wohungsgrundrechts nur zur Abwehr dringender Gefahren für die öffentliche Sicherheit und Ordnung zulässig waren, wurde Art. 6 IV 1 BayVSG insoweit nicht gerecht, als auch das Abhören von Gesprächen solcher Personen sowie ihrer Kontaktpersonen und Nachrichtenmittler für zulässig erklärt wurde, hinsichtlich derer Anhaltspunkte für den Verdacht vorlagen, daß sie eine der in Art. 1 § 2 I 1 G 10 genannten Straftaten begangen hatten; das Gewinnen von Erkenntnissen über zurückliegende Straftaten stellt aber keine Abwehr von Gefahren dar[1164]. Schließlich blieb auch ungeregelt, ob das Abhören in jeder Wohnung zulässig war, in der sich eine der in Art. 1 § 2 II 2 G 10 genannten Personen aufhielt oder ob sie auf Wohnungen beschränkt war, die von einer solchen Person selbst bewohnt wurden; die Bezugnahme auf den jeweiligen Telefonanschluß durch Art. 1 §§ 2 II 2, 6 G 10 half hier nicht weiter.

Problematisch war Art. 6 IV 1 BayVSG aber auch deshalb, weil er von seinem Anwendungsbereich das Abhören aus Wohnungen in Anwesenheit einer für die Verfassungs-

---

[1164] so auch *Koch*, ZRP 1995, 24, 27.

schutzbehörde tätigen Person ausdrücklich ausnahm. Der Landesgesetzgeber ging augenscheinlich seinerzeit davon aus, daß derartige Eingriffe ("kleine Lauschangriffe") ohne ausdrückliche Regelung allein auf der Grundlage der allgemeinen Ermächtigung zum Einsatz nachrichtendienstlicher Mittel nach Art. 6 II BayVSG zulässig waren. Wegen Art. 13 III GG a.F. wird diese Auffassung aber allenfalls insoweit haltbar gewesen sein, als es im Einzelfall um die Verhütung dringender Gefahren für die öffentliche Sicherheit und Ordnung ging.
Die Übermittlungsregelung für Zwecke der Strafverfolgung wurde denkbar einfach gestaltet: Derartige Übermittlungen sind nach Art. 14 I 1 BayVSG ohne Beschränkung auf bestimmte Delikte zulässig. Sie werden durch Art. 17 I BayVSG lediglich für die Fälle eines überwiegenden schutzwürdigen Interesses der Betroffenen oder der Notwendigkeit des Schutzes überwiegender Sicherheitsinteressen untersagt.

Durch Gesetz zur Änderung des BayVSG[1165] wurden zum 1.3.1994 die Aufgaben und Befugnisse des LfV erweitert. Auf die oben erwähnten[1166] politischen Bestrebungen hin wies Bayern seinem LfV auch die Aufgabe der Beobachtung von Bestrebungen der Organisierten Kriminalität im Geltungsbereich des GG zu (Art. 3 I 1 Nr. 4 BayVSG). Organisierte Kriminalität wurde dabei definiert als "die von Gewinn- oder Machtstreben bestimmte planmäßige Begehung von Straftaten, die einzeln oder in ihrer Gesamtheit von erheblicher Bedeutung für die Rechtsordnung sind, durch mehr als zwei Beteiligte, die auf längere oder unbestimmte Dauer arbeitsteilig tätig werden unter Verwendung gewerblicher oder geschäftsähnlicher Strukturen oder unter Anwendung von Gewalt oder durch entsprechende Drohung oder unter Einflußnahme auf Politik, Verwaltung, Justiz, Medien oder Wirtschaft" (Art. 1 III BayVSG)[1167]. Die notwendige Koordinierung mit anderen Sicherheits- sowie den Strafverfolgungsbehörden wurde einer Richtlinie des Innenministeriums überantwortet, hinsichtlich derer nach Maßgabe des Art. 3 I 3, 4 BayVSG das Justizministerium und die PKK zu beteiligen waren.
Damit bezogen sich die allgemeinen Vorschriften über die Informationsgewinnung unter Einsatz nachrichtendienstlicher Mittel nunmehr auch auf Tätigkeiten zur Erfüllung dieser Aufgabe. Art. 6 IV BayVSG wurde bei dieser Gelegenheit novelliert und einigen der Bedenken gegen die Bestimmtheit der Vorschrift angepaßt, aber auch noch einmal deutlich erweitert. Der "große Lauschangriff" auf Wohnungen ist damit jetzt zulässig, wenn

- die materiellen Eingriffsvoraussetzungen des Art. 1 §§ 1 I, 2 I G 10 in der jeweils geltenden Fassung vorliegen (Art. 6 IV 1 Nr. 1 BayVSG) oder
- tatsächliche Anhaltspunkte für den Verdacht vorliegen, daß jemand Bestrebungen

---

[1165] v. 8.7.1994 (GVBl. 551).

[1166] s. S. 278f.

[1167] kritisch zur Unbestimmtheit dieser Definition im Hinblick darauf, daß sie gem. Art. 6 IV 1 Nr. 3 BayVSG zugleich ein Tatbestandsmerkmal für schwerwiegende Eingriffe in das Grundrecht auf Unverletzlichkeit der Wohnung darstellt, *Koch*, ZRP 1995, 24, 26f.

nach Art. 3 I 1 Nrn. 1 od. 3 BayVSG (entspr. § 3 I Nrn. 1, 3 BVerfSchG a.F.) durch die Planung oder Begehung von Straftaten nach §§ 129, 130 oder 131 StGB verfolgt (Art. 6 IV 1 Nr. 2 BayVSG) oder

- tatsächliche Anhaltspunkte für den Verdacht vorliegen, daß jemand Bestrebungen oder Tätigkeiten nach Art. 3 I 1 Nr. 4 BayVSG (also solche der Organisierten Kriminalität) durch die Planung oder Begehung von Straftaten nach § 100a StPO, §§ 261, 263-265, 265b, 266, 267-273, 331-334 StGB oder § 92 II AuslG verfolgt (Art. 6 IV 1 Nr. 3 BayVSG)

und die Erforschung des Sachverhalts auf andere Weise aussichtslos oder wesentlich erschwert wäre (Art. 6 IV 1 BayVSG n.F.).

Ausdrücklich geregelt wurde nunmehr auch, daß der Einsatz sich nur gegen den Verdächtigen oder gegen Personen richten darf, von denen auf Grund von Tatsachen anzunehmen ist, daß sie für den Verdächtigen bestimmte oder von ihm herrührende Mitteilungen entgegennehmen oder weitergeben oder daß der Verdächtige sich in ihrer Wohnung aufhält (Art. 6 IV 2 BayVSGn.F.). Hinsichtlich des Verfahrens verweist Art. 6 IV 3 BayVSG nunmehr auf die für Verfassungsschutzbehörden der Länder maßgeblichen Bestimmungen des G 10 und des bayerischen Ausführungsgesetzes hierzu und bringt auch insoweit ein Mehr an Bestimmtheit. Schließlich wurde in Art. 6 IV 4 BayVSG auch eine Sonderregelung über die Verwertung der gewonnenen Informationen eingeführt; sie ist zulässig zur Verfolgung und Erforschung der in Art. 6 IV 1 BayVSG genannten Bestrebungen oder Tätigkeiten sowie nach Maßgabe des Art. 1 § 7 III G 10. Die Bedenken im Hinblick auf die Schrankenregelung des Art. 13 III GG waren damit allerdings eher verstärkt: Die Novelle hatte die Tätigkeit des LfV vom Leitbild der Gefahrenerforschung und -abwehr, auf das Art. 13 III 2. Alt. GG a.F. Bezug nahm, noch weiter entfernt[1168]; durch die Bezugnahme auf die Organisierte Kriminalität wurde der Verfassungsschutz in weitem Umfang zu Tätigkeiten berufen, die faktisch solche der Strafverfolgung sind. Dem entspricht die Aufnahme der äußerst umfangreichen Tatbestandskataloge in die Spezialregelungen des Art. 6 IV 1, 4 BayVSG, die zudem durch den Gebrauch der Verweisungstechnik noch weiterem Wachstum in den Folgejahren ausgesetzt waren. Der bayerische Verfassungsschutz nimmt also nunmehr nicht nur in weitem Umfang Aufgaben der Strafverfolgung wahr, vielmehr kann er hierbei auch in zahlreichen Fällen in das Grundrecht auf Unverletzlichkeit der Wohnung eingreifen und die so erhobenen Daten nach Art. 6 IV 4 BayVSG den Strafverfolgungs- und Polizeibehörden zur Verfügung stellen. In Bayern wurde damit schon Jahre vor der bundesgesetzlichen Regelung in § 100c I 3 StPO der große Lauschangriff zu Strafverfolgungszwecken auf dem "Umweg" über das Verfassungsschutzrecht gesetzlich verankert. Er ist wegen Art. 6 IV 1 Nrn. 2, 3 BayVSG sogar nicht nur in wesentlich weiterem Umfang

---

[1168] ähnlich *Koch*, ZRP 1995, 24, 27.

zulässig als der Eingriff in das Fernmeldegeheimnis nach Art. 1 §§ 1, 2 G 10[1169], nämlich auch im Falle des Verdachts der Begehung von Deliktstatbeständen typischer Alltagskriminalität wie Betrug, Untreue oder Urkundenfälschung unter den Voraussetzungen des Art. 6 IV 1 Nr. 3 BayVSG (wenn also Anhaltspunkte für den Verdacht von Bestrebungen der Organisierten Kriminalität bestehen[1170]), sondern geht in der Nennung dieser und weiterer Straftatbestände (insb. §§ 263-265, 265b, 266, 267-273 StGB) auch wesentlich über die Eingriffsbefugnisse nach dem durch den Bundesgesetzgeber erst 4 Jahre später für die Verfolgung von Straftaten durch Lauschangriffe auf Wohnungen geschaffenen § 100c I Nr. 3 StPO hinaus.
Im übrigen räumte die Novelle die o.a. Bedenken gegen sog. "kleine Lauschangriffe" nicht aus, da Art. 6 IV 1 BayVSG nach wie vor den Einsatz in Anwesenheit einer für die Behörde tätigen Person von seinem Anwendungsbereich ausnahm.

Mit Wirkung vom 1.8.1998 wurde auch eine Vorschrift über die Benachrichtigung der vom Wohnungseinsatz Betroffenen eingefügt: Art. 6 IV 9 BayVSG[1171] verweist auf die Benachrichtigungsregelung in (Art. 1) § 5 V G 10.

cc) Hessen

Hessen gab sich zum 29.12.1990, also erst nach Inkrafttreten des BVerfSchG, ein neues Verfassungsschutzgesetz[1172]. Dieses Gesetz wies, anders als sein Vorläufer, in § 2 erstmals eine Aufgabenzuweisung an das LfV auf, die sich inhaltlich kaum von derjenigen in §§ 3, 4 BVerfSchG unterscheidet.
§ 3 I HessVerfSchG brachte eine allgemeine Ermächtigung zur Erhebung von Informationen, der aber umfassende Spezialregelungen nach §§ 4 ff. HessVerfSchG folgen. Die zulässigen nachrichtendienstlichen Mittel sind wie nach dem BVerfSchG durch Dienstvorschrift zu bestimmen, die der PKK zu übersenden ist; die Vorschrift hat auch die Anordnungszuständigkeit zu regeln (§ 3 II 2, 3 HessVerfSchG). § 3 I 1 HessVerfSchG nennt beispielhaft dieselben nachrichtendienstlichen Mittel wie § 8 II 1 BVerfSchG.
Zulässig ist der Einsatz nachrichtendienstlicher Mittel, wenn

- bei der betroffenen Person tatsächliche Anhaltspunkte für Bestrebungen oder Tätigkeiten nach § 2 II HessVerfSchG (entspr. weitgehend § 3 I BVerfSchG n.F.) vorliegen und anzunehmen ist, daß auf diese Weise zusätzliche Erkenntnisse erlangt werden können (§ 5 I Nr. 1 HessVerfSchG), oder

---

[1169] Darauf weist schon *Koch*, ZRP 1995, 24, 26 hin.

[1170] Angesichts der vagen Definition in Art. 1 III BayVSG ist die Annahme des Vorliegens solcher Bestrebungen oder Tätigkeiten aber weitgehend von der kaum nachprüfbaren Beurteilung der Behörde abhängig; so auch *Koch*, ZRP 1995, 24, 26.

[1171] idFd § 2 Nr. 1 lit. c d. Ges. z. Anpassg. d. Bay. Landesrechts an Art. 13 GG v. 10.7.1998 (GVBl. 383).

[1172] v. 19.12.1990 (GVBl. I, 753).

- tatsächliche Anhaltspunkte dafür vorliegen, daß auf diese Weise die zur Erforschung derartiger Bestrebungen oder Tätigkeiten erforderlichen Quellen gewonnen werden können (§ 5 I Nr. 2 HessVerfSchG), oder
- dies zum Schutz der Mitarbeiter, Einrichtungen, Gegenstände und Quellen des LfV gegen sicherheitsgefährdende oder geheimdienstliche Tätigkeiten erforderlich ist (§ 5 I Nr. 3 HessVerfSchG).

Die Spezialregelung über das Abhören von Wohnungen mit technischen Mitteln in § 5 II HessVerfSchG ist wortgleich mit § 9 II BVerfSchG.

Die Anforderungen des Verhältnismäßigkeitsgrundsatzes an den Einsatz nachrichtendienstlicher Mittel werden durch § 5 III 1-3 HessVerfSchG in ähnlicher Weise konkretisiert wie im Bundesrecht. Zudem findet sich in § 5 III 4 HessVerfSchG eine ausdrückliche Regelung über die Zielpersonen: Außer bei Maßnahmen der Eigensicherung nach § 5 I Nr. 3 HessVerfSchG dürfen nachrichtendienstliche Mittel nicht gezielt gegen Unbeteiligte eingesetzt werden; allerdings dürfen Daten Unbeteiligter erhoben werden, soweit sie mit zur Aufgabenerfüllung erforderlichen Informationen untrennbar verbunden sind (§§ 5 III 4 2. Hs., 3 I 3 HessVerfSchG).

§ 5 IV 1, 3 HessVerfSchG statuiert eine Regelung über die Benachrichtigung des Betroffenen und der PKK, die derjenigen in § 9 III 1 BVerfSchG entspricht. Anders als dort ist allerdings nach § 5 IV 2 HessVerfSchG die Benachrichtigung nicht erforderlich, wenn die Gefährdung des Zwecks der Maßnahme nach 5 Jahren noch nicht ausgeschlossen werden kann.

Die Regelung der Verwertung der durch bestimmte besondere Mittel erhobenen Informationen in § 5 IV 4 HessVerfSchG entspricht der in § 9 III 2 BVerfSchG, verweist also auf Art. 1 § 7 III G 10.

Zur Übermittlung von Informationen an Strafverfolgungsbehörden zum Zwecke der Verfolgung von Staatsschutzdelikten ist das LfV nach § 10 HessVerfSchG unter denselben Voraussetzungen verpflichtet wie das BfV nach § 20 I 1 BVerfSchG. Für die Übermittlung zum Zwecke der Verfolgung anderer Straftaten gilt jedoch eine andere Regelung als im Bundesrecht: Nach § 11 I S. 1 Nr. 2, S. 2 HessVerfSchG besteht eine Verpflichtung des LfV, Informationen zur Verfolgung der in § 100a StPO genannten oder sonstiger Straftaten im Rahmen der organisierten Kriminalität an Staatsanwaltschaften und Polizeibehörden zu übermitteln. Eine besondere Regelung über die Übermittlung von Erkenntnissen, die der Verwertungsbegrenzung nach § 5 IV 2 HessVerfSchG iVm Art. 1 § 7 III G 10 unterliegen, existiert nicht. Da "sonstige Straftaten im Rahmen der organisierten Kriminalität" nicht notwendig solche im Sinne des Art. 1 § 7 III G 10 sein müssen, kann das LfV also im Einzelfall verpflichtet sein, Informationen zu übermitteln, von denen ersichtlich ist, daß sie im konkreten Fall einem Verwertungsverbot unterliegen; diese Informationen sind dann zwar nicht verwertbar, können aber zur Anknüpfung weiterer Ermittlungen dienen.

Darüber hinausgehende Übermittlungsbefugnisse bestehen insoweit nicht. Übermittlungsverbote gelten im Einzelfall zum Schutz überwiegender Interessen des Betroffenen und überwiegender Sicherheitsinteressen (§ 15 HessVerfSchG) sowie zum Schutz Minderjähriger (§ 16 HessVerfSchG).

dd) Schleswig-Holstein

Das neue LVerfSchGSchlH[1173] trat am 12.4.1991 in Kraft.

Neben einer allgemein gehaltenen Grundsatznorm über die Aufgabe des Verfassungsschutzes (§ 1 LVerfSchGSchlH) brachte es in § 5 LVerfSchGSchlH eine Aufgabenzuweisung, die größtenteils der in § 3 BVerfSchG entspricht. Die Begriffsbestimmungen des § 6 LVerfSchGSchlH entsprechen dagegen nicht genau jenen in § 4 BVerfSchG. §§ 6 I-III, 7 I LVerfSchGSchlH entsprechen jedoch ihrem wesentlichen Inhalt nach dem § 3 BVerfSchG. Darüber hinaus stellt § 6 IV LVerfSchGSchlH fest, daß im Sinne des § 5 I LVerfSchGSchlH beachtliche Bestrebungen eine aktiv kämpferische, aggressive Haltung gegenüber der bestehenden Verfassungsordnung voraussetzen. § 6 V LVerfSchGSchlH führt aus, auswärtige Belange iSd § 5 I Nr. 3 LVerfSchGSchlH (entspr. § 3 I Nr. 3 BVerfSchG) würden nur gefährdet, wenn innerhalb des Geltungsbereichs des GG Gewalt ausgeübt oder durch Handlungen vorbereitet wird und diese sich gegen die politische Ordnung oder Einrichtungen anderer Staaten richtet. Gewalt im Sinne des Gesetzes ist wiederum definiert als die Anwendung körperlichen Zwanges gegen Personen oder Sachen (§ 7 III LVerfSchGSchlH).

Eine Erhebung von Informationen durch Abhören von Gesprächen fällt auch hier unter den Begriff der nachrichtendienstlichen Mittel, der definiert ist als "Methoden und Gegenstände einschließlich technischer Mittel zur Informationsbeschaffung" (§ 8 II 1 LVerfSchGSchlH). Auch hier erfolgt, ähnlich wie in § 8 II 1 BVerfSchG, nur eine beispielhafte Nennung der Mittel (§ 8 II 2 LVerfSchGSchlH); die Mittel und die Anordnungszuständigkeit sind auch hier durch Dienstvorschrift zu benennen (§ 8 II 3 LVerfSchGSchlH[1174]).

Der Einsatz ist nach § 8 III 2 LVerfSchGSchlH zulässig, wenn

- er sich gegen Organisationen, unorganisierte Gruppen, in ihnen oder einzeln tätige Personen richtet, bei denen tatsächliche Anhaltspunkte für den Verdacht von Bestrebungen oder Tätigkeiten nach § 5 I LVerfSchGSchlH (entspr. § 3 I BVerfSchG) bestehen,
- auf diese Weise Erkenntnisse über gewalttätige Bestrebungen oder geheimdienstliche Tätigkeiten gewonnen werden können,
- auf diese Weise die zur Erforschung von Bestrebungen oder Tätigkeiten nach § 5 I LVerfSchGSchlH erforderlichen Nachrichtenzugänge geschaffen werden können oder
- dies zur Abschirmung der Mitarbeiterinnen und Mitarbeiter, Einrichtungen, Gegenstände und Nachrichtenzugänge des Verfassungsschutzes gegen sicherheitsgefährden-

---

[1173] v. 23.3.1991 (GVBl. 203).

[1174] Inkrafttreten insoweit erst am 1.6.1991 (§ 30 S. 3 LVerfSchGSchlH).

de oder geheimdienstliche Tätigkeiten erforderlich ist.
Nach § 8 III 1 LVerfSchGSchlH dürfen durch den Einsatz keine strafbaren Handlungen begangen werden. Da § 8 I, II 2 LVerfSchGSchlH zugleich aber immer die Rechtfertigung des Einsatzes als solchen darstellt, sind durch diese unpräzise Formulierung nicht die Delikte nach § 201 StGB angesprochen; vielmehr dürfte diese Regelung das Verbot der Begehung milieubedingter Straftaten durch geheime Mitarbeiter des Verfassungsschutzes bezwecken. Die allgemeinen Anforderungen aus dem Verhältnismäßigkeitsprinzip werden durch § 7 II LVerfSchGSchlH beschrieben.
Ein Eingriff, der in seiner Art und Schwere einer Einschränkung des Grundrechts aus Art. 10 GG gleichkommt, bedarf der persönlichen Anordnung der Innenministerin oder des Innenministers bzw. im Verhinderungsfall der Vertreterin oder des Vertreters (§ 8 IV 1 LVerfSchGSchlH). Die durch einen solchen Eingriff erhobenen Informationen dürfen nur nach Maßgabe des Art. 1 § 7 III G 10 verwendet werden. Außerdem sind im Falle solcher Eingriffe die Maßnahmen nachträglich dem Betroffenen mitzuteilen, wenn und sobald eine Zweckgefährdung ausgeschlossen werden kann; die Verpflichtung entfällt nach 5 Jahren (§ 8 V 1-3 LVerfSchGSchlH). § 8 V 4 LVerfSchGSchlH führt darüber hinaus aus, nach der Mitteilung stehe dem Betroffenen der Rechtsweg offen. Diese Norm, die Art. 1 § 5 V 3 G 10 entspricht, hat aber, anders als dort, nur deklaratorische Funktion, da nicht ersichtlich ist, wieso dem Betroffenen, der zufällig auch ohne Mitteilung Kenntnis von der Maßnahme erlangt, der Rechtsweg versperrt sein sollte; eine dem Rechtswegausschluß in Art. 1 § 9 VI G 10 entsprechende Norm weist das LVerfSchGSchlH nicht auf.
Eine Ermächtigung zum Einsatz nachrichtendienstlicher Mittel zum Abhören von Gesprächen in Wohnungen kennt das Gesetz ebenfalls nicht.
Eine Übermittlung personenbezogener Informationen an Staatsanwaltschaften und Polizei ist zulässig, wenn tatsächliche Anhaltspunkte dafür bestehen, daß jemand eine in § 100a StPO genannte Straftat begeht oder begangen hat; in diesem Fall können Staatsanwaltschaften und, vorbehaltlich deren Sachleitungsbefugnis, die Polizei die Übermittlung im Einzelfall verlangen (§ 19 II 1 Nr. 2, III LVerfSchGSchlH). Darüber hinaus ist die Übermittlung an staatliche Behörden zulässig, wenn dies zum Schutz vor Bestrebungen oder Tätigkeiten nach § 5 I LVerfSchG erforderlich ist (§ 19 II 1 Nr. 3 LVerfSchGSchlH); auch unter diese Bestimmung mag im Einzelfall eine Übermittlung zum Zweck der Verfolgung von Staatsschutzdelikten zu fassen sein. Nicht personenbezogene Informationen dürfen dagegen stets übermittelt werden, wenn sie für die Aufgabenerfüllung erforderlich sein können (§ 19 I LVerfSchGSchlH).
Auch hier bestehen Übermittlungsverbote bei überwiegenden Sicherheitsinteressen, schutzwürdigen Interessen des Betroffenen, entgegenstehenden gesetzlichen Vorschriften und für Zwecke des Schutzes Minderjähriger, außerdem dann, wenn schon eine Prüfung durch die Behörde ergibt, daß die Informationen zu löschen oder für die empfangende Stelle nicht mehr bedeutsam sind (§ 24 I LVerfSchGSchlH).

ee) Thüringen

Am 6.11.1991 trat das ThürVSG[1175] als erstes Verfassungsschutzgesetz eines der neuen Bundesländer in Kraft.

Thüringen entschloß sich zur Gründung eines selbständigen LfV (§ 1 I ThürVSG). Auch hier entspricht die Aufgabenregelung durch § 2 ThürVSG im Kern der der §§ 3, 4 BVerfSchG. Das thüringische LfV hat jedoch darüber hinaus die Aufgabe, frühere, fortwirkende unbekannte Strukturen und Tätigkeiten der Aufklärungs- und Abwehrdienste der ehemaligen DDR im Geltungsbereich des Gesetzes zu beobachten (§ 2 I 2 Nr. 4 ThürVSG).

Die Voraussetzungen des Einsatzes nachrichtendienstlicher Mittel nach §§ 4-7 ThürVSG entsprechen nahezu vollständig jenen des Bundesrechts. Zu beachten ist hier nur, daß der Einsatz nach § 7 I 1 Nr. 1 ThürVSG auch zur Erfüllung der o.g. Aufgabe nach § 2 I 2 Nr. 4 ThürVSG zulässig ist. Auch entfällt die Pflicht zur Mitteilung über bestimmte schwerwiegende Eingriffe, die sonst der des § 9 III 1 Nr. 1 BVerfSchG entspricht, mit Ablauf von 5 Jahren (§ 7 III 2 ThürVSG). Schließlich ist nach § 7 IV ThürVSG der gezielte Einsatz gegen Unbeteiligte auch zur Eigensicherung nicht zulässig. § 7 V ThürVSG stellt nochmals (angesichts der recht deutlichen Regelung in § 7 I, II ThürVSG aber unnötigerweise) klar, daß der Einsatz zur Erfüllung von Aufgaben des technischen und personellen Geheimschutzes unzulässig ist.

Die Übermittlungsregelung für Zwecke der Verfolgung von Staatsschutzdelikten in § 14 I 2 Nr. 2 lit. a ThürVSG entspricht derjenigen in §§ 20 I, 21 I 1 BVerfSchG, wenn man davon absieht, daß der Landesgesetzgeber die Übermittlung in das Ermessen des LfV gestellt hat. Darüber hinaus ist die Übermittlung nach § 14 I 2 Nr. 2 lit. b ThürVSG auch zur Verfolgung der in § 100a StPO genannten oder sonstiger Straftaten im Rahmen der organisierten Kriminalität zulässig. Eine Spezialregelung, die die Übermittlung von Erkenntnissen besonders beschränken würde, die der Verwertungsbeschränkung nach § 7 III 3 ThürVSG unterliegen, existiert wie in Hessen auch hier nicht. Schließlich besteht auch in Thüringen eine Ermächtigung zur Übermittlung von Daten, die für Zwecke der öffentlichen Sicherheit benötigt werden (§ 14 I 2 Nr. 4 ThürVSG). Übermittlungsverbote bestehen bei überwiegenden Sicherheitsinteressen oder schutzwürdigen Interessen des Betroffenen (§ 15 ThürVSG).

ff) Baden-Württemberg

Das LVSGBW[1176] trat am 1.1.1992 in Kraft.

Die Aufgabenregelung der §§ 3f. LVSGBW ist gegenüber dem Bundesrecht hinsichtlich des personellen und technischen Geheimschutzes modifiziert (§ 3 III, IV LVSGBW), sonst aber weitestgehend identisch.

---

[1175] v. 29.10.1991 (GVBl. 527).

[1176] v. 22.10.1991 (GBl. 639).

Die Regelung des Einsatzes nachrichtendienstlicher Mittel nach § 6 LVSGBW entspricht ebenfalls völlig derjenigen des Bundesrechts, wenn man davon absieht, daß auch hier die sonst dem Vorbild des § 9 III 1 Nr. 1 BVerfSchG entsprechende Benachrichtigungspflicht nach 5 Jahren entfällt (§ 6 V 2 LVSGBW). Die parlamentarische Kontrolle schwerwiegenderer Eingriffe soll hier durch halbjährliche Unterrichtung des G 10-Gremiums gewährleistet werden (§ 6 V 4 LVSGBW iVm § 2 I BWAusfG z. G 10).
Die Pflicht zur Übermittlung personenbezogener Daten zum Zwecke der Verfolgung von Staatsschutzdelikten nach § 10 II LVSGBW entspricht derjenigen nach §§ 20 I, 21 I 1 BVerfSchG. Darüber hinaus ist eine Übermittlung an Strafverfolgungsbehörden nicht ausdrücklich vorgesehen; es erscheint aber auch hier als nicht fernliegend, daß sie auf § 10 I 1 LVSGBW gestützt werden könnte, der Übermittlungen zuläßt, wenn die Informationen für Zwecke der öffentlichen Sicherheit benötigt werden. Die Übermittlungsverbote des § 11 I LVSGBW entsprechen denjenigen des § 23 BVerfSchG.

gg) Mecklenburg-Vorpommern
Das LVerfSchGMV[1177] trat am 28.3.1992 in Kraft.
Der Verfassungsschutz wird hier als besondere Abteilung des Innenministeriums geführt (§ 2 I LVerfSchGMV).
Auch hier entsprechen §§ 5, 6 LVerfSchGMV weitgehend den §§ 3, 4 BVerfSchG. Allerdings schließt die Aufgabe der Beobachtung sicherheitsgefährdender oder geheimdienstlicher Tätigkeiten für eine fremde Macht nach § 5 I Nr. 2 LVerfSchGMV (entspr. § 3 I Nr. 2 BVerfSchG) ausdrücklich auch die Beobachtung entsprechender früherer sowie fortwirkender unbekannter Strukturen und Tätigkeiten der Aufklärungs- und Abwehrdienste der ehemaligen DDR in Mecklenburg-Vorpommern ein.
Eine Regelung über die Erhebung personenbezogener Daten bei Beteiligten und Unbeteiligten ohne Kenntnis des Betroffenen durch das LfV findet sich in § 9 I, II LVerfSchGMV. Daraus, daß danach aber weitere Spezialregelungen über den Einsatz nachrichtendienstlicher Mittel, definiert als Methoden und Gegenstände einschließlich technischer Mittel zur heimlichen Informationsbeschaffung (§ 9 III 1 LVerfSchGMV), erfolgen und daß auch hier die "heimliche Beobachtung (Observation)" beispielhaft als "nachrichtendienstliches Mittel" genannt ist (§ 9 III 2 LVerfSchGMV), ergibt sich, daß die erleichterten Voraussetzungen des § 9 I, II LVerfSchGMV nur für Erhebungen gelten, die zwar ohne Kenntnis des Betroffenen, aber im Wege offenen Vorgehens gegenüber Dritten erfolgen. Dies legen auch die Worte "ohne Kenntnis des Betroffenen und bei Dritten" in § 9 I LVerfSchGMV nahe.
Damit ist das heimliche Abhören von Gesprächen als Fall des Einsatzes nachrichtendienstlicher Mittel zulässig, wenn

- tatsächliche Anhaltspunkte für den Verdacht von Bestrebungen oder Tätigkeiten

[1177] v. 18.3.1992 (GVBl. 194).

nach § 5 I LVerfSchGMV (entspr. mit der o.a. Modifikation dem § 3 I BVerfSchG) vorliegen (§ 9 IV Nr. 1, I Nr. 1 LVerfSchGMV),

- dies für die Erforschung und Bewertung von gewalttätigen Bestrebungen oder Tätigkeiten nach § 5 I Nr. 2 LVerfSchGMV erforderlich ist (§ 9 IV Nr. 1, I Nr. 2 LVerfSchGMV),
- dies zur Schaffung oder Erhaltung nachrichtendienstlicher Zugänge über Bestrebungen oder Tätigkeiten nach § 5 I LVerfSchGMV erforderlich ist (§ 9 IV Nr. 1, I Nr. 3 LVerfSchGMV),
- sich der Einsatz gegen andere als die in § 9 I LVerfSchGMV genannten Personen richtet[1178], deren Einbeziehung in eine solche Maßnahme unumgänglich ist, um auf diese Weise Erkenntnisse über sicherheitsgefährdende oder geheimdienstliche Tätigkeiten für eine fremde Macht oder Bestrebungen zu gewinnen, die durch Anwendung von Gewalt oder darauf gerichtete Vorbereitungshandlungen gegen die in § 5 I Nrn. 1, 3 LVerfSchGMV genannten Schutzgüter gerichtet sind (§ 9 IV Nr. 2 LVerfSchGMV) oder
- dies zur Abschirmung der Mitarbeiter, Einrichtungen, Gegenstände und Nachrichtenzugänge des LfV gegen sicherheitsgefährdende oder geheimdienstliche Tätigkeiten erforderlich ist (§ 9 IV Nr. 3 LVerfSchGMV).

Die Anforderungen des Verhältnismäßigkeitsprinzips werden durch § 9 V LVerfSchGMV näher konkretisiert.

Die Regelung des Einsatzes technischer Mittel zum Abhören von Wohnungen in § 9 VII 1 LVerfSchGMV entspricht derjenigen in § 9 II 1 BVerfSchG. Auch die Mitteilungs- und Verwertungsregelungen in § 9 VIII LVerfSchGMV sind dieselben wie nach § 9 III BVerfSchG, wenn man davon absieht, daß auch hier die Pflicht zur Mitteilung an den Betroffenen nach 5 Jahren erlischt, wenn ihre Voraussetzungen bis dahin nicht vorliegen (§ 9 VIII Nr. 2 S. 2 LVerfSchGMV).

Eine Übermittlung personenbezogener Daten an Staatsanwaltschaften und Polizei ist zulässig, sofern tatsächliche Anhaltspunkte dafür bestehen, daß jemand eine in § 100a StPO genannte Straftat oder eine ähnlich gelagerte Straftat von erheblicher Bedeutung begeht oder begangen hat (§ 16 II 1 Nr. 2 LVerfSchGMV); insoweit besteht nach Maßgabe des § 16 III LVerfSchGMV die Befugnis, die Auskunft zu verlangen. Von der vagen Tatbestandsfassung des § 16 II 1 Nr. 2 LVerfSchGMV dürfte kaum eine Begrenzungswirkung ausgehen, so daß auch hier der Wert der Verwertungsbeschränkung

---

[1178] Diese Beschreibung des Kreises der Zielpersonen ist freilich höchst ungenau, weil in § 9 I LVerfSchGMV nur von "Betroffenen" und "Dritten" die Rede ist. Betroffener ist wiederum stets derjenige, über den personenbezogene Informationen erhoben werden sollen. Dies kann also praktisch jedermann sein, für den die Behörde sich aus irgendwelchen Gründen interessiert, so daß nicht recht klar wird, wer dann noch "anderer" iSd § 9 IV Nr. 2 LVerfSchGMV sein soll. Der Kontext des § 9 IV Nr. 2, I, II 1 LVerfSchGMV legt aber nahe, "andere" hier im Sinne von "Unbeteiligte" nach der Definition des § 9 II 1 LVerfSchGMV auszulegen, also als Personen, bei denen keine tatsächlichen Anhaltspunkte dafür vorliegen, daß sie selbst Bestrebungen oder Tätigkeiten nach § 5 I LVerfSchGMV nachgehen.

in § 9 VIII 2 LVerfSchGMV mangels einer entsprechenden flankierenden Übermittlungsbeschränkung nicht überschätzt werden darf.

Darüber hinaus ist die Übermittlung durch das LfV an "andere staatliche Stellen" zulässig, wenn dies zum Schutz vor Bestrebungen und Tätigkeiten nach § 5 I LVerfSchGMV erforderlich ist (§ 16 II 1 Nr. 3 LVerfSchGMV).

Übermittlungsverbote bestehen zum Schutz von Minderjährigen, überwiegender Sicherheitsinteressen oder überwiegender Interessen des Betroffenen, bei entgegenstehenden Spezialgesetzen sowie dann, wenn die Daten zu löschen oder für die empfangende Stelle nicht bedeutsam sind oder wenn sie gesperrt und ihre Trennung von anderen zu übermittelnden Daten nicht oder nur mit unverhältnismäßig hohem Aufwand möglich ist (§ 21 I Nrn. 1-4, 5 2. Alt., 6 LVerfSchGMV), aber auch dann, wenn es sich um personenbezogene Daten "aus der engeren Persönlichkeitssphäre" handelt, es sei denn, die Übermittlung erfolgt zum Schutz vor Gewalt oder vor entsprechenden Vorbereitungshandlungen oder vor geheimdienstlicher Tätigkeit (§ 21 I Nr. 5 1. Alt. LVerfSchGMV).

hh) Sachsen-Anhalt

Das VerfSchG-LSA[1179] trat am 30.7.1992 in Kraft.

Sachsen-Anhalt entschied sich für die Gründung eines organisatorisch eigenständigen LfV (§ 2 I VerfSchG-LSA).

§§ 4, 5 VerfSchG-LSA entsprechen im wesentlichen den §§ 3, 4 BVerfSchG. Jedoch ist Aufgabe des LfV auch die Beobachtung fortwirkender Strukturen und Tätigkeiten der Aufklärungs- und Abwehrdienste der ehemaligen DDR, insbesondere des MfS oder des Amtes für Nationale Sicherheit, im Sinne der §§ 94-99, 129, 129a StGB (§ 4 I Nr. 2 VerfSchG-LSA).

Die Regelung über den Einsatz nachrichtendienstlicher Mittel in §§ 7 III, 8 entspricht mit lediglich den folgenden Unterschieden derjenigen der §§ 8 II, 9 BVerfSchG: Die Erhebung darf auch zur Erfüllung der o.g. Aufgabe nach § 4 I Nr. 2 VerfSchG-LSA erfolgen. Ist eine Information des Betroffenen über einen schwerwiegenden Eingriff iSd § 8 III 1 LVerfSchG-LSA (entspr. § 9 III 1 BVerfSchG) auch nach 3 Jahren noch nicht erfolgt, weil eine Zweckgefährdung nicht ausgeschlossen werden kann, so ist hiervon die PKK zu unterrichten (§ 8 III 1 Nr. 2 S. 2 VerfSchG-LSA). Erhebungen im Bereich der Aufgaben des personellen und technischen Geheimschutzes nach § 4 II VerfSchG-LSA sind nur zur Eigensicherung zulässig (§ 8 IV VerfSchG-LSA). Der gezielte Einsatz nachrichtendienstlicher Mittel gegen Unbeteiligte ist ausdrücklich untersagt (§ 8 V VerfSchG-LSA). Richtet sich der Einsatz jeglicher nachrichtendienstlicher Mittel gegen ein Mitglied des Landtages, so hat der Innenminister die PKK und den Landtagspräsidenten unverzüglich zu unterrichten. Dem Betroffenen sind die Maßnahmen nach Abschluß mitzuteilen, sobald Zweckgefährdung ausgeschlossen werden kann (§ 29

[1179] v. 14.7.1992 (GVBl. 590).

VerfSchG-LSA).
Die Verpflichtung zur Übermittlung an Strafverfolgungsbehörden nach § 19 I, III VerfSchG-LSA entspricht der Regelung durch §§ 20 I, 21 I 1 BVerfSchG. Auch die Regelung der Übermittlung zum Schutz der öffentlichen Sicherheit in § 18 I VerfSchG-LSA entspricht dem Vorbild des § 19 I BVerfSchG. Schließlich sind auch die Übermittlungsverbote nach §§ 20, 21 VerfSchG-LSA dieselben wie nach §§ 23, 24 BVerfSchG.

ii) Sachsen
Das SächsVSG[1180] trat am 23.10.1992 in Kraft.
Auch Sachsen gründete ein LfV (§ 1 I SächsVSG).
Die Aufgabennormen in §§ 2, 3 SächsVSG sind gegenüber dem Bundesrecht im Zusammenhang des personellen und technischen Geheimschutzes um Aufgaben im Einbürgerungsverfahren erweitert worden (§ 2 II 1 Nr. 5 SächsVSG); außerdem ist auch dem sächsischen LfV die Aufgabe der Beobachtung fortwirkender Strukturen und Tätigkeiten der Aufklärungs- und Abwehrdienste der ehemaligen DDR in Sachsen zugewiesen worden (§ 2 I 1 Nr. 4 SächsVSG).
Die allgemeine Regelung des Einsatzes nachrichtendienstlicher Mittel nach § 5 I, II entspricht der in §§ 8 II, V, 9 I BVerfSchG, berücksichtigt man, daß auch hier der Einsatz der Erfüllung der zusätzlichen Aufgabe nach § 2 I 1 Nr. 4 SächsVSG dienen darf und daß der gezielte Einsatz gegen einen Landtagsabgeordneten der vorherigen Genehmigung durch den Landtagspräsidenten bedarf (§ 5 V SächsVSG).
Jedoch ist der Einsatz technischer Mittel zum Abhören von Wohnungen nach § 5 III 1 SächsVSG allgemein zur Verhütung dringender Gefahren für die öffentliche Sicherheit zulässig. Die nähere Konkretisierung dieser Voraussetzung erfolgt nach bayerischem Vorbild durch einen pauschalen Verweis auf die Vorschriften des G 10 und des sächsischen Ausführungsgesetzes hierzu in § 5 III 2 SächsVSG. Gegen diese Verweisung bestehen unter dem Gesichtspunkt des Bestimmtheitsgrundsatz dieselben Bedenken wie gegen die bayerische Regelung von 1990: Die Norm stellt nicht einmal klar, ob sie sich auf Art. 1 § 2, Art. 1 § 3 oder Art. 2 G 10 bezieht. Auch verstieß die Norm gegen Art. 13 III GG a.F., soweit durch die Verweisung die Überwachung auch zugelassen wurde, wenn tatsächliche Anhaltspunkte für den Verdacht bestehen, daß jemand in der Vergangenheit eine Straftat begangen hat. Schließlich nimmt auch das sächsische Gesetz den Einsatz in Anwesenheit von für die Behörde tätigen Personen von seinem Anwendungsbereich aus, ohne insoweit eine anderweitige Regelung der Voraussetzungen zu schaffen.
Explizit nicht gelten soll aber der Rechtswegausschluß vor Benachrichtigung nach Art. 1 § 9 VI G 10. Eine Regelung über die Benachrichtigung des Betroffenen, die Beteiligung parlamentarischer Gremien und die Verwertung von Erkenntnissen besteht nur in

---

[1180] v. 16.10.1992 (GVBl. 459).

Form der Verweisung auf das G 10 und damit, anders als im Bundesrecht, nicht für Eingriffe außerhalb von Wohnungen, die nach Art und Schwere einer Beschränkung des Fernmeldegeheimnisses gleichkommen.
Die Regelung der Übermittlung an Strafverfolgungsbehörden in § 12 I, II SächsVSG ist dieselbe wie nach §§ 19 I, 20 I, 21 I 1 BVerfSchG. Auch die Übermittlungsverbote des § 13 SächsVSG entsprechen denjenigen der §§ 23, 24 BVerfSchG.

jj) Niedersachsen

Das NVerfSchG[1181] trat am 20.11.1992 in Kraft.
Die Aufgabenzuweisung durch §§ 3, 4 NVerfSchG entsprach im Kern derjenigen durch §§ 3, 4 BVerfSchG. Allerdings war sie durch Ausführungen zur Aufgabe der Unterrichtung des Innenministeriums erweitert (§ 3 II NVerfSchG). Auch hielt § 4 I 2 NVerfSchG fest, daß Bestrebungen im Sinne des § 3 I Nr. 1 NVerfSchG (entspr. § 3 I Nr. 1 BVerfSchG) nur solche Verhaltensweisen sind, die auf Anwendung von Gewalt gerichtet sind oder die sich in aktiv kämpferischer, aggressiver Weise gegen einen der in § 4 III NVerfSchG (entspr. § 4 II BVerfSchG) genannten Verfassungsgrundsätze richtet; diese Einschränkung wurde aber 1995 gestrichen[1182]. Eine Gefährdung auswärtiger Belange im Sinne des § 3 I Nr. 3 NVerfSchG (entspr. § 3 I Nr. 3 BVerfSchG) liegt nach § 4 IV NVerfSchG nur vor, wenn die Gewalt innerhalb der Bundesrepublik angewendet oder vorbereitet wird und sie sich gegen die politische Ordnung oder Einrichtungen anderer Staaten richtet oder richten soll. Gewalt wird dabei durch § 4 V NVerfSchG definiert als die Anwendung körperlichen Zwanges gegen Personen und die gewalttätige[1183] Einwirkung auf Sachen.
Durch § 6 I 1 NVerfSchG wurden, insoweit eine Neuerung gegenüber allen bisher referierten Regelungen, die zulässigen nachrichtendienstlichen Mittel abschließend aufgezählt. Dabei waren für den hier interessierenden Bereich insbesondere genannt: Observationen (Nr. 3), heimliches Mithören ohne Inanspruchnahme technischer Mittel (Nr. 6), heimliches Mithören und Aufzeichnen des nicht öffentlich gesprochenen Wortes unter Einsatz technischer Mittel außerhalb des Schutzbereiches des Art. 13 GG (Nr. 7) und Beobachtung des Funkverkehrs auf nicht für den allgemeinen Empfang bestimmten Kanälen (Nr. 8). Die näheren Voraussetzungen für die Anwendung der Mittel und die Anordnungszuständigkeit sind gem. § 6 VII NVerfSchG durch Dienstvorschriften des Innenministeriums zu regeln, von denen zuvor der Landtagsausschuß für Angelegenheiten des Verfassungsschutzes zu unterrichten ist.
Der Einsatz soll grundsätzlich zulässig sein, wenn

- er sich gegen Personenzusammenschlüsse, in ihnen oder für sie tätige Personen richtet, bei denen tatsächliche Anhaltspunkte für den Verdacht von Bestrebungen oder Tä-

---

[1181] v. 3.11.1992 (GVBl. 283).

[1182] Art. I Nr. 3 lit. a bb des Ges. z. Änd. d. NVerfSchG v. 4.4.1995 (GVBl. 103).

[1183] insoweit eine Tautologie.

tigkeiten nach § 3 I NVerfSchG vorliegen (§ 6 II Nr. 1 NVerfSchG),
- er sich gegen Personen richtet, von denen auf Grund bestimmter Tatsachen anzunehmen ist, daß sie für eine der vorgenannten Personen bestimmte oder von ihr herrührende Mitteilungen entgegennehmen oder weitergeben (§ 6 II Nr. 2 NVerfSchG),
- er gegen andere als die in § 6 II Nrn. 1, 2 NVerfSchG genannten Personen unumgänglich ist, um Erkenntnisse über sicherheitsgefährdende oder geheimdienstliche Tätigkeiten für eine fremde Macht oder über Bestrebungen zu gewinnen, die sich unter Anwendung von Gewalt oder darauf gerichtete Vorbereitungshandlungen gegen die in § 3 I Nrn. 1, 3 NVerfSchG genannten Schutzgüter wenden (§ 6 II Nr. 3 NVerfSchG),
- durch ihn die zur Erforschung von Bestrebungen oder Tätigkeiten nach § 3 I NVerfSchG erforderlichen Quellen in den in Nr. 1 genannten Personenzusammenschlüssen gewonnen werden können (§ 6 II Nr. 4 NVerfSchG) oder
- er zum Schutz der Bediensteten, Einrichtungen, Gegenstände und Quellen des LfV vor Bestrebungen gegen die Sicherheit des Bundes oder eines Landes oder vor sicherheitsgefährdenden oder geheimdienstlichen Tätigkeiten für eine fremde Macht erforderlich ist (§ 6 II Nr. 5 NVerfSchG).

Durch die Fassung des § 6 I Nrn. 1-4 NVerfSchG, insbesondere der Nr. 3 ("unumgänglich", Anwendung von Gewalt oder Vorbereitungshandlungen auch in den Fällen des § 3 I Nr. 1 NVerfSchG), sollte ersichtlich die Schwelle für einen Einsatz gegenüber einzeln agierenden Personen höher gelegt werden als für einen solchen gegenüber einer Gruppe oder ihren Mitgliedern.

Die Regelung der Anforderungen des Verhältnismäßigkeitsprinzips durch § 6 IV NVerfSchG entspricht derjenigen des § 9 I 2-4 BVerfSchG.

Die Anordnungszuständigkeit für die Anwendung von Mitteln, die in ihrer Art und Schwere einer Beschränkung des Fernmeldegeheimnisses gleichkommen, liegt beim Innenminister, im Falle der Verhinderung beim Vertreter; der zuständige Landtagsausschuß ist in der nächstfolgenden Sitzung zu unterrichten. Ausdrücklich als solche Mittel genannt sind u.a. das heimliche Mithören und Aufzeichnen des nichtöffentlich gesprochenen Wortes unter Einsatz technischer Mittel und die längerfristige Observation (§ 6 V NVerfSchG). Für diese Mittel gilt zudem die Verwertungsbeschränkung des Art. 1 § 7 III G 10 entsprechend (§ 7 II NVerfSchG); außerdem besteht eine Pflicht zur Benachrichtigung des Betroffenen, sobald dies ohne Zweckgefährdung geschehen kann (§ 7 III 1 NVerfSchG). Diese Pflicht entfällt hier erst, wenn ihre Voraussetzungen 10 Jahre nach Beendigung der Maßnahme noch nicht vorliegen (§ 7 III 2 NVerfSchG); schon nach 3 Jahren ist aber der Landtagsausschuß für Angelegenheiten des Verfassungsschutzes zu unterrichten, wenn die Benachrichtigung des Betroffenen noch nicht erfolgt ist (§ 7 III 3 NVerfSchG).

§ 6 III NVerfSchG brachte aber überraschenderweise eine Einschränkung der Zulässigkeit des Einsatzes nachrichtendienstlicher Mittel, die der grundsätzlichen Zulassung des Abhörens und Aufzeichnens mit technischen Mitteln durch § 6 I 1 Nr. 7 NVerfSchG an sich konträr entgegensteht: Nach dem Vorbild des § 8 III 1 LVerfSchGSchlH verbietet § 6 III 1 NVerfSchG die Begehung von Straftaten durch die Anwendung nachrichtendienstlicher Mittel. Da hier aber erkannt wurde, daß die Ermächtigung zum Einsatz solcher Mittel zugleich eine Rechtfertigungsnorm darstellt und durch den Einsatz im Rahmen der Befugnisse deshalb an sich niemals eine (rechtswidrige und schuldhafte) Straftat begangen werden kann, sind durch § 6 III 2 NVerfSchG ausdrücklich diejenigen Straftatbestände aufgezählt, deren Verwirklichung unter der Maßgabe der Sätze 3 und 4 der Norm zulässig ist. In dieser Aufzählung kommt aber § 201 StGB nicht vor. Da jedoch das heimliche Anhören und Aufzeichnen des nichtöffentlich gesprochenen Wortes eines anderen durch einen Amtsträger stets die Straftatbestände des § 201 I Nr. 1, II 1 Nr. 1, III StGB verletzt, kommt es hier zu dem paradoxen Ergebnis, daß die durch § 6 I 1 Nr. 7 NVerfSchG ausdrücklich zugelassenen Tätigkeiten sogleich durch § 6 III 1, 2 NVerfSchG wieder verboten werden. Hier dürfte ein dringender Anpassungsbedarf bestehen.

Unzulässig ist der Einsatz technischer Abhör- und Aufzeichnungsmittel innerhalb von Wohnungen.

Es besteht eine Verpflichtung des LfV zur Übermittlung personenbezogener Daten zum Zwecke der Verfolgung von Staatsschutzdelikten (§ 18 I NVerfschG), die der Regelung in §§ 20 I, 21 I 1 BVerfSchG entspricht. Ansonsten ist eine Übermittlung personenbezogener Daten an Strafverfolgungsbehörden nach § 17 I 1 Nr. 2 lit. c NVerfSchG zulässig, wenn diese sie benötigen, um eine Straftat von erheblicher Bedeutung[1184] zu verfolgen; als Straftaten von erheblicher Bedeutung gelten dabei Verbrechen, besonders schwere Fälle von Vergehen, Vergehen, die im Mindestmaß mit Freiheitsstrafe von 6 Monaten bedroht sind, Straftaten nach §§ 129, 146 II, 147, 148, 149, 152, 311 IV u. V, 311a IV und 311b II StGB und sämtliche Straftaten nach dem BtMG, dem WaffG, dem KWKG und dem SprengG sowie der strafbare Versuch und die Teilnahme an einer der genannten Taten (§ 17 II NVerfSchG). Auch hier besteht keine besondere Einschränkung hinsichtlich der Übermittlung von Erkenntnissen, deren Verwertung durch § 7 II NVerfSchG iVm Art. 1 § 7 III G 10 beschränkt ist, obschon der sich hier ergebende Katalog nicht deckungsgleich mit dem in § 17 II NVerfSchG ist. Angesichts der abschließenden, aber auch recht weitreichenden Aufzählung des § 17 II NVerfSchG[1185], die zahlreiche Tatbestände der nicht politisch motivierten Kriminalität umfaßt, schließt es die Systematik der Norm aus, im Sinne der Rechtsprechung des BGH zu § 25c I POGRhPf[1186] die Befugnis zur Übermittlung zu Gefahrenabwehrzwecken nach § 17 I 1 Nr. 2 lit. b NVerfSchG für Übermittlungen an Strafverfolgungsbehörden ergänzend in Anspruch zu nehmen. Übermittlungsverbote bestehen nach dem Vorbild der §§ 23, 24

---

1184 seit 1995: "Straftaten nach Abs. 2".

1185 So sind etwa im Bereich des Betäubungsmittel- und des Waffenstrafrechts auch ausgesprochene Bagatelldelikte erfaßt.

1186 BGH NJW 1996, 405f. (s.o.S. 248ff.).

BVerfSchG und im Falle des Bestehens einer Pflicht zur Löschung der betreffenden Information sowie dann, wenn erkennbar ist, daß die Informationen für die empfangende Stelle nicht erforderlich sind (§ 20 NVerfSchG).
Zum 8.4.1995 wurde das NVerfSchG geändert[1187]:
Dem LfV wurde zusätzlich die Aufgabe der Beobachtung von Bestrebungen zugewiesen, die gegen den Gedanken der Völkerverständigung (Art. 9 II GG) oder gegen das friedliche Zusammenleben der Völker (Art. 26 I GG) gerichtet sind (§ 3 I Nr. 4 NVerfSchG n.F.). Seither beziehen sich alle Befugnisse, die bei der Beobachtung von Bestrebungen nach § 3 I NVerfSchG gelten, auch auf diese Aufgabe. Auch die Definitionsnormen des § 4 I NVerfSchG wurden auch auf die neue Aufgabe bezogen[1188].

kk) Berlin
Berlin gab sich zum 31.1.1993 ein neues Gesetz über das Landesamt für Verfassungsschutz[1189].
Auch hier waren die Aufgaben im Bereich des personellen und technischen Geheimschutzes gegenüber dem Bundesgesetz modifiziert (§ 5 III LfVGBerl). Im Unterschied zu § 3 I BVerfSchG ist auch dem Berliner LfV zudem die Aufgabe der Beobachtung früherer, fortwirkender unbekannter Strukturen und Tätigkeiten der Aufklärungs- und Abwehrdienste der ehemaligen DDR in Berlin zugewiesen worden (§ 5 II Nr. 4 LfVGBerl). Die Definitionen des § 6 LfVGBerl entsprechen trotz geringer Formulierungsunterschiede denjenigen des § 4 BVerfSchG. Sie sind ergänzt durch § 6 IV LfVGBerl, demzufolge auswärtige Belange iSd § 5 II Nr. 3 LfVGBerl (entspr. § 3 I Nr. 3 BVerfSchG) nur gefährdet werden, wenn in der Bundesrepublik Gewalt ausgeübt oder durch Handlungen vorbereitet wird und diese sich gegen die politische Ordnung oder Einrichtungen anderer Staaten richtet.
Die bei der Aufgabenerfüllung einzusetzenden nachrichtendienstlichen Mittel sind nach dem Vorbild des § 8 II BVerfSchG durch Verwaltungsvorschrift des Innensenators[1190] zu benennen, die dem zuständigen Ausschuß des Abgeordnetenhauses zur Kenntnis zu geben ist (§ 8 II 1-3 LfVGBerl). Der Einsatz ist nach § 9 I LfVGBerl zulässig, wenn

- er sich gegen Organisationen, unorganisierte Gruppen, in ihnen oder einzeln tätige Personen richtet, bei denen tatsächliche Anhaltspunkte für den Verdacht von Bestrebungen oder Tätigkeiten nach § 5 II LfVGBerl (entspr. mit der o.a. Ergänzung dem § 3 I BVerfSchG) bestehen,
- auf diese Weise Erkenntnisse über gewalttätige Bestrebungen oder geheimdienstli-

[1187] Ges. z. Änderg. d. NVerfSchG v. 4.4.1995 (GVBl. 103).
[1188] Art. I Nr. 2 lit. a des o.a. Änderungsges.
[1189] v. 26.1.1993 (GVBl. 33).
[1190] seit Dezember 1994: des Regierenden Bürgermeisters (Art. I Nr. 3 des Änderungsges. v. 22.11.1994 (GVBl. 462).

che Tätigkeiten gewonnen werden können[1191],

- auf diese Weise die zur Erforschung von Bestrebungen oder Tätigkeiten nach § 5 II LfVGBerl erforderlichen Quellen erschlossen werden können oder
- er zum Schutz der Dienstkräfte, Einrichtungen, Gegenstände und Quellen des LfV vor Bestrebungen gegen die Sicherheit des Bundes oder eines Landes oder vor sicherheitsgefährdenden oder geheimdienstlichen Tätigkeiten erforderlich ist.

Das Abhören und Aufzeichnen des in einer Wohnung nichtöffentlich gesprochenen Wortes mit technischen Mitteln ist nach § 9 II 1, 2 LfVGBerl ausschließlich bei der Aufgabenerfüllung auf den Gebieten der Spionageabwehr und des gewaltbereiten politischen Extremismus zulässig, wenn es im Einzelfall zur Abwehr einer gemeinen Gefahr oder einer Lebensgefahr für einzelne Personen unerläßlich ist, ein konkreter Verdacht in bezug auf eine Gefährdung der vorstehenden Rechtsgüter besteht und der Einsatz anderer Methoden und Mittel der heimlichen Informationsbeschaffung keine Aussicht auf Erfolg bietet. Anders als nach dem Wortlaut der meisten anderen Verfassungsschutzgesetze besteht also eindeutig keine "Eil"-Zuständigkeit der Verfassungsschutzbehörde zur Vornahme von Maßnahmen bei zufällig entdeckten Gemein- oder Lebensgefahren, die keinen Bezug zu den eigentlichen Aufgabengebieten haben.

Die Anforderungen des Verhältnismäßigkeitsprinzips sind durch § 9 III LfVGBerl näher ausgeführt. Eingriffe, die in ihrer Art und Schwere einer Beschränkung des Fernmeldegeheimnisses gleichkommen (dazu gehört ausweislich des § 9 V 1 LfVGBerl insb. der Einsatz technischer Mittel zum Abhören und Aufzeichnen) bedürfen der Zustimmung des Innensenators, im Verhinderungsfalle derjenigen seines Vertreters (§ 9 IV LfVGBerl)[1192]. Die Regelung über die Mitteilung schwerwiegender Eingriffe an den Betroffenen und über die Verwertung von Erkenntnissen aus solchen Eingriffen in § 9 V 1-3 LfVGBerl entspricht derjenigen in § 9 III BVerfSchG, wenn man berücksichtigt, daß auch hier nach dem Vorbild vieler Landesgesetze die Mitteilungspflicht nach 5 Jahren erlischt. Eine Verpflichtung zur Benachrichtigung des zuständigen parlamentarischen Ausschusses nach dem Vorbild des § 9 III 1 Nr. 2 BVerfSchG besteht in Berlin aber nicht.

Eine Pflicht zur Übermittlung von Erkenntnissen einschließlich personenbezogener Daten besteht nach § 21 LfVGBerl dann, wenn tatsächliche Anhaltspunkte dafür bestehen, daß die Übermittlung zur Verfolgung oder Verhinderung von Straftaten, die im Zusammenhang mit Bestrebungen oder Tätigkeiten nach § 5 II LfVGBerl stehen, erforderlich ist. Ansonsten ist die Übermittlung von personenbezogene Daten an inländische Behörden aber auch stets dann zulässig, wenn der Empfänger sie zu Strafverfolgung benötigt (§ 22 II LfVGBerl); besondere Beschränkungen auf bestimmte Delikte bestehen nicht. In Verbindung mit der eher vagen Regelung über die Befugnis zum

---

[1191] insoweit eine im Vergleich zu den anderen dargestellten Regelungen konturenlose Ermächtigung.

[1192] seit Dez. 1994: des Regierenden Bürgermeisters mit der Übertragungsmöglichkeit nach § 2 IV LfVGBerl n.F. (Art. I Nr. 4 lit. a des Änderungsges. v. 22.11.1994, GVBl. 462).

Einsatz nachrichtendienstlicher Mittel in § 9 I Nr. 2 LfVGBerl wohnt den Berliner Vorschriften über den Einsatz nachrichtendienstlicher Mittel damit ein gewisses Gefährdungspotential im Hinblick auf eine mögliche Umgehung der Voraussetzungen strafprozessualer Eingriffsmaßnahmen inne. Auch in Berlin ist zudem die Übermittlungsregelung in keiner Weise mit dem Bestehen einer etwaigen Verwertungsbeschränkung nach § 9 V 3 LfVGBerl synchronisiert.
Die Übermittlungsverbote in §§ 28, 29 LfVGBerl entsprechen denjenigen der §§ 23, 24 BVerfSchG; zudem sind sie auch für den Fall vorgesehen, daß die Informationen einer Löschungspflicht unterliegen oder für den Empfänger nicht mehr bedeutsam sind.

ll) Saarland

Das SVerfSchG[1193] trat am 17.4.1993 in Kraft.
Die Aufgabenzuweisung durch §§ 3-5 SVerfSchG entspricht im wesentlichen denjenigen der §§ 3, 4 BVerfSchG. Allerdings werden die einzelnen Beobachtungsobjekte iSd § 3 I 1 Nrn. 1 u. 3 SVerfSchG (entspr. § 3 I BVerfSchG) durch den Leiter des LfV mit Zustimmung des Innenministeriums festgelegt (§ 3 I 3, 4 SVerfSchG). Die Begriffsbestimmungen des § 5 SVerfSchG enthalten in Abs. 3 auch eine Definition von Gewalt als unmittelbare körperliche Einwirkung auf Personen oder Sachen. Schließlich verweist § 5 IV Hs. 1 SVerfSchG hinsichtlich des Begriffs der erheblichen Gefahr auf den polizeirechtlichen Gefahrenbegriff, ohne damit aber eine sachliche Differenz zu anderen Verfassungsschutzgesetzen zu begründen.
Auch nach § 8 I 3, 4 SVerfSchG sind die einzelnen nachrichtendienstlichen Mittel (durch § 8 I 1 SVerfSchG definiert als Methoden, Gegenstände und Instrumente, die unmittelbar der heimlichen Informationsbeschaffung dienen, und beispielhaft aufgezählt in § 8 I 2 SVerfSchG) in einer Dienstvorschrift zu benennen, die auch die Anordnungszuständigkeit regelt und der Zustimmung des Innenministeriums, nicht aber des zuständigen Landtagsausschusses bedarf. Zulässig ist der Einsatz dann, wenn

- er sich gegen Organisationen, unorganisierte Gruppen, in ihnen, für sie oder einzeln tätige Personen richtet, bei denen tatsächliche Anhaltspunkte für den Verdacht von Bestrebungen oder Tätigkeiten nach § 3 I 1 SVerfSchG bestehen (§ 8 II 1 Nr. 1 SVerfSchG),
- er sich gegen andere Personen richtet, deren Einbeziehung in eine solche Maßnahme auf Grund bestimmter Tatsachen unumgänglich erscheint, um auf diese Weise Erkenntnisse über gewalttätige Bestrebungen oder darauf gerichtete Vorbereitungshandlungen nach § 3 I 1 Nrn. 1 u. 3 SVerfSchG oder Tätigkeiten nach § 3 I 1 Nr. 2 SVerfSchG zu gewinnen (§ 8 II 1 Nr. 2 SVerfSchG),
- auf diese Weise die zur Erforschung von Bestrebungen oder Tätigkeiten nach § 3 I 1 SVerfSchG erforderlichen Nachrichtenzugänge geschaffen und gesichert werden

---

[1193] v. 24.3.1993 (ABl. 296).

können (§ 8 II 1 Nr. 3 SVerfSchG),
- dies zur Abschirmung der Mitarbeiterinnen und Mitarbeiter, Einrichtungen, Gegenstände und Nachrichtenzugänge des LfV gegen sicherheitsgefährdende oder nachrichtendienstliche Tätigkeiten erforderlich ist (§ 8 II 1 Nr. 4 SVerfSchG) oder
- wenn die Voraussetzungen des Art. 1 §§ 1 I, 2 G 10 vorliegen (§ 8 II 2 SVerfSchG), wenn also insbesondere tatsächliche Anhaltspunkte für den Verdacht einer in Art. 1 § 2 I G 10 genannten Straftat vorliegen und die Maßnahme sich gegen eine in Art. 1 § 2 II 2 G 10 genannte Person richtet. Soweit es hier um den Verdacht einer bereits begangenen Straftat geht, handelt es sich um eine Befugnis des saarländischen LfV zum Einsatz nachrichtendienstlicher Mittel zu repressiven Zwecken.

§ 9 I 1 SVerfSchG stellt noch einmal fest, daß heimliche Erhebungen über Personen, hinsichtlich derer selbst keine Anhaltspunkte für den Verdacht von Bestrebungen oder Tätigkeiten nach § 3 I 1 SVerfSchG vorliegen, nur unter den Voraussetzungen des zweiten bis fünften der vorgenannten Fälle erfolgen dürfen; diese Feststellung ist allerdings überflüssig, da sich dies schon aus § 8 II SVerfSchG selbst ergibt. Nach § 9 I 2 SVerfSchG sind heimliche Erhebungen aber zulässig bei Personen, die Zielpersonen fremder Nachrichtendienste sind, und bei gefährdeten Personen. Fallen bei einer zulässigen Erhebung auch Erkenntnisse über Personen an, die auch unter Berücksichtigung dieser neuen Erkenntnisse selbst unverdächtig sind, so dürfen die Erkenntnisse dennoch unter den Voraussetzungen der § 8 II 1 Nrn. 2-4, S. 2, § 9 I 2 SVerfSchG genutzt werden.

Eine Besonderheit weist aber § 8 I 6 SVerfschG auf: Durch Maßnahmen des LfV dürfen danach gesetzlich festgelegte Zeugnisverweigerungsrechte nicht beeinträchtigt werden. Das Saarland untersagte also als bis dahin erstes Bundesland der Verfassungsschutzbehörde den Eingriff in bestimmte Vertrauensverhältnisse des Verdächtigen und unterschied dabei nicht einmal zwischen den Zeugnisverweigerungsrechten aus beruflichen Gründen nach §§ 53f. StPO und denjenigen aus persönlichen Gründen nach § 52 StPO; damit ist dort der Einsatz nachrichtendienstlicher Mittel gegenüber dem Ehegatten, dem Verlobten und den in § 52 I Nr. 3 StPO genannten Verwandten und Verschwägerten des Verdächtigen untersagt.

§ 8 I 7 SVerfSchG regelt die Rechtfertigung der Verwirklichung von Straftatbeständen im Zusammenhang des Einsatzes nachrichtendienstlicher Mittel. Er verbietet aber, anders als § 6 III NVerfSchG und § 8 III 1 LVerfSchGSchlH, nicht ausdrücklich die Begehung von Straftaten oder Verwirklichung von Deliktstatbeständen als solche, sondern befaßt sich nur mit der Rechtfertigung solcher Delikte, die zur Absicherung oder Vorbereitung eines solchen Einsatzes verwirklicht werden. Da er somit den Handlungsspielraum beim Einsatz nachrichtendienstlicher Mittel lediglich über die bereits unmittelbar aus § 8 I 1, 2, II SVerfSchG ausgesprochene Rechtfertigung solcher Delikte, die dem Einsatz immanent sind, hinaus erweitert, ist es, anders als bei § 6 III NVerfSchG, unschädlich, daß er ebenfalls § 201 StGB nicht nennt.

Eine Ermächtigung zum Einsatz nachrichtendienstlicher Mittel im Schutzbereich des

Art. 13 GG existiert nicht.
Eingriffe, die nach Art und Schwere einer Beschränkung des Grundrechts aus Art. 10 GG gleichkommen (insb. der Einsatz technischer Mittel zum Abhören und Aufzeichnen), bedürfen der Zustimmung des Innenministeriums. Die Pflicht zur Benachrichtigung des Betroffenen und des zuständigen Landtagsausschusses sowie die Beschränkung der Verwertung der Erkenntnisse ist durch § 8 III 3-6 SVerfSchG nach dem Vorbild des § 9 III BVerfSchG geregelt; jedoch entfällt auch hier die Pflicht zur Benachrichtigung des Betroffenen nach 5 Jahren und wird durch eine Pflicht zur erneuten Benachrichtigung des Verfassungsschutzausschusses des Landtages ersetzt.
Die Pflicht zur Übermittlung von personenbezogenen Informationen zur Verfolgung von Staatsschutzdelikten ist durch § 17 III SVerfSchG nach dem Vorbild der §§ 20 I, 21 I 1 BVerfSchG geregelt. Darüber hinaus darf eine Übermittlung nach § 17 II SVerfSchG auch zum Zweck der Verfolgung einer Straftat von erheblicher Bedeutung erfolgen; dies sind nach § 5 IV Hs. 2 SVerfSchG Verbrechen und schwere Begehungsformen von Vergehen oder Vergehen, die im Mindestmaß mit Freiheitsstrafe von 6 Monaten bedroht sind, sowie Rauschgift-, Falschgeld-, Sprengstoff- und Waffendelikte und Straftaten nach §§ 129, 129a[1194] StGB. Da es sich bei der Übermittlung von Verdachtstatsachen um eine Prognoseentscheidung handelt, dürften damit im Hinblick auf das wenig bestimmte Tatbestandsmerkmal "schwere Begehungsform von Vergehen" der Übermittlung im Einzelfall selten hohe Schranken entgegenstehen. Eine Sonderregelung bezüglich solcher Erkenntnisse, die einer Verwertungsbeschränkung nach § 8 III 6 SVerfSchG unterworfen sind, existiert auch hier nicht. Die Übermittlungsverbote des § 19 SVerfSchG entsprechen denjenigen der §§ 23, 24 BVerfSchG.
Spätere parlamentarische Bestrebungen, dem LfV auch Befugnisse hinsichtlich der Beobachtung der organisierten Kriminalität zuzuweisen, blieben erfolglos[1195].

mm) Brandenburg

Brandenburg hatte zwar schon Ende 1991 durch ein Vorschaltgesetz[1196] eine Verfassungsschutzabteilung des Innenministeriums als Verfassungsschutzbehörde eingerichtet. Dieser Dienststelle war aber nach § 4 I 2 des Vorschaltgesetzes die Anwendung nachrichtendienstlicher Mittel untersagt.
Das BbgVerfSchG[1197] trat dann am 9.4.1993 in Kraft.
Die Verfassungsschutzbehörde blieb eine besondere Abteilung des Innenministeriums (§ 2 I BbgVerfSchG).
Die Aufgabenbestimmung der §§ 3, 4 BbgVerfSchG entspricht inhaltlich derjenigen der

---

1194 Die Nennung von § 129a StGB ist an sich überflüssig, da es sich hier stets um ein Verbrechen oder um ein Vergehen mit einem entsprechend erhöhten Mindestmaß (§ 129a III StGB) handelt.
1195 vgl. LT-Drucks. X/1383.
1196 v. 3.12.1991 (GVBl. 540).
1197 v. 5.4.1993 (GVBl. I, 78).

§§ 3, 4 BVerfSchG. Damit verzichtete Brandenburg als einziges Bundesland im Beitrittsgebiet auf die Zuweisung einer besonderen Aufgabe in bezug auf die Beobachtung von Strukturen und Tätigkeiten der Nachrichtendienste der ehemaligen DDR.
Die zulässigen nachrichtendienstlichen Mittel werden durch § 6 III 1 BbgVerfSchG abschließend aufgezählt; genannt sind dabei insbesondere Observationen (Nr. 2), heimliches Mithören ohne technische Mittel (Nr. 5), Mithören und Aufzeichnen mit technischen Mitteln außerhalb des Schutzbereichs des Art. 13 GG (Nr. 6) und Beobachtung des Funkverkehrs auf nicht für den allgemeinen Empfang bestimmten Kanälen sowie die Beobachtung, Aufzeichnung und Entschlüsselung von Signalen in Kommunikationssystemen (Nr. 7; gemeint ist insoweit nicht der Fernmeldeverkehr, der in Nr. 10 unter Verweis auf das G 10 separat aufgeführt ist). Die PKK ist über die Dienstvorschriften, die diese Mittel betreffen, vorab zu unterrichten (§ 28 S. 2 BbgVerfSchG). Der Einsatz der Mittel ist zulässig, wenn

- er sich gegen Personenzusammenschlüsse, in ihnen oder einzeln tätige Personen richtet, bei denen tatsächliche Anhaltspunkte für den Verdacht von Bestrebungen oder Tätigkeiten nach § 3 I BbgVerfSchG (entspr. § 3 I BVerfSchG) bestehen (§ 7 I 1 Nr. 1 BbgVerfSchG),
- er sich gegen andere Personen richtet, von denen auf Grund bestimmter Tatsachen anzunehmen ist, daß sie für die in Nr. 1 Genannten bestimmte oder von diesen herrührende Mitteilungen entgegennehmen oder weitergeben (§ 7 I 1 Nr. 2 BbgVerfSchG),
- er gegen andere als die in Nrn. 1 oder 2 genannten Personen unumgänglich ist, um Erkenntnisse über sicherheitsgefährdende oder geheimdienstliche Tätigkeiten für eine fremde Macht oder Bestrebungen zu gewinnen, die sich durch Anwendung von Gewalt oder darauf gerichtete Vorbereitungshandlungen gegen die in § 3 I Nrn. 1 u. 3 genannten Schutzgüter wenden (§ 7 I 1 Nr. 3 BbgVerfSchG) oder
- er zum Schutz der Bediensteten, Einrichtungen, Gegenstände und Quellen der Behörde gegen sicherheitsgefährdende oder geheimdienstliche Tätigkeiten erforderlich ist (§ 7 I 1 Nr. 4 BbgVerfSchG).

Nicht zulässig ist das Abhören und Aufzeichnen von in einer Wohnung geführten Gesprächen.
Die Anforderungen des Verhältnismäßigkeitsgrundsatzes an den Einsatz nach § 7 I 2-4 BbgVerfSchG entsprechen denjenigen des § 9 I 2-4 BVerfSchG. Die Erkenntnisse dürfen zudem nach § 7 III BbgVerfSchG nur für den jeweiligen Erhebungszweck oder für einen Zweck verwendet werden, für den sie auch hätten erhoben werden dürfen; Ausnahmen gelten für Sicherheitsüberprüfungen und für Verwaltungsverfahren bei zwingend notwendiger Beteiligung der Verfassungsschutzbehörde.
Nach § 6 III 3 1. Hs. BbgVerfSchG dürfen Personen, die sich aus beruflichen Gründen auf ein Zeugnisverweigerungsrecht berufen können, nicht durch die Verfassungsschutzbehörde von sich aus in Anspruch genommen werden; der Einsatz nachrichtendienstlicher Mittel gegenüber den in §§ 53f. StPO genannten Personen scheidet damit aus.
Eingriffe, die nach Art und Schwere einer Beschränkung des Grundrechts aus Art. 10

GG gleichkommen, insbesondere das Abhören und Aufzeichnen mit technischen Mitteln, sind nach § 7 III 1 BbgVerfSchG nur zulässig, wenn dadurch Erkenntnisse über sicherheitsgefährdende oder geheimdienstliche Tätigkeiten für eine fremde Macht oder Bestrebungen, die auf Gewaltanwendung gerichtet sind oder sonst ein kämpferisches und aggressives Verhalten gegenüber den in § 4 III BbgVerfSchG (entspr. § 4 II BVerfSchG) genannten Grundsätzen erkennen lassen, gewonnen werden können; hiermit ist allerdings keine besondere Einschränkung verbunden, da dies der Regelfalldefinition der Bestrebung im Sinne des Gesetzes durch § 4 II BbgVerfSchG entspricht. Der Eingriff bedarf der Zustimmung des Innenministers, im Verhinderungsfall seines Vertreters; die PKK ist in der nächsten Sitzung, bei Fortdauer der Maßnahme weiterhin in Abständen von 3 Monaten, zu unterrichten (§ 7 III 2, 3 BbgVerfSchG). Das Erfordernis der Unterrichtung der PKK gilt gem. § 7 IV BbgVerfSchG auch bei Observationen. Die durch den Eingriff nach § 7 III 1 BbgVerfSchG erhobenen Informationen dürfen nach Maßgabe des Art. 7 III G 10, zur Erforschung oder Verfolgung von Straftaten nach § 129 StGB sowie für Sicherheitsüberprüfungen und für Verwaltungsverfahren, in denen die Beteiligung der Verfassungsschutzbehörde gesetzlich vorgeschrieben ist, verwendet werden (§ 7 III 4 BbgVerfSchG). Eine Pflicht zur nachträglichen Unterrichtung des Betroffenen über den Eingriff besteht nicht.
Die Übermittlungspflicht bei Staatsschutzdelikten nach § 17 I, II BbgVerfSchG entspricht derjenigen nach §§ 20 I, 21 I 1 BVerfSchG. Darüber hinaus dürfen personenbezogene Daten an Strafverfolgungsbehörden übermittelt werden, wenn diese sie zur Verfolgung einer Straftat von erheblicher Bedeutung benötigen (§ 16 I 1 BbgVerfSchG); solche Straftaten sind Verbrechen, Vergehen, die im Mindestmaß mit Freiheitsstrafe von 6 Monaten bedroht sind, sowie Rauschgifthandel, Falschgeld-, Sprengstoff- und Waffendelikte und Straftaten nach § 129 StGB (§ 4 V BbgVerfSchG). Außerdem ist die Übermittlung zulässig, wenn eine andere gesetzliche Vorschrift sie vorsieht. Die Übermittlungsverbote der §§ 19, 20 BbgVerfSchG entsprechen denjenigen der §§ 23, 24 BVerfSchG; sie erfassen außerdem auch den Fall, daß die Information zu löschen oder für die empfangende Stelle nicht mehr erforderlich ist.

nn) Nordrhein-Westfalen

Das VSG NW[1198] trat am 26.1.1995 in Kraft.
Die Aufgabenbeschreibung des § 3 VSG NW entspricht im wesentlichen der in §§ 3, 4 BVerfSchG; jedoch ist der Verfassungsschutzbehörde durch § 3 I Nr. 4 VSG NW zusätzlich die Aufgabe der Beobachtung von Bestrebungen und Tätigkeiten zugewiesen, die sich gegen den Gedanken der Völkerverständigung (Art. 9 II GG) oder das friedliche Zusammenleben der Völker (Art. 26 GG) richten. Politischen Bestrebungen, im Zuge der Novellierung nach bayerischem Vorbild der Verfassungsschutzbehörde auch Auf-

---

1198 v. 20.12.1994 (GVBl. 1995, 28).

gaben im Bereich der Beobachtung der organisierten Kriminalität zuzuweisen[1199], blieb der Erfolg versagt.

Die zulässigen nachrichtendienstlichen Mittel sind in § 5 I VSG NW aufgezählt; die Aufzählung umfaßt insbesondere die Observation (Nr. 2), das Mithören ohne Inanspruchnahme technischer Mittel (Nr. 5), das Mithören und Aufzeichnen des nichtöffentlich gesprochenen Wortes mit technischen Mitteln (Nr. 6) und die Beobachtung des Funkverkehrs auf nicht für den allgemeinen Empfang bestimmten Kanälen sowie die Beobachtung, Aufzeichnung und Entschlüsselung von Signalen in Kommunikationssystemen (Nr. 7)[1200]. Die Aufzählung ist jedoch nicht abschließend, da § 5 II Nr. 11 VSG NW auch zur Anwendung weiterer vergleichbarer Methoden, Gegenstände und Instrumente zur heimlichen Informationsbeschaffung, insbesondere zum "sonstigen Eindringen in technische Kommunikationsbeziehungen" u.a. durch Tonaufzeichnungen ermächtigt. Ein Erfordernis der näheren Festlegung durch Dienstvorschriften nach dem Vorbild des § 8 II 2, 3 BVerfSchG kennt das VSG NW nicht.

Die allgemeinen Anforderungen des Verhältnismäßigkeitsprinzips an den Einsatz formuliert § 5 III VSG NW.

Die in § 5 II VSG NW genannten Mittel dürfen nach § 7 I VSG NW unter denselben Voraussetzungen eingesetzt werden wie nach § 9 I 1 BVerfSchG; ergänzend berechtigt hier auch die Gewinnung von Erkenntnissen über Bestrebungen oder Tätigkeiten nach § 3 I Nr. 4 VSG NW oder entsprechenden Quellen zum Einsatz.

Erhebungen nach § 7 I VSG NW, die nach ihrer Art und Schwere einer Beschränkung des Fernmeldegeheimnisses gleichkommen, bedürfen nach § 7 III 1 VSG NW der Anordnung des Innenministers. Nach § 7 III 2 iVm § 3 I NWAusfG z. G 10 ist vorab auch die G 10-Kommission zu unterrichten; lediglich im Falle von Gefahr im Verzug kann diese Unterrichtung auch nachträglich erfolgen. Nachträglich ist zudem das parlamentarische Kontrollgremium, jährlich der Hauptausschuß des Landtages zu unterrichten (§ 7 IV 1, 2 VSG NW). Erhebung im Sinne dieser Vorschrift ist insbesondere der verdeckte Einsatz technischer Abhör- und Aufzeichnungsmittel.

Jedoch unterliegt der Einsatz derartiger technischer Mittel zum Abhören und Aufzeichnen von Gesprächen innerhalb von Wohnungen, der nach § 7 II 1 VSG NW zur Abwehr einer gegenwärtigen gemeinen Gefahr oder einer gegenwärtigen Lebensgefahr für einzelne Personen zulässig ist, nicht den Regelungen des § 7 III VSG NW, wie sich aus dessen Verweisung auf Abs. 1 der Vorschrift ergibt. Obschon es sich hier gegenüber dem Einsatz technischer Mittel außerhalb von Wohnungen um einen schwereren Eingriff handelt, reichen insoweit die unverzügliche nachträgliche Unterrichtung des Innenministers (§ 7 II 2 VSG NW) sowie die nachträgliche Unterrichtung der G 10-Kommission (§ 7 IV 1 VSG NW) aus. Außerdem ist das parlamentarische Kontrollgremium

---

[1199] referiert bei *Werthebach/Droste-Lehnen*, ZRP 1994, 57 (Fn. 2).

[1200] Auch hier ist damit nicht die Tätigkeit nach Art. 1 G 10 gemeint, die in § 5 II Nr. 10 VSG NW gesondert erwähnt ist.

nachträglich zu unterrichten; jährlich ist dem Hauptausschuß des Landtages Bericht zu erstatten (§ 7 IV 1, 2 VSG NW).
Die Regelung der Verwertung der aus schwereren Eingriffen entstammenden Erkenntnisse sowie die Pflicht zur Benachrichtigung des Betroffenen nach § 7 IV 3, V VSG NW entspricht im Kern der des § 9 III BVerfSchG. Auch hier entfällt die Benachrichtigungspflicht jedoch nach 5 Jahren (§ 7 V 3 VSG NW); eine Verpflichtung zur ersatzweisen Benachrichtigung eines parlamentarischen Organs oder Hilfsorgans ist nicht vorgesehen. § 7 V 4 VSG NW bestimmt, daß dem Betroffenen nach der Benachrichtigung der Rechtsweg offensteht; der Sinn dieser Vorschrift ist aber ebensowenig wie bei der entsprechenden schleswig-holsteinischen Bestimmung ersichtlich, da auch das VSG NW ohnehin keinen dem Art. 1 § 9 VI G 10 entsprechenden Rechtswegausschluß anordnet. Damit ist auch hier demjenigen Betroffenen, der zufällig Kenntnis von der Maßnahme erlangt, der Rechtsweg auch vor der Benachrichtigung nicht verschlossen.
Die Pflicht zur Übermittlung zum Zweck der Verfolgung von Staatsschutzdelikten nach § 18 VSG NW entspricht dem Vorbild der §§ 20 I, 21 I 1 BVerfSchG. Ansonsten läßt zwar § 17 I 1 VSG NW die Übermittlung personenbezogener Daten allgemein an Gerichte und inländische Behörden zu, wenn diese sie für Zwecke der öffentlichen Sicherheit benötigen. Weitergehende Begrenzungen existieren nicht; auch hier existiert keine Sonderregelung über die Übermittlung von Daten, die der Verwertungsbeschränkung nach § 7 IV 3 VSG NW unterliegen. Die Übermittlungsverbote der §§ 19, 20 VSG NW entsprechen denjenigen der §§ 23, 24 BVerfSchG.

oo) Hamburg

Das HmbVerfSchG[1201] schließlich trat am 14.3.1995 in Kraft.
Die Aufgabenzuweisung der §§ 4, 5 HmbVerfSchG entsprach im Kern derjenigen der §§ 3,4 BVerfSchG. Sie war aber ergänzt um die Aufgabe der Beobachtung von Bestrebungen und Tätigkeiten, die sich gegen den Gedanken der Völkerverständigung (Art. 9 II GG) oder das friedliche Zusammenleben der Völker (Art. 26 GG) richten (§ 4 I 1 Nr. 4 HmbVerfSchG), sowie um Aufgaben der Information des Senats und der für Gefahrenabwehr zuständigen Stellen sowie der Öffentlichkeit (§ 4 I 2, 3 HmbVerfSchG).
Die zur Erfüllung der Aufgaben einsetzbaren nachrichtendienstlichen Mittel sind in § 8 II 1 HmbVerfSchG aufgezählt; die Aufzählung umfaßt insbesondere Observationen, definiert als planmäßig angelegte Beobachtungen (Nr. 3), verdecktes Mithören ohne Inanspruchnahme technischer Mittel (Nr. 6), verdecktes Mithören und Aufzeichnen des nichtöffentlichen gesprochenen Wortes oder sonstiger Signale unter Einsatz technischer Mittel außerhalb von Wohnungen (Nr. 7), Beobachtung und Aufzeichnung des Funkverkehrs (Nr. 8). Sie ist nicht abschließend, da § 8 II 1 Nr. 12 HmbVerfSchG den Einsatz weiterer vergleichbarer Methoden, Gegenstände und Instrumente zur heimli-

---

[1201] v. 7.3.1995 (GVBl. 45).

chen Informationsbeschaffung, insbesondere das sonstige Eindringen in technische Kommunikationsbeziehungen u.a. durch Tonaufzeichnungen, zuläßt. Nicht zulässig ist der Einsatz technischer Mittel zum Abhören und Aufzeichnen innerhalb von Wohnungen. Die Mittel sind abschließend in einer Dienstvorschrift zu benennen, die der Zustimmung des Präses der zuständigen Behörde bedarf und hinsichtlich derer dem LfD Gelegenheit zur Stellungnahme zu geben ist (§ 8 II 2-4 HmbVerfSchG); die Dienstvorschrift ist nach § 26 IV Nr. 2 HmbVerfSchG dem Kontrollausschuß der Bürgerschaft mitzuteilen.

Der Einsatz nachrichtendienstlicher Mittel ist nach § 8 I 2 HmbVerfSchG zulässig, wenn

- er sich gegen Organisationen, unorganisierte Gruppen, in ihnen oder einzeln tätige Personen richtet, bei denen tatsächliche Anhaltspunkte für den Verdacht von Bestrebungen oder Tätigkeiten nach § 4 I HmbVerfSchG (entspr. mit der o.a. Ergänzung dem § 3 I BVerfSchG) bestehen (Nr. 1),
- er sich gegen andere als die in Nr. 1 genannten Personen richtet, von denen auf Grund bestimmter Tatsachen anzunehmen ist, daß sie für den Betroffenen bestimmte oder von ihm herrührende Mitteilunge entgegennehmen oder weitergeben, um auf diese Weise Erkenntnisse über sicherheitsgefährdende oder geheimdienstliche Tätigkeiten für eine fremde Macht oder gewalttätige Bestrebungen und Tätigkeiten nach § 4 I HmbVerfSchG zu gewinnen (Nr. 2),
- auf diese Weise die zur Erforschung von Bestrebungen oder Tätigkeiten nach § 4 I HmbVerfSchG erforderlichen Nachrichtenzugänge geschaffen werden können (Nr. 3) oder
- er zur Abschirmung der Mitarbeiter, Einrichtungen, Gegenstände und Nachrichtenzugänge des LfV gegen sicherheitsgefährdende oder geheimdienstliche Tätigkeiten erforderlich ist (Nr. 4).

Die Anforderungen des Verhältnismäßigkeitsprinzips an den Einsatz werden durch § 6 I HmbVerfSchG konkretisiert.

Eingriffe, die nach Art und Schwere einer Beschränkung des Fernmeldegeheimnisses gleichkommen, bedürfen der Zustimmung des Präses, im Verhinderungsfalle des Staatsrates der zuständigen Behörde (§ 8 III HmbVerfSchG); der Kontrollausschuß der Bürgerschaft ist zu informieren (§ 26 IV Nr. 3 HmbVerfSchG). Dem Betroffenen ist von ihnen Mitteilung zu machen, sobald Zweckgefährdung ausgeschlossen werden kann (§ 8 IV 1, 2 HmbVerfschG). Die Mitteilungspflicht erlischt nach Ablauf von 5 Jahren (§ 8 IV 3 HmbVerfSchG); einer erneuten Mitteilung an den Kontrollausschuß bedarf es nicht. Eine Beschränkung der Verwertbarkeit von Erkenntnissen aus Maßnahmen nach § 8 III HmbVerfSchG ordnet das Gesetz nicht an.

Die Regelung über die Übermittlung personenbezogener Daten an Strafverfolgungsbehörden in § 14 II 1 HmbVerfSchG nennt als Tatbestände, hinsichtlich derer tatsächliche Anhaltspunkte vorliegen müssen, um eine Übermittlung zu rechtfertigen, zunächst dieselben Delikte wie §§ 20 I, 21 I 1 BVerfSchG, darüber hinaus aber auch Delikte nach

§§ 100a Nrn. 3, 4 StPO[1202] (Verstöße gegen das WaffG, AWG, KWKG und BtMG) sowie nach §§ 130, 131 StGB. Sie trifft aber eine im Ländervergleich einzigartige Einschränkung: Solche Daten, die das LfV selbst mit nachrichtendienstlichen Mittel erhoben hat, düren nur dann übermittelt werden, wenn die tatsächlichen und rechtlichen Voraussetzungen für deren Erhebung mit entsprechenden Befugnissen zur verdeckten Datenerhebung nach der StPO oder nach den §§ 9-12, 23 DatVPolG HH vorgelegen hätten (§ 14 II 2 HmbVerfSchG). Hamburg ist damit das einzige Bundesland, das auf die nicht allzu fernliegende Gefahr, daß die Überwachungsbefugnisse des LfV durch Strafverfolgungs- oder Polizeibehörden als "Ausweichlösung" bei Fehlen eigener Eingriffsbefugnisse in Anspruch genommen werden könnten, reagiert hat, indem es durch dynamische Verweisung die Möglichkeiten der Übermittlung an diese Behörden dem jeweiligen Stand ihrer eigenen Eingriffsbefugnisse angepaßt hat. Hieraus erklärt sich auch das Fehlen einer eigenen Verwertungsregelung für Erkenntnisse aus Eingriffen nach § 8 III HmbVerfSchG: Erkenntnisse aus dem Einsatz jeglicher nachrichtendienstlicher Mittel dürfen in Hamburg den Polizei- und Strafverfolgungsbehörden ohnedies nur zur Verfügung gestellt werden, wenn diese sie auch selbst zur Erfüllung ihrer eigenen Aufgaben hätten erheben dürfen.

Die Übermittlungsverbote der §§ 21, 22 HmbVerfSchG enthalten im übrigen alle diejenigen, die auch §§ 23, 24 BVerfSchG aussprechen. Sie sind ergänzt um den Fall des Bestehens von Vernichtungspflichten in bezug auf die jeweilige Information sowie den Fall, daß die Informationen für den Empfänger nicht mehr bedeutsam sind (§ 21 I Nr. 1 1. u. 3. Alt. HmbVerfSchG); darüber hinaus ordnet das Gesetz aber auch ein Übermittlungsverbot für den Fall an, daß die Informationen einem Verwertungsverbot unterliegen (§ 21 I Nr. 1 2. Alt. HmbVerfSchG). Obwohl also das HmbVerfSchG selbst gar keine ausdrücklichen Verwertungsverbote ausspricht, synchronisiert es dennoch als einziges Verfassungsschutzgesetz der Bundesrepublik die Regelung der Übermittlung an andere Stellen, insbesondere an Strafverfolgungsbehörden, mit der Möglichkeit des anderweitigen Bestehens derartiger Verwertungsverbote.

## 2. MAD

Zum selben Zeitpunkt wie die Neuregelung des Bundesverfassungsschutzrechtes, nämlich am 30.12.1990, trat auch das MADG[1203] in Kraft. Durch dieses Gesetz wurden erstmals die Aufgaben und Befugnisse des Militärischen Abschirmdienstes außerhalb der Tätigkeit nach Art. 1 G 10 gesetzlich geregelt.

Entsprechend der Fassung der Vorentwürfe wurde dem Militärischen Abschirmdienst für den Geschäftsbereich des Bundesverteidigungsministers die Wahrnehmung von Aufgaben zugewiesen, die ansonsten nach § 3 BVerfSchG und den entsprechenden

---

1202 Korrekt wäre § 100a S. 1 Nrn. 3, 4 StPO.

1203 verkündet als Art. 3 des Ges. zur Fortentwicklung der Datenverarbeitung u. des Datenschutzes v. 20.12.1990 (BGBl. I, 2954).

landesrechtlichen Bestimmungen zum Aufgabenbereich der Verfassungsschutzbehörden gehört hätten. Konkret betraute ihn § 1 I 1 MADG mit der Sammlung und Auswertung von Informationen, insbesondere von sach- und personenbezogenen Auskünften, Nachrichten und Unterlagen, über

- Bestrebungen, die gegen die freiheitliche demokratische Grundordnung, den Bestand oder die Sicherheit des Bundes oder eines Landes gerichtet sind (Nr. 1), sowie
- über sicherheitsgefährdende oder geheimdienstliche Tätigkeiten in der Bundesrepublik für eine fremde Macht (Nr. 2),

wenn sich diese Bestrebungen oder Tätigkeiten gegen Personen, Dienststellen oder Einrichtungen im Geschäftsbereich des Bundesministers der Verteidigung richten und von Personen ausgehen oder ausgehen sollen, die diesem Geschäftsbereich angehören oder in ihm tätig sind. Die Begriffsbestimmungen des § 4 BVerfSchG finden insoweit entsprechende Anwendung (§ 1 I 2 MADG).

Außerdem darf der MAD zur Fortführung von Aufgaben nach § 1 I MADG seine Befugnisse, soweit es im Einzelfall zwingend erforderlich ist, auch ausüben

- gegenüber dem Ehegatten oder Verlobten einer in § 1 I MADG genannten Person oder dem mit ihr in eheähnlicher Gemeinschaft Lebenden, wenn angenommen werden muß, daß Bestrebungen oder Tätigkeiten nach § 1 I MADG auch von ihm ausgehen (§ 2 I 2 Nr. 1 MADG),
- im Benehmen mit der zuständigen Verfassungsschutzbehörde gegenüber Personen, bei denen tatsächliche Anhaltspunkte dafür bestehen, daß sie mit einer in § 1 I MADG genannten Person bei Bestrebungen oder Tätigkeiten nach § 1 I MADG zusammenarbeiten, wenn anderenfalls die weitere Erforschung des Sachverhalts gefährdet oder nur mit übermäßigem Aufwand möglich wäre (§ 2 I 2 Nr. 2 MADG).

Schließlich ist die Ausübung der Befugnisse im Einvernehmen mit der Verfassungsschutzbehörde auch gegenüber weiteren Personen zulässig, soweit sie im Einzelfall zwingend zum Schutz der Mitarbeiter, Einrichtungen, Gegenstände oder Quellen des MAD gegen sicherheitsgefährdende oder geheimdienstliche Tätigkeiten in Wahrnehmung der Aufgaben nach § 1 I MADG erforderlich ist (§ 2 II MADG).

Außer den Aufgaben nach § 1 I MADG wurden dem Dienst auch Aufgaben hinsichtlich der Auswertung gewonnener Informationen zum Zweck der Beurteilung der Sicherheitslage militärischer Objekte (§ 1 II MADG) sowie Mitwirkungsaufgaben bei der Durchführung von Sicherheitsüberprüfungen und technischen Sicherheitsmaßnahmen im Geschäftsbereich des Bundesverteidigungsministers (§ 1 III MADG) zugewiesen.

Wegen der Überschneidung der Aufgaben des MAD mit denen der Verfassungsschutzbehörden sieht § 3 I, III MADG eine Verpflichtung dieser Behörden zur Zusammenarbeit vor.

Die Befugnisse des MAD sind weitgehend durch Verweisungen auf die §§ 8, 9 BVerfSchG geregelt. Aus § 4 I 3 MADG iVm § 8 II 2, 3 BVerfSchG ergibt sich, daß auch die vom MAD eingesetzten nachrichtendienstlichen Mittel in einer Dienstvorschrift

zu nennen sind, die der Zustimmung des Bundesverteidigungsministers bedarf und von der die PKK zu unterrichten ist. Die Erhebung personenbezogener Informationen unter Anwendung dieser "besonderen Formen der Datenerhebung" ist nach § 5 Hs. 1 MADG zulässig zur Erfüllung der Aufgaben nach §§ 1 I, 2 I MADG und zur Erforschung der dazu erforderlichen Quellen sowie zum Schutz der Mitarbeiter, Einrichtungen, Gegenstände und Quellen des MAD gegen sicherheitsgefährdende oder geheimdienstliche Tätigkeiten (auch nach § 2 II MADG). Die Vorschriften des § 9 BVerfSchG über die Verhältnismäßigkeit des Einsatzes, über den Einsatz technischer Mittel zum Abhören und Aufzeichnen von Gesprächen aus Wohnungen, über die Benachrichtigung des Betroffenen und der PKK sowie über Verwertungsbeschränkungen finden nach § 5 MADG entsprechende Anwendung.
Auch die Übermittlungsregelungen der §§ 19, 20 BVerfSchG und die Übermittlungsverbote nach §§ 23, 24 BVerfSchG sind kraft Verweisung in §§ 11, 12 MADG auf die Tätigkeit des MAD anzuwenden.

3. BND

Schließlich trat am 30.12.1990 auch erstmals eine gesetzliche Regelung der Tätigkeit des Bundesnachrichtendienstes außerhalb des Bereichs des Art. 1 G 10 in Kraft. Die Fassung der Vorentwürfe, die eine Aufnahme dieser Bestimmungen in ein ZAG vorgesehen hatte, hatte sich nicht durchsetzen können, da die Vorschriften über die informationelle Zusammenarbeit der Sicherheitsbehörden nun doch auf die verschiedenen Fachgesetze verteilt worden waren. Statt dessen wurde ein eigenes BNDG geschaffen[1204].
Als Aufgabe des BND nennt das Gesetz die Sammlung und Auswertung der erforderlichen Informationen zur Gewinnung von Erkenntnissen über das Ausland, die von aussen- und sicherheitspolitischer Bedeutung für die Bundesrepublik sind (§ 1 II 1 BNDG). Zur Erfüllung dieser Aufgaben räumen §§ 2ff. BNDG dem Dienst Befugnisse zur Erhebung und Verarbeitung von Informationen im Inland ein. Für die Auslandstätigkeit gelten insoweit keine besonderen Bestimmungen (§ 1 II 2 BNDG); hier hatte sich die Auffassung durchgesetzt, daß insofern nach wie vor keine gesetzliche Regelung erforderlich oder auch nur wünschenswert sei, und zwar auch für den Fall nicht, daß sich die Erhebung im Ausland auf Deutsche bezieht.
Der BND darf nach § 2 I BNDG Informationen einschließlich personenbezogener Daten zu folgenden Zwecken erheben:

- Schutz seiner Mitarbeiter, Einrichtungen, Gegenstände und Quellen gegen sicherheitsgefährdende und geheimdienstliche Tätigkeiten,
- Sicherheitsüberprüfung von Personen, die für ihn tätig sind oder werden sollen,
- Überprüfung der für die Aufgabenerfüllung notwendigen Nachrichtenzugänge,
- über Vorgänge im Ausland, die von außen- und sicherheitspolitischer Bedeutung für

---

[1204] verkündet als Art. 4 des Ges. zur Fortentwicklung der Datenverarbeitung u. des Datenschutzes v. 20.12.1990 (BGBl. I, 2954).

die Bundesrepublik sind, wenn sie nur auf diese Weise zu erlangen sind und für ihre Erhebung keine andere Behörde zuständig ist.

Eine Erhebung mit dem Mitteln des § 8 II BVerfSchG ist dabei nach § 3 S. 1 BNDG zulässig, wenn Tatsachen die Annahme rechtfertigen, daß dies zur Erfüllung der Aufgaben erforderlich ist. Allerdings verweist § 3 S. 2 BNDG allgemein auf die Regelung des Einsatzes nachrichtendienstlicher Mittel durch § 9 BVerfSchG. Die Reichweite dieser Verweisung war zunächst nicht völlig klar: § 9 I 1 BVerfSchG beschränkt den Einsatz dieser Mittel auf Zwecke der Eigensicherung, wie sie auch in § 2 I Nr. 1 BNDG erwähnt werden, sowie auf die Gewinnung von Erkenntnissen über Bestrebungen oder Tätigkeiten nach § 3 I BVerfSchG oder entsprechender Quellen. Letztere Alternative (§ 9 I 1 Nr. 1 BVerfSchG) hat in der anders gearteten Aufgabenregelung des BNDG aber kein Äquivalent. Es wurde deshalb nicht ganz deutlich, ob die Verweisung auf § 9 BVerfSchG dahin zu verstehen war, daß der Einsatz der besonderen Formen der Datenerhebung auf die Zwecke nach § 2 I Nr. 1 BNDG sowie auf diejenigen des dem § 9 I 1 Nr. 1 BVerfSchG immerhin einigermaßen ähnlichen § 2 I Nrn. 3, 4 BNDG (Überprüfung von Nachrichtenzugängen im Ausland, Beobachtung von Vorgängen im Ausland) beschränkt war, oder ob § 3 S. 1 BNDG eine eigenständige Regelung der Einsatzfälle brachte und die Verweisung in § 3 S. 2 BNDG sich nur auf § 9 I 2-4, II-III BVerfSchG bezog. Träfe letzteres zu, so wäre der Einsatz nachrichtendienstlicher Mittel dem BND auch zur Durchführung von Sicherheitsüberprüfungen im eigenen Bereich nach § 2 I Nr. 2 BNDG gestattet gewesen. Erst seit im Jahre 1994 eine einheitliche Regelung der bei einer Sicherheitsüberprüfung durchzuführenden Maßnahmen in §§ 11, 12 SÜG[1205] getroffen worden ist, auf die nunmehr § 2 II 3 BNDG verweist, ergibt sich aus der gesetzlichen Regelung mit der nötigen Klarheit, daß ein solcher Einsatz für diese Zwecke nicht zulässig ist.

Folge der Verweisung auf § 9 BVerfSchG ist im übrigen, daß auch dem BND die Erhebung von Informationen durch den Einsatz technischer Mittel zum Abhören und Aufzeichnen aus Wohnungen im Inland grundsätzlich möglich ist.

Hinsichtlich der Pflicht zur Übermittlung von Erkenntnissen über Staatsschutzdelikte verweist § 9 III BNDG auf § 20 BVerfSchG. Darüber hinaus ist die Übermittlung personenbezogener Daten an inländische Behörden auch zulässig, wenn diese sie für Zwecke der öffentlichen Sicherheit benötigen (§ 9 I 1 BNDG).

Die Übermittlungsverbote entsprechen denen der §§ 23, 24 BVerfSchG (§ 10 BNDG).

4. Folgen der Änderung des Art. 13 GG

Ebenso wie für das Polizeirecht ergeben sich auch für die nachrichtendienstrechtlichen Regelungen der akustischen Überwachung von Wohnungen unter Einsatz technischer Mittel Konsequenzen aus der Novellierung des Art. 13 GG durch das Gesetz vom

---

[1205] v. 20.4.1994 (BGBl. I, 867).

26.3.1998[1206].
Diejenigen Regelungen, die derartige Eingriffe zur Abwehr gemeiner Gefahren oder von Lebensgefahren voraussehen, befinden sich zwar in Übereinstimmung mit den materiellen Voraussetzungen, die Art. 13 IV 1 GG n.F. ausspricht. Keines der deutschen Nachrichtendienstgesetze enthielt aber zunächst den von Art. 13 IV 1 GG n.F. geforderten Richtervorbehalt[1207]. Auch ein Rückgriff auf die Regelung über Gefahr im Verzug in Art. 13 IV 2 GG n.F. wird ggf. nur in denjenigen Ländern möglich sein, die eine gesetzliche Regelung der Anordnungszuständigkeit getroffen haben, nicht aber im Bereich derjenigen Gesetze, die die Zuständigkeitsregelung Dienstvorschriften überantwortet haben (Bund, Baden-Württemberg, Hessen, Thüringen, Mecklenburg-Vorpommern).
Die Landesgesetze Bayerns und Sachsens sind dagegen auch mit den materiellen Grenzen der neuen Regelung nicht vereinbar. Sie stellen, wie gesehen, darauf ab, ob tatsächliche Anhaltspunkte für den Verdacht bestehen, daß jemand eine bestimmte Straftat plant, begeht oder begangen hat. Soweit es hier um die Abwehr der Gefahr künftiger Straftaten geht, ist durch die Anknüpfung an Art. 1 § 2 I 1 G 10 sowie an die weiteren in Art. 6 IV 1 BayVSG genannten Delikte, insbesondere aus dem Bereich der Vermögenskriminalität, nicht sichergestellt, daß es in jedem Einzelfall um die Abwehr dringender Gefahren für die öffentliche Sicherheit geht, die ein den in Art. 13 IV 1 GG n.F. ausdrücklich genannten Gefahren (nämlich gemeinen sowie Lebensgefahren) vergleichbares Gewicht haben. Daran kann auch die Tatsache, daß § 5 III 1 SächsVSG die hier abzuwehrenden Gefahren als dringende Gefahren für die öffentliche Sicherheit bezeichnet, nichts ändern, da die verfassungsrechtlichen Anforderungen sich nicht nach Maßgabe des einfachen Landesgesetzes bestimmen lassen und durch die beispielhafte Nennung der gemeinen und der Lebensgefahr in Art. 13 IV 1 GG n.F. ein besonderes Gewicht der Gefahr vorgegeben ist. Geht es dagegen um die Ermittlung von Tatsachen über bereits begangene Straftaten, so werden das bayerische und das sächsische Landesrecht den Anforderungen des Art. 13 III 1 GG n.F. schon deswegen nicht gerecht, weil dieser das Vorliegen von Anhaltspunkten für einen Verdacht nicht ausreichen läßt, sondern das Bestehen des Verdachts selbst verlangt. Im übrigen sind auch hier die formellen Regelungen des Art. 13 III 2-4 GG n.F. zu beachten.
Unmittelbar aus Art. 13 V 2 GG n.F. ergibt sich jetzt, daß die bei einem Einsatz zum Zwecke der Eigensicherung erlangten Erkenntnisse - außer bei Gefahr im Verzug - nur dann für Zwecke der Strafverfolgung verwendet werden dürfen, wenn die Rechtmäßig-

---

1206 BGBl. I, 610.

1207 Entsprechende Regelungen wurden in der Zwischenzeit getroffen durch § 10 V 3 LVerfSchG RhPf v. 6.7.1998 (GVBl. 184; s. dazu o. S. 281ff.); Art. 6 IV 3, 4 BayVSG idFd Ges. z. Anpassg. d. Bay. Landesrechts an Art. 13 GG v. 10.7.1998 (GVBl. 383; mit Anordnungsbefugnis des Präsidenten des LfV bei Gefahr im Verzug); § 6 III 3-6 LVSGBW idFd Ges. z. Änd. d. PolG u. d. LVSGBW v. 15.12.1998 (GBl. 660; Gefahr im Verzug: Leiter des LfV); § 7 IV 1 ThürVSG idFd Thür Ges. z. Umsetzg. d. Art. 13 GG v. 27.7.1999 (GVBl. 454); § 8 II 3 VerfSchG-LSA idFd Ges. z. Änd. verfassungsschutzrechtl. Vorschriften v. 4.8.1999 (GVBl. 234).

keit der Maßnahme richterlich festgestellt worden ist. Schließlich verlangt Art. 13 V 1 GG n.F. auch für einen solchen Einsatz nunmehr die gesetzliche Bestimmung einer für die Anordnung zuständigen Stelle[1208].
Auch die Regelung über die parlamentarische Kontrolle von Eingriffen in Art. 13 VI 3 GG n.F. bedarf in zahlreichen Ländern noch der Umsetzung[1209].

IV. Parlamentarische Kontrolle

Im Jahre 1999 entschloß sich der Bundesgesetzgeber zu einer Vereinheitlichung der parlamentarischen Kontrolle der Nachrichtendienste des Bundes. Mit Wirkung vom 22.6. wurden durch das Gesetz zur Änderung von Vorschriften über parlamentarische Gremien[1210] die bisherige PKK und das Abgeordnetengremium nach Art. 1 § 9 I G 10 unter der neuen Bezeichnung "Parlamentarisches Kontrollgremium" zusammengefaßt (vgl. §§ 1ff. des in PKGrG umfirmierten bisherigen PKKG). Die Kompetenzen des Gremiums wurden zugleich etwas präziser gefaßt, dies jedoch unter ausdrücklicher Betonung des nicht seiner Kontrolle unterliegenden Kernbereichs der exekutiven Eigenverantwortung der Bundesregierung (§ 2b II 1 PKGrG).

---

[1208] mittlerweile geregelt in § 10 VI LVerfSchG RhPf (Zuständigkeit des Ministers); Art. 6 V, VI BayVSG n.F. (Präsident des LfV oder ein von ihm bestellter Beauftragter); § 6 III 7, 8 LVSGBW (Leiter des LfV); § 7 V ThürVSG (Präsident des LfV oder ein von ihm bestellter Beauftragter); § 8 III VerfSchG-LSA (Minister des Innern oder eine von diesem beauftragte Person).
[1209] mittlerweile geregelt in § 21 I 2 LVerfSchG RhPf; Art. 6 VII BayVSG n.F.; § 6 III 9, 10 LVSGBW; § 7 VII ThüVSG; § 8 V VerfSchG-LSA.
[1210] v. 17.6.1999 (BGBl. I, 1334).

**D. Scheinbar präventives Abhören von Telefongesprächen: Die Befugnisse nach §§ 39ff. AWG**

Nachdem noch Anfang 1991 ein entsprechender Gesetzentwurf am Widerstand des Bundesrates, insbesondere des Landes Rheinland-Pfalz, gescheitert war[1211], brachte Art. 1 Nr. 8 des Gesetzes zur Änderung des AWG, des StGB und anderer Gesetze[1212] mit Wirkung vom 7.3.1992 erstmals seit dem G 10 die Ermächtigung einer neuen Behörde zum Abhören und Aufzeichnen von Telefongesprächen: Nach § 39 I AWG durfte nun auch das Zollkriminalinstitut (ZKI), das durch Art. 20 Nr. 5, 6 Verbrauchsteuer-BinnenmarktG zum 30.12.1992 in Zollkriminalamt (ZKA) umbenannt worden ist, "zur Verhütung von Straftaten nach dem AWG oder dem KWKG" den Fernmeldeverkehr überwachen und aufzeichnen. Die Ausgestaltung der neuen Befugnis orientiert sich in den Einzelheiten teilweise an Art. 1 G 10, teils auch an §§ 100a ff. StPO.

I. Formelle Voraussetzungen

Die Zuständigkeit für die Anordnung der Maßnahme liegt gem. § 40 II 1, III 1 AWG bei dem LG, in dessen Bezirk das ZKI/ZKA seinen Sitz hat. Die Anordnung setzt einen schriftlichen und begründeten Antrag des Leiters des ZKI/ZKA oder dessen Stellvertreters nach Maßgabe des § 40 I AWG voraus, der der Zustimmung des Bundesfinanzministers bedarf. Bei Gefahr im Verzug wird die richterliche Zuständigkeit jedoch durch diejenige des Bundesfinanzministers ersetzt (§ 40 II 1 AWG); die ministerielle Anordnung bedarf zu ihrer weiteren Gültigkeit der richterlichen Bestätigung binnen dreier Tage (§ 40 II 2 AWG)[1213].

Die formalen Anforderungen an die Anordnung gem. § 40 IV 1-3 AWG entsprechen denjenigen nach § 100b II 1-3 StPO.

Die Durchführung der Maßnahme erfolgt in der Verantwortung des ZKI/ZKA unter der Aufsicht eines Bediensteten mit der Befähigung zum Richteramt (§ 41 I 1 AWG).

Von dem Antrag auf Anordnung der Maßnahme ist vorab die Staatsanwaltschaft zu unterrichten (§ 39 IV 1 AWG), darüber hinaus auch von der richterlichen Entscheidung, von einer Anordnung des Bundesfinanzministers wegen Gefahr im Verzug sowie vom Ergebnis der Maßnahme (§ 39 IV 2 AWG).

Außerdem findet eine nachlaufende parlamentarische Kontrolle in der Form statt, daß der Bundesfinanzminister gem. § 41 V AWG in Abständen von höchstens 6 Monaten ein Gremium aus 5 (seit 12.5.1995: 9[1214]) Bundestagsabgeordneten über die Durch-

---

[1211] BR-Drucks. 193/91.

[1212] v. 28.2.1992 (BGBl. I, 372).

[1213] Von der Anordnungszuständigkeit bei Gefahr im Verzug hat der Minister allerdings laut Auskunft des ZKA an den BfD bis zum Herbst des Jahres 1996 in keinem Fall Gebrauch gemacht (vgl. BT-Drucks. XIII/7500, 106).

[1214] Art. 3 Gesetz zur Änd. v. Vorschr. üb. parlament. Gremien v. 28.4.1995 (BGBl. I, 582).

führung der §§ 39ff. AWG zu unterrichten hat.

II. Materielle Voraussetzungen

Die Maßnahme darf erfolgen gegenüber Personen, bei denen Tatsachen die Annahme rechtfertigen, daß sie Straftaten von erheblicher Bedeutung nach § 34 I-VI AWG, auch iVm § 35 AWG, oder nach § 19 I-III, 20 I, II KWKG, jeweils auch iVm § 21 KWKG, oder § 22a I Nrn. 4, 5 od. 7 KWKG planen (§ 39 II 1 Nr. 1 AWG). Dieser Katalog umfaßt also nur Straftatbestände, die auch in § 100a S. 1 Nr. 3 StPO und in den Verwertungsregelungen des Art. 1 § 3 II 2 u. § 7 III 2 G 10 genannt werden, wird aber durch den unbestimmten Rechtsbegriff der Tat von erheblicher Bedeutung verbal etwas eingeschränkt.

Darüber hinaus ist die Maßnahme auch zulässig gegenüber einer natürlichen oder juristischen Person oder einer Personenvereinigung, wenn eine der in § 39 II 1 Nr. 1 AWG bezeichneten Personen für sie tätig ist und soweit tatsächliche Anhaltspunkte die Annahme rechtfertigen, daß die Person ihren Fernmeldeanschluß benutzt; Voraussetzung ist aber insoweit, daß eine Maßnahme nach § 39 II 1 Nr. 1 AWG nicht ausreicht (§ 39 II 1 Nr. 2, S. 2 AWG). Hier wurde also erstmals die Nachrangigkeit des Vorgehens gegenüber selbst nicht verantwortlichen Personen ausdrücklich gesetzlich verankert.

Schließlich darf die Maßnahme jedoch auch gegenüber anderen Personen durchgeführt werden, von denen auf Grund bestimmter Tatsachen anzunehmen ist, daß sie für eine in § 39 II 1 Nr. 1 AWG bezeichnete Person bestimmte oder von ihr herrührende Mitteilungen entgegennehmen oder weitergeben oder daß eine solche Person ihren Anschluß benutzt (§ 39 II 1 Nr. 3 AWG). Insoweit ist unverständlicherweise aber wiederum eine Nachrangigkeit gegenüber dem Vorgehen gegen den Verantwortlichen selbst nicht ausdrücklich vorgesehen.

Die Subsidiaritätsklausel in § 39 III 1 AWG entspricht denjenigen in Art. 1 § 2 I 1 G 10 und § 100a S. 1 StPO (Erforschung auf andere Weise aussichtslos oder wesentlich erschwert), weist aber darüber hinaus ausdrücklich auf die Berücksichtigung des Verhältnismäßigkeitsgrundsatzes hin.

Die Maßnahme darf nach § 39 III 2 AWG auch durchgeführt werden, wenn Dritte unvermeidbar betroffen werden.

III. Dauer der Maßnahme und Rechtsschutz

Ebenso wie nach Art. 1 § 5 III G 10 und nach § 100b II 4-5 StPO ist auch nach § 40 IV 4-5 AWG die Maßnahme auf jeweils höchstens 3 Monate zu befristen, kann aber bei Fortbestehen der Voraussetzungen unbegrenzt häufig um bis zu je 3 weitere Monate verlängert werden.

Zum Schutz des Betroffenen existiert eine Benachrichtigungsregelung: Nach § 41 IV 1 AWG hat das ZKI/ZKA den Betroffenen zu benachrichtigen, sobald dies ohne Gefährdung des Zwecks der Maßnahme geschehen kann. Anders als nach dem Großteil der Landespolizeigesetze ist diese Unterrichtung nicht ausgeschlossen, wenn wegen des

Sachverhalts ein strafrechtliches Ermittlungsverfahren gegen den Betroffenen eingeleitet wird; vielmehr steht lediglich die Entscheidung über den Zeitpunkt der Unterrichtung dann der Staatsanwaltschaft zu (§ 41 IV 2 AWG).
Nicht mehr benötigte Unterlagen aus Maßnahmen nach §§ 39ff. AWG sind nach Maßgabe des § 41 III AWG zu vernichten.

IV. Verwertung der Erkenntnisse

Die Verwertung der erlangten personenbezogenen Daten ist nicht auf die Verhütung der in § 39 I 1 AWG genannten Straftaten begrenzt. Vielmehr dürfen die Daten von öffentlichen Stellen des Bundes zum einen auch zur Aufklärung zurückliegender Straftaten aus diesem Katalog verwendet werden. Darüber hinaus dürfen sie aber von öffentlichen Stellen des Bundes auch zur Verhütung oder zur Aufklärung der in § 138 StGB genannten Straftaten verarbeitet und genutzt werden, soweit sich bei Gelegenheit der Auswertung Tatsachen ergeben, die die Annahme rechtfertigen, daß eine solche Straftat begangen werden soll, wird oder worden ist (§ 41 II AWG).

V. Geltungsdauer der §§ 39ff. AWG

Wegen des experimentellen Charakters der neuen Befugnis wurde ihre Gültigkeit durch § 51 AWG beschränkt: Danach sollte sie zum 31.12.1994 außer Kraft treten. Durch Art. 1 Nr. 15 des 8. Gesetzes zur Änderung des AWG[1215] wurde diese Frist aber bis zum 31.12.1996, durch Art. 1 Nr. 5 des 9. Gesetzes zur Änderung des AWG[1216] dann bis zum 31.12.1999, durch Art. 1 des 10. Gesetzes zur Änderung des AWG[1217] schließlich bis zum 31.12.2002 verlängert.

VI. Bewertung

Das Gesetz und seine Entstehung erklären sich z.T. aus den Erfahrungen der frühen 90er Jahre im Zusammenhang mit illegalen Rüstungsexporten deutscher Unternehmen u.a. in den Irak und nach Libyen. Diese erste Einführung einer Befugnis zum präventiven Abhören von Gesprächen außerhalb des Bereiches des Schutzes der freiheitlichen demokratischen Grundordnung und des Bestandes und der Sicherheit des Bundes und der Länder wurde von den Befürwortern begründet mit dem überragenden Wert der zu schützenden Rechtsgüter "äußere Sicherheit der Bundesrepublik", "friedliches Zusammenleben der Völker" und "Schutz der auswärtigen Beziehungen der Bundesrepublik" (§ 34 II AWG n.F.)[1218]. Auch wurden in der Diskussion gerne die gewaltigen Gefahren angesprochen, die aus Straftaten nach dem AWG resultierten; so führte der Bundestagsabgeordnete *Eyl-*

---

[1215] v. 9.8.1994 (BGBl. I, 2068).

[1216] v. 11.12.1996 (BGBl. I, 1850).

[1217] v. 22.12.1999 (BGBl. I, 2822).

[1218] vgl. Entwurfsbegr. in BT-Drucks. XII/1134, 9; *Kittelmann*, Verhandlg. d. Dt. BT., Stenogr. Ber., 73. Sitzg. d. 12. Wahlper., 6084 D.

*mann* aus, letztlich gehe es hier darum, "die Gefahr abzuwenden, daß es Israel vielleicht in einigen Jahren nicht mehr gibt"[1219]. Unter dem Druck einer so eingeschätzten Gefahrenlage erscheint es dann auch erklärlich, daß die parlamentarische Debatte zwischen der Regierungsmehrheit und der größten Oppositionspartei lediglich durch die Differenz geprägt war, ob die Durchführung stärkerer Kontrollen des Telefonverkehrs in diesem Bereich im Wege der Einführung einer Sonderzuständigkeit der Zollbehörde zu präventiven Maßnahmen oder nicht vielmehr, so die SPD, durch Vorverlegung der Strafbarkeitsgrenze in den Bereich des Vorfeldes der Rechtsgutsschädigung mit der Folge einer Eingriffsmöglichkeit für die Staatsanwaltschaft unter Bindung an das Legalitätsprinzip erreicht werden sollte (letztlich setzten sich, wie gesehen, die Regierungsfraktionen durch, jedoch nicht, ohne daß die entsprechenden Strafvorschriften des AWG und KWKG dennoch zugleich auch Eingang in den Katalog des § 100a StPO gefunden hätten)[1220]. Dieser Rekurs auf hohe Rechtsgüter und große Gefahren verdeckte jedoch lediglich, in welchem Maße bereits durch die Tatbestandsfassung der Vorschriften des AWG eine Erfassung des Vorfeldes der Strafbarkeit gewährleistet war. Wie schon zu § 100a S. 1 StPO näher dargelegt[1221], stellte insbesondere § 34 II AWG mit seiner Verweisung auf § 33 I, IV AWG bereits Vorbereitungshandlungen zu abstrakten Gefährdungsdelikten unter Strafe; so ergibt sich aus der Lektüre des § 34 II iVm § 33 IV Nrn. 1, 3 AWG, daß etwa bereits das Machen oder Benutzen von unrichtigen oder unvollständigen Angaben tatsächlicher Art, um für sich oder einen anderen eine Genehmigung oder eine Bescheinigung zu erschleichen, die nach dem AWG oder einer zu seiner Durchführung erlassenen VO erforderlich ist, oder die Nichterteilung, nicht richtige oder nicht vollständige Erteilung einer Auskunft, das Nichtvorlegen geschäftlicher Unterlagen oder das Nichtdulden einer Prüfung, jeweils unter Verstoß gegen die allgemeinen Auskunfts-, Duldungs- und Mitwirkungspflichten gem. § 44 AWG, eine Straftat darstellte, wenn die Handlung geeignet war, eines der Rechtsgüter des § 34 II AWG zu gefährden. Gemäß § 33 V AWG war darüber hinaus auch der Versuch einer solchen Vorbereitung eines abstrakten Gefährdungsdelikts strafbar. Der Verdacht einer Tatbestandserfüllung in diesem recht weiten Vorfeld war also bereits durch den neugefaßten § 100a S. 1 Nr. 3 StPO erfaßt. Hieran ist demnach auch die Befugnis nach § 39 AWG zu messen: Sie unterscheidet sich von derjenigen nach dem Strafprozeßrecht dadurch, daß sie auch gegenüber Personen zulässig ist, hinsichtlich derer bestimmte Tatsachen die Annahme rechtfertigen, daß sie derartige Taten planen. § 39 II 1 Nr. 1 AWG ist also, worauf schon *Gusy* und *Hetzer* hingewiesen haben[1222], so zu lesen, daß Überwachungsmaßnahmen gegen denjenigen zulässig sind, hinsichtlich dessen Tatsachen die Annahme recht-

---

[1219] aaO, 6104 D; ähnlich *Jahnke*, ZRP 1992, 83, 84.

[1220] näher zur Geschichte des Gesetzgebungsverfahrens der Ber. des BT-Wirtschaftsausschusses in BT-Drucks. XII/1952, 5f. sowie eingehend *Hetzer*, ZfZ 1995, 34ff.

[1221] s. oben S. 141f., 143f.

[1222] *Gusy*, StV 1992, 484, 486; *Hetzer*, ZfZ 1995, 34, 37.

fertigen, daß er plant, ein solches Gefährdungsdelikt vorzubereiten. Was in diesem Stadium schließlich bereits als genügende Tatsachenbasis angesehen werden kann, ist mit hinreichender Deutlichkeit durch den Gesetzentwurf der Bundesregierung erläutert: "Nicht selten gibt es Tips oder Hinweise aus dem Ausland oder aus der Auslandsaufklärung des BND, die auf bevorstehende illegale Machenschaften im Inland hindeuten, ohne daß diese soweit konkretisiert werden könnten, daß bereits das strafprozessuale Instrumentarium eingesetzt werden könnte."[1223]

Bei einer derartigen Ermittlung auf der Basis allgemeiner nachrichtendienstlicher Erfahrung bleibt schlechthin unerfindlich, wie das Vorliegen des Tatbestandsmerkmals "Straftaten von erheblicher Bedeutung" in der hier angesprochenen Phase der Deliktsbegehung von der ermittelnden Behörde überhaupt festgestellt werden und welche Begrenzung von diesem Tatbestandsmerkmal damit ausgehen soll, zumal es, anders als etwa in den Landespolizeigesetzen, in keiner Weise konkretisiert ist[1224] und zumal die hier angesprochenen Delikte verwaltungsaktsakzessorisch sind, so daß die Frage nach dem Vorliegen einer Straftat in der Regel sinnvoll erst in Kenntnis der verwaltungsrechtlichen Beurteilung entschieden werden kann[1225]. Auch ist damit offenkundig, daß auch die Subsidiaritätsklausel in § 39 III 1 AWG lediglich eine allgemeine Wiederholung üblicher derartiger Bestimmungen ohne besondere sachliche Bedeutung darstellt; es ist nicht erkennbar, wie im Stadium allgemeiner Hinweise auf die Planung der Vorbereitung einer rechtsgutsgefährdenden Handlung (oder des Versuchs einer solchen) beurteilt werden soll, ob die Erforschung des Sachverhalts auf andere Weise möglich wäre. Damit geht aber mangels irgendwelcher sachlicher Kriterien auch von der richterlichen Kontrolle der Voraussetzungen einer Anordnung nach § 40 II AWG wie von der parlamentarischen Nachschau gem. § 41 V AWG keine irgendwie erkennbare Begrenzungswirkung aus[1226].

Damit nicht genug, ergibt aber die Betrachtung des § 39 II 1 Nrn. 2 u. 3 AWG, daß die Kontrolle nicht nur, wie nach § 100a S. 2 StPO, auf Nachrichtenmittler der Angehörigen des so "begrenzten" Personenkreises ausgedehnt werden darf. Vielmehr ist nach § 39 II 1 Nr. 2, S. 2 AWG die Kontrolle des gesamten Telefonverkehrs des Arbeitgebers des

---

[1223] BT-Drucks. XII/1134, 10; ähnlich *Jahnke*, ZRP 1992, 83 mit der angesichts der dargelegten Tatbestandsfassung äußerst irreführenden Bemerkung, das Versuchsstadium derartiger Delikte sei erst mit dem Verladen der zu exportierenden Ware erreicht: Dies mag für den Tatbestand der eigentlichen Ausfuhr (§ 34 I AWG) zutreffen. Was *Jahnke* hier aber verschweigt, ist die Flankierung des § 34 I AWG durch weitreichende Vorfeldstrafnormen (§ 34 II-IV AWG), die sämtlich ebenfalls von § 100a S. 1 Nr. 3 lit. b StPO erfaßt werden.

[1224] so auch *Gusy*, aaO.

[1225] so *Hund*, NJW 1992, 2118, 2122.

[1226] ausführlich zum ganzen *Gusy*, StV 1992, 484ff; aA etwa *Fehn*, ZfZ 1995, 347, 348, der allgemein auf die Bindung der mit Polizeiarbeit beschäftigten Behörden an Recht und Gesetz verweist.

Betroffenen zulässig. Auch von der Klausel "wenn ... eine Maßnahme nach Nr. 1 nicht ausreicht" ist keine ernstzunehmende Begrenzung zu entnehmen: Der Betroffene wird in aller Regel im Hinblick auf seine berufliche Tätigkeit überwacht werden, so daß nicht bekannt sein wird, über welche der zur Verfügung stehenden Amtsleitungen das jeweilige Gespräch von seiner Telefon-Nebenstelle abgewickelt werden wird[1227]. Da im Rahmen von Ermittlungen nach dem AWG häufig gegen Beschäftigte von Großunternehmen vorgegangen werden dürfte, sind damit die Voraussetzungen für die Überwachung der Gespräche einer großen Zahl von Mitarbeitern, Kunden, Lieferanten etc. geschaffen[1228].

Noch frappierender aber ist die Antwort auf die Frage, in welchem Ausmaß die Verwertung der so gewonnenen Erkenntnisse ermöglicht wurde: Eine Verwendungsregelung für die öffentlichen Stellen der Länder existierte zunächst überhaupt nicht, da § 41 II AWG nur diejenigen des Bundes ansprach[1229]! Dies mag zunächst den Gedanken nahelegen, daß eine Verwendungsregelung deswegen entbehrlich gewesen sein mag, weil eine Übermittlung an Dienststellen der Länder gar nicht vorgesehen gewesen sein könnte. Dies ist jedoch nicht der Fall: Schon nach § 39 IV 2 AWG ist die Staatsanwaltschaft stets auch von dem Ergebnis der Maßnahme zu unterrichten. Im übrigen ergibt sich auch aus dem Zweck der Maßnahme (§ 39 I 1 AWG) wie auch aus dem Zweck der ausdrücklich für zulässig erklärten Verwertung durch Dienststellen des Bundes (§ 41 II AWG), nämlich Verhütung und Aufklärung von Straftaten nach dem AWG, daß Übermittlungen an Staatsanwaltschaften und Polizeibehörden unerläßlich sind[1230].
Angesichts des völligen Fehlens einer Verwendungsregelung bleibt aber auch unverständlich, wozu die Staatsanwaltschaft nach § 39 IV 1, 2 AWG bereits von dem Anordnungsantrag und der richterlichen Entscheidung zu informieren ist: Eine Sachleitungsbefugnis steht ihr nicht zu[1231]; eigene TÜ-Maßnahmen neben dem Vorgehen des ZKI/ZKA erscheinen sinnlos, und offene Ermittlungen verbieten sich, um das Vorgehen der Zollbehörde nicht zu gefährden[1232].

---

1227 so zu Recht *Hund*, NJW 1992, 2118, 2121.

1228 Ein sehr anschauliches, wenn auch erdachtes Beispiel zum zu erwartenden Ausmaß der Maßnahmen gibt *Michalke*, StV 1993, 262, 268f.; insofern ist der Bemerkung *Fehns*, ZfZ 1995, 347, 348, es gehe hier nicht darum, "unbescholtene Bürger zu belauern, sondern um Abwendung von Schaden für die Bundesrepublik Deutschland", entgegenzuhalten, daß nach der konkreten Ausgestaltung des § 39 II 1 Nr. 2, S. 2 AWG das Bestreben, letzteres zu tun, hier gerade zu ersterem Erfolg führt.

1229 Nach Angaben von *Gusy*, StV 1992, 484, 489 und *Hund*, NJW 1992, 2118, 2122 (dort Fn. 31) beruhte diese Fassung auf dem Bestreben, das Erfordernis der Zustimmung durch den Bundesrat entfallen zu lassen.

1230 *Gusy*, StV 1992, 484, 489.

1231 Insofern ist ebenso unverständlich, wie *Jahnke*, ZRP 1992, 83, 84 zu der Auffassung kommt, die Staatsanwaltschaft könne das Verfahren jederzeit an sich ziehen: Ihr sind unter keinem rechtlichen Gesichtspunkt derartige Befugnisse zugewiesen.

1232 so schon *Gusy*, StV 1992, 484, 489.

Die Gesamtschau der Neuregelung ergibt den klaren Eindruck, daß die Einführung der Befugnisse nach §§ 39ff. AWG im wesentlichen lediglich dazu diente, die (wie dargelegt, bereits nicht sehr engen) Bindungen der §§ 100a ff. StPO, insbesondere auch die aus der staatsanwaltlichen Sachleitungskompetenz und dem Legalitätsprinzip resultierenden, für einen bestimmten, politisch aktuellen Kriminalitätsbereich abzuschütteln. Die dabei verbal angeordneten Bindungen an zahlreiche begrenzende Tatbestandsvoraussetzungen in § 39 II 1 Nrn. 1, 2, S. 2, III 1, IV, § 40 II, IV, 41 II AWG können auch bei wohlwollender Betrachtung nicht mehr anders als als Augenwischerei charakterisiert werden. In diesem ersten Fall der Einführung einer Kompetenz zum Abhören von Telefongesprächen zur Bekämpfung von Allgemeinkriminalität diente die Heranziehung "präventiver" Gesichtspunkte und das Postulat der Notwendigkeit zum Eingreifen im Gefahrenvorfeld ersichtlich lediglich dazu, die als zu eng empfundenen Vorschriften über repressive Tätigkeit umgehen zu können. Allerdings erscheint - auch angesichts der Erfahrungen mit der sonstigen gesetzgeberischen Tätigkeit im Abhörbereich - die Befürchtung *Hund*s als alles andere als abwegig, daß diesem ersten Schritt weitere in die gleiche Richtung (etwa im Hinblick auf Vorfeldkompetenzen des BKA oder der LKA) folgen könnten[1233], zumal die Geltung der nur "versuchsweise" geschaffenen §§ 39ff. AWG bereits dreimal verlängert worden ist.

VII. Spätere Änderung

Durch Art. 2 XXIII BegleitG[1234] wurden §§ 39ff. AWG geändert.

Wie schon in § 100a StPO und Art. 1 § 1 G 10 wurde auch hier der Begriff des Fernmeldeverkehrs durch den der Telekommunikation ersetzt[1235]. Nach § 39 I 1 AWG idF des Art. 2 XIII Nr. 1 lit. a BegleitG ist das ZKA dabei ausdrücklich auch zur Überwachung und Aufzeichnung der nach Wirksamwerden der Anordnung nach § 40 AWG innerhalb des Telekommunikationsnetzes in Datenspeichern abgelegten Inhalte befugt.

Die Verwertungsregelung des § 41 II AWG wurde jetzt endlich dahingehend korrigiert, daß sie für sämtliche öffentliche Stellen in der Bundesrepublik gilt. Im Gegenzug wurde die Möglichkeit zur Verwertung der Daten aber auch noch einmal drastisch erweitert, indem sie an diejenige des Art. 1 G 10 angepaßt wurde. Statt zur Verhütung oder Aufklärung der in § 39 I AWG, § 138 StGB genannten Straftaten ist die Verarbeitung und Nutzung der Daten jetzt zur Verhütung oder Aufklärung der in § 39 I AWG und sämtlicher in Art. 1 § 2 I und § 3 III G 10 genannten Straftaten zulässig.

VIII. Verfassungsgerichtliche Überprüfung

Nach Angaben *Hund*s[1236] hat die rheinland-pfälzische Landesregierung auf der Grundla-

---

1233 NJW 1992, 2118, 2121.

1234 v. 17.12.1997 (BGBl. I, 3108).

1235 s. dazu o. S. 147f., 157.

1236 NJW 1992, 2118 im einführenden Text vor dem Abschnitt "Einleitung".

ge eines Gutachtens von Prof. *Gusy* (heute Bielefeld) ein Normenkontrollverfahren gegen die Überwachungsregelung der §§ 39ff. AWG vor dem BVerfG angestrengt. Nach Auskunft Herrn *Gusys* ist dieses Verfahren jedoch bis heute nicht abgeschlossen.

# 3. Teil: Zusammenfassung

Von dem in den ersten Jahren nach Gründung der Bundesrepublik bestehenden Konsens, heimliche Ermittlungsmaßnahmen unter Einsatz besonderer Techniken nur für den Bereich der Nachrichtendienste (und auch dort mit großer Zurückhaltung) zuzulassen, ist nichts übriggeblieben. Vielmehr hat sich in Reaktion auf die geänderten technischen Möglichkeiten und Erfordernisse der letzten Jahrzehnte ein System konkurrierender Tätigkeit der verschiedenen Überwachungsbehörden entwickelt, das ganz verschiedenartige Eingriffsmaßnahmen umfaßt.

## A. Telefonüberwachung

Der Katalog der die strafprozessuale Telefonüberwachung auslösenden Straftatbestände ist in den vergangenen 30 Jahren stetig erweitert worden. Dabei ist nicht immer ersichtlich, daß die Aufnahme von neuen Tatbeständen in den Katalog etwa von der Überlegung bestimmt wäre, daß sich das entsprechende Delikt besonders gut durch Eingriffe in das Fernmeldegeheimnis aufklären ließe, oder daß stets die besondere Schuldschwere zur Aufnahme des betreffenden Delikts in den Katalog geführt habe. Vielmehr ergibt die Sichtung der den Katalog erweiternden Gesetze, daß häufig Deliktstatbestände, die aufgrund spektakulärer Fälle politische Tagesaktualität erlangt haben, in den Katalog gelangten. Umgekehrt kommt es jedoch kaum je vor, daß Tatbestände, die einmal in § 100a S. 1 StPO aufgenommen worden sind, aus dem Katalog wieder gestrichen werden. Erschwert wird der Überblick über die Reichweite des Kataloges durch die Aufnahme solcher Tatbestände, die ihrerseits die Begehung von katalogmäßig genannten oder sogar beliebigen anderen Delikten unter bestimmten organisatorischen Umständen (§§ 129, 129a StGB) oder von Sicherungsnachtaten (§ 261 StGB) unter Strafe stellen: Jede Änderung des dortigen Kataloges erweitert zugleich die Eingriffsbefugnisse nach § 100a StPO. Zudem beinhaltet die Aufnahme derartiger Tatbestände ein gewisses Mißbrauchspotential.
Die Verwertung von Zufallserkenntnissen für andere Strafverfahren ist, entgegen anfänglichen Tendenzen in der Rechtsprechung, angesichts der Schwere des Eingriffs nicht uneingeschränkt möglich, sondern hat sich auf Katalogs- und Zusammenhangstaten zu beschränken.

Ein erhebliches Potential, weitere Erkenntnisse aus Telefonüberwachungen in Strafverfahren einzubringen, ergibt sich aber aus den Zuständigkeiten anderer Behörden.
Dies gilt in gewissem Ausmaß bereits für die "klassische" Überwachungstätigkeit der Nachrichtendienste nach Art. 1 § 2 G 10. Zwar handelt es sich bei den Anknüpfungstatbeständen für die Überwachung trotz ebenfalls erheblicher Erweiterungen nach wie vor ausschließlich um solche der politisch motivierten Kriminalität; insofern entspricht das Gesetz der ursprünglich durch Art. 1, 2 G 10 geschaffenen Systematik, wenn auch

die strikte Bindung an einen abgeschlossenen Tatbestandskatalog neuerdings durch Art. 1 § 2 I 2 G 10 aufgegeben worden ist. Jedoch sind die Möglichkeiten, Erkenntnisse aus diesen Maßnahmen auch zur Verfolgung nicht politisch motivierter Kriminalität zu nutzen, in den vergangenen Jahren drastisch erweitert worden.
Schwerer wiegt aber in dieser Hinsicht noch die Schaffung von Sonderzuständigkeiten zur Überwachung des Telefonverkehrs (Erweiterung der Strategischen Überwachung; Befugnisse des ZKA). Hier ist in Sachbereichen, die zum Kern der Zuständigkeit der Strafverfolgungsbehörden gehören und hinsichtlich derer Eingriffsbefugnisse nach § 100a StPO bestehen, die Befugnis zum Abhören durch weitere Dienststellen unter erleichterten formellen oder materiellen Voraussetzungen und mit weiten Verwertungsmöglichkeiten geschaffen worden. Aufgrund ihrer Regelung in Spezialgesetzen (AWG) oder aufgrund systemfremder Normierung in den Zusammenhängen der Bekämpfung von Gefahren für die äußere Sicherheit (Art. 1 § 3 G 10) sind diese Zuständigkeiten zunächst selbst in der Fachöffentlichkeit wenig bekannt geworden. Hier haben sich also Eingriffssysteme entwickelt, die für ihren Bereich die Voraussetzungen der §§ 100a ff. StPO vielfach leerlaufen lassen können und hinsichtlich derer nach den Erfahrungen der Vergangenheit eher noch Erweiterungen des Anwendungsbereichs zu erwarten sind. Immerhin sind hier allerdings durch die neueste Rechtsprechung des BVerfG zu Art. 1 § 3 III 1, V 1 G 10 erste Ansätze zu einer Synchronisierung mit den strafprozessualen Befugnissen im Wege einer Anpassung der Eingriffsschwellen für die Übermittlung und Verwertung von anderweitig gewonnenen Erkenntnissen gemacht worden.

**B. Andere Eingriffsmöglichkeiten**

Die Eingriffsmöglichkeiten der Strafverfolgungsbehörden sind im Laufe der 90er Jahre durch § 100c I Nrn. 2, 3 StPO deutlich erweitert worden. Auch diese Eingriffsnormen weisen weitgefaßte Tatbestandskataloge auf: Derjenige des § 100c I Nr. 3 StPO ist identisch mit dem des § 100a S. 1 StPO; der des § 100c I Nr. 3 StPO ist in Teilbereichen sogar noch weiter als die beiden vorgenannten.
Die Verwertung von Zufallserkenntnissen ist durch § 100d V StPO in derselben Weise beschränkt wie bei der TÜ.
Die ausdrücklichen Regelungen über den Schutz des Vertrauensverhältnisses zu Zeugnisverweigerungsberechtigten beim "großen Lauschangriff" in § 100d III StPO stellen im Recht des hoheitlichen Abhörens eine ausgesprochene Ausnahme dar; sie finden nur in vereinzelten Landesverfassungsschutzgesetzen sowie im Polizeirecht einiger der neuen Bundesländer (Sachsen, Brandenburg, ansatzweise auch Mecklenburg-Vorpommern) ihre Entsprechung.

Hinsichtlich der Befugnisse der Überwachungskonkurrenten ergibt oder ergab sich aber ebenfalls ein gewisses Umgehungspotential.
Bei den Polizeibehörden richtet sich dieses Potential nach dem Grad, in dem die jeweiligen Befugnisse auch der vorbeugenden Straftatbekämpfung zu dienen bestimmt sind. Im

Zusammenhang mit den häufig vagen und offenen Bestimmungen des Begriffs der "Straftat von erheblicher Bedeutung" ergeben sich hier jeweils mehr oder weniger weitgehende Möglichkeiten einer in das Polizeirecht ausweichenden Ermittlungstätigkeit. Insbesondere der der Entscheidung des BGH[1237] über die Verwertbarkeit von Erkenntnissen aus präventiv-polizeilichen "Lausch-Eingriffen" in Wohnungen zugrundeliegende Sachverhalt macht deutlich, daß hier bestehende Ermittlungsbedürfnisse mangels einer strafprozessualen Regelung durch Ausweichen in das Polizeirecht befriedigt werden konnten. Der BGH hat diese Tendenz durch eine sehr großzügige Rechtsprechung zur Zulässigkeit der Verwertung gefördert.
Diese Möglichkeiten sind allerdings durch § 100f II StPO, der die Verwertung nach dem Prinzip des hypothetischen Ersatzeingriffs beschränkt, nunmehr ausgeschlossen worden. Bedauerlich erscheint aber, daß die Gelegenheit nicht zur Einführung entsprechender Regelungen über die Verwertung personenbezogener Informationen aus anderen Eingriffen (insb. solchen nach § 100c I Nr. 2 StPO) genutzt wurde.

Im Recht der Nachrichtendienste ist von der Möglichkeit zur Regelung von Abhöreingriffen in Wohnungen eher zurückhaltend Gebrauch gemacht worden. Außerhalb von Wohnungen ist dagegen der Einsatz nachrichtendienstlicher Mittel in recht weitem Umfang zulässig. Daher ist es auch insofern zu bedauern, daß sich nur Hamburg dazu entschließen konnte, die Zulässigkeit der Übermittlung an Strafverfolgungsbehörden am Prinzip des hypothetischen Ersatzeingriffs zu orientieren und sie mit den strafprozessualen Verwertungsmöglichkeiten zu synchronisieren.
Einen Sonderfall stellt insoweit das bayerische Verfassungsschutzrecht dar: Die Zuständigkeiten und Befugnisse zur Bekämpfung der organisierten Kriminalität haben hier wiederum ein Parallelsystem zu den Zuständigkeiten der Strafverfolgungsbehörden geschaffen. Insoweit erschließt sich also auch hier die Weite der Eingriffsbefugnisse zu Strafverfolgungszwecken nicht abschließend durch den Blick in die Strafprozeßordnung; vielmehr stellt ein paralleles Verfahrenssystem häufig entsprechende Befugnisse unter erleichterten verfahrensrechtlichen Voraussetzungen zur Verfügung.

## C. Evaluationserfordernisse

Insgesamt lassen die Geschwindigkeit der Aufnahme immer neuer Anknüpfungstatbestände in die Befugnisregelungen und der Umstand, daß kaum je ein solcher Tatbestand wieder aus einem der Kataloge gestrichen worden ist, den Schluß zu, daß auf eine Überprüfung der Wirksamkeit wie der durch die Umsetzung eingetretenen Grundrechtsbeeinträchtigungen von gesetzgeberischer Seite nur wenig Wert gelegt wird[1238]. Das hieraus resultierende ständige Wachstum der Katalogtatbestände mag denn auch

---

[1237] NJW 1996, 405.

[1238] so auch schon BfD, BT-Drucks. XIII/1150, 14f.; Entschließg. der 56. Konferenz der Datenschutzbeauftragten des Bundes u. der Länder v. 5./6. 10. 1998.

dazu beigetragen haben, daß die Zahl der Anwendungsfälle jedenfalls der strafprozessualen TÜ in den vergangenen Jahrzehnten stark gestiegen ist. Wurden im Jahre 1973 erst 104 und 1977 526 entsprechende Anordnungen getroffen[1239], so wuchs die Zahl bis 1990 auf 2.494 und bis 1993 auf 3.964, ehe sie in 1995 auf 3.667 sank[1240]. Vergleichbare Zahlen für andere Eingriffsmaßnahmen liegen allerdings kaum vor[1241].

---

[1239] *Carr*, MSchrKrim Bd. 62 (1979), 65 zitiert die Zahlen für 1973-1977 aus einem Brief des Bundespostministeriums.

[1240] BT-Drucks. XIII/4437, 7 u. XIII/5967, 11; bei der Bewertung der Zahlen ist zu berücksichtigen, daß eine Anordnung sich jeweils auf mehrere Anschlüsse beziehen und über einen längeren Zeitraum aufrechterhalten werden kann.

[1241] Hinsichtlich der Abhörbefugnisse nach §§ 39ff. AWG ist lediglich bekannt, daß bis zum 11.4.1996 19 Anordnungen getroffen worden sind (BT-Drucks. XIII/4942, 37).
Hinsichtlich der präventiv-polizeilichen Eingriffe liegen für die meisten Länder lediglich Zahlen über das Abhören von Wohnungen bis in das Jahr 1996 vor (BT-Drucks. XIII/4942, 43ff.). Demnach ist die Zahl dieser Maßnahmen in der Regel niedrig; jedoch sticht hier Bayern mit 67 Anordnungen (ohne den Einsatz von Personenschutzsendern zum "kleinen Lauschangriff") bis Mitte 1996 hervor. Nur für Niedersachsen sind wegen des zeitweiligen Bestehens einer Verpflichtung zum Bericht an den Landtag für den Zeitraum vom 1.6.1994 bis zum 31.5.1996 mehr Zahlen bekannt geworden. Danach fanden in diesem Zeitraum 15 längerfristige Observationen (davon 12 zur vorbeugenden Straftatbekämpfung, hiervon wiederum 1 zur Beobachtung einer Kontakt- oder Begleitperson) und 33 Fälle des Abhörens oder Aufzeichnens mit technischen Mitteln (davon 1 aus einer Wohnung, 27 ausschließlich oder auch zum Schutz der eingesetzten Personen) statt (Nieders. LT-Drucks. XIII/1638 u. XIII/2533).
Hinsichtlich der nachrichtendienstlichen Tätigkeit sind für die Jahre vor 1996 überhaupt keine Zahlen bekannt. Hier fanden sich in der Kommentarliteratur lediglich allgemeine Ausführungen wie etwa *Borgs´* Hinweis, die Zahl der G 10-Anordnungen sei sehr niedrig (in B/E, vor § 1 G 10, R. 16; *ders.* weist aber aaO, § 2 G 10, R. 9 darauf hin, während der *Schleyer*-Entführung seien aufgrund von Vermutungen, das Opfer könne sich in einer Arzt- oder Anwaltspraxis befinden, zahlreiche derartige Praxen nach Art. 1 § 2 G 10 überwacht worden; es wird also davon auszugehen sein, daß die Fallzahlen zumindest stark schwanken können). Laut BVerfGE 100, 313, 324 nahm der BND seit 1996 Fernmeldeüberwachungen nach Art. 1 § 3 G 10 vor (die Angaben dürften sich allerdings nur auf die neuen Befugnisse nach Art. 1 § 3 I 2 Nrn. 2-6 G 10 beziehen, nicht auf die "klassische" Strategische Kontrolle nach Art. 1 § 3 I 2 Nr. 1 G 10, da nur erstere Gegenstand des Urteils waren), und zwar im einzelnen im Bereich "Proliferation" nach Nr. 3 der Vorschrift ab dem 1.3.1996 (nach Angaben des Bundesministers des Innern unter Einsatz von ca. 2.000 Suchbegriffen; vgl. BVerfGE 100, 313, 337), im Bereich "internationaler Terrorismus" nach Nr. 3 ab dem 1.4.1996 (ca. 500 Suchbegriffe), im Bereich "internationaler Rüstungshandel und Rüstungsproduktion" nach Nr. 2 ab dem 1.5.1996 (ca. 1.000 Suchbegriffe) und im Bereich "internationaler Drogenhandel" ab dem 1.9.1996 (ca. 400 Suchbegriffe). Die Überwachung nach Nrn. 2 und 3 der Vorschrift erfaßten nach Angaben des Bundesministers des Innern Fernmeldeverkehrsbeziehungen zwischen Europa und Staaten des Nahen und Mittleren Ostens und Nordafrikas, die nach Nr. 4 solche zwischen Europa und Afrika, Süd- und Mittelamerika und Asien (BVerfGE 100, 313, 336). Zu "Proliferation" und "Rüstungshandel" gelangten bis August 1998 ca. 5.200 Meldungen zur Auswertung; davon wurden 17 nach Art. 1 § 3 V 1 G 10 weiterübermittelt, und zwar an das ZKA. Zu "internationaler Terrorismus" und "internationaler Drogenhandel" wurden 204 Meldungen ausgewertet; keine davon wurde weiterübermittelt. Wegen des geringen Ertrags in den beiden letztgenannten Bereichen wurden die Maßnahmen insoweit im Frühjahr 1998 eingestellt. Die Maßnahmen beziehen sich derzeit überwiegend auf Telex- und Telefaxverkehre, da die zur Überwachung von Telefonverkehren erforderlichen technischen Möglichkeiten automatischer Spracherkennung noch nicht hinreichend ausgereift sind (vgl. BVerfGE 100, 313, 380f.).

Ob Verbesserungen im Hinblick auf die hier dringend erforderliche Evaluation des Eingriffshandelns durch die für den Teilbereich des Abhörens von Wohnungen nunmehr durch Art. 13 VI GG, § 100e StPO angeordneten Berichtspflichten eintreten werden, wird erst die Zukunft erweisen können.

**BIELEFELDER RECHTSSTUDIEN**

Schriftenreihe für Gesetzgebungswissenschaft, Rechtstatsachenforschung und Rechtspolitik
Herausgegeben von Prof. Dr. Otto Backes, Prof. Dr. Stephan Barton,
Prof. Dr. Gerhard Otte, Prof. Dr. Martin Stock

Band 1 Ingrid Künzler: Macht der Technik – Ohnmacht des Rechts? Regelungsbedarf und Regelungsmöglichkeiten im Bereich Gentechnologie. 1989.

Band 2 Andreas Kondziela: Opferrechte im Jugendstrafverfahren. Legitimation und Grenzen aus theoretischer und empirischer Sicht. 1991.

Band 3 Dorothea Rzepka: Polizei und Diversion. Das Bielefelder Modell der Informationsvermittlung. 1993.

Band 4 Silvia Voß: Staatsanwaltschaftliche Entscheidung – Beeinflussung durch systematische Informationserweiterung? Die Umsetzung des Bielefelder Modellversuchs durch die Staatsanwaltschaft. 1993.

Band 5 Helmut Janssen: Die Praxis der Geldstrafenvollstreckung. Eine empirische Studie zur Implementation kriminalpolitischer Programme. 1994.

Band 6 Peter A. Peters: Das deutsche Insiderstrafrecht unter Berücksichtigung strafrechtlicher Konsequenzen für Kreditinstitute und prozessualer Durchsetzung. 1997.

Band 7 Olivia Lührmann: Tötungsrecht zur Eigentumsverteidigung? Eine Untersuchung des Notwehrrechts unter verfassungsrechtlichen, menschenrechtlichen und rechtsvergleichenden Gesichtspunkten. 1999.

Band 8 Marion Rosenke: Die rechtlichen Probleme im Zusammenhang mit der weiblichen Genitalverstümmelung. 2000.

Band 9 Dagmar Spona: Laienbeteiligung im Strafverfahren. Eine rechtssoziologische Untersuchung zur Funktion der Laienbeteiligung im Strafprozess. 2000.

Band 10 Stefan Vogelsang: Die Bedeutung erfolgreicher Verfahrensrügen für das nachfolgende tatrichterliche Urteil. Eine rechtstatsächliche Untersuchung der Aufhebungsentscheidungen des Bundesgerichtshofs in Strafsachen der Jahre 1992 und 1993 sowie der entsprechenden tatrichterlichen Urteile. 2001.

Band 11 Georg Zimmermann: Staatliches Abhören. 2001.

FSC
www.fsc.org
MIX
Papier | Fördert gute Waldnutzung
FSC® C083411

Kolibri 360 GmbH
Ferdinand-Jühlke-Straße 7
99095 Erfurt, Deutschland
produktsicherheit@kolibri360.de

Druck:
CPI Druckdienstleistungen GmbH
im Auftrag der
Kolibri 360 GmbH
Ferdinand-Jühlke-Str. 7
99095 Erfurt